THE EVERYTHING® GIANT BOOK OF WORD SEARCHES VOLUME 9

Dear Reader,

Do you love word search puzzles as much as I do? Then this book is for you! I love these puzzles because they can exercise our brain and provide a relaxing diversion. This book has so many puzzles that the fun will almost never stop.

I've learned over the years how much fun word play can be. Way back in 1996 I launched a multiplayer word game at my website, Funster .com. It's still going strong and has a dedicated following. I've also authored dozens of books featuring word search and other puzzles. My goal has always been to create puzzles that are fun for everyone, not just genius-level solvers. I like that these puzzles require your active participation, unlike many modern forms of entertainment.

Thank you so much for picking up this book. I hope you have as much fun solving these word search puzzles as I had creating them. Enjoy!

Welcome to the EVERYTHING® Series!

These handy, accessible books give you all you need to tackle a difficult project, gain a new hobby, comprehend a fascinating topic, prepare for an exam, or even brush up on something you learned back in school but have since forgotten.

You can choose to read an Everything® book from cover to cover or just pick out the information you want from our four useful boxes: e-questions, e-facts, e-alerts, and e-ssentials. We give you everything you need to know on the subject, but throw in a lot of fun stuff along the way, too.

We now have more than 400 Everything® books in print, spanning such wide-ranging categories as weddings, pregnancy, cooking, music instruction, foreign language, crafts, pets, New Age, and so much more. When you're done reading them all, you can finally say you know Everything®!

PUBLISHER Karen Cooper

MANAGING EDITOR, EVERYTHING® SERIES Lisa Laing

COPY CHIEF Casey Ebert

ASSISTANT PRODUCTION EDITOR Alex Guarco

ACQUISITIONS EDITOR Lisa Laing

EVERYTHING® SERIES COVER DESIGNER Erin Alexander

THE EVERYTHING® GIANT BOOK OF WORD SEARCHES

VOLUME 9

Over 300 puzzles for endless word search fun!

Charles Timmerman
Founder of Funster.com

Adams Media
New York London Toronto Sydney New Delhi

Dedicated to my father

Adams Media
An Imprint of Simon & Schuster, Inc.
100 Technology Center Drive
Stoughton, MA 02072

An Everything® Series Book.

For information about special discounts for bulk purchases, please contact Simon & Schuster Special Sales at 1-866-506-1949 or business@simonandschuster.com.

The Simon & Schuster Speakers Bureau can bring authors to your live event. For more information or to book an event contact the Simon & Schuster Speakers Bureau at 1-866-248-3049 or visit our website at www.simonspeakers.com.

Manufactured in the United States of America

11 2023

Library of Congress Cataloging-in-Publication Data has been applied for.

ISBN 978-1-4405-8542-5

Contents

Acknowledgments

I would like to thank each and every one of the more than half a million people who have visited my website, Funster.com, to play word games and puzzles. You have shown me how much fun puzzles can be and how addictive they can become!

It is a pleasure to acknowledge the folks at Adams Media who made this book possible. I particularly want to thank my editor, Lisa Laing, for so skillfully managing the many projects we have worked on together.

Introduction

THE PUZZLES IN THIS book are in the traditional word search format. Words in the list are hidden in the puzzle in any direction: up, down, forward, backward, or diagonal. The words are always found in a straight line, and letters are never skipped. Words can overlap. For example, the two letters at the end of the word "MAST" could be used as the start of the word "STERN." Only uppercased letters are used, and any spaces in an entry are removed. For example, "TROPICAL FISH" would be found in the puzzle as "TROPICALFISH." Apostrophes and hyphens are also omitted in the puzzles. Draw a circle around each word that you find. Then cross the word off the list so that you will always know which words remain to be found.

A favorite strategy is to look for the first letter in a word, then see if the second letter is in any of the neighboring letters, and so on until the word is found. Or instead of searching for the first letter in a word, it is sometimes easier to look for letters that stand out, like *Q*, *U*, *X*, and *Z*. Double letters in a word will also stand out and be easier to find. Another strategy is to simply scan each row, column, and diagonal looking for any words.

PUZZLES

Carefree

J	E	U	L	Q	J	D	E	X	A	L	E	R	O	N	H	A	N	D	P
H	F	K	E	L	T	N	E	G	U	G	U	Q	J	D	E	R	E	W	E
T	E	L	I	C	A	F	R	F	G	N	Y	J	E	F	D	L	H	C	L
O	E	O	S	L	Q	E	I	Y	H	P	N	T	F	G	I	O	W	O	P
O	J	P	U	C	D	T	R	U	K	S	R	O	Y	G	U	X	O	L	M
M	T	J	R	N	N	L	R	U	J	A	R	H	H	N	L	S	E	U	I
S	O	H	E	E	C	R	I	I	E	T	S	T	P	P	E	A	G	N	S
U	B	T	L	C	I	O	W	H	L	U	F	R	G	D	S	G	N	F	W
O	T	P	Y	E	R	Q	M	E	C	U	O	I	B	A	F	N	I	O	V
L	A	F	D	K	A	R	S	P	L	B	O	E	N	G	U	I	M	R	W
U	I	C	J	Y	A	S	G	E	L	B	A	T	R	O	F	M	O	C	K
B	N	S	Q	W	W	M	Y	E	L	I	I	H	Q	E	G	R	C	E	I
A	A	R	O	U	B	O	M	G	P	E	C	S	J	P	M	A	H	D	O
F	B	S	E	F	I	A	L	A	O	I	M	A	S	I	A	S	T	G	F
X	L	U	H	A	T	R	I	L	R	I	K	E	T	E	W	I	R	S	O
B	E	G	N	I	D	N	A	M	E	D	N	U	N	E	C	D	O	R	L
J	Y	O	C	D	L	Y	T	B	R	M	P	G	F	T	D	C	F	G	U
P	E	O	O	E	A	E	W	G	L	A	C	A	S	U	A	L	A	R	M
Y	Z	D	S	K	G	N	X	A	L	E	N	I	E	N	T	R	Z	U	P
Y	N	S	G	N	I	H	T	O	O	S	W	E	E	T	B	R	Y	G	A

ABUNDANT
ACCESSIBLE
ACQUIRABLE
CASUAL
CHILDLIKE
COMFORTABLE
COZY
CUSHY
DELIGHTFUL
DISARMING
EASYGOING
EFFORTLESS
ELEMENTARY
FABULOUS
FACILE
FORTHCOMING
GENTLE
GOOD
LEISURELY
LENIENT
LOOSE
MELLOW
MERE
OBTAINABLE
ON HAND
PAINLESS
PLEASANT
PLENTIFUL
READY
RELAXED
RICH
SIMPLE
SMOOTH
SOFT
SOOTHING
SWEET
TENDER
UNCOMPLICATED
UNDEMANDING
UNFORCED
UNHURRIED
UNPROBLEMATIC
WARMHEARTED

Solution on page 330

Blues Singers

B	I	E	W	K	B	W	B	A	Q	J	Y	A	W	V	Y	L	Z	U	B
K	N	M	P	O	S	N	A	E	L	R	O	W	E	N	T	X	Z	Q	M
D	S	M	G	S	R	R	I	B	S	E	L	R	A	H	C	Y	A	R	J
V	T	D	E	E	T	K	V	M	U	S	I	C	G	E	N	R	E	V	K
A	U	T	A	I	N	H	S	P	I	R	I	T	U	A	L	S	V	S	Y
C	O	M	S	L	C	O	S	O	W	T	R	E	C	N	O	C	E	R	L
N	H	T	P	D	L	S	B	O	N	A	I	P	S	M	Z	W	O	E	O
D	S	D	X	L	E	A	L	M	K	G	O	O	A	M	E	X	E	L	H
R	O	C	K	N	A	S	B	W	O	S	S	J	G	R	I	R	K	L	C
L	Z	H	D	A	D	Y	I	M	P	R	O	V	I	S	A	T	I	O	N
Z	Z	A	J	R	B	D	Z	P	E	R	T	C	T	T	C	S	H	H	A
Z	S	N	E	E	E	R	M	T	S	O	C	N	I	H	I	S	E	D	L
U	R	T	L	C	L	J	A	C	V	L	E	U	I	N	N	N	Z	L	E
Z	E	S	B	O	L	W	A	M	A	M	G	C	G	A	O	E	M	E	M
A	G	A	D	R	Y	L	H	P	U	S	A	I	I	H	M	E	P	I	E
V	N	L	E	D	E	T	T	R	S	G	N	C	P	Y	R	Z	T	F	M
D	I	O	D	S	Y	O	T	A	O	G	I	O	I	M	A	M	P	V	P
O	S	U	C	H	N	S	B	T	X	S	X	A	T	N	H	U	R	Q	H
O	M	Y	R	T	N	U	O	C	U	A	S	A	C	S	O	U	T	H	I
M	O	Y	F	I	D	R	U	M	S	F	V	B	H	V	O	C	A	L	S

ARTISTS
BALLADS
BAND
BASS GUITAR
BESSIE SMITH
CHANTS
CHICAGO
CONCERT
COUNTRY
DRUMS
ERIC CLAPTON
FIELD HOLLERS
HARMONICA
HYMNS
IMPROVISATION
INSTRUMENTS
JAZZ
LEAD BELLY
MAJOR SCALE
MELANCHOLY
MEMPHIS
MOOD
MUDDY WATERS
MUSIC GENRE
MUSICIANS
NEW ORLEANS
NOTES
PIANO
PITCH
PLAY
RAY CHARLES
RECORDS
RHYTHM
ROCK
SADNESS
SAXOPHONE
SHOUTS
SINGERS
SINGING
SLOW
SOUTH
SPIRITUALS
TROMBONE
VOCALS
WORK SONGS

Solution on page 330

Romantic Dinners

D	R	E	S	S	Y	M	L	K	D	P	C	N	X	M	W	L	B	K	K
E	R	M	F	E	N	F	L	O	W	E	R	S	U	W	M	F	E	O	D
S	W	G	N	M	O	S	O	G	L	Y	I	T	A	L	I	A	N	E	N
S	I	V	Y	D	I	F	H	I	U	Y	B	W	U	R	L	L	L	D	F
E	Q	L	E	C	T	E	H	Y	R	A	S	R	E	V	I	N	N	A	O
R	Z	X	V	A	A	C	O	U	P	L	E	P	M	N	G	U	F	N	M
T	U	E	E	E	S	V	A	W	O	M	L	Q	G	K	H	J	J	E	E
T	X	R	X	E	R	Q	I	W	S	A	U	E	I	W	T	Y	N	R	M
D	G	T	L	E	E	W	D	R	C	D	R	S	J	D	I	U	E	E	J
S	D	H	V	G	V	A	A	E	P	I	S	M	I	E	N	N	Z	S	D
K	H	G	K	I	N	E	V	R	N	K	D	K	D	C	G	M	U	E	M
C	P	I	I	C	O	I	N	G	E	I	T	K	C	A	L	B	V	M	Q
J	L	L	I	N	C	L	Z	I	B	Z	Z	W	P	D	S	I	G	U	I
F	A	N	C	Y	T	P	I	A	N	H	I	M	I	E	S	I	C	F	J
P	G	O	H	P	E	I	S	N	G	G	A	T	L	N	F	C	Y	R	O
Y	R	O	O	Y	S	A	M	W	D	H	T	D	E	T	E	A	L	E	T
W	Y	M	R	X	N	N	I	A	C	Y	N	P	S	P	A	V	C	P	J
S	C	B	E	O	U	O	L	L	T	A	X	T	X	T	P	I	O	D	R
M	A	F	K	X	S	A	E	T	C	E	H	R	E	T	I	A	W	L	V
Z	X	V	C	V	S	E	G	Z	D	V	N	E	L	Y	W	R	D	E	C

ANNIVERSARY
APPETIZER
BLACK TIE
CANDLES
CAVIAR
CHAMPAGNE
CONVERSATION
COUPLE
DECADENT
DESSERT
DRESSY
EVENING
EXPENSIVE
FANCY
FIREPLACE
FLOWERS
GAZING
GIFTS
GREAT FOOD
INTIMATE
ITALIAN
KISS
LIGHTING
LINGERING
LOVE
MENU
MOONLIGHT
MUSIC
PERFUME
PIANO
PRIVACY
ROSE
SALAD
SERENADE
SILVERWARE
SLOW DANCING
SMILE
SUNSET
TUXEDO
VIOLIN
WAITER
WALTZ
WINE

Solution on page 330

Watching *Pirates of the Caribbean*

Z	I	M	H	A	O	J	A	M	T	K	N	A	E	B	B	I	R	A	C
K	S	I	I	D	C	Q	R	T	G	P	O	P	U	L	A	R	C	W	B
R	G	D	G	C	E	T	A	O	X	T	R	E	A	S	U	R	E	A	J
J	H	L	I	W	A	D	O	R	V	G	K	C	M	E	V	R	R	R	K
A	L	T	Q	A	N	E	R	R	I	D	K	L	X	A	C	B	T	R	A
H	P	R	E	F	M	P	D	A	D	P	O	R	T	R	O	Y	A	L	J
D	E	L	X	B	K	R	A	P	E	M	E	H	T	S	N	K	Y	B	I
Q	E	H	R	W	A	K	E	A	O	B	H	O	S	K	E	F	O	Z	N
Z	P	C	B	M	M	Z	R	M	G	O	K	A	K	N	L	A	B	Q	U
B	D	G	V	O	S	L	I	A	A	X	B	C	A	P	T	A	I	N	S
O	T	P	H	N	U	T	I	L	M	O	Q	C	A	L	Y	P	S	O	W
T	A	C	Z	K	C	S	R	F	E	F	Y	T	Z	L	I	F	H	G	E
Z	S	C	Z	E	C	R	H	H	S	F	R	O	B	S	B	A	S	D	T
V	I	Z	H	Y	E	L	T	H	G	I	N	K	L	Y	E	N	S	I	D
I	L	V	Q	E	S	T	M	N	L	C	H	A	F	I	C	T	I	O	N
B	K	D	V	D	S	N	A	O	S	E	N	O	J	Y	V	A	D	Z	T
O	L	I	R	U	D	T	G	R	V	D	P	W	P	Y	F	S	H	G	G
H	F	O	K	L	M	Y	Z	E	I	I	P	I	Y	L	A	Y	D	F	V
L	W	F	O	D	D	M	Y	C	H	P	E	L	H	I	D	T	J	A	R
S	N	G	C	M	U	R	R	R	K	D	D	L	L	S	A	D	B	K	V

ACTOR
BARBOSSA
BLACK PEARL
BLACKBEARD
BLOOM
BOAT
BOX OFFICE
CALYPSO
CAPTAIN
CARIBBEAN
CHEST
CREW
DAVY JONES
DEPP
DISNEY
DVD
ELIZABETH
FANTASY
FICTION
FILM
GOLD
ISLAND
KNIGHTLEY
KRAKEN
MERMAIDS
MONKEY
MOVIE
OCEAN
PARROT
PIRATE
POPULAR
PORT ROYAL
RUM
SAIL
SEA
SHIP
SUCCESS
SWORDS
THEME PARK
TREASURE
TRILOGY
VIDEO GAMES
WILL

Solution on page 330

Prizefighter

H T R J T T E P F A X E B V H N I B F K
I K R O W T O O F A K J R R U A I H B D
Y Q M E C N A T S D I I V Y H K L L F U
O O U L F Y S D R A C E R O C S X U X F
A N H O J P G H C N U P O L O B H F Y R
L K A U K T R J J A C K D E M P S E Y Q
S K M I S T R I K I N G N I B B O B I R
Q S M S C X B E Z J O E F R A Z I E R G
A E A A W R Y G F E N O S Y T E K I M M
R M D L A T A R E E F X P J S E V O L G
R U A W C I T M O G R I U P P E R C U T
E O L T S T I N Y P N E G C O U N T A R
N E I E E R H S Y K E I E H R P V W H A
R S J R S U L G Q E C S R E T H G I F I
O D U Y A U R U I Q A O H C N I L C B N
C N D L G E O R G E F O R E M A N L B E
R U G G W H E A V Y W E I G H T A G K R
O O E R C Y O J R Y L S A B U U L A Z J
S R S T S I F G N O N V F H O O K E K R
S X H Y P W Y Y R F M B O F D B R A B P

AMATEUR
BELT
BOBBING
BOLO PUNCH
BOUT
BRAWLER
CLINCH
COMBAT SPORT
CORNER
COUNT
CROSS
FIGHTERS
FISTS
FOOTWORK
GEORGE FOREMAN
GLOVES
HEAVYWEIGHT
HIT
HOOK
JACK DEMPSEY
JOE FRAZIER
JOE LOUIS
JUDGES
MIKE TYSON
MUHAMMAD ALI
PRIZEFIGHTING
REFEREE
RING
ROCKY MARCIANO
ROPES
ROUNDS
RULES
SCORECARDS
SLUGGER
STANCE
STRIKING
TKO
TRAINER
UPPERCUT
WEIGHT CLASS

Solution on page 330

Alert!

E	I	H	K	T	T	N	P	Y	G	T	I	I	C	Y	O	X	P	U	J
N	A	Z	I	H	T	G	E	W	Y	G	R	E	R	A	W	E	B	I	T
J	R	K	S	G	O	I	B	R	K	P	X	A	A	O	R	V	H	R	M
B	R	E	Z	I	H	S	T	A	I	S	C	F	D	W	E	I	N	D	A
E	Y	B	C	L	T	V	C	B	O	S	I	P	S	V	E	S	U	S	E
C	N	P	Z	N	T	N	O	I	T	C	U	R	T	S	N	O	C	Y	I
G	T	K	I	H	O	H	E	L	N	G	E	M	G	E	L	L	Q	S	C
E	H	R	W	V	Z	C	E	M	T	M	F	I	L	Y	O	P	T	T	A
R	U	C	U	Y	N	Q	T	N	E	A	O	I	J	T	O	X	E	E	U
A	N	L	D	E	O	I	S	R	D	C	G	Z	A	C	T	E	L	M	T
L	D	Y	D	R	D	C	G	T	U	A	N	E	U	T	O	C	E	S	I
F	E	U	Z	A	A	E	C	A	R	E	F	U	L	N	O	O	V	N	O
M	R	V	N	U	N	Z	K	F	P	R	E	M	O	N	I	T	I	O	N
P	P	G	A	C	R	R	A	P	E	O	B	I	D	N	C	E	S	I	M
H	E	G	Y	R	O	A	I	H	I	Y	T	I	Y	S	N	G	I	T	J
R	R	D	O	A	T	L	S	D	Y	N	T	L	T	T	R	A	O	A	O
M	I	O	D	E	B	E	A	J	E	I	R	K	E	O	T	S	N	R	K
M	L	Z	T	A	E	R	H	T	O	A	D	X	F	P	M	S	J	B	K
G	V	X	U	C	E	T	T	N	E	C	W	E	A	T	H	E	R	I	E
I	R	J	E	O	P	A	R	D	Y	Q	U	Y	S	M	T	M	N	V	T

ALERT
ANNOUNCEMENT
ATTENTION
BEEP
BEWARE
CAREFUL
CAUTION
CONCERN
CONDITION
CONSTRUCTION
DANGER
EARLY
EMERGENCY
EXPLOSIVE
FLARE
FOG
FRAGILE
HAZARD
HIGH VOLTAGE
HOT
ICY
JEOPARDY
LIGHT
LOUD
MESSAGE
OMEN
PERIL
PREMONITION
PRUDENCE
RADIO
RISK
ROAD
SAFETY
SCARY
SIGN
SIREN
STOP
SYSTEMS
TELEVISION
THREAT
THUNDER
TORNADO
TRAVEL
VIBRATIONS
WEATHER

Solution on page 330

Light of the Moon

C	H	V	E	R	T	C	Z	J	M	P	I	N	C	W	M	H	U	L	Z
U	G	S	T	N	L	M	G	H	L	P	I	B	G	H	C	Q	E	B	U
L	X	V	P	E	U	N	E	G	F	Y	O	C	A	L	M	J	T	R	H
M	K	F	A	H	I	D	N	S	Z	B	I	R	D	S	O	N	G	E	G
Q	C	R	A	N	E	I	S	Y	M	E	V	I	S	N	A	P	X	E	F
S	W	O	O	S	P	R	B	L	U	E	M	O	O	N	T	L	A	Z	M
D	W	G	R	M	A	W	E	U	S	P	R	T	P	H	E	Y	Y	Y	D
X	A	S	A	T	A	Y	R	T	W	Z	Y	I	G	J	I	A	E	A	E
R	X	C	S	N	B	N	M	K	A	S	B	I	Z	B	U	G	R	Y	G
Q	I	Y	I	X	S	O	T	S	D	N	R	V	A	I	Q	K	U	Z	Q
O	N	N	B	I	O	I	B	I	V	B	I	L	K	R	N	T	T	U	V
L	G	H	U	N	I	J	G	L	C	R	L	M	G	E	E	G	A	E	N
L	O	C	U	S	T	J	N	V	R	O	L	N	U	F	W	R	N	T	T
I	F	B	B	P	I	N	I	E	I	E	I	P	E	L	T	Y	D	Z	F
T	O	J	H	I	R	E	T	R	C	L	A	K	I	E	L	N	O	L	D
S	D	T	U	R	E	J	N	Y	K	L	N	D	R	C	W	I	A	N	L
K	T	B	Y	I	M	D	U	R	E	I	T	X	E	T	O	H	C	M	K
Y	L	A	Y	N	M	Z	A	X	T	A	J	K	E	I	Q	S	I	M	T
A	W	I	I	G	U	P	H	S	S	E	L	D	U	O	L	C	I	G	K
V	I	Q	L	Y	S	W	F	T	S	S	E	R	E	N	A	D	E	C	H

BALL
BIRDS
BLUE MOON
BREEZY
BRIGHT
BRILLIANT
CALM
CAMPING
CLEAR
CLOUDLESS
CRICKETS
DARK
DIM
EERIE
EXPANSIVE
FROGS
HALF
HARVEST MOON
HAUNTING
HIGH
ILLUMINATE
INSPIRING
LOCUST
MESMERIZING
NATURE
NEW
OLD
ORB
OWL
PALE
QUARTER
QUIET
REFLECTION
ROMANTIC
SERENADE
SHINY
SILVERY
SKY
SPARKLING
SPHERE
STARS
STILL
SUMMER
WANING
WAXING

Solution on page 331

D at Start

J	U	G	N	F	H	E	E	N	E	G	K	Q	R	A	Y	L	H	C	N
M	M	R	A	F	A	E	D	T	I	C	T	S	U	D	N	C	A	T	R
W	J	G	E	B	S	A	D	D	D	O	I	N	G	I	G	B	R	D	D
P	G	Y	J	L	K	E	E	A	E	C	A	R	G	S	I	D	Z	I	L
P	S	K	B	P	M	H	T	X	C	R	D	I	R	T	S	T	O	N	L
O	I	Q	B	A	V	A	V	H	R	E	A	A	I	A	E	H	D	N	J
L	D	D	N	F	G	S	D	R	E	Z	D	L	C	N	D	O	O	E	E
U	R	D	L	E	O	E	W	I	A	H	D	E	C	C	M	I	J	R	K
R	D	Y	O	D	H	I	U	A	S	Q	U	K	R	E	S	D	E	E	D
D	G	L	P	E	P	R	T	P	E	T	C	R	V	I	D	E	U	Y	N
N	W	O	R	D	D	A	H	S	G	O	R	R	V	U	V	V	J	B	M
E	P	S	D	E	S	I	V	E	D	I	E	I	R	K	J	E	S	T	D
H	B	T	Q	T	M	D	C	D	E	S	D	I	C	K	M	L	D	R	H
N	W	M	F	A	L	H	E	E	E	A	N	U	V	T	A	O	O	K	J
Y	K	T	Y	I	D	M	P	D	D	G	D	R	H	B	G	P	U	N	Q
T	Y	H	P	L	R	R	D	R	U	M	G	G	F	T	B	U	O	D	I
X	S	F	V	V	I	D	W	O	E	N	I	V	I	D	A	H	N	N	C
J	K	Y	D	U	L	L	V	V	U	L	P	Z	D	R	I	E	R	R	N
B	C	R	D	S	Y	F	I	E	E	V	K	Q	K	N	U	R	D	T	Z
I	G	Y	G	N	I	V	I	D	F	S	U	E	A	L	B	V	V	G	A

DATA
DEAF
DEATH
DECADE
DECIDE
DECLARE
DECREASE
DEED
DELIGHT
DEMAND
DERIVED
DESERVE
DESIGN
DESPAIR
DETAIL
DEVELOP
DEVISED
DIARIES
DIE
DIG
DINNER
DIRT
DISGRACE
DISTANCE
DISTRICT
DIVINE
DIVING
DIVISION
DOCK
DOING
DOME
DONE
DOUBT
DRIER
DRIFT
DRILY
DROP
DROVE
DROWN
DRUM
DRUNK
DUCK
DULL
DURING
DUST

Solution on page 331

Have Fun!

S	S	E	N	T	R	E	P	R	F	M	P	D	R	O	L	L	E	R	Y
Q	G	S	S	E	N	I	C	U	A	S	N	I	E	N	C	I	T	N	A
M	E	R	R	I	M	E	N	T	C	I	L	V	P	R	D	L	P	Y	L
G	P	U	N	N	I	N	G	I	G	K	G	E	A	P	N	M	E	A	P
N	K	H	M	N	I	N	T	H	Z	K	I	R	C	A	O	S	H	C	D
I	O	O	Q	N	I	E	T	U	I	T	H	S	Y	R	I	S	A	T	R
S	S	S	E	N	L	L	O	R	D	W	F	I	H	O	T	E	I	I	O
U	K	S	W	H	I	I	D	J	J	H	S	O	R	N	A	N	M	V	W
M	S	O	T	F	G	E	C	S	B	I	S	N	E	O	E	H	P	I	T
A	L	A	E	V	G	A	M	E	S	M	E	M	K	M	R	S	I	T	I
C	M	R	O	M	U	H	F	O	E	S	N	E	S	A	C	I	S	Y	U
L	A	U	G	H	A	B	L	E	S	I	E	H	Y	S	E	G	H	T	S
Y	T	I	S	O	C	O	J	M	A	C	V	N	T	I	R	G	N	I	R
L	C	O	M	E	D	Y	R	T	L	A	I	E	I	A	D	A	E	V	U
P	A	S	T	I	M	E	R	C	A	L	T	L	L	K	A	W	S	I	P
P	E	R	K	I	N	E	S	S	C	I	R	L	O	G	S	Z	S	T	T
N	A	K	K	B	T	J	N	S	I	T	O	I	V	R	F	I	M	S	O
G	N	I	C	N	A	D	Y	T	M	Y	P	T	I	Q	F	Z	R	E	A
C	E	L	E	B	R	A	T	I	O	N	S	P	R	A	N	K	C	F	K
M	S	I	C	I	T	T	I	W	C	T	L	U	F	H	T	R	I	M	K

ACTIVITY
AMUSEMENT
AMUSING
ANTIC
ATHLETICS
CAPER
CELEBRATION
CLOWNING
COMEDY
COMICAL
DANCING
DIVERSION
DROLLERY
DROLLNESS
ENTERTAINMENT
FESTIVITY
FRISKINESS
FRIVOLITY
FROLICSOME
FUNNINESS
GAME
IMPISHNESS
JOCOSITY
LARK
LAUGHABLE
MERRIMENT
MIRTHFUL
NIGHTLIFE
PARONOMASIA
PASTIME
PERKINESS
PERTNESS
PRANK
PUCKISHNESS
PUNNING
PURSUIT
RECREATION
ROMP
SAUCINESS
SENSE OF HUMOR
SPORTIVENESS
WAGGISHNESS
WHIMSICALITY
WITTICISM
WORDPLAY

Solution on page 331

Going to the Gym

```
Q A Y O E K S M J T F H Q S H B J R X E
M E N M M G U F C V B P V F B O T T L E
C A K V I W X C U T O Q G I G C U J I H
Y R S W R Q F R M C J D C Q A G I F F G
R R F L F I D U M B B E L L U B L S T B
I R B U R N G N O Z P G V T R A C K U Q
K E Y R O P F C P S L E H C C F D L V M
J J X H P R U H A M S T R I N G S S P D
G Q L R E P P E T S P Y T B E N C H O I
B I E P S Y G S I A P P L O C K E R W P
V H U C W Y W O R Y I J S R G L U T E S
B C E M A S S T Q L G E C E L C Y C I B
F P O N T B N E L U R N P A V Q Y V G J
U I S T E E I E O J I U I F R O U H H Y
B L N M R M C H A H P X L N G D L G T T
X V P C N M E J W K S T A A N B I G S O
W X K W P M A T S S E N T I F U L O O P
C A X Y E C B F A S X R E O Z L R U C S
Q Q K R R C P L N L A P S P E C I R T J
Z O V U Z A C O K C H L O O J T E Z E L
```

AEROBIC
BENCH
BICEPS
BICYCLE
BOTTLE
BURN
CALVES
CARDIO
CLASS
CRUNCHES
CURL
DIPS
DUMBBELL
ELLIPTICAL
FITNESS
GLOVES
GLUTES
GRIPS
HAMSTRINGS
JOG
LAPS
LIFT
LOCKER
MATS
MEN
MUSIC
PARTNER
PECS
PILATES
POOL
QUADS
REP
ROPES
RUNNING
SET
SHOES
SNEAKERS
SPOT
STEPPER
TRACK
TRICEPS
WATER
WEIGHTS
YOGA

Solution on page 331

Detective Work

Y	E	C	I	I	M	G	T	J	M	K	P	O	O	N	S	L	G	B	T
K	O	L	G	C	N	Y	X	K	U	V	L	S	U	E	D	P	O	C	Q
Y	B	S	I	Q	K	Y	S	X	R	E	S	W	U	S	H	B	I	E	M
Z	F	G	K	C	P	K	B	T	D	Y	N	L	V	A	O	T	V	T	S
Z	O	U	A	Y	E	V	I	D	E	N	C	E	W	C	M	L	L	X	B
L	Z	R	P	M	T	N	I	E	R	R	O	C	C	K	O	F	Q	C	M
O	T	S	N	E	A	K	S	N	L	P	Y	I	K	S	J	W	E	W	D
V	N	V	G	Q	V	D	K	E	F	I	N	R	T	W	L	K	B	E	B
R	Q	O	O	J	I	W	O	L	L	O	F	O	R	I	Z	U	D	B	C
E	S	B	F	I	R	H	O	J	B	O	R	Y	I	N	U	U	B	U	F
L	F	S	F	U	P	R	L	P	U	S	Y	M	U	T	C	T	D	I	P
L	I	E	I	R	E	F	Y	W	L	S	V	F	E	E	S	O	N	O	R
I	P	R	C	V	K	A	G	E	N	T	T	Y	M	R	E	E	R	I	O
R	V	V	E	N	W	C	U	V	I	C	T	I	M	V	S	D	U	W	B
H	P	A	R	G	O	T	O	H	P	K	R	K	C	I	S	T	A	Q	L
T	L	T	Y	R	H	S	Y	F	H	C	T	A	W	E	E	A	U	N	E
N	O	I	T	A	U	L	A	V	E	M	D	W	V	W	N	S	K	D	M
B	G	O	X	T	E	S	T	O	O	F	T	A	L	F	T	N	N	P	Y
M	I	N	V	E	S	T	I	G	A	T	E	D	S	H	I	E	L	D	I
W	D	Y	S	J	D	V	L	Z	S	F	H	Y	Y	F	W	T	A	W	C

AGENT
CASE
CLUES
COP
CRIME
DEDUCE
EAVESDROP
EVALUATION
EVIDENCE
FACTS
FILE
FINK
FLATFOOT
FOLLOW
INFORMER
INTERVIEW
INTUITION
INVESTIGATE
JUSTICE
LICENSE
LOGIC
LOOK
MURDER
MYSTERY
OBSERVATION
OFFICER
PHOTOGRAPH
PRIVATE
PROBLEM
QUESTION
REVEAL
SCENE
SHIELD
SLEUTH
SNEAK
SNOOP
SOLVE
SPY
STUDY
THRILLER
TIPS
TRACK
VICTIM
WATCH
WITNESSES

Solution on page 331

Fairy Tales

W	T	F	U	L	H	M	V	I	T	D	O	E	J	N	H	G	N	M	M
K	L	G	A	I	L	K	S	W	X	R	O	S	K	P	K	C	I	R	T
A	B	V	C	T	N	O	S	S	E	L	A	C	M	N	E	E	U	Q	T
S	D	L	O	L	B	W	R	H	D	N	O	P	I	O	T	U	J	R	N
V	L	F	R	F	I	D	F	T	U	L	T	G	H	S	N	C	Y	J	Y
J	Y	F	C	C	L	O	W	A	R	A	H	E	A	Y	X	S	X	G	T
H	M	D	K	N	B	O	R	A	N	T	S	E	R	O	F	E	T	C	N
L	B	E	Q	D	M	A	W	N	R	T	B	L	W	T	M	R	P	E	A
S	D	E	L	B	J	B	M	C	V	V	A	K	C	I	A	O	T	K	R
O	P	H	W	T	G	I	A	B	Q	V	E	S	A	Y	S	I	R	S	G
P	F	U	E	D	S	X	W	T	I	W	A	S	Y	Y	H	H	N	A	Y
P	C	I	G	A	M	A	C	H	T	O	D	K	A	W	E	C	E	Z	L
W	Z	C	T	N	A	H	C	N	E	L	V	C	W	R	U	C	C	S	T
N	K	Q	A	G	K	P	I	R	A	T	E	O	U	R	K	O	N	Q	K
L	K	R	L	E	C	M	H	U	S	L	N	L	H	T	V	N	I	C	A
W	F	I	A	R	A	F	G	T	F	S	T	I	E	J	S	I	R	P	M
K	B	E	D	I	N	D	O	O	G	U	U	D	S	L	I	P	P	E	R
Z	C	F	D	Z	D	R	P	N	T	N	R	L	A	I	B	L	C	M	R
W	Z	E	I	S	Y	S	M	V	V	E	E	O	F	V	E	A	U	J	H
L	N	G	N	I	L	K	C	U	D	Y	L	G	U	E	E	V	F	G	X

ADVENTURE
ALADDIN
APPLE
BAMBI
BATTLE
BEAST
CANDY
CASTLE
CHIVALRY
DANGER
DWARVES
ELF
ENCHANT
ENTERTAIN
EVIL
FABLE
FANTASY
FOREST
GOLDILOCKS
GOOD
GRANT
HERO
KNIGHT
LESSON
LURE
MAGIC
MAIDEN
MONSTER
MORAL
PINOCCHIO
PIRATE
PRINCE
QUEEN
RESCUE
SLIPPER
SNOW WHITE
STORY
TRAP
TRICK
TROLL
UGLY DUCKLING
WARLOCK
WICKED
WISHES
WOLF

Solution on page 331

Delicate Things

C	B	D	I	K	L	C	A	A	H	L	I	A	R	F	S	G	L	I	L
N	N	V	S	N	S	N	O	W	F	L	A	K	E	G	L	P	Q	O	N
N	Q	K	S	N	X	B	B	L	Y	E	M	B	N	A	B	O	M	R	N
Y	E	Y	O	C	R	U	M	B	L	Y	L	I	C	V	D	E	W	A	Z
W	L	W	B	U	B	B	L	E	F	E	L	B	R	I	T	T	L	E	L
R	W	Y	B	K	N	Z	C	E	R	E	C	G	A	R	M	V	F	L	R
E	J	E	V	O	L	T	P	M	E	I	X	T	C	R	O	A	E	V	V
H	W	E	D	I	R	P	O	F	T	Y	V	T	I	G	E	R	R	J	E
L	A	B	M	O	U	N	T	Y	T	G	R	H	G	B	G	N	H	E	Y
U	Z	Z	N	H	T	P	T	E	U	Q	I	T	N	A	L	E	L	K	C
S	E	I	B	A	B	B	E	W	B	O	C	P	U	C	A	E	T	U	K
S	C	T	W	N	B	N	R	W	A	W	R	L	W	R	L	E	S	A	V
S	C	J	R	S	I	G	Y	Y	W	E	Y	I	T	B	G	O	E	D	Y
A	T	E	G	R	M	A	P	F	A	F	S	C	A	R	T	G	D	I	K
L	H	N	U	M	A	Z	L	N	R	M	T	K	M	O	T	H	J	S	A
G	I	G	A	N	O	I	L	E	D	N	A	D	H	S	R	I	R	H	P
W	I	I	I	L	M	Q	T	S	C	E	L	P	A	C	K	A	G	E	A
F	I	H	R	S	P	L	Q	T	R	R	D	H	B	B	I	R	D	S	O
N	C	W	Y	B	X	Q	A	B	D	L	O	J	W	V	V	B	D	A	D
F	C	T	N	E	M	A	N	R	O	S	A	P	L	I	N	G	C	Q	O

ANTIQUE
AWARD
BABIES
BELL
BIRDS
BREAKABLE
BRITTLE
BUBBLE
BUTTERFLY
CERAMIC
CHINA
COBWEB
COLLECTIBLES
CRUMBLY
CRYSTAL
DANDELION
DISHES
EGG
ELECTRONICS
FEELINGS
FIGURINE
FLIMSY
FLOWER
FRAIL
GLASS
HEART
LAMPS
LOVE
MIRROR
MOTH
NEST
NEWBORN
OLD PHOTOS
ORNAMENT
PACKAGE
PLANTS
PORCELAIN
POTTERY
PRIDE
SAPLING
SNOWFLAKE
TEACUP
VASE
VULNERABLE
WINGS

Solution on page 332

X Games Fan

W	O	D	G	Y	N	N	X	V	K	T	B	P	R	W	R	Y	I	M	L
V	B	H	U	M	L	O	P	H	S	R	E	I	Y	B	U	P	K	I	X
J	P	A	Y	F	G	I	G	K	N	L	Z	D	C	M	L	R	S	J	L
K	Q	X	O	S	E	T	D	C	W	E	A	X	L	Y	A	W	L	F	N
Z	Q	R	N	T	T	I	G	K	T	M	G	T	S	C	C	K	A	A	T
P	P	N	U	R	E	T	P	L	O	A	D	E	E	P	S	L	D	N	R
N	P	A	T	E	L	E	V	B	N	G	N	I	T	I	C	X	E	S	O
I	Q	R	R	E	E	P	E	L	Y	T	S	E	E	R	F	V	M	P	P
S	H	G	I	T	V	M	Y	K	H	W	H	D	L	M	E	Y	O	E	S
X	U	W	C	L	I	O	G	V	A	M	A	A	H	S	E	P	Y	L	L
R	M	X	K	U	S	C	N	J	W	P	U	N	T	A	U	R	X	E	Y
V	E	M	S	G	E	K	I	B	K	E	N	G	A	L	R	M	T	Q	S
L	H	K	X	E	D	P	F	P	Q	S	W	E	A	O	B	Y	M	X	C
O	N	S	T	S	R	Z	R	S	A	P	H	R	Z	P	Z	L	D	E	E
U	Y	S	P	I	L	F	U	T	C	N	I	O	W	N	V	L	K	T	R
E	Y	N	B	M	Y	A	S	N	T	V	T	U	Q	G	O	A	P	S	X
Q	B	O	M	J	U	A	U	M	I	E	E	S	V	G	Y	R	G	K	J
L	Y	W	N	U	F	J	S	N	O	S	H	R	X	Y	F	J	B	M	K
N	L	B	K	T	O	C	W	I	N	T	E	R	T	W	Z	B	Y	I	O
J	P	T	N	S	W	A	J	C	R	A	O	L	W	G	V	C	U	G	N

ACTION
ANNUAL
ATHLETES
BICYCLE
BIKE
BMX
BRONZE
COMPETITION
DANGEROUS
ESPN
EVENT
EXCITING
EXTREME
FANS
FAST
FLIPS
FREESTYLE
FUN
GAME
GOLD
JUMPS
MEDALS
MOTO
PARTICIPANTS
POPULAR
PRO
RACE
RALLY
SHAUN WHITE
SKI
SNOW
SPEED
SPORT
STREET LUGE
SUMMER
SURFING
TELEVISED
TONY HAWK
TRICKS
VERT
WINTER

Solution on page 332

Recognizable Brands

O	F	T	O	K	C	E	X	K	P	H	K	Y	V	Q	M	X	S	V	A
I	Z	Q	S	F	R	P	P	U	C	I	B	I	L	N	O	L	V	E	R
C	M	F	X	E	P	T	R	A	H	E	R	S	H	E	Y	W	S	K	T
S	X	D	Y	E	R	I	O	B	S	K	C	U	B	R	A	T	S	I	U
G	U	E	S	S	N	C	N	D	O	V	E	P	A	U	L	J	K	N	B
K	J	D	P	A	I	E	O	B	S	A	T	U	Y	A	O	J	N	A	U
B	S	Y	E	N	G	P	E	L	O	A	Z	M	D	L	Y	Y	Y	E	I
T	I	C	C	U	G	E	E	L	G	C	D	A	Z	H	A	E	K	R	C
B	G	P	I	W	R	W	D	P	K	A	R	I	R	P	R	O	M	O	K
X	Z	Z	A	C	H	N	R	Z	S	P	T	D	D	L	C	I	R	M	A
X	Q	E	L	G	A	E	N	A	C	I	R	E	M	A	C	V	O	J	L
E	D	I	K	V	E	D	A	W	N	M	E	D	A	R	O	T	A	G	X
K	E	O	Y	E	Q	H	O	T	G	G	Q	V	O	K	O	X	P	A	V
H	A	Q	Z	P	E	H	T	Z	I	X	L	S	M	R	D	A	P	T	S
T	G	C	T	I	S	Z	I	C	T	E	O	E	O	Y	N	M	L	E	I
O	Q	I	N	W	F	A	A	A	L	F	S	L	R	Q	E	S	E	W	I
O	I	Z	I	P	N	U	G	C	T	O	A	D	V	D	T	N	Z	A	V
L	R	D	R	K	P	J	I	K	J	V	R	R	H	A	N	E	S	Y	Z
O	F	L	E	J	Y	F	A	J	O	M	T	O	S	H	I	B	A	I	Y
O	K	Z	C	Z	C	R	K	N	F	W	E	F	X	L	N	T	W	K	D

ADIDAS
AJAX
AMERICAN EAGLE
APPLE
AVON
BAYER
BIC
BUICK
CLOROX
COACH
COKE
COLGATE
CRAYOLA
CREST
DAWN
DISNEY
DOVE
FORD
GATEWAY
GATORADE
GUCCI
GUESS
HANES
HEINZ
HERSHEY
IZOD
KLEENEX
MICROSOFT
MOTOROLA
NIKE
NINTENDO
OLD NAVY
PEPSI
PRADA
PUMA
PURINA
RALPH LAUREN
REEBOK
REVLON
SPECIAL K
STARBUCKS
THE GAP
TOSHIBA
WHEATIES
WRANGLER

Solution on page 332

Pinball Fun

S	C	N	C	P	R	V	S	C	A	X	S	O	U	N	D	S	A	F	T
F	E	U	N	V	M	A	M	T	D	R	A	Z	I	W	M	R	S	D	E
D	K	R	O	M	U	A	M	G	E	E	D	O	M	P	E	W	C	Y	E
Z	Y	D	O	S	T	H	C	P	A	G	C	O	B	P	I	S	I	Z	I
X	J	H	D	C	L	K	P	H	S	M	R	L	L	T	Z	C	P	L	J
X	H	L	H	R	S	I	I	M	I	C	B	A	C	K	B	O	X	D	K
S	E	F	I	H	L	C	N	A	U	N	Y	H	T	L	O	R	B	I	T
O	F	L	W	F	V	K	L	G	D	L	E	I	F	Y	A	L	P	L	R
N	T	B	O	M	E	E	A	I	S	S	T	V	M	T	M	D	I	O	A
T	L	Q	X	A	C	R	N	C	I	H	X	I	A	L	G	T	L	Q	B
L	V	L	Y	F	N	R	E	P	Z	B	O	Z	B	S	M	L	R	U	X
X	M	E	Q	Y	U	E	C	O	M	B	O	T	P	A	O	S	T	C	P
J	D	C	M	L	O	V	H	S	R	H	Q	I	L	V	L	T	B	L	O
X	B	L	L	A	B	A	R	T	X	E	N	S	E	Q	O	L	U	J	I
M	G	V	I	U	G	S	X	G	R	N	R	R	T	N	R	N	M	A	N
P	V	L	Q	N	L	L	A	B	E	E	R	F	S	E	G	I	P	C	T
L	J	M	I	C	G	L	Q	R	S	T	O	P	P	E	R	P	E	K	S
N	Q	A	L	H	B	A	N	K	V	C	V	P	R	D	I	S	R	P	G
W	R	S	U	N	O	B	F	G	C	S	O	L	I	G	H	T	S	O	L
D	E	G	M	U	K	D	P	A	Y	P	X	N	D	P	X	D	I	T	D

AUTOSAVE
BACKBOX
BALL SAVER
BANK
BONUS
BOUNCE
BUMPERS
BUTTONS
COIN
COMBO
DRAIN
EXTRA BALL
FLIPPERS
FREE BALL
GAME
INLANE
JACKPOT
KICKER
LAUNCH
LIGHTS
MACHINE
MAGIC POST
MATCH
MODE
MULTIBALL
ORBIT
PLAYFIELD
PLUNGER
POINTS
POPPER
RAMPS
REPLAY
ROLLOVER
SCORE
SLAM TILT
SLINGSHOT
SOUNDS
SPINNER
STOPPER
SWITCHES
TARGETS
WIZARD

Solution on page 332

Using Binoculars

A	L	F	N	E	Y	L	C	I	J	R	J	E	Z	B	K	E	E	S	X
C	S	Z	E	O	T	P	L	S	P	W	E	Z	Z	P	A	R	T	S	E
K	Z	J	I	F	I	E	L	D	Q	D	F	W	M	O	M	R	W	H	E
G	C	S	M	S	L	S	G	T	Y	J	G	S	O	X	O	P	E	R	A
H	N	W	W	P	I	C	S	N	N	R	W	X	M	P	V	M	T	G	N
G	P	I	B	E	B	M	L	E	C	N	A	T	S	I	D	L	N	S	N
I	A	T	Y	A	A	O	F	M	R	C	M	T	E	F	R	I	A	E	T
Z	N	E	W	P	T	S	Z	N	N	P	H	W	I	D	D	R	E	S	S
N	V	I	A	J	S	J	N	G	C	N	M	N	Y	L	C	D	O	T	C
S	M	X	M	I	S	P	A	I	R	O	O	I	O	N	I	J	R	R	T
D	G	L	E	A	J	Y	M	L	X	I	N	F	N	T	M	M	X	I	C
O	C	Z	M	E	G	Q	F	A	Y	S	O	C	A	Z	R	F	L	P	B
N	G	W	H	T	P	E	D	I	J	I	C	P	E	L	A	E	Q	O	P
Q	E	S	K	R	B	J	J	S	N	V	U	S	L	R	N	X	V	D	T
K	N	H	I	S	U	N	M	K	H	G	L	C	I	S	T	L	O	O	K
A	R	S	I	S	N	A	A	B	O	A	A	A	L	G	V	S	U	W	C
W	M	A	T	A	L	J	V	M	C	M	R	M	A	N	H	R	A	T	L
X	S	W	N	L	R	S	L	O	X	H	A	E	G	N	I	T	N	U	H
J	R	J	O	G	T	T	F	I	A	X	R	R	M	S	C	I	T	P	O
C	D	R	Q	S	E	W	T	V	C	U	O	A	T	H	K	F	Y	H	C

ADJUST
ALIGNMENT
BIRD
CAMERA
CONCERTS
COVERT
DEPTH
DISTANCE
EYE
FAR
FIELD
FOCAL
FOLDING
GALILEAN
GLASS
HUNTING
IMAGE
IMPRESSION
LENS
LOOK
MAGNIFY
MILITARY
MIRROR
MONOCULAR
OPERA
OPTICS
PAIR
POWER
PRISM
RANGE
SEE
SIGHT
SMALL
SPORTS
SPYING
STABILITY
STRAP
TOURIST
TRIPOD
TWO
VIEW
VISION
WATCH
ZEISS
ZOOM

Solution on page 332

Water Slide Fun

O	X	C	M	N	J	I	D	S	J	M	D	F	K	O	X	Y	N	W	V
Y	T	N	E	M	E	T	I	C	X	E	D	E	E	P	S	D	B	Q	F
N	O	I	T	A	E	R	C	E	R	P	W	E	T	P	U	M	P	V	G
C	O	Q	U	Q	B	G	H	K	D	L	E	U	Z	T	R	A	Z	U	W
A	T	I	I	S	A	F	U	N	F	U	N	E	B	G	F	A	B	E	Z
C	W	H	T	Z	G	N	T	N	L	N	N	T	T	F	A	T	F	D	O
S	R	Y	R	C	K	N	E	O	E	G	T	O	H	S	C	D	I	T	M
C	H	O	Z	B	I	G	I	L	L	E	I	S	U	R	E	W	B	Y	O
A	T	T	T	T	G	R	C	H	I	L	D	R	E	N	I	S	I	O	Z
S	X	O	E	W	O	L	F	S	T	B	S	G	L	G	W	L	W	L	G
Z	K	H	L	L	A	V	I	N	R	A	C	L	H	G	M	A	L	I	D
I	T	E	L	Y	V	S	Y	K	M	T	B	S	T	W	I	S	T	N	M
Z	I	A	F	T	W	A	R	U	N	A	A	P	U	P	C	S	Q	E	R
X	T	T	M	M	C	N	C	E	N	L	I	O	R	M	A	E	Y	F	R
B	M	Q	R	Q	W	D	M	A	P	F	N	O	N	F	M	R	Y	N	M
H	U	O	W	O	X	E	D	S	T	N	D	L	S	U	G	E	K	Q	F
I	W	Z	D	U	S	R	F	P	W	I	O	P	L	X	T	V	R	P	K
U	L	I	J	U	E	E	W	E	Z	O	O	F	A	O	A	V	I	W	M
S	P	D	M	K	W	O	R	T	P	Q	R	N	A	C	N	L	D	V	H
O	C	A	Z	H	H	N	H	U	I	E	I	G	Z	G	S	G	E	O	O

AMUSEMENT
BATHING SUIT
BIG
CARNIVAL
CHILDREN
CHUTE
DOWN
EXCITEMENT
FAST
FLOW
FLUME
FRICTION
FUN
HOT
INDOOR
INFLATABLE
LEISURE
LINE
LONG
LOOP
PARK
PLUNGE
POOL
PUMP
RAFT
RECREATION
RESORT
RIDE
RUN
SLIP
SPEED
SPLASH
STEEP
SUMMER
SURFACE
SWIM
TALL
THRILL
TUNNEL
TURNS
TWIST
VACATION
WATER
WET
WILD

Solution on page 332

Fabulous Beverly Hills

E	U	W	U	U	T	H	C	I	R	A	A	F	F	L	U	E	N	C	E
P	C	D	O	O	W	Y	L	L	O	H	L	K	U	K	G	F	I	O	M
S	A	D	D	E	T	A	C	U	D	E	D	A	O	L	N	V	E	V	Y
K	E	V	I	S	N	E	P	X	E	P	L	Z	G	P	I	B	R	U	L
I	O	M	R	N	P	B	K	O	O	I	O	X	F	C	E	N	U	T	T
Y	O	Y	O	K	R	E	F	S	D	N	S	L	C	T	E	F	S	E	S
C	E	L	X	H	O	A	H	E	R	O	A	E	N	J	S	A	I	R	O
I	A	L	T	F	S	U	P	A	I	I	N	A	S	L	T	G	E	U	C
S	N	L	L	H	P	T	D	T	V	T	G	I	R	A	H	N	L	T	L
A	V	C	I	O	E	Y	B	T	E	A	E	Y	A	V	G	I	F	L	F
D	R	O	C	F	R	D	J	R	V	C	L	A	T	I	I	P	P	U	L
G	N	V	K	P	O	T	Z	A	P	I	E	E	S	S	S	P	O	C	Y
Q	A	F	A	Q	U	R	R	C	R	T	S	E	S	H	E	O	O	V	T
P	D	R	T	K	S	T	N	T	I	S	D	R	R	A	U	H	M	S	I
C	K	R	D	R	X	P	K	I	V	I	S	O	O	E	Q	S	R	A	C
S	O	R	O	E	E	H	L	O	A	H	L	T	T	P	I	I	Z	P	P
H	E	M	A	F	N	N	S	N	T	P	E	S	I	O	T	P	T	C	I
S	F	L	C	R	D	S	D	S	E	O	W	T	S	O	U	W	H	P	H
U	P	S	C	A	L	E	L	Y	T	S	E	F	I	L	O	X	R	R	M
L	Y	V	L	Z	G	K	B	D	R	Z	J	Z	V	S	B	Y	T	W	I

AFFLUENCE
ATTRACTIONS
BEAUTY
BEDFORD
BOUTIQUES
CALIFORNIA
CARS
CITY
CIVIC CENTER
COSTLY
CULTURE
DESIGNERS
EDUCATED
EXPENSIVE
EXTRAVAGANT
FAME
FASHION
GALA
GARDENS
HOLLYWOOD
HOMES
JEWELS
LAVISH
LEISURE
LIFESTYLE
LOADED
LOS ANGELES
LUSH
PARKS
POOLS
POSH
PRIVATE
PROSPEROUS
RICH
RODEO DRIVE
SALON
SHOPPING
SIGHTSEEING
SOPHISTICATION
STARS
STORE
TRENDY
TROLLEY
UPSCALE
VISITORS

Solution on page 333

Dangerous

V	O	A	B	T	T	I	G	E	R	R	G	O	A	X	N	F	V	J	D
K	B	I	Q	R	Q	J	G	V	V	P	R	G	L	P	H	I	P	P	O
R	D	S	D	A	B	A	W	N	C	O	B	R	A	O	H	I	B	C	O
E	R	U	Y	D	O	S	J	Q	I	L	T	C	R	I	M	I	N	A	L
Y	A	O	Z	H	P	C	A	M	A	N	M	S	M	S	N	A	O	J	F
Z	Z	D	X	G	F	X	O	V	B	H	T	H	I	O	V	R	I	Q	W
E	Z	R	Z	E	V	C	A	H	V	B	N	H	N	N	X	L	L	A	R
F	I	A	M	B	E	P	O	C	U	I	X	A	G	M	C	Y	V	Z	E
S	L	Z	S	P	I	D	E	R	S	J	C	C	R	I	T	A	F	K	H
E	B	A	U	E	A	G	N	O	R	O	T	A	G	I	L	L	A	J	T
S	H	H	M	N	T	I	S	C	B	V	P	R	C	A	P	U	K	D	A
F	M	E	R	M	N	S	L	O	M	E	P	I	N	I	Q	Y	A	F	E
V	U	O	V	G	A	I	M	D	R	G	R	C	E	H	O	G	I	R	W
S	T	M	U	I	F	B	U	I	R	T	H	Q	T	E	G	G	I	N	R
S	Y	N	E	F	S	P	L	L	C	E	K	R	C	E	H	F	H	J	Z
B	P	I	F	S	U	O	R	E	H	C	A	E	R	T	D	R	S	Q	W
P	H	V	I	C	U	I	L	F	B	E	O	H	I	G	H	W	A	Y	F
Q	O	Y	N	S	S	E	A	P	V	R	S	N	A	K	E	S	R	E	O
F	O	V	K	K	R	A	H	S	X	C	G	Z	L	I	Z	Z	C	G	B
A	N	S	Y	C	Z	R	O	B	B	E	R	Y	N	V	L	V	I	D	F

ALARMING
ALLIGATOR
AVALANCHE
BEAR
BLIZZARD
BOMB
BURNING
CAR
CLIFF
COBRA
CRASH
CRIMINAL
CROCODILE
DAGGER
EARTHQUAKE
ELECTRICITY
EXPLOSIVE
FIGHTING
FIRE
FLAMMABLE
FLOOD
FUMES
GUN
HAIL
HAZARDOUS
HIGHWAY
HIPPO
KNIFE
LAVA
LIGHTNING
LION
PERILOUS
PIRANHA
POISON
RISKY
ROBBERY
SHARK
SNAKES
SPIDERS
STOVE
TIGER
TORNADO
TREACHEROUS
TYPHOON
WEATHER

Solution on page 333

Back to the Past

H	F	L	L	I	U	Q	G	O	L	D	E	N	O	L	D	I	E	S	T
J	H	E	E	Z	D	N	R	D	Z	W	M	A	O	E	M	D	P	B	K
A	T	H	S	C	E	C	O	A	O	A	M	A	R	D	O	I	D	A	R
S	O	S	D	M	U	S	T	Y	Z	D	R	P	C	J	N	N	I	V	A
D	M	I	E	Z	R	L	A	S	T	S	O	H	G	N	U	O	O	O	E
R	M	V	R	S	E	I	R	O	M	E	M	D	I	E	M	S	R	I	Y
O	A	L	U	T	L	S	Y	F	S	V	N	N	O	R	E	A	A	N	R
C	M	E	S	R	I	S	P	Y	A	P	G	I	G	A	N	U	L	V	E
E	U	I	A	I	C	O	H	O	S	W	O	R	D	S	T	R	O	E	T
R	M	Y	E	L	S	F	O	R	H	Q	U	O	T	E	S	W	P	N	S
A	M	Y	R	O	W	P	N	E	L	U	S	P	A	C	E	M	I	T	E
Q	Y	O	T	B	A	A	E	H	P	A	R	G	O	N	O	H	P	I	Y
N	X	A	C	I	G	L	A	T	S	O	N	L	Q	E	G	E	K	O	B
G	E	O	A	T	O	M	B	S	E	R	U	T	C	I	P	I	G	N	N
W	Z	H	F	E	N	B	M	U	H	I	S	T	O	R	Y	R	S	S	E
V	M	R	I	E	G	R	A	M	O	P	H	O	N	E	O	L	D	E	Y
F	C	A	T	A	P	U	L	T	E	L	T	S	E	P	C	O	J	C	G
I	S	E	R	U	T	L	U	C	D	C	J	A	B	X	S	O	X	A	M
T	K	L	A	T	L	Z	C	A	S	S	E	T	T	E	I	M	X	L	I
Q	G	G	N	F	X	V	S	E	P	Y	R	A	M	I	D	S	A	P	X

ARTIFACT
CASSETTE
CATAPULT
CAVEMEN
CULTURES
DAYS OF YORE
DINOSAUR
DISCO
DODO
EDSEL
ELVIS
ERAS
EXPERIENCES
FOSSILS
GHOSTS
GOLDEN OLDIES
GRAMOPHONE
HEIRLOOMS
HISTORY
INVENTIONS
MAMMOTH
MEMORIES
MONUMENTS
MUMMY
NOSTALGIC
PESTLE
PHONOGRAPH
PICTURES
PLACES
POLAROID
PYRAMIDS
QUILL
QUOTES
RADIO DRAMA
RECORDS
RELICS
ROTARY PHONE
SPINNING WHEEL
SWORD
TIME CAPSULE
TOMB
TREASURE
TRILOBITE
WAGON
YESTERYEAR

Solution on page 333

Mixed Martial Arts Competition

T	X	H	E	E	L	J	N	P	X	G	N	U	E	F	V	V	H	O	I
I	J	A	P	A	Q	V	R	G	D	H	M	M	A	D	R	K	M	R	D
E	C	I	T	C	A	R	P	T	S	E	Y	N	L	B	A	J	L	J	X
R	T	U	U	H	E	T	X	T	U	G	F	B	C	R	S	K	M	W	Z
I	R	A	S	D	L	L	H	I	B	L	E	E	R	U	C	N	G	M	E
B	T	N	T	F	M	E	Y	G	M	D	A	G	N	I	X	O	B	T	M
L	M	R	I	R	X	N	T	T	I	L	L	I	K	S	D	T	A	A	A
I	Z	G	J	P	A	H	W	E	S	E	Q	O	E	K	E	R	X	B	T
G	H	J	U	D	O	I	K	C	S	B	W	U	H	C	A	O	H	M	C
T	W	N	J	C	N	I	N	P	I	T	Q	Y	R	K	S	P	X	O	H
B	C	N	A	J	R	S	M	I	O	I	W	W	V	I	T	S	M	C	C
H	Y	S	U	T	K	P	Q	U	N	T	R	E	R	A	N	P	G	K	X
A	Z	R	S	F	A	I	R	H	A	G	E	E	U	Q	E	G	A	C	Z
L	Y	X	Y	I	E	N	C	E	P	Y	S	T	L	T	N	H	R	A	G
B	X	V	W	J	A	E	K	A	A	G	T	R	E	P	O	R	E	I	E
I	M	P	M	M	T	W	R	T	J	T	L	H	S	S	P	C	F	C	X
O	H	S	E	C	O	N	T	A	C	T	I	O	A	R	P	A	E	O	C
F	J	N	K	N	O	C	K	O	U	T	N	H	V	I	O	Y	R	G	W
G	T	G	D	S	Z	V	F	B	F	X	G	Z	G	E	M	E	E	G	M
J	T	O	W	T	U	E	L	I	C	J	V	N	A	I	S	A	E	U	H

ASIAN
ATHLETES
BOXING
BRUTAL
CAGE
COMBAT
COMPETE
CONTACT
DEFENSE
FIGHT
GLOVES
GRAPPLE
GYM
HEAVYWEIGHT
HIT
HOLD
HYBRID
INJURY
JAPAN
JUDO
JUJITSU
KARATE
KICK
KNOCKOUT
MATCH
MMA
MUAY THAI
OPPONENTS
PIN
PRACTICE
PUNCH
REFEREE
RING
RULES
SKILL
SPORT
STRIKE
STYLE
SUBMISSION
TAEKWONDO
TECHNIQUES
TOURNAMENT
TRAINING
UFC
WRESTLING

Solution on page 333

Filling Station

U	R	B	A	P	M	L	U	R	L	I	L	B	Y	O	H	O	S	E	M
I	E	T	T	K	O	V	W	I	M	E	C	H	A	N	I	C	E	K	V
H	H	I	A	P	N	B	G	M	N	Y	E	L	Y	R	O	L	C	J	S
R	G	N	N	Y	E	U	I	I	Y	N	N	N	O	F	V	U	I	Q	Y
P	S	D	K	F	Y	T	L	A	A	Y	G	O	H	N	R	K	R	A	L
V	Y	W	S	M	O	O	R	T	S	E	R	Z	I	T	A	E	P	W	S
I	D	N	H	W	S	T	C	O	C	R	M	Z	F	T	I	H	H	A	W
C	W	R	U	A	N	O	K	K	L	H	J	L	J	H	A	I	T	T	F
I	G	A	G	M	O	X	T	T	C	E	Z	E	S	S	G	T	P	E	T
G	F	E	B	C	L	D	O	E	E	E	U	A	P	H	E	M	S	R	I
A	U	O	Z	K	L	E	P	C	Y	V	C	M	W	N	U	B	L	S	R
R	D	Y	E	R	A	D	O	O	F	Y	U	A	D	P	J	C	P	E	E
E	L	V	S	U	G	A	R	J	I	P	Y	A	R	E	P	A	I	R	S
T	R	Z	S	D	L	E	I	H	S	D	N	I	W	W	M	I	F	V	T
T	V	O	L	D	G	L	K	A	K	T	A	T	Y	O	A	I	V	I	L
E	X	Y	T	U	I	N	G	L	R	D	I	E	S	E	L	S	K	C	E
S	G	L	L	S	U	U	S	S	E	T	A	S	E	L	C	I	H	E	V
U	G	A	R	A	G	E	L	N	L	U	W	M	U	I	M	E	R	P	A
F	R	I	Q	Y	Q	G	A	F	C	P	F	P	S	E	G	J	K	X	R
A	T	A	E	Y	G	T	L	D	D	A	P	K	I	F	U	F	B	E	T

AIR PUMP
ATTENDANT
CAR WASH
CASHIER
CIGARETTES
CLERKS
DIESEL
ETHANOL
FILL UP
FLUIDS
FOOD
FUEL
GALLONS
GARAGE
GASOLINE
GAS PUMPS
HIGHWAY
HOSE
MAPS
MECHANIC
MONEY
NOZZLE
OCTANE
OIL
PAY
PETROLEUM
PREMIUM
PRICES
REGULAR
REPAIRS
RESTROOMS
SERVICE
STATION
STORE
TANKS
TIRES
TRAVEL
TRUCK
UNLEADED
VEHICLES
WATER
WINDSHIELD

Solution on page 333

Look for *RR*

Q	Q	J	A	C	V	Y	X	S	C	D	X	Z	B	L	N	Y	A	L	F
E	K	N	N	X	I	K	O	A	I	G	S	J	C	A	R	R	I	E	D
X	X	Q	I	D	E	R	R	I	T	S	T	H	S	V	R	H	W	X	B
A	O	T	H	U	R	R	Y	I	X	Z	E	L	B	I	R	R	O	H	B
B	T	Y	X	O	I	B	C	O	R	R	I	D	O	R	V	V	E	O	I
E	O	A	W	E	G	D	I	R	R	O	P	L	R	R	K	T	R	N	J
V	R	D	S	T	S	Q	U	I	R	R	E	L	O	A	E	R	G	Z	I
P	R	E	F	E	R	R	E	D	T	O	M	O	R	R	O	W	Y	F	V
A	A	I	V	O	F	S	G	B	V	S	Z	R	R	W	R	L	O	W	O
R	C	R	R	T	Q	E	A	Z	T	T	U	I	M	J	B	I	F	R	S
R	M	R	A	O	E	R	I	I	P	E	F	R	E	I	L	R	E	S	M
O	E	O	A	Y	X	R	R	A	Q	I	A	R	R	E	S	T	B	S	H
T	R	W	P	D	E	R	R	U	C	C	O	R	R	O	H	E	J	E	O
S	R	Z	F	N	I	R	A	I	I	G	E	K	I	V	U	G	T	I	V
E	Y	G	J	N	I	O	C	A	B	T	H	C	E	V	L	N	X	R	Z
I	P	K	G	V	U	I	P	G	A	L	M	U	R	E	E	A	D	R	J
R	N	B	I	F	E	R	R	Y	A	H	E	A	R	R	A	R	R	O	W
R	L	N	F	U	R	R	Y	T	L	B	A	R	R	I	E	R	P	W	N
E	G	A	I	R	R	A	M	A	P	W	A	U	J	R	C	A	R	R	Y
M	B	U	R	R	O	W	D	C	L	B	C	O	E	Z	Y	W	O	E	M

ARRANGE
ARREST
ARRIVAL
ARRIVING
ARROW
BARREL
BARREN
BARRIER
BORROW
BURROW
CARRIAGE
CARRIED
CARRIES
CARROT
CARRY
CHERRIES
CORRIDOR
CURRENT
ERROR
FERRY
FURRY
HORRIBLE
HURRY
LORRIES
MARRIAGE
MARRY
MERRIER
MERRIEST
MERRY
OCCURRED
PARROT
PORRIDGE
REFERRED
SORROW
SQUIRREL
STIRRED
STIRRING
SURROUND
TERRIBLE
TERRIBLY
TERRIFIC
TOMORROW
WARRIOR
WORRIED
WORRIES

Solution on page 333

Electronic

G	Q	L	P	W	S	E	W	A	A	N	E	G	A	T	I	V	E	D	I
D	Q	E	I	I	D	C	G	N	D	C	M	B	S	N	I	K	I	P	E
R	G	D	V	O	X	L	N	A	R	H	E	O	S	T	A	T	L	O	H
R	O	S	H	I	P	E	Q	O	T	L	G	U	Q	R	I	V	C	W	T
O	T	T	I	L	T	Z	L	B	M	T	L	K	T	S	O	L	D	E	R
C	A	H	A	N	Z	I	R	A	P	A	A	T	C	N	G	R	R	R	Y
C	A	S	A	R	X	G	S	O	T	X	S	W	P	O	E	M	G	L	X
I	M	P	W	B	E	K	P	O	T	F	O	H	U	I	I	R	W	P	F
A	R	R	A	H	U	N	R	A	P	A	O	U	F	N	O	L	R	F	L
A	E	E	O	C	A	B	E	W	R	S	L	I	A	U	A	F	S	U	I
O	S	S	S	T	I	B	M	G	P	M	T	L	N	N	N	V	O	S	C
H	I	N	O	I	Z	T	R	H	M	C	A	D	I	O	A	R	X	E	K
Z	S	E	C	W	N	S	O	F	E	C	R	T	C	C	S	E	C	F	E
Q	T	D	K	S	P	R	F	R	J	P	W	I	U	N	S	S	C	Y	R
T	O	N	E	O	L	Z	S	A	W	O	L	U	J	R	O	O	M	S	Z
T	R	O	T	C	U	D	N	O	C	I	M	E	S	S	E	N	K	U	X
Y	V	C	M	Q	G	I	A	T	S	T	Z	C	B	S	M	A	E	B	E
R	N	Y	Z	B	R	O	R	I	U	I	I	N	D	U	C	T	O	R	J
R	L	D	T	R	F	D	T	B	E	F	U	S	F	E	D	O	N	A	C
M	D	V	Y	V	T	E	E	T	E	V	W	E	A	W	W	R	J	J	O

ANODE
ANTENNA
ARMATURE
BEAMS
CAPACITOR
CATHODE
COILS
CONDENSER
CRT
CURRENT
DIODE
FLICKER
FUSE
GENERATOR
GROUND
INDUCTOR
INSULATOR
LCD
LED
MASK
NEGATIVE
OSCILLATOR
PHOSPHOR
PIXEL
PLASMA
PLUG
POSITIVE
POWER
RECTIFIER
RESISTOR
RESONATOR
RHEOSTAT
SEMICONDUCTOR
SILICON
SOCKET
SOLDER
SWITCH
TERMINAL
TRANSFORMER
VACUUM TUBE
WATTAGE

Solution on page 334

Going to Work

D	C	F	R	W	Y	K	G	K	M	Y	K	T	J	C	N	F	H	C	T
O	D	O	U	J	O	B	P	X	V	R	V	G	V	P	M	D	H	Y	R
N	H	A	S	V	S	S	B	U	S	B	V	W	W	F	N	F	I	F	E
U	G	X	V	T	H	C	N	U	L	E	B	T	F	P	T	P	H	U	T
T	L	Z	N	U	F	I	P	N	C	V	R	A	Y	I	A	F	Z	P	K
S	F	K	P	U	F	P	G	N	I	T	E	E	M	P	L	O	Y	E	E
L	X	R	F	O	L	W	L	B	U	S	I	N	E	S	S	E	L	B	Y
E	N	U	R	I	S	S	I	N	S	P	I	R	E	D	W	A	S	O	C
G	Z	M	E	L	O	U	T	F	I	T	W	F	S	P	R	Y	R	R	A
A	Y	S	Z	O	L	I	P	G	L	O	S	S	Y	A	I	I	N	D	R
B	R	I	E	F	C	A	S	E	R	Y	Q	T	C	Q	A	E	A	R	D
L	I	P	S	T	I	C	K	K	R	F	M	S	C	H	V	T	E	A	Q
Q	T	Z	E	R	M	I	C	S	E	V	A	I	C	A	E	N	L	W	E
Q	X	R	C	O	G	S	E	E	E	M	I	Q	H	J	T	D	C	P	R
A	G	A	O	P	U	S	H	D	R	E	S	S	B	M	L	N	U	D	A
A	T	R	Q	P	S	H	C	H	A	N	D	B	O	O	K	W	O	L	P
U	G	E	D	A	E	F	Y	E	C	I	F	F	O	R	U	B	W	C	E
A	X	M	L	P	D	R	A	Y	N	A	L	A	P	T	O	P	Z	X	R
C	E	G	D	A	B	Q	P	H	O	N	E	V	J	S	W	B	G	R	P
W	W	L	H	K	V	S	X	S	E	T	I	U	S	H	Z	P	E	M	O

BADGE
BAGELS
BOSS
BRIEFCASE
BUSINESS
CAREER
CHAIR
CLEAN
CONTACTS
CUBBY
DESK
DONUTS
DRESS
EMPLOYEE
FILES
GLASSES
GROOM
HANDBOOK
INSPIRED
JOB
KEYCARD
LANYARD
LAPTOP
LIP GLOSS
LIPSTICK
LUNCH
MASCARA
MEETING
NEAT
OFFICE
OUTFIT
PAPERWORK
PAYCHECK
PHONE
PORTFOLIO
PREPARE
REPORT
SCHEDULE
SHAVEN
SUIT
SUPERVISOR
SUPPLIES
TEA
UNIFORM
WARDROBE

Solution on page 334

Vegas

N	O	L	P	O	W	I	O	N	O	S	Z	C	A	S	I	N	O	T	O
L	O	U	N	G	E	A	D	C	X	B	V	E	N	E	T	I	A	N	J
M	T	T	E	F	F	U	B	G	N	I	L	B	M	A	G	W	G	O	V
S	R	S	L	V	M	T	R	E	S	E	D	E	V	A	J	O	M	M	G
W	O	U	L	I	G	H	T	S	I	V	L	E	L	X	L	C	C	E	V
U	P	D	B	L	H	C	Y	A	B	Y	A	L	A	D	N	A	M	R	W
I	I	R	H	I	S	I	I	H	H	X	E	K	E	L	E	A	Y	F	S
E	C	A	R	M	L	G	U	R	O	B	R	N	J	S	V	T	M	L	J
U	A	T	Q	O	O	A	Q	P	C	O	N	O	A	X	N	E	E	U	R
J	N	S	Y	U	T	M	C	P	G	U	V	R	S	U	G	T	G	X	X
S	A	A	H	S	M	I	G	X	G	Z	S	E	O	A	O	P	O	O	W
H	R	H	A	I	A	N	B	G	E	P	G	C	R	H	L	Y	L	R	D
O	E	A	R	N	C	G	E	Y	A	A	K	E	I	D	R	P	D	P	D
W	I	R	D	E	H	T	V	L	W	R	S	T	K	R	A	E	C	I	D
G	V	A	R	D	I	L	A	T	A	O	W	Z	E	R	C	M	O	R	N
I	I	V	O	M	N	C	S	L	R	D	I	D	I	H	E	U	A	T	J
R	R	F	C	U	E	O	C	T	H	Z	R	S	J	Q	T	U	S	S	L
L	U	C	K	Y	L	A	D	Y	T	O	R	L	E	A	N	S	T	E	A
S	G	N	I	D	D	E	W	U	C	R	E	I	T	N	O	R	F	H	W
G	L	K	Y	F	I	P	S	K	I	E	G	A	R	I	M	E	H	T	J

BELLAGIO
BUFFET
CAESARS PALACE
CASINO
CIRCUS CIRCUS
CLARK COUNTY
DICE
ELVIS
EXCALIBUR
FREMONT
FRONTIER
GAMBLING
GAMING
GOLD COAST
GOLDEN NUGGET
HARD ROCK
HILTON
HOOVER DAM
HOTELS
LIGHTS
LIMOUSINE
LOST WAGES
LOUNGE
LUCKY LADY
LUXOR
MANDALAY BAY
MEGARESORT
MOJAVE DESERT
MONTE CARLO
ORLEANS
PARIS
RED ROCK
RIVIERA
SAHARA
SHOWGIRLS
SLOT MACHINE
STARDUST
THE MIRAGE
THE STRIP
TROPICANA
UNLV
VENETIAN
WEDDINGS

Solution on page 334

Listen in the Car

E K B S E I D L O D O H P S V D E M O N
F K P V N K N R T O X N R R C J O O K C
S C R E C N A L A B K E F I E T J D V Q
O O A O O C P M R D K Q S C O S Y S C E
Y R T B T F O R H A N U T R G W E A R P
T S H U L R M M E S M A O S P O R T S I
J H Z C S E E P P R O L T Z H O Q E S I
P Z T P R M S I B O A I U S Q F K L A T
T U R C B A S S F T N Z N N B E K L A Y
R T E T O M E R V I E E E F L R L I M F
U M B S I M H S P C L R N J U K L T R P
K M L T D C M L L A W P E T E X C E A B
K B E I A L E E O P P C M V S A Q S D L
H K L T R Z T N R A R D W A I U Y Y I N
H T E J M O V N T C Q P X E E E M S O O
N D P Q F F Y A N H I L J N A Y C T M T
E X S Q N K S H O R L A C R E T E E W T
E T O V S E G C C C A Y L V X H H M R U
I Q G C N E W S T E R E O S F A D E E B
H Q J S A S V P R O G R A M A H K S R B

AM RADIO
AMPLIFIER
BALANCE
BASS
BLUES
BUTTON
CABLES
CAPACITORS
CD PLAYER
CHANNEL
COMMERCIALS
COMPONENTS
CONTROL
DETACH
EJECT
EQUALIZER
FADE
FM RADIO
FREQUENCY
GOSPEL
MOTOROLA
MUSIC
NEWS
OLDIES
PRESETS
PROGRAM
RECEIVER
REMOTE
ROCK
SATELLITE
SEARCH
SEEK
SPEAKERS
SPORTS
STANDARD
STEREO
STOCK
SYSTEM
TALK
TREBLE
TUNE
TWEETER
WEATHER
WOOFER

Solution on page 334

Artist Jackson Pollock

C	K	F	Y	C	C	N	Q	E	Y	S	H	S	U	R	B	A	T	P	L
W	R	D	O	U	F	G	A	A	E	T	P	I	C	F	C	L	Q	W	Q
W	B	L	O	R	N	L	M	D	K	E	X	L	S	A	K	X	T	Y	G
Z	O	O	I	I	E	A	O	L	E	R	X	J	A	T	N	V	R	N	U
R	L	H	M	G	N	U	D	D	H	N	J	W	J	T	O	V	I	Q	X
I	S	O	A	A	E	X	E	G	T	G	A	A	B	S	T	R	A	C	T
M	Y	C	G	L	K	H	R	L	A	R	U	M	R	Y	U	E	Y	S	E
W	Y	L	S	L	T	M	N	Q	V	O	S	T	E	O	E	N	R	D	C
J	L	A	V	E	N	D	E	R	M	I	S	T	P	L	B	W	E	U	H
O	Y	T	M	R	K	R	N	I	N	F	L	U	E	N	C	E	X	D	N
M	H	H	K	Y	Y	E	A	O	R	H	F	A	M	E	J	I	H	F	I
Q	O	G	B	C	K	N	I	E	T	D	A	M	V	A	U	V	I	H	Q
L	S	V	O	U	U	S	T	M	G	O	E	C	M	M	O	Q	B	W	U
Y	U	I	I	M	S	A	K	A	D	V	R	E	C	L	U	S	I	V	E
K	L	H	B	E	T	R	E	R	I	L	R	I	A	I	M	S	T	N	E
H	T	E	R	E	O	K	P	T	W	I	P	T	E	M	D	Y	E	A	U
J	R	P	H	Y	D	E	A	K	C	X	I	R	M	T	O	E	R	U	V
S	X	T	W	Z	E	E	I	A	B	L	R	E	A	I	Y	M	N	O	M
E	B	E	D	I	R	L	N	O	E	Y	D	D	R	O	I	D	U	T	S
T	N	Y	V	C	X	Z	T	E	I	I	I	E	F	Q	T	E	J	E	C

ABSTRACT
ACCIDENT
ALCOHOL
AMERICAN
ART
BRUSH
CANVAS
COLOR
CREATIVE
DRIP
ENAMEL
EXHIBIT
EXPRESSIONISM
FAME
FRAME
GALLERY
HISTORY
INFLUENCE
LAVENDER MIST
LEE KRASNER
LEGACY
MODERN
MOMA
MOVIE
MURAL
MUSEUM
NEW YORK
NOTORIETY
NUMBERS
PAINT
POURING
RECLUSIVE
SPLATTER
STUDIO
TECHNIQUE
THE DEEP
THE KEY
THE TATE
UNIQUE
VOLATILE
WYOMING

Solution on page 334

At a Stadium

H	B	O	E	M	M	T	E	B	K	O	Y	T	R	A	C	K	Q	X	G
Q	L	Y	E	H	M	Q	U	C	W	F	I	N	T	N	S	I	K	G	W
W	E	Q	T	V	Z	Y	O	H	K	C	W	A	N	R	W	T	F	W	Q
J	A	U	D	I	E	N	C	E	K	N	E	A	E	F	O	B	A	L	L
N	C	N	E	L	R	K	X	E	Q	S	I	S	V	I	R	P	A	G	H
F	H	N	N	B	E	U	T	R	W	S	D	L	E	I	F	R	S	U	E
T	E	I	O	O	R	T	C	S	L	V	F	C	R	T	E	P	D	E	R
J	R	O	G	I	U	E	I	E	A	R	O	O	D	N	I	W	Z	V	O
N	S	C	P	R	T	N	S	H	S	N	O	U	A	S	M	U	S	I	C
U	K	A	X	R	C	I	C	R	C	H	D	S	T	O	A	E	S	L	S
A	R	R	Y	O	E	G	T	E	T	Z	Y	U	P	D	P	L	R	F	H
K	O	C	Z	T	T	C	R	E	R	V	N	E	C	V	O	P	N	U	B
L	W	J	D	A	I	T	C	B	P	A	N	H	K	Y	P	O	G	J	G
K	E	T	L	T	H	S	Q	O	E	M	B	M	T	C	C	E	R	Y	C
C	R	M	L	C	C	C	R	P	S	R	O	M	R	F	O	P	F	E	K
F	I	D	I	E	R	X	L	E	O	S	N	C	H	M	R	H	D	G	O
F	F	T	C	P	A	A	F	P	V	A	T	D	F	A	N	S	N	S	B
S	Z	A	Y	S	Y	G	F	D	T	I	U	C	C	F	T	M	A	E	T
B	Z	F	Y	S	J	T	B	L	M	G	N	I	D	L	I	U	B	U	K
G	X	U	M	O	E	L	C	Q	S	T	R	U	C	T	U	R	E	P	H

AISLES
ANNOUNCER
ARCHITECTURE
ARENA
AUDIENCE
BALL
BAND
BEER
BLEACHERS
BUILDING
CHEERS
CITY
COMPETITION
CONCERT
EVENT
FANS
FIELD
FIREWORKS
FOOD
HOCKEY
HUGE
INDOOR
LIVE
MUSIC
OPEN
OUTDOOR
PARK
PEANUTS
PEOPLE
PLAY
POPCORN
ROWS
SCORE
SEAT
SECURITY
SOCCER
SPECTATOR
SPORT
STAGE
STRUCTURE
SUITES
TEAM
TICKET
TRACK
UNIVERSITY

Solution on page 334

Font Design

W	R	U	Z	L	H	T	B	J	Y	W	H	V	H	B	U	J	F	J	P
G	W	E	U	Y	T	W	O	X	E	N	Z	O	Q	P	R	F	I	G	S
P	C	H	J	X	J	I	O	Y	G	D	Z	F	M	K	O	X	F	M	V
S	L	I	E	G	N	S	K	P	R	I	N	T	H	I	N	H	D	H	Q
D	X	Z	E	B	P	S	C	Q	P	N	O	O	T	L	C	O	Y	P	R
Y	Z	K	Z	G	A	J	A	E	H	G	H	A	C	P	J	Z	X	T	W
N	T	B	R	Q	U	V	L	C	Y	B	M	C	O	I	I	D	N	Y	C
G	U	H	D	T	Z	F	B	M	I	A	H	I	Q	G	L	R	M	D	U
E	P	Y	T	N	A	M	O	R	E	T	U	P	M	O	C	A	C	E	Q
R	B	S	X	K	Y	E	I	D	D	C	E	N	T	U	R	Y	T	S	W
K	P	T	E	K	G	B	R	I	L	E	E	V	I	S	R	U	C	I	E
P	C	H	T	Z	L	Z	W	R	E	T	T	E	L	A	T	E	M	G	I
Q	Y	X	V	S	I	N	D	K	Y	H	L	Q	K	E	R	N	I	N	G
H	L	V	U	B	G	S	O	R	E	M	L	U	B	P	H	G	N	S	H
J	F	R	D	H	H	R	E	I	Y	S	T	A	M	R	O	F	P	L	T
U	U	E	L	Y	T	S	G	R	U	N	H	B	E	J	B	S	M	O	S
X	T	O	F	S	E	H	B	K	I	P	B	H	D	L	A	R	T	P	W
Q	K	N	B	M	T	K	W	O	L	F	Q	O	I	O	G	W	M	E	O
Z	W	D	I	Q	H	L	P	A	L	R	Y	G	U	D	A	N	Z	Z	R
D	V	T	S	Y	S	C	U	Y	U	D	J	F	M	K	Y	D	A	I	D

ALPHABET
ANGLE
ART
BLACK
BOLD
BOOK
BULMER
CENTURY
COMPUTER
CURSIVE
DESIGN
DINGBAT
FORMAT
HEIGHT
HELVETICA
ITALIC
KERNING
LETTER
LIGHT
MEDIUM
METAL
PICA
POINT
POSTER
PRINT
ROMAN
SCRIPT
SERIF
SIZE
SLOPE
STROKE
STYLE
TEXT
THIN
TIMES
TYPE
WEIGHT
WIDTH
WORD

Solution on page 335

Flying a Plane

```
L P G I P L A N D I N G S G N I W V Z A
S Q R S L U J H A S R O T A V E L E D O
L G X E C U H X M O J K H P E D A L S B
Q A P P S I K K L H P D G C N I B A C I
S C M G R S M L S R E Z I L I B A T S P
V S A G E O U A Y P V B F D G T A W P L
K T L O L W P R N X U E G T N K X E U A
V U T I I O C E E Y H L O U E X L S K N
F N I H O L V T L N D L D O L B D T A E
W T T Z P F K E U L I O F V A D Y V E X
Q S U N S R R M E P E F R T I J I K G T
D A D O J I W I D K S R C E D G O F A U
G Y E S S A G T A Z S A S P A Y R S L T
U N U E C N E L U B R U T T R A T C E H
N D Y D P R Z A A T H A I L E R O N S R
F L Y I N G X T E U V O C D U W Q M U U
F N T V K D M R Z P N T K T L S Z D F S
V C P E A I R F R A M E S I H G D D Y T
H F A I R S P E E D D T N S G E R A L F
L I F T U R B O F A N G G A R D W H R H
```

AERODYNAMICS
AILERONS
AIRFLOW
AIRFOILS
AIRFRAME
AIRSPEED
ALTIMETER
ALTITUDE
BIPLANE
CABIN
COWLING
DOGFIGHTS
DRAG
ELEVATORS
FLARE
FLYING
FUSELAGE
LANDINGS
LIFT
NAVIGATION
NOSE DIVE
PEDALS
PILOT
PITCH
PRESSURE
PROPELLER
RADIAL ENGINE
RETRACTABLE
ROLL
RUDDER
SPOILERS
STABILIZERS
STICK
STRUTS
STUNTS
TAKEOFFS
THRUST
TRIM TABS
TURBOFAN
TURBULENCE
WINGS
YAW
YOKE

Solution on page 335

Diets

I	Y	E	U	J	T	Z	L	J	V	Y	G	V	P	E	K	A	H	S	N
U	A	E	S	N	M	S	O	H	D	L	G	D	U	S	D	D	Q	C	Z
D	U	P	L	O	I	V	X	O	U	P	A	R	U	I	K	T	O	A	S
R	X	H	A	C	L	I	B	X	J	H	Q	N	E	J	B	N	A	L	A
D	U	V	O	T	S	Y	W	H	E	Y	O	T	R	N	S	E	I	E	L
B	Z	M	G	I	H	U	Q	J	Y	S	T	T	U	U	E	C	Y	R	A
B	Z	A	H	N	Q	D	M	E	B	I	R	T	M	U	O	N	X	Q	D
F	Z	S	N	T	T	Y	E	B	I	C	R	E	K	L	N	J	E	X	O
C	K	S	M	A	R	G	T	K	N	I	A	S	S	I	L	M	L	K	O
Z	B	M	A	K	L	Q	A	E	T	A	Z	L	K	T	U	S	P	W	F
T	H	G	I	E	W	L	B	I	T	N	R	S	L	P	R	K	M	U	C
H	S	K	U	D	C	N	O	I	T	A	R	E	D	O	M	I	O	K	F
R	N	D	W	M	O	N	L	W	G	Y	G	L	H	L	T	M	C	R	C
Z	T	Y	S	I	X	I	I	U	A	E	A	B	S	E	F	M	U	T	J
M	N	M	T	P	G	M	S	N	F	N	Z	A	I	V	A	I	E	D	H
G	U	R	E	H	P	Y	M	F	U	U	C	T	E	U	T	L	B	N	P
R	O	G	T	A	M	R	E	S	I	C	R	E	X	E	U	K	T	E	T
P	M	V	A	J	L	C	D	G	J	Y	R	G	N	U	H	G	Q	H	R
S	A	G	F	H	T	S	K	C	A	N	S	E	R	V	I	N	G	S	Y
S	M	Q	H	S	J	Z	O	A	J	M	I	V	A	Y	J	O	V	Y	E

ALLOTMENT
ALLOWANCE
AMOUNT
BODY
COMPLEX
CONSUME
DIET
DRINKS
EFFECTS
ENERGY
EXERCISE
FAT
FIBER
FOOD
FRUIT
GOALS
GRAMS
HEALTHY
HUNGRY
INTAKE
JOURNAL
LIGHT
LOSE
MASS
MEALS
METABOLISM
MODERATION
MUSCLE
NUTRITION
PHYSICIAN
PORTION
RESTRICT
SALAD
SCALE
SERVINGS
SHAKE
SKIM MILK
SKINNY
SLIM
SNACKS
SUGAR
VEGETABLES
WEIGHT

Solution on page 335

Orthodontics

U	I	F	I	A	E	J	L	F	F	M	J	O	R	H	O	T	B	Y	I
B	Z	S	Z	K	P	L	I	H	U	H	Z	A	B	L	F	H	D	V	M
I	R	X	J	F	T	P	A	L	C	F	F	A	E	N	G	A	P	C	S
P	R	E	S	S	U	R	E	S	W	L	G	U	M	E	T	A	L	W	I
K	J	P	M	I	M	C	E	A	T	S	U	J	D	A	Z	M	A	U	N
T	R	A	O	M	Y	D	O	A	R	I	B	P	V	A	A	J	T	V	V
X	E	Y	U	P	S	R	I	R	T	A	C	H	I	L	D	R	E	N	I
M	X	C	T	L	T	E	Y	A	R	M	N	S	O	F	E	W	S	S	S
R	Y	A	H	A	R	J	C	O	G	E	E	C	N	A	R	U	S	N	I
E	V	P	G	N	A	E	O	A	A	N	C	N	E	W	N	O	Y	Q	B
T	V	A	F	T	I	T	S	P	R	L	O	T	T	W	O	E	Y	J	L
A	T	I	Q	I	G	C	R	U	U	B	L	S	I	V	I	R	S	W	E
I	T	N	S	F	H	E	I	S	L	A	L	S	I	O	T	U	C	S	S
N	F	X	R	N	T	H	I	A	V	T	D	L	W	S	N	P	K	F	R
E	Z	A	D	L	E	O	G	O	N	O	S	O	I	U	E	T	P	H	J
R	C	L	A	J	N	P	M	V	M	N	A	T	R	B	V	I	G	A	S
J	O	I	S	R	B	E	X	A	M	I	N	E	E	A	E	O	E	Y	G
M	Q	G	V	S	R	F	Z	E	R	E	V	L	I	S	R	N	T	X	I
U	E	N	C	E	L	I	M	S	D	D	E	T	C	A	P	M	I	E	J
H	S	A	X	S	D	N	A	B	H	U	B	A	N	I	C	F	B	L	T

ADJUST
ALIGN
ALTER
APPEARANCE
BANDS
BILL
BITE
BRACES
CHILDREN
CORRECTION
CROWN
DENTISTRY
DEVICE
DIAGNOSIS
ELASTICS
ERUPTION
EXAMINE
EXPENSIVE
FIX
GAP
GUM
IMPACTED
IMPLANT
INSURANCE
INVISIBLE
JAW
MALOCCLUSION
METAL
MOLD
MOUTH
PAIN
PLATES
PRESSURE
PREVENTION
REMOVAL
RESULTS
RETAINER
ROOT
SILVER
SMILE
STRAIGHTEN
TECHNICIAN
TREATMENT
WIRE
WISDOM

Solution on page 335

Hacking

Y	K	E	Q	K	D	S	X	W	L	A	G	E	L	L	I	Y	B	P	X
K	V	S	L	S	O	H	A	M	U	T	R	O	J	A	N	U	D	B	C
C	E	I	K	O	O	C	Q	U	F	M	C	I	G	I	F	S	S	T	D
I	S	Y	R	S	R	Z	H	N	T	R	N	E	D	D	I	H	S	Y	J
R	S	T	B	U	E	L	U	Q	I	A	E	K	R	Z	Q	E	T	S	U
T	A	P	N	O	S	D	R	C	E	X	M	T	N	I	N	T	T	E	P
Z	P	H	R	U	A	R	O	D	C	Z	J	N	U	O	D	E	R	S	M
F	Y	C	I	N	O	R	T	C	E	L	E	E	H	P	A	E	C	S	S
K	B	S	G	C	R	C	D	H	D	S	T	S	C	L	M	C	R	E	H
F	N	G	L	U	O	M	C	C	N	O	I	T	A	M	R	O	F	N	I
B	A	A	P	X	E	M	B	A	M	D	I	M	A	W	Y	J	C	K	J
R	K	T	R	S	X	R	A	E	Z	T	E	R	O	C	F	O	S	A	A
E	E	E	D	P	P	W	R	Y	A	Q	G	B	U	R	N	V	L	E	C
A	D	W	A	R	E	W	S	L	H	O	T	L	M	L	P	G	N	W	K
C	Y	A	T	Z	R	T	E	N	R	E	T	N	I	E	O	M	D	H	C
H	S	Y	A	S	T	N	T	P	C	U	M	N	I	R	I	L	O	N	S
V	B	K	Z	F	T	N	G	H	R	L	E	V	I	S	U	L	E	C	J
U	Y	H	E	E	S	J	S	E	S	P	Y	T	I	R	U	C	E	S	T
I	D	H	D	E	L	L	I	K	S	H	H	J	L	W	X	R	H	D	E
W	T	M	O	M	G	J	Y	R	R	M	J	H	B	U	U	I	Z	I	B

ACCOUNTS
ADWARE
ALGORITHM
BREACH
BYPASS
CODES
COMPROMISED
COMPUTER
COOKIE
CORRUPT
CULTURE
DATA
DECEITFUL
DISHONEST
DOOR
ELECTRONIC
ELUSIVE
EMBED
EXPERT
GATEWAY
GEEKS
HIDDEN
HIJACK
ILLEGAL
INFORMATION
INTERNET
KEYBOARD
MAYHEM
ONLINE
PRANK
PROGRAMMER
REDIRECT
REMOTE
SECURITY
SKILLED
SLY
SPY
STEAL
TALENTED
TECHS
THEFT
TRICKY
TROJAN
VIRUS
WEAKNESSES

Solution on page 335

Seinfeld Reruns

D	B	G	U	A	Z	L	O	M	Y	R	R	E	J	N	X	W	Z	M	L
Q	P	A	Z	N	A	T	S	O	C	A	L	Y	A	S	A	I	R	V	Y
M	R	P	I	T	T	G	R	E	S	N	E	P	S	I	D	Z	E	P	E
S	I	S	O	R	U	E	N	U	L	L	O	O	O	G	I	R	N	B	G
D	B	A	E	H	Q	R	V	I	T	I	R	L	N	L	R	S	I	R	R
R	R	V	L	Q	S	I	I	A	T	N	H	I	A	E	O	X	D	S	O
A	O	G	P	J	T	E	H	S	A	A	H	C	L	N	L	Q	P	T	E
H	M	B	R	S	F	W	E	S	C	T	D	A	E	S	F	I	S	A	G
C	A	O	E	E	M	K	U	F	O	I	I	W	X	I	H	E	I	N	X
I	N	F	L	I	M	S	A	N	F	N	Y	Y	A	S	K	O	T	D	X
R	T	I	T	B	B	A	T	E	E	O	C	Y	N	H	E	C	U	U	X
W	I	E	H	S	U	U	R	B	R	F	C	O	D	L	C	S	A	P	G
L	C	C	F	I	O	L	E	K	G	F	I	J	E	N	O	U	T	J	V
Y	N	Y	B	B	L	N	C	N	O	T	T	L	R	M	M	P	I	E	I
A	E	Y	A	N	E	I	I	T	A	M	C	A	Y	F	E	E	O	W	Z
W	W	D	L	S	T	K	S	L	H	N	S	F	E	L	D	R	N	I	B
B	M	O	D	Y	R	Q	E	M	U	G	J	O	R	N	I	M	S	S	X
U	A	R	L	A	R	R	Y	D	A	V	I	D	C	A	A	A	I	H	I
S	N	A	P	P	L	E	S	D	N	A	H	N	A	M	N	N	D	Y	V
Q	M	P	E	T	T	Y	D	D	U	P	C	M	F	H	A	K	I	K	O

ABOUT NOTHING
BALD
COFFEE SHOP
COMEDIAN
COSMO KRAMER
COSTANZA
DAILY LIFE
DATING
DINER
ELAINE BENES
FESTIVUS
FLORIDA
FRANK
GEORGE
JACKIE CHILES
JASON ALEXANDER
JERRY
JEWISH
LARRY DAVID
MAN HANDS
MR PITT
NBC
NEAT FREAK
NEUROSIS
NEW YORK CITY
NEWMAN
NIGHTCLUB
NIHILISM
NYC
PARKING
PARODY
PETTY
PEZ DISPENSER
PUDDY
RELATIONSHIPS
RICHARDS
ROMANTIC
SITUATIONS
SNAPPLE
STANDUP
SUBWAY
SUPERMAN
SUSAN ROSS
TIM WHATLEY
UNCLE LEO

Solution on page 335

The Romantic Era

P	C	C	D	H	I	B	T	M	G	P	R	K	A	N	S	R	W	X	V
E	M	X	G	P	E	A	U	T	H	O	R	S	O	C	I	E	T	Y	B
E	R	U	T	A	N	N	G	I	K	V	L	B	A	L	L	E	T	E	F
F	S	V	U	E	R	E	L	I	G	I	O	N	N	A	D	R	E	R	E
M	P	T	U	Q	N	O	I	I	W	A	Y	Y	E	U	E	T	E	U	W
J	Y	A	R	A	S	O	T	S	G	O	D	D	C	V	H	N	K	T	U
Z	T	B	I	O	L	N	I	G	C	H	I	A	O	O	C	H	B	L	V
L	D	I	P	N	E	A	M	T	Y	I	T	L	V	H	E	I	W	U	W
Z	C	H	N	M	T	T	U	E	A	I	T	E	F	L	X	D	S	C	P
J	Y	V	E	J	D	I	R	T	O	N	N	E	N	Z	P	C	Q	U	M
N	O	V	E	L	S	O	N	N	C	L	I	N	H	M	R	W	Q	U	M
P	O	E	T	S	L	N	V	G	I	E	P	G	L	T	E	U	F	I	X
M	U	J	P	K	X	A	L	C	T	N	L	U	A	Q	S	N	C	S	E
N	F	P	L	P	Q	L	N	Q	R	Z	T	L	V	M	S	E	T	R	L
O	O	O	L	A	C	I	S	S	A	L	C	U	E	P	I	U	A	W	E
I	F	I	N	D	U	S	T	R	I	A	L	C	I	T	O	Z	B	S	U
S	N	X	T	C	J	M	W	E	P	C	C	M	D	T	N	K	Y	H	R
S	V	Y	R	O	T	S	I	H	S	T	Y	L	E	F	I	I	R	H	O
A	I	X	Q	X	M	U	R	E	A	L	I	S	M	K	S	O	O	L	P
P	G	H	O	F	E	E	L	I	N	G	F	A	R	O	M	A	N	C	E

AESTHETIC
ART
AUTHORS
AWE
BALLET
BEAUTY
BEETHOVEN
BYRON
CLASSICAL
CULTURE
EDUCATION
EMOTION
ENLIGHTENMENT
ERA
EUROPE
EXPRESSIONISM
FEELING
FOLKLORE
FRENCH
HISTORY
IDEAL
IMAGINATION
INDUSTRIAL
INTELLECTUAL
INTUITION
LOVE
MEDIEVAL
MOVEMENT
MUSIC
NATIONALISM
NATURE
NOVELS
PAINTING
PASSION
PHILOSOPHY
POETS
REALISM
RELIGION
REVOLT
ROMANCE
SOCIETY
STYLE

Solution on page 336

Watching Captain Kangaroo

M	Y	B	E	R	E	H	K	L	O	S	U	G	Z	C	R	N	X	G	M
Z	C	V	V	C	M	S	D	S	E	I	R	E	S	B	M	X	X	K	W
G	E	L	I	U	L	G	N	E	E	I	R	A	D	I	O	W	J	O	K
N	V	T	S	H	C	A	R	A	D	R	E	T	C	A	R	A	H	C	W
I	S	I	L	L	Y	U	S	A	E	U	U	L	B	E	N	S	U	V	G
N	C	B	G	O	S	T	U	S	N	J	C	T	E	Q	I	W	X	N	W
R	E	B	B	A	S	D	R	E	I	D	N	A	N	B	N	H	O	S	T
A	D	A	E	E	I	X	R	A	W	C	P	E	T	E	G	S	L	L	J
E	S	R	U	E	E	D	B	Q	E	V	A	A	E	I	V	P	J	D	C
L	T	G	N	S	L	L	Y	B	A	B	X	P	R	R	O	D	R	B	A
P	A	C	S	I	B	R	H	J	C	W	G	L	T	E	G	N	A	I	T
O	E	M	H	L	O	C	A	R	T	O	O	N	A	A	N	M	A	L	H
M	Z	C	B	T	O	M	T	E	R	R	I	F	I	C	I	T	O	L	E
N	A	G	S	C	B	A	N	A	N	A	M	A	N	C	K	N	S	C	M
O	I	R	E	T	H	G	U	A	L	K	D	J	M	E	N	T	O	O	E
Z	Z	B	G	I	N	O	I	S	I	V	E	L	E	T	U	A	O	S	F
J	U	V	Y	O	P	U	P	P	E	T	D	S	N	N	T	S	D	B	R
O	O	E	N	F	R	B	P	K	N	J	H	K	T	U	E	I	O	Y	N
P	D	E	U	A	D	P	Q	W	E	A	X	S	K	F	K	B	K	G	C
R	X	M	D	I	Z	L	S	I	N	G	I	N	G	E	P	Y	W	E	W

ADVENTURES
AUDIENCE
BANANA MAN
BILL COSBY
BOB
CAPTAIN
CARTOON
CBS
CHARACTER
CHILDREN
CLASSIC
CLOWN
COAT
DANCING BEAR
EDUCATIONAL
ENTERTAINMENT
FUN
GRANDPARENTS
GREEN JEANS
GUESTS
HOST
KEESHAN
KIDS
LAMB CHOP
LAUGHTER
LEARNING
MOOSE
MORNING
MUSIC
PROGRAM
PUPPET
RABBIT
RADIO
SERIES
SHOW
SILLY
SINGING
SONG
STORY
STUNTS
TELEVISION
THEME
TOM TERRIFIC
TREASURE

Solution on page 336

Reasoning

```
Y H R G B T R U E L Q K U O U F Z L D Y
E Q L R S Z D E C I S I O N A P A K C M
Z U L E L Z Z U P I B N S F A R M C P H
M S T A U A L P S G T H H N D E B A T E
R C C O N Z M Y S O Y T T G N M L M H S
H I E I U O L R L P O X C T X I Q O E Y
C T L P S A I O O O T U A O P S E D O M
R N L R N Y G T K F A L T L R E C S R B
A A E A K Y H X A O L Y A C O R N I Y O
E M T C K E Z P Y R P C A O O Z E W L L
S E N T S Z D F A N I U S D F M R C E X
E S I I C Y C N E T S I S N O C E Y T P
R M S C A L V L Y E E O U L R L F S C Z
E E I A Y A P L D O U M M H T K N O U P
A T L L L I A E G N Q B P O C G I R D G
S H N I C N I S D Y T B T G S Y S T E M
O O D N A C O N C L U S I O N M P G D K
N D I Z D B E E N Z I C O M P L E X K F
G R E E K S L S Z R W O N K A V Z D P G
P M A E S W U E A S E T U V F R W C J M
```

ANALYSIS
ANALYTICAL
ARISTOTLE
ASSUMPTION
BOOLEAN
CAUSE
COMPLEX
CONCLUSION
CONSISTENCY
CORRECT
DEBATE
DECISION
DEDUCT
FACT
FORMAL
GREEK
HYPOTHESIS
INFERENCE
INTELLECT
KNOW
MENTAL
METAPHYSICS
METHOD
ONTOLOGY
OUTCOMES
PLATO
PRACTICAL
PREMISE
PRINCIPLE
PROOF
PUZZLE
RATIONAL
REASON
RELIABLE
RESEARCH
SEMANTICS
SENSE
SOUNDNESS
SYMBOL
SYSTEM
TEST
THEORY
TRUE
VALID
WISDOM

Solution on page 336

Dates

```
Z W M B Y A S C O X T N U F L O W E R S
B A R N G G N D K P G O M F L U T T E R
G L T E E M N O I T C U D O R T N I R O
T K I W N X G K Q G M U H B Q O L E E M
V I F N E D U L E R P D B H I F S N F A
U N L E D C E G N I N I A T R E T N E N
G G I S O D N Z Q Z F C A E R X Y L M C
C H R S O O A A V D U P T V D H T I U E
T Q T F R U T T D O I T A N S I B N S S
T W A H B B H M E C U T W O P L N U I K
J X T E E L G I I B I S G I P A O N C N
J N I N L E I T O O E I N T Q R I Y E I
G B O L L D N A N X N L I A U A S P L R
Q G N I K A M H C T A M N T E T S P E D
H I E V Q T E I E U O O N C S I E A Y A
R F R E V E T R G V I E I E T O R H Y Y
D R V N F E E H I S V N G P I N P T O L
V Q O I D S I E N D M A E X O C M Q C L
W J U N T N R E A A C J B E N U I A S I
K I S G G J T K J I T T E R S K R A P S
```

ADVENTUROUS
ANTICIPATION
BEGINNING
BLIND DATE
BUTTERFLIES
CAR
COY
DANCE
DINNER
DOORBELL
DOUBLE DATE
DRINKS
ENLIVENING
ENTERTAINING
EXCITED
EXHILARATION
EXPECTATION
FLIRTATION
FLOWERS
FLUTTER
FUN
HAPPY
HUG
IMPRESSION
INTEREST
INTRODUCTION
JITTERS
LAUGHING
MATCHMAKING
MEET
MOVIE
MUSIC
NERVOUS
NEWNESS
NIGHT
PRELUDE
QUESTIONS
RENDEZVOUS
RESERVATION
ROMANCE
SHY
SILLY
SPARKS
TENSION
WALKING

Solution on page 336

Canadian

H	S	I	L	G	N	E	X	P	O	S	R	E	I	T	R	A	C	O	F
K	E	E	E	D	M	O	N	T	O	N	N	O	T	L	I	M	A	H	O
K	N	A	I	G	R	E	A	T	L	A	K	E	S	C	S	U	R	O	R
E	A	Z	A	T	R	E	B	L	A	W	N	F	E	R	L	X	I	T	E
S	T	U	V	A	N	C	O	U	V	E	R	H	W	W	L	R	B	N	S
Y	E	N	O	R	L	U	M	X	W	H	O	J	P	I	A	I	O	O	T
R	W	A	W	A	T	T	O	F	A	C	B	O	H	W	F	F	U	R	S
A	O	I	R	A	T	N	O	M	K	T	L	H	U	D	A	S	N	O	R
G	W	T	N	W	M	U	D	E	H	A	U	N	R	N	R	A	R	T	O
L	A	O	I	N	N	A	Y	T	R	K	E	C	E	A	A	L	I	R	T
A	M	C	A	D	I	C	P	B	G	S	J	A	E	L	G	G	R	U	P
C	O	S	L	M	Q	P	E	L	J	A	A	B	D	S	A	U	O	D	A
X	U	A	P	O	R	A	E	B	E	S	Y	O	N	I	I	O	Q	E	R
H	N	V	M	O	R	V	H	G	E	L	S	T	I	N	N	D	U	A	F
D	T	O	A	S	V	D	Q	O	Z	U	E	G	E	I	P	U	O	U	R
E	L	N	H	E	U	I	V	Z	Z	K	Q	A	R	F	Y	Q	I	P	E
Q	O	H	C	M	A	N	I	T	O	B	A	I	F	F	T	V	S	T	N
U	G	N	E	W	B	R	U	N	S	W	I	C	K	A	R	C	T	I	C
B	A	L	D	L	G	E	M	K	C	A	J	R	E	B	M	U	L	J	H
O	N	L	K	V	K	X	X	T	L	I	V	V	I	Z	W	G	A	P	V

ALBERTA
ARCTIC
BAFFIN ISLAND
BLUE JAYS
CALGARY
CARIBOU
CARTIER
DE CHAMPLAIN
DOUGLAS FIR
EDMONTON
ELK
ENGLISH
EXPOS
FORESTS
FRENCH
GREAT LAKES
GRIZZLY BEARS
HAMILTON
ICE HOCKEY
INUIT
IROQUOIS
JOHN CABOT
LUMBERJACK
MANITOBA
MAPLE LEAF
MOOSE
MOUNT LOGAN
MOUNTIES
MULRONEY
NEW BRUNSWICK
NEWFOUNDLAND
NIAGARA FALLS
NOVA SCOTIA
ONTARIO
OTTAWA
POLAR BEARS
QUEBEC
RAPTORS
REINDEER
SASKATCHEWAN
SENATE
TORONTO
TRUDEAU
VANCOUVER
WINNIPEG

Solution on page 336

Double-*O* Words

Q	Z	B	N	Y	Z	Q	R	R	K	G	B	Q	M	F	G	S	O	U	O
S	P	R	A	W	P	A	P	Q	L	E	H	O	L	O	O	S	E	T	R
O	Z	T	R	L	I	I	T	C	U	C	K	O	O	T	O	O	Z	J	L
Z	H	D	M	E	L	Q	C	I	H	R	O	O	D	T	D	N	M	T	N
Y	G	L	Z	N	T	O	H	O	L	D	M	O	A	Z	B	V	E	E	J
E	Y	Y	I	L	C	O	O	K	F	K	L	Y	O	F	J	J	T	Z	K
S	P	O	O	R	C	S	O	N	B	P	O	O	L	G	A	M	O	Z	A
U	W	G	F	O	E	G	S	C	P	S	E	V	O	O	H	B	N	K	R
N	S	O	O	D	R	O	I	H	S	A	H	J	X	M	H	C	O	N	U
R	K	L	O	I	Y	A	N	O	O	C	C	A	R	R	I	W	U	G	G
F	G	R	T	L	E	L	G	B	G	O	K	X	M	E	O	E	R	S	X
N	X	R	H	D	S	F	W	N	G	D	K	K	S	P	T	O	E	C	K
O	C	J	H	M	P	U	T	L	A	E	F	M	F	P	O	S	F	H	H
X	Q	G	B	J	H	L	Q	B	O	K	O	Y	O	V	O	O	O	O	N
B	P	M	W	C	T	X	S	P	O	O	N	T	E	O	O	O	O	O	B
H	Z	Z	J	A	J	P	S	A	T	O	B	O	G	D	S	P	R	L	R
Q	G	W	Y	F	X	T	O	H	M	R	M	M	O	C	H	E	Y	T	W
E	X	B	F	S	D	N	O	F	O	C	S	O	A	N	S	X	P	D	Z
P	R	Z	Z	U	W	Y	N	O	V	B	K	I	O	B	B	K	H	B	O
D	T	M	A	B	X	Z	M	J	R	D	W	O	O	D	I	A	F	N	C

BALLOON
BAMBOO
BOOM
BOOT
CHOOSE
CHOOSING
COOK
COOL
CROOKED
CUCKOO
DOOR
FLOOD
FOOD
FOOT
GOOD
GOOSE
GROOVE
HOOK
HOOP
HOOVES
KANGAROO
LOOM
LOOP
LOOSE
MOOD
MOON
MOOSE
NOON
POOR
RACCOON
ROOF
ROOM
ROOSTER
ROOT
SCHOOL
SCOOTER
SHAMPOO
SMOOTH
SOON
SPOON
TOO
TROOPS
WOOD
WOOL
ZOO

Solution on page 336

Too Loud!

```
G B A R K I N G N O G S P U T A X W Q K
W M S M A E R C S W M W N K U C E S Q D
J O P L P A R T I E S N O R I N G I W S
E B L H E L I C O P T E R V O O L O X E
T R A I N B I R O C K E T J D H R I L K
P T G V N H I F G N I R E E H C M L N W
H D H E A S S C I T S U O C A C R S U B
A S R U O L V A E E N T L A D U A O C V
D I E A N E A M R D R P R Y A G L N P M
S C W H G D R N Q C D S J U N M A I S N
O L A D S R E E C K Z O H N C O E C E D
D L S Y K E A R T H Q U A K E T R B N O
A V N F R Q G C V S E N R J C O I O I X
N O I S O L P X E X V D O Z L R F O G Z
R C A F W S X G N I L W O H U C S M N N
O Y H C E W A T E R F A L L B Y E R E U
T M C I R Y Q G Z H D V T R E C N O C I
O B B S I O S P E A K E R S I L O S J Y
K A G U F B J Y D Y N A M I T E H M F U
B L U M U M U Q U X H Q E N A L P I C Z
```

ACOUSTICS
AMPLIFIER
AVALANCHE
BABIES
BARKING
BOMB
CHAINSAW
CHEERING
CONCERT
CONSTRUCTION
CRASH
CROWD
CYMBAL
DANCE CLUB
DECIBELS
DOGS
DRAG RACE
DYNAMITE
EARTHQUAKE
ENGINES
EXPLOSION
FIRE ALARM
FIREWORKS
GONG
HELICOPTER
HORNS
HOWLING
JET
MOTORCYCLE
MUSIC
PARTIES
PHONES
PLANE
ROCKET
SCREAM
SIREN
SNORING
SONIC BOOM
SOUND WAVE
SPEAKERS
STEREO
THUNDER
TORNADO
TRAIN
WATERFALL

Solution on page 337

Martin Luther King, Jr.

R S E I T X I S P E A K E R C H U R C H
O T T S I G S Q B L A C K S O U T H P I
T E E H Y L B L O O D Y S U N D A Y D P
S N A C G L K L E G A C Y T I L A U Q E
A N A S N I Q Q T Y R O T S I H B W S A
P E A M S E R P V N H A C T I V I S T C
F S K B Y A L N M A E R D A E V A H I E
A S S B H G S O A T I M E G A R U O C F
T E I U Q Z R S I M H C E E P S J I J U
H E R S B N O E I V U D P V T C V A I L
E R E B I O S N L N N H O H O I Q I K T
R O V O R I A O M C A O T S L M F I J N
E T E Y M T P I E A B T N R E I L G C E
H A R C I A A G M I E Z I R P L E B O N
C R E O N G R I P J R G A O E O M D R I
A O N T G E K L H M H H T D N E C A E M
E F D T H R S E I T M I N I S T E R T O
R T L E A G Z R S S T R U G G L E F T R
P S L Q M E L X Y R E M O G T N O M A P
B A P T I S T R A C I S M O D E E R F R

ACTIVIST
ASSASSINATION
BAPTIST
BIRMINGHAM
BLACK
BLOODY SUNDAY
BUS BOYCOTT
CHURCH
CIVIL RIGHTS
CLERGYMAN
CORETTA
COURAGE
DISCRIMINATION
EQUALITY
FATHER
FREEDOM
HISTORY
HUMAN RIGHTS
I HAVE A DREAM
KILLED
LEGACY
MEMPHIS
MINISTER
MONTGOMERY
MOUNTAINTOP
MOVEMENT
NOBEL PRIZE
NONVIOLENCE
ORATOR
PASTOR
PEACEFUL
PREACHER
PROMINENT
RACISM
RELIGION
REVEREND
ROSA PARKS
SEGREGATION
SELMA
SIXTIES
SOUTH
SPEAKER
SPEECH
STRUGGLE
TENNESSEE

Solution on page 337

Very Bright

U	L	G	E	U	N	I	N	G	S	N	G	B	M	H	C	H	D	P	P
G	G	M	A	J	S	V	D	I	T	E	N	P	Q	V	L	G	D	M	K
M	L	C	H	A	V	T	L	H	X	Y	I	E	A	Y	F	E	A	E	A
F	F	N	Y	L	R	V	U	A	A	N	F	I	R	E	J	L	A	H	I
X	U	K	P	R	E	P	F	D	D	X	A	A	M	U	A	A	H	T	R
E	S	R	O	R	R	I	M	W	E	S	I	O	F	D	L	T	U	E	O
Q	H	K	J	W	O	O	D	H	S	N	O	I	S	I	V	E	L	E	T
C	H	J	R	L	N	F	L	G	B	N	T	N	Q	A	E	M	O	T	I
U	W	C	A	A	A	A	E	O	L	K	O	S	S	M	I	L	E	I	N
R	Z	H	Y	C	P	W	W	S	C	I	M	U	W	O	L	L	E	Y	O
Q	W	S	Y	H	T	S	N	Q	S	A	T	D	M	N	O	T	R	D	M
E	T	H	G	I	L	O	C	O	R	O	R	T	D	D	I	D	A	L	I
G	X	N	D	L	W	G	L	T	I	A	R	S	E	H	H	G	L	O	W
K	Y	E	A	D	Q	P	O	Y	G	T	T	S	W	R	Z	S	G	G	J
H	A	N	T	R	X	Y	T	A	J	E	C	S	R	Z	H	C	A	E	B
F	P	D	N	E	O	N	H	Q	L	R	N	E	M	O	S	B	W	L	L
D	F	T	F	N	Z	H	I	D	Y	O	W	I	L	G	L	E	G	P	F
T	I	M	U	Q	C	A	N	J	F	G	Y	A	U	F	L	O	Y	Y	R
A	C	K	A	L	V	A	G	U	Y	E	N	I	H	S	E	N	C	E	V
V	Y	Y	H	W	C	D	I	G	S	S	A	M	T	S	I	R	H	C	R

BEACH
CANDLE
CARS
CHILDREN
CHRISTMAS
CLOTHING
COLORS
DAY
DIAMOND
EXPLOSIONS
EYES
FIRE
FLASH
GENIUS
GLARE
GLITTER
GLOW
GOLD
HALO
IDEA
JEWELS
LAMP
LIGHT
METAL
MIRRORS
MONITOR
MOON
NEON
PROFESSORS
RAINBOWS
REFLECTION
SHINE
SILVER
SKY
SMART
SMILE
SNOW
SPARK
STAR
STUDENTS
SUN
TEETH
TELEVISION
WHITE
YELLOW

Solution on page 337

Let's Make Music

Z	E	L	M	B	M	Y	V	I	R	S	D	D	I	B	O	S	D	F	F
B	A	M	X	D	Q	E	C	O	K	O	R	M	T	E	P	M	U	R	T
S	B	R	K	V	C	S	O	J	N	U	I	Y	N	O	H	P	M	Y	S
Z	G	G	B	W	K	L	E	A	M	I	O	O	N	A	R	P	O	S	Q
O	Z	L	O	G	T	H	I	Z	M	M	H	T	Y	H	R	W	A	W	L
Y	J	Y	X	N	S	P	I	Z	E	P	C	A	K	A	U	B	H	E	L
B	Q	S	N	N	G	E	K	T	O	N	L	C	H	V	O	C	A	L	F
R	E	D	T	T	J	R	F	X	T	P	O	I	D	U	T	S	O	O	T
M	H	I	T	S	E	U	A	O	U	R	G	T	F	I	S	L	T	M	Q
F	T	J	X	G	X	S	S	E	L	T	T	Q	P	I	W	P	L	U	G
P	O	P	S	L	P	A	E	T	D	K	U	E	Q	B	E	E	A	S	Y
Z	G	I	U	G	Z	E	E	N	H	E	B	F	N	C	N	R	Y	S	E
B	Q	G	L	E	P	M	R	A	O	Y	A	I	C	O	T	C	E	A	N
B	R	Z	J	E	P	E	T	A	E	B	L	T	H	E	R	U	P	R	T
B	H	D	M	O	T	B	L	P	S	O	M	P	T	H	L	S	N	B	H
E	T	G	S	S	B	U	W	W	I	A	O	O	T	B	C	S	A	E	M
E	S	C	E	L	L	O	L	V	T	R	G	P	R	A	T	I	U	G	D
S	B	W	D	R	V	L	E	F	C	D	D	N	A	T	S	O	C	V	R
U	V	K	G	W	G	K	F	I	D	D	L	E	O	L	G	N	I	S	Y
P	Q	F	S	T	N	E	M	U	R	T	S	N	I	S	C	P	T	B	U

ALTO
AMPLIFIER
BASS
BEAT
BLUES
BRASS
CELLO
CHOIR
CLAP
DRUM
FIDDLE
FLUTE
FOLK
GUITAR
HARP
INSTRUMENT
JAZZ
KEYBOARD
MEASURE
MICROPHONE
OBOE
PERCUSSION
PIANO
PITCH
PLAY
QUARTET
RHYTHM
ROCK
SAXOPHONE
SING
SONG
SOPRANO
STAND
STUDIO
SYMPHONY
TEMPO
TENOR
TONE
TROMBONE
TRUMPET
TUBA
TUNE
VIOLIN
VOCAL
WESTERN

Solution on page 337

Sinks

Y	E	X	P	L	K	L	E	E	T	S	F	D	S	H	P	J	Z	X	S
S	P	H	W	K	L	T	V	Y	A	X	S	V	B	W	X	U	F	B	G
B	T	H	T	T	I	W	N	N	O	Q	N	A	S	U	R	P	B	O	L
K	O	I	S	M	P	U	C	A	B	R	C	G	L	S	R	D	L	E	N
R	W	Q	V	H	D	I	S	H	E	S	P	O	N	G	E	C	C	F	I
F	E	M	O	O	W	C	M	D	R	L	D	F	R	S	P	S	S	F	S
A	L	G	U	P	E	N	O	T	S	O	C	N	I	J	P	A	T	V	A
U	N	B	N	L	L	M	T	N	V	T	M	G	A	M	O	T	T	O	B
C	L	C	Q	U	B	A	T	H	A	J	N	E	A	H	C	V	V	Q	R
E	O	Y	L	M	L	B	S	L	A	U	N	D	R	Y	L	E	F	L	Q
T	X	F	R	B	R	P	D	T	C	E	T	I	N	A	R	G	E	D	G
C	C	O	M	E	T	Z	Z	V	I	X	Y	S	A	F	X	M	I	Z	R
Y	L	V	T	R	S	N	H	G	M	C	S	P	L	P	A	R	Q	E	I
Q	L	A	S	U	O	E	Y	Z	A	J	C	O	U	N	T	E	R	P	N
M	W	I	D	G	A	H	O	H	R	H	W	S	E	Y	N	L	B	I	S
Q	O	S	C	V	P	C	K	R	E	N	I	A	R	T	S	B	A	P	E
S	B	D	Y	J	L	T	L	R	C	U	P	L	S	M	J	R	T	J	F
R	F	R	O	X	C	I	V	Z	Y	W	C	S	T	H	D	A	C	V	Z
F	X	C	J	V	X	K	X	Z	G	O	M	W	S	V	X	M	R	K	S
S	T	J	N	D	A	B	X	U	O	B	C	I	I	J	O	O	T	I	D

BASIN
BATH
BOTTOM
BOWL
CERAMIC
CHROME
CLEAN
CLOG
COMET
COPPER
COUNTER
DESIGN
DIRTY
DISHES
DISPOSAL
DOUBLE
DRAIN
ENAMEL
FAUCET
GLASS
GRANITE
HANDS
HEAVY
HYGIENE
KITCHEN
LAUNDRY
MARBLE
MODERN
OVERFLOW
PIPE
PLASTIC
PLUMBER
PLUNGER
RINSE
SCRUB
SOAP
SPONGE
STEEL
STONE
STRAINER
SUDS
TAP
TOWEL
WASH
WATER

Solution on page 337

Firefighter

M P U P M C N H A Z M A T E S G R R E I
F A O U C K E K O M S A V R D T E Q M A
I L U M L L S E S T E L E C K L G C A X
P A V P M X U V L H Y E X A J D N J L B
L R S E A C O W S X T J X B L C A W F A
B M T R H T H S Z N P A R A M E D I C C
W S N I U Z O H U S V F I R E T R U C K
T N E R I S F L Z O A A Y U P E Y A H D
B F D X E G O G L F D V R U S O L H O R
J L I D T V N I D G I R I T P L L R S A
K I C C F I R E H Y D R A N T G E I E F
E B C Q N W N C D A C T E Z G T Z O C T
D R A I O C T G L S I N C E A L R N I E
O T A L N A D M U O K Y E W N H I Z V Q
G R L O P U A N N I L C T G N G B V R N
T E E S L T I A R E S C U E R S I M E N
Y D I H I F X J M A I H G R F E B N S S
O D E A O K J S J H A Y E F T A M T E C
L A N R W Z C Q O O X G Y R W I S E X A
G L M O U D S T O O B Q O F V M L X R F

ACCIDENTS
ALARMS
AXE
BACKDRAFT
BOOTS
CALL
CHIEF
DALMATIAN
DANGER
DISPATCH
DOG
EMERGENCY
EXTINGUISHER
FIRE ENGINE
FIRE HYDRANT
FIRE STATION
FIRE TRUCK
FLAME
HAZARDOUS
HAZMAT
HEAT
HELMETS
HERO
HOSE
HOUSE
JOB
LADDER
MEN
OXYGEN
PARAMEDIC
POLICE
PUMPER
RESCUERS
SAFETY
SAVING LIVES
SERVICE
SIREN
SMOKE
TRAINING
TRUCKS
UNIFORM
VOLUNTEER
WATER
YELLOW

Solution on page 337

Industry

N	F	O	M	O	H	J	J	O	F	I	W	S	M	I	N	I	N	G	Q
Z	D	H	H	B	P	R	O	D	U	C	T	I	O	N	T	A	R	L	T
G	P	T	S	B	Y	S	B	G	D	N	H	U	Z	N	R	E	D	O	M
D	M	N	E	S	G	C	S	X	E	S	U	O	H	E	R	A	W	V	N
V	A	E	N	S	N	I	Q	M	S	T	R	E	A	M	L	I	N	E	D
Q	I	M	I	H	I	T	Y	G	I	L	C	X	M	Q	C	D	S	S	E
N	Y	P	H	I	D	O	W	A	G	I	S	E	C	R	E	M	M	O	C
K	L	I	C	P	L	B	O	K	N	O	I	T	A	R	O	P	R	O	C
H	I	U	A	P	I	O	S	O	P	S	S	Z	U	D	M	T	R	D	D
Q	B	Q	M	I	U	R	R	S	L	L	A	T	I	P	A	C	E	E	A
L	U	E	Y	N	B	T	E	O	A	Z	C	V	E	L	U	Y	V	L	N
U	E	T	G	G	C	C	U	P	N	A	R	K	A	E	R	E	O	I	G
H	N	I	O	E	R	D	V	D	F	E	E	C	S	T	L	Y	L	A	E
T	G	I	L	U	S	L	E	U	F	L	I	S	S	O	F	R	U	T	R
G	I	E	O	D	D	E	N	I	A	N	E	U	P	H	T	O	T	E	E
N	N	S	N	N	P	A	N	B	A	N	D	M	V	R	Y	T	I	D	B
E	E	X	H	S	M	E	O	H	I	N	E	M	U	C	C	C	O	M	M
R	S	U	C	X	R	R	C	S	I	N	E	C	O	M	P	A	N	Y	U
T	C	F	E	Y	U	E	U	B	T	R	K	L	Y	T	E	F	A	S	L
S	K	E	T	A	M	B	S	R	E	K	R	O	W	P	K	X	L	K	O

BUILDING
BUSINESS
CAPITAL
COMMERCE
COMPANY
CORPORATION
DANGER
DESIGN PLAN
DETAILED
DEVELOPMENT
ELECTRONIC
EMPLOYMENT
ENGINES
EQUIPMENT
FACTORY
FOSSIL FUELS
GLOVES
INDUSTRY
IRON
JOBS
LABOR
LOUD
LUMBER
MACHINES
MANUFACTURED
MECHANICAL
MINING
MODERN
PRODUCTION
REFINERY
RESOURCES
REVOLUTION
ROBOTICS
SAFETY
SHIPPING
SPEED
STEEL
STREAMLINED
STRENGTH
TECHNOLOGY
TRUCK
UNION
WAREHOUSE
WORKERS

Solution on page 338

Items in a Purse

T	D	U	K	H	Y	B	N	A	O	I	O	H	K	L	U	V	A	S	V
Z	X	V	I	D	S	S	I	J	L	U	M	B	R	E	L	L	A	C	N
G	N	G	O	A	T	T	E	L	L	A	W	E	N	N	X	V	Y	D	O
P	H	O	N	E	W	C	N	Q	L	I	J	E	D	B	Y	C	S	M	T
F	F	E	M	O	Q	R	H	I	X	S	P	N	O	I	T	O	L	Z	E
I	I	M	O	C	I	E	G	A	M	C	G	G	Z	A	C	A	T	V	P
F	K	L	N	O	I	T	A	D	N	U	O	F	L	V	B	I	F	V	A
Z	M	M	E	M	F	H	A	A	M	G	J	N	A	O	F	O	N	F	D
P	D	E	Y	B	L	G	A	C	X	I	E	L	C	F	S	L	F	E	K
G	N	R	J	S	X	I	A	I	I	S	C	I	T	E	M	S	O	C	J
P	V	J	A	P	D	L	P	I	R	D	C	N	P	A	A	D	P	S	V
M	Q	E	A	C	U	H	R	S	S	T	E	Z	S	I	O	L	E	S	S
G	H	S	N	T	T	G	S	E	T	K	I	M	M	R	N	S	E	M	Q
W	H	R	N	H	A	I	H	U	Z	I	D	E	A	A	N	S	J	R	J
N	Y	D	R	I	F	H	D	M	R	I	C	N	S	E	S	M	X	M	P
W	U	E	T	P	O	W	D	E	R	B	T	K	C	A	A	C	I	I	U
A	A	P	P	S	V	C	A	I	R	O	V	I	L	A	F	E	A	R	E
D	X	T	A	W	T	L	P	F	Y	C	L	G	N	V	N	S	J	R	K
L	J	K	E	Y	S	K	L	T	R	O	P	S	S	A	P	D	I	O	A
K	X	A	L	R	J	I	Y	H	K	O	O	B	L	U	S	H	Y	R	M

BALM
BILLS
BLUSH
BOOK
BRUSH
CANDY
CHANGE
COINS
COMB
CONCEALER
COSMETICS
CREDIT CARD
DEODORANT
FILE
FLOSS
FOOD
FOUNDATION
GLASSES
GUM
HAIR TIES
HIGHLIGHTER
KEYS
LICENSE
LIP GLOSS
LIPSTICK
LOTION
MAKEUP
MASCARA
MEDICATION
MEDICINE
MINTS
MIRROR
MONEY
NOTEPAD
PASSPORT
PEN
PHONE
PINS
POWDER
SANITIZER
THREAD
TOY
UMBRELLA
WALLET
WATER

Solution on page 338

Ads

```
A Y G W B Y B O A E Y E T E S J B Q H M
U N P R E S S D N P D B R S A I U D T C
T A J U N E W S P A P E R S L Y E N O M
V P I Q B Q N V L Y G P F L E Z I N P O
H M B S F L O N P A N E B Y S R T R G G
C O M M U N I C A T I O N S P E B E S C
Z C A O S P S C D I A C I C N C H V P Q
D T R N E G A A R R T S R T I O G E O Y
G R K L L S U S D E N W E E O E P N N K
Y U E I L D S S Q G L S M G M M S U S E
T T T N I N R N I W D A N X A M O E O U
E H I E N H E A O A J S T A A S O R R C
N Q N R G W P B D I T E E I G B S C P A
R C G H B M R T N C S P T N O O E E Y R
E S P Y A E J G U O O I I T I N L U M S
T T E C P K L D Z S I D V A C Z S S L W
N O N U B E O E T T N P M E D I A I L C
I R S B Z R H E C A E T K B L H H G I N
E E J Z P G R A R B N O I T N E T T A U
S S E N I S U B O O X T A R G E T B M M
```

ADS
AGENCIES
ATTENTION
AUDIENCE
BILLBOARDS
BRANDING
BUSINESS
CAMPAIGNS
CARS
CELEBRITY
COMMERCIALS
COMMUNICATION
COMPANY
CONTENT
COST
COUPONS
INTERNET
JINGLE
MAGAZINES
MAIL
MARKETING
MEDIA
MESSAGES
MONEY
NEWSPAPERS
ONLINE
PENS
PERSUASION
POSTERS
PRESS
PRINT
PRODUCTS
PROMOTION
PUBLIC RELATIONS
REVENUE
SALES
SELLING
SLOGANS
SPONSOR
STORES
SUPER BOWL
TARGET
TELEVISION
TRUTH

Solution on page 338

Carnival Enjoyment

Q	G	B	Y	C	R	Q	L	P	X	L	D	Y	Y	R	N	E	W	V	O
Q	O	R	A	T	Q	S	Z	F	O	O	D	S	T	A	N	D	S	N	T
W	A	N	I	M	A	L	S	C	G	C	O	N	T	E	S	T	M	I	L
X	D	T	C	B	I	B	A	N	Q	Z	X	T	T	T	J	O	C	E	Q
Y	A	M	Y	P	E	L	O	U	F	I	R	E	W	O	R	K	S	M	J
A	B	S	E	L	F	F	A	R	F	A	M	I	L	Y	E	U	E	U	Y
D	S	U	A	F	S	E	D	A	C	R	A	M	D	T	O	W	K	J	O
Q	E	C	Y	E	E	N	Q	T	P	A	U	E	S	R	F	M	S	S	A
J	D	R	Z	R	Z	J	I	C	S	S	E	M	A	G	S	T	N	D	S
B	I	I	S	R	G	O	J	P	I	C	G	C	Y	S	I	W	M	T	T
T	R	C	U	I	N	Y	H	C	S	O	O	B	R	B	O	I	U	I	E
P	C	Y	F	S	D	V	F	J	X	V	A	N	I	L	S	N	C	T	E
I	W	T	V	W	C	N	E	R	D	L	I	H	C	S	A	E	D	E	W
Z	S	T	F	H	S	W	N	E	L	D	X	Q	I	E	C	R	L	A	S
Z	L	H	S	E	I	H	R	O	O	E	J	O	P	R	R	B	E	K	Z
A	R	E	P	E	R	F	O	R	M	A	N	C	E	S	H	T	O	O	B
Y	L	M	A	L	M	N	C	W	A	C	O	A	S	T	E	R	K	G	L
N	A	C	H	O	S	O	P	D	L	E	M	O	N	A	D	E	I	G	E
W	N	L	O	S	Z	A	O	Q	V	D	N	U	U	A	B	P	D	A	H
H	T	K	P	E	U	S	P	R	X	W	F	S	G	A	S	J	S	B	F

ACROBAT
ADMISSION
ANIMALS
ARCADE
ATTRACTIONS
BALLOONS
BOOTHS
BUY
CANDY
CAROUSEL
CHILDREN
CIRCUS
CLOWNS
COASTER
CONCERT
CONTEST
ENJOY
EXHIBITS
FAIR
FAMILY
FERRIS WHEEL
FIREWORKS
FOOD STANDS
FUN
GAMES
GIFTS
ICE CREAM
KIDS
LEMONADE
LOCAL
MUSIC
NACHOS
PEANUTS
PERFORMANCE
PIZZA
PLAY
POPCORN
PRIZES
RAFFLES
RIDES
SHOW
SODA
SPIN
SWEETS
TICKETS

Solution on page 338

Thrift Store Finds

Y	C	I	N	G	J	D	D	A	V	Z	M	S	Z	V	M	G	E	H	L
G	O	Q	B	E	V	I	S	N	E	P	X	E	N	I	F	M	S	Y	U
V	V	P	I	P	P	W	Y	J	L	L	R	D	S	Y	U	Y	H	X	H
K	P	E	S	B	O	H	S	A	E	N	C	G	M	T	O	I	I	T	O
W	E	B	B	I	S	M	N	H	C	S	R	Y	S	T	N	C	R	R	Z
S	P	V	D	T	T	T	V	V	T	K	V	O	C	E	K	A	T	I	H
K	T	A	A	D	E	M	R	W	R	O	C	S	A	I	I	E	P	K	L
F	R	O	P	R	R	O	D	L	O	O	T	D	L	D	R	V	K	S	A
A	U	X	P	U	R	E	X	A	N	B	A	K	L	I	V	T	O	S	M
W	C	H	L	R	Z	W	S	S	I	J	T	E	E	M	S	V	G	M	P
C	H	A	I	R	O	Z	I	S	C	V	T	E	R	G	W	N	S	A	S
Z	W	M	A	R	G	G	L	H	S	M	E	P	B	U	N	G	E	Q	V
U	O	I	N	R	N	T	F	E	S	T	R	S	M	R	S	H	C	T	O
S	V	A	C	M	I	L	X	L	S	K	E	A	U	H	C	A	J	D	U
E	I	Y	E	E	D	Q	N	F	L	U	D	K	O	N	N	S	E	X	Q
O	N	N	S	O	D	B	I	C	Y	C	L	E	N	D	H	Y	W	R	I
P	T	E	Y	R	E	P	A	R	D	P	S	Q	L	A	A	M	E	D	T
X	A	D	E	L	B	A	T	A	T	C	V	E	B	R	L	J	L	B	I
T	G	U	Z	B	W	Q	G	I	F	T	S	B	F	E	R	B	R	H	Q
K	E	N	E	K	M	N	R	Z	Z	G	Y	S	H	N	A	X	Y	C	W

APPLIANCES
ART
BEDDING
BICYCLE
BLANKETS
BOOKS
CANDLES
CHAIR
CHEAP
CONSIGNMENT
COSTUME
DRAPERY
DRESS
ELECTRONICS
FRAYED
GIFTS
INEXPENSIVE
JEWELRY
KEEPSAKE
LAMPS
MIRROR
MOVIES
OLD
PANTS
PLANTER
POSTER
POTS
PUZZLES
RADIO
RETRO
SHABBY
SHELF
SHIRT
SHOES
SKIRT
TABLE
TATTERED
TIE
TOYS
TREASURE
TRICYCLE
UMBRELLA
UTENSILS
VINTAGE
WORN

Solution on page 338

Giant Things

Z	N	K	R	A	H	S	G	K	D	K	R	U	B	Y	T	M	E	K	L
G	Z	W	E	F	U	R	S	P	S	C	C	Z	G	O	X	C	H	Z	A
K	T	H	T	J	N	H	N	T	B	M	O	U	N	T	A	I	N	C	T
R	R	A	A	A	L	L	I	Z	D	O	G	S	D	P	D	B	A	A	T
W	A	L	R	U	S	R	I	Q	W	R	M	E	S	Q	N	X	O	S	X
Y	I	E	C	E	M	R	O	M	F	A	I	F	Q	Z	O	M	P	T	S
R	N	T	E	D	D	O	C	H	O	I	F	F	D	B	C	Z	P	L	M
N	U	K	H	R	U	W	N	B	G	U	J	A	G	L	A	C	I	E	R
W	O	O	L	K	T	S	O	S	E	R	S	R	P	E	N	S	H	B	O
N	W	G	T	O	W	E	R	O	T	A	G	I	L	L	A	K	J	J	T
G	O	N	A	C	L	O	V	N	D	E	R	G	N	L	Z	Y	K	N	S
H	R	I	W	R	B	M	A	E	A	S	R	T	U	E	N	S	R	O	T
G	S	E	S	T	D	H	L	E	V	I	A	T	H	A	N	C	S	H	A
E	F	G	B	N	P	F	S	M	S	G	N	T	E	A	N	R	P	T	R
R	L	R	P	E	A	E	I	O	A	A	O	C	G	A	L	A	X	Y	U
C	Y	U	L	M	C	M	M	Q	R	M	O	L	U	F	H	P	W	P	M
V	Y	E	A	U	N	I	T	A	E	F	M	Y	I	K	U	E	O	X	L
Z	D	D	N	N	G	T	T	H	D	I	N	O	S	A	U	R	A	S	N
C	Z	T	E	O	J	H	E	B	Y	R	O	U	T	U	T	H	C	A	Y
C	M	N	T	M	J	B	Y	P	F	O	O	Q	S	H	R	H	I	N	O

ALLIGATOR
ANACONDA
BEHEMOTH
BOA
CASTLE
CRATER
DINOSAUR
DRAGON
EARTH
ELEPHANT
GALAXY
GIRAFFES
GLACIER
GODZILLA
GOLIATH
HIPPO
ICEBERG
LEVIATHAN
LIMOUSINE
MAMMOTH
MANSION
MONSTER
MONUMENT
MOON
MOUNTAIN
OCEAN
PLANET
PYTHON
REDWOODS
RHINO
SEA
SHARK
SKYSCRAPER
SPACE
STAR
STORMS
SUN
TARANTULAS
TOWER
TRAIN
TREE
VOLCANO
WALRUS
WHALE
YACHT

Solution on page 338

See the Sahara

Q	A	B	L	U	M	C	F	O	R	T	O	H	U	N	L	M	S	N	W
Y	Q	O	W	S	S	X	W	G	Y	I	U	C	H	A	D	R	N	C	O
C	S	K	C	S	N	D	Y	Z	F	T	U	N	E	D	M	O	I	O	V
S	H	B	C	F	Z	A	A	R	C	Z	Z	N	I	U	Y	F	A	B	A
D	M	E	G	I	A	T	I	M	B	U	K	T	U	S	A	D	T	I	Z
E	B	R	E	M	T	U	K	T	O	R	U	R	Z	I	I	N	N	G	D
S	I	B	O	T	A	Y	Z	E	P	N	R	X	R	C	J	A	U	R	U
E	D	E	P	T	A	U	H	M	J	Y	E	E	A	A	T	L	O	Z	S
R	N	R	L	T	S	H	I	P	S	Z	G	M	P	I	Y	U	M	X	T
T	I	S	A	S	J	D	S	E	O	L	E	E	R	I	G	O	A	T	S
T	W	E	I	Z	M	E	N	R	A	L	K	U	A	H	V	V	M	A	Z
T	H	V	N	E	I	U	O	A	S	D	A	Y	T	E	P	N	O	L	S
D	M	R	S	N	D	L	I	T	S	M	N	H	K	L	I	E	R	F	U
N	M	D	M	D	J	M	G	U	H	S	D	N	A	L	D	O	O	W	P
S	A	F	N	W	V	P	E	R	D	S	C	T	E	E	T	S	C	J	A
K	S	A	H	A	R	A	R	E	W	C	E	R	G	Z	S	C	C	J	H
X	S	N	O	I	P	R	O	C	S	A	I	Q	R	A	E	D	O	Q	U
T	I	F	B	N	U	Y	C	F	U	V	T	M	A	G	V	P	E	K	R
V	V	O	T	R	A	D	E	S	E	X	E	E	L	I	B	Y	A	R	D
R	E	G	I	N	A	C	I	R	F	A	H	T	R	O	N	Q	V	C	N

ALGERIA
BERBERS
BIG
CAMELS
CHAD
CHEETAH
DESERT
DROUGHT
DUST
ECOREGIONS
EGYPTIANS
FLAT
GAZELLE
GOATS
HALOPHYTIC
HEAT
HOT
LANDFORM
LARGE
LIBYA
LIZARDS
MASSIVE
MAURITANIA
MOROCCO
MOUNTAINS
NIGER
NILE RIVER
NOMADS
NORTH AFRICA
PLAINS
PLATEAUS
RED SEA
SAHARA
SAND DUNES
SANDSTORMS
SCORPION
SUDAN
TEMPERATURE
TIMBUKTU
TRADE
TUNISIA
VIPER
WATER
WIND
WOODLANDS

Solution on page 339

Auction Off

E	L	A	S	D	S	O	M	F	R	J	K	P	R	I	K	F	L	J	O
D	C	B	J	M	U	C	R	A	E	N	W	W	E	S	T	A	T	E	S
P	A	I	A	R	T	W	O	R	K	S	E	I	Z	E	D	R	A	C	A
Y	T	B	R	A	U	L	F	M	Q	X	N	Y	B	U	Y	J	E	O	P
L	T	Q	V	P	Q	R	T	E	P	H	O	D	L	Q	G	R	H	U	P
Q	L	I	I	V	Z	E	A	Q	G	E	I	R	S	I	U	N	R	A	N
X	E	T	R	E	L	L	L	U	J	B	T	L	J	T	T	C	I	E	G
Q	L	E	V	A	G	L	P	I	C	U	A	I	I	N	H	N	S	O	Q
N	S	J	N	S	H	A	B	P	P	E	V	N	T	A	T	I	E	M	G
K	Z	D	T	O	N	C	G	M	D	I	R	Q	S	I	N	P	L	G	T
J	U	N	J	L	G	O	O	E	C	U	E	E	N	S	O	E	L	E	A
W	U	Q	F	D	O	Q	I	N	F	H	S	G	B	L	I	N	D	T	R
S	W	X	N	D	Z	T	V	T	S	Y	E	P	R	E	E	H	F	K	E
Z	M	C	S	U	B	I	N	A	I	I	R	Z	I	E	G	Z	M	R	F
U	K	E	A	I	M	E	H	Y	L	D	G	L	T	E	Z	L	U	E	F
S	F	V	T	A	L	B	Y	X	L	U	N	N	E	N	S	S	I	L	O
U	T	I	U	I	R	D	E	O	L	E	E	O	M	W	A	U	D	C	O
W	F	L	S	S	U	L	P	R	U	S	W	X	C	E	E	C	O	C	A
Q	P	R	J	J	P	G	B	P	B	F	D	D	R	R	N	J	P	H	F
C	Q	Y	N	X	L	I	U	A	G	N	I	T	S	I	L	T	R	K	X

ABSENTEE
AGENT
ANTIQUES
ARTWORK
BID
BLIND
BUY
CALLER
CARD
CATTLE
CHARITY
CLERK
COMPETITION
CONDITIONS
CONSIGNMENT
DEALS
ESTATE
FARM EQUIPMENT
FURNITURE
GAVEL
GOING
GOODS
HOUSE
ITEMS
JEWELRY
LAND
LISTING
LIVE
NUMBER
OFFER
PAINTING
PLATFORM
PODIUM
PRICE
PROXY
PURCHASE
RESERVATION
SALE
SEIZED
SELL
SILENT
SOLD
SURPLUS
TREASURE
VALUE

Solution on page 339

Philosopher

```
R E X I S T E N T I A L I S M M D N R T
E O P T W N N P H Q M S I L A E D I I H
A P H V S K W E V M H T T P M T O H P E
S I I F C E I R M J D E N P L N N I R O
O N L S I G S C A N O I I A L E T L O L
N I O A T D D Y O T E R U D K M O I F O
D O S R E E O A A N I T M P E U L S E G
L N O O H L M L V C C O H A M G O M S Y
E S P G T W P O I E R E N G S R G Q S T
G R H A S O K S L A N I P A I A Y E O I
E E E H E N M L L O N X A T L L B K R D
H K R T A K E I M G G W X T A I N T H I
C N T Y L T T E L Q Y Y S T R C S E E L
S I R P N Y N S N O I T S E U Q M M T A
Z H A I H O N I E T S N E G T T I W O V
T T S J L M E T A P H Y S I C S M A R X
E K C O L N H O J U S T H G U O H T I U
I T G C Q A S E L P I C N I R P V P C Y
N Y T I L A E R P R A G M A T I S M V K
C Z O E I Z D E S C A R T E S C I H T E
```

AESTHETICS
ARGUMENT
CONCEPT
DESCARTES
EMPIRICISM
ENLIGHTENMENT
EPISTEMOLOGY
ETHICS
EXISTENTIALISM
HEGEL
HEIDEGGER
IDEALISM
INTELLECTUAL
JOHN LOCKE
KANT
KNOWLEDGE
MARX
MEANING
METAPHYSICS
MORALITY
NIETZSCHE
NIHILISM
ONTOLOGY
OPINIONS
PHENOMENOLOGY
PHILOSOPHER
PLATO
PRAGMATISM
PRINCIPLES
PROFESSOR
PYTHAGORAS
QUESTIONS
RATIONALISM
REALITY
REASON
RHETORIC
SARTRE
STRUCTURALISM
THEOLOGY
THINKERS
THOUGHTS
VALIDITY
WISDOM
WITTGENSTEIN

Solution on page 339

Useful Technology

T	J	X	M	T	D	X	F	I	V	U	C	R	Q	D	F	T	V	Y	P
F	G	O	A	W	V	V	Q	I	Q	P	W	E	N	I	C	I	D	E	M
W	Q	E	I	I	S	U	D	T	N	E	I	N	E	V	N	O	C	V	T
M	O	I	K	C	C	E	P	G	U	C	O	H	C	S	O	O	H	W	E
R	S	R	Z	R	O	W	Y	T	I	C	I	R	T	C	E	L	E	T	K
A	E	J	C	Q	M	H	E	V	A	W	O	R	C	I	M	N	I	G	C
L	B	M	X	X	P	E	R	I	N	B	U	N	N	E	A	L	P	K	O
A	G	J	O	U	U	A	N	Y	B	C	N	T	O	O	L	S	P	L	R
I	P	Y	G	T	T	T	E	T	T	D	S	P	I	E	M	A	I	L	H
G	X	O	G	R	E	F	R	I	G	E	R	A	T	O	R	E	E	N	F
M	X	U	T	R	R	S	O	R	C	Z	W	A	A	C	E	N	D	T	V
K	X	Y	N	P	E	N	A	U	A	I	S	H	V	N	I	V	N	O	M
Q	S	E	Z	H	A	N	X	C	R	F	O	V	O	G	T	E	C	A	M
L	T	A	R	L	C	L	E	E	S	L	B	H	N	B	I	H	C	U	V
P	O	K	X	A	T	R	L	S	A	P	P	E	N	C	T	H	G	D	S
D	R	C	N	A	W	E	A	T	E	L	E	V	I	S	I	O	N	I	O
S	A	O	B	E	S	T	I	E	F	A	X	F	O	N	H	B	B	O	L
K	G	L	Y	S	T	G	F	M	S	N	F	R	E	I	P	O	C	O	A
Z	E	C	X	Q	I	Z	M	O	D	E	A	S	P	P	A	H	M	M	R
T	V	Z	J	D	K	Z	Q	U	S	P	R	I	N	T	E	R	Y	Z	I

ALARM
APPS
AUDIO
CAR
CLOCK
COMPUTER
CONVENIENT
COPIER
DIGITAL
DVD
EFFICIENT
ELECTRICITY
EMAIL
ENERGY
ENGINE
FAX
GPS
HEAT
INNOVATION
INSTRUCTIONAL
INTERNET
LAPTOP
LIGHT
MACHINES
MEDICINE
MICROWAVE
MODEM
PHONE
PLANE
PRINTER
REFRIGERATOR
REMOTES
RESEARCH
ROBOT
ROCKET
SATELLITE
SECURITY
SOFTWARE
SOLAR
STORAGE
TABLET
TELEVISION
TOOLS
VIDEO
WIRELESS

Solution on page 339

Adventures

D	V	Y	P	K	C	N	X	V	O	O	C	D	D	O	M	W	H	P	U
Y	D	L	W	L	H	T	I	M	S	N	H	O	J	P	C	I	E	A	J
S	A	F	A	R	I	A	X	S	M	O	S	Q	U	I	T	O	N	E	T
N	K	R	L	M	N	B	O	X	O	S	E	R	O	L	P	X	E	W	M
O	K	E	K	A	F	U	N	C	A	D	O	A	A	G	X	P	W	A	W
I	A	G	L	G	V	B	P	T	E	U	B	D	B	R	A	V	E	G	N
T	L	G	Y	E	D	V	N	M	T	H	R	M	L	I	P	H	U	A	G
A	C	N	N	L	T	O	Q	D	H	Y	A	R	G	M	V	C	X	C	H
R	Y	I	Z	L	H	O	O	J	B	R	Z	G	U	S	S	O	X	A	B
C	R	T	Z	A	D	O	N	L	C	N	E	W	W	O	R	L	D	S	D
R	J	U	C	N	R	Q	A	O	S	E	T	O	Y	B	T	U	P	U	R
I	N	O	I	S	V	R	P	D	X	H	R	B	E	G	L	M	L	O	Q
N	P	B	L	D	I	O	E	C	V	V	O	J	S	L	S	B	J	I	U
X	R	G	W	M	L	K	U	Q	J	E	C	E	O	A	J	U	U	T	E
B	U	L	D	O	D	R	A	K	E	W	N	C	P	C	O	S	N	U	S
N	O	A	V	E	S	P	U	C	C	I	Q	T	R	I	U	B	G	A	T
X	G	Z	P	I	H	W	L	L	U	B	H	I	U	E	R	V	L	C	O
I	T	F	O	L	K	L	O	R	E	N	W	V	P	R	N	Y	E	A	O
B	H	N	G	H	W	Q	C	A	N	T	E	E	N	Y	E	N	P	Z	B
L	W	O	F	Q	B	E	T	Q	U	J	N	Q	V	O	Y	A	G	E	Z

ADMIRAL BYRD
ADVENTURE
BALBOA
BOOTS
BRAVE
BULLWHIP
CANTEEN
CAUTIOUS
CLARK
COLUMBUS
CORTEZ
DRAKE
EXCURSION
EXPLORE
FLY
FOLKLORE
FUN
GLACIER
HAT
HENRY HUDSON
JEEP
JOHN SMITH
JOURNEY
JUNGLE
MAGELLAN
MARCO POLO
MOSQUITO NET
NEW WORLD
OBJECTIVE
OUTDOORS
OUTING
PILGRIMS
POCAHONTAS
PURPOSE
QUEST
RATIONS
SACAGAWEA
SAFARI
SKELETON
SOUVENIR
TOUR
VESPUCCI
VOYAGE
WALK

Solution on page 339

Look for *NO*

N	M	W	K	R	N	W	I	S	H	L	R	E	Z	I	L	E	V	O	N
O	V	J	F	E	M	I	T	N	O	O	N	O	S	E	B	A	N	D	O
Z	C	L	E	U	F	N	O	N	O	T	E	C	A	S	E	Q	U	X	T
Z	D	G	U	R	D	N	O	N	U	N	O	U	V	E	L	L	E	F	C
L	N	N	O	O	S	I	N	G	O	N	U	Q	S	X	I	U	N	V	H
E	O	U	N	Y	S	V	E	N	O	F	G	N	O	D	D	I	N	G	I
S	X	U	N	O	L	A	N	N	O	T	H	S	I	R	U	O	N	N	N
G	I	X	M	O	N	O	S	F	Z	N	O	N	L	O	C	A	L	O	G
N	O	E	N	O	N	E	S	U	C	H	E	N	Q	N	N	N	N	T	N
I	U	J	D	H	N	T	M	C	X	V	I	V	O	Y	O	I	J	A	O
H	S	Y	U	S	A	O	O	P	I	Q	M	F	E	N	O	B	T	R	T
T	T	M	E	K	R	W	N	X	T	E	G	N	U	N	S	Y	N	I	E
O	A	M	Y	E	Y	O	N	U	I	Y	G	R	I	L	T	T	O	Z	B
N	G	P	Z	S	O	O	N	Y	R	C	B	C	I	I	S	Z	I	E	O
Y	U	N	O	N	S	O	L	I	D	A	I	R	L	E	E	R	T	C	O
W	O	V	D	I	G	B	A	A	N	D	T	I	I	Z	U	K	A	B	K
N	N	A	E	G	A	D	D	O	R	S	B	S	X	L	A	T	T	I	J
X	Y	S	I	T	N	O	E	O	O	O	I	H	S	A	C	N	O	N	P
S	T	N	O	O	S	T	N	N	N	O	B	E	L	I	U	M	N	R	L
R	S	N	N	O	N	B	E	I	N	G	N	I	C	I	T	O	N	A	P

NOBELIUM
NOBILITY
NODDING
NOGGINS
NOISIEST
NOISOME
NONBEING
NONCASH
NONDAIRY
NONDRUG
NONEMPTY
NONESUCH
NONEVENT
NONFUEL
NONHUMAN
NONIONIC
NONLOCAL
NONSENSE
NONSOLID
NONSTICK
NONTOXIC
NONUNION
NONURBAN
NONZERO
NOONDAYS
NOONTIME
NOOSING

NORDIC
NOSEBAND
NOSIEST
NOSTRILS
NOTABLY
NOTARIZE
NOTATION
NOTCHING
NOTEBOOK
NOTECASE
NOTHINGS

NOTICING
NOUGATS
NOURISH
NOUVELLE
NOVELIZE
NOXIOUS
NOZZLES

Solution on page 339

Our Environment

Z	Z	D	T	X	E	T	A	M	I	L	C	M	O	S	J	L	W	F	V
X	T	S	V	D	L	V	X	H	A	B	I	T	A	T	I	K	K	U	B
W	A	R	M	I	N	G	U	M	E	T	S	Y	S	O	C	E	A	N	T
A	E	J	D	S	N	E	R	E	H	P	S	O	I	B	C	S	Z	W	E
T	S	R	H	A	G	E	K	P	J	C	C	G	E	O	H	T	V	O	R
E	U	P	U	S	H	O	V	W	B	O	E	R	A	E	R	U	T	U	F
R	E	R	U	T	A	N	M	E	N	N	U	S	P	L	G	A	S	E	W
R	R	W	O	E	C	Y	A	S	D	T	T	A	N	B	W	R	I	Y	V
W	V	E	A	R	J	U	E	E	L	A	T	E	O	A	A	I	I	H	Q
C	G	R	A	V	T	R	R	U	L	M	M	V	I	D	S	E	C	C	H
T	T	I	F	I	V	E	C	T	O	I	N	A	T	A	T	S	S	Z	S
H	N	U	F	A	G	I	K	S	S	N	E	Q	P	R	E	T	T	I	L
N	D	U	T	N	R	K	P	S	O	A	V	U	M	G	M	M	S	Z	G
M	L	I	A	G	F	H	I	I	X	T	R	I	U	E	O	D	E	Y	R
F	O	D	A	E	E	O	T	J	I	I	E	F	S	D	H	H	R	G	E
N	N	E	U	R	N	U	O	I	P	O	S	E	N	O	I	S	O	R	E
E	Q	V	E	S	L	I	R	D	B	N	E	R	O	I	L	I	F	E	N
F	Z	K	D	L	T	S	R	Z	F	A	R	R	C	B	O	Z	O	N	E
W	B	W	O	F	N	H	S	A	X	I	P	G	T	B	F	U	M	E	S
J	C	P	W	J	K	G	X	S	M	E	B	S	T	N	F	W	P	M	T

AGRICULTURE
AQUIFER
ATMOSPHERE
BEAUTIFUL
BIODEGRADABLE
BIOSPHERE
CLIMATE
COASTAL
CONSERVATION
CONSUMPTION
CONTAMINATION
DISASTER
DUST
EARTH
ECOSYSTEM
EMISSIONS
ENDANGERED
ENERGY
EROSION
ESTUARIES
FOOD
FORESTS
FUMES
FUTURE
GAS
GEOTHERMAL
GREEN
HABITAT
HOME
INFRASTRUCTURE
LIFE
LITTER
MARINE
NATURE
OCEAN
OIL
OZONE
POLLUTION
PRESERVE
RAIN
REUSE
SMOG
WARMING
WASTE
WATER

Solution on page 340

What a Racquet!

L	D	A	E	H	Q	P	H	Z	I	Y	P	B	Z	R	D	C	S	G	J
R	R	Z	L	O	S	S	J	N	I	Y	T	S	J	O	K	F	J	K	Y
M	F	U	F	O	Z	A	W	G	O	E	U	E	S	V	R	Y	E	B	F
E	N	I	T	P	K	T	M	I	N	M	G	A	M	A	A	V	N	F	T
F	D	R	G	N	O	R	T	S	N	A	T	R	M	L	R	Z	I	J	S
U	B	M	O	T	N	Z	I	E	H	G	A	E	P	E	Z	G	T	H	P
Q	P	L	M	C	O	O	I	D	A	I	C	V	S	F	T	R	H	L	F
N	A	X	L	H	N	F	D	N	N	O	T	O	C	T	O	H	N	G	U
T	G	S	A	R	M	G	H	E	D	X	B	C	U	P	H	D	N	O	Q
G	V	E	S	C	P	U	K	Q	L	O	R	V	S	R	S	E	Z	A	U
Q	D	G	Y	A	E	I	N	U	E	B	O	A	H	T	T	L	R	L	P
X	D	F	D	V	L	R	M	I	E	K	M	R	S	U	R	L	H	W	I
T	B	D	H	Y	D	G	A	P	M	M	U	I	N	A	T	I	T	N	R
S	L	S	B	O	A	S	R	M	L	U	Z	E	W	Y	F	J	N	E	G
E	T	I	Q	D	B	N	I	E	I	E	L	J	O	I	L	W	W	G	G
H	O	E	T	U	D	H	C	N	B	C	M	A	G	P	L	O	L	P	T
C	F	G	E	N	A	N	H	T	N	I	S	E	Y	A	P	S	N	O	B
G	G	L	C	L	U	S	U	S	P	E	F	O	N	P	W	O	O	D	F
Y	E	L	L	O	V	E	H	O	V	T	T	L	X	T	O	B	D	N	T
O	X	V	B	P	C	F	B	W	R	Z	A	F	B	E	I	W	J	V	X

ALUMINUM
BOUNCE
CATGUT
CERAMICS
COURT
COVER
DESIGN
DUNLOP
EQUIPMENT
FIBERGLASS
FRAME
GAME
GRASS
GRIP
HANDLE
HEAD
HIT
HOOP
IMPLEMENT
INDOOR
NET
NYLON
OVAL
PADDLE
PLAY
POWER
ROUND
SERVE
SHOT
SIZE
SMASH
SPORT
SQUASH
STEEL
STRING
STRONG
SWING
TENNIS
TENSION
TITANIUM
VOLLEY
WILSON
WIMBLEDON
WOOD

Solution on page 340

Dance Moves

X	P	A	T	T	E	R	P	S	B	H	C	R	A	M	V	Z	G	S	X
K	L	M	K	J	V	S	R	S	S	C	E	H	F	H	A	Y	H	P	T
O	F	B	A	Y	P	W	C	D	E	D	T	R	O	T	L	U	X	N	L
G	C	L	I	M	B	M	E	A	N	D	E	R	R	P	F	L	I	P	Y
V	T	E	O	Y	L	P	X	A	L	I	I	U	A	F	H	P	A	A	O
F	W	T	B	N	T	F	W	H	S	A	D	R	L	I	S	T	N	U	F
F	S	Z	K	P	I	R	O	U	E	T	T	E	T	X	P	J	U	U	R
S	Y	H	G	A	R	A	G	N	O	C	Y	O	T	S	K	S	R	K	S
T	N	D	U	P	S	D	P	D	Q	L	N	V	R	J	T	M	E	L	D
E	P	E	O	L	X	S	G	U	L	E	V	A	R	T	Q	H	T	A	O
P	U	G	A	C	X	I	V	C	O	T	Y	R	R	U	C	S	N	W	L
M	M	S	W	K	I	D	U	Y	I	Y	O	P	L	P	P	C	A	Y	P
D	S	N	K	U	I	N	R	D	Q	U	C	V	M	R	E	A	C	B	V
P	D	P	C	B	Q	C	I	P	E	O	T	P	I	T	I	Z	E	F	M
B	A	Z	W	K	S	F	K	D	S	W	I	N	G	P	S	H	S	L	L
K	F	O	H	F	L	W	I	M	I	K	T	O	I	M	E	I	W	O	C
S	R	E	C	N	O	L	A	B	J	R	Z	K	A	U	G	K	P	U	N
R	H	B	O	E	S	F	N	Y	E	E	S	R	S	J	Z	E	X	T	N
L	E	E	G	K	H	L	F	A	B	B	P	L	Y	Y	Q	R	N	Q	T
G	E	R	F	G	E	V	D	Y	P	W	B	G	X	G	H	K	V	G	K

AMBLE
CANTER
CLIMB
CONGA
DANCE
DASH
ESCALATOR
FLIP
HIKE
HOP
JUMP
KICK
LEAP
LOPE
MARCH
MEANDER
PATTER
PIROUETTE
PIVOT
PLOD
PRANCE
RUN
SALSA
SCURRY
SHUFFLE
SKIP
SLIDE
SLOSH
SNEAK
SPIN
SPRINT
STEP
STOMP
STRIDE
SWAY
SWING
TAP
TIPTOE
TRAIPSE
TRAVEL
TREAD
TROT
WALK
WANDER
WHIRL

Solution on page 340

Towers

P	G	N	T	A	C	M	V	S	H	V	I	V	S	Q	L	U	H	F	S
D	W	Q	Q	S	R	L	O	I	D	A	R	S	U	S	S	B	V	Q	W
P	Y	L	Q	I	I	C	O	N	C	R	E	T	E	P	T	O	W	E	R
K	N	P	Q	P	A	H	H	C	U	V	E	S	C	C	R	A	Z	M	K
L	L	E	B	U	S	J	R	I	K	M	B	A	V	S	U	I	I	E	J
E	G	L	Y	U	O	Y	F	L	T	I	E	M	F	K	C	Q	S	R	G
H	I	E	R	R	B	C	L	T	W	E	A	N	S	Y	T	I	C	O	S
G	A	V	S	I	V	A	I	U	H	O	C	E	T	E	U	B	B	M	N
W	E	A	G	U	T	S	I	R	U	O	T	T	W	F	R	S	B	Q	T
Y	C	T	N	J	O	T	E	R	C	C	L	Z	U	I	E	V	M	L	H
Q	N	O	I	Q	A	H	L	E	J	U	L	T	D	R	N	Z	I	T	G
U	A	R	N	W	A	Z	T	T	N	A	L	G	V	A	E	U	L	C	I
E	X	A	A	T	A	L	S	H	U	O	E	A	T	P	B	L	C	B	E
P	N	F	E	R	R	T	A	N	G	B	T	Z	R	U	A	H	I	G	H
E	V	O	L	O	T	O	C	W	B	I	Z	S	G	N	Y	W	X	V	J
M	A	G	H	P	W	H	L	H	O	Z	L	U	G	Z	E	W	X	I	G
A	A	L	H	P	I	R	B	N	U	W	A	I	L	E	F	F	I	E	A
Y	U	O	W	U	R	D	U	J	Z	R	S	P	A	L	A	C	E	W	T
E	S	Z	H	S	Z	P	W	N	D	Z	C	M	N	V	R	D	E	R	U
Y	B	F	P	M	L	G	W	P	M	Q	Q	H	X	Y	X	C	X	T	E

ARCHITECTURE
BELL
BIG
BRIDGE
BUILT
CASTLE
CHURCH
CIRCULAR
CITY
CLIMB
CLOCK
CONCRETE
CONTROL
EIFFEL
ELEVATOR
GUARD
HEIGHT
HIGH
LAUNCH
LEANING
LIGHTHOUSE
MASTS
MONUMENT
OBSERVATION
PALACE
PHONE
PISA
PRISON
RADIO
RAPUNZEL
SERVICE
SIGNAL
SKY
STAIRS
STONE
STRUCTURE
SUPPORT
SURVEY
TALL
TOURIST
TOWER
TURRET
VIEW
WATCH

Solution on page 340

Lots of Pasta

W	G	W	I	P	E	F	U	V	L	N	L	M	M	P	V	U	E	U	A
I	N	O	C	A	M	U	L	F	I	N	I	L	L	E	T	R	O	T	M
L	O	N	Z	D	O	S	E	S	G	N	I	L	P	M	U	D	E	E	V
L	C	T	P	T	S	I	L	L	E	C	I	M	R	E	V	S	C	L	N
E	C	O	I	H	T	L	H	X	L	S	Z	T	E	M	Q	T	E	L	E
N	H	N	N	A	A	L	N	E	L	E	I	T	T	O	C	I	N	A	M
A	I	R	I	I	C	I	I	L	W	R	T	M	T	E	J	Y	G	F	A
I	R	M	C	H	C	I	A	T	W	C	I	A	E	I	H	V	A	R	R
X	O	C	C	T	I	B	T	Z	T	S	O	A	I	H	F	G	S	A	C
N	T	C	U	I	O	E	S	G	F	E	G	N	H	L	C	U	A	F	O
T	I	A	T	Z	L	V	A	I	U	L	L	W	C	L	G	I	L	P	U
D	N	V	T	L	I	L	P	F	N	D	V	L	C	H	E	A	L	L	S
X	I	A	E	R	I	C	E	N	O	O	D	L	E	S	I	G	T	E	C
Y	M	T	F	E	D	D	I	M	T	O	L	C	R	P	A	G	N	V	O
O	O	E	A	C	E	V	T	O	E	N	L	L	O	E	P	Y	L	A	U
R	M	L	K	L	C	Q	W	R	R	G	H	N	E	N	N	A	T	I	S
Z	A	L	L	F	I	F	O	R	I	G	A	T	O	N	I	A	C	B	E
O	X	I	R	O	I	F	B	H	N	E	E	T	T	E	N	E	R	T	U
W	N	N	L	I	N	G	U	I	N	I	R	A	I	L	G	A	T	K	U
E	R	O	T	A	I	D	A	R	A	V	I	O	L	I	A	I	C	N	K

ANELLI
ANGEL HAIR
BOWTIE PASTA
CANNELLONI
CAPPELLETTI
CAVATELLI
CONCHIGLIE
COUSCOUS
DITALI
DUMPLINGS
EGG NOODLES
ELICHE
FARFALLE
FEDELLINE
FETTUCCINI
FIORI
FUSILLI
GEMELLI
GNOCCHI
LASAGNE
LINGUINI
LUMACONI
MANICOTTI
MATZO BALLS
MOSTACCIOLI
ORECCHIETTE
ORZO
PAD THAI
PENNE
RADIATORE
RAMEN
RAVIOLI
RICE NOODLES
RIGATONI
ROTELLE
ROTINI
SPAGHETTINI
TAGLIARINI
TAGLIATELLE
TORTELLINI
TRENETTE
VERMICELLI
WON TON
ZITI

Solution on page 340

It Can Be Uplifting

I	S	S	N	C	X	Q	S	E	F	J	N	O	R	R	S	L	S	M	Y
J	P	E	O	P	L	E	O	X	A	O	H	A	J	D	P	O	U	Z	Q
B	C	S	B	B	H	B	H	A	M	G	O	S	S	E	N	D	N	I	K
T	X	U	B	C	L	B	U	M	I	N	D	O	C	T	O	R	S	E	M
U	T	M	A	C	C	O	M	P	L	I	S	H	M	E	N	T	E	U	S
M	H	O	B	B	C	J	X	L	Y	R	R	T	J	R	O	O	T	W	Z
O	C	D	I	P	R	A	Y	E	R	E	E	V	N	M	Y	Y	S	P	U
V	E	B	E	V	C	V	L	A	N	E	D	B	O	I	A	J	P	N	B
I	L	R	S	H	F	E	B	O	K	T	A	V	I	N	M	H	A	O	C
E	A	H	U	G	T	E	I	S	E	N	E	J	T	A	J	C	I	I	O
H	P	R	M	T	N	T	V	T	Q	U	L	K	O	T	H	E	N	S	N
S	C	R	E	I	A	O	S	O	D	L	O	K	V	I	O	E	T	S	F
H	S	R	E	V	R	R	S	R	L	O	S	R	E	O	R	P	I	A	I
N	S	Y	I	A	E	A	E	Y	B	V	E	V	D	N	F	S	N	P	D
I	I	T	F	H	C	A	C	T	R	L	E	D	E	P	D	O	G	M	E
B	O	L	C	D	M	H	R	L	I	M	A	G	I	N	A	T	I	O	N
M	N	A	E	C	O	E	I	G	E	L	O	O	R	N	W	W	A	C	C
Y	E	Y	H	A	P	P	I	N	E	S	S	W	O	B	N	I	A	R	E
T	O	O	T	O	C	O	T	V	G	M	B	Z	O	N	G	C	U	T	T
G	S	L	H	F	N	O	I	H	S	A	F	R	I	E	N	D	S	C	M

ACCOMPLISHMENT
ACHIEVEMENT
ART
BABIES
BIBLE
BOOK
CHURCH
COACHES
COMPASSION
CONFIDENCE
DETERMINATION
DEVOTION
DOCTORS
DREAM
EXAMPLE
FAMILY
FASHION
FRIENDS
GOD
HAPPINESS
HOPE
IMAGINATION
KINDNESS
LEADERS
LETTERS
LITERATURE
LOVE
LOYALTY
MIRACLES
MOTIVATION
MOVIE
MUSES
OCEAN
PAINTING
PEOPLE
PRAYER
PREACHING
RAINBOWS
RELIGION
SONGS
SPEECH
STORY
SUNSETS
TEACHERS
VOLUNTEERING

Solution on page 340

Very Punny

H	S	Z	C	B	O	I	F	M	J	T	P	V	X	G	F	G	I	U	E
A	Y	A	E	O	D	S	N	S	E	L	G	G	I	G	X	G	P	R	C
C	B	Y	L	H	R	C	O	K	A	A	Z	X	X	S	H	I	I	O	V
S	L	I	Q	L	C	N	O	Y	H	Z	N	C	T	L	U	T	U	M	L
I	P	E	J	G	U	J	Y	T	I	U	G	I	B	M	A	A	Q	U	T
G	O	B	V	C	Q	D	P	A	X	P	G	H	N	S	A	D	L	H	V
K	O	O	S	E	N	T	E	N	C	E	T	P	O	G	R	O	A	N	D
W	L	A	E	M	R	F	Z	S	U	N	G	A	G	A	T	Q	U	D	Y
F	Z	A	E	M	Y	U	R	H	E	T	O	R	I	C	A	L	G	D	B
G	J	A	N	I	Y	N	F	R	I	X	M	G	N	U	W	Z	H	V	E
X	D	T	P	G	X	H	O	M	O	P	H	O	N	E	T	G	S	R	G
G	E	G	M	O	U	H	R	M	T	R	I	M	C	C	Z	I	E	U	P
V	W	K	T	Y	P	A	R	I	O	S	Y	O	U	V	L	C	W	H	C
Z	O	T	W	A	R	H	G	I	S	H	M	H	C	L	U	G	R	D	U
W	R	I	T	I	N	G	T	E	D	I	E	S	Y	R	T	A	V	K	L
K	D	E	A	B	S	U	R	D	C	D	D	G	S	O	S	I	J	H	T
A	M	L	S	O	B	P	U	N	C	H	L	I	N	E	N	W	P	A	U
T	E	O	N	Z	X	D	P	H	E	Q	V	E	Y	A	O	J	X	L	R
N	L	I	T	E	R	A	T	U	R	E	L	K	C	U	H	C	O	N	E
S	C	G	R	K	D	D	B	O	V	T	Y	G	H	M	M	C	V	N	S

ABSURD
ALLUDES
AMBIGUITY
ART
CHANGE
CHUCKLE
CLEVER
COMIC
CORNY
CULTURE
EXPRESSION
FUN
GAG
GIGGLE
GROAN
HOMOGRAPHIC
HOMONYMS
HOMOPHONE
HUMOR
JOKE
LANGUAGE
LAUGH
LITERATURE
MEANING
METAPHOR
MULTIPLE
PHRASE
PLAY
PUNCH LINE
QUIP
RECURSIVE
RHETORICAL
RHYME
RIDDLE
SATIRE
SENTENCE
SILLY
VISUAL
WIT
WORD
WRITING

Solution on page 341

Carry a Briefcase

R	S	N	A	C	K	S	H	Z	T	I	L	A	P	T	O	P	Q	G	W
V	L	B	D	T	T	D	T	L	B	R	T	R	M	B	C	D	E	S	X
F	K	X	B	Y	P	S	R	E	D	L	O	F	N	B	K	L	F	B	E
M	J	V	L	K	V	R	I	G	K	F	A	P	V	O	M	V	A	L	X
I	Z	L	G	B	P	C	E	A	E	C	Y	C	S	U	A	G	D	S	F
C	E	U	O	H	H	H	E	S	R	S	O	S	K	N	G	N	Q	C	P
J	B	M	O	C	H	L	S	R	E	M	H	P	G	A	A	Y	X	H	H
J	Z	N	U	S	K	I	I	S	H	N	M	I	G	H	Z	R	X	A	I
M	E	T	A	L	O	M	S	U	T	O	T	E	N	J	I	R	T	R	W
T	D	C	A	N	U	A	U	N	A	D	P	A	Z	G	N	A	X	G	N
Z	O	Q	A	C	L	G	Y	G	E	B	T	E	T	I	E	C	R	E	Y
V	C	L	R	G	C	L	G	L	L	S	S	E	N	I	S	U	B	R	T
M	U	I	E	D	K	E	C	A	L	C	U	L	A	T	O	R	E	M	C
S	M	Y	P	G	V	Q	S	S	G	E	K	O	R	G	A	N	I	Z	E
O	E	H	A	J	B	M	R	S	R	E	Y	W	A	L	O	O	Z	L	T
B	N	T	P	O	K	Q	H	E	O	T	B	E	T	I	F	D	F	C	O
M	T	E	O	P	E	B	D	S	R	R	G	M	T	F	Z	I	K	Z	R
L	S	K	C	N	M	I	Q	C	O	O	Y	A	I	P	L	L	K	B	P
T	K	T	D	P	H	X	Z	W	S	A	T	C	H	E	L	D	B	V	F
L	L	K	X	G	S	T	N	I	M	S	E	S	S	Y	E	K	E	S	D

ACCESSORY
BAGGAGE
BLACK
BOOK
BROWN
BUSINESS
CALCULATOR
CARRY
CASH
CHARGER
CLASP
COMB
DOCUMENTS
EYEGLASSES
FILES
FOLDERS
GUM
HANDLE
HINGE
KEYS
LAPTOP
LAWYER
LEATHER
LID
LOCK
LUGGAGE
MAGAZINE
METAL
MINTS
NOTES
OFFICE
OPEN
ORGANIZE
PAPER
PHONE
POCKETS
PRESENTATION
PROFESSIONAL
PROTECT
SATCHEL
SNACKS
STATIONERY
STORE
SUNGLASSES
TRANSPORT

Solution on page 341

Horseshoes

F	V	U	E	U	N	S	L	H	T	D	K	Q	H	B	W	J	U	M	G
F	E	O	A	S	X	Q	A	I	D	J	M	A	W	D	F	D	A	V	Q
T	I	Z	F	T	D	A	L	R	R	B	B	F	T	R	I	K	A	I	R
L	B	W	M	R	C	O	U	S	L	O	X	R	E	Z	R	S	K	Y	A
W	K	F	A	E	F	S	M	P	O	I	N	T	S	A	E	C	D	O	C
D	D	O	Z	Q	N	O	I	E	C	E	V	R	G	L	U	E	E	B	I
H	V	C	P	I	Y	G	N	C	S	I	W	N	O	L	A	W	T	W	N
Q	O	T	M	S	D	G	U	I	H	T	T	H	A	P	E	M	T	O	G
J	X	H	S	P	Z	K	M	A	D	R	I	S	K	L	Z	R	I	C	O
Q	Q	E	G	V	R	W	A	L	P	D	S	C	A	T	A	T	F	N	H
Q	W	G	M	S	S	O	T	I	O	E	V	T	A	L	I	P	H	E	A
J	I	M	D	N	M	H	T	Z	N	L	E	L	E	T	P	T	R	S	M
L	K	Y	O	Z	A	C	I	E	O	M	I	S	S	R	I	O	T	R	M
G	N	M	H	T	H	N	M	D	C	S	Q	R	I	M	L	O	V	O	E
E	A	L	S	S	H	A	P	E	M	T	E	D	S	K	O	T	N	H	R
T	I	M	E	T	L	R	F	A	H	P	I	K	L	F	F	O	R	G	E
B	L	F	E	A	E	P	N	R	U	N	C	O	M	O	O	S	A	W	B
Q	J	E	P	K	F	E	O	S	G	A	F	I	N	O	F	I	B	T	B
N	F	I	Y	E	Q	W	L	L	L	I	W	C	C	H	T	Z	R	X	U
B	V	S	H	U	C	Q	N	B	O	D	D	L	Z	V	Z	E	P	T	R

ALUMINUM
ANIMAL
ANVIL
ART
BLACKSMITH
COWBOY
DOMESTICATION
FEET
FIRE
FITTED
FOLKLORE
FOOT
FORGE
GAIT
GAME
GLUE
HAMMER
HOLES
HOOF
HORSE
IRON
LAMENESS
LUCK
METAL
NAIL
PITCH
PLASTIC
POINTS
POLO
PROTECTION
RACING
RANCH
RIDING
RUBBER
SHAPE
SHOD
SIZE
SPECIALIZED
STAKE
STEEL
SUPERSTITION
TALISMAN
THROW
TOSS

Solution on page 341

Sometimes Silly

M	O	Q	L	U	D	I	C	R	O	U	S	O	O	L	S	O	W	R	O
P	T	R	J	E	A	B	I	D	E	N	I	A	R	B	E	R	A	H	C
J	P	Z	U	U	A	B	D	J	O	P	O	F	F	S	P	N	J	G	Q
B	H	L	C	R	R	S	J	I	I	T	A	T	H	H	O	A	X	E	S
O	V	E	Q	R	E	T	S	E	J	J	U	V	E	N	I	L	E	N	Z
Z	O	Q	I	K	Q	S	Q	C	N	O	C	H	I	L	D	R	E	N	M
Z	E	H	O	M	E	K	P	K	F	I	N	F	G	K	P	T	M	N	T
C	K	J	Z	R	I	D	I	C	U	L	O	U	S	R	T	M	Y	R	A
D	F	X	P	R	H	T	N	F	N	E	B	A	B	I	E	S	I	I	A
V	W	M	K	A	Z	O	O	U	N	G	L	W	K	D	G	C	T	S	M
K	I	M	Y	O	O	O	T	Y	Y	V	A	P	A	D	K	N	A	Y	L
L	T	J	P	T	L	T	S	T	S	G	Z	M	O	L	M	Y	O	F	O
Z	T	V	R	U	Y	B	S	K	Y	X	B	T	E	E	K	K	Q	S	X
B	I	A	A	F	T	P	I	D	S	T	C	E	O	S	P	C	G	Y	Q
D	C	V	N	C	U	T	H	P	N	A	I	P	N	H	D	A	I	R	U
A	I	H	K	M	S	X	Y	G	B	U	M	W	Z	D	G	W	R	O	I
Q	S	F	C	O	Y	H	K	T	M	K	O	I	Z	I	K	X	U	T	R
R	M	K	K	L	O	H	G	U	A	L	C	S	M	D	I	M	P	S	Y
U	R	R	J	X	J	B	P	A	C	D	A	M	G	E	D	C	B	Y	Q
H	L	X	N	V	C	H	H	U	U	I	F	N	I	A	S	N	U	P	E

BABIES
BOOK
CARTOON
CHILDREN
CLOWNS
COMIC
FACE
FOOL
FUNNY
GAGS
GAMES
HAREBRAINED
HOAXES
IDEA
IMPRESSIONS
JESTER
JOKE
JUVENILE
KAZOO
KIDS
KITTENS
LAUGH
LUDICROUS
MADCAP
MASKS
MIMES
NUTTY
PARTY
PEOPLE
POEM
PRANK
PUNS
PUTTY
RIDDLES
RIDICULOUS
SIMPLETON
SKITS
SONG
SOUNDS
STORY
TOYS
TRICK
WACKY
WALK
WITTICISM

Solution on page 341

Spinning Fans

A	B	R	J	G	P	B	A	Y	F	O	T	Z	R	C	F	Y	Y	X	M
M	N	H	B	W	O	V	K	E	R	B	L	A	D	E	A	R	V	A	W
A	U	O	T	R	O	F	M	O	C	I	F	A	N	O	C	T	O	T	X
U	T	L	I	M	P	R	E	W	O	P	E	I	H	L	H	H	N	G	P
R	T	A	V	T	C	N	T	V	M	E	B	T	I	S	P	E	E	D	Y
C	I	J	S	E	A	B	A	Z	P	R	N	M	G	V	M	R	C	M	Z
Z	B	O	Q	M	N	L	L	N	U	P	A	Y	H	E	I	M	U	L	C
R	S	Q	P	P	Z	T	U	T	T	T	R	H	V	N	R	A	B	F	V
L	H	L	N	E	X	O	I	C	E	S	P	O	D	B	T	L	O	O	C
M	O	T	O	R	Y	F	E	L	R	W	M	U	P	E	Z	F	X	H	G
I	B	W	T	A	D	F	L	G	A	I	S	S	M	E	N	G	I	N	E
L	G	P	A	T	L	D	E	Y	A	T	C	E	X	S	L	V	I	Y	E
H	J	A	R	U	S	Z	P	G	R	C	I	H	H	A	G	L	R	L	C
L	I	B	I	R	E	Q	M	I	F	H	A	O	Y	C	I	F	E	Q	T
Z	G	D	A	E	B	R	A	F	E	U	W	L	N	E	C	C	M	R	H
C	S	C	R	I	E	L	O	A	S	I	B	D	C	W	T	H	M	N	C
G	F	B	H	J	T	O	T	T	H	G	I	L	I	R	T	I	U	U	X
I	L	H	O	C	A	E	S	T	A	N	D	N	I	P	S	L	S	I	N
H	M	I	H	J	I	M	U	H	B	T	D	C	H	L	W	L	E	Q	H
F	D	I	K	P	V	S	E	F	F	P	E	K	S	M	D	Q	U	B	S

AIR
BELT
BLADE
BOX
BREEZE
CAGE
CASE
CEILING
CHILL
CIRCULATION
CLIMATE
COMFORT
COMPUTER
COOL
ELECTRIC
ENGINE
EXHAUST
FAN
FLUID
HEAT
HIGH
HOUSEHOLD
INDUSTRIAL
LIGHT
LOW
METAL
MOTOR
MOVEMENT
OFF
POWER
PROPELLER
ROTATE
SPEED
SPIN
STAND
SUMMER
SWITCH
TEMPERATURE
THERMAL
TURBINE
VENTILATION
WIND

Solution on page 341

The Envelope, Please

M O W B T D B M S T A M P C U S R K P R
V Y K G J D R D L B F H F O R W A R D C
P Q N T B S N E P W R A P R C X X Q O G
C O I G I T D N D Y I M A R S K H V E S
S O Z S V Y S E A L Y D C E B M E M D T
P Q I A Q T L G I E H F K S D R A T L N
P K E D Q I C S N E B C A P N N S L G E
O S I S V R J O S O I R G O E V S Q L T
E G X E V U M I N L L L I N S I E G A N
K R R O Z C V H E T P T N D Z U N T I O
O N E D B E O E G Q A D G E R A I S U C
L P Q T U S P S N T D I S N T E S O L C
Q I H I U O X U I N D P N C S E U P J Z
E P A L F R Z V P E E L E E R W B N H P
A Z R M K E N E P M D R A P C E M I T P
R U B I K I T K I U W T X R T I T H U N
I W O D N I W B H C D E S I G N F T Y Z
B B Y E H T F Z S O A U Y L P E R F E W
C I L W S S E R D D A R B E Z J E D O L
R H Z C F O L D G I J B D T G I C M K J

ADDRESS
ADHESIVE
BUSINESS
CARD
CLOSE
CONTAIN
CONTENTS
CORRESPONDENCE
COVER
DELIVER
DESIGN
DOCUMENT
EXPRESS
FLAP
FOLD
FORWARD
INVITATION
LARGE
LETTER
LICK
LONG
MAIL
MONEY
NAME
OFFICE
PACKAGING
PADDED
POCKET
POST
PRINTED
RECTANGLE
REPLY
RETURN
SEAL
SECURITY
SEND
SHIPPING
SIZES
SMALL
STAMP
THIN
USPS
WHITE
WINDOW
WRAP

Solution on page 341

Radio from the Past

```
T T R E L P V D O M J B D M K B P V Y Q
G R A M U S I C O N C E R T S T C Y N H
X D A L C H N E T W O R K Q R I C O O S
E A D V E N T U R E M D A E S A I R J E
A I B L O N D I E W M W D S R T R V V I
M A N N S R T O Q P E Y A T A O I I V R
A I V N O S W E N Q R L K N R S L N H O
R R C K A F S Y R D C C I S F T B C Y T
D W E R P A A T E T I G I K S C R I D S
M A R G O R P R R D A V L E T E O Q E E
L V N L P P I E M M L I L U S F A F M R
X E E B E Q H P I R S L N A A F D A O I
Q S G O R T X O A X E E R M I E C M C A
Y T I L A U Q G N W D P M O E D A I J L
X F D E P E G A N E D L O G M N S L X S
U Y W B O B H O P E H S V R C U T Y K Q
N O I T A T S R O T C A T E T O H S X I
W D V Q Y R T N U O C T N E T S I L R W
K U K N O I T C U D O R P Y T E I R A V
K H N M G C P C S G C P Z P L I G E M T
```

ACTORS
ADVENTURE
AIRWAVES
ANNIE
BLONDIE
BOB HOPE
BROADCAST
CLASSIC
COMEDY
COMMERCIALS
CONCERTS
COUNTRY
DIAL
DICK TRACY
DRAMA
ENTERTAINMENT
FAMILY
FARM REPORTS
GENRE
GOLDEN AGE
HORROR
HUMOR
IMAGINATION
LISTEN
LIVE
MARX
MICROPHONE
MUSIC
NETWORK
NEWS
ORSON WELLES
PRODUCTION
PROGRAM
QUALITY
RED RYDER
ROMANCE
SERIALS
SOAP OPERA
SOUND EFFECTS
STATION
STORIES
TALENT
TUNE
VARIETY
WEATHER

Solution on page 342

Photographs

F	F	D	C	O	F	Q	W	E	U	R	U	U	L	P	W	W	K	R	M
R	H	O	L	A	U	S	A	C	J	X	K	L	O	C	A	T	I	O	N
A	P	D	N	F	A	S	H	I	O	N	V	S	C	I	P	M	Y	L	O
M	P	E	E	O	L	R	E	A	P	R	R	D	M	O	J	X	R	S	I
E	S	S	R	P	I	C	T	U	R	E	T	U	I	T	R	V	P	P	T
D	V	I	U	S	S	N	W	Q	N	I	S	P	A	N	O	R	A	M	A
R	A	E	T	C	P	T	U	E	D	O	T	O	H	P	S	S	A	L	C
E	C	M	A	P	S	E	C	E	E	G	T	F	Q	Y	H	K	K	A	I
T	A	D	N	E	A	S	C	X	R	J	R	L	B	I	H	W	G	M	F
S	T	Y	T	J	X	B	P	T	W	S	Y	A	D	I	L	O	H	E	I
A	I	N	I	P	U	O	E	T	I	J	B	S	D	P	E	T	N	B	T
E	O	S	I	L	S	F	T	D	G	V	R	H	R	U	L	G	C	P	N
C	N	F	E	U	I	T	C	O	M	M	E	M	O	R	A	T	I	V	E
L	W	I	R	L	R	G	S	X	H	H	W	L	S	G	C	T	U	S	D
M	P	E	D	I	F	B	H	C	S	P	A	S	E	Z	S	A	I	W	I
S	R	L	P	W	E	I	A	T	Z	T	P	M	P	V	Y	E	D	O	C
O	I	E	S	S	E	N	E	K	I	L	E	U	R	O	A	W	N	D	N
W	N	D	M	I	D	P	D	G	X	N	F	Y	O	V	R	R	A	A	Z
E	T	O	D	I	K	L	I	S	T	E	G	N	P	R	G	T	T	H	U
J	G	M	D	T	H	D	Z	X	X	T	T	T	S	Z	G	L	S	S	Q

BABY
BAPTISM
CANDID
CASUAL
CHRISTMAS
CLASS PHOTO
COMMEMORATIVE
CONTEST
DIGITAL
EASTER
EDIT
ENGAGEMENT
EXPOSURE
FASHION
FLASH
FRAMED
FRIENDS
GRADUATION
GRAYSCALE
GROUP PHOTO
HOLIDAYS
IDENTIFICATION
LIGHTING
LIKENESS
LOCATION
MODEL
NATURE
OLYMPICS
PANORAMA
PERSPECTIVE
PETS
PICTURE
PRINT
PROPS
REUNION
SCENE
SELFIE
SEPIA
SHADOWS
SPORTS
STAND
TRAVEL
TRIP
VACATION
WILDLIFE

Solution on page 342

Watching *Downton Abbey*

X	J	W	S	E	T	A	B	N	H	O	J	I	M	C	A	R	T	E	R
A	Y	H	C	R	A	R	E	I	H	E	N	L	I	M	T	T	A	M	O
E	L	O	C	I	N	Y	E	L	S	E	L	R	A	E	B	C	M	E	S
T	C	F	A	Z	D	Q	K	O	P	K	E	V	I	N	D	O	Y	L	E
H	V	E	R	O	M	T	A	P	L	Y	R	E	B	P	H	U	N	T	L
E	L	S	I	E	H	U	G	H	E	S	U	L	H	Q	J	N	U	S	E
L	I	R	S	P	D	C	R	A	W	L	E	Y	G	V	X	T	T	A	S
P	L	Y	T	W	R	N	S	A	X	C	L	O	U	O	T	E	T	C	L
A	Y	J	O	O	D	E	U	I	M	L	C	C	E	G	S	S	A	N	I
R	J	I	C	R	L	E	T	G	I	A	A	N	D	I	E	S	L	O	E
K	A	V	R	R	K	V	S	S	E	F	R	A	S	J	I	E	L	S	D
S	M	Y	A	A	J	S	L	T	A	N	A	D	P	G	R	R	E	N	A
A	E	S	T	B	W	O	H	M	A	M	T	N	E	R	E	V	N	A	N
M	S	T	I	S	G	D	I	I	A	T	H	E	L	A	S	A	L	R	S
T	N	U	C	A	B	L	L	G	R	E	E	R	E	N	I	N	E	B	T
S	C	A	N	M	Y	P	T	R	E	E	O	B	E	T	N	T	E	M	E
I	H	R	B	O	C	A	R	S	O	N	B	D	R	H	I	S	C	O	V
R	B	T	J	H	J	O	V	S	E	W	O	H	S	A	M	O	H	T	E
H	H	I	S	T	O	R	Y	W	I	L	L	I	A	M	M	A	S	O	N
C	V	E	G	R	O	E	G	W	E	N	D	A	W	S	O	N	Y	G	S

ALFRED NUGENT
ALLEN LEECH
AMY NUTTALL
ARISTOCRATIC
BERYL PATMORE
BRENDAN COYLE
CARA THEOBOLD
CARSON
CASTLE
CHRISTMAS
COUNTESS
CRAWLEY
DAN STEVENS
DRAMA
EARL
ED SPELEERS
ELSIE HUGHES
ESTATE
ETHEL PARKS
FAMILY
GEORGE V
GRANTHAM
GWEN DAWSON
HIERARCHY
HISTORY
ITV
IVY STUART
JIM CARTER
JOHN BATES
KEVIN DOYLE
LESLEY NICOL
LILY JAMES
MASTERPIECE
MATT MILNE
MINISERIES
PBS
PHYLLIS LOGAN
ROSE LESLIE
SERVANTS
THOMAS BARROW
THOMAS HOWES
TOM BRANSON
WILLIAM MASON
WORLD WAR I
YORKSHIRE

Solution on page 342

Around Hong Kong

T	A	O	I	S	M	Y	G	O	L	O	N	H	C	E	T	M	M	G	D
S	B	B	M	P	I	Y	R	T	S	U	D	N	I	I	S	L	A	N	D
A	D	H	H	A	R	B	O	R	E	P	U	B	L	I	C	C	N	O	E
O	B	U	L	E	V	A	R	T	E	T	R	A	D	I	N	G	D	D	D
C	W	G	N	I	R	U	T	C	A	F	U	N	A	M	U	O	A	G	U
W	G	N	I	D	L	I	U	B	H	E	R	U	T	L	U	C	R	N	C
R	C	W	F	G	Z	C	P	Q	R	V	S	A	N	B	A	C	I	A	A
O	L	Y	T	N	H	L	Q	M	Z	R	E	D	T	L	O	T	N	U	T
K	I	A	N	I	H	C	N	R	E	H	T	U	O	S	E	N	P	G	I
U	B	T	N	P	S	D	Y	P	B	H	K	M	M	D	K	C	P	T	O
V	U	E	A	P	Y	T	A	T	S	P	S	O	K	T	A	E	E	O	N
Z	S	B	B	O	V	R	R	I	L	I	P	I	S	N	A	R	N	U	O
E	I	U	R	H	C	O	L	A	H	O	N	I	T	R	R	O	I	R	O
N	N	Z	U	S	P	G	I	D	L	G	L	O	L	I	Z	R	S	I	L
I	E	U	Y	R	N	C	D	I	D	A	N	R	T	Q	R	P	I	S	W
L	S	K	I	E	N	U	T	O	T	E	I	O	J	J	L	B	U	M	O
Y	S	A	S	A	B	A	M	I	S	V	R	T	B	B	A	D	C	R	K
K	T	Q	N	X	N	M	P	E	E	Y	E	C	R	E	M	M	O	C	H
S	H	I	P	T	A	A	V	R	O	N	O	I	T	A	L	U	P	O	P
B	F	K	C	E	C	O	N	O	M	Y	E	M	U	S	M	I	D	E	F

AIRPORT
BRITISH EMPIRE
BUDDHISM
BUILDING
BUSINESS
CANTONESE
CAPITALIST
CHINESE
CITY
COAST
COMMERCE
COSMOPOLITAN
CUISINE
CULTURE
DIM SUM
ECONOMY
EDUCATION
ENGLISH
FINANCIAL
FOOD
GUANGDONG
HARBOR
INDUSTRY
ISLAND
KOWLOON
MANDARIN
MANUFACTURING
MARTIAL ARTS
PEARL RIVER
POPULATION
REPUBLIC
SHIP
SHOPPING
SKYLINE
SKYSCRAPERS
SOUTHERN CHINA
STAR FERRY
TAOISM
TECHNOLOGY
TERRITORY
TOURISM
TRADING
TRAVEL
UNITED KINGDOM
URBAN

Solution on page 342

Face the Music

E	O	E	D	S	G	S	P	F	V	L	A	E	R	N	B	Y	S	A	Q
Z	E	A	J	P	Q	Y	B	A	R	R	Y	W	H	I	T	E	E	A	C
A	N	N	A	H	I	R	O	C	K	D	D	Q	L	B	I	R	G	H	O
B	C	N	F	M	B	E	M	I	N	E	M	L	E	N	O	A	I	M	L
S	K	O	O	R	B	H	T	R	A	G	B	E	O	S	G	C	S	U	L
D	N	D	N	V	A	Q	P	G	O	O	G	S	M	Y	A	H	R	S	Z
Y	I	A	T	D	U	N	L	P	A	E	K	I	D	G	G	A	A	I	I
O	A	M	N	E	Q	E	K	R	E	C	T	A	O	M	H	I	E	C	X
L	W	Y	E	F	S	H	D	S	A	H	L	L	Y	S	S	R	P	V	F
F	T	N	R	L	D	T	P	J	I	J	D	X	E	E	D	A	S	I	G
K	A	E	S	E	N	O	T	S	G	N	I	L	L	O	R	M	Y	D	O
N	I	L	E	P	P	E	Z	D	E	L	A	G	S	B	O	E	E	E	S
I	N	P	X	P	N	G	N	I	T	S	I	T	E	S	C	T	N	O	L
P	A	R	M	A	W	B	O	N	J	O	V	I	R	H	E	A	T	S	S
R	H	U	J	R	W	M	U	N	I	T	A	L	P	A	R	L	I	L	E
I	S	P	P	D	B	O	A	L	B	U	M	S	S	K	E	L	R	C	A
N	R	P	H	K	J	O	U	R	N	E	Y	S	I	I	H	I	B	B	G
C	O	E	N	H	O	J	N	O	T	L	E	I	V	R	C	C	B	J	O
E	S	E	L	T	A	E	B	E	H	T	E	K	L	A	M	A	I	R	E
N	Y	D	L	G	D	K	N	C	E	L	I	N	E	D	I	O	N	S	J

ABBA
AEROSMITH
ALBUMS
BARRY WHITE
BEE GEES
BILLBOARD
BON JOVI
BRITNEY SPEARS
CELINE DION
CHER
CHICAGO
DEEP PURPLE
DEF LEPPARD
EAGLES
ELTON JOHN
ELVIS PRESLEY
EMINEM
FRANK SINATRA
GARTH BROOKS
GOLD
JANET JACKSON
JOURNEY
JULIO IGLESIAS
KISS
LADY GAGA
LED ZEPPELIN
MADONNA
MARIAH CAREY
METALLICA
MTV
MUSIC VIDEOS
PINK FLOYD
PLATINUM
POP
PRINCE
QUEEN
RECORDS
RIHANNA
ROCK
ROLLING STONES
SALES
SHAKIRA
SHANIA TWAIN
STING
THE BEATLES

Solution on page 342

Nothing Heavy

X	D	J	E	Y	G	W	S	I	H	F	W	T	U	P	O	J	J	W	J
D	S	Z	R	B	B	R	M	Y	N	Q	T	J	M	N	A	R	I	L	P
S	B	A	L	F	W	K	L	I	S	S	O	D	K	B	K	R	G	F	X
U	L	N	K	L	E	U	G	N	I	R	E	M	U	Z	H	L	C	Q	V
R	Z	V	V	U	N	A	O	K	H	L	Y	C	P	S	O	C	K	S	V
M	P	T	T	F	D	W	T	D	A	E	R	H	T	V	T	E	V	T	E
L	X	I	C	F	F	D	Y	H	G	C	P	U	E	K	A	M	A	I	U
B	E	F	L	L	G	A	U	Z	E	B	L	S	R	E	K	C	I	T	S
L	N	W	A	L	O	V	E	Z	I	R	I	J	A	D	A	T	R	A	S
X	E	K	Z	I	O	U	G	R	H	Y	D	R	O	G	E	N	B	N	I
X	E	C	R	B	W	W	D	B	N	E	R	G	V	G	L	T	N	I	T
X	L	I	O	R	A	S	C	S	Q	I	B	S	R	P	C	E	D	U	U
U	K	P	X	A	L	U	M	I	N	U	M	A	O	R	I	G	A	M	I
O	N	H	E	L	G	B	C	G	T	A	S	E	E	D	Z	H	E	F	I
K	I	T	K	L	F	E	S	T	K	S	P	O	N	G	E	S	R	O	A
V	I	O	C	O	T	T	O	N	T	C	A	K	E	L	B	T	B	D	Z
K	N	O	L	D	E	N	I	C	T	N	I	L	I	V	U	R	N	X	F
G	Z	T	N	A	F	T	N	O	E	I	K	U	P	N	E	A	I	T	G
N	Z	D	M	V	A	P	O	R	Z	X	M	Z	D	E	S	W	Z	Z	T
I	K	O	R	S	R	P	H	K	K	Y	I	M	C	B	N	P	Y	L	W

AIR
ALUMINUM
BIRDS
BREAD
BUTTON
CLOUDS
CORK
COTTON
DOLLAR BILL
DUST
EARRINGS
FEATHER
FLUFF
GAUZE
GLOVES
GRASS
HELIUM
HYDROGEN
INSECT
KITE
KLEENEX
LEAF
LINT
MAKEUP
MERINGUE
NAPKIN
ORIGAMI
PEN
PILLOW
PLASTIC
SAND
SATIN
SEED
SILK
SNOWFLAKE
SOCKS
SPONGES
STEAM
STICKERS
STRAW
THREAD
TISSUE
TITANIUM
TOOTHPICK
VAPOR

Solution on page 342

Geography Quiz

Z	R	E	E	X	M	K	V	I	D	E	N	T	I	F	Y	R	Q	P	G
G	N	O	M	S	F	L	A	G	O	O	N	L	X	O	Y	Y	P	E	M
S	T	A	T	E	S	A	C	I	R	E	M	A	E	S	Y	G	K	X	P
O	X	J	Y	A	K	O	Y	A	N	O	I	T	A	C	O	L	Y	G	B
F	K	E	M	O	U	X	Y	I	Z	E	S	Q	D	L	Q	G	M	M	J
S	Y	S	Q	N	K	Q	T	O	P	O	G	R	A	P	H	Y	C	M	O
P	T	U	T	Z	I	N	E	A	L	P	O	L	E	E	X	C	A	V	E
V	E	R	K	Q	O	P	C	W	E	J	Q	N	M	D	Z	C	M	R	I
O	Y	W	A	C	V	P	I	G	F	A	U	I	A	U	R	A	N	G	E
H	C	M	T	I	S	L	E	T	F	D	S	A	P	T	E	O	T	B	V
N	Y	E	L	H	T	N	W	A	A	P	D	T	P	I	G	Y	B	A	A
J	N	S	A	E	I	T	P	N	H	E	B	N	A	G	I	Z	J	T	C
J	K	O	S	N	V	Y	S	E	K	A	L	U	I	N	O	T	A	L	S
Z	L	I	Y	F	X	E	R	D	N	V	Q	O	E	O	N	S	O	E	X
G	A	L	E	S	B	E	N	U	Q	I	D	M	L	L	R	E	U	D	S
Z	K	A	P	G	I	U	C	T	R	V	N	A	I	D	I	R	E	M	Q
H	W	B	B	C	U	D	T	I	S	Z	N	S	Y	Y	O	O	R	W	V
Z	K	E	A	E	W	G	V	T	T	D	F	I	U	P	U	F	R	T	S
H	H	L	Y	R	E	E	F	L	E	Y	L	F	E	L	A	N	A	C	D
Z	G	H	C	Y	R	Y	L	A	T	I	T	U	D	E	A	S	I	A	W

ALTITUDE
AMERICA
ASIA
ATLAS
BAY
BORDERS
BUTTE
CANAL
CAPE
CAVE
CITY
CONTINENT
COUNTRY
DELTA
DUNE
EQUATOR
EUROPE
EVENTS
FJORD
FOREST
GLACIER
HEMISPHERE
IDENTIFY
ISLET
LABEL
LAGOON
LAKES
LAND
LATITUDE
LOCATION
LONGITUDE
MAP
MERIDIAN
MOUNTAIN
OCEAN
PENINSULA
POLE
RANGE
REEF
REGION
RIVER
SEA
STATE
STRAIT
TOPOGRAPHY

Solution on page 343

Helping Others

H	S	V	C	T	W	K	L	N	Y	N	R	Z	J	O	S	L	F	F	M
C	T	O	E	I	R	E	P	C	I	V	D	N	J	H	T	V	J	S	L
G	E	O	G	I	V	O	P	O	F	Z	C	O	C	O	M	F	O	R	T
X	A	M	P	I	S	R	P	M	H	X	A	L	C	X	D	V	T	E	S
F	C	E	R	R	O	C	N	P	H	S	A	W	O	T	E	Q	K	K	Y
U	H	D	V	T	U	O	V	A	U	L	C	U	S	T	O	D	I	A	N
V	E	I	E	N	H	N	X	N	A	S	K	C	G	U	H	R	P	T	N
V	R	C	F	Y	U	T	D	Y	R	E	V	O	C	E	R	E	U	E	A
E	T	A	N	R	R	R	O	E	E	N	C	O	U	R	A	G	E	R	N
L	J	L	T	E	E	U	O	F	R	O	N	K	Q	I	H	Q	E	A	O
T	P	U	G	S	I	S	F	H	R	S	N	O	R	I	E	S	E	C	G
N	R	L	S	I	E	T	V	L	I	I	T	A	E	Z	P	N	M	H	D
E	O	O	E	H	M	W	A	D	E	S	E	A	I	O	R	O	R	A	L
G	V	Y	S	H	T	O	E	P	T	S	S	N	N	D	X	I	X	R	P
H	I	I	S	H	A	R	I	N	G	S	A	S	D	D	R	T	J	I	N
Y	D	Q	P	H	A	T	E	V	I	G	I	C	E	D	I	A	I	T	C
V	E	M	C	T	I	H	F	K	R	B	P	S	K	C	L	N	U	Y	X
Z	I	N	E	U	B	Y	A	O	L	G	V	I	S	I	T	O	G	G	W
A	R	R	O	X	I	Y	I	E	X	H	N	G	O	A	P	D	V	G	U
Q	D	X	G	M	Q	K	L	B	O	D	P	R	W	P	C	D	J	E	I

AIDE
ASSIST
CARETAKER
CHARITY
CLOTHE
COMFORT
COMPANY
CONSIDERATE
COOK
CUSTODIAN
DISHES
DOCTOR
DONATION
DRESS
DRIVE
ENCOURAGE
FOOD
FRIEND
GENTLE
GIVE
GUARDIAN
HELP
HUG
IRON
KIND
KISS
LOVE
MEDICAL
MONEY
NANNY
NURTURE
ORGANIZE
PATIENCE
PROTECT
PROVIDE
RECOVERY
RESPONSIBLE
SHARING
SHOP
SUPPORT
TEACHER
TRUSTWORTHY
UNDERSTANDING
VISIT
WASH

Solution on page 343

Back to the 60s

S	T	H	G	I	R	L	I	V	I	C	I	S	U	M	K	L	O	F	M
J	A	N	I	S	J	O	P	L	I	N	A	L	Y	D	B	O	B	J	B
S	O	N	N	Y	L	I	S	T	O	N	H	M	I	D	O	M	S	Y	E
R	W	J	F	M	E	R	U	T	L	U	C	R	E	T	N	U	O	C	A
E	O	G	F	R	A	N	K	I	E	A	V	A	L	O	N	H	N	S	S
G	O	B	S	K	A	P	F	E	M	I	N	I	S	M	T	A	N	E	Y
N	D	K	E	Y	A	N	S	P	A	C	E	N	Y	Y	R	M	Y	L	R
E	S	R	A	R	S	D	C	Y	D	P	A	O	O	G	A	M	A	T	I
V	T	A	O	U	L	T	N	I	C	M	L	X	B	G	W	A	N	A	D
A	O	W	J	B	L	I	S	O	S	H	O	I	H	I	M	D	D	E	E
E	C	I	J	H	E	L	N	E	F	C	E	N	C	W	A	A	C	B	R
H	K	T	X	S	N	R	L	W	T	R	O	D	A	T	N	L	H	E	U
T	X	N	M	A	F	R	T	L	A	O	E	Q	E	E	T	I	E	H	T
Y	I	A	L	T	A	D	J	K	U	L	R	T	B	L	E	H	R	T	L
G	E	Y	O	H	I	P	P	I	E	S	L	P	E	I	I	O	G	X	U
O	Y	H	C	G	B	R	E	Z	H	N	E	V	H	P	V	C	G	T	C
L	D	K	L	I	S	R	E	W	O	P	N	I	T	S	U	A	I	V	G
O	E	F	A	A	Z	S	X	I	R	D	N	E	H	I	M	I	J	V	U
C	I	B	M	H	H	T	Q	Y	L	L	O	R	D	N	A	K	C	O	R
E	T	I	L	L	E	T	A	S	G	I	P	F	O	Y	A	B	W	F	D

ANTIWAR
AUSTIN POWERS
BAY OF PIGS
BERLIN WALL
BOB DYLAN
BREZHNEV
CHARLES MANSON
CIVIL RIGHTS
COUNTERCULTURE
DRUG CULTURE
EASY RIDER
ECOLOGY
FEMINISM
FOLK MUSIC
FRANKIE AVALON
HAIGHT ASHBURY
HIPPIES
JANIS JOPLIN
JFK
JIMI HENDRIX
LBJ
MALCOLM X
MOD
MUHAMMAD ALI
NIXON
PETER FONDA
PROTESTS
PSYCHEDELIC
ROBERT KENNEDY
ROCK AND ROLL
SAN FRANCISCO
SATELLITE
SONNY AND CHER
SONNY LISTON
SPACE
THE AVENGERS
THE BEACH BOYS
THE BEATLES
TIE DYE
TWIGGY
VIETNAM WAR
WOODSTOCK

Solution on page 343

Found in the Old Testament

K	K	I	J	I	Z	U	M	Z	M	S	V	I	U	R	B	T	F	F	F
P	X	M	E	H	S	E	I	D	E	I	S	O	M	A	W	J	J	X	R
A	U	I	M	S	J	L	K	G	X	H	C	B	I	B	L	E	L	C	A
U	L	H	X	R	A	H	D	D	M	E	L	A	S	U	R	E	J	O	I
H	A	B	A	K	K	U	K	A	E	S	O	H	H	E	B	S	H	R	N
S	H	A	W	I	J	J	E	N	Y	Y	Y	S	M	A	G	C	E	U	B
O	D	N	N	F	N	L	O	I	G	H	J	I	B	C	I	V	M	T	O
J	P	E	F	G	L	A	Q	E	O	P	A	F	I	R	I	B	R	H	W
V	S	K	U	I	A	C	H	L	L	H	O	Q	E	R	E	G	Y	P	T
T	B	X	I	T	M	F	T	P	O	R	N	J	N	R	S	V	S	B	O
N	R	E	L	V	E	C	C	L	E	S	I	A	S	T	E	S	O	B	Q
E	E	G	N	O	N	R	Q	W	H	Z	D	T	L	W	L	T	E	R	U
P	D	H	H	J	T	C	O	H	T	R	S	A	N	E	C	D	M	R	P
R	S	J	E	U	A	T	C	N	O	S	D	T	H	A	I	D	A	B	O
E	E	E	E	M	T	M	A	J	O	A	S	D	R	E	N	K	W	W	O
S	A	Y	T	H	I	B	I	G	M	M	G	G	N	H	O	E	E	T	G
B	T	C	T	H	O	A	N	N	K	U	Y	C	O	G	R	Z	V	Z	F
O	K	G	M	C	N	V	H	P	Y	E	E	A	C	N	H	R	K	O	E
P	E	D	A	A	S	C	A	V	S	L	N	O	N	A	C	A	R	T	C
T	T	J	E	P	R	O	P	H	E	T	B	L	C	G	J	R	H	Z	N

ADAM
AMOS
BENJAMIN
BIBLE
CAIN
CANON
CHRONICLES
COVENANT
DANIEL
DEUTERONOMY
ECCLESIASTES
EGYPT
ESAU
EZEKIEL
EZRA
HABAKKUK
HOSEA
ISHMAEL
JACOB
JEHOVAH
JEREMIAH
JERICHO
JERUSALEM
JOEL
JORDAN RIVER
JOSHUA
JUDGES
LAMENTATIONS
MICAH
NEHEMIAH
NUMBERS
OBADIAH
OBEDIENCE
PROPHET
PROVERBS
RAINBOW
RED SEA
RUTH
SAMUEL
SERPENT
SETH
SHEM
THEOLOGY
TOWER OF BABEL
ZEPHANIAH

Solution on page 343

Patents

T	S	E	C	R	E	T	J	T	W	C	I	H	H	C	R	A	E	S	C
H	R	J	P	M	C	C	N	Z	H	I	K	R	A	I	F	M	C	R	W
C	R	D	W	U	S	H	O	E	I	G	N	A	I	N	G	I	S	E	D
V	W	Z	D	I	J	S	M	M	M	A	I	D	C	N	E	D	R	U	G
Q	I	O	F	W	T	I	E	L	P	N	I	R	U	N	V	P	H	S	K
E	R	N	O	H	C	R	A	C	R	A	R	V	C	S	X	E	S	D	T
P	R	O	T	A	B	F	A	Y	O	W	N	E	H	Y	T	E	N	E	L
G	T	I	L	E	X	E	T	D	V	R	B	Y	V	G	W	R	F	T	E
W	C	S	P	E	L	R	S	C	E	T	P	Y	C	O	U	U	I	N	G
Y	E	S	V	X	E	L	A	N	M	M	S	C	D	L	G	T	L	A	A
Z	T	I	E	P	E	U	E	O	E	G	A	E	W	O	C	C	E	R	L
C	O	M	O	L	D	X	C	C	N	C	V	R	U	N	O	A	O	G	U
A	R	R	L	B	L	P	V	I	T	E	I	A	K	H	U	F	F	I	F
G	P	E	U	B	L	I	W	L	L	U	B	L	C	C	R	U	F	U	E
A	P	P	L	Y	L	A	N	O	I	T	A	N	R	E	T	N	I	I	S
N	U	M	B	E	R	E	P	G	L	N	B	L	C	T	O	A	C	Z	U
H	U	F	E	D	O	M	A	O	Y	L	O	P	O	N	O	M	E	I	J
Y	B	E	F	V	E	X	C	L	U	S	I	V	E	X	B	V	P	Z	E
V	Q	E	G	N	I	R	F	N	I	D	E	A	E	D	E	H	K	Q	W
W	R	O	T	A	E	R	C	O	P	Y	B	W	A	L	H	U	S	S	R

APPLY
CHEMICAL
COMPANY
COPY
COURT
CREATOR
DESIGN
DEVELOPMENT
DRAWINGS
DRUG
EXCLUSIVE
EXPIRE
FEE
FILE
FIRST
GOVERNMENT
GRANTED
IDEA
IMPROVEMENT
INDUSTRIAL
INFRINGE
INTELLECTUAL
INTERNATIONAL
INVENT
LAW
LEGAL
LICENSE
MANUFACTURE
MONOPOLY
NOVEL
NUMBER
OFFICE
PERMISSION
PROCESS
PRODUCT
PROPERTY
PROTECT
RIGHT
SCIENCE
SEARCH
SECRET
SELLING
TECHNOLOGY
TRADEMARK
USEFUL

Solution on page 343

Crimes

M	B	Q	G	I	G	D	G	D	T	R	A	W	D	J	T	T	U	W	N
L	A	R	C	E	N	Y	V	Y	N	O	L	E	F	U	R	H	I	O	S
I	T	D	F	Z	L	G	N	I	L	B	M	A	G	U	A	A	S	T	A
W	T	F	E	H	T	A	O	S	U	B	L	N	A	R	R	R	E	M	Z
P	E	N	A	L	T	Y	W	Z	D	E	I	N	E	G	A	A	F	U	F
Y	R	A	L	G	R	U	B	Y	R	R	C	B	J	N	L	S	T	N	T
D	Y	O	T	K	U	Q	A	D	E	Y	C	A	R	I	P	S	N	O	C
I	C	T	N	Q	K	V	U	T	T	R	I	Y	N	T	E	M	A	I	E
S	H	L	Z	A	U	I	T	G	H	L	E	G	N	F	R	E	R	T	P
O	S	U	M	C	E	I	D	E	G	L	C	E	F	I	J	N	R	A	S
B	A	A	H	C	L	M	N	N	U	J	M	Y	I	L	U	T	A	B	E
E	J	S	P	E	V	O	E	U	A	E	C	R	G	P	R	E	W	O	R
Y	A	S	P	S	I	A	N	D	L	P	R	E	H	O	Y	R	P	R	S
R	B	A	C	S	E	D	N	Z	S	A	P	B	T	H	J	R	L	P	I
E	U	A	A	O	E	R	Z	D	N	I	B	I	I	S	I	O	Y	W	D
G	S	V	C	R	U	E	T	B	A	D	M	R	N	M	U	R	D	E	R
R	E	J	A	Y	B	R	F	H	M	L	W	B	G	G	I	I	X	O	L
O	J	G	S	M	J	R	T	B	T	E	I	Q	R	K	U	S	E	I	D
F	E	W	E	D	G	N	I	K	L	A	T	S	E	G	A	M	A	D	S
V	R	D	V	Q	D	K	Z	M	Q	D	V	V	M	F	X	B	Y	L	R

ABUSE
ACCESSORY
ARSON
ASSAULT
BAIL
BATTERY
BRIBERY
BURGLARY
CONSPIRACY
COURT
DAMAGE
DISOBEY
DISRESPECT
DUI
DWI
EMBEZZLEMENT
EVASION
FELONY
FIGHTING
FORGERY
FRAUD
GAMBLING
HARASSMENT
JAIL
KIDNAPPING
LARCENY
LAWYER
LITTERING
MANSLAUGHTER
MISDEMEANOR
MURDER
PENALTY
PERJURY
PROBATION
ROBBERY
SHOPLIFTING
STALKING
STEALING
TERRORISM
THEFT
TRESPASS
TRUANCY
UNDERAGE
VANDALISM
WARRANT

Solution on page 343

Projects

N	R	C	K	F	M	Q	F	X	B	B	B	S	U	D	D	Z	P	P	A
S	G	N	I	D	I	S	E	R	Y	D	O	W	N	S	I	Z	I	N	G
D	R	N	K	T	N	N	F	O	G	E	X	N	E	R	G	R	M	T	A
M	E	E	I	Y	S	C	F	T	N	M	N	Q	L	U	N	E	N	A	Z
M	L	C	S	D	U	D	O	I	I	O	O	Y	B	D	I	S	K	O	L
Z	O	S	K	I	L	L	R	N	H	L	I	R	G	N	Z	T	U	B	G
G	C	Y	N	P	A	I	T	O	S	I	T	E	A	F	I	O	B	A	N
N	A	U	P	O	T	R	U	M	I	T	A	S	T	E	N	R	R	S	I
I	T	R	W	N	I	H	D	B	B	I	R	R	T	N	A	A	P	E	H
V	I	K	D	D	N	T	K	N	R	O	O	U	I	C	G	T	A	M	S
O	N	A	J	E	G	F	A	H	U	N	B	N	C	E	R	I	I	E	I
M	G	K	D	Z	N	T	O	R	F	F	A	A	S	T	O	O	N	N	N
N	N	S	E	C	R	U	O	S	E	R	L	A	C	O	I	N	T	T	I
P	I	N	G	I	S	E	D	E	R	P	L	E	S	K	T	O	I	A	F
Y	R	E	S	E	A	R	C	H	O	E	O	S	R	H	Y	G	N	S	E
L	O	R	T	N	O	C	Q	R	L	U	C	O	E	A	R	A	G	K	R
M	O	D	E	L	I	V	S	L	A	N	D	S	C	A	P	E	R	S	U
T	L	S	P	E	T	S	O	Z	K	Q	I	B	U	D	G	E	T	D	O
D	F	E	F	A	A	O	Y	A	S	S	E	U	X	I	I	F	R	M	M
C	S	S	F	U	P	M	U	S	N	C	T	G	Y	Y	T	H	J	P	T

ATTIC
BACKYARD
BASEMENT
BOAT
BUDGET
BUILDING
COLLABORATION
CONSTRUCTION
CONTROL
COOPERATION
DECK
DEMOLITION
DOWNSIZING
EFFORT
ESSAY
FENCE
FLOORING
FUNDRAISERS
GARAGE SALE
GARDEN
HOUSE
INSULATING
LANDSCAPE
MODEL
MONITOR
MOVING
NURSERY
ORGANIZING
PAINTING
PATIO
POND
POOL
PREPARE
REDESIGN
REFINISHING
REFURBISHING
RELOCATING
RESEARCH
RESOURCES
RESTORATION
SIDING
SKILL
STEPS
TASKS
THESIS

Solution on page 344

Skin Treatment

Q	D	B	B	E	V	U	U	P	R	O	T	E	C	T	L	K	L	T	I
O	D	P	C	N	I	H	Q	Y	M	K	E	H	L	F	A	O	F	L	U
T	N	E	M	I	G	E	R	H	A	E	V	I	T	A	M	I	N	S	K
V	B	R	A	N	U	R	Y	M	K	I	B	U	R	C	S	E	N	I	L
Q	B	O	S	E	O	D	C	L	E	A	N	S	E	X	O	T	O	B	Q
K	L	X	K	G	R	I	H	A	U	L	D	N	A	Y	Q	B	I	D	L
V	P	I	Y	A	E	Z	T	B	P	S	A	G	T	R	Q	V	E	N	H
Z	X	D	T	L	G	O	T	O	R	B	E	O	M	O	P	R	Q	S	M
F	Q	E	J	L	D	E	L	A	L	F	H	M	E	T	M	P	S	F	W
D	D	S	O	O	J	R	C	E	W	O	K	L	N	A	C	E	B	V	E
R	Y	W	W	C	O	S	M	E	T	I	C	S	T	L	N	E	A	Q	W
K	W	A	C	N	E	I	T	K	S	L	A	O	A	I	P	L	O	G	Y
M	S	H	C	R	S	A	L	E	G	X	L	Y	H	P	A	O	S	C	J
H	T	S	U	H	I	P	L	W	P	O	B	C	R	E	D	N	E	S	S
E	U	M	S	L	R	K	A	L	G	K	T	P	Q	D	T	I	L	E	V
A	Z	A	O	T	N	A	D	I	X	O	I	T	N	A	O	T	T	R	T
Y	R	F	S	I	T	O	S	E	L	M	A	E	R	C	N	E	N	O	V
O	X	E	R	W	P	T	P	B	P	V	P	O	W	D	E	R	E	P	H
E	L	W	C	W	K	J	K	L	E	Q	X	U	R	L	J	R	G	C	Z
D	Q	W	E	B	W	R	E	M	I	R	P	U	W	L	Q	V	X	G	H

ACNE
ANTIOXIDANT
BALM
BLACKHEAD
BLEMISH
BLOTCHINESS
BOTOX
CLAY
CLEANSE
COLLAGEN
COSMETICS
CREAM
DEPILATORY
DERMATOLOGIST
ELASTIN
EXFOLIATE
GENTLE
GLOW
HYDRATED
LINES
LOTION
MAKEUP
MASK
OIL
PEEL
PEROXIDE
PIMPLE
PORES
POWDER
PRIMER
PROTECT
RASH
REDNESS
REGIMEN
RETINOL
SCARS
SCRUB
SERUM
SOAP
SPA
TONE
TREATMENT
VITAMINS
WASH
WRINKLES

Solution on page 344

See South America

```
C A Y E N N E F B H L A C N I I O L S N
R P B N Z L A P R B P L Y A U G A R A P
T U I U W C Z E L E A P O W L P N E S F
O N R G E O B S C L N N Q S A I I X U L
H T E U E N T O S O A C E Z O T T C N B
I A I N G I O E G H C M H G N V N D C Q
Z D T U I U Y S G O B I A G A G E U I P
L E R A Q T A O A R T S F M U T G U O C
K L L I C Q N Y Q I O A A I E I R C N O
R E R F O A A O Z Z R E I O C N A A J C
I S O O E D M X C O D E G L P A D N C H
Q T G B D A E A D N Q C S V I A P O A A
T E A C I A D J D T B T H P W S U N Z B
T E I A V R V N A E C O C I T N A L T A
J B T I E O A L O N S B L K C Y G R O M
Q R N A T D M M A C E E E I U L T D B B
F A A U N A I V A S A I R G V H A O J A
Z Z S H O U L P E R U N R T H I S Y K J
L I H S M C A R A C A S A O A M A Z O N
A L E U Z E N E V A L P A R A I S O O U
```

AMAZON
ANACONDA
ARGENTINA
ASUNCION
ATACAMA DESERT
ATLANTIC OCEAN
BELO HORIZONTE
BOGOTA
BOLIVIA
BRASILIA
BRAZIL
BUENOS AIRES
CALI
CARACAS
CARTAGENA
CAYENNE
CHICLAYO
COCHABAMBA
CONTINENT
ECUADOR
FRENCH GUIANA
GEORGETOWN
GUYANA
INCA
LA PAZ
LIMA
LLAMA
MENDOZA
MONTEVIDEO
NUEVO SOL
PACIFIC OCEAN
PARAGUAY
PARAMARIBO
PERU
PESO
PUNTA DEL ESTE
QUITO
RIO DE JANEIRO
SALVADOR
SANTIAGO
SAO PAULO
URUGUAY
USHUAIA
VALPARAISO
VENEZUELA

Solution on page 344

Meds

Y	F	R	R	S	W	T	B	T	A	O	W	M	U	W	A	C	C	V	D
B	R	V	E	R	L	P	W	K	L	N	T	H	F	U	N	H	L	J	M
F	X	B	F	F	I	R	H	B	L	H	S	I	E	T	T	Z	I	Q	Z
N	E	O	C	C	I	Z	B	A	E	E	S	O	D	A	I	V	N	X	E
I	O	D	I	F	H	L	A	A	R	P	P	Y	I	N	D	M	I	S	W
J	K	F	N	E	W	E	L	V	G	M	F	O	F	N	O	A	C	R	N
Z	F	O	O	D	Q	T	M	N	Y	P	A	E	T	G	T	H	C	M	C
S	X	W	R	U	H	J	I	I	E	G	C	C	U	I	E	M	T	H	E
I	V	E	H	Y	E	R	I	N	S	T	I	T	Y	D	O	L	E	T	E
C	L	F	C	I	T	O	I	B	I	T	N	A	U	Y	Z	N	A	N	R
K	R	F	L	O	O	C	Z	O	E	E	R	L	D	B	I	B	I	E	T
Y	I	E	M	U	I	W	N	R	M	T	E	Y	R	C	L	R	T	M	P
C	S	C	A	L	L	I	U	E	D	E	H	G	C	E	I	T	L	L	X
E	S	T	L	M	A	I	L	Y	H	C	Z	A	T	P	E	B	L	I	C
T	E	I	M	P	D	P	N	L	L	G	V	A	S	B	W	L	I	A	R
D	N	V	I	J	P	E	L	I	X	I	R	A	L	A	C	I	P	O	T
E	L	E	Y	U	V	I	T	A	M	I	N	O	O	P	S	S	T	O	W
S	L	P	S	Y	R	U	P	D	R	E	V	E	F	R	U	C	N	L	M
E	I	I	W	T	E	W	W	U	B	Z	N	F	Z	L	O	I	V	I	Y
Y	F	Y	J	Y	A	Q	M	Y	C	F	W	T	E	D	C	K	S	O	G

AILMENT
ALLERGY
ANTIBIOTIC
ANTIDOTE
ASPIRIN
BALM
BETTER
CAPSULE
CHEMISTRY
CHRONIC
CLINIC
CREAM
CUP
DAILY
DIURETIC
DOCTOR
DOSE
EFFECTIVE
ELIXIR
FEVER
FLU
FOOD
HEADACHE
HEALTHY
ILLNESS
INFECTION
LINIMENT
MOTRIN
OINTMENT
PAIN
PENICILLIN
PHARMACY
PILL
POTION
REFILL
SCHEDULE
SICK
SPOON
SUPPLEMENT
SYRUP
TABLET
TONIC
TOPICAL
VACCINE
VITAMIN

Solution on page 344

Mailing

C B R P M E A Y K G H L W P I C K U P J
C Y I O A H S M S P M A T S W W Y A A S
Q Z I L I G G H G P A Y M E N T C L C S
K M G G L I C K I N G O I U V K A E K E
E H O R C S W T N P T G E J I N P P A R
J C W A Y P P R S S H Q I N O S C L G D
U J I X S M R U U T R E G I S T E R E D
W L A V O Q O C R E P A T Z R K I B L A
P G K A R B C K A G P A R W E L B B U B
G N G O T E E W N W N Y B H S J D T K T
I I L V I Q S P C R I I E N V E L O P E
F O O D N C S Y E N O M V E L O E O R X
T G B U G L I T P Y G T C I C D S F O P
S T A T I O N E R Y H A V A E T O V D R
V U L I W I G M W G F E L N A C G R U E
P O I E S L A V I R R A R G M E E V C S
D X O S A O V E U Y F U E G C T Y R T S
X B V S F G R S E J T A C A T Q Y Q S I
X T O G Q F M Q R E I R I E M C M L K T
J D B R G Q Z T R A C K L O Q I R F R Y

ADDRESS
ARRIVAL
BILLS
BOX
BUBBLE WRAP
CUSTOMS
DELIVERY
DUTIES
ENVELOPE
EXPRESS
FEES
FOAM
FREIGHT
GIFTS
GLOBAL
INSURANCE
INTERNATIONAL
LETTER
LICKING
LOCAL
MAIL
MONEY
OUTGOING
PACKAGE
PACKING
PAYMENT
PICKUP
POSTAGE
PROCESSING
PRODUCTS
RECEIVING
REGISTERED
RETURNED
SERVICE
SHIP
SORTING
STAMPS
STATIONERY
SURFACE
TAPE
TRACK
TRUCK
WEIGHT
ZIP

Solution on page 344

Around the Lighthouse

A	Z	F	F	L	I	V	J	E	O	E	G	A	K	C	E	R	W	D	W
W	O	T	M	J	O	O	T	D	E	W	T	S	Y	T	E	F	A	S	Y
S	S	H	D	C	M	A	P	X	H	Z	S	O	D	M	C	N	T	O	V
M	Q	P	K	N	T	P	G	C	I	H	L	Y	W	R	G	K	C	E	E
R	N	M	K	O	S	H	O	R	E	L	I	N	E	E	A	H	H	E	F
O	W	T	R	Z	H	P	W	E	R	C	W	H	R	S	R	Z	M	P	M
T	O	U	R	I	S	T	S	H	I	P	W	R	E	C	K	S	A	G	C
S	S	P	I	R	A	L	S	T	A	I	R	S	V	Q	U	X	N	H	J
W	U	E	D	O	R	A	R	A	E	E	C	A	P	T	A	I	N	S	M
X	F	F	A	H	C	C	U	E	C	C	N	Q	G	E	N	I	G	H	T
J	S	T	G	S	L	I	O	W	F	I	N	I	N	N	W	A	V	E	S
F	F	I	L	C	I	R	N	D	O	L	R	A	A	O	I	K	E	K	K
F	L	T	G	K	P	D	E	A	Y	X	E	C	T	M	C	N	Y	C	C
X	L	V	O	N	M	N	E	B	W	L	S	C	U	S	G	A	R	R	O
A	X	G	F	O	A	I	S	Y	C	O	A	S	T	L	I	N	E	A	R
C	P	T	A	L	L	L	R	E	P	E	E	K	N	O	A	D	D	B	W
I	P	J	E	W	A	Y	S	R	C	H	A	R	B	O	R	R	I	O	S
J	E	R	T	O	H	C	J	R	O	U	G	H	S	E	A	S	U	A	Q
I	T	W	H	L	Y	F	A	L	A	R	M	G	E	H	X	P	G	T	A
H	V	S	A	J	X	Y	Z	F	U	W	S	T	I	H	A	D	L	S	M

ALARM
ALERT
BAD WEATHER
BEACON
BOATS
CAPTAIN
CIRCULAR
CLIFF
COASTLINE
CRASH
CREW
CYLINDRICAL
DANGER
DISTANCE
FOG
GUIDE
HARBOR
HAZARD
HORIZON
KEEPER
MAINE
MIRRORS
NIGHT
OCEAN
REFLECTORS
ROCKS
ROTATE
ROUGH SEAS
SAFETY
SCANNING
SEASIDE
SHIPWRECKS
SHOALS
SHORELINE
SIGNAL
SKY
SPIRAL STAIRS
STORMS
TALL
TOURISTS
TOWERS
WARNING
WATCHMAN
WAVES
WRECKAGE

Solution on page 344

School Boards

S	H	C	O	N	D	U	C	T	O	Y	V	C	M	J	A	B	M	N	P
B	M	O	T	I	O	N	L	U	B	V	O	T	E	A	P	F	P	O	W
Z	U	Z	C	M	E	M	B	E	R	T	E	G	D	U	B	E	S	M	K
P	F	Z	T	P	O	L	I	C	Y	P	X	R	X	R	L	T	I	X	E
G	S	F	L	B	Q	S	T	N	E	D	U	T	S	E	N	S	A	V	E
J	G	A	P	S	G	R	Y	R	A	T	E	R	C	E	S	D	I	C	T
D	N	K	R	P	U	M	C	C	D	T	P	T	R	I	E	T	N	I	T
S	H	B	I	N	E	P	L	U	M	R	E	A	O	C	U	A	P	L	I
S	D	H	N	K	R	P	E	R	I	L	P	N	I	C	D	R	N	B	M
B	S	P	C	R	U	K	N	R	N	Z	S	D	E	N	E	A	O	U	M
F	E	V	I	O	T	A	N	I	I	Q	E	X	E	S	S	A	I	P	O
Y	T	T	P	F	C	S	O	C	S	N	E	T	I	F	R	Z	T	S	C
C	U	C	A	F	U	R	S	U	T	M	T	D	E	G	E	Y	A	D	T
B	N	I	L	I	R	E	R	L	R	A	E	E	U	E	H	S	C	R	R
K	I	R	D	C	T	W	E	U	A	N	J	E	N	P	C	I	U	A	U
D	M	T	D	I	S	O	P	M	T	A	G	E	N	D	A	W	D	D	S
K	E	S	W	A	R	P	G	U	O	M	A	N	A	G	E	M	E	N	T
Z	E	I	F	L	E	E	Q	E	R	I	A	K	Z	V	T	N	P	A	E
A	T	D	W	S	V	H	C	E	N	R	O	L	L	M	E	N	T	T	E
K	P	Y	L	R	V	D	U	T	I	E	S	E	L	U	R	F	X	S	U

ADMINISTRATOR
AGENDA
ARGUE
ATTENDANCE
BUDGET
COMMITTEE
CONDUCT
CURRICULUM
DECIDE
DIRECT
DISTRICT
DUTIES
EDUCATION
ELECT
ENROLLMENT
EXECUTIVE
HEAD
MANAGEMENT
MEET
MEMBER
MINUTES
MISSION
MOTION
NEGOTIATE
NOMINATE
OFFICIALS
OVERSEE
PARENTS
PERSONNEL
PLANS
POLICY
POST
POWERS
PRESIDENT
PRINCIPAL
PUBLIC
RULES
SECRETARY
STANDARDS
STRUCTURE
STUDENTS
SUPERINTENDENT
TEACHERS
TRUSTEE
VOTE

Solution on page 345

Haunted Houses

A	D	F	T	R	D	R	L	A	U	V	Q	O	N	N	S	L	U	O	S
G	P	H	I	L	P	D	A	E	N	M	N	S	O	W	K	Y	Q	E	S
L	H	J	O	S	E	C	I	O	V	W	H	I	S	P	E	R	S	R	E
A	P	C	B	K	M	X	D	A	R	A	S	P	P	Z	L	B	I	N	Y
A	A	E	R	S	H	N	T	R	D	E	I	K	A	Y	E	A	S	D	G
S	P	L	I	I	A	B	M	O	S	R	D	M	D	T	T	N	L	S	O
Y	H	H	Y	B	E	M	W	F	I	A	M	I	E	S	O	P	I	L	B
U	Y	R	A	A	A	S	M	T	R	C	G	R	P	I	N	A	A	S	L
F	S	K	I	S	M	R	S	K	H	S	R	N	T	S	P	S	W	I	I
D	P	U	K	E	E	M	P	T	Y	I	W	I	L	L	U	S	I	O	N
Q	M	N	P	M	K	R	I	F	F	H	R	M	A	N	I	A	C	D	S
O	U	N	Z	E	J	I	U	Y	R	A	U	D	G	T	H	G	I	R	F
W	B	K	C	N	R	G	I	T	P	B	M	O	N	S	T	E	R	A	K
A	E	G	O	T	B	N	T	P	C	G	L	I	G	H	T	S	O	H	G
L	S	U	S	A	G	I	A	X	N	I	F	F	O	C	V	A	I	C	S
R	O	S	T	P	R	G	X	T	W	K	P	E	P	Y	Q	H	L	T	M
Q	O	S	U	R	O	N	Q	Q	U	N	U	B	V	Z	L	C	A	I	J
V	G	E	M	G	A	A	J	H	E	R	I	P	M	A	V	R	Z	W	X
T	P	Q	E	V	N	B	D	U	J	V	A	L	K	D	R	L	T	B	D
T	M	U	S	T	S	I	E	G	R	E	T	L	O	P	B	G	B	L	Y

ABANDON
APPARITIONS
BANGING
BASEMENT
BATS
CHASE
COFFIN
COLD
COSTUMES
CRIES
DARK
EMPTY
FRIGHT
GHOST
GOBLIN
GOOSEBUMPS
GRAVE
GROANS
ILLUSION
LIGHTS
MANIAC
MASK
MAZE
MONSTER
NOISES
PASSAGES
PICTURES
POLTERGEISTS
RATS
SCARE
SHADOWS
SHRIEK
SKELETON
SOULS
SPIDER
SPIRITS
STAIRS
SUPERNATURAL
TERRIFYING
VAMPIRE
VOICES
WAILS
WEBS
WHISPERS
WITCH

Solution on page 345

Wrestling Match

C	B	N	C	C	S	S	C	I	P	M	Y	L	O	W	Z	R	Y	P	O
N	A	X	V	N	U	G	Y	H	H	L	T	P	I	N	N	I	N	G	F
H	C	T	B	B	O	U	S	C	O	S	N	E	H	T	A	N	E	M	Z
Y	K	A	E	H	U	H	N	R	L	K	L	A	M	Y	K	G	V	O	F
H	H	K	A	S	N	T	O	F	D	I	E	L	Y	T	S	E	E	R	F
H	O	E	C	W	E	G	I	O	I	L	N	H	X	N	O	I	T	C	A
B	L	D	H	O	R	N	T	L	N	L	S	C	O	X	X	H	C	D	U
S	D	O	S	R	T	E	I	K	G	L	O	P	H	L	G	A	V	A	U
E	M	W	P	H	S	R	S	S	B	O	F	S	A	I	D	A	X	B	L
U	R	N	O	T	Z	T	O	T	D	C	S	N	E	N	N	S	L	Q	F
Q	C	S	R	G	L	S	P	Y	L	K	O	W	R	T	D	G	S	N	W
I	O	K	T	S	T	R	A	L	A	I	T	R	A	M	M	E	A	U	T
N	A	B	N	N	S	G	O	E	T	N	N	G	H	A	V	M	X	T	B
H	C	D	U	U	U	Z	Q	A	L	G	E	G	T	O	O	G	R	R	T
C	H	A	M	P	I	O	N	S	H	I	P	C	M	R	A	R	I	I	G
E	J	O	I	G	L	R	C	D	L	O	H	N	O	S	L	E	N	T	H
T	C	O	M	P	E	T	I	T	I	O	N	C	T	R	E	E	J	I	U
I	V	I	T	T	A	B	M	O	C	D	E	G	A	T	S	C	U	O	Y
N	K	G	N	I	H	S	U	P	I	R	X	W	B	L	X	E	R	N	T
A	N	I	M	A	T	S	F	T	G	N	G	T	S	G	T	X	Y	H	B

ACTION
ADVANTAGE
ATHENS
BACKHOLD
BEACH
CHAMPIONSHIP
CHOKEHOLDS
CLINCHING
COACH
COMPETITION
COUNT
FOLK STYLE
FREESTYLE
GRECO ROMAN
GREECE
HOLDING
INJURY
INTERNATIONAL
LOCKING
MARTIAL ARTS
MATCH
MEN
MOVES
NCAA WRESTLING
NELSON HOLD
NUTRITION
OLYMPICS
PHYSICAL
PINNING
POSITIONS
PUSHING
RAW
RING
SKILL
SPANDEX
SPORT
STAGED COMBAT
STAMINA
STRENGTH
STRENUOUS
SUMO
TAKEDOWNS
TECHNIQUES
THROWS
WEIGHT

Solution on page 345

Coney Island Fun

S	B	E	V	V	V	C	G	Z	C	Q	X	W	Q	J	W	C	A	Z	F
B	H	C	C	I	A	H	O	T	E	L	D	N	H	N	G	A	I	Z	S
Y	R	O	I	O	K	C	F	M	E	D	E	A	T	L	A	N	T	I	C
Q	B	O	R	P	Q	H	A	O	M	N	U	F	I	Y	M	N	X	E	N
E	L	P	O	E	P	R	L	T	O	U	B	U	M	P	E	R	C	A	R
D	N	A	T	K	Z	R	Z	L	I	D	N	B	Y	M	S	E	E	S	K
Z	P	C	S	M	L	H	C	H	W	O	U	I	P	I	N	C	S	R	M
B	E	Y	I	C	C	Y	D	N	A	C	N	O	T	T	O	C	O	M	I
N	N	U	H	T	C	M	N	O	O	B	L	S	E	Y	B	Y	S	R	S
L	W	C	D	N	Y	N	A	D	F	E	R	R	I	S	W	H	E	E	L
L	E	S	U	O	R	A	C	Q	V	S	T	F	A	E	U	D	A	M	A
T	O	U	R	I	S	T	S	E	U	A	S	A	N	D	E	N	G	M	N
R	W	P	B	T	B	R	D	S	I	A	Y	E	L	O	V	A	A	I	D
O	W	T	E	C	V	W	O	N	D	E	R	W	H	E	E	L	T	W	M
S	T	F	A	A	D	X	M	S	C	D	G	I	L	H	N	M	E	S	A
E	D	A	C	R	A	E	C	V	L	W	X	Q	U	F	T	A	G	P	R
R	W	M	H	T	N	S	E	I	L	I	M	A	F	M	S	E	G	A	K
I	O	O	A	T	B	H	H	X	S	N	O	T	H	G	I	R	B	R	F
R	R	U	R	A	P	C	W	M	O	U	B	Z	W	N	S	D	I	K	S
C	C	S	R	P	Q	P	E	O	V	F	M	L	Z	M	A	N	Z	I	K

AQUARIUM
ARCADE
ATLANTIC
ATTRACTION
BEACH
BRIGHTON
BROOKLYN
BUMPER CAR
CAROUSEL
CHILDREN
CITY
COMMUNITY
COTTON CANDY
CROWD
CYCLONE
DEVELOPMENT
DREAMLAND
ENTERTAINMENT
EVENTS
FAMILIES
FAMOUS
FERRIS WHEEL
FOOD
FUN
GAMES
HISTORIC
HOTEL
ISLAND
KIDS
LANDMARK
MUSIC
NEW YORK
OCEAN
PARK
PEOPLE
RESORT
SAND
SEA GATE
SHORE
SUN
SWIMMER
TOURISTS
VACATION
WATER
WONDER WHEEL

Solution on page 345

Farm Help

X	Y	J	G	C	T	W	U	M	T	O	T	T	L	D	Y	K	A	I	P
N	P	T	G	U	W	S	I	K	C	O	B	C	V	O	J	M	V	R	T
M	S	G	H	N	O	L	C	L	N	O	I	T	A	G	I	R	R	I	H
N	I	Q	M	U	L	C	H	E	R	O	C	K	P	I	C	K	E	R	A
B	L	X	R	F	P	X	U	M	O	W	E	R	Z	Q	Z	N	Z	G	K
G	O	T	E	K	C	U	B	M	T	F	I	L	K	R	O	F	I	I	G
M	V	N	Y	R	T	A	G	P	A	E	N	I	B	Y	A	H	L	I	N
C	C	O	A	B	R	X	Y	R	V	J	C	R	E	G	U	A	I	S	T
E	T	G	R	W	A	K	Q	Y	E	U	D	P	D	L	H	R	T	I	T
V	S	A	P	E	C	I	T	T	L	K	L	E	S	R	E	O	R	C	I
J	D	W	S	U	T	R	Y	T	E	A	C	G	H	P	R	E	E	K	N
H	Z	F	T	P	O	S	I	K	N	E	L	I	A	S	D	Z	F	L	I
A	R	T	E	U	R	V	E	T	I	E	K	E	P	A	J	U	F	E	B
R	E	E	G	G	A	V	E	V	A	P	R	E	E	N	R	G	K	N	R
R	O	H	L	T	L	R	R	N	R	U	G	R	R	E	O	A	C	I	E
O	Z	D	O	I	V	R	E	G	G	A	P	T	D	B	R	T	Y	B	S
W	H	R	W	D	A	R	S	N	R	S	H	E	A	A	M	O	T	M	A
N	L	I	A	L	F	R	Z	O	X	R	E	L	L	I	T	X	T	O	H
G	B	L	V	V	E	H	T	Y	C	S	E	T	G	T	B	Q	C	C	C
S	X	L	T	W	P	S	K	C	U	R	T	G	F	A	D	Y	R	O	K

AUGER
BALER
BED SHAPER
BUCKET
CHASER BIN
COMBINE
COTTON PICKER
CULTIVATOR
CUTTER
DOG
DRILL
FENCE
FERTILIZER
FLAIL
FORKLIFT
GLEANER
GRAIN ELEVATOR
HARROW
HARVESTER
HAYBINE
HOE
IRRIGATION
MILL
MIXER
MOWER
MULCHER
PLANTER
PLOW
RAKE
REAPER
ROCK PICKER
SCYTHE
SEEDER
SHED
SICKLE
SILO
SPRAYER
SPREADER
STORAGE
TILLER
TRACTOR
TRAILER
TROUGH
TRUCK
WAGON

Solution on page 345

At the Art Museum

E	B	C	P	F	A	B	B	D	L	Q	R	O	T	A	R	U	C	B	H
E	D	R	A	U	G	S	A	Q	E	B	K	E	T	P	D	M	X	E	N
V	N	I	N	N	S	Y	C	Y	K	S	O	S	O	P	U	F	W	O	R
E	F	L	U	Y	V	R	F	U	R	N	I	T	U	R	E	Q	I	A	L
N	C	A	W	G	Y	A	E	Z	L	T	L	G	A	E	H	S	K	A	Q
T	I	E	R	Y	N	R	S	N	R	P	Y	L	N	C	S	R	M	B	F
S	F	L	I	E	H	O	E	A	A	C	T	I	V	I	T	I	E	S	Y
U	V	X	L	P	P	P	I	L	X	I	Y	U	M	A	Y	N	D	T	K
B	L	U	A	U	R	M	A	T	L	F	S	D	R	T	T	E	C	R	H
C	B	P	P	E	S	E	E	R	A	A	A	S	B	E	I	V	I	A	S
E	M	A	R	F	K	T	T	T	G	L	G	V	A	L	R	U	S	C	X
N	N	S	T	T	A	N	R	S	G	O	L	X	Q	N	U	O	S	T	S
H	C	T	E	K	S	O	F	A	A	Q	T	A	I	Y	C	S	A	I	F
P	Y	E	E	D	O	C	E	N	T	M	D	O	T	O	E	E	L	A	P
I	D	L	E	X	H	I	B	I	T	I	O	N	H	S	S	R	C	R	E
I	U	S	H	E	T	S	G	N	I	W	O	H	S	P	N	R	E	T	X
N	T	D	R	A	W	I	N	G	K	P	V	N	B	F	Y	I	T	R	A
D	S	T	A	T	U	E	L	P	O	E	P	R	O	L	O	C	A	O	Y
E	F	N	T	B	E	V	R	E	S	B	O	V	I	S	U	A	L	P	E
S	R	J	R	Z	T	O	U	R	S	P	I	C	T	U	R	E	S	T	C

ABSTRACT
ACRYLIC
ACTIVITIES
ADMISSION
APPRECIATE
ARTIST
CANVAS
CLASSIC
COLOR
CONTEMPORARY
CURATOR
DESIGN
DOCENT
DRAWING
EVENTS
EXHIBITION
FRAME
FURNITURE
GALLERY
GUARD
GUIDE
ILLUSTRATION
INSTALLATION
MASTERPIECE
MURAL
OBSERVE
OIL
PASTELS
PEOPLE
PHOTOGRAPHY
PICTURE
PORTRAIT
RENAISSANCE
SCULPTURE
SECURITY
SHOWINGS
SKETCH
SLATE
SOUVENIRS
STATUE
STUDY
TEMPERA
TEXTILES
TOURS
VISUAL

Solution on page 345

Monday Morning

O	H	Z	X	S	L	K	E	G	E	L	L	O	C	I	T	C	E	H	W
W	E	R	V	H	E	N	I	T	U	O	R	N	P	G	N	F	D	F	P
S	S	I	G	I	E	R	Y	B	O	J	M	T	D	N	I	R	G	B	I
C	L	V	Z	I	G	S	O	P	Y	P	E	E	L	S	H	E	H	Y	W
Y	D	S	G	W	C	B	R	H	L	D	E	E	B	I	M	S	W	O	O
D	G	Y	C	H	P	A	K	U	C	S	T	R	E	T	C	H	U	A	M
N	H	G	O	H	C	X	F	C	L	G	I	B	L	U	E	S	Y	R	R
X	O	O	O	B	E	S	C	F	A	L	N	R	E	Z	E	A	G	E	R
L	L	I	V	R	S	D	E	X	E	B	G	I	O	T	D	B	D	G	D
T	S	I	T	E	G	H	U	S	Y	I	R	O	N	K	U	E	J	M	O
J	T	H	R	A	D	N	E	L	A	C	N	E	E	N	L	M	K	S	F
X	U	T	E	K	P	T	W	U	E	S	M	E	T	R	I	N	M	L	F
I	S	A	E	F	R	I	K	G	H	T	W	A	C	R	A	G	K	O	I
P	J	B	F	A	V	S	C	G	N	J	M	R	A	L	A	Z	E	W	C
N	Y	E	F	S	A	H	N	I	A	H	K	S	P	K	A	U	M	B	E
W	Y	F	O	T	U	T	O	S	T	C	Q	I	D	B	U	S	Q	Y	R
A	I	L	C	R	S	P	W	H	S	N	H	I	A	B	K	C	S	X	W
C	O	Q	R	U	P	Z	J	L	S	H	A	V	E	Z	B	U	O	G	J
Q	Z	Y	U	A	B	I	Y	S	J	P	V	B	X	L	B	W	O	R	K
C	R	T	P	K	E	G	G	W	H	V	E	H	W	H	W	W	N	R	F

ALARM
ANTICIPATION
APPOINTMENT
BATH
BEGINNING
BLUES
BREAKFAST
BUSY
CAFFEINE
CALENDAR
CARPOOL
CHORES
CLASS
COFFEE
COLLEGE
COMMUTE
EAGER
EARLY
FRESH
GRIND
GROGGY
HECTIC
HURRY
HYGIENE
JOB
MEETING
OFFICE
PLAN
QUARTERBACK
ROUTINE
RUSH
SCHEDULE
SCHOOL
SHAVE
SLEEPY
SLOW
SLUGGISH
SNOOZE
SOON
STRESSFUL
STRETCH
TASK
TRAFFIC
WEEKDAY
WORK

Solution on page 346

Historic California Missions

Z	D	G	T	O	H	K	L	Q	J	E	S	U	I	T	S	S	V	X	R
A	S	E	C	U	L	A	R	I	Z	A	T	I	O	N	S	X	I	S	R
V	P	R	E	L	I	G	I	O	N	D	O	C	F	F	R	I	A	R	S
N	V	T	K	H	R	E	H	T	A	F	O	R	B	W	H	N	Z	P	C
L	S	M	S	V	D	B	A	E	I	N	A	C	E	N	G	D	L	A	O
O	Y	S	H	P	N	B	R	R	V	N	C	T	O	A	U	I	G	D	R
G	A	I	L	I	A	P	Y	E	C	Z	Y	I	B	A	V	N	N	R	N
M	J	T	A	R	S	R	R	I	G	H	T	R	S	E	S	A	I	E	H
H	C	P	B	N	A	T	S	I	P	A	I	W	S	E	N	T	D	S	H
T	S	A	M	T	A	C	K	O	C	E	U	T	T	R	S	Z	N	V	C
I	R	B	I	H	A	I	E	U	L	H	O	G	E	R	B	R	U	I	A
A	P	L	S	N	N	N	D	P	O	C	R	F	N	C	A	D	O	B	E
F	I	R	S	W	R	E	B	N	K	H	N	I	Q	A	T	I	F	H	T
M	U	O	I	C	J	O	W	V	I	A	Y	B	S	E	L	U	L	L	N
A	C	C	O	E	H	Q	F	W	S	O	S	A	N	T	A	C	R	U	Z
A	T	I	N	I	S	U	G	I	O	B	U	I	L	D	I	N	G	E	Q
D	W	X	A	N	X	T	R	X	L	R	E	S	O	J	N	A	S	U	F
E	O	E	R	U	T	L	U	C	D	A	L	F	A	R	M	I	N	G	F
K	O	M	Y	R	H	X	J	A	H	D	C	D	O	G	S	I	H	V	N
L	Z	S	F	U	Y	U	Q	Q	K	R	B	L	A	E	F	A	S	N	W

ADOBE
ARCHITECTURE
BAPTISM
BUILDING
CALIFORNIA
CHRISTIAN
CHURCH
COAST
CONVERT
CORN
CULTURE
EDUCATION
FAITH
FARMING
FATHER
FOUNDING
FRANCISCAN
FRIARS
GOD
HORSES
INDIAN
JESUITS
LANGUAGE
LIVESTOCK
MASS
MEXICO
MILITARY
MISSIONARY
NEOPHYTE
NEW WORLD
NUN
OLD
PADRES
PRIEST
RELIGION
SAN FERNANDO
SAN GABRIEL
SAN JOSE
SANTA BARBARA
SANTA CRUZ
SECULARIZATION
SPAIN
SPREAD
TEACH
TRAIL

Solution on page 346

Stamina

Q	D	U	M	A	U	A	G	X	N	E	C	Q	N	E	B	Y	L	W	S
V	T	E	R	L	E	X	T	C	E	W	C	Z	R	L	E	T	O	Y	Y
H	B	N	E	H	O	D	O	E	A	N	I	M	A	T	S	I	R	S	D
S	E	X	I	P	U	N	U	H	D	I	F	F	I	C	U	L	T	L	I
I	Y	C	K	R	S	A	G	P	V	U	N	Y	I	D	V	A	N	F	C
S	O	F	A	T	P	T	H	R	E	L	T	T	Y	S	T	T	O	A	S
T	V	B	A	P	K	S	N	G	R	R	P	I	E	G	M	I	C	T	K
R	L	N	T	Y	N	H	E	E	S	X	S	A	T	N	R	V	R	I	X
E	T	Y	K	T	S	T	S	J	I	S	I	I	T	R	S	E	O	G	U
S	M	O	X	I	E	I	S	O	T	G	R	G	S	I	O	I	N	U	B
S	O	M	G	V	L	W	V	B	Y	U	L	V	S	T	E	F	T	E	F
G	N	R	C	I	Q	E	L	A	N	O	I	T	O	M	E	N	C	Y	P
F	O	J	E	T	R	A	I	N	U	T	O	L	E	R	A	N	C	E	M
H	I	N	E	C	N	A	T	S	I	D	P	C	C	S	A	I	C	E	X
L	T	N	O	A	H	E	A	T	E	N	A	C	I	T	Y	A	S	E	W
J	R	M	I	T	U	R	E	X	E	R	C	I	S	E	I	P	O	V	M
A	E	Q	I	S	E	O	T	E	L	A	C	I	S	Y	H	P	B	I	O
U	X	M	Y	W	H	B	S	B	L	A	S	T	I	N	G	G	U	R	R
E	E	S	O	W	W	I	Q	B	R	E	A	T	H	I	N	G	F	D	Y
P	V	P	N	O	M	C	S	U	R	V	I	V	E	C	T	M	F	X	W

ACTIVITY
ADVERSITY
AEROBIC
BREATHING
CONSTANT
CONTROL
DIFFICULT
DISTANCE
DRIVE
DURABLE
EMOTIONAL
ENERGY
EXERCISE
EXERTION
FATIGUE
FINISH
FORTITUDE
GRIT
INTENSITY
LASTING
LONG
MOXIE
OVERCOME
PACE
PAIN
PATIENCE
PERSISTENCE
PHYSICAL
POWER
RESILIENT
RESISTANCE
RUN
SPEED
SPRINT
STAMINA
STRESS
SURVIVE
TENACITY
TIME
TOLERANCE
TOUGHNESS
TRAIN
VITALITY
WITHSTAND

Solution on page 346

Around the Pond

S	P	G	B	N	S	Q	I	D	G	J	D	L	W	P	H	Z	C	Y	H
G	S	Q	G	R	O	U	C	P	A	A	O	A	L	Y	D	D	V	Z	Z
R	F	E	R	E	E	D	S	S	S	O	A	G	M	V	L	B	H	K	A
Y	N	Z	V	T	X	I	N	K	P	W	T	I	G	J	O	T	Y	H	X
Q	R	E	T	T	O	F	A	R	U	G	W	I	F	Q	K	B	L	R	P
O	C	Y	D	Q	H	H	K	O	D	S	G	C	R	U	D	G	I	I	S
R	G	L	A	R	V	A	E	K	D	D	D	S	O	R	X	S	L	H	P
V	P	F	D	B	A	C	S	S	L	L	E	R	G	H	D	E	O	D	D
X	D	Y	D	E	N	G	I	S	E	D	O	T	I	U	Q	S	O	M	Q
P	Z	A	D	Y	S	T	P	I	N	Z	R	Q	A	B	B	E	N	I	V
R	I	M	T	X	D	K	F	C	A	T	T	A	I	L	S	E	S	H	B
Z	I	I	T	W	Y	D	C	M	T	Z	R	L	G	S	O	G	P	S	O
B	J	N	B	S	V	H	U	O	U	J	Y	L	L	O	A	S	P	I	R
V	T	N	Y	I	T	E	C	M	R	V	W	I	D	D	N	R	I	F	E
R	N	O	R	E	H	R	A	E	A	S	A	G	N	J	I	F	J	J	V
P	Y	W	S	D	A	R	E	T	L	N	K	A	S	N	M	T	L	Q	A
K	X	B	K	N	S	P	L	A	S	H	L	T	G	F	A	R	M	Y	E
K	G	X	E	H	A	E	V	K	M	T	Z	O	S	E	L	T	E	E	B
X	F	R	Q	Q	I	W	A	S	E	L	T	R	U	T	S	G	S	M	Y
X	O	Q	Q	E	K	E	S	W	A	D	E	Y	B	Z	U	X	O	L	F

ALLIGATOR
ANIMALS
BEAVER
BEETLES
BIRDS
BUGS
CATTAILS
CRANE
DAM
DESIGNED
DRAGONFLY
FARM
FIELD
FISH
FROG
GARDEN
GEESE
HERON
ISOLATED
LARVAE
LILY
LOONS
MARSH
MAYFLY
MINNOW
MOSQUITO
MUDDY
NATURAL
OTTER
POOL
PUDDLE
REEDS
ROCKS
SKATE
SNAILS
SNAKES
SPLASH
SPRING
STREAM
SWANS
SWIM
TOAD
TURTLE
WADE
WETLAND

Solution on page 346

Coin Collections

```
W Y N P R U J Y Q F Q W P V O P I W M A
H Y R K G H V P C M V Z J O F V E P Y T
I F H E V M E D T P Z I U Q B P A R V N
H C Z G D R D S T C E J B U S A O U V L
R B R C I N X C P J S N E K O T Y A K L
G X E O T N E I C N A K N B S P T D W E
Q N D P Q D E T A L U C R I C M E T A L
T N Q P E Y A A L T K R H H E H I C A W
C D G E G Y G M C A L B U M S S R O N W
C D N R P U L S H O G U I D E P A I T X
Y R I E A N E I T T N E M T S E V N I D
H Y D T O D G M E T A D L O K O I S Q I
I Q A R E S I U A S U O I C E R P N U D
J H R A Y R T N U O C H A T A N G L E U
D O T U B A E C G J R T O R I I K A R C
B B N Q B E B V M X A E E A E O L E E Q
K S I Y O Y R O L L X C U R R E N C Y U
Q U M R H D N B O I K O O L R D I K D D
G G G J D E C G N K S F R Q A R O L U M
G X O H Y M F I T S S D P C P V A L Q Y
```

ALBUMS
ANCIENT
ANTIQUE
BOOKS
CATALOG
CENT
CIRCULATED
COINS
CONDITION
COPPER
COUNTRY
CURRENCY
DATE
DEALER
EAGLE
FOREIGN
GRADING
GUIDE
HISTORY
HOARD
HOBBY
INVESTMENT
LEGAL TENDER
METAL
MINT
MONEY
NUMISMATICS
OLD
PENNIES
PERIOD
PRECIOUS
PRICE
QUARTER
RARE
SILVER
SUBJECT
TOKENS
TRADING
TYPE
VALUE
VARIETY
YEAR

Solution on page 346

On the Internet

L	Q	F	W	P	M	E	D	I	A	N	S	P	P	N	O	D	Y	F	S
L	X	W	U	O	B	C	R	A	V	C	S	K	H	B	X	O	V	A	L
Z	F	D	T	E	Q	S	K	U	H	Z	U	G	E	O	U	Q	L	Z	X
O	A	R	F	U	L	O	C	O	T	O	R	P	S	T	T	I	G	K	Z
C	L	Z	E	R	B	P	O	C	O	C	F	E	U	O	N	O	T	Q	V
C	H	A	T	H	R	L	P	Z	J	B	I	B	X	K	O	P	S	Q	Q
P	N	R	I	S	T	M	D	R	V	V	E	P	W	G	I	N	V	Z	K
Q	R	K	L	C	N	A	S	H	O	P	T	C	L	G	T	O	A	C	E
A	Q	S	P	B	O	O	E	M	R	G	O	E	A	E	A	I	W	F	Y
B	V	F	I	L	M	S	I	W	I	L	R	U	X	F	M	T	F	W	Y
S	P	M	N	T	D	U	K	T	L	I	J	A	Y	T	R	A	V	F	R
G	H	W	T	V	E	E	T	A	C	I	N	U	M	M	O	C	I	E	F
T	O	A	E	C	X	H	B	S	I	U	B	S	F	S	F	U	D	L	W
D	P	I	R	P	S	O	R	W	J	D	A	P	T	R	N	D	E	Q	H
A	T	O	E	E	R	M	O	E	I	D	E	N	N	A	I	E	O	Y	C
E	L	G	S	A	A	E	W	N	G	R	R	P	M	T	G	E	T	H	R
R	K	M	T	T	Y	W	S	B	B	A	N	K	I	N	G	R	N	V	A
L	Q	E	T	J	G	O	I	P	E	O	M	I	Y	K	E	S	A	D	E
T	Z	O	R	W	Q	R	N	L	A	B	Z	I	Y	W	I	L	O	M	S
L	T	A	X	M	L	K	G	D	Z	M	Z	O	I	L	R	W	T	M	W

AUCTIONS
BANKING
BOARD
BROWSING
BUY
CHAT
COLLABORATE
COMMUNICATE
DOWNLOAD
EDUCATION
EMAIL
FACEBOOK
FRIENDS
GOOGLE
HOMEWORK
IMAGE
INFORMATION
INSTAGRAM
LEARN
LINK
MAPS
MEDIA
MOVIES
NEWS
PHOTOS
PICTURE
PINTEREST
POST
PROGRAMS
PROTOCOL
READ
REDDIT
SCHOOL
SEARCH
SHARE
SHOP
SITE
SOCIAL
SURF
TEXT
TUMBLR
VIDEO
WEATHER
WIKIPEDIA
YOUTUBE

Solution on page 346

Parachutes

G	V	B	E	N	L	T	S	P	U	L	L	Z	Y	M	U	L	P	V	I
I	B	R	V	O	K	H	C	H	L	I	E	R	R	Z	I	W	G	P	E
C	V	I	C	L	X	T	W	H	D	F	A	C	X	U	R	K	Z	H	R
F	L	B	E	A	H	U	U	A	Y	T	W	G	O	S	E	C	B	G	Z
L	J	X	L	T	U	F	N	O	I	T	C	N	U	F	L	A	M	X	T
G	I	C	E	W	T	G	L	L	K	A	I	I	G	T	E	P	G	J	Y
C	M	K	I	J	E	P	I	O	H	D	M	D	A	H	A	D	G	C	F
P	W	D	O	R	E	M	X	E	A	S	A	N	R	C	S	E	N	P	A
K	E	N	O	D	B	C	C	R	R	T	N	A	D	K	E	E	I	I	P
C	L	I	H	R	W	A	T	E	N	Q	Y	L	Y	R	G	L	G	E	W
V	R	O	X	O	I	F	F	M	E	N	D	P	H	R	O	V	G	Q	Z
N	F	O	X	P	M	A	L	Z	S	E	O	C	E	T	X	C	I	S	L
E	W	M	R	L	S	L	V	Y	S	A	R	M	V	T	G	N	R	Y	J
O	N	S	G	U	F	L	E	C	I	V	E	D	I	O	U	O	F	U	M
A	W	D	O	N	K	C	E	S	A	N	A	N	D	Z	U	H	M	U	J
O	G	F	A	L	M	N	A	K	C	N	G	E	Y	N	U	P	C	D	O
H	E	Y	I	P	D	A	H	Z	X	A	O	X	D	L	V	L	K	P	U
A	F	S	R	H	E	I	G	H	T	L	P	P	J	B	O	A	E	B	E
I	I	R	D	S	Y	T	E	F	A	S	O	E	Y	T	Z	N	W	T	L
W	A	P	U	M	A	Y	M	R	A	G	Y	R	H	F	C	E	N	V	V

AERODYNAMIC
AIR
ARMY
CANOPY
CHUTE
CLOTH
CORD
DANGER
DEPLOY
DESCEND
DEVICE
DIVE
DRAG
DROP
EJECT
EMERGENCY
ESCAPE
FABRIC
FALL
FLOAT
FLYING
HARNESS
HEIGHT
JUMP
LANDING
LIFT
MALFUNCTION
MILITARY
NYLON
OPEN
PACK
PILOT
PLANE
PULL
RELEASE
RIGGING
ROUND
SAFETY
SILK
SKY
SOLDIER
WIND

Solution on page 347

Hoosier Basketball

E	L	L	I	V	S	N	A	V	E	X	C	I	T	E	M	E	N	T	C
L	T	O	S	P	O	R	T	S	A	M	O	H	T	H	A	I	S	I	E
T	N	A	H	A	P	E	B	J	O	H	N	W	O	O	D	E	N	U	N
S	E	A	T	S	B	G	Q	L	A	R	R	Y	B	I	R	D	C	Q	T
A	M	U	L	S	R	E	I	S	O	O	H	A	N	A	I	D	N	I	E
C	A	L	S	I	L	L	K	D	A	M	O	N	B	A	I	L	E	Y	R
W	N	K	G	O	M	L	F	I	G	H	T	I	N	G	I	R	I	S	H
E	R	E	O	N	A	O	A	S	R	E	K	A	M	R	E	L	I	O	B
N	U	M	D	S	N	C	F	B	B	L	U	E	C	H	I	P	S	L	F
O	O	A	L	R	E	I	V	I	D	N	A	V	Y	Z	Z	U	F	O	I
T	T	F	L	E	I	V	O	M	I	K	E	N	T	B	E	N	S	O	N
R	C	F	U	C	S	T	E	V	E	A	L	F	O	R	D	L	C	H	A
E	H	O	B	A	D	R	E	L	L	I	M	E	I	G	G	E	R	C	L
D	E	L	R	P	C	R	I	S	P	U	S	A	T	T	U	C	K	S	F
A	R	L	E	O	S	C	A	R	R	O	B	E	R	T	S	O	N	H	O
M	I	A	L	I	F	S	L	Z	N	Y	D	A	E	K	E	N	E	G	U
E	S	H	T	I	M	S	I	A	N	S	E	M	A	J	V	B	V	I	R
Y	H	Y	U	E	U	D	R	U	P	S	B	O	B	K	N	I	G	H	T
V	E	G	B	A	S	K	E	T	B	A	L	L	R	I	C	K	F	O	X
G	D	G	Y	M	N	A	S	I	U	M	S	L	A	N	I	D	R	A	C

BALL STATE
BASKETBALL
BLUE CHIPS
BOB KNIGHT
BOILERMAKERS
BUTLER BULLDOGS
CARDINALS
CENTER
CHERISHED
COLLEGE
CRISPUS ATTUCKS
DAMON BAILEY
EVANSVILLE
EXCITEMENT
FIGHTING IRISH
FINAL FOUR
FUZZY VANDIVIER
GENE KEADY
GYMNASIUMS
HALL OF FAME
HIGH SCHOOL
INDIANA HOOSIERS
INDIANA UNIVERSITY
ISIAH THOMAS
JAMES NAISMITH
JOHN WOODEN
KENT BENSON
LARRY BIRD
MILAN
MOVIE
NEW CASTLE
NOTRE DAME
OSCAR ROBERTSON
PACERS
PASSION
PURDUE
REGGIE MILLER
RICK FOX
SPORTS
STEVE ALFORD
TOURNAMENT

Solution on page 347

Ocean Boardwalk

H	F	P	B	E	N	C	H	M	V	R	W	V	S	U	P	P	O	R	T
H	E	Y	N	O	F	S	F	Z	O	L	W	A	V	E	S	W	Y	I	U
V	C	J	P	E	A	K	U	B	J	M	A	R	I	N	A	T	L	A	I
R	O	O	Q	E	M	R	R	R	O	O	M	V	I	U	S	S	X	H	C
L	B	W	L	S	O	A	D	O	F	Q	L	H	I	M	H	I	W	S	R
Q	M	A	O	U	H	P	E	W	S	I	P	B	I	N	O	M	H	E	A
O	V	L	Q	O	M	T	L	S	A	L	N	F	V	X	R	N	T	R	B
W	U	K	T	H	D	N	S	E	O	L	L	G	Z	N	E	A	D	F	B
V	G	W	N	T	I	E	S	D	G	V	K	E	J	T	W	E	C	U	I
S	U	A	E	H	L	M	N	N	S	H	S	N	H	K	P	C	Z	Y	N
P	S	Y	M	G	Q	E	N	P	E	L	B	X	A	S	F	O	O	D	G
I	T	P	U	I	S	S	S	R	L	M	A	E	S	E	A	W	E	E	D
H	S	E	N	L	T	U	A	U	W	A	R	M	B	R	E	E	Z	E	A
S	I	Y	O	Z	E	M	G	N	I	B	N	E	R	O	P	E	S	Q	M
K	R	A	M	D	N	A	L	J	D	Q	A	K	H	Y	O	Q	T	H	P
C	U	U	C	R	E	T	S	B	O	L	C	I	S	S	R	D	E	Q	H
O	O	Q	K	S	S	S	T	R	O	L	L	I	N	G	I	S	S	C	W
D	T	A	W	S	A	L	T	W	A	T	E	R	R	F	E	F	N	D	Q
O	C	Q	P	I	F	K	S	C	A	V	S	H	A	R	K	S	U	R	B
Q	A	K	B	G	I	Y	M	E	M	A	C	V	T	I	D	E	S	P	O

AMUSEMENT PARKS
BARNACLES
BENCH
BOARDWALK
BREAKWATER
CARNIVAL
COLUMNS
CRABBING
DAMP
DOCKS
DOLPHINS
FISHERMEN
FOOD
FRESH AIR
HARBOR
LANDMARK
LIGHTHOUSE
LOBSTER
MARINA
MONUMENT
MOOR
NETS
OCEAN MIST
PEOPLE
QUAY
ROPES
SALTWATER
SAND
SEAGULLS
SEAMEN
SEASHELLS
SEAWEED
SHARKS
SHIPS
SHORE
STROLLING
SUNSETS
SUPPORT
SURFING
TIDES
TOURISTS
WALKWAY
WARM BREEZE
WAVES
WOODEN PLANKS

Solution on page 347

Feeling Stressed

J	D	Y	O	K	H	E	Z	V	J	W	B	X	G	R	U	S	R	F	C
M	R	B	T	B	O	E	R	U	S	S	E	R	P	A	J	P	E	I	G
D	O	R	I	E	L	B	Y	M	Y	N	T	V	D	Y	J	T	S	R	V
G	E	N	A	C	I	R	R	U	H	N	O	X	L	A	T	S	X	E	E
C	Z	A	E	C	D	X	H	D	E	B	T	I	N	N	E	L	G	P	T
K	M	Z	T	Y	A	W	N	M	M	S	M	T	T	N	E	N	Q	N	W
D	R	A	E	H	Y	G	T	A	O	A	N	Y	I	O	I	R	O	Z	Y
R	P	T	R	Y	S	N	N	I	F	E	X	S	P	Y	M	I	V	T	Q
D	L	N	N	R	I	I	S	I	M	S	A	E	L	A	S	E	I	E	O
J	O	B	O	O	Y	Z	W	Y	Y	E	Z	F	Y	N	R	C	D	V	S
D	A	D	P	I	O	I	O	W	N	U	I	D	E	C	K	E	E	R	L
R	I	P	A	E	T	L	N	U	Y	S	B	T	R	E	V	R	H	A	K
I	A	V	S	N	P	A	Y	G	I	S	M	D	T	E	W	K	D	T	P
V	H	I	O	M	R	R	V	I	E	I	B	S	E	H	A	C	R	R	E
I	O	U	E	R	E	O	S	A	U	L	S	S	E	N	I	D	O	O	M
N	T	N	I	G	C	M	T	G	R	A	E	L	L	F	T	B	P	I	W
G	U	Z	R	T	S	E	R	N	U	G	M	V	F	L	L	I	T	N	A
Z	G	U	N	F	N	D	A	R	B	E	G	A	A	E	I	T	S	E	T
I	S	R	G	N	I	R	I	T	D	L	R	A	M	R	R	B	Z	T	F
X	W	R	T	Y	R	K	N	R	J	T	X	S	U	I	T	U	P	E	O

AGGRAVATION
ANNOYANCE
ANXIETY
APPOINTMENT
BILLS
BUYING A CAR
DEATH
DEBT
DEMORALIZING
DEMOTIONS
DENTIST
DIVORCE
DREAD
DRIVING
EXAM
FAMILY
FIRE
FLYING
HOLIDAYS
HURRICANE
JOB
LEGAL ISSUES
MARRYING
MONEY
MOODINESS
NERVES
NOISE
OVERWHELMED
PRESSURE
PROBLEMS
STRAIN
SURGERY
TENSION
TEST
THERAPY
TICKETS
TIRING
TORNADO
TRAFFIC
TRAVEL
UNEASINESS
UNEMPLOYMENT
UNREST
UPSET
WORK

Solution on page 347

Shopping at the Mall

C	Y	G	U	C	F	Q	G	N	J	H	M	Y	A	E	G	J	J	Y	Q
M	B	V	V	Z	O	K	I	O	S	K	O	S	Y	A	T	N	A	S	N
Y	V	S	T	A	O	C	L	N	C	H	V	S	D	S	J	A	P	L	E
S	K	D	R	M	D	R	A	Q	O	Q	I	G	Y	J	H	H	U	D	L
I	H	G	A	D	V	E	R	T	I	S	E	R	L	R	O	O	A	A	M
Z	E	K	P	M	J	D	J	K	M	T	L	G	T	N	S	C	E	Q	I
A	S	I	X	L	V	I	W	G	S	E	U	R	E	L	R	D	J	S	S
X	N	B	E	U	N	T	O	L	W	J	E	S	V	A	R	I	E	T	Y
S	E	V	F	G	E	C	N	E	I	N	E	V	N	O	C	C	S	O	D
O	E	V	B	G	R	A	J	V	D	W	F	I	E	E	I	G	O	Y	R
L	T	S	M	A	D	R	F	Y	V	C	A	S	A	V	A	O	S	S	E
A	Y	F	O	G	L	D	O	K	R	G	E	S	R	B	S	K	K	T	S
F	S	D	N	E	I	R	F	T	R	S	N	E	H	O	K	C	E	O	S
M	B	N	E	M	H	O	P	A	A	E	S	I	D	R	O	N	M	R	E
A	K	G	Y	C	C	K	B	H	Z	L	W	R	S	S	O	D	F	E	S
N	D	E	D	W	O	R	C	A	Q	A	A	E	S	W	B	O	N	J	K
G	O	P	S	G	X	R	B	D	M	S	I	C	W	I	O	F	M	I	N
I	I	Z	S	T	U	S	T	I	F	T	U	O	S	O	D	R	C	S	A
R	W	P	W	P	A	N	T	S	M	C	M	R	T	E	N	O	B	U	B
R	B	J	R	B	T	V	H	M	X	A	P	G	N	I	H	T	O	L	C

ADVERTISE
ARCADE
BAGS
BANKS
BARGAIN
BOOKS
BROWSING
CHILDREN
CLOTHING
COAT
CONVENIENCE
CREDIT CARD
CROWDED
DEAL
DRESSES
ESCALATOR
FOOD
FRIENDS
GADGETS
GROCERIES
INDOORS
JEANS
JEWELRY
KIOSK
LEVEL
LUGGAGE
MONEY
MOVIE
OUTFITS
PANTS
PHONES
PURCHASE
SALE
SANTA
SERVICES
SHIRT
SHOES
SNEAKERS
SOCKS
STORE
TEENS
TOYS
TRENDY
VARIETY
WASHROOMS

Solution on page 347

Bedtime

J	N	I	L	R	Q	H	F	V	P	Z	I	O	I	Q	E	J	O	C	Y
L	O	G	W	L	S	Q	T	W	A	J	D	M	J	C	W	J	S	C	K
O	X	X	Q	K	D	D	U	S	A	S	J	S	Y	S	V	V	D	U	K
V	N	F	F	V	G	A	A	I	K	R	T	U	C	K	T	Y	V	F	R
T	F	A	N	K	K	X	E	P	E	R	M	E	S	M	F	A	V	M	G
E	B	T	Q	J	R	V	M	R	R	T	A	O	D	K	O	D	R	H	W
O	U	Z	B	P	B	W	A	E	B	E	T	D	U	D	S	M	W	S	N
B	T	Y	W	Z	J	E	S	L	H	K	T	C	O	Z	Y	O	U	A	T
V	V	A	T	E	D	T	Y	A	O	N	R	R	N	R	L	I	E	N	Z
U	S	R	M	F	F	S	H	X	V	A	E	C	O	L	S	L	Q	D	W
Z	X	Q	F	U	I	F	B	G	A	L	S	T	I	F	C	I	E	M	Q
W	X	D	L	B	P	R	D	U	I	B	S	P	S	A	M	A	J	A	P
C	T	R	I	I	U	E	D	T	L	N	K	L	I	M	P	O	Q	N	L
F	N	V	G	S	R	E	W	O	H	S	R	E	V	O	C	J	C	S	B
Q	O	Y	H	I	P	P	R	T	I	F	O	C	E	I	H	F	X	H	C
S	O	O	T	H	E	Q	A	O	H	L	U	L	L	A	B	Y	A	U	I
D	M	V	S	E	E	B	D	L	R	R	T	B	E	D	A	Q	D	K	S
O	A	U	L	Y	H	Q	W	H	F	A	I	E	T	A	L	D	O	Q	U
N	K	S	G	I	S	E	G	E	G	S	N	U	G	G	L	E	N	K	M
X	R	C	J	Y	B	N	W	A	Y	J	E	Z	T	E	S	N	U	S	U

BATH
BED
BLANKET
BRUSH
CLEAN
COMFORTER
COVERS
COZY
CUDDLE
CURFEW
DARK
DRIFT
LATE
LIGHTS
LULLABY
MATTRESS
MILK
MOON
MUSIC
NIGHT
NOD
PAJAMAS
PILLOW
QUIET
READ
RELAX
RESTFUL
ROUTINE
SANDMAN
SHEEP
SHOWER
SLEEP
SNUGGLE
SOFT
SOOTHE
STARS
STORY
SUNSET
TEDDY
TELEVISION
TIRED
TUCK
WARM
YAWN

Solution on page 347

Film Projector

Y	E	S	H	W	A	S	G	E	D	P	P	M	A	L	K	F	C	R	Q
Y	L	H	H	T	F	L	H	Z	M	R	O	T	A	R	E	P	O	C	Q
A	F	E	X	T	R	I	I	U	O	U	D	O	G	C	P	E	R	O	V
L	Y	O	V	B	Q	N	L	T	U	M	I	S	L	G	H	C	D	O	S
F	E	T	R	A	Q	T	C	M	E	L	P	C	L	U	S	I	P	A	N
X	H	E	N	Z	I	E	T	C	L	R	A	B	K	E	D	L	N	M	B
Y	R	N	R	P	L	W	H	U	O	M	N	U	N	N	N	P	O	E	U
Y	J	T	L	F	U	A	M	J	E	O	P	E	S	L	V	S	I	N	E
K	O	E	E	P	N	I	E	R	I	X	P	G	V	I	F	V	T	I	N
G	X	R	Z	I	N	C	A	T	E	T	D	T	N	W	V	R	C	C	A
R	E	T	C	A	T	W	A	Q	U	K	H	B	A	I	J	Q	A	I	I
X	V	A	T	I	C	T	U	X	U	G	C	R	K	E	W	P	D	M	Y
U	L	I	O	H	N	I	F	L	I	S	E	I	E	U	H	E	L	P	E
X	O	N	O	E	P	O	R	L	L	L	G	G	L	A	M	X	I	W	J
N	D	M	S	M	R	I	P	T	A	G	A	H	J	F	D	C	U	V	B
M	E	E	E	M	S	P	R	O	C	K	E	T	O	H	T	O	O	B	X
C	R	N	A	O	H	C	T	R	I	E	L	A	I	U	V	Q	J	E	A
P	T	T	U	T	O	B	M	D	T	D	L	A	R	G	E	I	V	O	M
S	F	N	T	Q	W	D	B	X	P	I	C	E	E	C	I	V	E	D	I
M	D	E	Q	D	O	D	S	C	O	W	Z	I	K	R	A	D	K	C	V

ACTION
BOOTH
BRIGHT
CAMERA
CINEMA
CORD
DARK
DEVICE
DIGITAL
ELECTRIC
ENTERTAINMENT
EQUIPMENT
FILM
FLICKER
FORMAT
FRAME
HEAT
HOME
ILLUMINATION
IMAX
LAMP
LARGE
LENS
LIGHT
LOOP
MACHINE
MECHANICAL
MEDIA
MOVIE
MULTIPLEX
OPERATOR
OPTICAL
PICTURE
PRESENTATION
PROJECTION
REEL
REFLECTOR
SHOW
SOUND
SPLICE
SPROCKET
THREAD
VIEWING
VISUAL
WIDE

Solution on page 348

Into Space

S	L	O	C	V	X	H	L	I	S	C	I	E	N	C	E	R	M	U	G
H	N	N	T	H	D	R	A	P	E	H	S	N	A	L	A	U	N	C	H
E	G	N	I	N	I	A	R	T	R	O	P	P	U	S	E	F	I	L	S
L	T	I	S	M	F	N	S	O	V	I	E	T	L	Q	E	D	I	S	Z
N	G	C	I	U	S	P	A	C	E	C	U	A	K	X	W	I	P	A	X
O	M	Y	U	R	I	G	A	G	A	R	I	N	P	W	S	R	A	T	S
D	L	H	O	U	S	T	O	N	I	R	D	L	A	Z	Z	U	B	E	H
C	F	L	O	R	I	D	A	S	C	M	O	G	N	I	D	N	A	L	I
G	I	B	O	D	B	V	V	R	H	R	Q	N	K	Y	A	T	X	L	P
F	B	G	G	P	E	I	S	E	A	A	M	W	O	G	J	U	Z	I	H
J	R	I	N	R	A	A	T	T	L	A	S	T	R	O	N	A	U	T	A
C	K	U	A	O	F	P	I	S	L	U	W	A	H	L	M	N	Y	E	X
Q	I	L	S	E	R	O	Y	O	E	G	S	N	N	O	P	O	O	U	T
P	I	Y	T	S	N	T	D	O	N	J	G	P	R	N	I	M	S	Q	M
P	N	Y	E	O	I	R	S	B	G	L	E	N	A	H	L	S	A	E	I
K	I	Y	N	V	P	A	Q	M	E	A	M	W	W	C	O	O	R	R	S
V	M	G	A	W	V	V	M	N	R	R	O	C	K	E	T	C	W	K	S
Q	E	R	L	S	I	E	N	T	V	A	S	A	O	T	U	N	B	T	I
L	G	N	P	N	B	L	H	W	V	P	R	O	G	R	A	M	F	M	O
L	I	P	I	F	L	C	F	U	Y	H	X	M	Y	S	W	R	J	K	N

ALAN SHEPARD
APOLLO
ARMSTRONG
ASTRONAUT
BOOSTERS
BUZZ ALDRIN
CAPE CANAVERAL
CAPSULE
CHALLENGER
CHINA
COSMONAUT
EARTH
EXPLORATION
FLORIDA
GEMINI
GRAVITY
HOUSTON
JOHN GLENN
LANDING
LAUNCH
LIFE SUPPORT
MARS
MERCURY
MISSION
MOON
NASA
ORBIT
PILOT
PLANETS
PROGRAM
ROCKET
RUSSIA
SAFETY
SATELLITE
SCIENCE
SHIP
SOVIET
SOYUZ
SPACE
STARS
SUIT
TECHNOLOGY
TRAINING
TRAVEL
YURI GAGARIN

Solution on page 348

Heard at the Diner

P	Y	G	F	H	U	I	H	X	Y	S	I	N	B	L	C	N	R	P	G
F	E	C	R	P	K	A	G	F	O	X	C	R	U	L	M	X	T	Y	F
W	K	J	S	R	M	F	A	S	A	N	G	W	K	I	E	W	S	O	X
C	S	O	P	L	A	T	E	P	U	V	B	L	O	O	D	Y	O	S	C
G	R	I	L	L	F	I	J	O	E	C	O	W	F	E	E	D	R	Y	Q
P	E	P	P	E	R	E	T	Y	E	R	L	U	M	B	E	R	R	O	W
P	N	N	H	F	S	E	G	A	S	U	A	S	P	B	S	M	E	N	U
R	I	C	O	B	S	A	S	G	E	L	K	R	Y	V	D	M	S	U	O
F	D	F	D	D	A	T	X	U	S	R	F	E	R	E	R	G	T	Y	O
K	R	J	B	S	L	C	A	W	O	P	A	M	E	R	I	C	A	N	H
K	J	X	Y	L	G	L	X	W	U	H	K	U	L	M	B	M	U	H	Z
S	R	C	C	A	M	P	E	R	S	O	T	M	L	O	A	Y	R	O	J
Z	H	Z	V	N	Z	H	C	W	O	P	F	H	A	N	B	D	A	C	W
J	H	V	Y	G	T	E	Z	C	Q	L	X	L	G	T	Y	R	N	K	S
G	A	M	S	O	O	K	P	C	O	M	M	U	N	I	C	A	T	E	M
P	D	V	O	S	R	B	U	P	H	F	G	W	S	U	L	I	F	Y	L
E	L	B	A	T	X	D	T	Z	E	G	F	B	W	X	Q	L	A	P	B
C	C	L	D	G	B	W	E	Y	X	L	V	E	K	Z	U	L	R	U	R
H	T	V	O	X	O	Y	A	R	U	G	I	Q	E	S	T	I	L	C	G
X	H	O	S	M	J	F	C	X	T	K	R	N	L	O	D	B	H	K	E

AMERICAN
BABY
BILLIARD
BIRDSEED
BLOODY
BOOTH
CAMPERS
CHEF
COFFEE
COMMUNICATE
COOK
COW FEED
DINERS
DRY
EAT
EGGS
FLOP TWO
FOOD
FRIES
GALLERY
GLASS
GRILL
HOCKEY PUCK
JAVA
JOE
LIGHTHOUSE
LUMBER

MAYO
MENU
ORDER
PEPPER
PLATE
RAFT
RARE
RESTAURANT
SALT
SAUSAGE
SLANG

SODA
TABLE
THE WORKS
VERMONT
WAX
WELL DONE
ZEPPELIN

Solution on page 348

Poker Talk

U	D	Q	V	K	X	Z	Y	M	P	C	M	P	V	F	L	U	S	H	Z
N	L	Z	N	T	P	V	D	O	B	H	N	Q	C	S	T	E	E	I	S
E	I	I	U	D	E	C	L	A	R	E	Q	U	L	M	L	U	T	J	G
L	C	Z	S	V	B	F	T	W	O	C	T	Y	B	L	U	F	F	A	P
Q	L	C	V	G	B	M	O	B	O	K	D	O	O	A	A	Y	R	C	O
U	O	R	L	Y	P	U	P	U	D	X	N	R	P	R	E	B	T	K	C
W	A	S	M	U	P	P	E	T	K	E	K	Q	D	H	A	I	W	T	A
D	N	A	D	A	K	E	H	N	C	N	Z	K	C	G	L	I	Z	O	L
N	W	C	H	F	B	E	T	N	A	Y	N	N	E	P	M	S	S	S	L
N	Z	W	U	D	N	E	Y	B	B	I	A	C	S	H	M	H	K	E	M
S	O	K	E	L	C	R	U	R	L	S	A	N	D	B	A	G	B	U	W
B	M	I	Y	S	Y	I	B	L	I	F	Q	U	Y	E	S	F	C	H	S
Q	M	C	T	U	R	F	A	N	R	A	M	T	S	T	A	K	E	S	X
X	A	K	L	A	N	S	P	E	W	P	G	P	A	N	T	S	T	U	K
O	D	E	T	B	L	S	K	F	Y	O	A	N	G	E	O	I	N	P	U
T	E	R	E	F	V	O	C	R	H	S	D	L	I	O	N	O	K	P	F
J	U	F	L	M	P	R	S	P	S	P	E	W	L	V	J	K	L	V	X
U	D	P	P	I	H	C	D	I	A	R	O	G	O	I	I	C	V	X	C
Y	R	A	J	J	V	F	V	T	U	I	N	A	E	H	H	G	M	T	I
O	D	N	S	Q	I	E	W	T	C	C	R	F	W	O	S	S	M	O	F

ALL IN
AMMO
ANGLE
BACKDOOR
BANKROLL
BET
BLUFF
BOMB
BONE
BUY THE POT
CALL
CHECK
CHIP
CROSSFIRE
DECLARE
DUMP
FLOP
FLUSH
GARBAGE
GIVING AIR
HIJACK
ISOLATION
KICKER
KITTY
LOOSE
LOWBALL
MUCK
MUPPET
PAIR
PASSIVE
PENNY ANTE
POKER FACE
PUSH
RAISE
SANDBAG
SHILL
SHOWDOWN
SPLIT
STAKES
STAND PAT

Solution on page 348

Radio-Controlled Airplanes

U	S	N	J	G	E	M	J	U	N	F	E	D	L	G	O	H	R	X	E
B	E	R	G	B	K	S	O	X	V	P	G	N	Y	T	R	S	M	J	Q
X	S	E	Z	L	N	K	M	D	W	C	Y	T	C	U	R	A	A	H	N
H	H	V	N	H	K	C	R	E	E	L	A	C	S	T	H	R	D	G	A
T	C	J	C	G	C	R	U	A	S	L	E	N	N	A	H	C	Y	I	N
H	W	K	C	S	I	O	E	I	P	R	O	P	E	L	L	E	R	X	O
W	I	N	D	K	T	N	M	T	J	I	O	U	T	S	I	D	E	O	U
F	B	G	R	Z	S	A	E	P	T	Y	L	Y	K	P	Y	L	T	I	K
R	F	C	O	J	Y	N	I	A	E	I	C	Y	K	E	D	I	T	O	Y
Q	U	O	N	U	O	K	E	R	A	T	M	N	I	E	O	U	A	R	O
U	N	D	E	O	J	R	U	K	S	H	I	S	E	D	V	B	B	J	P
D	F	N	D	K	C	T	E	T	S	A	F	T	N	U	D	B	C	S	F
M	L	Y	O	E	A	A	N	N	E	T	N	A	I	A	Q	I	C	V	E
X	Y	A	R	I	R	T	C	I	M	A	N	Y	D	O	R	E	A	Q	P
Z	R	X	N	A	T	N	I	D	B	Z	N	L	T	T	N	T	R	Y	D
X	E	I	K	D	T	A	C	I	L	P	E	R	C	T	O	P	Q	F	W
N	M	T	K	H	I	I	I	N	E	I	R	E	C	E	I	V	E	R	S
S	O	V	R	E	S	N	L	V	F	Z	L	O	R	T	N	O	C	B	T
J	T	R	E	D	I	L	G	I	A	E	X	C	Q	U	R	R	M	I	H
H	E	P	G	L	P	G	I	S	M	A	L	L	F	K	K	O	Z	R	L

AERODYNAMIC
AIR
ANTENNA
ASSEMBLE
AVIATION
BATTERY
BUILD
CHANNELS
COMPETITION
CONTROL
CRASH
DRONE
ELECTRIC
ENGINE
FAST
FIELD
FLY
FREQUENCY
FUN
GAS
GLIDER
JOYSTICK
KIT
LANDING
MILITARY
MINIATURE
MODEL
OUTSIDE
PARK
PROPELLER
RADIO
RECEIVER
RECREATION
REMOTE
REPLICA
RUDDER
SCALE
SERVOS
SKY
SMALL
SPEED
TAKEOFF
TOY
TRANSMITTER
WIND

Solution on page 348

Literature Class

J	I	A	Z	L	V	Y	T	Y	U	B	T	W	N	Q	D	X	L	O	L
U	I	U	G	M	D	D	E	R	U	P	O	E	T	R	Y	A	Q	M	T
M	C	N	C	Y	H	L	V	A	L	N	T	R	K	P	C	M	E	W	Z
S	H	U	T	P	L	U	K	E	G	S	I	X	S	A	L	I	Y	R	X
C	O	L	L	E	G	E	M	K	U	B	L	V	D	R	M	L	C	O	L
R	W	O	H	T	R	D	R	A	M	A	Y	E	E	K	E	C	E	O	W
I	T	S	M	N	U	P	X	L	N	F	M	R	E	R	U	M	N	L	R
P	Z	P	E	I	R	R	R	B	E	I	M	A	O	E	S	G	O	U	I
T	Z	E	M	Z	F	O	E	E	C	T	T	E	X	N	R	I	I	H	K
B	B	O	O	K	S	E	M	R	T	S	T	I	D	A	E	K	T	H	F
H	W	B	R	K	W	M	R	A	R	A	Z	E	E	I	S	Q	C	Y	W
B	R	G	I	O	W	E	W	E	N	C	T	D	R	S	E	W	I	H	V
R	I	E	Z	B	Y	H	J	P	S	T	P	I	J	S	A	V	F	S	I
S	T	S	E	T	L	T	P	S	C	O	I	S	O	A	R	Y	A	I	P
C	E	C	F	E	E	I	J	E	J	J	L	C	Z	N	C	D	Q	L	M
Y	O	J	V	A	A	C	C	K	I	O	I	U	E	C	H	L	A	G	O
W	V	O	C	A	B	U	L	A	R	Y	T	S	T	E	L	Y	M	N	H
S	N	H	S	P	E	E	C	H	L	C	Q	S	N	I	E	R	N	E	G
L	E	X	Z	Y	D	U	T	S	C	E	F	G	A	R	O	H	T	U	A
R	B	O	P	P	I	W	A	B	Z	O	M	O	D	E	R	N	O	S	B

ACADEMIC
AUSTEN
AUTHOR
BIBLICAL
BLAKE
BOOKS
BYRON
CLIMAX
COLLEGE
CULTURE
DANTE
DISCUSS
DRAMA
ENGLISH
FICTION
GENRE
HOMER
HUMANITIES
INTERPRETATION
JOYCE
KEATS
LETTERS
MEDIEVAL
MEMORIZE
MODERN
NOVEL
PLAY
PLOT
POETRY
READ
RENAISSANCE
RESEARCH
RESOLUTION
ROMANTIC
SCRIPT
SHAKESPEARE
SHELLEY
SPEECH
STUDY
TEACHER
TESTS
THEME
UNIVERSITY
VOCABULARY
WRITE

Solution on page 348

Remembering Jimi Hendrix

Q	L	H	G	H	T	S	K	O	T	J	P	D	R	A	W	E	O	U	U
Q	B	O	S	A	A	X	O	H	I	L	U	X	P	P	D	L	Q	B	I
W	J	H	N	T	X	R	S	R	S	O	N	G	W	R	I	T	E	R	Y
T	K	D	E	D	R	U	D	Q	L	K	C	O	T	S	D	O	O	W	F
Q	T	N	E	Y	O	E	E	R	F	E	S	E	A	T	T	L	E	A	E
H	C	A	M	M	J	N	C	A	O	Z	V	L	R	B	L	A	C	K	E
R	T	B	A	S	H	O	N	N	K	C	O	R	D	I	C	A	Q	O	D
H	P	F	N	F	G	A	E	C	O	B	K	E	N	O	T	I	R	A	B
W	O	Z	T	S	U	U	I	R	O	C	L	G	S	Y	R	G	H	B	A
E	P	V	E	J	H	S	R	V	E	I	S	P	E	E	E	D	G	G	C
Z	U	U	I	K	U	E	E	D	F	T	D	E	V	R	W	I	N	G	K
F	L	R	V	M	C	R	P	W	O	D	S	Z	R	E	O	S	I	U	R
B	A	B	K	U	D	L	X	N	X	W	Q	A	A	T	T	C	D	I	Z
M	R	C	D	O	X	I	E	R	Y	J	D	H	C	N	H	O	R	T	S
E	O	O	S	Y	H	M	W	G	L	N	S	E	S	O	C	G	O	A	I
R	R	E	V	M	I	K	S	T	A	G	E	L	K	M	T	R	C	R	X
P	U	I	P	G	P	Z	Q	L	D	C	F	P	T	O	A	A	E	I	T
N	M	B	F	X	P	X	G	D	Y	I	Y	R	N	V	W	P	R	S	I
C	H	E	R	O	I	N	A	I	C	I	S	U	M	I	Y	H	G	T	E
V	M	O	D	E	E	R	F	J	N	I	H	P	U	E	I	Y	H	Y	S

ACID ROCK
BAND
BARITONE
BLACK
BLUES
CONCERTS
DEATH
DISCOGRAPHY
DRUGS
ENGLAND
EXPERIENCED
FAMOUS
FEEDBACK
FIRE
FOXY LADY
FREEDOM
GUITARIST
HARD ROCK
HEROIN
HEY JOE
HIPPIE
LEGACY
LONDON
LOUD
LSD
MARIJUANA
MONTEREY
MOVIE
MUSICIAN
OVERDOSE
POPULAR
PRODUCER
PURPLE HAZE
RECORDING
ROCK MUSIC
ROLLING STONE
SCARVES
SEATTLE
SIXTIES
SONGWRITER
STAGE
STRATOCASTER
VIETNAM
WATCHTOWER
WOODSTOCK

Solution on page 349

Your Tour Guide

E	R	U	T	L	U	C	R	J	K	C	I	Z	H	V	R	J	L	M	Y
L	F	O	Y	E	B	I	R	C	S	E	D	N	O	I	T	A	C	A	V
G	N	I	N	A	E	M	G	C	X	B	J	Q	L	G	Z	C	T	T	E
S	Y	E	L	N	R	D	H	P	L	A	N	S	I	G	H	T	S	N	G
T	C	Q	G	D	I	O	E	G	A	T	I	R	E	H	R	A	O	E	D
L	F	H	V	R	L	C	L	C	N	B	O	F	H	A	V	H	M	M	E
S	O	N	E	A	V	I	E	L	U	I	U	S	C	V	P	X	D	U	L
X	P	C	R	D	S	N	W	S	H	N	T	T	Y	O	S	K	E	N	W
L	T	L	A	W	U	S	P	D	N	F	I	S	R	X	C	S	R	O	O
Y	Y	P	Q	L	E	L	I	O	M	O	A	C	E	K	E	A	A	M	N
B	R	O	C	H	U	R	E	S	N	R	I	C	T	R	N	F	H	S	K
F	O	I	L	F	P	O	T	S	T	M	E	T	I	Q	E	E	S	N	L
G	R	N	I	K	M	O	K	O	W	A	L	K	S	T	R	T	E	A	E
W	N	T	J	T	E	R	P	R	E	T	N	I	T	E	Y	Y	N	T	E
Z	N	L	A	O	R	D	G	I	Z	I	L	C	N	Q	U	D	S	I	X
L	V	L	S	U	O	E	T	R	U	O	C	R	E	D	M	Q	I	V	O
P	K	E	L	P	O	E	P	E	O	N	S	E	R	A	F	Q	B	E	N
N	Z	V	R	I	I	J	Z	X	T	U	L	O	R	E	J	U	L	G	A
P	K	F	V	R	C	H	Q	X	E	C	P	K	U	S	P	E	E	C	H
G	C	L	F	T	D	Y	V	L	F	S	W	L	C	K	Y	S	N	A	K

ASSISTANCE
ATTRACTIONS
BROCHURE
BUS
CITY
COURTEOUS
CULTURE
CURRENT
DESCRIBE
DIRECT
EXPERT
FUN
GROUP
HERITAGE
INFORMATION
INTERESTING
INTERPRET
KNOWLEDGE
LANDMARK
LOCAL
LORE
MEANING
MICROPHONE
MONUMENT
NATIVE
NICE
PEOPLE
PLANS
POINT
QUESTIONS
SAFETY
SAVVY
SCENERY
SCHEDULES
SCHOLARLY
SENSIBLE
SHARE
SIGHTS
SPEECH
STOP
TALK
TRIP
VACATION
WALK
WILDLIFE

Solution on page 349

Green

N	K	X	F	N	P	Y	C	I	S	X	B	L	Y	M	Z	M	P	K	M
A	P	L	Y	S	G	U	K	E	D	C	U	S	V	P	O	C	O	F	L
G	A	N	E	E	D	E	E	W	A	E	S	N	N	N	E	C	L	S	L
P	I	P	X	G	L	R	F	R	O	G	H	H	E	R	L	A	H	G	S
D	N	R	P	I	A	S	A	H	O	L	L	Y	T	O	G	B	D	A	L
D	T	S	M	L	R	L	R	Z	U	S	R	A	T	S	Y	B	R	V	O
P	F	E	P	H	E	O	A	A	I	T	A	H	C	L	T	A	E	O	N
D	M	I	F	T	M	V	T	V	P	L	I	L	R	R	C	G	U	C	M
S	I	S	T	L	E	O	I	A	C	N	S	E	A	H	Z	E	H	A	E
N	O	U	P	P	A	P	L	L	G	Y	M	C	Y	D	C	L	I	D	R
A	C	F	L	K	U	P	E	D	O	I	T	J	O	W	O	N	A	O	Q
E	L	Y	A	R	E	T	C	C	D	O	L	Q	N	R	M	J	I	Q	X
B	Q	S	N	E	E	R	G	D	R	A	L	L	O	C	E	L	E	R	Y
Y	M	P	T	B	K	F	M	S	D	S	F	P	A	L	I	E	N	S	G
N	L	I	S	M	D	A	J	I	N	I	H	C	C	U	Z	L	E	A	F
O	K	N	Z	U	T	L	L	Z	T	Y	W	Z	L	L	V	Y	T	R	H
A	O	A	E	C	J	U	S	E	L	B	A	T	E	G	E	V	C	D	T
N	T	C	I	U	W	E	D	L	I	M	G	I	N	S	J	N	O	V	H
X	B	H	K	C	L	O	V	E	R	H	A	O	H	I	W	I	P	F	G
U	C	G	K	J	H	S	W	N	A	R	Q	F	C	E	C	M	M	P	N

ALGAE
ALIENS
ALLIGATOR
APPLE
AVOCADO
BEANS
BUSH
CABBAGE
CELERY
CHLOROPHYLL
CLOTHING
CLOVER
COLLARD GREENS
CRAYON
CUCUMBER
EMERALD
ENVY
EYES
FLAGS
FROG
GRINCH
HOLLY
JADE
KALE
KERMIT
LEAF
LETTUCE
LIME
LIZARDS
MILDEW
MOLD
MONEY
MOSS
OLIVE
PAINT
PARSLEY
PEA
PLANTS
SALAD
SEAWEED
SPINACH
TRACTORS
TREE
VEGETABLES
ZUCCHINI

Solution on page 349

Breaking News

P	D	U	F	L	O	O	D	Y	N	E	D	D	U	S	N	N	R	V	G
K	T	A	E	R	H	T	I	Y	E	P	T	T	T	U	T	J	P	E	E
R	E	L	C	L	E	N	S	D	R	L	X	N	P	S	Y	R	X	Y	E
N	I	C	R	I	M	E	A	E	G	Y	E	A	A	O	V	P	O	U	J
L	N	A	A	V	S	D	S	G	F	V	S	C	R	T	L	A	Y	P	G
F	Y	J	A	E	U	I	T	A	E	H	D	I	T	O	R	I	S	K	S
H	M	U	Y	T	D	C	E	R	S	A	N	F	S	I	L	O	C	A	L
A	X	X	N	E	W	C	R	T	O	V	S	I	H	D	O	Z	P	E	O
N	V	T	N	A	A	A	O	R	E	B	O	N	Y	A	O	N	F	M	N
C	Y	T	R	Q	T	R	B	S	H	N	N	G	C	R	K	Q	T	Y	I
H	R	F	L	E	M	I	T	E	L	E	V	I	S	I	O	N	O	E	T
O	E	E	Z	V	L	I	O	H	M	H	A	S	R	F	F	H	R	G	E
R	B	A	T	D	G	A	V	N	Q	T	U	B	Q	U	N	D	N	A	L
E	B	T	D	A	V	Z	I	A	A	U	T	R	O	P	E	R	A	R	L
G	O	N	T	L	L	P	R	C	D	L	A	I	R	O	T	I	D	E	U
N	R	E	R	I	I	T	L	B	E	H	I	K	N	I	S	Q	O	V	B
A	T	G	K	O	I	N	E	W	S	P	A	P	E	R	C	B	S	O	J
D	D	R	H	C	R	A	E	S	E	R	S	G	L	O	B	A	L	C	W
X	E	U	L	Y	H	F	F	Q	O	D	Z	A	N	N	O	U	N	C	E
K	W	E	A	T	H	E	R	F	V	W	O	R	L	D	W	I	D	E	X

ACCIDENT
ALERT
ANCHOR
ANNOUNCE
ARTICLE
BROADCAST
BULLETIN
COVERAGE
CRIME
DANGER
DISASTER
EARTHQUAKE
EDITORIAL
ELECTION
EVENT
EXPLOSION
FLOOD
GLOBAL
HEADLINE
HURRICANE
IMPORTANT
INVESTIGATE
LATE
LIVE
LOCAL
NATIONAL
NEWSPAPER
POLICE
PRESIDENT
RADIO
REPORT
RESEARCH
ROBBERY
SIGNIFICANT
SPECIAL
SPORTS
STORM
SUDDEN
TELEVISION
THREAT
TORNADO
TRAGEDY
URGENT
WEATHER
WORLDWIDE

Solution on page 349

Professional Security

```
B O N N A Z I O K P M P F S P W J H S A
T D B G Y N F N E B Y R T T R M C W G F
B R W U C N A O S R N O A D R R I A A X
F U O L I B P F B P R T I L E O U L S C
A X S P B L O L C E E E A S A F E K S Q
Q W H I E X D A Y F D C U G R I E I E G
Y W B Y N R M I C E I T T Q U N C N T R
U H D E T E R Z N R S M H N F U N G S B
M O H R R V S T E G O O O O I D A R T E
C E T A G C A S G M R M R O L T L X A R
G M S L H R P R R Z D C I P B P L V T U
C A B O T O W Y E V E N T S R S I T I C
X L O G N A L R M M R K Y I K I E K O E
H L S D P R E S E N C E T Y Q T V R N S
S T E O M C R N O V K J R K Y O R A V R
Q R E T N B T P F M U S E U M I U N T E
M F A U F I A B F Y N A P M O C S U I E
Q I O M V E S E C I F F O N I G H T R F
V B C L W L H A S V L R R E K R T F F P
S I A N O W A T C H G C P N W N C U H U
```

ALARM
ASSETS
AUTHORITY
BANK
BOUNCER
BUILDING
BUSINESS
CAMERA
CASINOS
COMPANY
CRIME
DEFENSE
DETER
DISORDER
EMERGENCY
ENFORCEMENT
EVENTS
GATE
INSPECT
LOG
MALL
MUSEUM
NIGHT
OBSERVE
OFFICE
PEOPLE
PRESENCE
PRIVATE
PROPERTY
PROTECT
RADIO
REPORT
RESPONDER
SAFE
SCHOOLS
SECURE
STATION
STORE
SURVEILLANCE
THEFT
TRAINED
UNIFORM
WALKING
WATCH
WEAPON

Solution on page 349

Around My Town

S	U	I	P	S	S	E	P	Y	O	C	N	M	S	W	B	O	O	Y	V
A	W	S	S	N	F	T	G	R	V	M	H	N	M	W	I	K	M	Y	H
I	T	H	C	T	A	W	O	A	Z	F	B	W	E	J	O	Z	R	H	L
M	N	T	Y	R	P	Y	G	R	R	Z	C	A	R	S	T	C	P	P	V
H	A	A	S	U	B	U	R	B	E	A	O	L	D	T	I	W	L	Q	L
A	R	P	R	O	X	I	M	I	T	Y	G	O	I	T	S	O	A	F	N
D	D	C	L	K	J	C	S	L	X	K	W	C	Y	L	E	E	N	I	W
W	Y	H	X	A	S	R	O	T	I	S	I	V	Y	D	M	M	T	G	O
K	H	I	D	F	Y	R	U	M	U	V	J	D	T	R	A	N	S	I	T
O	E	L	A	S	E	G	A	M	M	U	R	H	S	I	G	W	M	C	D
R	R	D	M	Y	V	S	R	S	T	U	S	D	G	V	P	Y	I	M	Y
S	I	R	E	U	Y	I	H	O	N	E	N	N	S	E	I	F	C	T	Y
N	F	E	N	L	P	O	O	L	U	E	I	I	U	W	F	F	E	S	J
C	S	N	I	A	P	E	P	C	I	N	D	S	T	A	C	F	P	E	I
C	S	M	T	P	Y	O	E	R	I	E	D	R	R	Y	A	F	S	D	E
B	A	C	I	P	S	B	F	D	W	T	B	T	A	S	T	H	G	I	L
F	R	N	E	T	R	B	M	A	I	L	B	O	X	G	E	I	O	N	P
P	G	F	S	A	O	X	L	F	L	U	P	G	X	R	O	K	D	S	O
L	N	A	B	G	A	K	R	A	P	A	A	P	O	S	O	P	I	O	E
Y	M	U	L	D	D	Z	P	Z	O	Z	R	V	D	Z	D	X	V	B	P

AMENITIES
BARBECUES
BIKES
CARS
CATS
CHILDREN
CITY
COMMUNITY
DINING
DOGS
DRIVEWAYS
FAMILY
FIRE HYDRANT
FRIENDS
GAMES
GARAGE
GARDEN
GRASS
KIDS
LAWN
LIBRARY
LIGHTS
MAILBOX
NOISE
PARK
PATHS
PEOPLE
PLANTS
PLAYGROUND
POOL
POSTS
PROXIMITY
ROAD
RUMMAGE SALE
SAFETY
SHOPPING
SIDEWALK
STORE
SUBURB
TOWN
TRAFFIC
TRANSIT
VISITORS
WATCH
YARD

Solution on page 349

Useful Rubber

T	P	H	D	S	O	L	V	E	N	T	S	G	S	O	I	O	R	C	E
U	H	O	T	Y	M	N	A	U	M	E	F	E	E	E	A	R	U	H	H
O	D	A	L	H	X	A	O	I	X	C	R	W	A	B	Q	X	B	I	I
Y	D	I	I	Y	Z	N	L	I	R	I	B	B	N	K	W	V	B	N	P
K	G	K	O	L	I	J	W	A	T	E	R	P	R	O	O	F	E	A	D
L	G	N	Z	L	A	S	P	D	Y	A	T	E	R	A	S	E	R	L	F
I	N	D	I	A	L	N	O	E	H	S	Z	A	C	Q	Z	K	K	L	R
M	S	W	I	R	D	O	D	P	R	P	I	I	M	I	J	I	B	E	P
Q	Q	K	V	B	U	I	C	P	R	C	R	A	N	E	N	X	L	R	R
I	M	C	L	H	H	T	S	A	P	E	F	O	L	A	D	A	E	G	S
S	Q	H	A	T	B	A	C	T	M	S	N	B	D	G	C	M	G	Y	D
T	S	Z	C	O	K	V	R	A	R	O	I	E	N	U	Y	L	N	R	N
I	S	W	U	R	U	I	H	V	F	X	D	I	B	L	C	T	U	W	O
C	N	N	A	X	E	T	A	L	E	U	S	E	O	S	H	T	A	V	B
K	C	B	O	U	U	L	C	L	W	S	N	P	I	E	E	O	S	A	L
Y	O	O	H	O	O	U	F	H	E	D	T	A	T	F	M	V	S	J	I
J	G	O	S	Q	L	C	C	C	O	N	W	I	M	M	I	T	O	E	L
N	A	T	U	R	A	L	O	L	A	U	C	F	N	U	C	R	I	L	S
I	B	S	O	K	Z	R	A	L	H	F	C	B	N	G	A	E	U	T	G
R	Z	D	M	F	P	V	P	B	Q	T	E	X	T	I	L	E	F	P	A

ALLERGY
BALLOONS
BARK
BOND
BOOTS
BOUNCY
BRAZIL
CAOUTCHOUC
CHEMICAL
CHINA
COLLOID
CULTIVATION
ERASER
FLEXIBLE
GLOVES
GUM
HARVESTING
HOSES
INDIA
LATEX
MALAYSIA
MANUFACTURING
MATERIAL
MILKY
NATURAL
ORGANIC
PLANT
POLYISOPRENE
POLYMER
PROCESSING
PRODUCTS
PURIFIED
RUBBER
SAP
SOLVENTS
SOUTH AMERICA
STICKY
SYNTHETIC
TAPPED
TEXTILE
THAILAND
TIRES
TREE
VULCANIZATION
WATERPROOF

Solution on page 350

Stones

A	P	F	A	R	M	L	V	O	C	K	J	C	O	H	S	R	M	A	R
O	J	E	W	E	L	R	Y	S	H	L	R	A	R	E	I	Y	K	U	G
R	M	P	A	Z	K	G	W	G	A	T	Q	S	S	R	O	B	B	N	N
U	U	R	Y	R	H	F	C	T	O	H	N	A	I	P	O	I	I	M	I
U	N	E	R	T	L	M	S	V	A	L	U	A	B	L	E	R	M	M	N
A	A	C	A	G	H	Y	S	T	F	D	O	W	D	S	V	R	D	F	I
W	T	I	D	S	R	G	A	R	N	E	T	M	R	N	V	E	U	E	M
S	U	O	I	C	E	R	P	I	M	E	S	I	E	O	E	P	R	T	I
M	R	U	P	S	P	N	O	S	K	Z	M	B	M	G	L	P	A	I	N
H	A	S	A	E	T	Q	O	C	E	T	I	N	E	H	S	O	G	B	E
L	L	S	L	T	R	E	S	T	K	E	L	K	R	A	P	S	C	X	R
X	G	T	O	U	L	I	C	X	S	S	K	E	A	O	S	P	P	I	A
T	Y	O	S	R	T	D	D	A	Y	H	G	O	L	D	D	E	M	B	L
M	P	N	Q	Q	S	B	P	O	F	T	T	I	D	G	N	A	D	Z	T
U	E	E	A	U	Y	P	N	A	T	O	S	R	S	S	O	A	Q	T	A
U	B	D	B	O	H	H	H	V	P	H	S	V	I	W	M	G	A	R	R
M	B	A	X	I	T	P	D	A	I	P	F	V	J	B	A	A	D	A	A
X	L	J	R	S	E	Z	L	N	R	L	E	E	G	N	I	T	T	U	C
I	E	E	I	E	M	W	G	N	I	D	A	R	G	S	D	E	J	Q	A
H	S	C	C	L	A	R	I	T	Y	F	E	D	V	E	K	V	D	L	H

ADORNMENTS
AGATE
AMETHYST
BIRTHSTONES
BIXBITE
CARAT
CLARITY
COLOR
CRYSTAL
CUTTING
DIAMONDS
EMERALDS
EXPENSIVE
FACETS
GARNET
GEMOLOGY
GOLD
GOSHENITE
GRADING
HARD
JADE
JASPER
JEWELRY
LAPIDARY
MINERAL
MINING
NATURAL
OPAL
PEARL
PEBBLES
PENDANT
PERIDOT
POLISHING
PRECIOUS STONE
QUARTZ
RARE
RING
ROCKS
RUBIES
SAPPHIRES
SEMIPRECIOUS
SILVER
SPARKLE
TURQUOISE
VALUABLE

Solution on page 350

Ride a Trike

U	P	E	T	O	F	Y	J	T	Y	S	A	E	M	D	Y	J	P	M	F
F	H	F	N	S	E	A	T	S	R	T	T	M	W	S	C	W	Z	T	M
L	J	E	V	R	O	O	V	E	H	I	C	L	E	E	H	W	N	Y	B
Z	Q	D	E	D	N	G	B	E	F	S	K	I	U	T	S	W	B	P	C
P	X	Y	M	P	P	A	R	K	Y	A	F	E	S	D	A	R	P	K	U
Y	B	A	L	A	N	C	E	Q	S	U	S	U	T	S	A	L	V	A	T
P	R	K	Z	V	Q	U	W	D	N	U	O	R	G	Y	A	L	P	S	M
Y	E	X	N	N	P	T	O	D	P	D	A	V	X	S	Z	L	D	Z	Z
Q	E	R	R	R	D	Q	P	P	J	N	L	H	T	E	K	E	C	Q	C
C	G	V	I	I	U	D	T	A	S	A	S	I	I	S	L	M	N	X	P
V	G	G	K	C	D	T	O	P	P	T	C	C	H	I	A	A	A	S	Y
U	H	I	K	K	H	M	O	F	E	B	Q	X	V	C	W	R	A	E	G
T	Z	G	F	S	P	R	F	E	D	S	A	E	R	R	E	F	W	E	G
O	O	N	R	H	T	R	R	C	A	T	R	S	C	E	D	E	R	C	R
Y	K	I	R	A	D	I	O	F	L	Y	E	R	K	X	I	D	K	R	F
U	X	N	T	W	N	C	P	L	X	B	R	A	K	E	S	M	A	L	L
V	W	I	R	G	T	B	E	L	L	S	R	Y	O	P	T	C	G	O	F
U	O	A	T	O	V	R	L	E	V	I	R	D	E	X	E	D	I	R	R
N	A	R	Y	V	H	N	G	M	U	P	N	E	O	E	H	N	T	C	O
Y	D	T	L	C	N	I	S	D	Y	Q	D	G	B	Z	J	S	K	P	W

ADULTS
BALANCE
BASKET
BELL
BRAKES
CHILD
CLASSIC
DELIVERY
DRIVE
EASY
EXERCISE
FOOT POWER
FRAME
FUN
GEAR
HORN
KID
METAL
PARK
PEDAL
PLASTIC
PLAYGROUND
RACE
RADIO FLYER
RED
RICKSHAW
RIDE
ROAD
ROLLING
SAFETY
SEAT
SIDEWALK
SMALL
SPEED
STEERING
TOY
TRAINING
TRANSPORTATION
TRIKE
TURN
UPRIGHT
VEHICLE
WHEEL

Solution on page 350

On a Farm

A	U	Q	U	E	G	E	D	M	F	N	Y	E	B	J	D	T	E	F	O
B	V	G	U	D	N	E	H	C	Z	J	V	X	Q	J	X	Z	J	B	D
E	W	K	A	Z	V	T	O	F	W	F	I	A	S	X	V	N	Q	J	B
C	D	Q	G	A	M	Q	S	E	Z	B	D	R	S	C	L	U	T	I	W
T	C	X	P	I	A	X	P	P	M	N	K	R	E	O	Z	Z	Y	X	E
S	G	F	V	M	I	O	T	A	O	G	E	S	I	T	K	L	I	M	P
X	H	U	V	E	S	V	L	P	Y	R	F	N	R	J	N	N	E	B	T
X	O	P	M	E	V	R	P	R	O	T	C	A	R	T	C	C	F	N	A
R	O	X	A	F	R	K	C	O	L	F	D	E	E	U	N	I	A	R	G
S	L	C	S	Z	C	N	B	S	T	E	E	B	B	E	E	T	S	A	Z
I	Q	N	I	F	P	D	N	T	T	A	J	A	F	L	A	N	D	B	H
S	J	P	L	L	S	E	X	P	R	T	T	K	D	Z	S	N	S	H	B
J	B	W	O	C	H	M	E	E	P	O	R	O	O	S	T	E	R	Z	L
R	Z	W	J	P	G	N	S	H	R	M	U	A	E	L	D	D	A	S	Q
R	B	J	Y	C	W	F	Y	C	S	A	U	G	I	S	N	R	A	J	I
Q	X	M	E	T	G	O	D	Y	E	T	D	L	H	L	W	A	Q	H	A
O	X	L	F	E	K	U	H	Z	U	O	A	E	E	H	E	G	O	C	G
R	T	J	T	A	C	H	I	C	K	E	N	B	E	C	I	R	R	O	Z
J	Q	Y	I	K	G	A	H	O	U	S	E	A	L	F	S	E	E	D	S
E	M	L	M	V	M	Z	E	Q	I	E	T	U	B	E	R	S	G	G	E

ACRE
BARN
BEANS
BEETS
BERRIES
CAT
CHICKEN
COW
CROP
DOG
DUCK
EGGS
FEED
FENCE
FIELD
FLOCK
GARDEN
GOAT
GRAIN
HENS
HORSE
HOUSE
INCUBATOR
LAMB
LAND
MAIZE
MILK
MULE
PEN
PLOW
POND
POTATOES
RICE
ROOSTER
SADDLE
SEEDS
SHEEP
SILO
STABLE
TOMATOES
TRACTOR
TRAILER
TROUGH
TUBERS
WHEAT

Solution on page 350

College Majors

Y	V	I	H	H	A	R	N	S	E	B	G	N	I	D	L	E	W	A	L
F	R	S	F	T	E	O	D	B	C	S	I	V	I	Y	O	G	Z	I	H
Y	G	O	L	O	I	D	A	R	E	I	R	O	N	H	P	V	Y	U	W
S	P	B	T	H	R	H	Q	I	A	A	M	U	L	P	L	R	D	A	K
O	P	E	S	S	Z	E	T	S	A	M	T	O	N	O	T	X	M	C	Z
C	G	A	Z	S	I	I	N	G	C	R	A	T	N	S	G	S	F	C	K
I	F	T	P	K	N	H	E	S	I	I	T	L	I	O	I	Y	P	O	H
O	Y	H	T	A	M	O	W	T	I	R	S	M	B	L	C	R	S	U	S
L	N	S	M	L	G	Y	I	T	D	C	E	Y	A	I	T	E	Y	N	I
O	A	U	L	R	Y	O	D	T	I	H	S	N	H	H	S	E	C	T	L
G	H	C	A	A	N	G	E	N	C	T	R	Z	I	P	I	N	H	I	G
Y	E	P	I	Z	I	C	O	M	M	U	N	I	C	A	T	I	O	N	N
I	H	D	Y	R	N	R	T	L	O	C	R	E	M	U	N	G	L	G	E
Y	U	D	U	E	T	H	T	J	O	E	G	T	M	S	E	N	O	T	N
M	U	S	I	C	E	C	K	S	T	N	C	D	S	E	D	E	G	T	I
P	W	C	E	A	A	P	E	U	U	Q	H	N	O	N	G	L	Y	O	C
E	S	L	T	F	H	T	P	L	I	D	X	C	A	C	O	A	J	U	I
F	E	E	S	R	I	M	I	Q	E	Z	N	T	E	N	T	C	N	L	D
Y	R	T	E	M	O	T	P	O	L	A	V	I	A	T	I	O	N	A	E
J	K	K	O	C	B	U	S	I	N	E	S	S	C	A	H	F	R	U	M

ACCOUNTING
ART
AVIATION
BIOLOGY
BUSINESS
CHEMISTRY
COMMUNICATION
COMPUTER
CONSTRUCTION
DENTIST
DOCTOR
DRAMA
ECONOMICS
EDUCATION
ELECTRICAL
ELECTRONICS
ENGINEER
ENGLISH
FASHION
FINANCE
FORENSICS
GEOGRAPHY
HISTORY
HUMANITIES
INDUSTRIAL
JOURNALISM
LAW
MANAGEMENT
MATH
MEDICINE
MUSIC
NURSE
NUTRITION
OPTOMETRY
PHILOSOPHY
PHYSICS
PSYCHOLOGY
RADIOLOGY
SCIENCE
SOCIOLOGY
TECHNOLOGY
THEATER
WELDING

Solution on page 350

Popular Culture

N	H	S	K	M	A	A	N	B	I	M	S	W	B	F	H	D	T	B	Q
I	F	E	F	K	T	R	E	N	D	V	K	B	S	N	Y	S	N	I	L
U	N	Y	A	U	B	T	M	V	E	G	A	U	G	N	A	L	S	A	A
Y	I	Y	P	C	G	J	W	Y	T	I	R	B	E	L	E	C	J	K	C
F	A	W	N	E	W	S	E	L	P	E	S	X	U	O	R	O	C	K	O
K	X	D	W	U	Y	E	K	A	E	T	C	A	T	E	U	Y	U	I	L
T	C	R	N	G	L	N	T	N	C	A	Z	H	E	R	A	S	Z	B	O
U	C	K	N	B	T	I	O	O	C	F	V	N	N	D	D	N	O	P	B
G	H	A	A	Y	W	Z	M	I	A	F	I	A	C	O	I	A	I	D	M
P	O	C	I	A	I	A	K	T	S	N	L	C	F	D	L	G	O	R	Y
J	S	U	D	I	G	G	Y	A	G	I	A	T	A	B	L	O	I	D	S
N	U	V	E	O	V	A	A	N	S	I	V	H	D	A	W	L	G	N	U
E	R	E	M	Y	W	M	O	M	D	G	C	E	B	Y	T	S	E	Y	Y
D	C	L	I	D	S	T	Y	L	E	J	K	O	L	J	A	E	V	P	O
S	U	V	A	M	Y	M	B	V	T	N	L	L	N	E	T	W	O	P	P
A	R	O	E	I	S	S	B	B	B	G	O	K	L	L	T	P	O	H	S
C	R	M	U	I	C	K	O	L	N	H	E	M	S	P	I	S	S	O	G
B	E	S	O	A	N	O	H	U	E	I	V	O	M	T	R	A	P	T	N
S	N	G	I	S	K	V	S	L	A	N	G	U	V	O	E	P	K	O	D
H	T	M	U	S	I	C	U	U	J	Z	E	Z	A	R	C	D	O	S	L

ACCEPTED
ART
ATTIRE
BOOKS
BROADWAY
CABLE
CELEBRITY
COMMON
CRAZE
CURRENT
ERA
FAD
GLOBAL
GOSSIP
HOBBY
HOLLYWOOD
ICON
IDEAS
JOURNALISM
LANGUAGE
LOCAL
MAGAZINES
MEDIA
MEME
MOVIE
MUSIC
NATIONAL
NEWS
PHOTOS
POP
ROCK
SCREENING
SHOP
SIGNS
SLANG
SLOGANS
SOCIAL
STYLE
SYMBOL
TABLOIDS
TECHNOLOGY
TEEN
TELEVISION
TREND

Solution on page 350

Sleepovers

T	H	A	E	V	V	S	P	M	S	E	W	O	L	L	I	P	H	Z	N
N	N	V	C	T	A	D	O	S	K	K	F	U	L	S	U	O	A	N	M
Z	P	N	B	F	M	V	D	O	N	S	S	U	I	E	E	X	E	O	N
F	P	S	L	A	I	C	A	F	A	E	V	P	K	R	T	K	O	R	O
L	Z	O	S	E	W	R	N	V	R	C	X	A	T	I	I	R	O	Y	I
I	O	S	S	L	A	P	C	E	P	R	M	O	F	F	G	C	Q	J	S
R	N	S	D	K	R	N	I	Y	E	E	O	M	A	N	P	F	H	L	E
I	X	V	I	N	Q	I	N	V	I	T	A	T	I	O	N	S	A	R	Y
R	D	B	J	N	E	S	G	W	H	S	Y	V	P	B	I	U	V	G	G
O	S	E	L	G	G	I	G	B	S	T	I	Y	H	N	G	T	O	B	G
T	V	P	C	A	X	I	R	A	Y	L	S	M	R	H	Y	S	L	R	B
D	M	X	L	I	T	U	N	F	G	F	E	A	T	E	S	A	S	S	R
S	X	O	D	A	S	Z	K	G	W	M	V	E	F	I	N	E	E	C	T
S	Q	R	O	H	N	U	F	C	O	L	R	S	P	K	R	R	M	L	B
V	U	N	U	R	B	N	M	R	I	W	R	A	E	O	A	R	D	A	W
Y	O	C	A	N	D	Y	I	A	U	S	T	T	J	D	V	E	V	F	G
X	J	L	D	Z	E	E	N	N	T	H	E	P	U	S	S	E	R	D	M
S	K	C	A	N	S	R	B	L	G	S	A	M	A	J	A	P	R	B	L
O	Z	G	P	T	X	Q	G	I	L	U	S	T	O	R	I	E	S	S	S
R	U	E	K	Q	E	W	N	N	M	R	F	G	X	H	E	N	S	F	A

BEDROOM
BLANKET
BONFIRE
BREAKFAST
CANDY
DANCING
DARES
DRESS UP
DVD
FACIALS
FLOOR
FRIENDS
GAMES
GIGGLES
GIRLS
GOSSIP
HOMESICK
INVITATIONS
JOKES
KARAOKE
LATE
LAUGHTER
LIVING ROOM
MAKEUP
MEMORIES
MOVIES
MUSIC
NAIL VARNISH
NIGHT
NOISE
PAJAMAS
PILLOW
PLANNING
POPCORN
PRANKS
SECRETS
SINGING
SLEEPOVER
SNACKS
SODA
STORIES
TEEN
TOOTHBRUSH

Solution on page 351

Cheerleader

T	U	V	D	U	O	I	Z	I	V	O	F	X	P	E	P	P	Y	O	Z
S	R	B	S	P	O	R	T	L	B	A	O	T	C	M	E	Z	S	U	K
L	X	I	S	I	D	E	L	I	N	E	S	N	K	T	U	H	C	T	G
C	G	W	K	H	X	E	A	S	F	R	A	H	W	C	G	J	O	G	R
S	P	A	K	S	U	P	C	S	E	D	E	Z	I	N	A	G	R	O	P
P	E	Q	P	R	N	I	I	T	V	I	C	T	O	R	Y	D	E	I	K
T	G	C	G	E	I	H	S	N	V	G	E	C	A	I	Y	A	K	N	R
Q	G	F	N	D	F	O	Y	E	Q	G	H	L	P	E	F	U	N	G	A
D	S	P	I	A	O	B	H	V	R	A	L	T	P	Z	W	Q	Q	P	R
A	L	T	M	E	R	E	P	E	N	Y	V	M	E	Q	D	S	I	O	D
X	E	U	O	L	M	E	N	T	H	U	S	I	A	S	M	E	Y	M	R
A	L	M	C	E	S	E	B	E	C	N	A	M	R	O	F	R	E	P	N
G	S	B	E	M	L	Y	M	U	P	E	S	G	A	R	Y	D	U	O	L
N	G	L	M	G	L	X	N	A	X	O	E	N	N	U	S	Y	U	M	Z
O	A	I	O	G	A	L	Y	I	G	E	N	I	C	H	E	E	R	X	A
S	R	N	H	X	B	P	E	V	I	T	I	T	E	P	M	O	C	S	M
S	M	G	M	H	T	Y	H	R	P	H	T	I	S	T	I	L	P	S	U
V	P	I	D	W	O	R	C	O	P	O	U	C	M	T	K	I	C	K	I
B	D	B	L	O	O	H	C	S	N	L	O	X	Y	E	L	L	L	Q	T
I	R	N	O	E	F	H	L	C	T	E	R	E	V	F	P	L	K	J	I

APPEARANCES
CHANT
CHEER
COMPETITIVE
CROWD
DANCE
ENERGETIC
ENTHUSIASM
EVENTS
EXCITING
EXUBERANCE
FANS
FLIPS
FOOTBALL
FUN
GAME
HOMECOMING
JUMP
KICK
LEADERSHIP
LOUD
MEGAPHONE
ORGANIZED
OUTGOING
PEPPY
PERFORMANCE
PHYSICAL
POMPOM
RALLY
RHYTHM
ROUTINES
SCHOOL
SCORE
SIDELINES
SKIRT
SMILE
SONG
SPLITS
SPORT
SQUAD
SWEATER
TUMBLING
UNIFORMS
VICTORY
YELL

Solution on page 351

Pick a Car

I	F	T	Q	Y	I	Y	L	G	N	A	T	S	U	M	X	T	M	Z	C
B	A	I	U	U	Z	R	G	A	H	D	F	Q	G	R	F	U	R	Y	P
F	V	A	L	K	R	M	V	Y	T	U	I	A	B	F	L	O	E	A	C
U	Q	G	E	O	H	A	T	M	B	N	R	E	M	M	U	H	G	I	D
C	E	E	D	N	R	C	W	Y	D	A	E	L	N	C	S	D	N	U	V
F	F	S	S	A	L	T	U	C	U	P	B	N	W	O	C	L	E	I	P
W	T	L	C	F	U	O	N	G	O	U	I	E	I	L	Z	A	L	F	N
J	P	W	L	N	M	P	A	Y	I	N	R	N	S	T	Q	M	L	A	J
F	E	T	O	I	I	J	S	C	F	P	D	O	T	C	N	B	A	Q	J
S	M	V	Q	E	N	K	K	I	U	V	O	L	V	O	O	O	H	A	Q
U	A	C	U	R	A	F	N	N	E	W	Y	O	R	K	E	R	C	I	L
I	W	L	B	F	E	I	C	A	L	L	O	R	O	C	F	G	T	M	G
R	M	O	Y	L	T	O	D	R	I	B	R	E	D	N	U	H	T	Q	H
P	B	P	F	I	R	K	A	A	W	W	E	I	G	U	T	I	D	D	Z
T	F	I	A	V	R	T	Z	O	H	I	R	L	B	D	Y	N	R	U	R
Y	P	R	E	L	S	Y	R	H	C	V	O	A	L	O	O	I	O	S	M
P	E	T	M	O	A	T	H	O	Z	I	L	V	E	V	B	D	C	T	A
C	T	K	R	E	E	B	N	P	S	P	P	A	X	N	Z	C	C	E	Z
E	B	E	T	M	L	B	C	Y	E	I	X	C	U	J	Q	N	A	R	D
Y	A	R	G	N	I	T	S	Y	T	Z	E	S	S	T	O	Y	O	T	A

ACCORD
ACURA
AEROSTAR
BMW
BOBCAT
BUICK
CAMRY
CARAVAN
CAVALIER
CHALLENGER
CHRYSLER
COLT
CONTINENTAL
COROLLA
CORVETTE
CUTLASS
DART
DODGE
DUSTER
ESCORT
EXPLORER
FIREBIRD
FURY
HUMMER
IMPALA
INFINITI
JAGUAR
LAMBORGHINI
LEXUS
LUMINA
MAZDA
METRO
MUSTANG
NEW YORKER
NOVA
PINTO
PRIUS
STINGRAY
SUNBIRD
TAHOE
THUNDERBIRD
TOYOTA
VOLVO
YUKON
ZEPHYR

Solution on page 351

M at End

U	H	A	M	S	M	Q	O	I	G	Z	R	M	N	V	O	Z	B	H	C
M	X	B	G	P	R	T	R	L	E	O	X	L	M	J	K	R	S	U	M
Q	R	F	P	V	O	T	M	R	F	P	G	U	S	T	R	E	A	M	N
Y	E	E	O	I	A	B	W	H	T	S	A	M	T	E	R	M	O	O	B
Y	E	X	H	K	T	F	O	Y	S	G	J	U	O	A	J	D	U	S	M
K	U	E	H	V	G	S	M	T	X	O	G	I	K	D	S	M	F	S	U
T	L	G	D	M	M	Y	R	H	T	T	T	N	K	I	G	T	I	O	N
I	Z	F	S	E	L	D	O	M	N	O	C	A	W	M	M	N	T	L	I
M	I	I	T	Z	R	M	T	S	L	I	M	R	Z	T	A	W	I	B	M
R	R	I	R	E	M	U	S	X	Y	P	Z	U	F	G	D	L	B	K	U
P	Y	O	A	D	N	U	V	K	R	A	T	O	R	M	Z	W	C	B	L
O	K	M	W	J	A	C	I	F	B	E	Y	O	E	T	O	J	A	G	A
N	M	N	H	U	R	A	C	D	U	A	P	Y	E	R	C	D	E	O	Q
N	J	Z	T	N	I	V	T	Q	O	F	C	R	D	K	M	E	N	T	U
R	L	J	M	A	W	G	I	W	M	S	Y	N	O	N	Y	M	P	A	A
V	E	I	A	R	D	A	M	C	U	S	T	O	M	B	U	Y	B	S	R
O	D	F	J	B	O	A	I	T	E	A	M	I	U	I	L	G	E	Y	I
M	Z	U	U	X	E	F	W	R	S	U	K	T	D	H	S	E	A	Q	U
L	F	U	L	R	A	C	S	T	U	S	C	E	D	R	O	O	M	H	M
R	F	P	C	Y	D	W	H	O	M	Q	M	U	V	U	L	R	U	X	R

ALUMINUM
AQUARIUM
BEAM
BLOSSOM
BOOM
BOTTOM
CLAM
CREAM
CUSTOM
DAM
DIM
DREAM
FORM
FREEDOM
GYM
HUM
ITEM
KINGDOM
MEDIUM
MUSEUM
ORGANISM
PRISM
PROBLEM
RANDOM
RHYTHM
ROOM
SELDOM
SKIM
SLIM
SODIUM
SPECTRUM
STORM
STREAM
SUM
SWIM
SYNONYM
TEAM
TERM
URANIUM
VACUUM
VICTIM
WHOM
WIGWAM
WISDOM
WORM

Solution on page 351

Science Fair Projects

```
L P X K D H E D O H T E M Y C C N J P E
U X G R S R O T C A F W R E P O R T U L
N N A O O A I R E T C A B M A G N E T S
K W S W M G A N P H M I S C H O O L G C
A L H M F E N K O M T B N M S R I L O U
L G P A S A O I U I H W N O I E S L H Y
E P A E C F I S T X T X O G R Z U W C R
H O R T I T T L D S M A I R G T L V Y T
M M G U S N C C U A E N T E G U C R G S
Y G I Y Y E A G T R A T A N G B N E O I
E P T X H M E E D L E T R N E J O W L M
A C I D P P R W I D T B O I D S C O O E
L N N H J I A T A D R C P W K Z E P I H
D I A E A U Y N O S I R A P M O C R B C
E G G L R Q O N A C L O V R Y B W V P Q
E L S H Y E X P E R I M E N T O B O R K
P L A N T S F R W S O U N D I S P L A Y
S E H E X E I N O B B I R S G U B F N U
X S U C C E S S I I C E L B A I R A V M
D W G S T D X R E W M Z R D Q G M G N N
```

ABSTRACT
ACID
ANALYSIS
AWARD
BACTERIA
BIOLOGY
BUGS
CHEMISTRY
COMPARISON
CONCLUSION
DATA
DISPLAY
ELECTRONIC
EQUIPMENT
EVAPORATION
EXPERIMENT
FACTORS
FAILURE
GRAPHS
GROWTH
INFERENCE
LIGHT
MAGNETS
MATERIALS
METHOD
ORIGINALITY
PHYSICS
PLANTS
POWER
PRESENTATION
REACTION
REPORT
RESEARCH
RIBBON
ROBOT
SCHOOL
SOUND
SPEED
SUCCESS
SUMMARY
TEAMWORK
TESTING
VARIABLE
VOLCANO
WINNER

Solution on page 351

Very Strong

W	M	V	O	Y	D	A	E	T	S	V	R	O	B	U	S	T	I	U	S
S	U	P	R	E	M	E	Q	E	P	R	E	S	I	D	E	N	T	Z	T
I	F	M	P	H	G	K	H	Z	P	N	U	R	I	G	D	U	S	U	R
M	E	S	J	O	O	N	S	S	N	O	L	Q	D	I	A	O	U	T	L
P	L	C	E	E	S	T	I	O	I	C	O	U	Y	A	H	M	C	C	F
O	H	O	Q	L	A	I	I	R	O	U	E	E	N	N	N	A	C	F	U
S	B	M	Z	L	C	S	T	M	E	T	G	E	A	T	I	R	E	X	L
I	J	M	W	V	I	S	P	I	P	W	V	N	M	N	A	A	S	S	Q
N	K	A	O	C	U	E	U	K	O	L	O	D	I	E	R	P	S	W	X
G	R	N	E	L	L	S	L	M	N	N	B	T	C	T	T	G	F	H	J
T	N	D	L	L	E	A	D	E	R	O	O	B	H	O	S	N	U	V	I
A	M	I	I	X	G	Y	W	E	V	A	W	Q	G	P	O	I	L	R	X
O	I	N	R	R	U	O	V	E	R	R	U	L	I	N	G	K	D	Y	O
V	G	G	E	A	A	H	Z	R	G	A	O	T	E	M	O	Z	Q	D	X
S	H	A	E	N	E	R	G	Y	K	Q	Q	T	H	D	I	R	A	M	Y
H	T	I	A	F	V	B	M	E	L	A	G	W	A	O	G	N	T	O	X
P	Y	U	N	I	M	P	R	E	S	S	I	V	E	T	R	E	D	S	C
H	U	R	R	I	C	A	N	E	N	G	I	N	E	O	C	I	S	S	X
Y	A	C	C	D	O	O	L	F	V	M	R	O	T	S	P	I	T	H	F
M	G	X	U	N	Y	D	E	N	W	O	N	E	R	Y	G	B	D	Y	O

AUTHORITY
COMMANDING
COMPELLING
DECISION
DICTATOR
DISTINGUISHED
DYNAMIC
EARTHQUAKE
ENERGY
ENGINE
FAITH
FLOOD
GALE
GIANT
GREAT
HURRICANE
ILLUSTRIOUS
IMPOSING
IMPRESSIVE
KING
KNOWLEDGE
LEADER
MIGHTY
MIND
MUSCLES
OVERBEARING
OVERRULING
PARAMOUNT
POSITION
POTENT
PRESIDENT
QUEEN
RENOWNED
ROBUST
STALWART
STEADY
STORM
STRONG
STURDY
SUCCESSFUL
SUPREME
TORNADO
TOWERING
TRAIN
WAVE

Solution on page 351

Mysterious Monsters

O R U Q G O B L I N H A Q M T A L I E N
E L S I R E N M B F D D S W P Z I T E Y
L I O Q Y H L I J B Q U E L X B E S M U
D W B M P N G L T S O H G M U H S A O Y
I I M M H F H G A Q A Q W C O I M D N B
A U N D O F B S F R I G H T E N I N G R
M H F O N Z Q B B V U E R O L K L O F H
G Z T E S U P A E D H T H S Y P C C V Y
K I N G A A C R H C E L A W N O G A R D
W M A T D A U W E I L V K N C L U N G R
X K C N P A T R M J Y N I K R T Z A I A
F H A U T T B Y O D O P A L R E V M B L
R E H N E E T N T K G T R O L R P C E C
K C E I R H T I H S R Q L A Y G R U A W
C C J U I T N L J I A L C T H E B J S G
D C S C L O A M C L G I A K A I B T T A
X W A N G M T E Z I T S A T V S C A R Y
I L K R Z M U R U S T O U B H T I A R W
B L O M S A M G Y A H R O R R O H I X G
U G X E M M A M S B E M A L N V E E M F

ALIEN
ANACONDA
BASILISK
BEAST
BEHEMOTH
BIGFOOT
CENTAUR
CERBERUS
CHUPACABRA
COCKATRICE
CREATURE
DEMON
DEVIL
DINOSAUR
DRAGON
FOLKLORE
FRIGHTENING
GARGOYLE
GHOST
GIANT
GNOME
GOBLIN
GORGON
GREMLIN
GRYPHON
HARPY
HORROR
HYDRA
IMP
MAMMOTH
MUMMY
MUTANT
MYSTICAL
MYTHICAL
NESSIE
POLTERGEIST
SASQUATCH
SATYR
SCARY
SIREN
SUPERNATURAL
TROLL
WRAITH
YETI
ZOMBIE

Solution on page 352

Cocktail Time

A	G	D	D	Q	F	M	B	Q	T	O	N	D	Y	O	K	F	S	O	S
I	K	T	S	D	N	E	I	R	F	W	E	L	D	R	A	F	T	N	G
Z	B	D	N	C	S	E	R	V	E	R	S	T	P	T	Z	O	A	I	O
B	M	H	O	E	Y	T	E	F	F	U	B	R	I	I	J	C	E	A	S
Z	Y	V	I	V	M	I	L	L	B	E	E	R	S	P	K	X	P	T	O
A	P	T	T	I	D	N	F	A	Q	F	A	A	F	S	S	P	T	N	N
D	A	Z	O	R	C	G	I	H	F	G	L	B	X	J	E	N	N	U	K
D	F	N	M	D	S	E	G	A	R	E	V	E	B	T	A	B	U	O	P
G	L	H	O	J	Z	E	T	A	T	H	P	T	I	R	F	O	O	F	R
W	Y	Y	R	Q	L	S	M	A	T	R	R	Z	U	Y	T	D	C	A	D
L	D	W	P	L	T	L	C	O	L	L	E	A	G	U	E	S	S	G	L
F	P	L	D	I	X	A	L	E	R	R	T	T	G	L	R	D	I	L	R
E	E	S	A	A	L	I	S	M	S	S	Z	P	N	L	N	H	D	K	S
M	A	W	I	T	S	C	D	A	E	Q	E	B	I	E	O	A	F	A	C
E	U	U	Q	K	T	E	T	R	C	C	L	J	R	W	O	U	S	H	S
S	S	R	U	C	O	P	C	T	I	V	S	S	E	G	N	U	O	L	M
B	E	U	I	O	H	S	H	I	S	N	L	O	H	O	C	L	A	U	C
M	V	M	R	C	S	E	W	N	S	A	K	W	T	S	O	C	I	A	L
G	G	W	I	N	E	Q	A	I	F	U	O	S	A	L	I	U	Q	E	T
S	W	F	J	L	C	B	B	P	C	C	M	T	G	E	H	N	C	Q	G

AFTERNOON
ALCOHOL
APPETIZERS
BAR
BEER
BEVERAGES
BUFFET
CHEAP
COCKTAIL
COLLEAGUES
DAIQUIRI
DISCOUNT
DRAFT
DRINKS
ENTERTAINMENT
FOUNTAIN
FRIENDS
FUN
GATHERING
HALF
KAHLUA
LIME
LOUNGES
MARGARITA
MARTINI
MEETING
MUSIC
PRETZELS
PROMOTIONS
RELAX
RESTAURANT
RUM
SALE
SERVERS
SHOTS
SNACKS
SOCIAL
SPECIALS
TEQUILA
TIPS
TOAST
VODKA
WAIT STAFF
WELL
WINE

Solution on page 352

Watching TV

K	Y	U	W	Y	G	N	I	K	O	O	C	A	R	T	O	O	N	D	X
N	N	L	Y	H	U	A	D	O	C	U	M	E	N	T	A	R	Y	N	S
D	X	E	K	J	O	S	L	A	I	C	R	E	M	M	O	C	W	W	V
D	C	T	W	E	X	R	H	P	R	I	M	E	T	I	M	E	T	A	J
J	W	O	H	S	E	I	R	E	S	N	X	B	F	X	I	W	N	W	K
Y	C	O	U	C	H	W	N	O	I	T	C	A	V	V	A	N	S	F	A
U	U	N	L	G	O	D	U	A	R	Y	M	O	R	D	E	L	F	J	N
P	T	X	U	Y	Z	P	T	D	R	I	R	E	S	T	A	F	E	A	I
B	M	A	P	Q	M	R	C	O	L	A	T	E	N	I	G	H	T	R	M
Y	L	S	Q	S	E	P	T	Y	C	N	X	A	C	N	F	C	N	K	A
V	D	O	R	T	I	S	I	H	I	R	D	R	U	R	O	A	E	V	L
G	L	A	N	O	I	T	A	C	U	D	E	T	I	L	L	E	T	A	S
L	J	E	J	H	H	N	C	P	S	M	K	C	O	D	X	T	W	B	T
S	B	C	K	J	N	C	A	O	O	F	A	R	O	K	X	O	O	W	R
B	V	F	Y	E	U	Q	N	F	M	P	C	S	E	R	S	M	R	V	O
I	K	C	L	L	D	U	N	A	O	Q	C	O	S	M	D	E	K	T	P
C	Y	L	A	O	R	I	Z	M	V	X	K	O	M	N	U	R	L	W	S
T	Z	V	O	E	D	I	V	A	I	S	I	R	R	E	A	L	I	T	Y
O	T	F	R	Q	O	Q	Y	R	E	V	W	M	F	N	D	C	O	T	X
I	B	I	B	F	L	K	I	D	S	U	U	H	G	X	G	Y	K	V	B

ACTION
ADS
ANCHORS
ANIMALS
ANTENNA
CARTOON
CHANNEL
COLOR
COMEDY
COMMERCIALS
COOKING
COUCH
DOCUMENTARY
DRAMA
EDUCATIONAL
ENTERTAINMENT
FAMILY
FOOD
HISTORY
HORROR
INFOMERCIAL
INTERVIEW
KIDS
LATE NIGHT
LAUGH
MOVIE
NETWORK
NEWS
OLYMPICS
POPCORN
PRIME TIME
REALITY
RECORD
RELAX
REMOTE
RERUN
SATELLITE
SERIES
SHOW
SITCOM
SNACK
SPORTS
VIDEO
VOLUME
WEEKLY

Solution on page 352

Libraries

```
U F O P L V E C N Y D R L X H S L A R G
R R C R Q K C A B R E P A P N P G U T S
A H C X W Q U I E T N V J O S E D T Y E
C M O V I E S K U S C O I D N J O H T C
H A B R B X R P E Y Y T P R K N K O T N
A R N O R E M G B E C N E R E F E R O E
P T O W V O A M O E L S L N P C W B H I
T S V E C P R V L Y O L P A H J V C B C
E F E W K N I L G F P A O I I X I O Y S
R E L I G I O N K A E C E R L F O F H C
J T S E R C X I O N D I P A O K X C P I
U A O B H O D W T T I D W R S F O S A M
V B S M U S T H L A A O C B O I Y L R O
E L D R U A R S R S M I H I P C N A G C
N E R D L I H C O Y M R C L H T G N O G
I S O C L E H T I T L E O O Y I W R I W
L X C L X I N D E X V P L F F O J U B B
E I E A V Y H P A R G O E G N N T O J I
X R R E S E N I Z A G A M P B I A J Z J
S W S U B J E C T Y T N S I Q Y C U N G
```

ARCHIVES
ARTS
AUTHOR
BIOGRAPHY
BOOKS
CHAPTER
CHILDREN
COLLECTIONS
COMICS
COMPUTER
ENCYCLOPEDIA
FANTASY
FICTION
GENRES
GEOGRAPHY
GLOBE
HORROR
INDEX
INFORMATION
JOURNALS
JUVENILE
KIDS
LIBRARIAN
MAGAZINES
MICROFICHE
MOVIES
NOVELS
PAGES
PAPERBACK
PEOPLE
PERIODICALS
PHILOSOPHY
PSYCHOLOGY
QUIET
RECORDS
REFERENCE
RELIGION
SCIENCES
SHELF
STORIES
SUBJECT
TABLES
THRILLERS
TITLE

Solution on page 352

The Porch

X	K	R	T	K	M	C	S	X	Y	T	P	W	Q	P	Z	O	C	J	C
O	I	E	E	H	R	H	D	I	V	L	X	D	W	R	N	D	L	M	E
T	C	N	K	N	E	U	A	P	E	E	C	K	R	T	E	N	O	T	S
K	J	I	V	L	C	D	S	O	P	B	R	E	E	Z	E	M	Y	R	E
Q	K	V	T	I	E	L	E	T	Q	R	F	A	P	M	R	D	M	I	D
X	Z	E	U	R	T	W	O	R	I	O	A	W	N	O	C	K	A	U	S
H	R	Q	S	N	O	I	H	S	U	C	G	I	T	D	S	H	J	H	S
S	U	C	Q	I	B	P	N	N	E	T	N	E	L	B	A	T	F	B	S
T	P	F	H	T	A	D	T	G	P	D	I	U	T	M	U	E	S	T	Y
V	L	C	Q	A	G	A	Y	N	E	G	M	N	M	H	N	W	R	X	W
H	B	K	F	R	I	K	L	I	N	U	O	O	R	C	G	Y	Z	Q	L
B	P	L	C	N	F	R	S	W	T	A	C	D	E	U	X	I	B	A	A
X	A	L	E	R	A	K	S	S	R	K	L	E	O	O	F	V	L	Q	B
G	I	D	P	U	N	S	K	F	A	B	E	G	B	C	P	W	N	B	N
R	D	Y	F	A	T	T	S	W	N	K	W	L	H	R	H	E	O	X	F
F	S	J	H	Q	T	A	N	P	C	D	I	I	U	E	A	T	N	O	I
Z	J	I	Z	C	I	I	T	J	E	A	L	D	R	K	G	B	O	L	D
N	D	K	T	F	N	R	O	S	M	T	E	E	K	C	I	R	B	Y	D
Z	Z	E	U	G	A	S	F	E	Q	C	S	R	V	I	S	I	T	N	S
F	H	D	L	J	E	J	L	U	K	R	H	N	H	W	Q	E	G	T	X

AWNING
BARBECUE
BREEZE
BRICK
CAT
CHAIRS
COUCH
CUSHIONS
DECK
DOG
ENCLOSED
ENTRANCE
FENCE
FLAG
FOUNTAIN
FURNITURE
GLIDER
HAMMOCK
INVITING
LIGHT
MAILBOX
OPEN
PATIO
PORTICO
POSTS
RAIL
RELAX
ROOF
RUSTIC
SCREEN
SHADE
SHELTER
STAIRS
STATUE
STEPS
STONE
SUMMER
SWING
TABLE
TOYS
VERANDA
VISIT
WELCOMING
WICKER
WOOD

Solution on page 352

Pass the Sauce

I	E	A	G	Z	J	M	G	V	V	A	G	J	K	T	P	E	S	T	O
Z	A	P	E	D	F	V	N	U	S	F	J	H	X	Y	R	I	A	Q	D
V	B	Z	C	O	Z	R	Y	E	R	L	O	O	X	E	W	B	Z	A	K
M	X	P	R	U	I	P	A	X	S	J	D	I	I	E	A	Q	X	Z	O
K	B	A	H	C	R	B	U	T	W	E	S	C	I	S	K	P	L	L	A
D	L	K	H	S	T	R	J	A	R	P	U	H	C	T	E	K	P	B	G
I	L	D	U	G	N	O	Y	N	P	A	F	O	Y	V	A	R	G	L	U
X	D	E	F	R	L	W	M	I	S	H	T	P	U	Z	M	L	T	M	E
B	S	C	L	L	N	N	B	A	R	O	G	X	O	U	Y	N	I	N	V
D	K	I	P	F	A	T	C	U	T	C	M	E	U	C	E	B	R	A	B
O	T	P	I	Z	K	V	W	W	T	O	A	X	Z	M	Y	T	L	P	N
I	L	S	L	O	H	F	O	G	O	T	E	R	I	Y	A	K	I	F	E
N	Z	A	K	N	C	R	B	R	A	J	E	D	A	C	L	C	Q	H	B
F	Q	L	F	E	H	C	H	T	Q	R	N	R	O	M	E	U	U	U	W
Q	K	S	F	F	E	S	E	N	G	O	L	O	B	U	E	D	I	R	T
X	W	A	X	M	U	R	E	X	C	C	K	I	L	S	V	L	D	H	Y
N	P	E	E	M	S	B	R	E	H	I	F	S	C	T	N	P	I	Q	O
V	I	A	U	T	N	Q	B	X	N	C	G	O	R	A	N	C	H	O	T
E	T	Z	T	V	S	X	O	G	I	W	G	Y	O	R	K	B	E	Q	P
K	K	I	P	H	C	E	S	H	W	Y	T	U	Q	D	C	V	V	I	O

APPLE
BARBECUE
BOLOGNESE
BROWN
BUFFALO
BUTTER
CARAMEL
CHEF
CONDIMENT
COOKING
CURRY
DUCK
FLAVOR
FOOD
GARLIC
GRAVY
HERBS
HOT
ITALIAN
KETCHUP
LIQUID
MEAT
MUSHROOM
MUSTARD
PAN
PESTO
PIZZA
RANCH
RED
RICH
SALSA
SAUCIER
SOY
SPICE
STEAK
TABASCO
TARTAR
TERIYAKI
THICK
TOMATO
WHITE

Solution on page 352

Compliments

```
R L Y U V W E S I A R P O B S U I N E G
B H U S A C C L A I M D V A D L X C T R
T L D R I G C Q B U N D M X W P C I U Z
Q A M N E C I T S I M I T P O L U T B L
P V L B L T N E K A D B T E U A I S I O
H E U E R K A U N L M E E F P E V A R V
O K R A N Z F L K D E A R A A N L T T E
N M M F K T F G U W O E Z C U J B N B L
O S P E E U E U S T D R O I N T A A U Y
R G A S N C C D N N A M S A N I I F V T
Y E O U X I T N O N M R S E L G R F W U
C Z V O I R I W E E Y U G L I E D A U A
D H O E D B O O N Y O I I N E A P B R L
H O A G L H N D S R L R S H O C G U E A
U M C R H C A W E L B Y C Q V C R L M I
W A K O M T T N E L L E C X E O E O O C
R G G G I I E T I L O P A P P L A U S E
T E Y O P G N O I T A R I M D A T S E P
H A N Y Z I V G N G F R I E N D L Y W S
K K M W S P K X S J F L A T T E R H A N
```

ACCLAIM
ACCOLADE
ADMIRATION
AFFECTIONATE
AMAZING
APPLAUSE
AWESOME
BEAUTIFUL
BRILLIANT
CHARMING
CHEERFUL
CLEVER
COMMENDATION
CONGRATULATE
ENDORSE
EXCELLENT
FABULOUS
FANTASTIC
FLATTER
FRIENDLY
FUNNY
GENEROUS
GENIUS
GOOD
GORGEOUS
GREAT
HOMAGE
HONOR
INCREDIBLE
INTELLIGENT
KIND
LOVELY
NICE
OPTIMISTIC
PERFECT
POLITE
PRAISE
RAVE
SMART
SPECIAL
SWEET
TALENTED
TRIBUTE
WARM
WONDERFUL

Solution on page 353

Useful Limestone

A	G	D	T	M	C	P	L	F	S	B	G	Y	M	L	D	Q	W	M	T
C	N	Y	E	W	A	M	Y	Y	D	R	U	T	Z	C	Z	A	T	I	P
I	H	A	E	L	R	T	N	G	A	O	U	I	O	R	G	D	L	O	L
L	Z	A	I	H	B	Q	E	N	O	X	T	N	L	G	H	E	Q	U	Q
I	B	O	L	D	O	R	U	R	R	N	S	J	N	D	L	T	D	U	D
S	Y	D	S	K	N	L	A	V	I	T	O	T	C	J	I	I	V	D	C
T	A	Y	E	Y	A	I	B	M	R	A	O	I	D	I	M	N	M	U	W
O	E	F	R	R	T	R	E	U	P	O	L	A	T	A	E	O	G	L	Q
N	L	Q	O	H	E	S	C	M	T	Q	G	R	R	A	E	G	C	U	L
E	A	U	S	E	K	T	W	H	I	T	E	Y	P	T	M	A	A	C	K
F	R	K	I	C	I	X	P	B	I	L	P	W	A	T	E	R	L	C	S
E	O	U	O	O	T	A	K	F	G	T	N	G	R	S	R	A	O	X	B
Z	C	L	N	J	S	N	Q	T	A	I	E	U	C	Y	Y	R	B	F	R
J	B	H	Y	T	A	A	I	E	N	R	A	C	R	A	T	R	O	M	Z
C	Q	H	E	C	P	S	R	A	G	E	R	U	T	P	L	U	C	S	T
U	A	P	T	M	O	G	Q	G	P	Z	M	N	O	U	E	C	M	O	N
A	F	V	U	P	I	H	A	H	Z	X	R	I	O	R	R	I	I	G	E
J	C	C	E	J	L	C	R	Y	S	T	A	L	D	T	N	E	U	T	M
P	D	D	T	O	Z	C	A	S	O	L	U	B	L	E	S	U	O	H	E
Z	I	K	N	W	J	I	X	L	C	G	R	A	I	N	S	L	M	L	C

AGGREGATE
ARAGONITE
ARCHITECTURE
BLOCKS
BUILDING
CALCITE
CARBONATE
CAVE
CEMENT
CHALK
CHEMICAL
CLAY
CONSTRUCTION
CORAL
CRYSTAL
DEPOSIT
EROSION
FORMATION
GRAINS
GRANULAR
GREAT PYRAMID
HOUSE
INDIANA
LIME
MARBLE
MATERIAL
MINE
MORTAR
PAINT
PIT
QUARRY
ROADS
ROCK
SCULPTURE
SEDIMENT
SILICA
SOLUBLE
STONE
TILE
TOOTHPASTE
WATER
WHITE

Solution on page 353

Time to Celebrate

B	Z	K	B	L	G	N	M	G	K	N	O	O	M	Y	E	N	O	H	M
L	V	Y	A	D	I	L	O	H	H	V	D	C	G	Y	V	N	L	T	S
S	Y	P	P	A	H	J	L	E	N	I	T	N	E	L	A	V	U	R	A
S	H	S	T	N	E	M	E	C	N	U	O	N	N	A	U	C	A	U	C
F	A	M	I	L	Y	F	H	G	N	I	M	R	A	W	E	S	U	O	H
I	L	T	S	T	X	E	D	E	T	S	I	J	O	Y	O	U	S	F	I
X	A	F	M	X	G	S	X	A	N	N	I	V	E	R	S	A	R	Y	E
A	G	N	H	Y	G	A	M	C	O	G	C	W	L	L	D	E	A	L	V
Q	N	E	T	I	N	R	N	O	I	T	A	U	D	A	R	G	E	U	E
D	B	A	F	O	I	G	Q	F	T	T	R	G	S	B	A	B	Y	J	M
W	A	T	Y	F	V	I	T	L	I	N	E	E	E	W	W	D	W	S	E
V	S	C	N	J	I	D	L	O	N	N	E	D	T	M	A	I	E	G	N
G	H	O	O	E	G	R	A	W	G	O	X	M	K	S	E	N	N	O	T
L	C	M	M	L	S	A	V	E	O	N	I	U	E	Y	A	N	Z	S	X
H	R	M	E	U	K	M	I	R	C	B	I	T	O	R	T	E	T	B	H
S	A	U	R	D	N	A	T	S	E	J	R	N	C	W	I	R	F	I	C
P	E	N	E	Z	A	D	S	M	R	J	C	E	N	E	S	T	A	D	R
I	R	I	C	L	H	W	E	D	D	I	N	G	P	I	L	V	E	P	U
N	D	O	Q	L	T	H	F	R	I	E	N	D	S	U	W	E	G	R	H
B	Y	N	M	O	T	R	E	W	O	H	S	A	M	T	S	I	R	H	C

ACHIEVEMENT
ANNIVERSARY
ANNOUNCEMENT
AWARD
BABY
BAPTISM
BASH
CEREMONY
CHRISTMAS
CHURCH
COMMUNION
CONFIRMATION
DINNER
EASTER
ELECTION
ENGAGEMENT
EXCITED
FAMILY
FESTIVAL
FLOWERS
FRIENDS
GALA
GIFTS
GRADUATION
HAPPY
HOLIDAY
HONEYMOON
HOUSEWARMING
JOYOUS
JULY FOURTH
LUAU
MARDI GRAS
NEW YEARS
PARTY
PROM
RECOGNITION
RETIREMENT
SHOWER
SUPER BOWL
THANKSGIVING
THEME
VALENTINE
WEDDING
WINNING

Solution on page 353

A Sunny Day

Z	U	I	L	L	A	B	E	S	A	B	L	T	M	X	C	N	M	T	B
V	G	Y	G	N	M	H	W	U	J	T	C	H	I	L	D	R	E	N	Q
F	S	A	R	N	F	F	T	N	B	U	N	G	O	J	A	I	P	K	B
M	F	B	R	S	I	H	L	G	K	E	N	U	S	W	R	A	H	O	C
K	O	D	G	D	X	R	C	L	A	I	D	K	R	H	R	F	O	I	O
G	P	W	N	F	E	Y	P	A	H	L	R	V	Z	K	S	K	H	T	O
U	E	N	I	H	S	N	U	S	E	O	P	E	I	J	E	Y	C	A	T
C	Z	E	K	N	E	J	I	S	W	B	N	Q	P	N	E	H	G	P	G
X	X	K	L	K	G	F	S	E	S	W	T	C	Y	I	F	R	E	S	H
M	R	N	A	P	V	U	R	S	T	Y	U	V	E	K	C	Y	U	I	A
V	I	X	W	Q	N	I	L	Y	K	X	E	M	S	C	C	N	B	R	T
E	L	N	M	B	F	T	C	E	F	R	E	P	I	E	S	Y	I	C	V
B	A	L	A	V	M	L	T	E	A	M	D	C	C	C	Z	R	I	C	T
T	P	T	I	F	K	S	A	R	C	L	U	F	R	E	E	H	C	L	J
A	H	Y	D	R	A	T	E	V	J	R	P	E	E	E	I	H	I	E	R
E	N	E	D	I	G	M	H	L	I	O	E	R	X	D	W	G	B	A	K
W	R	U	L	U	M	I	W	S	V	N	B	A	E	F	I	O	P	N	H
S	S	I	H	U	U	H	T	H	G	I	R	B	M	L	S	L	L	K	I
F	N	O	S	N	E	E	R	G	N	I	T	A	O	B	A	F	A	F	Y
G	D	C	A	H	Y	J	R	R	S	M	R	I	C	T	K	X	Y	L	U

BASEBALL
BEACH
BOATING
BREEZY
BRIGHT
CARNIVAL
CHEERFUL
CHILDREN
CLEAN
CLOUDLESS
CRISP
EXERCISE
FAIR
FIREWORKS
FISHING
FLOWER
FRESH
GARDEN
GOLF
GREEN
GRILL
HAT
HEAT
HYDRATE
ICE CREAM
MOWING
PARK
PATIO
PERFECT
PICNIC
PLAY
RELAX
RUN
SAILING
SPRING
SUMMER
SUNBATHE
SUNGLASSES
SUNSCREEN
SUNSHINE
SWEAT
SWIM
TAN
WALKING
WARM

Solution on page 353

Healthy Living

Z	S	L	A	R	E	N	I	M	E	G	N	I	G	G	O	J	T	G	H
X	H	P	S	E	I	R	O	L	A	C	A	N	N	F	I	V	S	D	N
U	S	O	G	V	U	R	A	I	D	T	I	I	B	K	I	W	D	I	E
S	Z	S	J	A	O	Z	Z	E	T	N	N	A	W	L	E	V	V	M	Z
S	S	I	E	U	K	L	O	I	N	I	L	O	C	A	L	C	I	U	M
J	I	T	T	N	A	A	U	U	A	A	R	U	T	W	J	E	G	I	P
L	J	I	N	C	L	R	R	R	N	K	Z	T	E	H	J	S	O	D	S
R	N	V	T	E	F	L	T	C	O	Q	B	Q	U	Q	O	I	R	O	C
E	H	I	N	Y	M	T	E	U	Z	G	R	A	I	N	S	C	O	S	S
R	V	T	N	F	C	E	T	W	A	F	E	J	O	O	R	R	U	D	Q
E	J	Y	T	A	P	O	L	K	O	H	A	P	P	I	N	E	S	S	U
T	M	U	S	E	S	S	M	P	S	G	K	S	Y	T	B	X	L	E	A
A	I	W	E	N	X	U	X	M	P	T	F	L	E	A	P	E	H	H	T
W	I	L	R	G	S	A	E	M	I	U	A	A	E	R	O	B	I	C	S
M	S	R	E	C	Y	C	L	E	Q	T	S	F	O	D	V	Y	N	T	D
W	R	U	L	M	L	M	A	E	Y	T	T	T	P	Y	N	I	R	O	A
N	V	E	G	G	I	E	S	R	R	O	E	E	V	H	A	E	N	C	L
V	S	Y	T	A	M	F	F	D	D	I	W	I	D	M	T	C	X	G	A
B	N	U	A	O	R	R	J	S	N	I	O	X	D	C	N	P	Y	J	S
G	H	U	I	F	I	S	V	D	D	A	O	T	H	G	I	E	W	L	K

ACTIVE
AEROBICS
BALANCE
BREAKFAST
CALCIUM
CALORIES
CARDIO
COMMITTED
DIET
EXERCISE
FATS
FRUIT
GRAINS
GYM
HAPPINESS
HYDRATION
JOGGING
MINERALS
MUSCLES
NUTRITION
POSITIVITY
PROTEIN
RECYCLE
RELAX
REST
ROUTINE
RUNNING
SALAD
SERVINGS
SLEEP
SODIUM
SQUATS
STRETCH
SUGARS
SUPPLEMENTS
SWEAT
SWIM
TRAINING
VEGGIES
VIGOROUS
WALK
WATER
WEIGHT
WELLNESS
WORKOUT

Solution on page 353

AM Words

S	O	O	B	C	L	N	K	B	L	N	G	K	G	Y	U	C	M	W	F
L	B	J	W	J	F	R	W	N	D	N	O	A	L	X	W	P	G	O	E
I	R	G	V	V	Z	B	A	M	I	A	P	M	A	L	B	I	I	B	C
K	K	T	B	D	K	N	A	M	I	N	G	O	T	P	M	S	W	A	M
P	D	S	Z	S	X	O	A	Y	B	N	R	N	C	N	E	X	Z	F	P
T	Q	L	E	U	F	T	D	L	R	L	U	G	I	A	Z	R	S	A	E
U	B	S	J	M	J	W	S	I	U	O	E	G	M	M	Q	M	J	M	I
Q	B	T	H	C	V	K	C	M	M	J	T	N	N	E	A	A	A	O	W
R	Y	H	B	V	A	X	C	A	M	P	A	I	P	C	M	L	C	U	N
Q	V	M	J	K	K	A	W	F	V	M	M	M	R	A	A	M	F	S	B
E	Y	T	C	S	X	L	I	Z	A	A	A	A	S	V	M	A	A	H	O
B	M	A	D	J	G	S	G	O	T	M	I	E	X	A	M	P	L	E	J
I	A	A	T	P	P	W	R	I	B	L	D	L	R	I	A	A	H	N	B
M	W	M	C	O	D	U	V	I	I	E	M	G	L	T	L	I	L	I	Z
V	G	K	B	O	Y	I	T	M	M	B	A	I	N	N	S	J	E	C	H
J	I	T	G	O	D	I	A	M	E	T	E	R	V	I	L	T	Z	R	Y
U	W	K	E	C	O	F	A	M	S	S	T	M	P	V	S	O	U	N	A
I	H	M	K	N	F	J	B	M	O	W	V	E	A	A	F	U	R	Q	R
S	A	M	P	L	E	X	A	M	I	N	E	Q	M	T	I	B	M	A	L
G	A	R	E	A	J	J	D	O	X	D	D	E	M	M	A	L	S	A	H

AMATEUR
AMBITION
AMONG
AMOUNT
AMUSING
BAMBOO
BEAM
CAME
CAMP
CAMS
CLAM
DAM
DIAMETER
DIAMOND
EXAMINE
EXAMPLE
FAMILIAR
FAMILIES
FAMILY
FAMOUS
FLAMING
FOAM
GAME
GLEAMING
JAMMED
JAMS
LAMB
LAME
LAMP
MAMMALS
NAME
NAMING
PAJAMAS
ROAM
SAME
SAMPLE
SEAM
SLAMMED
STREAM
SWAM
TAME
TAMING
TEAM
VITAMIN
WIGWAM

Solution on page 353

Observing Mardi Gras

M	V	L	B	V	W	I	F	F	B	I	E	V	E	N	T	B	P	Q	L
I	H	Z	V	D	M	C	T	A	O	F	T	P	A	R	M	E	S	Y	D
U	F	A	A	V	P	Y	R	O	T	S	I	H	D	Y	S	F	J	K	A
F	J	L	I	L	A	U	N	N	A	P	H	Q	S	H	D	O	O	F	B
W	L	C	P	F	R	E	N	C	H	Q	U	A	R	T	E	R	H	F	N
U	V	O	C	V	T	M	J	A	R	N	E	O	F	H	T	E	W	P	D
C	C	H	A	S	I	U	N	Y	E	G	V	A	G	G	Q	L	N	Q	Q
A	U	O	O	T	E	Y	D	W	I	E	X	N	Y	I	M	E	N	H	J
T	S	L	V	V	S	I	O	B	T	Q	I	L	W	N	K	N	O	O	Y
H	Z	H	T	T	E	R	T	U	U	C	S	F	C	H	A	T	I	L	Q
O	U	D	W	U	L	A	E	I	N	W	E	E	O	T	N	B	T	I	D
L	Q	C	F	E	R	S	P	A	V	D	A	A	S	F	A	E	I	D	K
I	N	Y	A	W	D	A	D	E	A	I	S	S	T	L	I	A	D	A	L
C	L	N	T	A	R	N	L	R	F	A	T	T	U	E	S	D	A	Y	C
M	S	T	Y	A	F	P	E	V	I	B	E	S	M	W	I	S	R	P	T
N	T	W	D	F	O	U	Q	S	B	N	R	T	E	T	U	P	T	U	E
Q	U	E	D	E	Q	E	N	U	D	Y	K	A	S	F	O	A	B	W	E
R	S	J	P	S	E	K	A	C	N	A	P	I	Y	R	L	E	V	E	R
G	Y	R	A	U	R	B	E	F	I	D	Y	I	N	D	U	L	G	E	T
S	M	M	S	C	I	S	U	M	E	A	T	I	N	G	R	K	G	K	S

ALCOHOL
ANNUAL
ASH WEDNESDAY
BEADS
BEFORE LENT
BIG EASY
CAJUN
CATHOLIC
COSTUMES
CULTURAL
DANCING
DRINKING
EASTER
EATING
EPIPHANY
EVENT
FAT TUESDAY
FEASTS
FEBRUARY
FESTIVITIES
FLOATS
FOOD
FRENCH QUARTER
FUN
HISTORY
HOLIDAY
INDULGE
LOUISIANA
MASQUERADE
MUSIC
NEW ORLEANS
PANCAKES
PARADES
PARTIES
PEOPLE
REVELRY
SHROVE TUESDAY
STREET
TRADITION
TWELFTH NIGHT
WEEK

Solution on page 354

Waking Up

T	N	C	A	R	G	N	Z	Z	Y	R	S	K	Y	D	T	B	E	T	X
O	Z	C	H	O	K	M	S	S	G	M	W	E	E	P	V	M	K	X	X
H	N	W	H	P	J	U	I	C	E	F	N	M	S	T	D	O	O	W	S
P	Q	S	C	X	Z	P	P	W	G	E	W	P	U	K	A	C	I	T	W
U	F	U	N	E	I	I	M	C	S	W	F	K	A	B	E	L	D	R	D
E	E	N	I	H	S	N	U	S	O	F	D	F	S	N	O	O	Z	E	I
K	S	L	P	B	Y	H	Z	L	U	T	E	M	O	L	H	C	B	L	R
A	N	I	Z	E	X	Q	L	X	S	N	A	V	L	C	E	K	L	A	N
M	F	G	C	Y	L	I	M	A	F	M	R	L	S	H	E	E	T	S	K
E	E	H	Q	R	P	E	F	G	O	J	L	I	A	O	I	S	P	S	P
E	M	T	E	Y	E	K	C	O	Y	P	Y	E	S	R	S	A	H	Y	I
I	O	O	I	P	A	X	R	O	U	T	I	N	E	E	M	U	O	C	T
R	E	F	R	E	S	H	E	D	V	I	W	W	R	S	J	Y	N	W	J
E	Z	E	R	N	T	T	W	S	H	E	A	D	C	G	T	X	E	P	I
C	S	B	N	A	I	R	R	S	H	S	R	I	S	O	S	I	N	F	C
V	R	Z	B	T	G	N	A	E	H	O	M	S	W	I	K	R	R	R	N
M	J	Y	G	G	O	R	G	T	T	W	W	E	K	D	E	S	P	B	O
X	S	E	A	G	M	U	F	U	S	C	L	E	M	A	I	L	G	V	A
F	Z	J	V	W	E	P	W	E	A	T	H	E	R	R	D	O	B	T	B
P	I	E	R	A	N	V	T	C	P	R	H	R	D	L	N	W	R	L	H

ALARM
ALERT
BATHROOM
BED
BREAKFAST
CHORES
CLOCK
COFFEE
COMB
COVERS
DRESS
EARLY
EMAIL
EXERCISE
FAMILY
GROGGY
JOG
JUICE
LATE
MAKEUP
MORNING
NAP
PHONE
PILLOW
PINCH
RADIO
REFRESHED
ROUTINE
SHEETS
SHOWER
SLEEPY
SLOW
SNOOZE
START
STIR
STRETCH
SUNLIGHT
SUNRISE
SUNSHINE
SWIM
TOWEL
WARM
WASH
WEATHER
YAWN

Solution on page 354

Snow Removal

K	W	I	O	P	P	B	P	W	K	Z	X	B	Q	H	E	C	R	Y	S
Z	W	J	O	Q	Z	N	M	U	P	R	H	T	M	R	L	H	R	I	Z
X	V	I	O	O	U	F	O	V	S	T	X	Y	T	E	F	A	S	P	T
F	Q	C	O	N	J	Q	H	Q	A	H	W	J	K	F	U	R	B	O	G
Z	W	M	G	D	O	S	M	P	E	G	Y	Q	S	N	I	D	F	O	B
I	S	S	F	R	F	D	H	O	F	I	G	P	A	M	L	L	B	C	R
R	B	W	V	I	J	E	A	Y	V	L	E	J	M	I	U	R	K	S	G
V	Q	E	S	Z	J	O	B	K	O	E	R	U	I	T	X	C	P	W	D
X	B	Y	H	I	M	A	L	V	D	H	F	X	K	T	B	X	D	O	F
G	V	I	Q	G	T	A	E	X	E	R	C	I	S	E	E	O	L	L	T
J	Y	C	F	L	W	S	S	P	O	S	A	N	D	N	H	K	O	S	C
G	Y	V	A	E	H	X	L	S	S	C	J	Z	P	S	L	Z	C	T	C
R	T	S	D	X	W	A	T	C	L	H	N	G	Z	B	C	J	M	A	S
O	O	I	K	E	M	B	A	Y	E	I	O	O	N	I	J	E	C	I	J
M	S	P	P	R	I	R	E	J	J	Z	P	V	Y	I	L	J	W	R	D
J	V	N	E	T	F	F	O	S	C	R	A	P	E	Z	R	B	I	S	Y
S	N	H	E	I	F	H	I	T	P	L	O	W	E	L	Y	I	N	A	W
S	T	E	R	O	H	C	J	O	S	R	V	S	T	R	E	E	T	E	W
E	P	E	R	N	F	Q	L	Q	C	S	B	H	B	W	Y	T	E	E	F
Y	R	T	P	G	C	M	G	H	U	U	P	L	U	T	F	I	R	D	L

BLIZZARD
BOOTS
CHORE
COLD
DEEP
DRIFT
EFFORT
EXERCISE
EXERTION
FEET
FROSTBITE
GLOVES
HARD
HEAVY
ICE
JACKET
JANUARY
LABOR
LIFT
LIGHT
MITTENS
MOVE
PATH
PLOW
PORCH
PUSH
SAFETY
SALT
SAND
SCARF
SCOOP
SCRAPE
SHOVEL
SIDEWALK
SKI MASK
SLIPPERY
SLOW
STAIRS
STEP
STORM
STREET
THERMAL
TIRING
WET
WINTER

Solution on page 354

College Education

X	S	Q	W	E	Z	L	L	P	J	W	E	W	U	F	S	O	G	O	L
Q	N	A	E	D	E	Z	R	E	W	O	P	K	T	N	E	L	A	T	K
T	L	O	T	C	N	O	C	P	E	P	Y	T	M	O	D	S	I	W	E
S	J	E	T	O	F	Q	H	A	R	V	A	R	D	S	U	I	N	E	G
P	W	U	O	E	T	B	L	N	I	I	I	E	X	A	M	S	R	W	N
K	R	P	S	R	C	E	H	U	O	L	N	J	K	E	R	G	G	U	I
E	R	S	Y	U	S	N	V	A	O	I	L	C	Q	R	E	Z	M	C	Y
G	O	E	C	N	E	G	I	L	L	E	T	N	I	D	H	F	E	X	D
R	T	Z	U	E	T	B	H	R	R	L	L	U	G	P	C	P	N	Z	U
A	A	O	D	T	A	T	W	U	P	A	O	F	T	W	A	D	T	E	T
D	C	B	Q	N	R	R	I	Q	M	L	N	W	X	I	E	L	O	X	S
U	U	E	H	A	O	J	O	L	U	A	X	K	E	Q	T	M	R	K	T
A	D	N	O	I	T	A	R	T	S	I	N	I	M	D	A	S	I	K	U
T	E	I	M	M	C	Q	Q	T	C	O	Z	I	F	O	H	L	N	C	D
E	B	C	E	E	O	Q	A	M	W	U	B	Z	T	P	L	A	G	I	E
K	Z	I	W	D	D	F	S	L	Y	A	R	B	E	I	S	P	L	V	N
X	H	D	O	A	F	T	E	X	P	E	R	T	I	S	E	T	X	L	T
Y	H	E	R	C	R	D	E	T	A	I	C	O	S	S	A	S	S	M	S
V	R	M	K	A	G	M	G	I	X	F	O	M	Z	N	E	P	D	E	R
M	A	S	T	E	R	S	X	W	S	A	M	O	L	P	I	D	N	T	T

ACADEMIA
ADMINISTRATION
ARTS
ASSOCIATE
COUNSEL
DEAN
DEGREE
DIPLOMAS
DOCTORATE
EDUCATOR
EXAMS
EXPERTISE
GENIUS
GRADUATE
HALLOWED HALLS
HARVARD
HOMEWORK
HUMANITIES
INSTITUTION
INSTRUCTOR
INTELLIGENCE
IVY
KNOWLEDGE
LAW
LECTURE
MASTERS
MEDICINE
MENTORING
POWER
PRINCETON
PRINCIPAL
PROFESSOR
QUIZZES
RANK
REASON
RED PEN
SKILL
STAFF
STUDENTS
STUDYING
TALENT
TEACHER
TENURE
TESTS
WISDOM

Solution on page 354

Visiting China

V	J	I	T	E	J	S	L	E	Q	H	M	P	A	S	I	A	B	P	C
J	S	X	T	N	E	D	I	S	E	R	P	D	G	D	S	I	X	P	K
W	H	G	V	M	P	G	A	N	S	U	Q	S	Y	Z	N	R	V	L	Z
T	A	N	G	D	Y	N	A	S	T	Y	H	F	U	J	I	A	N	Q	R
P	A	A	B	B	R	H	T	N	T	E	O	H	X	K	R	Y	P	D	O
G	N	I	C	A	U	E	B	E	E	R	O	O	S	T	E	R	C	N	I
H	X	J	N	J	E	D	V	P	B	D	A	J	I	L	I	N	G	T	O
A	I	I	Q	I	H	N	D	I	J	I	L	L	L	C	C	R	Y	F	U
N	M	U	N	L	A	O	D	H	R	E	T	O	A	B	C	P	R	C	O
D	H	S	H	N	B	D	R	E	I	E	W	D	G	I	H	E	N	A	N
Y	P	Q	I	N	E	A	C	S	L	S	H	O	H	O	T	Q	G	P	T
N	H	A	I	N	A	R	J	P	E	I	M	G	O	C	I	R	U	R	T
A	H	U	C	L	A	N	M	A	I	N	X	N	N	N	U	L	A	E	Y
S	E	I	B	X	G	I	H	O	A	S	S	X	G	A	I	I	N	M	S
T	T	S	N	E	N	X	C	U	N	U	H	H	K	A	U	C	G	I	P
Y	S	G	A	C	I	N	H	U	N	G	A	A	O	N	E	H	X	E	C
A	Y	U	A	N	J	C	R	Z	F	I	O	N	N	M	A	I	I	R	I
Z	G	E	C	H	I	N	E	S	E	N	I	L	G	X	G	N	X	C	S
E	K	A	N	S	E	H	K	Q	X	N	O	Q	I	T	I	G	U	K	R
G	I	M	M	D	B	H	C	D	G	Z	C	C	H	A	N	G	S	H	A

ANHUI
ASIA
BEIJING
BUDDHISM
CHANGSHA
CHINA SEA
CHINESE
CONFUCIANISM
DOG
FORBIDDEN CITY
FUJIAN
GANSU
GOLDEN AGE
GUANGXI
HAINAN
HAN DYNASTY
HENAN
HONG KONG
HORSE
HUANG HE RIVER
HUBEI
HUNAN
I CHING
INNER MONGOLIA
JIANGXI
JILIN
LIAONING
MARTIAL ARTS
PANDA
PREMIER
PRESIDENT
QINGHAI
RAT
ROOSTER
SHAANXI
SHANXI
SHEEP
SICHUAN
SNAKE
TANG DYNASTY
TIBET
TYPHOONS
YELLOW SEA
YUAN

Solution on page 354

Electronic Books

Y	S	X	A	S	K	U	O	S	V	R	P	T	E	M	R	N	C	L	Q
X	K	C	Z	V	O	N	O	T	E	L	B	A	T	K	O	C	J	C	S
B	V	U	L	E	O	N	B	E	S	A	X	R	E	I	L	B	Y	C	C
E	E	A	M	C	N	N	Y	F	Z	C	R	X	T	H	O	F	I	G	R
X	B	M	Y	B	X	H	L	Q	L	O	H	C	W	U	C	T	Y	L	E
V	M	R	E	O	K	Q	V	I	Q	O	I	O	H	K	T	G	H	M	E
P	B	X	G	D	F	L	R	X	N	F	R	Y	O	A	O	D	E	D	N
R	K	I	A	I	X	O	I	G	C	E	U	O	V	L	P	M	Z	W	T
J	W	P	H	N	H	N	F	B	T	H	B	D	O	V	O	T	G	X	P
F	I	U	P	T	T	S	D	U	R	C	I	N	O	R	T	C	E	L	E
F	R	O	U	E	L	A	P	Y	O	A	H	U	Y	W	I	T	I	R	P
I	E	A	R	R	R	M	R	N	G	C	R	P	B	N	N	T	C	U	N
T	L	N	D	A	O	E	V	L	E	N	K	Y	Y	T	F	L	R	O	C
N	E	H	X	C	T	E	R	T	H	G	I	R	Y	P	O	C	O	L	T
T	S	G	S	T	N	N	H	L	Y	Y	K	T	E	E	H	A	T	A	D
K	S	U	A	I	A	S	O	F	T	W	A	R	E	A	L	G	N	T	D
F	J	B	E	V	L	M	E	Z	B	M	O	S	S	K	D	D	S	I	Z
X	T	N	P	E	X	B	R	G	A	F	R	E	E	O	R	E	N	G	E
J	T	R	U	F	K	X	U	O	A	M	D	I	S	P	L	A	Y	I	D
F	L	E	B	A	R	E	S	P	F	P	A	P	P	L	E	I	M	D	K

AMAZON
APPLE
AUTHOR
BATTERY
BOOK
CHAPTER
CHEAP
COLOR
COMPUTER
CONVENIENT
COPYRIGHT
DATA
DIGITAL
DISPLAY
DOWNLOAD
ELECTRONIC
EPUB
FICTION
FORMAT
FREE
INTERACTIVE
INTERNET
IPAD
KINDLE
LIBRARY
MARKETING
MEMORY
MOBILE
NOOK
ONLINE
PAGES
PDF
PUBLISH
PURCHASE
READ
SCHOOL
SCREEN
SEARCH
SELL
SOFTWARE
SONY
TABLET
TECHNOLOGY
TEXT
WIRELESS

Solution on page 354

The Life of Bob Marley

T	L	I	E	A	V	M	D	I	S	V	G	S	Y	E	Y	Q	K	X	F
Z	N	F	K	G	Y	E	E	T	O	P	Y	P	P	B	A	N	D	O	K
I	V	T	G	L	Z	I	G	T	C	T	V	D	U	N	J	G	I	N	B
D	Y	N	S	T	N	E	M	N	I	A	T	R	E	T	N	E	G	F	Y
Z	L	T	N	S	R	E	L	I	A	W	P	E	R	F	O	R	M	E	R
D	R	K	K	A	M	A	D	E	L	K	J	A	M	A	I	C	A	Y	R
N	A	E	B	B	I	R	A	C	I	I	S	D	N	E	G	E	L	E	E
J	S	N	P	E	O	R	I	R	S	K	T	L	B	T	S	I	T	R	A
Y	R	E	A	C	Z	S	A	T	S	O	C	O	N	C	E	R	T	U	A
Y	Z	A	E	U	U	F	N	T	U	D	A	C	T	I	V	I	S	T	K
T	N	R	L	M	J	X	N	R	E	F	M	K	X	F	N	S	S	L	N
X	S	I	W	Y	L	I	A	K	S	G	F	S	W	V	U	E	W	U	N
Z	L	H	R	M	V	U	R	I	R	N	E	G	I	D	N	A	N	C	R
V	I	F	E	S	T	I	V	A	L	I	M	V	O	B	U	M	H	E	E
C	W	G	S	R	V	D	G	P	M	M	T	X	J	N	A	O	C	G	G
A	R	V	G	U	I	T	A	R	E	M	E	A	W	G	G	N	R	G	N
V	A	T	O	Y	D	F	E	E	K	A	U	K	M	M	A	A	N	A	I
F	X	T	R	Z	U	I	F	G	D	J	C	B	I	C	M	L	E	A	S
T	F	I	J	N	I	P	W	K	L	O	V	E	L	M	W	E	V	E	C
I	K	X	X	L	G	V	D	M	R	L	A	M	Y	A	M	M	Y	U	B

ACTIVIST
ALBUM
ARTIST
BAND
CANCER
CANNABIS
CARIBBEAN
CONCERT
CULTURE
DEAD
DREADLOCKS
ENTERTAINMENT
EXODUS
FESTIVAL
GRAMMY
GUITAR
JAMAICA
JAMMING
LEGEND
LOVE
MARIJUANA
MELANOMA
MUSIC
NESTA
PEACE
PERFORMER
POT
RECORD
REGGAE
RITA
ROCK
SHERIFF
SINGER
SKA
SOCIAL ISSUES
TOUR
TUFF GONG
VEGETARIAN
WAILERS
ZIGGY

Solution on page 355

Exotic

W	S	M	A	B	H	Q	D	Q	V	G	C	G	G	F	U	F	J	R	O
R	B	M	Q	K	H	J	D	O	H	B	W	E	T	Z	Z	J	P	J	E
L	C	C	B	I	F	O	U	F	T	O	M	T	D	A	N	C	E	R	N
K	G	P	B	A	O	G	T	R	O	S	E	R	O	C	X	N	N	I	G
J	V	J	Y	Z	O	N	W	Z	L	E	G	X	S	P	I	D	E	R	H
I	U	N	U	Z	D	I	F	F	E	R	E	N	T	S	A	S	A	P	A
L	F	S	O	K	L	U	Y	I	C	B	L	K	I	I	O	R	U	N	M
U	K	A	T	V	W	G	B	N	O	U	D	U	O	H	I	S	Y	M	W
G	D	H	S	V	E	I	L	T	A	F	C	M	H	Z	T	I	G	E	R
N	O	U	E	C	R	R	B	E	Y	K	R	Q	G	W	E	O	U	C	M
C	S	V	R	D	I	T	S	R	A	J	U	U	B	U	L	O	L	Q	V
E	A	T	O	I	M	N	P	E	P	F	I	A	W	P	A	I	C	C	Q
K	N	T	F	O	A	I	A	S	A	J	S	T	Y	E	M	V	I	R	S
O	S	O	N	O	F	N	W	T	P	S	E	A	R	A	I	F	A	Y	N
L	E	K	I	A	R	T	B	I	I	R	A	U	T	U	N	F	R	S	A
Q	E	L	A	L	L	E	F	N	S	N	T	E	N	R	A	R	U	T	K
Y	R	V	R	S	A	P	I	G	I	L	G	I	U	A	A	D	M	A	E
Q	T	B	A	C	F	X	S	G	U	D	Q	B	O	J	E	W	E	L	S
Y	X	A	H	R	L	O	H	C	N	U	F	B	C	D	N	A	L	S	I
C	W	I	E	O	T	G	F	T	E	E	Y	Z	V	Z	D	U	J	W	T

ANIMAL
ART
BEACH
BIRD
BOA
CAT
CLIMATE
CLOTHING
COUNTRY
CRUISE
CRYSTALS
CUISINE
CULTURE
DANCER
DIFFERENT
DURIAN
FASCINATING
FISH
FOOD
FOREIGN
GEMS
GUAVA
INTERESTING
INTRIGUING
ISLAND
JEWELS
KUMQUAT
LEMUR
LION
MONKEY
MUSIC
OCELOT
OVERSEAS
PAPAYA
PET
PLANT
RAINFOREST
RESORT
SNAKES
SPIDER
TIGER
TRAVEL
TREES
UNIQUE
ZOO

Solution on page 355

Watching Ed Sullivan

Z	T	G	N	I	G	N	I	S	T	N	E	L	A	T	W	E	N	S	N
P	H	N	W	O	R	B	S	E	M	A	J	S	E	L	T	A	E	B	A
U	E	I	R	O	C	K	S	T	A	R	S	N	A	I	D	E	M	O	C
P	D	E	O	C	L	L	O	R	R	A	C	N	N	A	H	A	I	D	I
P	O	T	B	N	E	W	Y	O	R	K	C	I	T	Y	B	S	B	D	R
E	O	S	E	N	O	T	S	G	N	I	L	L	O	R	A	U	A	E	E
T	R	R	R	S	T	S	E	U	G	K	D	E	V	I	L	I	N	A	M
T	S	E	T	S	E	R	I	A	N	A	D	R	O	J	L	T	D	N	A
E	R	M	G	R	I	C	H	A	R	D	R	O	D	G	E	R	S	M	U
N	E	M	O	S	S	O	R	A	N	A	I	D	V	R	T	R	Z	A	D
R	G	A	U	W	O	F	A	M	O	U	S	N	T	Q	D	E	C	R	I
U	N	H	L	C	A	E	S	U	O	M	N	A	I	L	A	T	I	T	E
B	I	Q	E	H	S	T	O	P	O	G	I	G	I	O	N	H	R	I	N
L	S	S	T	S	U	N	D	A	Y	N	I	G	H	T	C	G	C	N	C
O	A	E	P	E	R	F	O	R	M	A	N	C	E	S	E	U	U	E	E
R	R	W	O	H	S	Y	T	E	I	R	A	V	B	V	R	A	S	L	C
A	E	S	W	E	R	D	N	A	E	I	L	U	J	S	S	L	A	V	I
C	P	T	V	E	N	T	R	I	L	O	Q	U	I	S	T	E	C	I	S
G	O	D	D	N	U	O	H	D	N	E	L	L	A	E	V	E	T	S	U
W	O	H	S	G	I	B	S	J	E	R	R	Y	L	E	W	I	S	H	M

AMERICAN
ARETHA FRANKLIN
AUDIENCE
BALLET DANCERS
BANDS
BEATLES
BIG SHOW
CAROL BURNETT
CBS
CIRCUS ACTS
COMEDIANS
DEAN MARTIN
DIAHANN CARROLL
DIANA ROSS
ELVIS
ENTERTAINMENT
FAMOUS
GUESTS
HAMMERSTEIN
HOUND DOG
ITALIAN MOUSE
JAMES BROWN
JERRY LEWIS
JORDANAIRES
JULIE ANDREWS
LAUGHTER
LIVE
MUSIC
NEW TALENT
NEW YORK CITY
OPERA SINGERS
PERFORMANCES
PUPPET
RICHARD RODGERS
ROBERT GOULET
ROCK STARS
ROLLING STONES
SINGING
STEVE ALLEN
SUIT
SUNDAY NIGHT
THE DOORS
TOPO GIGIO
VARIETY SHOW
VENTRILOQUIST

Solution on page 355

Posters Everywhere

C	U	B	D	A	F	O	Y	M	L	F	L	R	E	P	A	P	L	A	Y
D	R	N	S	N	I	K	J	E	S	A	G	S	S	P	O	R	T	S	E
M	T	J	B	D	U	M	M	E	M	O	R	A	B	I	L	I	A	R	E
T	V	H	M	E	R	E	B	T	E	L	P	O	E	P	A	N	N	P	E
I	M	E	O	C	E	O	C	I	M	O	C	N	L	D	N	T	Y	R	V
J	S	H	M	O	T	A	W	N	L	D	F	A	V	F	O	S	N	O	P
I	X	H	E	R	A	T	N	G	A	U	H	E	P	A	I	N	T	J	O
M	O	V	I	E	E	N	E	N	N	D	R	P	I	C	T	U	R	E	S
L	H	R	M	K	H	J	O	D	O	T	K	S	B	R	A	N	D	C	T
I	M	O	O	A	T	U	R	I	I	U	E	R	N	L	V	F	C	T	I
F	N	L	U	E	K	A	M	S	T	G	N	A	H	E	I	E	E	C	N
R	E	O	N	P	I	M	E	O	A	A	D	C	X	D	T	R	L	J	G
B	W	C	T	S	O	M	X	M	R	T	T	D	E	O	O	U	E	G	U
U	S	B	E	I	E	S	I	R	I	O	T	N	E	M	M	T	B	Y	N
U	J	R	D	N	C	I	O	R	P	K	U	E	E	O	E	A	R	P	N
X	V	A	T	H	L	E	T	E	S	T	G	S	N	S	Z	N	I	L	Q
U	D	I	O	S	E	S	S	E	N	I	S	U	B	T	E	E	T	N	S
S	G	O	H	I	S	T	O	R	I	C	A	L	R	N	I	R	Y	M	D
E	L	A	S	I	L	Z	C	J	U	L	C	A	B	E	A	O	P	I	P
Q	L	I	L	E	Y	J	B	U	K	V	V	S	L	A	M	I	N	A	P

ADVERTISEMENT
ANIMAL
ANNOUNCEMENT
ART
ATHLETE
ATTENTION
BRAND
BUSINESSES
CELEBRITY
COLOR
COMIC
DANCE
DECOR
FILM
FLORAL
FUNDRAISER
HANG
HISTORICAL
HUMOROUS
IMAGES
INSPIRATIONAL
MEETING
MEMORABILIA
MODEL
MOTIVATIONAL
MOUNTED
MOVIE
NATURE
NEWS
NOTICE
PAINT
PAPER
PEOPLE
PICTURES
PLAY
POSTING
PRESENTATION
PRINTS
PROJECT
SALE
SCHOOL
SPEAKER
SPORTS
THEATER
WORDS

Solution on page 355

Childhood Development

K	I	P	O	T	I	L	W	H	L	J	C	H	A	N	G	E	S	K	D
J	H	T	S	E	U	A	A	T	B	A	H	Q	F	U	F	H	C	L	G
K	C	E	P	T	V	N	L	P	Z	E	N	Y	U	T	T	R	N	E	N
J	E	A	E	H	C	G	K	Y	P	M	H	O	W	R	N	O	N	A	I
T	E	C	D	E	H	U	I	T	U	K	B	A	I	I	I	E	R	R	T
I	P	H	I	O	I	A	N	N	B	W	D	B	V	T	T	J	O	N	I
N	S	I	A	R	L	G	G	E	E	U	N	L	A	I	O	F	B	I	R
F	R	N	T	I	D	E	R	M	R	W	P	C	C	O	O	M	W	N	W
A	Q	G	R	E	H	S	S	H	T	D	U	S	L	N	D	R	E	G	X
N	E	D	I	S	O	G	L	C	Y	D	L	O	B	A	B	Y	N	S	A
T	U	K	C	B	O	I	C	A	E	E	E	I	Q	Y	M	O	P	A	N
R	R	R	S	E	D	F	O	T	C	N	V	P	H	O	X	Y	L	N	H
T	E	E	T	H	I	N	G	T	G	I	T	O	N	C	B	R	A	I	N
S	L	A	Y	U	K	N	N	A	G	Y	G	O	L	O	H	C	Y	S	P
E	D	A	D	E	R	M	I	L	E	S	T	O	N	E	S	L	I	K	A
G	D	V	U	I	Z	E	T	S	J	U	D	C	L	L	F	S	N	I	R
A	O	U	T	T	N	E	I	J	A	V	H	T	W	O	R	G	G	L	E
T	T	K	S	A	I	G	V	R	G	T	P	H	Y	S	I	C	A	L	N
S	L	O	O	H	C	S	E	R	P	O	D	X	N	F	K	B	F	S	T
A	I	L	A	T	N	E	M	V	C	N	A	O	L	L	A	I	C	O	S

ADOLESCENT
ATTACHMENT
AUTISM
AUTONOMY
BABY
BEHAVIOR
BIOLOGICAL
BIRTH
BRAIN
CHANGES
CHILDHOOD
CHILDREN
COGNITIVE
EDUCATION
EMOTIONAL
GENETICS
GROWTH
INFANT
LANGUAGE
LEARNING
LOVE
MENTAL
MILESTONES
NEWBORN
NURTURE
NUTRITION
PARENTS
PEDIATRICS
PHYSICAL
PLAYING
PRESCHOOL
PSYCHOLOGY
PUBERTY
READING
SKILLS
SOCIAL
SPEECH
STAGES
STUDY
TEACHING
TEETHING
THEORIES
TODDLER
WALKING
WRITING

Solution on page 355

Nicknames

I	D	R	S	K	X	W	V	Z	V	V	U	A	I	Z	R	M	R	E	Y
H	C	H	E	T	K	J	K	S	R	O	U	N	K	U	I	Z	P	T	Y
G	E	S	O	G	O	X	I	B	E	A	U	T	I	F	U	L	A	P	S
R	Z	C	D	A	I	S	M	M	G	T	E	X	D	K	N	C	G	S	F
N	N	B	O	F	A	T	O	D	G	K	G	Y	D	C	H	D	E	A	R
S	C	E	T	Z	O	R	N	J	U	S	G	L	O	R	U	C	E	L	W
I	Q	C	M	U	R	O	G	H	L	M	H	I	L	O	N	T	N	O	R
I	S	M	N	B	J	P	K	O	S	C	E	D	Z	I	K	D	I	U	B
L	E	B	E	O	A	S	I	N	G	Y	A	U	R	N	B	J	H	E	M
Z	J	H	Q	Y	H	N	U	E	C	N	D	P	B	U	Z	Z	S	C	A
S	N	L	D	B	A	A	S	Y	D	D	U	B	T	J	B	P	N	M	D
S	K	Q	R	A	F	B	U	B	Q	M	M	V	W	A	D	K	U	R	Y
G	T	T	U	M	C	E	E	Y	P	E	B	Q	F	P	I	F	S	K	D
N	V	X	L	O	K	E	I	K	O	O	C	O	T	M	F	N	N	O	A
P	P	M	N	A	S	U	I	H	B	K	U	R	U	I	H	O	L	F	L
W	K	P	Z	M	A	N	D	Y	C	B	E	A	N	G	E	L	C	N	F
X	O	M	Z	G	D	X	O	U	Z	N	B	G	A	D	G	V	A	O	Z
D	H	H	D	D	Y	R	H	J	T	B	Y	U	E	K	N	N	F	M	A
D	U	P	C	L	F	C	I	I	U	Z	C	S	P	Q	W	E	K	A	B
S	Q	B	A	Q	Z	T	K	B	P	P	C	R	U	B	A	H	O	G	E

ABE
ACE
ANGEL
BEAUTIFUL
BILL
BIRD
BOB
BUBBA
BUDDY
BUZZ
CAPTAIN
CHET
CHIEF
CHUCK
COOKIE
CUTIE
DAN
DEAR
DOLL
EGGHEAD
FLO
HONEY
HUNK
JIM
JUNIOR
KIDDO
LADY
LAMB
LIZ
MANDY
MUFFIN
MUNCHKIN
NAN
PAL
PEANUT
PRINCESS
PUMPKIN
ROMEO
SIS
SLUGGER
SPORT
SUGAR
SUNSHINE
TEX
TIGER

Solution on page 355

Catalog Shopping

X	O	W	O	P	E	E	M	C	B	C	O	M	P	A	N	Y	K	M	X
Y	X	G	S	G	N	I	V	A	S	E	A	S	O	N	A	L	I	S	T
Y	B	M	M	U	Y	X	Z	R	I	N	D	E	P	I	C	T	E	C	D
U	G	G	U	W	L	M	S	L	U	L	V	T	F	G	J	C	A	N	Y
S	W	D	Q	S	D	D	O	F	A	S	E	U	T	I	I	T	L	A	H
T	J	I	V	G	I	I	A	D	L	T	R	A	N	V	E	L	L	S	Q
Y	Z	M	W	K	N	C	U	L	E	N	T	O	R	G	I	X	X	A	J
L	Y	B	I	D	T	I	H	M	I	L	I	E	O	H	S	L	Q	Y	D
E	K	A	E	U	T	C	P	T	H	T	S	R	F	F	G	U	I	A	Q
T	F	X	R	C	I	O	U	P	P	N	I	P	H	D	N	W	R	N	W
A	E	E	X	O	T	R	J	I	I	Z	N	Y	O	P	I	E	O	Q	F
D	R	G	I	U	E	Y	R	Q	E	H	G	J	B	R	H	I	W	N	M
P	O	T	V	R	M	C	H	D	J	E	S	A	B	A	T	A	D	Q	Q
U	E	L	A	S	S	T	T	A	S	D	E	U	Y	C	O	R	Y	T	I
L	P	C	M	E	R	C	H	A	N	D	I	S	E	T	L	R	A	O	M
L	M	P	D	S	U	T	P	P	B	D	M	L	W	H	C	U	D	Y	N
E	Q	Y	A	D	F	E	R	E	V	I	L	E	D	O	S	I	Z	E	S
S	D	O	O	G	R	Z	K	T	F	O	F	I	P	M	R	Q	H	K	R
H	X	R	A	G	E	R	U	T	C	I	P	E	N	E	K	B	P	O	U
B	P	O	T	W	E	S	E	D	F	N	K	R	E	G	I	S	T	R	Y

ADVERTISING
ART
BROWSE
CATEGORIZED
CLOTHING
COLLECTION
COMPANY
COURSES
DATABASE
DELIVER
DEPICT
DESCRIPTION
FREE
FURNITURE
GOODS
HANDLING
HOBBY
HOME
INDEXED
ITEMS
KIDS
LIST
MAIL
MANUFACTURER
MERCHANDISE
MODELS
MUSIC
NEW
ORDER
PAGES
PICTURE
PORTRAY
PRODUCT
REGISTRY
SALE
SAVINGS
SEASONAL
SELL
SERVICES
SHIPPING
SHOE
SIZES
STYLE
TOY
UPDATE

Solution on page 356

Stained Glass Windows

T I V A S E O D C L A D T Q J R B Q M L
V L X A H E S P E S P L E Y S M O O T H
Q T K M R J W K B Z A L N T N G I S E D
A L U M I N O U S B I B R F N S H Q X P
Z N P M N A B S O O V L S U F I E Y T Y
T T V R E I N C B X P H Y T N X A X U L
G E Q Q C T I F R A M E T T R B T P R N
E W M Z J P A X N B S E R O S A R L E G
O U J P Z Y R E H E V I T A R O C E D P
O S Q I L G L M E W C O L E O D U T A J
H S H S S E A D E A L P N I I E I R B K
U Z C D O O T N T D D A H K C H U R C H
E A T M L M N E V V I L I T R A L F N M
P U L M A E E L H S A E N R E T T A P O
C X K L I T M B S O M S V G O G G L E S
X H X A R R A A S L O C V A Y T U C M A
M P A M O I N Q P D N E E U L P C S X I
H S A P M C R H A E D N G C U N I I E C
S E X W E I O E S R G T T F A R C H P X
D Z E W M L L L L I K S H A P E S G C J

ABSTRACT
ART
BASILICA
BLEND
BREAK
CHAPEL
CHIP
CHURCH
COBALT
CRAFT
CUT
DECORATIVE
DESIGN
DIAMOND
EGYPTIAN
FRAME
GEOMETRIC
GOGGLES
HEAT
INTRICATE
LAMP
LEAD
LUMINOUS
MEDIEVAL
MEMORIAL
MOSAIC
MOSQUE
OPALESCENT
ORNAMENTAL
PAINTED
PANEL
PATTERN
PICTORIAL
PRISMS
RAINBOWS
RENAISSANCE
SHAPES
SHRINE
SKILL
SMOOTH
SOLDER
STYLIZED
TEMPLE
TEXTURED
VASE

Solution on page 356

Passwords

M	Q	E	S	Z	U	V	S	M	Y	H	F	Z	J	R	S	W	B	U	G
Q	T	Y	G	Z	C	N	N	S	C	R	Q	J	E	W	A	H	E	M	Y
K	S	O	E	W	A	A	S	R	E	T	T	E	L	F	C	G	S	Q	S
I	I	E	G	V	M	E	A	S	F	C	C	D	R	A	H	Z	M	Y	F
B	W	G	F	E	Q	C	E	E	O	W	C	E	B	U	K	Z	P	H	J
U	V	R	C	R	K	T	N	D	R	O	W	A	T	M	C	Y	S	R	K
I	H	P	F	I	E	C	L	S	G	H	N	Y	Z	O	Y	E	F	J	M
O	E	Y	N	F	R	C	R	X	O	K	I	H	A	T	R	K	S	B	M
O	N	G	Y	Y	G	E	O	W	T	C	P	P	D	N	Y	P	F	G	K
I	V	B	P	R	B	A	M	V	T	O	L	A	I	C	E	P	S	C	C
E	R	T	Y	M	O	A	T	U	E	L	E	R	F	R	Q	D	E	O	A
G	E	M	U	F	P	M	T	R	N	R	L	G	F	O	L	P	D	K	H
D	T	N	N	V	S	T	E	I	E	A	Y	O	I	U	M	E	C	I	P
J	U	V	I	I	N	S	C	M	N	C	H	T	C	H	A	N	G	E	H
P	P	L	G	U	U	L	E	O	A	T	G	P	U	F	S	I	U	L	R
B	M	Q	O	I	B	M	S	V	O	H	E	Y	L	J	E	L	E	S	A
D	O	C	L	B	B	R	I	M	T	B	F	R	T	A	C	N	S	W	S
T	C	U	P	E	E	R	U	I	N	V	C	C	N	B	R	O	S	M	E
A	F	P	R	P	P	Z	E	Y	D	L	I	A	M	E	E	N	T	E	R
G	U	C	L	C	W	Z	G	C	B	V	E	R	A	W	T	F	O	S	S

ACCESS
ACCOUNT
ALPHANUMERIC
ATM
BANK
CHANGE
CODE
COMPUTER
CRACKING
CRYPTOGRAPHY
DIFFICULT
EMAIL
ENCRYPTED
ENTER
FORGOTTEN
GUESS
HACK
HARD
HIDDEN
INTERNET
KEY
LETTERS
LOCK
LOGIN
MEMORY
NAME
NUMBERS
ONLINE
PERSONAL
PHRASE
PIN
PRIVACY
PROTECT
RECOVERY
REMEMBER
RESET
SECRET
SECURE
SOFTWARE
SPECIAL
TYPE
USER
VERIFY
WEB
WORD

Solution on page 356

Leafy

J	G	B	H	H	K	J	D	D	S	K	G	P	G	V	R	P	O	P	J
A	W	C	B	E	N	W	S	F	N	J	Q	N	O	E	Q	A	K	N	X
D	S	N	P	S	D	P	G	L	H	B	J	H	F	R	S	Z	K	I	G
L	A	I	B	G	N	X	E	A	P	I	Q	Y	Z	D	S	B	X	E	U
P	X	T	S	O	N	I	H	T	S	N	R	E	F	Z	T	A	D	V	X
Y	M	U	A	E	T	T	R	A	I	D	N	O	T	G	N	I	R	P	S
X	M	G	R	W	H	A	A	P	E	O	L	L	L	E	X	H	K	U	B
H	M	I	G	I	W	T	N	W	C	H	L	O	R	O	P	H	Y	L	L
W	C	J	R	D	T	A	N	Y	F	G	X	E	I	R	C	F	F	N	G
G	K	H	U	W	K	M	W	Y	R	D	D	D	N	U	O	P	M	O	C
M	C	A	R	A	I	O	U	A	S	G	N	B	G	X	T	U	S	Q	V
O	D	G	I	E	R	T	S	U	B	O	P	I	Y	Y	T	N	E	K	R
U	E	J	O	G	M	S	O	R	B	R	T	G	W	U	A	V	A	V	K
M	R	G	J	L	M	U	O	R	H	A	E	O	A	Y	B	E	S	L	H
V	X	C	A	P	D	W	A	F	P	N	S	I	H	D	L	G	O	C	P
V	E	P	Q	I	N	C	O	A	G	G	S	C	E	P	E	N	N	A	Q
U	C	B	C	L	L	F	K	L	B	E	N	F	D	S	H	A	D	E	K
T	T	E	N	E	J	O	S	L	L	U	K	R	A	P	R	H	S	T	U
R	D	A	L	S	Y	O	F	R	R	E	W	O	L	B	H	C	L	U	M
G	O	S	L	O	W	D	H	C	G	F	Y	L	B	C	D	X	R	A	D

AUTUMN
BLADE
BLOWER
BOTANY
BRANCH
BROWN
CARBON DIOXIDE
CHANGE
CHLOROPHYLL
COLOR
COMPOUND
CRUNCHY
DECIDUOUS
DRY
FALL
FERNS
FLAT
FOLIAGE
FOOD
GOLD
GRASS
GROW
MULCH
OAK
ORANGE
OXYGEN
PALM
PARK
PETIOLE
PHOTOSYNTHESIS
PILE
PLANT
RAKE
RED
SEASON
SHADE
SPRING
STOMATA
TABLE
TEA
THIN
TWIG
VEIN
WIND
YELLOW

Solution on page 356

All Beef

F	E	E	B	D	N	U	O	R	G	Y	A	W	P	E	P	F	P	H	B
E	S	U	O	H	R	E	T	R	O	P	B	R	O	I	L	I	N	G	Y
E	D	L	W	C	G	M	E	A	T	L	O	A	F	A	T	E	Q	J	O
B	I	R	E	M	I	R	P	T	W	C	N	G	N	K	K	P	L	B	P
D	U	A	F	E	S	M	O	K	E	D	Q	K	C	C	R	D	W	X	K
E	Y	L	V	I	Y	R	T	S	U	D	N	I	I	O	W	K	H	S	V
N	A	F	L	S	L	B	S	F	X	E	X	H	T	X	Y	R	C	H	D
R	O	A	S	T	B	E	E	F	A	O	C	E	S	N	U	R	I	D	I
O	K	R	F	Y	D	I	T	F	B	R	I	Q	A	F	E	G	W	K	N
C	C	M	O	D	X	H	R	U	E	N	A	R	O	G	H	N	D	T	N
V	S	I	E	G	O	G	K	T	E	N	D	E	R	L	O	I	N	N	E
P	D	E	L	B	L	C	H	H	R	E	T	U	T	D	V	K	A	A	R
D	F	B	P	L	U	G	G	E	G	O	B	U	O	E	R	O	S	E	W
M	O	B	I	I	U	W	D	S	K	M	H	O	P	P	P	O	H	L	V
P	V	R	S	A	C	M	T	C	A	M	F	S	K	O	C	C	O	W	S
I	G	I	L	F	E	E	U	H	J	X	Z	K	Q	A	N	G	U	S	Z
G	N	S	M	A	A	T	R	U	R	E	L	T	T	A	C	G	Z	H	C
E	H	K	T	K	S	C	O	C	N	I	O	L	R	I	S	E	R	A	R
L	P	E	S	V	V	Z	Y	K	R	E	J	S	S	F	R	Q	L	N	B
G	G	T	Q	G	J	Y	H	T	D	A	I	Q	Z	I	S	F	X	K	R

ANGUS
BRISKET
BROILING
BULL
CALF
CATTLE
CHICKEN
CHUCK
COOKING
CORNED BEEF
COWS
CUISINE
CUTS
DINNER
FARM
FEED
FILET
FLANK
FOOD
GRILL
GROUND BEEF
HAMBURGER
INDUSTRY
JERKY
KOBE
LEAN
MEATLOAF
PORTERHOUSE
POT ROAST
PRIME RIB
PROCESSED
PROTEIN
RANCHER
RARE
RECIPES
RED MEAT
ROAST BEEF
SANDWICH
SHANK
SHORT RIBS
SIRLOIN
SLAUGHTER
SMOKED
STEAKS
TENDERLOIN

Solution on page 356

Our Secrets

E	D	B	C	B	V	F	B	C	R	U	S	H	R	U	R	G	T	P	R
E	R	U	O	E	Q	W	O	E	K	E	O	M	K	R	D	O	A	O	M
K	E	U	O	U	V	D	V	P	L	T	Q	U	I	E	T	S	M	H	N
E	A	S	L	L	E	E	H	T	P	P	X	X	V	G	T	S	X	U	O
T	M	D	C	I	A	D	T	E	H	J	E	R	F	N	T	I	W	E	R
O	P	A	E	L	A	I	N	R	I	P	E	E	S	I	R	P	R	U	S
N	I	D	H	D	L	F	F	G	D	S	E	N	K	T	E	H	D	V	G
L	G	B	E	S	U	N	G	E	E	L	B	I	S	I	V	N	I	K	M
W	A	P	F	H	A	O	P	R	I	V	A	T	E	C	O	M	S	W	A
B	O	N	U	O	S	C	R	N	F	J	O	S	T	X	C	Y	C	J	F
H	T	N	O	H	P	U	G	H	I	C	E	E	L	E	L	S	L	W	X
S	N	P	I	S	I	S	H	Q	S	I	O	D	U	A	D	T	O	Y	J
R	E	M	B	A	R	R	A	S	S	M	E	N	T	M	N	E	S	J	J
F	K	E	N	K	A	E	G	E	A	U	H	A	C	M	O	R	E	U	M
F	O	S	C	A	T	N	P	C	L	A	K	L	N	E	B	Y	U	Y	K
J	P	S	U	T	I	N	F	N	C	I	L	C	Y	R	A	I	D	O	J
T	S	A	K	R	O	T	S	N	E	A	K	Y	S	U	O	L	A	E	J
U	N	G	U	U	N	K	N	O	W	N	F	C	P	R	O	T	E	C	T
K	U	E	X	S	K	H	V	U	M	M	R	E	G	L	U	V	I	D	V
Y	T	U	F	T	W	W	E	Q	L	O	X	T	P	Y	X	A	J	C	T

ASPIRATION
BOND
CLANDESTINE
CLASSIFIED
CODE
CONCEALED
CONFIDE
COVERT
CRUSH
DIARY
DISCLOSE
DIVULGE
DREAM
EMBARRASSMENT
EXCITING
FAILURE
FEELINGS
GOSSIP
HIDE
HOPE
HUSHED
INVISIBLE
JEALOUSY
JOURNAL
KEEP
LITTLE
MESSAGE
MYSTERY
NOTE
PAST
PERSONAL
PRIVATE
PROTECT
QUIET
REGRET
RESERVED
REVEAL
RUMOR
SHAME
SHROUDED
SNEAKY
SURPRISE
TRUST
UNKNOWN
UNSPOKEN

Solution on page 356

Words with *ME*

N N Y M Y N O T E M E E T I N G S V Q W
U Z J E O S T O L R E M E E K N E S S S
W L B A M D C X K M E C H A N I C O E D
U E M N E O I C M E M O I R S L M G U I
B M E E R O R M E A T H E A D D E S M A
Z E N S C S E L T T E M N A I D I R E M
P R I T H G M R S B S J M P I E O E S R
J G S S A W S E N A R B M E M M T B S E
K E C B N G E T W L M F S E N G I M A M
E N U V T E M I T L A E M N P T C E G S
B C S I E M M S D O I S G R O H I M E B
K E G V O C E L Z D S N C R O T I O S E
G X X Z V I A A B P Z D G N I W A T N P
N U O N L V T E N I M A L E M M L G I S
I D E A E G L C A I H M E Z Z O S A E S
T M E I H W O B L F N A S A L L U D E M
L M D L O N A H T E M G S G N I W O E M
E E V S A J F B J C D T S M E S C A L S
M E N S W E A R M E S D A M E S X V L Z
M E T E O R S Z V E I V E T A M S S E M

MEALIEST
MEALTIME
MEALWORM
MEANEST
MEANINGS
MEATBALL
MEATHEAD
MEATLOAF
MECHANIC
MEDDLING
MEDIEVAL
MEDULLAS
MEEKNESS
MEETINGS
MEGABUCK
MEGATONS
MEGRIMS
MEIOTIC
MELAMINE
MELTING
MEMBERS
MEMBRANE
MEMOIRS
MEMSAHIB
MENISCUS
MENSWEAR
MENTIONS
MEOWING
MEPHITIS
MERCHANT
MERGENCE
MERIDIAN
MERLOTS
MERMAIDS
MESCALS
MESDAMES
MESMERIC
MESSAGES
MESSMATE
METEORS
METHANOL
METONYMY
METTLES
MEWLING
MEZZOS

Solution on page 357

Humor

H	B	U	L	N	E	K	O	J	P	G	V	D	N	J	P	S	V	N	M
P	S	U	L	O	M	Q	C	H	C	O	E	I	L	A	I	C	O	S	O
U	X	A	E	I	R	A	D	A	E	R	S	N	O	I	N	I	P	O	C
D	L	T	W	S	V	P	T	M	T	R	I	G	N	I	T	I	B	I	K
B	B	L	R	S	M	S	F	H	B	T	U	T	P	C	A	I	H	O	V
R	H	K	O	E	X	A	G	G	E	R	A	T	I	O	N	P	W	E	I
U	C	X	A	R	B	D	H	N	K	S	G	F	A	C	A	H	R	E	C
K	Z	O	Z	P	Z	L	U	O	I	G	I	L	O	R	I	S	N	U	E
G	P	P	M	X	C	F	O	P	O	M	E	M	G	L	E	S	F	Q	S
Q	Q	Q	A	E	Y	B	U	C	Z	V	O	N	P	T	L	T	M	S	R
L	L	F	N	C	D	N	F	O	O	P	S	C	R	S	H	Y	I	E	E
M	M	S	F	W	V	Y	O	N	W	Z	P	A	T	E	O	C	P	L	T
D	M	W	K	B	N	Q	S	R	R	D	O	F	O	R	M	N	U	R	I
G	I	H	L	A	P	H	U	D	I	N	L	N	R	T	O	C	S	U	R
Y	U	J	S	J	S	A	R	O	T	O	I	N	D	O	I	H	G	B	W
R	M	F	S	E	X	C	T	X	I	O	T	H	D	D	M	K	S	W	W
P	B	G	J	L	N	H	Q	D	N	P	I	D	I	Y	Q	U	S	K	F
Q	M	G	O	Y	G	I	C	J	G	M	C	R	E	T	A	E	H	T	H
V	B	X	C	X	I	N	N	Z	R	A	S	B	K	D	P	L	O	F	F
F	A	A	K	J	J	N	S	C	P	L	A	U	G	H	F	N	P	R	T

ART
ATTACK
BITING
BOOK
BURLESQUE
COLBERT
COMEDY
CRITICISM
EXAGGERATION
EXPRESSION
FICTION
FOLLY
FORM
FUN
GENRE
GRAPHIC
HUMOR
IRONY
JOKE
LAMPOON
LAUGH
LITERATURE
MOCK
NOVEL
OPINION
ORWELL
PLAY
POLITICS
PUN
RIDICULE
SHORTCOMINGS
SKIT
SOCIAL
SPOOF
THE ONION
THE SIMPSONS
THEATER
VERSE
VICES
WIT
WRITERS
WRITING

Solution on page 357

Things to Appreciate

C	B	U	T	I	L	X	E	K	R	M	S	T	Y	G	S	O	N	S	W
R	H	W	G	D	R	N	T	T	Z	B	L	E	V	A	R	T	E	U	K
Y	E	E	N	U	X	G	Z	J	O	R	A	I	N	Q	N	I	N	R	T
Q	T	T	A	W	Y	S	F	O	I	W	Q	U	O	E	V	H	C	J	I
X	C	V	L	L	S	T	K	K	T	F	Y	Q	L	O	O	B	O	Q	M
C	B	S	R	E	T	S	I	S	K	Q	R	A	M	M	E	B	U	L	E
Y	E	X	C	V	H	H	L	N	O	I	T	C	E	F	F	A	R	C	N
P	A	C	Z	G	X	S	E	R	U	T	N	E	V	D	A	E	A	S	E
K	U	N	O	W	W	I	E	C	X	T	W	D	G	D	L	R	G	W	F
S	T	Q	P	Q	E	C	N	A	M	O	R	A	N	A	G	N	E	A	I
T	Y	S	S	E	N	R	E	H	T	E	G	O	T	E	I	A	M	U	L
E	R	Y	E	M	A	G	R	D	O	O	F	I	P	S	S	I	E	N	H
P	U	Q	O	C	A	C	N	A	E	N	O	S	S	P	L	S	N	O	Z
S	J	N	L	E	U	P	E	U	G	N	R	E	T	Y	O	S	T	I	D
L	E	K	E	V	N	R	Q	G	S	E	L	F	K	I	D	S	C	T	L
Y	N	S	S	H	T	J	I	H	H	B	S	D	G	V	H	Y	B	A	B
B	D	Q	N	N	S	T	I	T	S	N	I	S	U	O	C	P	E	C	Y
U	G	Z	Q	E	P	P	O	E	Y	C	B	V	W	J	A	M	N	U	V
N	B	Y	K	Q	S	R	T	R	A	W	E	E	K	E	N	D	S	D	R
D	A	M	B	L	B	I	W	S	T	J	R	M	E	M	O	R	I	E	S

ADVENTURES
AFFECTION
ART
AUNTS
BABY
BEAUTY
BLESSINGS
BOOKS
BROTHERS
COUSINS
DAUGHTERS
EDUCATION
ENCOURAGEMENT
FAMILY
FOOD
GRACE
HEALTH
HOME
HOT SHOWER
JOB
KIDS
KINDNESS
LIFE
MEAL
MEMORIES
MONEY
MOVIES
OPPORTUNITY
PEACE
PETS
QUIET
RAIN
RELATIONSHIPS
ROMANCE
SECURITY
SENSES
SHELTER
SISTERS
SONS
SUCCESS
TALENT
TIME
TOGETHERNESS
TRAVEL
WEEKENDS

Solution on page 357

Fly Like a Bird

Y	E	J	A	N	X	Z	F	V	R	N	B	S	Z	A	L	O	J	E	N
E	Q	Q	A	Z	V	C	Q	B	X	D	O	F	G	I	O	X	U	S	R
H	H	Q	Z	O	S	M	B	Y	B	A	W	M	F	B	W	O	G	E	R
D	A	D	K	O	O	Z	L	E	R	E	H	T	A	E	F	L	D	E	J
U	E	V	H	C	H	E	I	W	I	F	V	C	M	J	I	A	M	G	H
W	A	E	I	E	G	M	G	G	D	T	G	N	I	D	E	E	R	B	Y
S	O	N	P	A	U	G	H	N	A	I	E	E	E	L	C	S	T	C	S
N	A	V	O	S	N	T	T	H	N	V	R	T	Y	H	I	K	T	H	B
V	Y	F	C	I	M	A	N	Y	D	O	R	E	A	S	T	C	W	I	Q
K	N	L	D	W	T	H	Q	L	B	M	I	N	C	R	C	U	R	C	C
F	E	N	Q	K	L	U	V	F	M	A	I	T	R	T	G	D	E	K	T
S	A	H	U	F	U	X	L	S	N	C	Z	T	O	E	I	I	U	S	Y
L	W	S	Y	J	F	H	D	O	S	L	F	E	N	M	T	O	M	K	C
J	N	O	S	A	E	S	I	V	V	G	L	E	U	E	O	T	N	Y	F
W	I	U	O	I	C	T	V	L	B	E	R	K	E	W	R	C	A	F	R
H	M	T	G	P	A	Y	I	E	X	U	K	O	D	D	W	R	O	P	E
X	V	H	I	M	R	X	N	V	T	B	E	A	U	T	I	F	U	L	S
E	T	J	R	X	G	Q	G	A	R	D	I	Z	R	P	N	N	G	C	T
A	B	O	H	M	G	Z	N	R	Q	R	Y	N	O	P	D	A	G	B	M
Y	F	P	T	P	U	L	Z	T	E	J	L	J	V	I	E	W	V	S	N

AERODYNAMIC
AIR
AVIAN
BEAUTIFUL
BIRD
BREEDING
CHICKS
CURRENT
DIRECTION
DIVING
DRAG
DUCKS
EAGLE
EVOLUTION
FEATHER
FEEDING
FLY
FORMATION
GEESE
GLIDE
GRACEFUL
GROUP
HEIGHT
LANDING
LEADER
LIFT
LIGHT
LOCOMOTION
MAJESTIC
MECHANICS
MIGRATE
MUSCLES
NATURE
PATTERN
REST
SEASON
SKY
SOAR
SOUTH
SPEED
SWOOP
TRAVEL
VIEW
WEIGHT
WIND

Solution on page 357

Color Characteristics

D	D	C	Y	G	O	K	F	Y	O	J	C	L	F	N	G	L	M	G	O
Q	C	Q	M	E	K	R	A	D	O	O	M	C	T	K	E	L	V	I	N
P	Z	J	B	H	J	M	I	O	E	D	I	V	C	F	D	A	O	G	C
R	O	B	K	Q	T	X	R	B	P	F	E	Y	A	L	O	D	I	W	Y
P	A	A	K	C	I	A	E	A	Y	U	N	F	L	R	I	S	E	J	E
T	X	T	P	S	N	S	N	L	W	L	C	L	Y	H	E	G	U	R	G
S	F	Y	S	G	T	H	V	L	P	G	Z	A	Q	D	M	M	H	N	M
A	Z	V	E	C	N	A	L	A	B	R	E	T	E	M	L	V	A	T	E
Z	W	Q	C	L	A	J	E	S	A	T	U	R	A	T	I	O	N	C	L
G	O	U	B	M	L	T	C	W	Y	T	C	P	N	E	F	E	N	I	B
J	B	L	C	U	A	O	T	Y	F	Y	E	I	E	P	C	A	K	J	I
L	N	N	L	I	Y	F	W	E	H	M	A	L	V	S	R	R	E	C	S
A	I	F	D	G	D	J	N	O	R	P	Z	K	E	A	Q	J	U	M	I
R	A	A	R	P	L	A	T	I	G	I	D	D	E	V	L	P	L	O	V
T	R	E	G	P	V	B	B	R	Y	V	N	P	L	X	I	U	B	N	S
C	N	U	E	T	U	L	O	S	B	A	P	G	Y	O	M	S	E	I	G
E	C	I	T	S	I	R	E	T	C	A	R	A	H	C	C	I	I	T	C
P	U	B	L	I	S	H	I	N	G	M	P	T	S	A	R	T	N	O	C
S	D	Q	U	T	D	H	I	L	L	U	M	I	N	A	N	T	O	R	N
K	F	B	K	F	I	C	C	K	Z	K	B	S	E	B	I	L	R	N	L

ABSOLUTE
APPEARANCE
BALANCE
BLUE
BODY
CAMERA
CHARACTERISTIC
COLD
CONTRAST
COOL
DARK
DESIGN
DIGITAL
ENERGY
FILM
GLOW
HOT
HUE
ILLUMINANT
INCANDESCENT
KELVIN
LIGHT
METER
MONITOR
MOOD
ORANGE
PAINT
PUBLISHING
PURPLE
RADIATE
RAINBOW
RED
SATURATION
SCATTERING
SOFT
SOURCE
SPECTRAL
SUN
TELEVISION
TINT
VALUE
VIDEO
VISIBLE
WARM
YELLOW

Solution on page 357

Competitive Skating

F	S	K	E	G	S	A	S	H	A	C	O	H	E	N	L	I	F	T	S
L	S	R	S	C	E	D	G	E	J	U	M	P	S	K	W	A	H	O	M
I	R	A	E	G	N	I	P	S	K	C	A	B	Y	A	L	L	L	B	C
P	E	S	L	K	I	A	C	O	S	T	U	M	E	S	Z	L	R	D	I
S	N	L	G	C	A	R	D	C	O	M	B	I	N	A	T	I	O	N	S
O	T	A	N	F	H	O	E	Y	D	O	U	B	L	E	A	M	T	R	P
I	R	R	I	I	N	O	S	V	R	F	B	R	B	N	N	A	A	U	M
G	A	I	S	C	O	L	W	F	E	O	O	Y	B	O	M	H	T	T	U
A	P	P	J	E	S	Y	G	S	L	L	S	O	T	F	V	Y	I	R	J
D	M	S	K	D	K	M	H	N	N	Y	I	L	T	Y	V	H	O	E	E
A	U	R	N	A	C	P	A	P	I	T	I	T	U	W	B	T	N	K	O
X	J	A	I	N	A	I	L	C	A	M	O	N	N	P	O	O	S	C	T
E	T	W	R	C	J	C	P	N	A	R	E	E	G	A	M	R	W	O	O
L	I	M	E	I	L	S	O	H	T	M	G	L	L	S	C	O	K	R	E
J	L	A	C	N	R	E	T	N	I	W	E	O	F	O	P	D	C	A	P
U	P	R	I	G	H	T	S	P	I	N	O	L	E	Y	O	I	Q	L	I
M	S	K	S	R	O	T	A	T	C	E	P	S	S	R	G	P	N	U	C
P	X	S	R	C	I	R	L	U	T	Z	J	U	M	P	O	G	S	P	K
N	X	A	S	O	T	L	A	U	D	I	V	I	D	N	I	H	E	O	S
J	U	D	G	I	N	G	Q	S	W	S	I	T	S	P	I	N	C	P	H

ADAGIO
AXEL JUMP
BRIAN BOITANO
CAMEL SPIN
CANTILEVER
CHOREOGRAPHY
COMBINATIONS
COMPULSORY DANCE
COSTUMES
DOROTHY HAMILL
DOUBLE
EDGE JUMPS
FLIPS
FLYING SPIN
FOOTWORK
ICE DANCING
ICE RINK
INDIVIDUAL
JACKSON HAINES
JUDGING
LAYBACK SPIN
LIFTS
LUTZ JUMP
MOHAWKS
OLYMPICS
PARTNERS
PEGGY FLEMING
POPULAR
RAW MARKS
ROCKER TURN
ROTATIONS
SALCHOWS
SASHA COHEN
SCOTT HAMILTON
SINGLES
SIT SPIN
SOAKERS
SPECTATORS
SPIRALS
SPLIT JUMP
TOE JUMPS
TOE LOOPS
TOE PICKS
UPRIGHT SPIN
WINTER

Solution on page 357

Paperbacks

J	X	S	N	C	R	G	N	D	P	U	V	Z	T	Q	Y	V	Q	G	M
B	J	T	H	B	F	B	R	O	H	T	U	A	O	O	P	Y	C	F	S
I	P	O	U	P	X	V	C	U	I	R	E	T	I	R	W	S	O	F	T
Q	C	R	K	U	A	K	Y	C	F	T	H	E	I	F	L	I	M	S	Y
L	B	I	O	E	E	R	X	F	N	E	C	N	A	M	O	R	I	C	W
U	P	E	D	T	E	C	G	O	S	S	T	A	M	K	Q	C	C	D	E
Q	B	S	U	T	J	N	M	A	R	R	E	L	L	E	S	T	S	E	B
E	G	E	S	L	P	D	U	E	R	U	T	N	E	V	D	A	V	I	I
F	G	Y	B	K	E	R	T	Y	R	A	N	O	I	T	C	I	D	R	N
J	M	X	C	I	U	P	X	E	P	E	P	S	X	F	S	I	O	E	D
N	D	A	J	S	A	Y	R	E	P	U	Q	N	I	N	Y	N	J	L	I
L	O	G	X	H	S	N	N	U	Y	R	A	R	E	T	I	L	R	E	N
K	L	I	C	A	E	G	B	O	C	W	J	P	Y	M	S	E	N	A	G
S	R	A	T	G	U	L	P	C	E	V	X	X	U	R	L	E	Q	S	X
E	E	N	M	I	I	D	B	S	R	E	C	Y	C	L	A	B	L	E	C
X	A	Z	N	S	D	D	T	A	N	I	P	D	I	E	L	R	P	A	N
F	D	D	H	N	T	E	V	I	T	A	M	R	O	F	N	I	B	Y	S
A	E	E	P	A	R	C	O	V	E	R	H	E	U	L	G	E	G	I	U
N	R	B	A	N	T	A	M	H	N	T	O	Y	S	Y	P	O	C	H	L
F	A	F	S	Z	Q	S	C	W	Z	M	H	P	C	Q	H	P	X	S	T

ACTION
ADVENTURE
AUTHOR
BANTAM
BESTSELLER
BINDING
CHAPTERS
CHEAP
COMICS
COPY
COVER
CRIMES
DICTIONARY
EDITION
FANTASY
FLIMSY
GENRE
GLUE
INEXPENSIVE
INFORMATIVE
LIBRARY
LIGHT
LITERARY
MINOR
MYSTERY
PARAGRAPHS
PENGUIN
POCKET
PORTABLE
PRINT
PUBLISH
READER
RECYCLABLE
RELEASE
ROMANCE
SALE
SCENE
SMALL
SOFT
STORIES
SUDOKU
THESAURUS
THRILLER
WESTERNS
WRITER

Solution on page 358

Sundial Time

S	I	F	P	S	O	R	L	U	Q	Z	Y	I	Y	M	B	S	E	L	F
T	I	M	E	N	W	O	R	M	I	T	H	C	C	L	H	L	S	A	G
E	C	P	O	K	H	M	I	K	J	G	E	L	C	R	I	C	X	I	W
F	E	R	G	T	C	A	M	R	C	R	Q	A	E	C	I	V	E	D	U
J	T	H	R	M	T	N	J	D	O	O	L	M	O	E	I	O	A	E	S
H	L	D	E	C	V	O	M	Y	G	U	L	A	N	C	I	E	N	T	W
U	C	X	E	J	N	M	G	T	N	N	Q	C	C	Z	E	L	G	E	H
X	L	T	K	S	T	O	O	T	V	D	E	B	J	I	O	S	L	C	R
X	L	M	A	H	I	N	V	O	R	N	A	M	E	N	T	Y	E	P	D
T	A	N	X	W	R	G	D	J	L	G	Q	F	G	W	T	R	O	W	C
E	H	O	R	I	Z	O	N	T	A	L	E	I	Y	S	O	S	E	T	X
U	K	I	N	S	T	R	U	M	E	N	T	K	P	U	I	D	X	V	C
Q	Y	T	C	R	N	M	W	X	G	U	S	G	T	T	O	G	A	N	B
I	O	A	H	A	O	A	O	I	D	I	T	D	I	I	N	L	E	H	T
T	Z	R	U	Y	I	L	L	E	X	N	O	O	A	I	I	D	A	Y	S
N	E	O	A	M	T	A	D	A	S	O	N	K	N	N	R	V	D	E	F
A	C	C	U	R	A	C	Y	O	R	O	E	R	E	A	D	I	N	G	E
T	A	E	L	A	T	E	M	S	U	N	O	S	G	U	C	X	K	I	V
R	F	D	W	Z	O	S	R	E	B	M	U	N	W	Z	P	J	R	J	Z
P	M	T	H	T	R	A	E	G	V	U	Y	D	W	X	M	U	Z	W	U

ACCURACY
ALIGN
ANCIENT
ANGLE
ANTIQUE
AXIS
CIRCLE
CLOCK
DAY
DECORATION
DESIGN
DEVICE
DIAL
EARTH
EGYPTIAN
FACE
GARDEN
GNOMON
GREEK
HORIZONTAL
INSTRUMENT
LINES
LONGITUDE
METAL
MORNING
MOTTO
NOON
NORTH
NUMBERS
OLD
ORNAMENT
OUTDOORS
POSITION
READING
ROMAN
ROTATION
ROUND
SCIENCE
SHADOW
STONE
STYLE
SUN
TIME
VERTICAL
WATCH

Solution on page 358

Driver's Education

E	Z	H	R	Y	J	M	C	M	Y	S	U	C	L	D	G	S	G	O	F
Y	J	E	E	E	I	X	N	E	A	T	E	A	C	H	E	R	E	U	Q
I	H	D	M	R	S	S	P	K	P	F	E	S	E	T	Q	E	X	A	M
Q	T	U	R	N	E	P	A	A	X	R	L	F	I	B	A	V	J	G	T
T	Z	O	W	V	B	V	O	W	S	T	A	Z	A	G	P	E	D	A	L
F	R	X	G	I	Y	Z	I	N	U	S	N	C	W	S	N	R	F	D	T
G	B	R	L	W	W	Y	D	R	S	C	E	H	T	S	P	S	D	F	Q
I	A	L	R	T	S	Y	E	K	D	I	E	N	I	I	Q	E	I	J	N
N	O	V	I	E	W	D	K	Y	I	E	B	J	G	B	C	H	E	L	L
L	A	N	M	N	N	U	K	R	L	F	F	I	N	E	S	E	D	D	J
F	F	J	G	A	D	T	R	N	A	C	C	E	L	E	R	A	T	E	P
Q	B	O	M	D	J	S	A	U	C	A	R	E	N	I	T	I	R	E	S
T	C	K	A	P	O	L	P	S	R	C	R	O	X	S	T	T	K	Z	G
P	A	E	N	I	G	N	E	O	S	A	C	U	S	I	I	Y	I	N	T
W	E	T	U	F	S	S	E	N	T	R	E	L	A	S	T	V	I	R	G
U	Y	S	A	Q	S	F	G	I	N	S	L	P	I	W	I	R	E	E	W
X	O	L	L	A	U	T	O	M	A	T	I	C	P	G	E	N	A	O	D
Z	O	B	L	S	A	N	O	L	I	C	E	N	S	E	H	R	G	M	P
V	B	C	C	M	I	C	B	W	R	B	E	L	T	S	E	T	P	O	P
S	L	C	K	Y	J	N	N	T	Z	G	A	S	E	L	U	R	S	D	P

ACCELERATE
ALERTNESS
AUTOMATIC
BELT
BLIND SPOT
CAR
CLASSES
CONES
CROSSING
DECELERATION
DEFENSIVE
DRIVER
ENGINE
EXAM
EXIT RAMP
GAS
GEAR
KEYS
LANE
LICENSE
LIGHTS
MANUAL
MIRROR
PARK
PASSENGER
PEDAL
PRACTICE
RESPONSIBILITY
REVERSE
RULES
SAFETY
SEAT
SHIFT
SIGNS
SPEED
STEERING
STOP
STUDY
TEACHER
TEST
TIRES
TURN
VIEW
WHEEL
WRITTEN

Solution on page 358

Coffee Break

P	M	J	B	D	W	N	C	V	S	H	E	R	A	Q	U	G	I	W	Q
X	S	L	E	M	L	F	M	I	L	K	M	F	C	H	I	P	S	L	K
A	A	D	Q	D	A	X	F	X	E	O	S	P	L	A	T	T	E	E	U
H	H	L	E	C	Y	E	Y	L	M	R	Z	S	J	T	U	B	R	E	W
J	T	E	E	B	U	W	R	M	A	G	A	Z	I	N	E	H	E	B	G
U	D	D	X	R	A	B	O	C	R	V	A	M	O	R	A	D	J	X	X
D	A	L	Z	T	L	C	E	O	A	P	O	D	A	A	U	P	U	C	I
X	I	U	E	Q	H	A	H	F	C	M	S	R	I	A	H	C	V	C	G
J	T	R	O	A	S	T	M	F	A	O	S	S	E	R	P	S	E	O	T
A	F	U	Y	G	E	T	J	E	I	T	G	P	F	D	G	D	N	N	K
F	E	X	N	W	R	Y	N	E	R	E	S	H	Q	E	A	R	A	I	Y
P	K	M	E	L	F	I	Q	N	O	I	S	I	V	E	L	E	T	C	N
H	K	F	G	B	E	A	N	G	R	D	C	A	R	L	W	P	E	C	S
E	C	J	L	F	G	Z	W	D	N	A	O	A	G	A	M	A	B	U	P
I	O	C	F	X	N	B	A	G	E	I	L	L	N	U	B	P	R	P	R
B	L	A	C	K	U	J	O	H	R	R	K	L	G	O	S	S	I	P	S
P	C	A	A	D	O	S	M	A	Y	O	E	L	I	I	T	W	E	A	X
G	K	J	D	I	L	E	T	X	V	Y	U	V	A	N	U	E	F	C	U
E	V	I	N	G	T	P	W	I	S	R	I	N	S	T	A	N	T	W	H
K	W	B	J	W	L	N	O	O	R	N	B	O	D	U	A	V	A	J	B

AMERICANO
AROMA
BARISTA
BEAN
BLACK
BREW
BRIEF
CAFFEINE
CAKE
CAPPUCCINO
CARAMEL
CHAIRS
CHIPS
CLOCK
COFFEE
CREAM
CUP
DECAF
DONUTS
ESPRESSO
FLAVORED
FRESH
GOSSIP
GRINDER
GROUND
HAZELNUT
ICED
INSTANT
JAVA
LATTE
LOUNGE
MAGAZINE
MILK
MOCHA
MUG
NEWSPAPER
REJUVENATE
RELAX
ROAST
SODA
STIR
TALKING
TELEVISION
VANILLA
WATER

Solution on page 358

Personal Qualities

E	O	Y	I	A	S	D	E	P	R	E	S	S	E	D	F	U	S	S	Y
T	D	T	P	A	D	S	C	U	L	U	F	T	C	E	P	S	E	R	P
W	N	H	I	A	K	V	L	M	O	T	I	V	A	T	E	D	G	J	P
Z	I	G	M	N	X	V	E	I	J	G	J	B	Q	E	S	N	Z	L	A
T	W	U	V	V	T	P	R	N	G	Z	S	S	U	D	A	B	S	U	H
S	T	A	U	N	D	E	R	S	T	A	N	D	I	N	G	H	K	F	M
W	L	N	T	I	T	A	L	O	N	U	G	U	E	I	C	Y	Y	T	Y
G	H	O	A	S	O	V	N	L	U	E	R	L	T	K	N	R	C	H	T
W	R	R	Y	G	S	R	U	X	I	D	A	O	A	N	X	I	T	G	H
J	F	M	V	A	O	M	K	W	I	G	E	K	U	M	T	R	A	U	G
A	E	P	D	B	L	R	S	V	N	E	E	F	Y	S	O	G	Q	O	U
R	V	T	B	F	Z	S	R	N	T	Y	Y	N	I	W	P	R	E	H	A
H	I	U	P	J	E	S	M	A	E	B	S	M	T	F	T	V	O	T	H
Z	T	B	T	L	L	U	N	R	R	G	I	S	D	M	I	I	Z	U	O
S	C	E	K	O	B	O	T	N	E	S	U	R	O	S	M	L	A	C	S
L	A	C	H	G	I	R	P	J	S	R	I	O	I	B	I	V	G	A	U
R	E	D	V	S	L	O	D	E	T	V	D	C	B	A	S	H	F	U	L
R	I	V	S	A	L	M	P	Z	E	Y	E	N	X	S	T	R	O	N	G
L	E	A	I	V	U	U	U	N	D	D	O	D	B	P	I	F	N	Y	O
H	P	D	F	L	G	H	D	E	T	I	E	C	N	O	C	R	U	E	L

ACTIVE
ADVENTUROUS
AFRAID
ANGRY
ARROGANT
BASHFUL
BOSSY
CALM
CONCEITED
CRUEL
DECISIVE
DEPRESSED
DRIVEN
EVIL
FAIR
FUNNY
FUSSY
GLAMOROUS
GULLIBLE
HAPPY
HAUGHTY
HUMOROUS
INTELLIGENT
INTERESTED
KIND
LOYAL
MAD
MOODY
MOTIVATED
MYSTERIOUS
NAUGHTY
OPTIMISTIC
PASSIONATE
PESSIMISTIC
PROUD
QUIET
RECKLESS
RESPECTFUL
SAD
SNEAKY
STRONG
STUBBORN
THOUGHTFUL
TRUSTWORTHY
UNDERSTANDING

Solution on page 358

English

W	X	N	J	F	G	U	O	L	W	U	Z	A	D	V	E	R	B	S	X
Y	R	V	T	C	I	N	A	M	R	E	G	T	S	E	W	P	K	E	E
C	S	P	E	A	K	I	N	G	N	I	T	I	R	W	O	O	P	N	R
M	D	P	N	O	I	T	A	N	O	T	N	I	X	U	O	M	R	T	U
N	N	B	X	H	B	E	S	R	E	T	T	E	L	B	O	E	O	E	T
E	U	R	A	I	S	D	S	A	C	S	L	N	L	D	A	Y	N	N	A
K	O	I	T	S	N	S	P	E	O	P	Z	I	E	D	R	E	U	C	R
O	S	T	N	T	U	T	E	L	M	O	N	R	I	A	N	R	N	E	E
P	B	A	Y	O	O	A	E	O	M	G	N	N	L	O	B	A	C	S	T
S	M	I	S	R	N	T	C	R	U	E	G	U	S	X	R	M	I	Y	I
E	H	N	C	Y	O	E	H	I	N	D	B	S	L	F	I	M	A	N	L
V	V	A	E	Y	R	S	S	G	I	A	T	C	A	O	T	A	T	O	A
I	O	C	K	H	P	T	L	C	C	N	T	U	N	R	I	R	I	N	T
T	W	I	P	E	I	I	T	O	A	Q	G	I	G	D	S	G	O	Y	I
C	E	R	F	C	S	I	V	N	T	N	N	W	O	H	H	E	N	M	N
E	L	E	S	H	O	P	O	V	I	O	L	D	E	N	G	L	I	S	H
J	S	M	W	N	I	S	E	L	O	W	S	Y	L	L	A	B	L	E	S
D	W	A	A	K	N	E	B	A	N	T	S	C	H	O	O	L	B	A	Q
A	Y	R	F	O	A	I	L	A	R	T	S	U	A	D	Z	F	T	A	P
B	Y	R	C	G	K	D	I	A	L	E	C	T	S	T	N	E	C	C	A

ACCENTS
ADJECTIVES
ADVERBS
AMERICAN
AUSTRALIA
BOOKS
BRITAIN
BRITISH
COMMUNICATION
COMPLEX
CONSONANTS
DIALECTS
DICTIONARY
GRAMMAR
HISTORY
INTERNATIONAL
INTONATION
LATIN
LEARN
LETTERS
LINGUA FRANCA
LINGUISTICS
LITERATURE
MODERN ENGLISH
OLD ENGLISH
OXFORD
PRONOUNS
PRONUNCIATION
READING
SCHOOL
SENTENCES
SHAKESPEARE
SLANG
SOUNDS
SPEAKING
SPEECH
SPOKEN
SYLLABLES
SYNONYM
SYNTAX
UNITED STATES
VOCABULARY
VOWELS
WEST GERMANIC
WRITING

Solution on page 358

Making a Living

T	J	Y	Y	B	E	U	N	G	R	L	Y	X	L	C	N	R	J	U	Q
M	W	Q	O	E	C	O	U	N	E	E	A	C	I	A	P	H	O	Q	M
J	E	M	V	N	I	A	Q	I	H	C	M	B	L	N	I	G	H	T	S
U	J	E	P	E	F	B	V	N	B	E	S	R	O	O	D	T	U	O	E
D	I	E	T	F	F	V	L	O	A	T	D	E	A	R	C	O	O	Y	L
G	D	B	A	I	O	F	E	I	A	W	O	A	E	F	E	K	O	N	A
E	E	Q	U	T	N	R	E	T	B	Q	D	W	R	R	C	R	M	R	S
N	Y	L	Y	S	O	G	I	C	E	R	W	R	I	T	E	R	K	M	S
T	O	Y	I	T	Y	S	S	N	T	R	A	B	B	D	O	F	R	Q	O
R	L	I	S	N	T	U	P	U	F	I	I	R	T	H	R	T	E	P	A
E	P	H	T	I	N	W	Y	F	R	T	V	N	I	B	E	F	L	R	U
P	M	M	C	O	B	S	H	N	T	E	A	E	A	A	E	I	C	O	G
R	E	I	B	E	M	S	Z	B	A	R	T	D	J	R	N	H	V	F	J
E	A	R	O	T	C	O	D	K	U	P	E	R	K	S	I	S	J	E	G
N	C	X	J	T	H	B	R	A	B	B	M	Y	O	T	G	A	H	S	C
E	O	R	F	W	O	C	T	P	I	A	P	O	E	P	N	S	N	S	O
U	A	M	A	E	T	S	D	E	I	P	U	C	C	O	E	R	V	O	F
R	C	A	K	C	E	H	C	Y	A	P	T	Y	O	G	W	R	B	R	A
V	H	O	U	R	L	Y	V	W	O	G	S	Y	A	D	P	J	Z	Y	N
S	P	G	X	L	T	G	J	Y	E	J	I	W	Y	I	R	B	S	H	D

ARCHITECT
BENEFITS
BONUS
BOSS
BUSY
CLERK
CLOCK
COACH
COMPANY
DAYS
DOCTOR
EFFECTIVE
EMPLOYED
ENGINEER
ENTREPRENEUR
FARMER
FUNCTIONING
HOTEL
HOURLY
INDOORS
JOB
JUDGE
LABORER
LIBRARIAN
MEETINGS
NIGHTS
OCCUPIED
OFFICE
OUTDOORS
PAYCHECK
PERKS
PROFESSOR
PROMOTION
REFEREE
REPORTER
RESTAURANT
SALES
SHIFT
STATISTICIAN
STORE
TEAM
TRADE
VETERINARIAN
WAGES
WRITER

Solution on page 359

Luxury Hotels

V W E X C A L I B U R A D I S S O N V R
L N Y T N E G A G G U L R R W H Q R G Y
M O M C R E L E T O M N A I T E N E V L
E Q D Y M O S B L N V O M O O R D Y O A
B U D G E T P I U F E T L P E A B O D Y
K Z J H I I S I C Y P N A B N T P F R C
Q H Z O C N D W C R Z H I L T O N H O W
J R O B R N G M P A E Y T T T N T M X R
P J K U E K U I L T N X N J N N F C U E
E E N P S E M R D N S A E B A O M V L S
S U I T E E B A B E K L D T R O C R S O
X G V C R P K G C M V S I T U G L E W R
A W A M V E H E A I R L S E A N N G M T
B A J X A R A R E L O R E F T I O A S E
Y R U C T B R W M P A I R F S M I N C L
O Q D O I I K E O M I Z P U E A T A E A
S L E W O T A M A O V N B B R L A M S V
Z L B T N L S D F C R N G M V F C P O D
Y D T W S O A L Q V E V Y G O B A R C K
R Q D N C O N C I E R G E M A A V N Q P

BAR
BED
BRUNCH
BUDGET
BUFFET
BUSINESS
COMFORT
COMPLIMENTARY
CONCIERGE
CONTINENTAL
COSMOPOLITAN
EXCALIBUR
EXERCISE
FLAMINGO
FOYER
GYM
HILTON
HOUSEKEEPING
INNKEEPER
LODGING
LUGGAGE
LUXOR
MANAGER
MARRIOTT
MEALS
MIRAGE
MOTEL
PEABODY
POOL
PRESIDENTIAL
RADISSON
RAMADA
RESERVATIONS
RESORT
RESTAURANT
ROOM
SHERATON
SPA
SUITE
TOWELS
TROPICANA
VACATION
VALET
VENETIAN
VIEW

Solution on page 359

Outdoors

B	J	L	A	S	P	Y	B	E	N	W	B	Z	T	C	S	S	H	O	K
F	I	J	T	I	R	A	V	N	A	L	C	U	H	S	B	E	B	T	B
V	H	R	N	C	Y	L	T	V	E	H	O	I	M	I	R	I	M	F	J
N	T	R	N	L	S	P	K	I	C	K	P	W	R	N	E	D	R	A	G
V	U	U	C	I	F	L	O	R	O	M	S	I	A	N	H	O	N	D	G
S	N	N	L	A	X	S	O	O	U	L	A	Y	I	E	T	E	R	G	S
R	T	N	I	F	J	P	C	N	A	H	W	A	N	T	A	G	K	R	S
V	M	I	M	W	A	L	K	M	S	E	T	G	P	E	E	P	M	A	C
O	I	N	B	U	T	S	I	E	L	S	L	F	L	O	W	E	R	S	L
X	R	G	U	B	J	N	R	N	E	U	K	C	T	F	W	O	N	S	G
C	M	E	E	A	A	F	F	T	D	R	Y	A	Y	S	I	L	F	E	I
Y	R	S	Y	D	U	R	X	J	D	C	O	S	T	C	E	S	N	I	B
R	K	B	S	W	I	M	A	N	I	H	R	L	M	I	I	R	H	I	J
X	O	L	F	R	Y	S	R	R	N	P	I	E	P	R	N	B	O	F	M
J	B	F	T	Q	C	T	T	W	G	A	A	K	X	X	P	G	A	F	X
F	F	Y	W	N	C	W	A	U	L	D	T	R	E	C	E	S	S	H	Q
O	R	V	E	N	L	L	U	T	O	O	I	U	K	S	L	K	X	B	W
P	O	G	O	M	D	E	X	W	Q	V	T	O	R	E	C	C	O	S	S
K	B	V	O	K	J	Y	I	E	E	L	I	V	V	E	I	O	B	C	T
H	S	H	G	M	K	C	A	R	T	H	H	Q	C	F	I	R	V	C	X

ANIMALS
BICYCLE
BIRDS
CAMP
CHIPMUNKS
CLIMB
COOKOUT
ENVIRONMENT
EXPLORE
FISH
FLOWERS
FOREST
FRESH AIR
GAMES
GARDEN
GRASS
HIKE
INSECTS
LAKE
LAWN
MEADOW
NATURE
OCEAN
OUTSIDE
PARK
PATIO
PLAY
PORCH
RABBITS
RAIN
RECESS
RIVER
ROCKS
RUNNING
SKATING
SLEDDING
SNOW
SOCCER
SWIM
TAG
TENNIS
TRACK
TRICYCLE
WALK
WEATHER

Solution on page 359

Junkyard

E	T	F	V	M	M	A	X	Y	B	Z	M	Q	U	J	K	T	S	B	K
V	G	E	K	X	B	L	G	P	J	Y	W	S	Q	B	L	L	X	C	F
Y	D	A	T	W	Y	N	S	N	I	C	K	E	L	R	W	P	E	X	K
E	N	T	R	P	S	Q	L	C	T	E	L	B	S	S	A	R	B	A	C
R	A	A	U	B	I	P	B	W	O	C	U	S	K	V	W	R	V	O	D
O	L	W	C	B	A	L	W	S	Y	H	Y	B	T	P	O	S	S	P	O
S	C	C	K	N	U	G	E	C	C	O	G	D	F	K	A	I	A	E	G
I	W	O	U	U	T	N	E	M	P	I	U	Q	E	Y	A	R	B	W	H
X	Z	H	G	N	D	R	D	R	V	V	N	N	A	T	T	B	E	P	B
L	S	T	S	T	X	U	S	M	I	J	J	O	I	S	A	E	L	N	S
C	Z	J	V	L	M	Q	A	O	A	W	S	M	R	T	L	D	T	C	B
D	H	E	Z	P	E	B	I	C	Y	C	L	E	P	T	A	I	T	R	A
D	I	S	D	Y	O	R	T	S	E	D	H	O	L	D	C	O	O	U	C
B	V	P	Z	R	T	I	R	E	S	Q	X	I	A	R	R	E	B	S	O
N	Y	A	I	U	O	U	T	A	L	U	M	I	N	U	M	S	L	H	P
K	N	M	N	B	B	G	U	E	B	F	A	G	E	E	P	E	W	E	P
H	S	H	C	B	B	Y	E	S	E	A	G	U	L	L	S	E	T	A	E
K	N	C	I	R	N	T	V	N	E	B	F	E	P	S	D	I	R	A	R
Z	T	S	T	L	S	V	C	T	K	D	F	T	M	B	A	C	X	H	L
W	H	B	P	R	H	E	A	P	Y	M	T	F	X	H	S	A	R	T	E

AIRPLANE
ALUMINUM
BARRELS
BICYCLE
BOAT
BOTTLE
BRASS
BROKEN
BURY
COPPER
CRUSH
DEBRIS
DESTROY
DOG
DUMP
ELECTRONICS
EQUIPMENT
FENCE
GARBAGE
HEAP
LEAD
MACHINES
METAL
NICKEL
OIL
OLD
OUTDATED
PARTS
PILE
RECYCLE
RIMS
RUBBISH
SCRAP
SEAGULLS
STEEL
TIRES
TOY
TRASH
TRUCK
USED
VAN
WEEDS
WIRE
WRECK
ZINC

Solution on page 359

Math Is Fun

I	S	D	C	J	Q	P	F	F	G	Y	S	G	E	W	X	D	O	Q	M
R	P	D	U	G	J	E	P	G	E	C	N	E	R	E	F	F	I	D	X
B	E	A	L	U	M	R	O	F	U	I	Y	E	Q	U	A	L	S	Q	Q
E	L	G	N	A	S	C	S	V	A	R	I	A	B	L	E	D	U	G	R
Z	Q	Y	E	V	E	E	I	Q	M	C	P	B	V	F	X	D	L	X	C
P	D	D	K	T	V	N	T	K	W	U	N	O	I	T	C	N	U	F	X
O	O	E	O	N	N	T	I	Y	D	M	L	U	A	V	I	V	C	P	A
M	K	D	C	E	I	I	V	A	G	F	I	T	P	C	C	B	L	E	B
M	Y	I	T	I	V	P	E	R	P	E	N	D	I	C	U	L	A	R	S
N	P	V	A	T	M	I	D	M	V	R	O	G	P	P	H	T	C	I	P
D	L	I	G	O	S	A	T	O	T	E	B	M	S	O	L	A	E	M	K
H	R	D	O	U	C	U	L	A	G	N	O	H	E	E	I	Y	R	E	J
V	A	V	N	Q	V	U	N	A	G	C	S	U	M	T	S	N	J	T	V
G	J	E	Q	W	M	E	C	I	T	E	M	H	T	I	R	A	T	E	B
S	H	A	P	E	B	N	A	E	M	Y	N	B	X	S	D	Y	R	R	E
J	P	W	V	O	M	C	D	I	B	T	N	E	N	O	P	X	E	E	R
E	D	L	K	V	L	I	T	O	H	Y	F	I	L	P	M	I	S	B	A
J	O	Q	U	Z	R	S	R	T	N	A	I	D	E	M	L	T	P	M	T
S	T	J	H	S	V	I	I	P	D	F	A	C	T	O	R	M	V	U	P
Q	G	H	P	T	M	I	N	D	R	Y	Z	I	B	C	I	T	I	N	U

ACUTE
ADD
ANGLE
AREA
ARITHMETIC
CALCULUS
CHART
CIRCUMFERENCE
COMPOSITE
DECIMAL
DIFFERENCE
DIVIDE
EQUALS
EXPONENT
FACTOR
FORMULA
FUNCTION
GEOMETRY
INTEGER
MEAN
MEDIAN
MIDPOINT
MINUS
MODE
MULTIPLY
NEGATIVE
NUMBER
OCTAGON
PERCENT
PERIMETER
PERPENDICULAR
PLUS
POSITIVE
PRIME
QUOTIENT
RAY
SHAPE
SIMPLIFY
SLOPE
SOLVE
SUM
TIMES
UNIT
VARIABLE
VOLUME

Solution on page 359

Cooperating with Others

Y	J	L	I	S	T	E	N	E	R	D	C	M	N	C	R	H	O	T	O
Z	L	U	F	P	L	E	H	J	B	C	Q	S	A	U	O	L	J	B	H
L	Y	F	G	P	L	T	G	H	O	H	O	P	L	R	R	A	A	U	O
V	E	T	U	B	I	R	T	N	O	C	T	E	E	L	I	S	C	G	K
N	M	C	G	M	O	H	G	C	C	A	S	M	L	D	E	N	E	H	X
N	P	E	I	U	Q	R	S	E	I	S	A	A	B	B	S	V	E	S	V
P	L	P	P	L	E	A	R	N	E	N	B	C	A	J	I	D	F	S	Q
V	O	S	J	S	O	Y	K	L	A	T	O	L	H	T	O	O	K	H	U
M	Y	E	S	T	M	P	F	G	E	M	L	Q	C	T	L	C	A	A	A
D	E	R	T	R	G	L	E	K	P	A	S	U	A	N	A	T	J	R	K
E	E	C	A	U	E	R	S	A	B	D	R	T	O	B	S	O	E	I	E
P	S	I	Y	S	F	A	S	T	E	T	E	I	R	J	S	R	N	N	J
E	A	T	S	T	B	S	O	T	S	A	T	E	P	O	E	S	G	G	K
N	T	E	W	W	I	O	A	N	M	I	T	Z	P	G	P	B	A	N	D
D	H	H	F	O	F	V	O	W	T	R	D	N	A	V	Y	S	G	I	F
A	L	T	N	R	I	C	O	E	A	F	L	E	X	I	B	L	E	L	Y
B	E	A	J	T	U	R	P	U	C	O	M	M	I	T	T	E	D	L	U
L	T	P	O	H	K	M	Q	N	A	R	T	S	E	H	C	R	O	I	L
E	E	M	J	Y	O	T	K	H	O	C	K	E	Y	J	K	P	O	W	I
E	S	E	R	C	G	G	F	R	I	E	N	D	L	Y	N	L	F	G	M

AIR FORCE
APPROACHABLE
ARMY
ATHLETES
BAND
BASEBALL
BASKETBALL
CAPTAIN
COACH
COMMITTED
COMPASSIONATE
COMPETITION
CONGRESS
CONSTRUCTIVE
CONTRIBUTE
DEPENDABLE
DOCTORS
EAGER
EMPATHETIC
EMPLOYEES
ENGAGED
FLEXIBLE
FOOTBALL
FRIENDLY
GROUP
HELPFUL
HOCKEY
LISTENER
MANAGER
MARINES
MOTIVATED
NAVY
NURSES
ORCHESTRA
POLICE
QUARTERBACK
RESPECTFUL
RULES
SELFLESS
SHARING
SOCCER
SPORTSMANSHIP
TEAMWORK
TRUSTWORTHY
WILLING

Solution on page 359

Home Projects

C	J	O	S	F	I	I	D	O	D	B	S	T	U	R	D	Q	C	E	U
D	K	I	E	L	E	C	T	R	I	C	I	A	N	H	O	B	B	Y	I
D	W	E	V	A	A	P	C	Z	R	E	E	H	W	A	Z	O	N	V	G
A	W	N	A	T	J	N	S	C	F	E	C	X	N	M	K	F	D	O	T
Z	S	I	E	R	W	O	D	N	I	W	N	A	T	M	A	H	V	W	I
U	S	M	C	L	X	H	R	S	X	L	A	O	N	E	O	U	K	V	H
Y	H	A	N	D	Y	M	A	N	C	L	I	E	V	R	R	L	J	K	T
X	U	X	U	R	X	P	O	A	Z	A	L	N	Q	A	U	I	M	Q	F
C	P	E	O	P	P	N	B	J	Y	T	P	H	T	A	T	F	O	R	Q
M	D	B	F	C	G	A	E	T	K	S	P	I	C	E	T	E	E	R	L
W	A	K	D	G	B	R	S	C	Q	N	A	R	N	T	R	C	E	N	J
L	T	B	V	N	E	U	A	G	N	I	D	I	S	G	A	I	V	S	Z
P	E	K	P	I	D	T	B	D	J	M	M	D	V	L	P	P	O	C	Q
R	S	N	S	L	I	A	N	W	E	F	C	T	R	L	D	L	R	R	C
Q	T	F	I	I	U	E	C	L	E	A	N	A	A	A	K	A	P	E	X
S	L	O	O	T	P	M	P	I	P	E	S	S	R	C	I	W	M	E	A
Z	B	F	J	B	U	Z	B	O	V	V	T	C	E	P	S	N	I	N	O
K	J	H	K	Y	N	O	E	E	M	E	S	H	D	R	E	S	S	J	I
U	X	Q	U	K	M	A	R	C	R	A	C	K	S	A	E	T	V	Q	X
B	U	T	N	I	A	P	Q	E	N	Z	A	N	I	J	U	A	J	T	Q

APPLIANCE
BASEBOARDS
CARPET
CAULK
CHECK
CLEAN
CRACKS
DOOR
DRAINS
DUST
EAVES
ELECTRICIAN
EXAMINE
EXTERIOR
FIX
FURNACE
HAMMER
HANDYMAN
HOBBY
IMPROVE
INSPECT
INSTALL
INTERIOR
LABOR
LANDSCAPING
LAWN
MOP
NAILS
PAINT
PATCH
PIPES
PLASTER
PLUMBER
PREVENT
RENOVATE
ROUTINE
SAW
SCREEN
SIDING
TEST
TILING
TOOLS
UPDATE
UPGRADE
WINDOW

Solution on page 360

Cooking Oils

R	K	V	R	F	E	K	S	N	G	X	R	W	I	W	A	G	L	T	Y
G	V	C	O	O	K	H	V	Y	A	Z	H	C	O	R	N	E	T	I	C
O	X	B	R	A	O	M	U	E	E	P	I	C	E	R	R	S	P	M	S
L	F	H	F	R	M	G	H	F	A	U	D	B	E	I	U	U	E	S	V
D	F	C	E	A	S	B	R	L	R	T	G	F	F	N	B	R	A	I	W
U	R	Z	W	E	I	A	I	A	M	Z	I	M	F	R	Y	L	R	I	O
L	Y	E	O	Y	D	K	T	C	P	N	J	L	F	C	A	G	W	K	L
H	Y	H	A	C	D	I	A	U	E	E	O	G	F	D	I	U	Q	I	L
R	E	V	R	L	O	N	B	D	R	W	S	I	K	N	X	F	R	T	E
Q	J	R	O	H	O	G	W	L	E	A	P	E	M	U	S	N	O	C	Y
P	Q	Y	V	L	F	J	J	R	E	E	T	S	E	S	A	M	E	H	X
E	F	X	A	P	U	M	P	K	I	N	S	E	E	D	V	D	N	E	F
G	I	Y	L	K	C	I	H	T	O	V	Z	N	D	F	E	I	E	N	C
P	R	C	F	C	A	Z	L	I	G	H	T	N	O	A	G	D	K	Z	G
Q	R	B	J	C	L	D	T	C	O	C	O	N	U	T	E	N	C	Y	S
N	X	G	H	E	O	I	N	H	S	P	R	A	Y	E	T	S	I	Z	V
W	K	Y	O	S	R	E	W	O	L	F	F	A	S	I	A	O	H	I	Z
F	H	I	I	T	I	F	Y	A	M	W	Z	N	J	D	B	K	C	O	U
G	Q	F	U	Y	E	F	N	G	O	L	I	V	E	Y	L	V	P	J	T
M	W	N	N	O	S	T	J	T	U	N	A	E	P	R	E	S	S	Y	T

ALMOND
BAKING
BURN
CALORIES
CANOLA
CHICKEN
COCONUT
CONSUME
COOK
CORN
COTTONSEED
DIET
EDIBLE
FAT
FIRE
FISH
FLAVOR
FOOD
FRY
GRAPE SEED
HOT
KITCHEN
LIGHT
LIQUID
NUTRITION
OLIVE
PAN
PEANUT
PLANT
PRESS
PUMPKIN SEED
RECIPE
REFINED
SAFFLOWER
SALAD
SATURATED
SESAME
SMOKE
SOY
SPRAY
SUNFLOWER
THICK
VEGETABLE
VIRGIN
YELLOW

Solution on page 360

Box It Up

W	E	O	O	R	D	G	M	H	D	E	C	O	R	A	T	E	D	G	D
D	U	K	X	J	X	X	F	I	B	E	R	B	O	A	R	D	T	A	H
O	O	R	J	E	L	I	F	L	K	P	T	R	O	P	S	N	A	R	T
D	B	E	I	P	L	X	O	B	Y	T	L	A	N	E	P	A	T	O	S
H	B	B	J	V	N	C	C	E	R	E	A	L	G	G	B	F	N	D	E
V	V	P	E	U	N	M	A	Y	T	B	O	Y	T	U	I	U	T	N	H
X	E	J	R	Y	C	O	N	T	A	I	N	E	R	G	R	S	C	A	C
X	O	C	A	P	C	W	E	L	P	K	E	X	A	L	J	R	E	P	H
S	D	A	R	V	L	R	L	A	T	E	M	P	A	P	E	R	O	D	W
Q	I	C	N	A	B	O	Y	B	L	A	C	K	B	R	O	W	N	C	M
A	L	P	B	O	T	U	Q	E	W	A	R	E	H	O	U	S	E	B	P
Y	D	T	X	I	S	E	B	N	C	V	C	C	R	D	O	O	W	J	E
S	U	S	D	I	D	A	E	U	Q	I	N	Y	I	I	D	T	E	B	P
X	D	J	X	M	L	P	S	R	F	U	G	M	N	M	E	M	S	M	U
B	O	B	P	A	O	E	A	F	L	D	P	A	G	U	L	T	U	O	C
E	N	I	R	I	F	Q	O	C	A	L	M	S	R	H	A	N	F	F	P
J	Z	G	D	L	H	Z	S	H	K	R	A	D	G	C	G	B	N	X	T
H	E	N	I	X	Z	S	K	G	S	R	J	Q	K	T	C	F	R	O	B
N	G	J	L	B	C	E	C	D	S	H	F	S	E	A	H	V	Q	Y	K
U	O	U	G	G	A	E	X	X	P	L	P	D	M	M	I	X	J	L	S

BALLOT
BIG
BLACK
BROWN
CEREAL
CHEST
CIGAR
CONTAINER
CORRUGATED
CRATE
CUBE
DECORATED
DESIGN
FIBERBOARD
FILE
FOLD
FUSE
GIFT
HAT
HUMIDOR
JEWELRY
LABEL
LARGE
LETTER BOX
LID
LUNCH
MAIL
MATCH
METAL
OFFICE
OPEN
PACK
PANDORA
PAPER
PENALTY BOX
POST
RECEPTACLE
RING
SHIP
SHOE
STACK
TRANSPORT
UPS
WAREHOUSE
WOOD

Solution on page 360

Move the Mouse

R	Q	L	T	T	M	W	Y	G	Q	T	K	D	M	J	F	J	T	X	A
T	B	D	L	K	O	G	D	M	F	P	E	K	D	M	D	C	U	X	Z
I	M	J	R	O	T	I	N	O	M	E	O	U	U	E	E	Y	P	N	E
B	M	O	B	P	D	I	S	P	L	A	Y	R	C	L	U	X	N	V	X
S	L	U	L	K	F	O	E	P	H	B	E	I	E	K	L	O	I	I	G
D	F	U	A	A	R	N	P	Y	A	M	V	S	U	T	P	F	Y	M	R
J	K	F	E	C	R	A	O	R	N	E	Y	H	V	T	U	T	G	O	A
S	N	O	I	T	C	E	R	I	D	F	U	B	I	T	E	P	A	T	P
C	X	M	E	M	O	E	H	Q	T	U	D	C	A	R	A	T	M	I	H
H	O	R	T	L	N	O	S	P	K	A	A	E	A	D	H	K	I	O	I
L	O	U	O	J	P	M	T	S	I	L	G	W	S	X	L	E	N	N	C
E	Y	V	M	S	Z	Q	R	H	O	R	D	I	N	K	M	Y	G	I	L
E	S	E	E	X	R	B	A	G	M	R	E	L	V	T	T	B	M	M	I
H	L	U	R	R	G	U	I	U	A	O	Y	P	L	A	R	O	B	Q	C
W	O	B	W	K	C	T	C	H	P	S	V	A	P	A	N	A	P	P	K
J	E	T	A	Z	E	T	C	O	J	N	S	E	H	O	B	R	C	P	J
Z	X	R	O	C	H	O	I	G	D	E	G	C	G	S	T	D	C	K	M
E	S	O	H	G	R	N	Y	L	R	S	T	R	U	U	O	P	Z	F	I
R	M	L	I	D	T	S	X	I	A	W	E	S	Y	S	I	U	A	R	E
F	J	L	T	F	O	R	A	B	G	Y	A	C	P	X	J	A	F	L	Q

ACCESSORY
APPLE
BALL
BLUETOOTH
BUTTON
CABLE
CLICK
COMPUTER
CORD
CURSOR
DESKTOP
DEVICE
DIRECTIONS
DISPLAY
DRAG
ERGONOMIC
GAMING
GRAPHIC
GUI
HAND
HARDWARE
HOVER
INPUT
KEYBOARD
LAPTOP
LASER
LIGHT
LOGITECH
MICROSOFT
MONITOR
MOTION
MOVE
NAVIGATION
OPTICAL
PAD
PERIPHERAL
POINT
REMOTE
ROLL
SELECT
SENSOR
TRACK
USB
WHEEL
ZOOM

Solution on page 360

Rainforest Life

G	A	M	X	I	V	B	T	O	R	R	A	P	Z	P	Y	E	E	N	K
U	Q	M	M	T	H	R	U	G	U	A	H	E	R	X	H	E	A	A	R
U	I	G	C	S	E	E	R	T	R	C	U	M	O	Y	Z	G	Y	T	A
Q	V	G	N	N	A	X	J	P	T	Z	K	G	T	N	J	A	E	U	V
S	T	L	E	A	V	E	S	A	W	E	G	U	A	M	U	P	G	G	D
B	R	T	W	L	R	V	S	D	D	U	R	P	G	J	O	O	U	N	R
S	A	R	A	Y	I	U	N	R	H	N	M	F	I	H	R	Q	W	A	A
I	S	L	T	Z	W	D	M	T	N	I	O	L	L	I	D	A	M	R	A
F	C	H	E	F	G	T	O	H	H	R	Y	C	L	Y	A	M	B	O	T
P	G	H	R	V	O	L	S	C	J	B	Z	L	A	I	V	O	V	H	G
F	G	H	K	U	S	U	Q	F	O	M	A	A	L	N	C	K	B	F	E
A	T	L	C	U	B	F	U	Z	E	R	R	A	D	R	A	P	O	E	L
D	D	A	I	S	B	S	I	Y	W	A	C	A	M	R	K	U	R	T	T
Q	N	A	T	A	G	Z	T	I	E	I	G	U	A	N	A	L	Q	R	E
A	B	N	O	G	N	U	O	C	P	K	H	L	T	Y	Z	Z	D	I	E
Y	A	R	X	T	W	S	B	O	E	U	N	I	P	P	M	N	I	B	B
J	T	T	E	K	C	I	R	C	M	S	H	O	P	J	J	V	H	L	G
O	M	T	V	G	F	T	T	I	H	D	N	L	M	P	X	T	C	O	V
O	X	C	R	L	I	T	D	D	F	A	L	I	F	L	O	O	R	O	M
X	G	F	S	B	I	T	X	R	C	X	L	V	H	O	U	F	O	H	J

AARDVARK
ALLIGATOR
ANACONDA
ANTS
ARMADILLO
BAT
BEETLE
BOA
BUGS
BUSH
BUTTERFLY
CANOPY
CHIMPANZEE
COBRA
CRICKET
CROCODILE
EXOTIC
FLOOR
FROG
GORILLA
HIPPO
HUMID
IGUANA
INSECTS
JAGUAR
LEAVES
LEOPARD
LIZARD
MACAW
MONKEY
MOSQUITO
NET
ORANGUTAN
ORCHID
PARROT
PUMA
SHRUBS
SLOTH
SNAIL
TIGER
TOAD
TOUCAN
TREES
TROPICAL
WATER

Solution on page 360

Mankind

C O N D J I S D Z E P Z S A Q L G E D W
C F J C J A I N A F Z G P S A N O H O B
X I Z S N T U I H E P Y I T D N I M T H
L O A D V A N C E D H T R A E S A Y T E
N I A R B S S E N S U O I C S N O C Q L
U L A D E P I B G O M T T Y M O T A N A
G I R L I V I N G I I X A L W I U N M M
Z T H I N K I N G P L T R G U T K O Y E
U J L P G N R T N P D L A U Q O W I T F
T O S I O Y E V A O R T E Z W M S T I O
G P L S L S D U B E I I A T I E N U L L
S V A I O G N O L C R T M N N L E L A Y
P E M S O E E I B X N C A A I I I O N X
R A M Z R L G C D Z U J N L T M P V O K
F U A I P I A L A L I F E I U E A E I D
L R M O O E I Y T E I C O S K P S L T C
X G E N T H G U O H T X P E R S O N A I
N P F G C T R K E F K W Z A E A M P R H
U S E I C E P S A D A P T A T I O N E H
A X T D C W K Z L W B I W R I A H B G L

ADAPTATION
ADVANCED
ANATOMY
ANIMAL
BEING
BIPEDAL
BODY
BRAIN
CHILD
CIVILIZATION
CONSCIOUSNESS
CREATIVE
CULTURE
EARTH
EMOTIONS
EVOLUTION
FAMILY
FEMALE
GENDER
GIRL
HAIR
HEAD
HOMO SAPIENS
INTELLIGENT
LEGS
LIFE
LIVING
MAMMALS
MIND
MORTAL
PEOPLE
PERSON
POPULATION
PRIMATES
RATIONALITY
REASONING
RELIGION
SKIN
SOCIETY
SOUL
SPECIES
SPIRIT
THINKING
THOUGHT
WOMAN

Solution on page 360

Dream Weddings

O	R	S	L	L	N	O	S	V	N	R	R	P	H	P	K	M	C	K	N
N	I	E	P	C	V	D	T	Z	B	S	L	E	L	O	D	S	R	I	I
J	Q	J	X	Z	T	N	E	M	N	I	A	T	R	E	T	N	E	I	X
P	W	X	S	Y	V	W	A	T	G	L	Y	W	C	S	C	E	I	L	T
S	D	C	I	S	U	M	K	A	A	K	O	O	L	H	O	P	L	F	F
U	E	R	E	S	G	G	R	Z	Q	C	R	L	A	N	N	A	E	N	H
L	S	Z	G	R	E	D	U	Y	G	A	I	M	I	S	H	H	D	A	Q
A	I	B	R	E	E	V	C	N	T	R	P	T	G	N	C	N	N	G	I
V	G	M	O	N	Z	M	O	I	F	A	N	P	S	O	P	D	A	N	D
I	N	G	O	W	N	I	O	D	G	A	E	D	E	I	U	R	H	I	G
S	E	W	M	U	T	N	C	N	G	E	D	L	C	T	H	R	C	U	U
H	R	X	P	P	S	G	E	A	Y	Y	I	C	A	A	I	P	M	D	E
E	X	P	E	N	S	I	V	E	T	T	R	O	H	T	K	Z	O	E	S
D	H	C	X	C	U	A	N	H	R	H	B	Y	U	I	Y	E	E	S	T
E	E	T	Z	T	R	O	S	E	R	N	E	P	K	V	N	R	O	R	S
R	U	U	D	T	E	Y	N	Z	Z	H	A	D	W	N	G	A	I	R	S
E	N	X	X	X	N	N	S	N	L	U	X	U	R	I	O	U	S	A	K
T	E	E	M	Z	I	L	Y	T	D	C	I	T	N	A	M	O	R	B	F
A	V	D	P	D	W	N	T	N	A	G	E	L	E	D	L	U	S	B	J
C	E	O	I	V	S	R	E	W	O	L	F	Z	N	K	V	I	B	Z	R

APPETIZERS
BAR
BRIDE
CAKE
CATERED
CATHEDRAL
CEREMONY
CHAMPAGNE
CHANDELIER
CHEF
CHINA
CRYSTAL
DECORATIONS
DESIGNER
DINNER
DOVES
ELEGANT
ENTERTAINMENT
EXPENSIVE
EXTRAVAGANT
FAIRYTALE
FLOWERS
FRILLS
GARDEN
GOURMET
GOWN
GROOM
GUESTS
HALL
HOTEL
INVITATIONS
LAVISH
LIMOUSINE
LUXURIOUS
MUSIC
RECEPTION
RESORT
ROMANTIC
ROYAL
SILK
SOPHISTICATED
STEAK
TUXEDO
VENUE
WINE

Solution on page 361

Metalwork

R	O	R	G	K	W	Y	J	V	L	K	Z	N	T	W	L	Z	V	D	T
I	M	L	E	Q	P	A	R	C	S	L	G	D	Q	J	N	C	J	B	F
I	O	E	U	E	E	T	U	A	H	O	Y	O	B	U	H	X	B	E	N
Z	I	Q	T	M	T	R	M	W	A	S	Q	X	F	H	O	V	F	N	F
I	S	A	Y	A	O	C	O	P	P	E	R	P	P	V	I	R	G	A	W
N	E	T	N	L	L	L	W	F	I	R	E	I	S	S	C	L	O	E	D
H	S	Y	E	F	B	U	D	V	N	R	N	K	T	R	A	D	E	T	F
E	L	V	P	V	U	M	S	E	G	D	I	R	B	T	S	R	W	K	E
P	M	A	C	H	I	N	E	N	U	L	X	D	H	B	T	U	T	W	N
N	H	G	J	N	O	R	I	S	L	E	S	E	H	Y	U	X	M	G	H
Q	Q	K	N	B	I	N	T	G	S	M	R	S	Y	L	E	E	T	S	F
W	Z	R	L	I	I	R	V	T	O	A	L	I	E	G	K	O	U	H	S
F	L	G	G	O	Y	V	A	E	L	L	C	G	W	C	M	T	C	I	X
Y	B	T	J	G	P	N	E	T	D	L	D	N	H	P	O	U	C	P	G
T	K	Z	S	N	V	M	A	A	E	E	R	U	T	C	U	R	T	S	L
S	H	N	W	I	Z	I	P	E	R	A	N	V	G	U	B	N	P	W	I
R	U	U	L	L	L	L	I	R	D	B	C	G	R	B	K	I	C	C	J
F	O	H	T	I	M	S	K	C	A	L	B	M	I	E	E	N	L	H	F
J	C	C	O	F	T	H	A	M	M	E	R	Z	N	N	G	G	G	R	Z
K	O	U	S	N	Q	E	B	L	Z	W	E	L	D	D	E	A	A	B	Z

ANVIL
ART
ASSEMBLY
BEND
BLACKSMITH
BRIDGES
CAST
COPPER
CREATE
CUT
DESIGN
DRILL
ENGINE
FILING
FIRE
FLAME
GOLD
GRIND
HAMMER
HEAT
INDUSTRY
IRON
JOINING
LATHE
MACHINE
MALLEABLE
MASK
METAL
MOLD
ORE
PROCESS
PUNCH
RIVETS
SAW
SCRAP
SHAPING
SHIPS
SKILL
SOLDER
STEEL
STRUCTURE
TRADE
TURNING
WELD
WIRE

Solution on page 361

Central Park NYC

N	O	Q	C	F	A	Z	B	Y	C	D	E	S	P	U	B	L	I	C	N
K	T	P	G	N	I	N	N	U	R	E	C	R	E	A	T	I	O	N	R
N	C	R	B	L	G	K	F	X	A	L	E	R	U	T	A	N	R	X	C
S	D	L	E	I	F	Y	R	R	E	B	W	A	R	T	S	R	E	J	K
R	T	N	E	E	R	G	E	H	T	N	O	N	R	E	V	A	T	R	C
E	O	V	E	D	S	K	E	X	U	A	V	T	R	E	V	L	A	C	J
W	U	R	B	A	N	P	A	R	K	S	R	V	F	R	S	M	E	A	O
O	R	T	G	S	L	U	F	I	T	U	A	E	B	I	D	N	H	R	G
L	I	C	N	K	N	W	O	R	Z	T	O	G	S	N	T	F	T	O	G
F	S	E	I	A	D	E	O	R	O	U	R	A	A	E	Y	O	E	U	E
F	T	L	K	T	T	P	R	R	G	E	O	L	R	S	R	E	T	S	R
W	G	G	L	I	S	T	Y	D	A	Y	C	T	L	S	A	V	R	E	S
R	S	N	A	N	K	G	A	T	L	I	A	A	F	E	U	H	O	L	M
W	T	A	W	G	A	R	L	H	R	I	V	L	G	X	T	S	C	I	A
P	R	T	S	R	T	A	K	O	N	I	H	R	P	H	C	C	A	L	R
T	E	C	D	I	W	S	T	M	T	A	A	C	D	O	N	I	L	A	A
W	C	E	R	N	Z	S	E	S	Y	L	M	U	K	U	A	N	E	K	T
O	N	R	I	K	I	N	E	B	E	N	C	H	E	S	S	C	D	E	H
J	O	J	B	H	T	F	G	N	I	T	A	K	S	E	C	I	J	S	O
L	C	Z	I	G	P	O	N	D	S	H	T	A	P	E	O	P	L	E	N

BEAUTIFUL
BENCHES
BIRDS
CALVERT VAUX
CAROUSEL
CHILDREN
CONCERTS
CONSERVATORY GARDEN
DELACORTE THEATER
ENTERTAINMENT
ESSEX HOUSE
FESTIVALS
FLOWERS
GRASS
GREAT LAWN
HISTORIC LANDMARK
ICE SKATING
JOGGERS
LAKES
LARGE
MANHATTAN
MARATHON
NATURE
OASIS
PATHS
PEOPLE
PICNICS
PLAYGROUND
PONDS
PUBLIC
RECREATION
RECTANGLE
RELAX
RESERVOIR
RUNNING
SANCTUARY
SKATING RINK
SPORTS
STRAWBERRY FIELDS
TAVERN ON THE GREEN
TOURIST
TREES
URBAN PARK
WALKING
ZOO

Solution on page 361

Bill of Rights

```
A K Z T Q L Z C D L Q B U T S V M M M U
N D I N D E P E N D E N C E C K E A P D
I L N H R M A D I S O N O S R E F F E J
W E A K S P S Y M B O L N O I T I T E P
V A R R N Y R O T S I H S P O W E R W V
N R S U E I S N O I T A T I M I L A C R
Q O L H Z D L E G A L N I U R T L T S X
F Z I G I I E B W Q L A T R U O S I S B
A U K G T N E F Q O N E U N L S G F S Y
T C L M I X G S F D P V T Q E V O Y E N
H T I R C L F T O Q O E I C E T V L R Y
E R B R E O E C O M P R O M I S E B G T
R I E U E V U R U N E R N P E E R M N R
S G R I P M O N R L P D S H L T N E O E
M H T G E S A L T E T L S C K E M S C P
R T Y N P Z W U U R A U E R F D E S W O
A S T R U O C D L T Y A R A N O N A Z R
U Y R A P R O H I B I T P E U E T D G P
F V Z S Q F F R E E D O M S P E E C H G
G A X F S E L C I T R A N O I T A X A T
```

AMENDMENT
AMERICA
ARMS
ARTICLES
ASSEMBLY
CITIZENS
COMPROMISE
CONGRESS
CONSTITUTION
COUNTRY
COURTS
CULTURE
DOCUMENT
DUE PROCESS
EQUALITY
FATHERS
FEDERAL
FREEDOM
GOVERNMENT
HISTORY
INDEPENDENCE
JEFFERSON
LAW
LEGAL
LIBERTY
LIMITATIONS
MADISON
PEOPLE
PETITION
POWER
PRESS
PROHIBIT
PROPERTY
RATIFY
RELIGION
REVOLUTION
RIGHTS
RULE
SEARCH
SEIZURE
SPEECH
SYMBOL
TAXATION
TEN
WASHINGTON

Solution on page 361

Personal Attributes

K	E	V	B	R	F	E	H	O	P	E	S	C	A	R	I	N	G	G	K
C	A	U	T	I	O	N	G	R	N	I	C	F	O	G	Q	W	P	N	P
D	I	L	I	G	E	N	C	E	Y	L	P	N	E	U	G	U	O	Y	E
S	U	Z	A	C	C	E	P	T	A	N	C	E	E	I	R	W	A	F	L
C	H	A	R	I	T	Y	C	X	N	M	N	M	S	I	L	A	E	D	I
G	S	R	T	O	G	O	O	D	N	E	S	S	T	E	T	E	G	D	F
A	T	S	R	I	D	G	M	N	N	Y	V	Y	D	T	M	A	B	E	O
I	C	Y	E	C	N	N	P	I	N	T	E	G	R	I	T	Y	P	L	R
G	E	T	T	N	D	J	A	X	E	T	E	M	P	E	R	A	N	C	E
Y	P	U	C	E	E	B	S	C	T	N	W	I	S	D	O	M	B	H	S
T	S	A	A	I	A	V	S	N	E	G	D	N	K	G	F	E	B	O	I
I	E	E	R	L	Y	S	I	R	W	S	A	U	T	O	N	O	M	Y	G
C	R	B	A	Y	S	A	O	G	S	S	E	N	R	I	A	F	J	E	H
A	H	N	H	U	R	S	N	E	R	R	Y	T	L	A	Y	O	L	Y	T
N	C	A	C	T	I	Z	N	U	E	O	I	H	T	G	N	E	R	T	S
E	C	O	S	T	U	D	E	P	R	T	F	X	W	M	S	C	H	S	C
T	F	E	Y	T	N	R	O	S	U	O	I	G	I	L	E	R	E	E	I
P	R	Z	K	I	I	R	T	D	Q	U	A	L	I	T	Y	T	V	D	H
W	L	X	K	C	P	T	E	Z	G	R	W	G	O	S	E	I	O	O	T
M	O	R	A	L	I	T	Y	H	T	A	P	M	E	D	H	I	L	M	E

ACCEPTANCE
AUTONOMY
BALANCE
BEAUTY
BELIEFS
CANDOR
CARING
CAUTION
CHARACTER TRAIT
CHARITY
CHASTITY
COMPASSION
COURAGE
DILIGENCE
EMPATHY
ENDURANCE
ETHICS
FAIRNESS
FOCUS
FORESIGHT
FORGIVENESS
FORTITUDE
GENEROSITY
GOODNESS
HOPE
IDEALISM
INTEGRITY
KINDNESS
KNOWLEDGE
LOVE
LOYALTY
MODESTY
MORALITY
PATIENCE
PROPER
PURITY
QUALITY
RELIGIOUS
RESPECT
RESTRAINT
STRENGTH
TEMPERANCE
TENACITY
TRUTH
WISDOM

Solution on page 361

Ocean Animals

I	W	G	K	K	T	V	H	M	E	Z	S	T	M	T	F	F	S	B	A
R	Y	T	Q	U	O	F	G	E	L	A	M	P	R	E	Y	X	X	H	P
O	J	B	T	W	H	A	L	E	Z	D	B	D	S	M	A	L	C	W	D
P	I	N	V	Y	I	L	G	L	I	E	S	I	O	P	R	O	P	R	J
T	X	Y	S	P	I	E	E	U	X	H	Q	D	L	E	G	N	O	P	S
Z	U	D	Q	R	V	S	Q	D	A	E	Z	A	W	E	N	R	C	V	U
U	A	A	K	C	A	S	T	R	N	R	N	K	P	M	I	R	H	S	H
J	H	E	S	J	X	U	K	E	M	K	C	L	O	T	T	E	R	U	L
Y	X	M	E	Z	R	M	A	N	T	A	R	A	Y	M	S	F	F	F	W
V	T	X	A	T	J	O	F	O	B	I	C	Z	O	Z	F	S	M	B	N
R	H	L	L	Q	A	G	N	P	W	D	H	K	C	O	D	D	A	H	D
R	Q	E	N	T	N	C	M	D	H	V	O	W	E	W	H	R	R	B	Y
H	E	M	Q	I	I	U	R	P	F	S	H	C	T	R	R	S	L	T	F
Y	V	T	R	Q	H	T	Z	O	E	L	Z	U	V	A	E	M	I	P	K
H	L	R	S	L	P	H	C	H	J	P	O	C	C	W	E	L	N	F	O
N	E	S	L	B	L	T	C	W	C	B	G	U	W	A	L	R	U	S	Y
H	O	Y	G	B	O	A	Z	G	N	H	D	M	N	Y	Q	N	G	S	S
P	Z	Y	T	P	D	L	T	U	N	A	Y	B	H	D	J	C	X	I	T
F	K	C	U	R	C	H	I	N	Y	D	A	E	A	N	E	M	O	N	E
I	R	S	T	I	H	X	Q	M	N	W	A	R	P	B	A	R	C	W	R

ANEMONE
BARRACUDA
BASS
CLAM
COD
CRAB
CUCUMBER
DOLPHIN
EEL
FISH
FLOUNDER
GREAT WHITE
HADDOCK
HERRING
HUMPBACK
KRILL
LAMPREY
LOBSTER
MACKEREL
MANTA RAY
MARLIN
MUSSEL
OCTOPUS
ORCA
OTTER
OYSTER
PLANKTON
PORPOISE
PRAWN
SEAL
SHARK
SHRIMP
SPONGE
SQUID
STINGRAY
TUNA
TURTLE
URCHIN
WALRUS
WHALE

Solution on page 361

Small Computers

R	F	V	L	B	J	Z	H	Q	U	A	A	N	T	Z	P	K	L	U	M
I	E	R	A	W	T	F	O	S	I	B	O	O	K	T	R	R	D	M	W
H	L	T	N	L	U	D	B	D	Z	T	C	A	P	M	O	C	O	T	G
K	B	P	U	P	H	P	S	S	E	L	E	R	I	W	T	N	R	D	K
Y	A	I	J	P	O	P	B	B	O	L	M	F	D	R	I	E	E	I	T
P	T	P	U	R	M	W	O	S	T	B	L	R	A	T	N	E	A	C	H
H	R	A	T	L	L	O	E	P	N	W	A	V	O	Y	E	R	A	W	G
R	O	S	C	V	K	P	C	R	U	O	E	R	T	P	X	C	W	E	I
D	P	S	H	C	E	C	Z	L	B	L	I	O	D	I	P	S	G	B	E
V	A	N	W	R	E	G	T	R	A	O	A	T	U	N	E	S	F	C	W
W	M	P	I	O	G	S	E	D	Y	N	O	R	A	G	N	Z	N	A	D
I	O	E	K	H	D	H	S	G	R	W	O	K	E	C	S	E	E	M	D
F	N	R	C	C	T	N	O	I	T	A	T	S	G	N	I	K	C	O	D
I	A	I	K	O	A	L	I	E	B	K	O	C	R	N	V	L	G	A	C
W	M	B	M	O	O	R	N	W	Y	L	A	B	E	E	E	X	P	V	S
L	O	C	I	N	O	R	T	C	E	L	E	V	Y	F	P	H	U	P	M
I	U	L	H	H	E	B	G	A	M	I	N	G	I	E	C	A	H	O	A
G	S	C	Z	T	S	L	C	D	S	O	N	Y	O	U	K	D	L	D	L
H	E	S	N	N	C	O	K	A	C	P	L	M	O	B	I	L	E	L	L
T	L	I	D	A	X	W	T	L	M	N	E	T	B	O	O	K	G	Y	M

ACCESSIBLE
APPLICATIONS
COMPACT
CONVENIENCE
DELL
DOCKING STATION
ELECTRONIC
GAMING
IBOOK
INEXPENSIVE
INTERNET
KEYBOARD
LAP
LCD
LIGHT
MACBOOK
MINI
MOBILE
MONITOR
MOTHERBOARD
MOUSE
NETBOOK
NOTEBOOK
PERSONAL COMPUTER
POPULAR
PORTABLE
POWERBOOK
SCREEN
SMALL
SOFTWARE
SONY
TECHNOLOGY
THIN
TOSHIBA
TOUCHPAD
TRACKPAD
TRAVEL
TYPING
USB PORTS
WEBCAM
WEIGHT
WIFI
WINDOWS
WIRELESS
WORK

Solution on page 362

Government Jobs

P	E	E	E	G	G	B	P	M	K	E	S	A	S	B	E	Y	Z	Z	U
F	R	S	Z	O	I	B	Y	T	U	P	E	D	I	R	E	C	T	O	R
T	E	E	F	F	I	R	E	H	S	M	Y	R	O	N	R	E	V	O	G
R	H	C	S	F	K	P	F	L	A	R	E	D	E	F	P	E	S	C	F
O	C	U	O	I	E	C	O	N	O	M	I	S	T	K	V	S	S	G	R
Y	A	R	Y	C	D	C	M	T	E	R	C	E	S	I	E	D	O	E	R
A	E	I	F	E	U	E	A	Q	I	Z	T	M	T	S	E	N	A	T	E
M	T	T	I	R	E	W	N	B	R	O	D	A	S	S	A	B	M	A	N
I	A	Y	R	E	F	T	A	T	I	E	T	A	P	S	O	I	O	A	G
L	T	U	E	I	G	U	G	R	F	N	Y	P	S	R	O	Q	C	U	I
I	S	K	F	D	Q	A	E	G	E	C	E	E	N	H	E	S	J	D	N
T	P	Z	I	L	J	N	M	S	O	R	R	T	O	Y	M	D	H	I	E
A	O	N	G	O	J	O	E	U	A	G	U	G	I	O	H	Q	R	T	E
R	L	E	H	S	Q	R	N	I	N	V	E	S	T	I	G	A	T	O	R
Y	I	D	T	D	P	T	T	O	A	L	W	S	A	X	O	Y	X	R	B
H	C	R	E	E	Y	S	C	P	L	A	U	S	C	E	N	S	U	S	L
C	E	A	R	R	N	A	V	J	Y	C	W	R	U	K	R	J	S	F	E
W	P	W	Z	N	M	L	M	Q	S	O	J	U	D	G	E	T	O	E	G
F	M	L	I	B	R	A	R	Y	T	L	C	Y	E	N	R	O	T	T	A
Q	O	D	T	L	M	V	N	A	M	L	I	A	M	H	M	U	M	U	L

ALDERMAN
AMBASSADOR
ANALYST
ASSESSOR
ASTRONAUT
ATTORNEY
AUDITOR
BORDER PATROL
CABINET
CENSUS
CIA
CONGRESS
COUNTY
CUSTOMS
DEPUTY
DIRECTOR
ECONOMIST
EDUCATION
ENGINEER
FEDERAL
FIREFIGHTER
GOVERNOR
INVESTIGATOR
JUDGE
LEGAL
LIBRARY
LOCAL
MAILMAN
MANAGEMENT
MAYOR
MILITARY
OFFICER
POLICE
PRESIDENT
REPRESENTATIVE
SECRET
SECURITY
SENATE
SHERIFF
SOLDIER
SPY
STATE
TEACHER
TREASURER
WARDEN

Solution on page 362

Seen at the Park

G	Q	Q	B	T	V	J	F	T	F	K	U	D	B	D	O	B	U	K	Y
C	O	B	Z	G	U	P	C	A	R	N	I	V	A	L	C	M	R	P	H
R	C	W	D	N	U	O	R	G	Y	A	L	P	P	X	Z	C	A	A	C
E	E	M	A	Z	R	K	C	B	E	N	C	H	P	W	A	C	B	R	A
E	U	Y	Y	Y	S	E	O	H	A	K	A	D	F	R	I	S	B	E	E
K	F	Y	J	P	O	O	L	E	K	R	S	W	O	D	P	K	I	N	B
V	C	I	A	I	D	C	H	P	M	N	E	U	S	O	T	C	T	T	I
A	X	O	L	D	L	Y	H	R	O	A	S	C	Z	G	F	U	S	S	R
S	O	I	N	D	S	Z	H	I	Z	E	G	D	I	R	B	D	A	C	D
O	N	O	M	C	L	R	L	F	L	V	P	G	A	R	D	E	N	B	E
H	P	T	O	S	E	I	L	B	J	D	U	S	F	S	W	F	D	L	K
Z	T	V	H	S	V	R	W	S	J	Q	R	V	Z	Q	O	G	B	C	A
Z	A	O	T	A	M	S	T	R	O	L	L	E	R	U	B	X	O	C	L
C	W	Q	P	R	X	H	W	E	G	A	L	G	N	I	E	E	X	L	I
X	J	F	V	G	E	D	Y	W	G	S	V	T	G	R	Z	F	I	V	I
M	J	X	G	N	K	E	U	O	E	L	A	I	L	R	A	R	O	X	B
P	X	L	K	I	S	R	Z	L	R	I	I	D	V	E	G	Z	M	U	X
P	I	C	T	W	T	G	W	F	N	D	B	A	L	L	A	U	G	C	Y
C	L	E	R	S	Q	U	B	D	E	E	R	D	R	I	A	S	M	O	M
R	H	Z	W	O	I	I	G	T	P	Y	H	S	R	T	E	B	H	B	W

BALL
BEACH
BENCH
BIRD
BRIDGE
BUGS
CARNIVAL
CAROUSEL
CHILDREN
CONCERT
CREEK
DADS
DEER
DUCKS
FLOWERS
FOOD CART
FOUNTAIN
FRISBEE
GAME
GARDEN
GAZEBO
GRASS
GRILL
JOGGER
KITE
LAKE
LEASH
MOMS
PARENTS
PAVILION
PEOPLE
PLAYGROUND
POND
POOL
RABBITS
SANDBOX
SHOW
SLIDE
SQUIRREL
STROLLER
SWAN
SWING
TRAIL
TREE
WILDLIFE

Solution on page 362

Aisles

C	R	P	R	R	N	E	M	R	T	F	F	U	H	P	S	G	V	N	R
X	F	X	H	L	J	F	E	G	L	Y	N	R	J	L	I	G	H	T	S
L	C	D	T	A	I	I	N	L	X	L	O	N	G	C	S	N	F	T	B
Z	H	A	G	J	V	G	A	U	O	Y	I	W	G	E	K	I	A	V	S
X	E	N	D	G	X	M	L	M	M	R	T	Q	V	E	L	D	D	I	M
S	S	C	I	L	P	W	P	T	E	B	C	L	K	J	I	D	O	D	I
B	S	W	A	D	A	R	C	H	I	T	E	C	T	U	R	E	O	X	X
A	I	D	X	P	S	R	S	G	P	H	S	R	M	G	O	W	Y	Z	C
J	K	T	M	X	S	U	D	O	S	U	P	F	M	W	N	C	M	A	O
Q	J	Q	Y	E	A	V	R	E	B	W	A	L	K	V	T	L	B	J	U
B	X	E	E	U	G	J	K	G	H	C	R	U	H	C	T	L	T	C	R
S	C	Y	B	V	E	G	D	U	T	T	W	S	T	R	A	I	G	H	T
A	H	L	I	D	C	O	V	O	P	G	A	U	D	I	E	N	C	E	L
Q	V	T	I	C	O	R	R	I	D	O	R	C	G	W	C	E	C	C	G
V	K	R	A	F	N	Y	R	H	P	B	E	T	W	E	E	N	O	K	Q
G	B	R	R	P	C	A	C	G	G	U	H	T	M	P	J	S	H	O	P
R	T	M	K	R	E	T	A	I	L	M	O	V	I	E	D	I	W	U	H
K	Y	V	F	L	R	B	U	E	I	M	U	R	E	T	A	E	H	T	T
G	W	W	C	R	T	E	E	R	O	T	S	R	I	A	H	C	M	B	A
V	D	C	F	J	C	G	V	W	O	R	E	T	N	E	C	L	F	K	Q

ARCHITECTURE
AUDIENCE
BETWEEN
BRIDE
BUS
CART
CATHEDRAL
CENTER
CHAIRS
CHECKOUT
CHURCH
CLEAR
CONCERT
CORRIDOR
COURT
DOWN
FACTORY
FOOD
LANE
LIGHTS
LINE
LONG
MALL
MIDDLE
MOVIE
NUMBER
PASSAGE
PATH
PEW
RETAIL
ROW
SEAT
SECTION
SHELVES
SHOP
SPACE
STADIUM
STORE
STRAIGHT
THEATER
USHER
WALK
WAREHOUSE
WEDDING
WIDE

Solution on page 362

Watching Sports

Y	M	V	B	A	S	K	E	T	B	A	L	L	L	R	Y	Z	I	H	M
V	R	M	B	J	E	T	I	I	W	D	Y	C	A	M	B	G	T	E	A
P	Q	E	S	G	Y	C	A	S	R	R	O	D	T	E	N	N	I	S	E
S	U	H	O	C	K	E	Y	H	Y	E	N	T	H	U	S	I	A	S	T
N	O	T	T	E	G	E	I	Q	G	C	D	A	P	U	K	P	N	P	I
W	P	C	T	N	E	P	U	J	N	C	E	A	G	E	R	P	E	E	L
W	I	S	I	B	E	W	V	F	I	O	F	L	R	D	F	A	D	N	R
T	I	X	D	A	T	D	O	K	T	S	A	E	I	A	I	L	E	N	E
B	O	H	C	O	L	O	R	F	U	L	I	R	O	W	M	C	D	A	E
B	T	Z	C	T	T	L	F	A	O	D	F	A	C	E	P	A	I	N	T
Q	F	S	R	B	R	E	A	G	H	H	L	P	U	C	V	M	C	T	E
E	A	A	A	F	O	P	G	B	S	L	Y	P	N	R	E	Z	A	D	L
M	C	L	C	K	P	R	K	E	E	T	J	A	I	L	T	L	T	E	E
K	L	R	S	K	P	G	P	Y	L	S	E	V	T	R	R	K	I	X	V
B	A	C	A	H	U	O	E	A	L	L	A	B	Y	E	L	L	O	V	I
X	T	H	N	C	S	D	Y	A	O	L	O	B	E	N	C	T	N	Y	S
I	F	E	A	T	I	O	R	G	R	P	P	C	S	N	G	I	S	G	I
A	W	E	E	A	L	N	O	Y	Z	H	P	N	R	A	Z	A	O	Z	O
J	U	R	I	W	I	A	G	R	M	A	J	D	E	B	F	L	M	V	N
O	J	R	O	S	T	S	E	N	N	X	T	I	J	J	F	U	X	E	J

APPAREL
ARDENT
BANNER
BASEBALL
BASKETBALL
BOXING
CAMARADERIE
CHEER
CLAPPING
COLLEGE
COLORFUL
DEDICATION
EAGER
ENTHUSIAST
FACE PAINT
FOOTBALL
GAME
GEAR
GOLF
HATS
HOCKEY
JERSEY
LOGO
LOYALTY
MASCOT
NASCAR
PENNANT
POSTER
RACING
RIVALRY
SHOUTING
SIGNS
SOCCER
SOCIAL
SUPPORT
TEAM
TELEVISION
TENNIS
TICKETS
TRACK
UNITY
VOICE
VOLLEYBALL
WATCH
YELL

Solution on page 362

See Japan

L	C	J	D	N	H	V	T	W	K	U	O	R	O	P	P	A	S	K	E
Y	S	A	W	P	D	O	K	I	N	A	W	A	Z	N	A	G	O	Y	A
X	P	M	S	P	O	X	E	Z	L	A	R	X	O	W	C	K	C	O	G
T	Y	A	T	C	M	M	B	C	P	N	P	A	K	M	I	D	S	T	Q
F	Q	H	W	N	P	X	U	P	J	T	N	A	T	K	F	M	O	O	Y
E	M	O	C	E	E	X	R	S	H	U	D	K	J	E	I	T	F	B	H
A	G	K	R	R	S	M	W	I	F	S	D	U	Q	F	C	R	E	G	R
J	M	O	N	S	A	A	A	N	A	H	F	O	K	O	O	B	S	I	Y
J	R	Y	Q	D	U	N	I	I	N	K	E	H	O	E	C	A	N	K	D
X	N	K	K	V	U	G	O	T	L	G	I	U	Q	S	E	I	E	A	H
I	R	A	I	G	O	E	A	M	A	R	T	I	A	L	A	R	T	S	T
M	E	I	K	M	C	U	S	R	O	M	A	G	L	R	N	K	E	A	A
A	J	P	S	I	O	I	Q	S	B	I	A	P	T	Y	T	F	A	G	S
G	I	F	R	I	H	N	H	O	C	E	D	T	F	B	O	N	S	A	I
I	E	U	T	D	N	I	O	G	A	L	E	P	I	H	C	R	A	N	A
R	J	K	D	T	M	G	T	Z	G	L	Z	T	P	O	G	B	L	Z	A
O	Q	U	K	A	K	H	S	O	L	I	K	A	S	A	W	A	K	C	X
L	B	O	F	K	D	O	A	U	T	O	M	O	B	I	L	E	S	S	T
A	T	K	M	T	Q	L	B	W	N	I	P	P	O	N	U	G	O	H	S
O	X	A	T	C	M	W	L	E	K	I	Q	N	L	C	S	C	U	X	M

AKIHITO
ARCHIPELAGO
ASIA
AUTOMOBILES
BONSAI
BOOK OF HAN
BUDDHISM
BULLET TRAIN
DIET
EMPEROR
FUKUOKA
HIROSHIMA
JUDO
KARATE
KAWASAKI
KIMONO
KOBE
KOTO
KYOTO
MARTIAL ARTS
MONARCHY
MT FUJI
NAGASAKI
NAGOYA
NIPPON
OKINAWA
ORIGAMI
OSAKA
PACIFIC OCEAN
PARLIAMENT
RICE
RISING SUN
SAITAMA
SAPPORO
SEA OF JAPAN
SHOGUN
SUGAR BEETS
SUMO
YOKOHAMA

Solution on page 362

Alarms

S	J	C	E	F	Y	D	P	U	L	K	U	O	E	H	S	R	K	L	L
O	G	N	H	I	N	A	S	R	E	S	X	Q	O	T	B	P	L	L	E
Y	E	C	T	D	H	P	P	J	O	N	H	H	O	I	O	A	Q	O	N
R	S	U	S	E	L	Y	R	E	P	T	A	R	R	L	T	A	N	C	Z
G	H	S	Y	C	N	E	G	R	E	M	E	L	I	I	S	M	O	K	E
O	N	D	B	O	M	K	L	G	X	B	W	C	P	L	M	B	T	V	L
K	W	R	T	I	B	C	T	C	Q	H	E	S	T	R	L	U	Y	O	O
K	Z	I	N	E	C	R	I	S	I	S	O	R	W	I	I	L	B	N	U
A	C	D	L	O	O	H	C	S	E	H	S	U	I	Q	O	A	V	W	D
E	E	L	F	M	N	H	T	N	A	E	E	X	S	Z	E	N	O	E	R
R	S	T	H	G	I	L	S	M	D	U	R	V	X	E	V	C	T	K	I
R	O	C	O	D	E	O	E	D	B	F	E	P	X	F	A	E	I	Z	L
I	R	O	K	R	R	S	I	R	E	N	H	A	N	E	C	J	T	H	L
P	S	E	D	F	A	L	S	E	P	R	T	D	R	T	U	E	R	I	F
D	T	Y	M	N	T	P	A	N	I	C	A	B	O	S	A	F	E	T	Y
W	O	Q	G	Z	Q	T	T	N	B	N	E	R	H	T	T	O	L	W	B
L	M	M	J	H	Q	M	W	I	G	F	W	J	F	C	E	R	A	C	Y
T	S	C	Q	A	W	A	K	E	Y	I	G	N	I	N	R	A	W	F	U
K	I	Z	T	N	E	G	R	U	S	Q	S	M	O	N	I	T	O	R	R
D	H	V	C	M	J	U	B	E	M	P	Y	C	O	V	M	D	F	X	Y

AIRPLANE
ALERT
AMBULANCE
AWAKE
BANK
BEEP
BELL
CAR
CODE
CRISIS
DANGER
DETECTOR
DOOR
DRILL
EMERGENCY
EVACUATE
FALSE
FIRE
HORN
HOSPITAL
HOUSE
INFRARED
KEYPAD
LIGHTS
LOCK
LOUD
MONITOR
NOTICE
PANIC
POLICE
PROTECTION
REMINDER
SAFETY
SCHOOL
SENSOR
SHRILL
SIGNAL
SIREN
SMOKE
STORE
URGENT
VEHICLE
WARNING
WEATHER
WHISTLE

Solution on page 363

New Businesses

L	V	J	I	B	O	L	A	T	I	P	A	C	C	P	D	X	T	P	J
L	R	G	B	T	T	L	E	S	I	D	N	A	H	C	R	E	M	T	P
O	H	Y	R	H	N	A	L	P	V	I	N	C	O	M	E	H	O	G	Y
R	E	V	P	A	Z	R	Y	E	Q	F	R	O	S	N	O	P	S	R	T
Y	L	N	R	I	N	E	R	G	N	I	D	L	I	U	B	D	A	O	K
A	C	C	O	U	N	T	I	N	G	N	N	T	I	T	O	L	W	J	O
P	I	G	P	Q	I	A	S	E	B	A	S	N	C	C	A	E	D	I	N
Y	H	N	R	S	I	L	X	C	U	N	E	E	U	S	E	C	G	A	V
H	E	I	I	T	J	L	L	N	D	C	S	M	R	M	J	N	O	W	Q
A	V	N	E	I	H	O	S	A	G	I	E	P	P	V	A	L	S	L	M
M	G	O	T	M	Q	C	H	R	E	N	L	I	R	L	I	R	J	E	Q
G	G	Z	O	R	D	E	A	U	T	G	U	U	C	N	O	C	K	R	O
C	C	S	R	E	M	O	T	S	U	C	R	Q	V	Q	C	Y	E	E	W
D	R	Z	B	P	V	M	K	N	O	W	L	E	D	G	E	C	E	S	T
D	N	E	F	O	P	E	N	I	N	G	N	R	E	G	I	S	T	E	R
N	O	Y	D	B	Q	T	A	S	Y	T	I	L	I	B	A	I	L	A	S
P	R	O	F	I	T	D	B	E	O	I	A	E	U	N	E	V	E	R	Q
X	X	E	R	U	T	C	U	R	T	S	M	X	P	R	O	D	U	C	T
K	I	I	F	B	W	V	Y	X	K	A	M	S	E	F	E	W	A	H	R
R	T	L	E	D	Y	X	O	V	N	N	S	M	O	S	J	A	K	W	C

ACCOUNTING
ADVERTISING
BANK
BUDGET
BUILDING
CAPITAL
COLLATERAL
CREDIT
CUSTOMERS
DOCUMENTS
EMPLOYEES
EQUIPMENT
FINANCING
GRANTS
IDEA
INCOME
INSURANCE
INVENTORY
KNOWLEDGE
LIABILITY
LICENSE
LOAN
LOCATION
MARKET
MERCHANDISE
NAME
OPENING
PAYROLL
PERMITS
PLAN
PRODUCT
PROFIT
PROPRIETOR
REGISTER
RESEARCH
REVENUE
RULES
SALARY
SERVICE
SPONSOR
STRUCTURE
TAXES
VEHICLE
ZONING

Solution on page 363

Wearing Contacts

N	A	W	V	V	K	L	Y	D	U	O	L	C	K	Y	D	Y	Z	X	Z
G	T	L	N	C	T	X	U	I	V	I	S	I	O	N	P	L	D	K	B
R	S	P	H	E	R	I	C	A	L	H	Q	S	Y	L	K	E	E	W	X
E	O	E	L	B	A	E	M	R	E	P	R	W	O	X	O	V	D	D	U
U	L	D	F	G	D	E	T	H	G	I	S	R	A	F	M	R	N	C	G
S	U	B	V	D	I	R	B	Y	H	C	G	P	U	V	T	O	E	S	A
A	T	Z	W	I	T	T	H	E	R	A	P	E	U	T	I	C	T	D	L
B	I	C	K	H	I	N	E	A	R	S	I	G	H	T	E	D	X	E	T
L	O	R	O	D	O	I	C	I	T	S	A	L	P	A	R	R	E	P	M
E	N	T	I	T	N	A	T	C	E	F	N	I	S	I	D	Y	C	P	U
Y	L	T	H	S	A	P	C	V	A	O	R	T	U	C	A	L	Q	I	L
S	U	B	E	G	L	O	O	A	V	C	I	G	O	Q	E	I	D	R	T
A	E	R	A	C	I	M	D	E	S	G	C	S	U	A	B	A	G	V	I
L	T	A	A	S	E	N	L	E	M	E	M	G	N	C	M	D	N	H	F
I	P	E	E	R	O	T	R	A	T	E	E	Z	I	T	I	N	A	S	O
N	F	W	N	V	Y	P	T	E	T	N	O	I	T	C	E	R	R	O	C
E	V	O	R	P	M	I	S	I	V	R	I	L	N	T	F	D	F	Z	A
T	S	I	O	M	S	T	C	I	B	O	P	T	O	M	E	T	R	Y	L
M	U	M	C	M	R	I	G	I	D	M	L	A	C	O	F	I	B	A	V
F	U	N	W	K	V	F	T	L	T	I	U	Y	L	K	E	K	Z	H	H

ASTIGMATISM
BIFOCAL
CARE
CASE
CLEAN
CLOUDY
COLORED
CONTINUOUS
CORNEA
CORRECTION
COSMETIC
DAILY
DISINFECTANT
DISPOSABLE
DRY
EXTENDED
FARSIGHTED
HARD
HYBRID
IMPROVE
INSERT
MOIST
MULTIFOCAL
NEARSIGHTED
NOVELTY
OPTOMETRY
OVERNIGHT
PERMEABLE
PLASTIC
PRESCRIPTION
REMOVE
REUSABLE
RIGID
RIPPED
SALINE
SANITIZE
SOFT
SOLUTION
SPHERICAL
THERAPEUTIC
TINTED
TRADITIONAL
VISION
WEAR
WEEKLY

Solution on page 363

Remembering Shirley Temple

U	R	I	I	D	C	Y	B	R	J	F	C	P	S	S	F	I	L	M	W
S	F	R	E	H	P	A	R	G	O	I	B	O	T	U	A	W	A	R	D
A	C	F	Y	C	F	U	I	R	E	E	H	E	N	O	D	A	P	G	F
Q	E	I	D	I	E	H	T	K	L	S	I	N	G	M	O	I	Z	E	S
C	X	V	E	L	K	A	S	E	A	O	Y	T	N	A	O	N	P	R	M
O	E	J	M	I	P	C	B	S	L	V	E	Z	O	F	W	R	Z	Z	I
U	M	S	O	A	K	T	E	N	E	E	O	Q	S	I	Y	O	Q	B	L
T	O	K	C	T	E	O	N	U	W	Y	V	L	Y	X	L	F	P	Z	E
C	S	H	R	K	C	R	S	S	S	D	E	I	S	O	L	I	G	M	C
N	E	X	H	C	Y	O	N	T	T	B	R	T	S	O	O	L	E	H	N
X	L	S	H	O	W	D	E	N	E	N	A	E	H	I	H	A	B	W	A
C	O	H	I	C	U	A	K	R	L	A	T	E	S	G	O	C	R	M	D
E	H	B	H	D	H	S	T	D	G	C	S	F	Q	S	I	N	E	O	R
G	W	I	O	W	N	S	U	L	N	I	C	A	N	C	E	R	Z	Z	A
R	X	L	B	M	E	A	O	I	I	L	W	R	M	X	I	I	B	B	C
N	L	N	R	L	E	B	H	H	R	B	B	L	A	C	K	G	V	Y	S
N	I	V	T	I	G	M	D	C	T	U	O	P	A	I	U	L	R	O	O
N	P	T	A	S	G	A	E	Q	R	P	K	N	I	R	D	P	Y	K	M
D	I	M	P	L	E	S	E	C	R	E	M	R	O	F	R	E	P	U	L
L	O	L	L	I	P	O	P	E	M	R	M	Y	R	R	C	Z	K	E	H

ACTOR
AMBASSADOR
AMERICAN
AUTOBIOGRAPHER
AWARD
BLACK
BRIGHT EYES
CALIFORNIA
CANCER
CHILD
COCKTAIL
COMEDY
CUP
CZECHOSLOVAKIA
DANCE
DIMPLES
DOLL
DRESS
DRINK
FAMOUS
FILM
FORT APACHE
FUNNY
GIRL
HEIDI
HOLLYWOOD
LITTLEST REBEL
LOLLIPOP
MERCHANDISE
MOVIES
OSCAR
PERFORMER
POUT
REPUBLICAN
RINGLETS
SHOW
SING
SMILE
SONG
STAR
SWEET
TELEVISION
WHOLESOME

Solution on page 363

Feeling Love

R	Z	R	A	Y	Y	K	K	I	S	S	I	N	G	D	T	F	G	E	C
I	E	H	D	Y	V	D	E	T	I	U	Q	E	R	N	U	N	R	C	E
N	W	N	O	I	T	C	A	R	T	T	A	B	E	R	I	U	Q	M	T
G	C	T	T	L	L	B	M	A	F	D	R	M	O	L	T	C	O	G	A
J	G	S	I	R	D	C	E	E	Q	R	E	S	L	A	C	T	N	V	M
L	U	N	C	W	A	I	O	H	U	G	I	A	R	X	I	I	X	A	G
L	C	B	I	F	N	P	N	M	A	P	F	E	M	O	T	W	C	N	D
R	O	N	E	D	H	C	T	G	M	N	T	D	N	A	D	N	O	B	R
Y	E	G	D	G	D	S	N	X	H	I	O	S	D	D	O	I	Q	B	O
Y	K	F	I	N	U	E	R	E	L	A	T	I	O	N	S	H	I	P	S
E	C	K	O	R	O	B	W	F	B	Z	N	M	S	S	O	H	U	K	E
E	G	A	T	C	L	V	I	E	N	O	S	D	E	S	X	M	I	G	Y
R	L	A	M	V	S	F	E	E	C	N	Y	R	S	N	A	T	A	P	Q
I	L	P	I	I	L	E	R	L	G	I	P	F	V	S	T	P	P	I	D
S	C	O	U	R	T	S	H	I	P	X	N	L	R	I	Y	A	M	U	D
E	C	C	V	O	R	N	M	N	E	C	I	O	G	I	H	N	Z	O	E
D	Y	D	X	I	C	A	I	G	I	N	O	I	T	C	E	F	F	A	C
F	N	J	U	F	N	D	M	S	T	N	D	T	I	A	F	N	C	A	X
I	C	E	K	I	A	G	U	T	A	R	O	U	S	A	L	P	D	M	O
U	O	J	Z	M	M	M	P	B	N	G	F	E	H	R	R	P	Q	V	G

AFFECTION
AROUSAL
ATTRACTION
BOND
BOYFRIEND
COMMITMENT
COMPASSION
COUPLE
COURTSHIP
DANCING
DATING
DESIRE
DIAMOND
EMOTIONS
ENGAGEMENT
EXPRESSION
FALLING
FEELINGS
FRIENDSHIP
GIRLFRIEND
HAPPY
HEART
HOLDING HANDS
HUG
INTIMACY
KISSING
LITERATURE
LOVING
LUST
MARRIAGE
MATE
MUSIC
NOVEL
PARTNER
PLATONIC
RELATIONSHIPS
RING
ROSE
TRUST
UNREQUITED
WEDDING
WINE

Solution on page 363

Note Taking

R	B	V	Y	P	A	W	P	J	X	S	H	O	R	T	E	S	T	T	W
U	P	U	F	Q	M	E	M	O	E	Y	R	A	T	E	R	C	E	S	S
H	B	O	P	Z	V	I	C	C	K	C	R	S	N	L	L	S	E	Y	P
Z	S	B	I	M	M	V	N	Q	L	E	H	E	A	H	S	A	L	M	A
J	S	P	H	N	Z	E	L	A	Y	O	Y	P	T	L	C	H	B	B	W
P	E	N	I	F	T	R	S	E	M	Z	T	W	R	D	U	Q	B	O	W
X	X	S	M	N	Y	S	O	E	C	O	Y	A	O	B	R	M	I	L	T
Y	A	W	E	T	F	N	W	P	P	T	S	C	P	R	C	O	R	S	B
Q	M	S	C	D	U	O	C	Y	C	R	U	K	M	U	D	M	C	O	I
J	P	A	K	N	R	I	R	T	E	M	L	R	I	G	E	S	S	E	F
K	L	C	T	K	T	T	D	M	E	E	D	H	E	L	E	K	X	V	R
J	E	R	G	E	N	I	I	N	A	T	C	F	I	P	L	F	R	G	U
Y	V	I	L	B	R	N	T	R	S	T	N	E	M	G	A	R	F	R	S
D	S	B	P	A	D	I	N	S	E	N	I	L	D	A	E	H	J	E	N
U	A	B	X	E	N	F	A	K	A	K	O	O	B	E	T	O	N	H	N
T	Q	I	R	G	F	E	S	L	O	K	H	O	N	W	T	I	S	C	J
S	T	Y	E	I	K	D	I	C	T	A	T	E	R	P	L	W	T	A	M
P	Z	J	N	I	E	T	C	E	U	L	L	I	S	T	E	N	C	E	G
G	N	H	J	R	N	F	G	C	H	H	T	V	U	U	P	D	A	T	E
C	R	Y	S	M	X	M	S	H	X	E	L	O	O	H	C	S	F	W	P

BRIEF
CLASS
DEFINITIONS
DICTATE
DOCUMENTING
EXAMPLE
FACTS
FORMULAS
FRAGMENTS
HEADLINES
HOMEWORK
IMPORTANT
INFORMATION
JOT
KEYWORDS
LAPTOP
LEARN
LECTURE
LISTEN
MATERIAL
MEMO
NOTEBOOK
OUTLINE
PAD
PEN
POINTS
RECORD
REMINDER
REVIEW
SCHOOL
SCRIBBLE
SECRETARY
SENTENCES
SHORT
SKETCH
SKILL
STUDY
SYMBOLS
TABLET
TEACHER
TEST
UPDATE
WRITE

Solution on page 363

Fabulous Fountains

I	N	I	Y	Q	Y	I	Q	I	T	M	Y	G	Y	D	A	C	L	K	J
M	K	Z	D	P	C	Z	N	X	F	Q	I	K	J	Z	W	W	C	W	R
O	F	A	I	M	R	I	U	I	M	W	S	C	M	P	U	O	W	G	O
V	R	S	J	U	A	E	S	T	O	N	E	R	M	W	I	L	O	Q	N
X	W	A	I	P	R	H	T	U	Z	E	D	R	I	N	K	F	V	M	R
Q	C	I	S	P	O	S	R	A	M	G	U	S	N	X	I	Z	R	V	L
V	S	T	H	Z	O	H	E	G	W	N	H	T	R	C	Q	P	S	Y	L
X	X	I	O	N	D	W	A	S	H	I	N	G	A	Z	A	L	P	E	N
L	A	F	W	G	T	W	M	R	N	B	A	M	I	T	G	D	R	I	B
U	W	L	G	N	U	Z	X	G	T	M	P	B	I	Z	S	N	A	G	Y
Q	D	W	I	X	O	P	N	F	G	U	E	O	Z	O	J	B	Y	M	C
N	L	R	E	G	M	I	Q	P	S	L	Q	N	D	R	E	S	Y	E	G
E	E	B	E	D	H	E	T	A	L	P	W	A	Z	Y	T	S	D	L	C
H	N	U	J	T	H	T	T	A	Q	U	E	D	U	C	T	S	I	C	I
M	I	B	A	X	L	L	G	E	R	U	T	P	L	U	C	S	A	Y	L
L	N	B	H	A	T	I	Z	K	R	O	Q	J	N	L	L	A	M	C	B
B	Z	L	Y	C	O	Q	F	J	J	C	C	D	Z	I	W	M	R	E	U
I	R	E	B	S	O	U	R	C	E	M	N	E	R	U	S	S	E	R	P
X	B	J	G	J	D	I	T	S	J	D	P	O	D	R	D	A	M	S	O
V	O	R	Z	U	M	D	G	X	V	T	R	I	C	K	L	E	B	Q	F

AQUEDUCTS
ART
BASIN
BATHING
BELLAGIO
BIRD
BUBBLE
CAMPUS
COIN
CONCRETE
DECORATION
DRINK
FILTER
FISH
FLOW
GEYSER
JET
LIGHT
LIQUID
MALL
MERMAID
MUSIC
OUTDOOR
PATIO
PEN
PLAZA
PLUMBING
PRESSURE
PUBLIC
PUMP
RECYCLE
SCULPTURE
SHOW
SODA
SOURCE
SPAIN
SPRAY
STATUE
STONE
STREAM
TRICKLE
WASHING
WATER
WISHING

Solution on page 364

In the Woods

J	K	S	P	E	M	R	F	K	U	S	I	B	Y	Z	T	B	K	U	W
N	C	Z	Z	Z	P	E	D	J	E	G	N	M	D	L	D	A	D	R	J
W	G	S	Y	W	U	T	Y	H	K	I	S	R	W	F	E	R	N	S	E
C	M	L	R	U	D	N	S	J	R	W	U	O	O	O	S	K	E	O	N
F	S	X	L	E	D	U	K	O	E	T	G	O	F	C	L	V	Q	E	K
B	N	N	D	V	B	H	Q	H	P	N	N	S	K	S	A	V	H	L	Y
M	Q	K	M	T	P	R	H	A	I	Q	U	P	M	E	M	C	E	P	L
G	I	R	B	I	D	E	S	S	N	O	F	O	L	R	I	N	O	S	T
P	D	F	E	V	P	P	V	T	U	E	O	I	A	L	N	N	E	T	E
K	X	M	S	Z	E	M	D	D	J	R	A	B	X	E	A	X	R	S	N
C	K	G	B	N	F	A	I	O	H	R	B	M	E	C	X	I	W	H	T
Q	N	A	T	O	O	C	U	S	T	I	Q	R	E	E	D	O	B	R	I
S	E	S	N	B	E	P	U	O	T	Y	G	Z	E	N	O	P	E	U	F
S	U	C	G	D	P	M	H	I	S	R	D	D	N	D	I	G	A	B	L
X	Z	N	R	L	U	Z	E	L	E	D	F	N	P	M	N	P	R	S	J
E	K	I	C	S	G	X	W	V	I	C	V	E	F	A	Z	U	O	H	Z
V	B	N	S	E	J	Q	E	H	Q	D	C	J	R	P	Q	H	T	A	P
U	H	O	O	G	H	L	D	J	E	K	A	N	S	L	V	J	E	D	K
Z	P	P	W	U	O	A	S	R	E	D	I	P	S	E	R	I	F	E	K
O	C	H	W	J	F	L	J	R	A	C	C	O	O	N	I	B	A	C	Y

ACORNS
ANIMALS
ASPEN
BARK
BEAR
BIRD
BUSHES
CABIN
CAMPER
CANOPY
DECIDUOUS
DEER
DIRT
ELK
EVERGREEN
FERNS
FIRE
FUNGUS
HUNTER
JUNIPER
LEAVES
LICHEN
LOGS
MAPLE
MUSHROOMS
NEST
OAK
OPOSSUM
OWL
PATH
PINE
RABBIT
RACCOON
RANGER
SHADE
SHRUBS
SNAKE
SOIL
SPIDERS
TENT
TRAIL
TWIGS
UNDERBRUSH
WOLVES
WOODPECKER

Solution on page 364

Speaking

E	R	U	T	C	E	L	T	N	E	C	C	A	Q	U	A	S	G	N	I
R	F	Q	F	T	N	E	M	U	G	R	A	U	D	I	E	N	C	E	N
N	S	F	J	K	R	M	C	E	D	A	R	I	T	D	Q	O	Z	E	F
I	A	L	U	T	E	T	J	N	I	D	C	W	M	E	R	U	B	R	S
R	D	V	O	S	C	O	R	Y	U	T	R	I	K	L	K	E	O	U	S
G	O	A	C	A	I	E	J	A	I	O	C	A	V	T	E	T	S	T	P
E	S	D	J	N	T	O	L	O	N	R	N	I	W	T	C	A	M	S	E
T	C	E	W	E	A	M	N	A	O	S	S	O	A	A	U	B	Y	E	A
L	U	C	P	C	T	E	U	P	I	U	I	N	R	R	D	E	S	G	K
C	X	N	N	D	I	M	H	Y	A	D	N	T	C	P	O	D	K	R	S
V	O	A	X	O	O	O	E	L	A	U	I	O	I	P	R	D	M	O	F
C	R	L	P	T	N	R	A	S	N	C	N	X	T	O	T	I	P	I	J
P	E	R	O	E	P	I	A	C	U	C	D	T	W	L	N	A	C	B	L
F	O	A	I	C	D	Z	I	L	L	A	T	E	P	I	I	L	I	Q	J
M	R	P	N	S	U	A	A	U	E	P	L	K	L	T	P	O	N	E	V
I	S	B	T	X	T	T	S	U	K	C	L	P	F	I	I	G	S	U	F
Z	A	O	S	E	E	I	I	E	T	A	T	S	P	C	V	U	P	L	X
C	Y	K	U	H	O	O	W	O	T	Z	D	E	U	A	Y	E	I	O	B
N	O	L	G	N	T	N	O	I	N	I	P	O	R	L	R	N	R	G	J
K	J	Q	A	H	D	U	V	R	E	S	E	T	O	N	K	P	E	Y	O

ACCENT
ADDRESS
ANECDOTE
ANNUNCIATE
APPLAUSE
ARGUMENT
ARTICULATE
AUDIENCE
AWARD
CONCLUSION
DEBATE
DELIVERY
DIALECT
DIALOGUE
DICTION
EFFUSION
EULOGY
GESTURE
INSPIRE
INTRODUCE
JOKE
LECTERN
LECTURE
LOCUTION
MEMORIZATION
MICROPHONE
NOTES
OPINION
PARLANCE
POINTS
POLITICAL
PRATTLE
PRONOUNCE
QUOTE
RECITATION
SAY
SOUND
SPEAK
STATE
TALK
TIRADE
TOAST
TRANSITION
VISUAL AIDS
WORDS

Solution on page 364

Seattle, Washington

```
L Y G O L O N H C E T S E W H T R O N C
S C I N O S R E P U S N I A T N U O M U
P I K E P L A C E S R E N I R A M N E Q
C S E A T T L E I T E S T A R B U C K S
I U N I R V A N A S E A H A W K S M R P
F M T I L L A B E S A B E E F F O C I A
F E S T A T E O F W A S H I N G T O N C
A G Q P K H P B W A T E R F R O N T T I
R N P T E C C Y T I C D L A R E M E A F
T U S D W A N N S P A C E N E E D L E I
E R M O A P R E I S A R F R R P J Y S C
C G I C S I P L X E G T S I R U O T Y O
N N T M H T T V J N C Q S E A P O R T C
E I H A I A A A I A U I F E R R Y A N E
I T T Y N L C E Q A M D L O C D L P U A
R A O N G M O O R E T H E A T R E Y O N
E O W A T B M E T R O P O L I T A N C Y
P B E R O R A I N Y Y T N U O C G N I K
X I R D N E H I M I J Y T I C N E E U Q
E W E A T H E R P U G E T S O U N D A R
```

ALICE IN CHAINS
BASEBALL
BOATING
BOEING
CAPITAL
COFFEE
COLD
COUNTY SEAT
DENNY PARTY
DOC MAYNARD
EMERALD CITY
EXPERIENCE
FERRY
FRASIER
GRUNGE MUSIC
JIMI HENDRIX
KING COUNTY
LAKE WASHINGTON
MARINERS
METROPOLITAN
MOORE THEATRE
MOUNTAINS
NIRVANA
NORTHWEST
PACIFIC OCEAN
PEARL JAM
PIKE PLACE
PIONEER SQUARE
PUGET SOUND
QUEEN CITY
RAINY
SEAHAWKS
SEAPORT
SEATTLEITES
SMITH TOWER
SPACE NEEDLE
STARBUCKS
STATE OF WASHINGTON
SUPERSONICS
TACOMA
TECHNOLOGY
TOURIST
TRAFFIC
WATERFRONT
WEATHER

Solution on page 364

Positive Thinking

Q	F	C	E	H	N	K	Q	N	O	Q	G	N	O	R	T	S	P	C	P
Z	E	G	L	M	A	E	R	I	P	S	N	I	X	T	W	U	V	O	E
L	P	Z	I	Y	O	P	T	I	M	I	S	M	O	I	P	P	I	N	D
U	M	X	G	R	C	E	P	S	M	T	S	E	D	O	M	P	C	Q	U
K	I	F	U	H	J	O	Y	Y	V	A	D	E	L	H	M	O	T	U	T
R	F	G	Y	F	S	P	N	Y	I	W	A	I	Y	R	U	R	O	E	I
D	G	G	H	N	M	B	Q	S	T	L	M	B	C	R	A	T	R	R	T
J	N	Q	E	U	A	B	U	H	I	I	B	Q	A	C	O	E	Y	K	T
Z	I	C	Z	N	R	H	O	S	T	D	L	G	H	V	W	N	F	L	A
E	T	R	O	Y	T	U	M	L	P	S	E	I	E	N	P	E	V	U	S
N	F	E	D	N	G	L	E	T	D	S	E	R	B	O	J	R	M	F	P
K	I	T	E	H	F	S	E	N	X	V	C	D	A	I	I	G	H	R	I
Y	L	N	T	I	S	I	I	E	E	O	Y	Z	L	T	S	Y	X	E	R
H	P	F	A	S	M	K	D	M	M	R	I	F	F	A	E	S	P	W	E
T	U	U	C	M	O	A	D	E	N	I	M	R	E	T	E	D	O	O	W
L	A	N	I	W	R	O	G	T	N	H	I	V	N	C	K	Z	U	P	N
A	O	N	D	E	E	H	B	I	G	T	A	J	H	E	L	P	F	U	L
E	U	Y	E	Z	A	I	E	C	N	R	C	C	A	P	A	B	L	E	P
H	G	H	D	U	O	R	P	X	B	E	Q	J	J	X	H	B	X	I	F
Z	C	W	S	S	E	N	R	E	G	A	E	P	R	E	P	A	R	E	C

ACHIEVE
AFFIRM
ASPIRE
ATTITUDE
BOOST
BRAVE
CAPABLE
CHEER
CONFIDENT
CONQUER
CONSIDERATE
DEDICATED
DETERMINED
EAGERNESS
ENCOURAGE
ENERGY
ENTHUSIASM
EXCITEMENT
EXPECTATION
FEARLESS
FUNNY
GENTLE
HAPPY
HEALTHY
HELPFUL
IDEALISM
IMAGINE
INSPIRE
JOY
KIND
LIMITLESS
OPTIMISM
OVERCOME
POSSIBILITY
POWERFUL
PREPARE
PROUD
SMART
STRONG
SUPPORT
THOUGHTFUL
UPLIFTING
VICTORY
YES
ZEAL

Solution on page 364

Get Directions

```
S Q P J X H Q F Y H Q H A U R F H P L G
P P W F B D C K Z Y W S S E R D D A L I
I S R H H C L P K M Z H S T R E E T B Z
F H X A Z V I Q A E O Q I S R E D R O B
D Y V I T H M N N R E U N E V A R O F R
P R X P S J B N T G K J A W O H I A T E
G O N Z W R N C H E I R Q R O N T G E A
D M G L U F U O Y B R S H S R W L C H D
M I E U K T K O B O K S P U M E N F E T
W Z N D S F L R W R Q I T Y V A O T P B
C D P L T E K D E S T I N A T I O N U R
Y S O E O L K I K A O E R S T U Q I N I
G I M X P C S N L Q W T I W R E L S H D
H X Y I K B A A E W N D I C H D S O T G
T K Y T H I N T E R S E C T I O N U R E
H K K T N M R E I G P R V N G T D T O J
Y F G P X U A S A O I I G F H L Y H N H
P B F Q S H O P P I N G V S W A O M Q J
H G H L O O H C S Z D H E N A L V B B A
Y Q M N V W J K T P A T H S Y M I L E N
```

ADDRESS
ARROW
ASK
AVENUE
BORDER
BRIDGE
BUILDING
CITY
CLIMB
COORDINATES
COUNTY
DESTINATION
DETOUR
DISTANCE
EXIT
GLOBE
HIGHWAY
HOSPITAL
HOUSE
INTERSECTION
INTERSTATE
LANE
LEFT
LOCATION
MAP
MERGE
MILE
NORTH
PARK
PATH
READ
RIGHT
ROAD
SCHOOL
SHOPPING
SHORTCUT
SIGN
SOUTH
STOP
STRAIGHT
STREET
TOWN
TRAVEL
TURN
WEST

Solution on page 364

Have a Coke

O	P	O	P	U	L	A	R	L	C	P	B	E	V	E	R	A	G	E	F
Y	N	E	I	M	Z	E	B	E	F	O	U	N	T	A	I	N	B	K	M
E	T	U	A	O	M	R	S	Z	F	B	M	R	A	L	U	M	R	O	F
E	Z	C	G	X	O	M	R	C	K	R	R	P	Y	C	B	C	E	C	E
E	K	O	C	W	E	N	B	O	M	S	E	E	A	S	P	R	I	T	E
V	L	J	N	S	E	D	L	L	B	A	S	S	A	N	N	B	A	E	M
S	Y	K	O	A	C	A	I	A	S	O	R	O	H	L	Y	R	K	I	B
Y	E	W	L	H	N	C	X	W	D	L	E	K	C	I	T	Y	O	D	S
K	Q	L	E	U	N	K	O	A	D	G	A	A	E	N	N	H	R	C	T
I	O	R	T	C	U	P	R	R	K	L	R	I	E	T	T	G	I	Z	G
H	R	S	T	T	I	M	E	S	P	B	R	C	C	E	I	F	L	N	P
Y	E	S	E	R	O	T	S	M	O	O	N	O	E	R	S	N	I	X	G
E	T	E	F	I	E	B	T	N	B	O	R	W	W	N	E	S	G	Z	D
V	A	N	I	L	L	A	A	S	C	E	S	A	A	A	I	M	I	X	Z
D	W	I	R	J	M	T	U	S	Z	F	R	C	T	T	Y	S	M	B	K
J	X	E	G	G	E	O	R	G	I	A	V	T	R	I	N	I	F	O	E
A	V	F	J	D	S	S	A	L	G	F	B	E	O	O	O	A	U	Z	C
S	O	F	T	D	R	I	N	K	S	J	V	Q	L	N	F	N	L	I	L
H	H	A	L	W	H	I	T	E	O	D	B	D	R	A	G	U	S	T	E
D	E	C	J	G	Y	J	S	F	A	E	R	U	T	L	U	C	D	B	A

ADVERTISING
ATLANTA
BEVERAGE
BOTTLES
BROWN
CAFFEINE
CANS
CARBONATED
CHERRY
COLA WARS
COMMERCIALS
COMPANY
CONCENTRATE
CORN SYRUP
CORPORATION
CULTURE
DIET COKE
FIZZ
FORMULA
FOUNTAIN
GEORGIA
GLASS
ICE
INTERNATIONAL
JOHN PEMBERTON
KOLA NUTS
LOGO
MARKETING
NEW COKE
POPULAR
REAL THING
REFRESHING
RESTAURANTS
SODA
SOFT DRINKS
SPRITE
STORES
SUGAR
SWEET
VANILLA
WATER
WHITE
WORLDWIDE
ZERO

Solution on page 365

On the Radar

S	L	G	R	G	N	K	V	F	A	F	N	S	N	T	C	E	T	E	D
O	B	S	T	E	A	L	T	H	F	O	M	Y	O	R	Y	N	Y	O	J
F	R	S	E	R	N	A	N	R	B	O	F	S	I	O	A	L	B	J	U
Y	I	R	B	U	Z	B	R	J	U	E	R	T	T	P	S	W	H	E	Q
Q	C	P	S	S	X	O	E	W	E	X	Y	E	A	R	U	O	O	S	D
S	V	O	U	A	H	C	V	A	F	T	J	M	C	I	A	N	U	O	V
K	X	L	B	E	T	D	I	K	R	G	I	I	O	A	Q	H	P	N	O
G	N	I	M	M	A	J	E	N	Y	I	N	L	L	I	S	P	P	A	D
P	B	C	A	K	I	Z	C	O	Q	O	N	L	L	R	L	T	L	R	U
D	G	E	R	P	Z	O	E	I	R	V	Y	G	R	E	N	E	A	M	N
K	C	C	I	F	F	A	R	T	R	I	A	J	R	F	T	N	N	Y	Z
L	P	I	N	G	C	J	C	C	R	S	J	I	A	L	T	A	E	M	P
T	Y	T	E	B	M	E	W	E	A	T	H	E	R	E	Y	A	S	P	Y
M	R	F	S	M	L	Y	F	R	E	Q	U	E	N	C	Y	V	I	Q	C
E	R	Z	G	E	D	U	T	I	T	L	A	N	S	T	R	I	A	Q	R
Q	C	E	Q	Q	S	C	R	D	I	V	A	R	T	O	R	A	W	N	M
A	F	H	P	T	S	L	T	G	N	I	K	C	A	R	T	T	F	Y	P
O	A	U	O	I	F	F	U	A	Z	P	I	L	B	I	X	I	J	T	J
B	T	R	S	Q	H	H	C	P	O	G	F	R	R	N	N	O	K	P	Z
G	M	K	B	D	M	S	I	C	D	D	Z	Q	S	I	G	N	A	L	O

AIR TRAFFIC
AIRCRAFT
AIRPORT
ALTITUDE
ANTENNA
ARMY
AVIATION
BATS
BEARING
BLIP
DETECT
DIRECTION
DOPPLER
ECHO
ELECTRONIC
ENERGY
FORECAST
FREQUENCY
JAMMING
LOCATION
MEASURE
NAVY
OBJECT
PING
PLANES
POLICE
PULSE
RAIN
RECEIVER
REFLECTOR
SATELLITE
SCAN
SCREEN
SHIP
SIGNAL
SONAR
SOUND
SPY
STEALTH
STORM
SUBMARINES
SYSTEM
TRACKING
WAR
WEATHER

Solution on page 365

Joyous Christmas

Q	U	G	D	Y	E	M	C	E	Y	M	A	X	F	S	X	D	E	P	A
T	Y	E	V	H	R	N	K	C	A	I	W	O	E	C	T	F	E	Y	N
M	B	C	G	G	S	A	U	W	D	Y	Y	I	H	P	L	O	D	U	R
F	L	M	D	I	C	I	M	R	I	G	K	W	S	A	T	N	A	S	Y
Y	M	W	R	E	A	T	H	S	L	O	M	U	Y	E	K	R	U	T	S
C	T	K	F	L	Y	S	R	Q	O	D	S	M	L	G	M	Z	R	L	J
A	A	I	L	S	F	I	G	C	H	E	A	T	B	P	B	E	C	I	O
R	X	R	V	V	Z	R	C	W	J	A	S	I	N	E	G	H	N	G	S
V	E	I	O	I	I	H	T	Y	R	I	R	O	T	N	I	A	W	H	E
I	H	N	Q	L	T	C	B	E	M	T	I	H	A	L	N	A	O	T	P
R	Y	C	N	J	I	A	I	L	H	T	L	M	D	R	F	P	N	S	H
E	Q	O	R	I	B	N	N	E	A	E	W	R	S	A	P	S	S	B	B
T	N	R	O	U	D	D	G	R	H	S	E	S	G	I	N	V	T	K	T
N	N	E	H	E	H	Y	O	E	Q	N	F	D	N	U	Y	G	N	A	M
I	S	E	E	R	T	C	M	W	E	I	O	G	I	P	L	I	E	N	R
W	L	R	V	R	E	A	C	L	T	O	Y	S	K	W	I	T	S	L	B
T	S	G	O	D	G	N	V	T	F	P	D	E	C	E	M	B	E	R	S
B	E	B	Y	C	A	E	L	O	P	H	T	R	O	N	A	W	R	G	D
Z	G	I	F	T	S	D	T	E	X	O	S	O	T	P	F	A	P	A	S
Q	W	P	A	K	T	U	B	K	G	V	S	N	S	M	Z	P	R	C	K

ADVENT
ANGELS
BABY JESUS
BETHLEHEM
BIRTH
CAKE
CANDY CANE
CAROLING
CHILDREN
CHRISTIAN
CHURCH
COOKIES
DECEMBER
DECORATION
DINNER
ELVES
FAMILY
FOOD
GIFTS
GOD
GREEN
HOLIDAY
JOSEPH
LIGHTS
MANGER
MARY
MISTLETOE
NATIVITY
NORTH POLE
POINSETTIA
PRESENTS
REINDEER
RUDOLPH
SANTA
SHOPPING
SLEIGH
SNOW
STAR
STOCKINGS
TOYS
TREES
TURKEY
WINTER
WISE MEN
WREATHS

Solution on page 365

Middle Eastern Food

```
B E X F Z Y X J B E Q A H X U F Z D B U
E R Q I W O U B X I T C E P Q Q A R A K
F C L N C O U S C O U S L C E Z T X B T
Q K O P Q F U Y A R R R G S E R S W A O
A A S I A M C E R E K E L N T G S O G D
E Z O T M R D Y V A I G H H I A W I H B
O F I U S V S I J T S I C F Q L T E A N
N K H E C E D L K P H O G E U J P F N N
U B F M T A K A E S E N A B E L C M O C
O X P A U S O E L Y B A R F T F B W U K
B W D H O N E Y E O M L L A T I F I S D
R T M T N D I S H R L S I L E E S O H O
E C I R H E N B A L G I C A V I I V C O
T U O N S F S W M M F O V F N J T D X F
U F F B I P A U Q A E F H E B B I K T H
O J O R I H L I M B L C E L S Y R I A N
Q F C C S E A D D A Y F U W G S B T B X
K H E A T F D T X N C W E A S Q I Z L Y
I D H X L Q L J T F I E V L S P F L E H
H Z L H R S K T J H T N I M C B R Z L Q
```

ARAK
ASIA
BABA GHANOUSH
COFFEE
COUSCOUS
CUISINE
CURRY
DATES
DIET
DISH
DIVERSE
DUMPLINGS
EAT
ETIQUETTE
FALAFEL
FIGS
FOOD
GARLIC
GREEK
HONEY
HUMMUS
INDIA
KIBBEH
KOFTA
LABNEH
LAMB
LEBANESE
MINT
OLIVES
PARSLEY
PERSIAN
PITA
REGIONAL
RICE
SALAD
SAUCE
SESAME
SHAWARMA
SPICE
SUMAC
SWEET
SYRIAN
TABLE
TAHINI
TURKISH

Solution on page 365

DIY

O	U	S	G	T	I	R	M	Q	G	P	W	Y	X	Q	I	T	M	O	D
K	Z	E	T	I	L	V	Z	X	C	I	R	B	A	F	S	T	F	I	G
L	V	D	H	O	M	E	M	A	D	E	N	Q	T	S	U	B	K	T	Q
Q	P	V	K	I	Y	O	F	C	T	N	A	L	P	E	P	A	C	A	Q
N	R	R	S	B	O	S	N	T	M	H	P	Z	U	W	P	E	R	P	N
S	O	F	O	R	A	N	O	G	B	V	W	N	J	I	L	H	E	J	G
W	S	M	H	J	G	P	E	K	D	M	G	S	G	N	I	V	A	S	R
X	P	T	J	M	E	T	A	V	O	N	E	R	L	G	E	G	T	I	K
O	A	R	E	B	R	C	P	A	I	N	T	A	R	E	S	P	E	E	W
B	O	A	E	U	Z	C	T	B	J	E	O	D	S	E	D	C	V	D	L
F	V	N	K	P	Q	X	M	T	F	I	L	E	K	U	T	O	M	S	E
T	Q	S	C	X	A	U	A	F	K	I	F	A	H	B	R	T	M	H	D
X	O	F	H	R	L	P	O	O	U	U	T	V	Q	P	D	E	I	E	A
V	S	O	A	P	E	R	D	B	R	S	G	D	M	M	G	J	C	L	R
T	U	R	L	G	T	O	K	N	I	T	T	I	N	G	M	M	L	V	G
Q	X	M	L	S	K	Q	I	M	A	F	U	P	B	E	U	L	G	E	P
L	U	Q	E	G	N	T	R	D	E	S	I	G	N	I	K	D	B	S	U
N	K	B	N	Q	U	I	L	T	S	E	S	X	G	S	V	E	O	D	F
E	C	E	G	R	E	P	A	E	H	C	R	A	F	T	S	C	E	C	I
K	T	N	E	M	H	S	I	L	P	M	O	C	C	A	W	K	G	W	L

ACCOMPLISHMENT
BATHROOM
BOUQUETS
BUILD
CHALLENGE
CHEAPER
CRAFTS
CREATE
DECK
DESIGN
EFFORT
FABRIC
FELT
FIX
FURNITURE
GIFTS
GLITTER
GLUE
HOMEMADE
IMPROVE
KIT
KNITTING
MEASURE
MISTAKES
PAINT
PATIO
PLANT
PLUMBING
POTTERY
PROJECT
QUILTS
REMODEL
RENOVATE
SANDPAPER
SAVINGS
SEWING
SHELVES
SUPPLIES
TAPE
TOOLS
TOYS
TRANSFORM
UPGRADE
WEEKEND
WORK

Solution on page 365

Celebrating Earth Day

W	S	N	W	N	A	E	C	O	S	R	C	K	H	E	Y	Y	P	B	P
G	T	O	L	I	R	P	A	W	E	V	C	L	I	M	A	T	E	Q	H
Q	T	I	S	U	S	N	B	Q	E	A	T	E	N	A	L	P	L	G	C
L	N	T	T	N	O	Y	H	Q	R	P	O	L	L	U	T	I	O	N	G
X	N	A	O	O	M	P	E	S	T	I	C	I	D	E	S	J	H	I	A
Q	N	I	O	I	S	N	S	U	S	T	A	I	N	A	B	L	E	R	R
Q	A	C	R	T	I	S	O	L	A	R	Z	I	N	N	O	R	Y	P	B
S	E	E	S	A	V	E	F	I	L	P	N	F	O	G	P	Z	A	S	A
N	L	R	S	V	I	V	O	M	T	S	R	I	O	E	O	C	L	T	G
V	C	P	A	R	T	I	C	I	P	A	T	I	O	N	O	I	Y	O	E
I	S	P	R	E	C	V	C	I	N	A	V	P	O	M	T	A	P	E	P
M	V	A	G	S	A	E	R	C	C	A	L	R	M	T	D	E	Z	R	T
W	M	U	N	N	B	E	I	U	C	E	V	U	E	I	N	O	O	E	R
X	C	C	I	O	C	S	D	E	V	W	N	R	L	S	E	T	N	E	A
F	Y	I	L	C	C	E	E	N	V	I	R	O	N	M	E	N	T	T	S
K	C	G	C	O	H	C	A	Q	T	A	H	R	B	C	R	R	J	N	H
G	G	M	Y	C	C	E	X	Y	T	K	S	G	T	R	G	C	P	U	T
Q	A	U	C	S	S	E	N	R	E	D	L	I	W	B	A	J	X	L	R
A	C	X	E	D	R	S	E	C	R	U	O	S	E	R	Q	C	N	O	A
B	W	T	R	I	A	W	A	R	E	N	E	S	S	S	T	N	E	V	E

ACTIVISM
APPRECIATION
APRIL
AWARENESS
CARBON
CELEBRATE
CLEAN
CLIMATE
COMMUNITY
CONSERVATION
EARTH
EDUCATION
ENVIRONMENT
EPA
EVENTS
GARBAGE
GLOBE
GRASSROOTS
GREEN
HOLIDAY
INSPIRE
LIFE
LITTER
LOGO
NATURE
OCEAN
PARTICIPATION
PEOPLE
PESTICIDES
PLANET
POLLUTION
PRESERVATION
PROTECTION
RECYCLING
RESOURCES
SAN FRANCISCO
SAVE
SOLAR
SPRING
SUSTAINABLE
TRASH
TREES
VOLUNTEER
WILDERNESS

Solution on page 365

Make a Face

S	C	J	Y	M	P	T	R	A	D	S	A	Q	D	R	K	C	D	Z	R
V	A	H	B	G	P	N	W	O	R	F	S	J	K	E	O	H	X	Y	K
A	F	M	D	S	E	N	O	I	T	O	M	E	N	A	C	I	N	G	Y
E	O	O	P	R	J	V	M	X	N	G	U	Q	J	O	S	N	R	O	R
H	V	X	R	A	Y	O	Y	F	H	K	Y	N	N	D	Y	E	U	X	J
Z	P	K	L	E	L	Z	Q	N	J	H	I	F	D	K	T	N	U	A	G
P	C	N	A	S	H	O	C	K	E	D	U	N	G	K	G	E	N	G	Q
H	A	C	S	Y	T	E	N	D	A	S	E	L	G	L	A	R	V	U	F
Q	V	D	F	L	U	S	A	G	E	D	V	F	W	Y	A	E	I	S	F
J	K	E	E	U	O	G	C	D	E	S	I	R	P	R	U	S	U	K	S
C	E	T	X	S	M	U	A	A	M	N	S	U	O	I	R	E	S	E	E
I	P	A	C	F	S	L	U	F	T	H	G	U	O	H	T	J	W	E	H
D	D	L	I	M	U	E	A	E	R	J	E	G	N	P	W	O	Q	H	S
S	I	E	T	L	A	M	R	Z	H	I	F	X	G	R	R	G	R	C	A
E	E	K	E	J	I	E	W	P	R	W	E	S	I	R	X	R	L	S	L
K	S	L	D	L	S	N	M	G	E	E	G	N	I	H	G	U	A	L	Y
J	O	T	I	T	A	U	E	J	M	D	K	E	D	L	A	M	V	E	H
R	N	A	E	M	L	N	M	S	Y	L	D	O	Y	L	L	P	O	E	N
B	R	D	U	P	S	E	T	S	E	Y	E	P	P	J	Y	Y	P	P	F
P	U	E	H	U	Y	J	A	S	P	I	L	C	Y	B	B	D	H	Y	I

CHEEKS
CHIN
CONFUSED
DEPRESSED
EARS
ELATED
EMOTION
EXCITED
EYES
FAMILIAR
FOREHEAD
FRIENDLY
FROWN
FUNNY
GAUNT
GLASSES
GRUMPY
HAPPY
INTERESTED
LASHES
LAUGHING
LINES
LIPS
LONG
MENACING
MOUTH
NOSE
OVAL
PLUMP
POKER
ROUND
SAD
SERENE
SERIOUS
SHOCKED
SILLY
SLEEPY
SMILE
SURPRISED
THOUGHTFUL
UPSET
WINKING
WORRIED
WRINKLES
YOUNG

Solution on page 366

Studying Maya Civilization

T	T	K	C	S	D	E	T	C	K	P	S	C	T	N	E	I	C	N	A
H	K	Q	S	P	I	E	E	V	I	T	A	N	H	I	S	T	O	R	Y
Z	S	V	L	A	M	V	K	X	S	A	R	U	D	N	O	H	N	J	G
O	M	X	R	N	A	Y	D	E	J	P	E	R	I	O	D	C	Q	D	V
G	H	Y	I	I	R	B	I	M	L	G	N	I	T	I	R	W	U	N	V
W	O	V	T	S	Y	R	O	B	S	E	R	V	A	T	O	R	I	E	S
K	K	Y	U	H	P	N	H	B	S	N	P	A	L	A	C	E	S	G	T
D	C	M	A	O	O	S	L	A	R	U	M	Y	C	Z	O	E	T	A	R
P	O	K	L	E	B	L	C	N	E	H	R	J	M	I	D	S	A	U	U
O	L	R	S	H	R	R	O	D	A	V	L	A	S	L	E	T	D	G	C
U	L	E	A	U	I	I	A	G	M	Y	I	C	U	I	A	M	O	N	T
R	A	T	I	F	G	R	P	Y	Y	Z	M	C	N	V	D	W	R	A	U
K	P	N	I	I	T	S	B	M	E	E	C	O	S	I	A	B	E	L	R
P	S	C	L	V	O	C	I	X	E	M	M	D	N	C	C	P	S	T	E
W	E	E	M	C	U	L	T	U	R	E	O	D	S	O	I	O	U	Z	S
H	R	O	I	R	Y	H	P	A	R	G	I	P	E	A	R	T	D	U	K
L	T	E	P	G	U	A	T	E	M	A	L	A	I	B	E	T	N	C	U
C	T	G	O	L	D	D	C	N	N	J	M	A	T	H	M	E	S	H	F
Y	P	U	G	F	E	L	P	M	E	T	T	S	I	W	A	R	I	A	V
P	L	M	L	T	G	D	T	T	E	N	W	V	C	J	H	Y	J	F	J

AMERICA
ANCIENT
ART
ASTRONOMY
CEREMONIES
CITIES
CIVILIZATION
COLLAPSE
CONQUISTADORES
CULTURE
DEAD
EL SALVADOR
EMPIRE
EPIGRAPHY
GODS
GOLD
GUATEMALA
HISTORY
HONDURAS
INDIAN
LANGUAGE
MAIZE
MATH
MEXICO
MURALS
MYTHOLOGY
NATIVE
OBSERVATORIES
PALACES
PEOPLE
PERIOD
POTTERY
PRIESTS
PYRAMID
RELIGION
RITUALS
RUINS
SACRIFICE
SOCIETY
SPANISH
STRUCTURES
SUN
TEMPLE
TRADE
WRITING

Solution on page 366

Tour New England

U	J	T	W	E	B	L	U	E	B	E	R	R	I	E	S	B	K	X	K
B	D	I	A	C	O	A	S	T	T	U	C	I	T	C	E	N	N	O	C
H	A	W	M	N	I	I	E	T	E	D	K	E	N	N	E	D	Y	S	A
T	R	O	P	E	G	D	I	R	B	T	P	L	O	E	M	O	M	D	M
U	T	L	A	D	L	A	N	H	Q	E	U	O	T	D	H	C	S	E	B
O	M	L	N	I	O	T	O	O	L	K	R	B	S	N	A	E	P	R	R
M	O	E	O	V	U	L	L	D	L	C	Y	S	O	E	R	P	R	S	I
S	U	F	A	O	C	A	O	E	Z	U	S	T	B	P	T	A	I	N	D
T	T	G	G	R	E	N	C	I	G	T	E	E	L	E	F	C	N	A	G
R	H	N	L	P	S	T	Z	S	V	W	L	R	N	D	O	K	G	I	E
O	X	O	C	V	T	I	Z	L	J	A	P	F	J	N	R	B	F	H	H
P	J	L	G	V	E	C	H	A	P	P	A	Q	U	I	D	D	I	C	K
I	O	N	Q	D	R	O	C	N	O	C	M	M	T	H	O	R	E	A	U
L	C	E	L	T	I	C	S	D	R	O	F	M	A	T	S	M	L	L	S
G	J	W	E	I	S	E	I	R	R	E	B	N	A	R	C	I	D	A	M
R	L	H	N	F	M	A	S	S	A	C	H	U	S	E	T	T	S	P	A
I	W	A	L	D	E	N	P	O	N	D	S	T	O	I	R	T	A	P	I
M	Z	V	N	O	R	T	H	E	A	S	T	E	K	C	U	T	N	A	N
S	P	E	N	O	B	S	C	O	T	R	E	T	S	E	C	R	O	W	E
N	T	N	O	M	R	E	V	C	U	H	S	I	F	D	O	C	B	P	G

APPALACHIANS
ATLANTIC OCEAN
BLUEBERRIES
BOSTON
BRIDGEPORT
CAMBRIDGE
CAPE COD
CELTICS
CHAPPAQUIDDICK
COAST
CODFISH
COLONIES
CONCORD
CONNECTICUT
CRANBERRIES
DARTMOUTH
GLOUCESTER
HARTFORD
INDEPENDENCE
LOBSTER
LONGFELLOW
MAINE
MAPLE SYRUP
MASSACHUSETTS
MIT
NANTUCKET
NEW HAVEN
NORTHEAST
PATRIOTS
PAWTUCKET
PENOBSCOT
PILGRIMS
PORTSMOUTH
PROVIDENCE
RED SOX
RHODE ISLAND
SPRINGFIELD
STAMFORD
TED KENNEDY
THOREAU
VERMONT
WALDEN POND
WAMPANOAG
WORCESTER

Solution on page 366

Write an Essay

B V S H I G R O C X D E H S I L B U P X
X L S M H A E Q A U T H O R L K D U E O
D R A F T P P N K N M Z E U Q I T I R C
Q H M N E T A M R O F I N A L W L G S G
T D Q O O L P R F S S N O I T A T O U Q
R H N I Y I C R G R A M M A R K C N A M
E I O S C L S I I A D M I S S I O N S A
A N I U T P O S T N R V S M R I M A I R
T S N L G U N T E R T A Y I T W M R V B
I I I C Y H D L V F A R P A C R E R E L
S G P N F R T E R X O S T M S I N A F L
E H O O T I O S N T R R P R Z T T T X O
G T H C T N U T I T E U P E N E A I H O
K H I C I L E S S S P X C T L E R V R H
Z E D O A I O D S T O J G Z M L Y E X C
C S M L V P E I N T R O D U C T I O N S
X I D L X Y D O B I T O T S E F I N A M
D S B E R U T C U R T S H Q X R Q J G A
I N I G R A M G C O M P O S E S M J F X
O M W E I V E R S C L P A K G Q P G X E

ADMISSIONS
ANALYSIS
ARTICLE
AUTHOR
BODY
COLLEGE
COMMENTARY
COMPOSE
CONCLUSION
CRITICISM
CRITIQUE
DISSERTATION
DRAFT
EXAM
EXPOSITORY
FINAL
FORMAT
GRAMMAR
INDENT
INSIGHT
INTRODUCTION
MANIFESTO
MARGIN
NARRATIVE
OPINION
PAPER
PARAGRAPH
PERSUASIVE
PRINT
PROFESSIONAL
PUBLISHED
QUOTATIONS
REPORT
REVIEW
SCHOOL
SHORT STORY
SPELLING
STRUCTURE
STUDENT
TERM
THESIS
THOUGHTS
TITLE
TREATISE
WRITE

Solution on page 366

Backyard BBQ

B	H	V	E	X	Z	T	C	N	S	U	M	D	B	B	Y	R	F	K	Z
G	E	H	M	K	M	F	O	O	T	C	H	A	R	C	O	A	L	Q	S
B	G	K	A	N	G	E	R	E	R	B	Y	A	T	B	H	D	C	X	E
I	G	Z	L	F	G	V	N	B	Q	B	T	P	H	C	R	E	E	B	S
L	N	C	F	K	O	S	E	U	P	W	A	G	W	L	H	L	W	K	D
G	I	X	T	R	I	I	B	N	U	T	I	C	E	O	B	E	E	O	M
Q	T	P	K	L	I	C	D	R	I	E	O	A	I	A	X	N	S	O	T
S	A	U	S	A	G	E	S	O	N	C	E	N	T	S	A	O	R	C	F
L	E	H	G	K	K	T	N	T	O	O	T	E	G	P	Y	O	H	J	S
N	S	C	X	S	C	O	G	D	I	F	D	Z	O	S	L	A	M	S	X
Q	F	T	K	K	C	A	M	U	S	T	A	R	D	T	I	X	A	U	F
B	F	E	U	A	W	T	N	E	E	P	P	E	A	R	M	L	C	S	F
R	N	K	N	J	D	V	I	S	R	S	P	T	S	Y	A	G	G	W	C
L	M	L	M	G	I	G	O	O	M	O	T	H	R	D	F	Z	A	X	T
Z	P	S	R	S	G	D	N	T	F	O	L	S	S	P	I	H	C	S	Q
P	M	H	T	E	A	D	D	L	L	P	K	L	A	O	A	N	E	B	G
O	E	E	V	T	L	M	D	G	V	W	S	E	S	O	M	R	V	I	P
R	A	I	N	A	W	I	J	K	Y	C	G	L	J	L	V	A	T	R	H
K	T	C	G	L	L	S	S	K	Q	C	D	K	M	E	X	Z	B	Y	Q
R	M	Y	E	P	W	J	R	H	K	S	H	J	G	I	W	F	P	O	N

APRON
BEER
BRATWURST
BUN
CHAIRS
CHARCOAL
CHIPS
COOK
CORN
FAMILY
FLAME
FRIENDS
GAS
GUESTS
ICE
KETCHUP
MATCHES
MEAT
MENU
MUSTARD
NEIGHBOR
PARTY
PATIO
PLATES
POOL
PORK
PROPANE
RELISH
RIBS
ROAST
ROLLS
SALADS
SAUSAGES
SEAFOOD
SEATING
SERVE
SMOKE
SNACKS
SODA
STEAK
TABLE
TONGS
UTENSILS
VEGGIES
YARD

Solution on page 366

Secretarial Work

```
U R A O D Z N U F I L E S S T R O P E R
S E C R E L I A B L E W T D E S K T G N
R S O G N I T E E M N Y N C E S G I O G
W E M A K I N G C O F F E E W N L I N S
I A M N B I F G T D R P M I I A T I Q C
Y R U I N T N E E E T D T N N A T R O H
R C N Z N I S L P I Y C N O M N W O S E
E H I E L D I E O O H A I R I Y R E H D
D R C I K V E N Y B L S O R I D X C N U
I F A K E K I R O P S F P E I A C I E L
T M T R K S A A R E N L P N F S K F R E
I N I O T T R R F I E X A D U T I F U L
N N O W E D E O U H S T N E M U C O D R
G B N R U T R T G N I S S E C O R P E C
Z M C E U P G C D O X A W Z C H G C C F
G E U P F N H A N J C G T M I R G A O Z
S M M A I A T T N K R O W Y S U B L R Y
W O C P I A Q N O R D E R I N G D N P V
C S Y R Q F C O I A N L I A M E N H U W
S T L W G X B C H M N T E E R G T E K S
```

APPOINTMENTS
BOOKCASE
BOOKKEEPER
BUSYWORK
CHAIR
COMMUNICATION
COMPUTER
CONTACT
COORDINATION
DATA
DELIVERING
DESK
DOCUMENTS
DUTIFUL
EDITING
EMAIL
FAXES
FILES
FOLDER
GREET
HELP
INFORMATION
MAILING
MAKING COFFEE
MEETING
MEMOS
NOTES
OFFICE
ORDERING
ORGANIZE
PAPERWORK
PLANNING
PRINTING
PROCEDURE
PROCESSING
PROFESSIONAL
RECEPTIONIST
RELIABLE
REMINDER
REPORTS
RESEARCH
SCHEDULE
SECRETARY
SWITCHBOARD
TYPING

Solution on page 366

Nature Walk

S	G	B	H	Q	S	W	X	B	Y	G	S	V	B	A	M	L	Q	K	P
P	B	L	G	L	F	Q	O	L	B	G	J	I	I	H	Q	E	C	S	Q
Z	P	L	O	V	L	V	M	L	U	M	R	Y	Q	H	G	A	B	H	U
Z	Q	S	S	J	G	C	I	B	L	D	I	E	P	S	P	V	H	A	U
E	F	D	X	H	C	A	M	E	R	A	C	L	E	K	X	E	Y	P	I
G	X	L	N	Z	R	V	F	I	B	B	W	I	C	N	T	S	H	E	I
I	U	B	A	T	B	I	N	O	C	U	L	A	R	S	E	W	V	S	N
V	B	F	X	K	L	S	O	I	V	F	B	V	L	R	L	R	I	H	R
W	K	Y	Y	D	E	T	B	N	R	X	S	P	E	H	E	L	Y	G	R
A	W	A	L	C	S	O	K	E	P	O	J	P	H	S	I	F	I	F	S
M	E	I	T	W	U	U	T	S	S	H	T	I	B	E	I	G	X	H	K
Z	W	L	N	K	C	T	S	T	S	I	K	O	H	U	G	F	M	O	C
K	V	O	M	D	U	S	F	S	L	E	C	A	E	C	R	F	C	C	O
P	O	W	U	B	Y	I	S	E	E	C	W	R	F	J	A	S	W	E	R
N	T	A	D	L	S	D	S	U	R	P	F	L	E	K	S	E	E	A	C
I	C	J	C	I	N	E	C	S	N	O	O	J	A	X	S	C	B	N	J
G	E	L	S	U	R	F	Q	R	R	W	L	G	X	M	E	B	S	D	F
T	R	R	O	Z	E	T	K	E	E	R	C	P	R	A	I	R	I	E	L
V	V	S	I	Y	F	Y	S	R	R	T	S	B	X	T	V	N	Q	Z	Z
Y	B	K	L	O	H	T	E	M	G	N	Y	I	S	E	Y	Y	A	J	K

ANIMAL
BACKPACK
BEACH
BINOCULARS
BIRD
BOOTS
BUGS
BUTTERFLIES
CAMERA
CLIMB
CREEK
DIRT
EXERCISE
EXPLORE
FERNS
FISH
FLOWER
FOREST
GRASS
GREENERY
HIKE
HILLS
INSECT
IVY
LAKE
LEAVES
MUD
NESTS
OBSERVE
OCEAN
OUTSIDE
PRAIRIE
RABBITS
REPTILES
ROCKS
SCENIC
SHAPES
SOIL
SOUNDS
SUN
TRAIL
TWIGS
WEBS
WILDLIFE
WINDY

Solution on page 367

Medical

```
Y E J B B O N E S O N R T E G P N G O H
C E O R K D A R E N I C C A V I D I C S
M H D I E B O Z H P H Y S I C I A N A U
L P E D S V N C C D N A I N O M U E N P
L A C C I D E N T R E A T M E N T C D B
S D E A K U L F I O Y B N S E T L N L H
O S Z X P U D F T F R U Y I L I U O E F
S J N I A R P S S L R H Y T N O O I S C
W E N I P M X M W S P A K I W D T T Z V
W E E N I C I D E M L A C H B U E P Q F
A F U J L B S S E N L L I C Z T I I Z J
S O H U L R O T E L D E E N H T M R B P
F C Z R S O R G A L L S T O N E O C G T
E F R Y T U R G E N T H S R R N N S S T
R G E E H T V U E R A C E B A H I E K K
T R A C E I P S I S O N G A I D T R G U
B X H D Z N S L E P H P N G L P O P M L
K I Y C N E G R E M E R U T C A R F Q V
A I M E N A M M Y H W K S Z C I Y Z E V
J N K X N P B A D X U I D R I U S V Y K
```

ABSCESS
ACCIDENT
ANEMIA
BANDAGE
BED
BLOOD
BONES
BRONCHITIS
CARE
CHECKUP
CLINIC
DIAGNOSIS
DOCTOR
ECZEMA
EMERGENCY
EMPHYSEMA
EXAM
FEVER
FLU
FRACTURE
GALLSTONE
HEAL
HELP
HURT
ILLNESS
INJURY
MEDICINE
MONITOR
NEEDLE
NURSE
PAIN
PHYSICIAN
PILLS
PNEUMONIA
PRESCRIPTION
ROUTINE
SCREEN
SPRAIN
STETHOSCOPE
STITCHES
TEST
TREATMENT
URGENT
VACCINE
WOUND

Solution on page 367

Written Material

```
W P J P B D N L T R O P E R P P E A L Q
J F X E N J I O F B W Q U U F O A Y P G
N N O E D S X C I W H C D E J E X H G N
E C E B T I L T T T T H M R I B B P L L
Z L O V R D U A U I C H L N T C L A L M
O O T R Z A D G R T O I E P M A O R Z A
K M C Q R P K G A T E N F S N R G G Y O
W Q V Y R E L P H K I W A R I D S O N G
P P R V U N S N O I T C U R T S N I G A
U R T N I I O P H D P O L T Y T C B O V
U U O D D Z C V O O J D P E H O O H L W
B H G G Y A S S E N K I B X H R N H A O
L C T O R G V M J L D R V T D Y T T T P
T E M L E A S X Q H O E D I T O R I A L
Y E F U E M M R C C R C N E W S A C C A
M P P V P A M P H L E T G C Q K C K Y Y
X S V I B W F U P V T I X L E T T E R Y
T P I R C S R L I S D O C U M E N T A O
H U J O C E N L E T O N N Q F W L L I B
A B C A F X R T C T U S C E T W O R D S
```

ARTICLE
BILL
BIOGRAPHY
BLOG
BOOK
BROCHURE
CARD
CATALOG
CONTRACT
CORRESPONDENCE
DIARY
DICTIONARY
DIRECTIONS
DISPATCH
DOCUMENT
EDITORIAL
ESSAY
FICTION
GUIDE
INSTRUCTIONS
JOURNAL
LEAFLET
LETTER
LIST
MAGAZINE
MEMO
NEWS
NOTE
NOVEL
OBITUARY
PAMPHLET
PLAY
POEM
PROGRAM
RECIPE
REPORT
SCRIPT
SONG
SPEECH
STORY
TEST
TEXT
THESIS
TICKET
WORDS

Solution on page 367

Log Cabins

T	S	M	Q	O	B	B	V	A	C	A	T	I	O	N	L	B	R	D	K
H	R	U	O	Q	N	U	F	I	R	E	P	L	A	C	E	E	O	X	R
L	V	A	L	X	S	H	V	C	I	K	Y	X	J	Y	A	K	U	E	F
N	H	Y	D	P	O	V	H	S	H	S	R	E	L	T	T	E	S	D	N
S	N	Q	F	I	M	I	G	X	E	S	H	E	L	T	E	R	K	M	F
Q	X	Y	D	E	T	C	O	N	R	E	I	T	N	O	R	F	D	O	L
N	G	R	F	E	L	I	F	M	D	N	R	K	L	S	Q	N	S	R	S
Q	Y	O	C	J	R	P	O	G	E	R	U	T	C	U	R	T	S	T	Y
R	O	T	L	E	Y	U	M	N	R	E	B	M	U	L	A	E	N	A	O
R	J	S	W	K	N	O	M	I	A	D	R	N	A	C	R	I	N	R	T
P	W	I	X	T	R	O	P	L	S	L	O	T	K	S	O	R	Y	G	F
F	O	H	A	E	Z	Q	Y	L	K	I	U	I	G	J	E	I	Z	F	M
L	D	I	T	Y	E	Q	Y	E	A	W	N	D	Y	E	B	A	O	S	O
L	N	N	H	D	R	R	N	W	N	G	D	O	N	L	W	R	C	E	B
A	I	P	R	O	B	T	K	D	D	M	V	O	A	H	E	P	N	D	U
W	W	N	Q	M	U	D	N	N	S	I	I	R	U	S	T	I	C	S	O
O	P	E	K	C	O	S	H	U	T	P	U	H	T	M	P	E	B	C	U
O	Q	L	K	H	N	X	E	G	O	R	B	O	C	E	D	A	R	Q	S
D	F	Y	N	A	V	R	H	Y	N	C	M	M	R	N	X	U	Z	U	U
V	P	V	D	R	L	O	N	W	K	R	G	E	X	H	R	A	R	X	D

ARCHITECT
AXE
CEDAR
CHIMNEY
COUNTRY
COZY
DOOR
DWELLING
FIREPLACE
FOREST
FRONTIER
HISTORY
HOME
HOUSE
JOINTS
KENTUCKY
KNOTS
LAKE
LOG
LUMBER
MORTAR
MOUNTAIN
MUD
OLD
PINE
PIONEER
PRAIRIE
ROOF
ROUND
RURAL
RUSTIC
SETTLERS
SHELTER
SIMPLE
STACKING
STRUCTURE
TOYS
TRADITIONAL
TREES
VACATION
WALL
WILDERNESS
WINDOW
WINTER
WOOD

Solution on page 367

Aromatic

U	G	L	A	C	I	N	A	T	O	B	B	I	N	C	E	N	S	E	S
M	Z	O	R	Q	J	P	D	A	C	A	L	L	I	N	A	V	H	E	W
T	S	W	D	M	P	G	R	I	L	L	I	N	G	U	V	T	A	F	I
R	L	G	T	L	B	N	V	V	F	U	Y	O	U	H	V	O	M	F	S
M	A	R	E	N	E	H	S	E	R	F	L	Z	T	U	L	I	P	O	I
X	C	P	U	O	G	L	S	W	H	O	U	Z	S	C	K	Y	O	C	N
P	I	M	Q	I	A	L	D	U	C	M	I	S	T	O	I	J	O	I	U
E	M	R	U	N	M	E	Y	N	R	E	D	N	E	V	A	L	Q	Z	T
P	E	K	O	O	M	M	O	U	A	E	M	U	F	R	E	P	R	A	M
P	H	J	B	E	T	S	T	M	F	C	S	R	H	E	B	T	E	A	E
E	C	F	V	K	B	N	E	K	U	O	M	R	Y	W	H	I	F	F	G
R	Z	L	Q	Z	S	Q	A	M	I	L	O	T	I	O	N	T	X	R	R
M	W	Y	R	Q	E	T	I	E	G	Y	K	D	R	L	E	B	A	O	C
I	A	H	A	D	R	N	W	B	D	V	E	A	S	F	R	S	S	R	B
N	U	D	Z	R	S	E	I	P	L	A	N	T	S	E	S	B	O	I	D
T	A	P	M	C	P	C	K	P	G	G	H	T	A	E	R	W	A	R	M
W	F	E	X	Z	Z	S	L	X	E	S	T	D	H	E	C	U	R	R	Y
H	J	Z	C	V	L	T	O	G	S	W	Y	I	H	Y	S	I	A	D	A
E	K	Q	L	O	O	A	X	X	O	S	J	K	F	J	M	F	P	B	T
F	J	D	T	V	P	D	V	Z	Q	J	Q	F	P	R	W	E	E	S	P

APPLE PIE
BOTANICAL
BOUQUET
BREAD
CANDLE
CHEMICALS
COFFEE
COLOGNE
CUMIN
CURRY
DAISY
DIFFUSER
FLOWER
FOOD
FRESHENER
GARLIC
GRASS
GRILLING
HERBS
INCENSE
LAVENDER
LOTION
MIST
NUTMEG
OCEAN
ONION
ORANGE
PEPPERMINT
PERFUME
PINE
PLANTS
ROSE
SCENT
SHAMPOO
SMELL
SMOKE
SOAP
SPICES
SPRAY
TEA
THYME
TULIP
VANILLA
WHIFF
WREATH

Solution on page 367

Around Boats

W	C	O	Y	J	V	V	X	B	K	M	U	X	G	J	P	V	U	K	Z
Q	H	I	L	G	B	Z	S	K	F	K	B	Q	R	Y	T	C	G	C	T
M	U	A	E	E	W	E	R	C	N	O	O	T	N	O	P	I	U	C	M
F	U	Z	L	A	K	E	R	I	O	C	W	B	U	K	L	H	C	Z	A
T	Y	I	L	E	L	X	O	T	I	F	Y	R	U	Z	C	W	C	M	L
Y	F	J	F	V	S	K	R	A	H	S	M	R	A	O	W	K	O	F	W
B	I	J	S	X	F	B	I	T	S	Z	E	J	U	T	Y	K	Q	I	G
B	R	I	S	E	R	A	L	F	U	P	S	R	E	P	P	I	K	S	K
P	W	C	N	I	A	T	P	A	C	R	S	C	R	U	I	S	E	H	T
U	O	S	Y	A	G	N	A	U	Y	E	A	D	X	T	S	A	M	R	C
W	R	Z	C	H	E	H	B	R	I	G	Y	D	F	L	G	N	U	G	P
A	D	X	D	B	H	C	T	B	E	D	B	A	I	U	A	D	B	D	J
Q	C	E	M	H	B	X	O	S	N	I	H	P	L	O	D	N	E	Y	O
M	Q	F	T	R	O	P	K	Y	E	C	R	L	D	E	K	N	A	L	P
I	K	A	Y	A	K	I	T	N	J	E	S	R	R	T	R	O	C	C	T
X	Y	C	Z	L	R	L	G	R	L	S	I	W	A	N	C	H	O	R	X
T	I	R	F	K	M	I	Z	E	C	F	A	N	Z	C	P	C	N	V	E
Q	N	T	R	C	N	A	P	T	T	Q	Q	O	G	A	L	L	E	Y	I
L	W	A	T	E	R	S	J	S	D	V	C	D	M	U	S	S	U	V	D
O	J	V	X	D	F	C	J	J	K	T	F	Z	Q	R	T	W	J	F	X

AFT
ANCHOR
BEACON
BERTH
BRIG
BUOY
CANAL
CAPTAIN
CARRIER
COURSE
CREW
CRUISE
CUSHION
DECK
DOLPHINS
DRIFT
ENGINE
FERRY
FISH
FLARES
GALLEY
KAYAK
LAKE
MAST
MESS
OAR
OCEAN
PIRATE
PLANK
PONTOON
PORT
RADIO
ROW
RUDDER
SAIL
SCOW
SEAGULLS
SHARKS
SIGHTSEEING
SKIPPER
STERN
TOUR
VEST
WATER
WHALES

Solution on page 367

N at Start

W	S	N	S	P	E	W	G	O	U	V	N	P	K	H	E	Z	G	T	Q
Q	L	J	K	Z	K	Y	O	H	Y	U	U	D	I	R	G	H	H	N	O
A	K	E	B	G	V	W	T	B	R	L	S	C	U	L	A	V	A	N	X
U	Y	M	K	K	H	B	H	S	E	A	D	T	U	F	G	N	N	Q	N
P	R	I	J	C	P	T	E	V	A	P	A	G	B	D	N	N	E	U	O
J	F	C	A	F	I	X	O	W	U	N	A	N	O	Y	I	P	I	S	B
P	Y	D	O	B	O	N	A	T	I	V	E	N	D	N	M	S	T	O	L
T	M	E	Q	M	I	H	V	O	J	X	O	R	L	I	A	N	H	F	E
K	G	L	D	E	Z	I	A	V	T	I	T	S	V	N	N	R	E	Z	I
U	D	V	C	F	I	A	L	H	S	E	P	U	C	O	E	O	R	Y	Z
E	V	I	T	A	G	E	N	I	Q	S	I	E	W	S	U	V	S	O	M
L	A	R	T	U	E	N	E	L	S	N	X	L	E	T	T	S	E	E	W
N	I	F	Y	O	A	R	I	E	U	E	L	C	T	R	H	T	N	R	P
M	D	O	N	T	N	C	G	T	O	S	I	U	I	I	G	O	A	A	B
U	K	R	U	U	N	X	H	K	R	N	N	N	F	L	I	N	U	E	V
U	J	R	M	S	M	C	B	N	E	O	M	Y	O	S	N	E	G	N	I
D	A	B	P	N	S	E	O	G	M	N	G	N	I	I	V	C	H	R	P
L	E	L	E	B	V	O	R	N	U	C	L	E	A	R	T	T	T	X	Z
R	E	E	K	Y	N	Y	V	A	N	I	S	R	N	O	W	A	Y	B	U
Z	D	Z	N	K	K	T	U	A	L	T	L	B	I	C	Y	R	N	E	L

NAIL
NAMING
NANNY
NARROW
NASTY
NATION
NATIVE
NATURAL
NATURE
NAUGHTY
NAVAL
NAVY
NEAR
NECTAR
NEED
NEGATIVE
NEIGHBOR
NEITHER
NERVOUS
NEUTRAL
NEVER
NEXT
NICE
NICKEL
NIGHT
NITROGEN
NOBLE
NOBODY
NOD
NOISIER
NOISIEST
NONSENSE
NOON
NOSE
NOSTRILS
NOVEL
NOW
NUCLEAR
NUCLEUS
NUISANCE
NUMBER
NUMERAL
NUMEROUS
NURSE
NUT

Solution on page 368

See the Washington Monument

T	L	W	E	I	V	W	R	X	C	S	O	A	S	R	I	A	T	S	G
N	O	X	Q	N	D	E	T	A	C	I	D	E	D	I	T	N	G	V	R
E	T	Z	S	K	O	S	R	R	Z	S	E	L	L	P	C	V	Y	E	G
M	I	S	A	Z	Q	T	Q	R	E	R	T	E	C	A	D	P	T	U	X
U	P	O	R	U	T	E	S	N	T	W	U	V	O	T	N	Z	R	T	J
N	A	B	C	W	S	N	G	Y	V	A	O	A	M	R	E	P	E	A	U
O	C	E	H	Q	D	D	R	V	I	S	I	T	M	I	P	Q	B	T	F
M	I	L	I	T	A	R	Y	M	F	H	G	O	E	O	R	W	I	S	V
X	R	I	T	P	E	F	U	I	M	I	O	R	M	T	E	C	L	Y	R
H	E	S	E	H	W	C	R	O	U	N	V	N	O	I	S	L	A	M	D
V	M	K	C	I	E	E	N	Y	T	G	E	A	R	S	I	D	I	B	Q
Z	A	A	T	K	W	I	G	E	L	T	R	L	A	M	D	N	R	O	P
W	S	J	U	O	P	E	G	N	D	O	N	B	T	E	E	A	O	L	Z
H	P	A	R	G	O	T	O	H	P	N	M	R	E	G	N	T	M	I	H
C	A	K	E	R	O	W	H	I	T	E	E	L	L	A	T	I	E	C	O
B	S	K	G	U	L	B	M	H	M	B	N	P	F	B	B	O	M	Q	M
Y	V	E	L	B	R	A	M	G	O	A	T	Q	E	T	I	N	A	R	G
D	S	T	R	U	C	T	U	R	E	N	L	A	N	D	M	A	R	K	U
Z	K	B	D	O	P	F	A	J	A	I	O	L	N	A	N	L	G	P	O
P	R	O	Q	W	C	N	S	B	D	D	L	R	G	N	G	I	S	E	D

AMERICA
ARCHITECTURE
CAPITOL
CHERRY TREES
COMMEMORATE
DEDICATED
DESIGN
ELEVATOR
FIREWORKS
GEORGE
GOVERNMENT
GRANITE
HEIGHT
HONOR
INDEPENDENCE
LANDMARK
LIBERTY
MALL
MARBLE
MEMORIAL
MILITARY
MONUMENT
NATIONAL
OBELISK
PATRIOTISM
PHOTOGRAPH
POOL
PRESIDENT
ROBERT MILLS
STAIRS
STATUE
STONE
STRUCTURE
SYMBOLIC
TALL
TOUR
TOWER
VIEW
VISIT
WASHINGTON
WEST END
WHITE

Solution on page 368

In Anger

A	Z	V	C	P	Q	O	B	X	R	A	S	H	Q	N	C	M	A	F	Y
E	B	E	B	E	T	L	X	T	A	W	X	T	T	Q	Y	Q	P	W	I
T	I	Y	S	U	O	I	X	O	N	B	O	G	S	A	U	E	E	Z	T
A	G	G	R	A	V	A	T	E	T	A	R	T	S	U	R	F	G	D	E
I	H	N	E	L	I	Y	T	D	I	S	N	B	O	T	G	W	H	D	K
R	C	W	I	Y	O	L	E	P	N	E	Q	G	U	A	D	S	P	D	G
U	E	Y	W	N	L	M	S	U	G	V	H	R	I	L	B	I	I	J	Y
F	Z	S	N	H	E	G	P	R	R	A	B	C	F	D	B	R	B	D	I
N	J	A	E	A	N	K	U	E	T	E	T	N	R	F	N	R	D	A	M
I	C	O	N	N	T	V	C	E	D	L	P	B	O	I	L	I	N	G	R
D	E	M	A	E	T	S	C	I	K	B	V	U	A	A	T	T	A	C	K
T	J	F	D	N	E	F	E	D	S	F	I	V	L	U	O	A	B	I	N
C	Y	R	Q	J	F	A	U	H	S	E	L	F	I	S	H	T	Y	Q	Q
V	A	Q	T	H	G	I	F	L	T	N	E	B	Y	U	I	E	O	N	M
D	M	R	S	H	N	L	T	U	Y	E	E	D	N	O	L	V	M	M	N
V	O	A	C	S	S	U	A	F	T	R	E	E	S	I	P	S	E	D	O
W	Z	I	U	G	O	R	V	I	A	R	D	S	T	R	E	T	T	I	B
Q	K	L	M	H	G	E	E	T	A	R	I	S	Q	U	A	R	R	E	L
W	T	W	S	U	N	J	E	I	F	H	O	E	O	F	E	U	D	Y	J
X	M	H	E	T	F	I	X	P	G	H	V	X	O	O	T	R	Q	L	K

AGGRAVATE
ANNOY
ARGUE
ATTACK
BERATE
BITTER
BOILING
DEFEND
DEMEAN
DESPISE
DISGUST
FAILURE
FIGHT
FRUSTRATE
FURIOUS
HATE
HOSTILE
INDIGNANT
INFURIATE
INSULT
IRATE
IRRITATE
LEAVE
LIAR
MAD
OBNOXIOUS
PERTURBED
PITIFUL
QUARREL
RABID
RANTING
RASH
REPULSIVE
RESENTFUL
SCUM
SEETHE
SELFISH
SHOUT
SICKENING
STEAMED
UPSET
VENT
VILE
VIOLENT
WRATH

Solution on page 368

Science Experiments

L	R	P	M	O	T	O	B	G	B	H	S	I	H	E	Z	M	A	D	A
B	P	H	X	N	Y	S	D	X	A	O	P	E	C	N	E	D	I	V	E
X	L	V	K	H	G	M	C	I	L	O	B	T	R	E	N	R	U	B	Y
J	J	B	E	A	R	O	R	I	U	I	K	A	A	E	V	Q	D	U	Q
A	E	H	S	O	A	S	D	L	S	Q	F	C	E	R	U	S	A	E	M
R	W	O	Y	J	V	I	T	H	C	Y	I	I	S	F	R	C	L	T	P
T	S	W	K	C	I	S	C	W	O	H	H	L	E	F	F	B	Q	A	M
C	Q	L	A	Q	T	E	E	M	N	A	X	P	R	X	A	E	R	R	Q
R	M	W	I	H	Y	H	S	A	C	Z	C	E	P	T	P	T	C	Z	D
D	K	E	E	D	S	T	S	B	L	A	H	R	G	S	N	L	A	T	R
X	K	O	T	G	E	O	I	G	U	R	E	F	T	E	S	E	O	I	O
R	R	E	M	K	R	P	D	C	S	D	M	B	R	O	Z	B	K	D	C
Y	S	S	O	Q	U	Y	N	T	I	Z	I	E	A	I	U	G	C	G	E
T	Z	U	N	Y	D	H	E	C	O	R	S	I	L	S	C	O	R	E	R
J	X	F	I	N	E	R	T	A	N	U	T	I	C	O	N	T	R	O	L
L	A	F	T	M	C	I	I	F	L	R	R	C	C	D	F	A	I	R	J
O	B	I	O	L	O	G	Y	T	E	E	Y	B	E	A	K	E	R	O	Q
E	P	D	R	N	R	G	S	N	T	Q	I	N	V	L	C	S	U	B	N
Z	E	V	R	G	P	V	I	S	E	X	S	S	T	N	E	M	E	L	E
L	H	R	X	C	U	Q	R	U	S	E	L	B	A	I	R	A	V	Y	A

BEAKER
BIOLOGY
BURNER
CHEMISTRY
CONCLUSION
CONDENSE
CONTROL
DIFFUSE
DISSECT
EFFECT
ELECTRICITY
ELEMENTS
EVIDENCE
EXPLODE
FACT
FAIR
FRICTION
GAS
GRAVITY
HAZARD
HYPOTHESIS
INERTIA
LAB
LIQUID
MEASURE
MODEL
MONITOR
OSMOSIS
PARTNER
PHYSICS
PREDICTION
PROCEDURES
RATE
RECORD
REPLICATE
RESEARCH
RESULTS
SCORE
SLIDE
SOLID
STERILIZE
TABLE
TEST
THEORY
VARIABLE

Solution on page 368

Caring Nurses

N	M	E	N	Y	N	N	P	E	G	I	L	I	S	T	E	N	L	H	P
D	E	J	R	P	R	G	O	Z	A	N	W	A	T	C	H	I	B	O	D
W	D	R	S	A	G	E	T	I	O	J	G	T	I	S	C	E	N	F	O
Y	I	M	H	R	S	F	D	I	T	E	W	T	R	E	C	O	R	D	S
B	C	K	O	E	I	S	T	I	G	C	C	T	N	N	N	N	N	L	E
J	I	S	T	H	Q	A	E	A	V	A	E	S	T	S	O	O	I	C	S
B	N	B	S	T	C	V	D	S	R	O	E	J	K	I	I	I	H	K	V
A	E	L	B	I	S	N	O	P	S	E	R	F	N	T	T	T	A	L	K
K	S	E	D	W	A	O	B	B	D	M	Y	P	A	I	A	A	Q	C	C
X	E	E	P	B	T	I	F	U	S	Z	E	N	U	V	Z	T	U	T	H
Z	M	L	T	A	T	S	M	F	S	E	I	N	R	I	I	S	E	V	E
K	E	W	R	T	E	S	U	N	I	M	R	V	T	T	N	X	S	P	C
H	R	G	E	H	N	I	E	R	A	C	P	V	G	Y	U	A	T	L	K
V	G	T	A	E	D	M	M	X	T	T	E	W	A	V	M	T	I	E	L
X	E	R	T	R	I	D	E	E	B	R	H	H	A	T	M	N	O	R	V
Y	N	O	M	C	U	A	W	P	R	O	F	E	S	S	I	O	N	A	L
N	C	P	E	F	N	O	I	S	U	F	N	I	S	C	S	O	S	C	Q
A	Y	P	N	R	Z	Y	C	X	V	M	L	Z	R	O	T	I	N	O	M
H	S	U	T	A	Z	K	H	N	C	O	L	F	L	U	I	D	S	R	V
O	Y	S	C	A	D	V	I	C	E	C	W	S	A	V	Q	A	R	T	Y

ADMISSION
ADVICE
ASSESSMENT
ASSIST
ATTEND
BANDAGE
BATHE
CARE
CHECK
CLINIC
COMFORT
DESK
DOSES
EMERGENCY
ENCOURAGE
EXAMINATION
FLUIDS
HELP
IMMUNIZATION
INFUSION
INJECTION
LICENSE
LISTEN
MEDICATION
MEDICINE
MONITOR
OBSERVATION
OFFICE
PRACTICE
PROFESSIONAL
PROVIDE
QUESTIONS
RECORDS
RESPONSIBLE
SENSITIVITY
SHIFT
SHOTS
SPECIMENS
STATION
SUPPORT
TALK
THERAPY
TREATMENT
TRUST
WATCH

Solution on page 368

Television Technology

C	C	I	R	C	U	I	T	U	N	E	R	N	F	M	Z	J	A	K	T
Y	B	E	S	O	I	H	C	Z	Y	F	M	I	C	A	E	B	U	T	J
I	N	D	U	C	T	O	R	E	C	E	I	V	E	R	U	L	D	X	J
S	S	Q	M	L	T	C	R	L	A	T	I	G	I	D	U	D	B	O	F
S	P	A	B	E	Y	N	E	A	R	N	P	W	Q	N	Q	C	I	A	Y
S	E	I	E	N	T	R	E	T	S	T	T	N	E	N	O	P	M	O	C
E	C	N	A	N	O	S	E	R	E	T	R	E	V	N	O	C	P	Q	N
L	T	R	M	A	I	A	Y	C	R	D	E	C	N	T	I	H	T	J	E
E	R	E	M	H	Y	E	M	S	E	U	L	R	E	N	T	R	U	H	U
R	U	K	T	C	G	G	C	P	E	P	C	N	E	S	A	H	P	C	Q
I	M	A	D	A	O	N	D	N	L	G	T	A	C	N	R	O	F	A	E
W	T	E	I	Z	L	I	U	C	A	I	A	I	S	L	T	T	J	P	R
G	L	P	R	D	O	L	Q	Y	O	N	T	M	O	D	C	Z	S	A	F
O	Z	S	H	D	N	L	I	M	H	L	I	U	I	N	E	H	S	C	E
L	K	D	E	Y	H	X	E	C	V	S	O	M	D	M	P	S	D	I	I
A	J	S	X	T	C	T	Y	M	S	I	I	R	O	E	S	H	E	T	J
N	O	R	T	C	E	L	E	I	E	O	D	G	Z	R	A	W	T	O	V
A	D	T	N	R	T	D	O	K	V	S	S	E	N	T	H	G	I	R	B
H	T	D	I	W	D	N	A	B	A	P	B	R	O	A	D	C	A	S	T
H	Y	H	I	G	X	W	I	E	W	X	V	M	S	A	L	B	F	W	B

AMPLITUDE
ANALOG
ANTENNA
ASPECT RATIO
AUDIO
BANDWIDTH
BEAM
BRIGHTNESS
BROADCAST
CABLE
CAPACITOR
CHANNEL
CHROMINANCE
CIRCUIT
COLOR
COMPONENT
CONVERTER
CRT
CURRENT
DETECTOR
DIGITAL
DIODES
ELECTRON
FREQUENCY
HDTV
IMAGE
INDUCTOR
OSCILLATE
PHASE
POTENTIOMETER
RASTER
RECEIVER
RECEPTION
RESONANCE
SIGNAL
SPEAKER
SPECTRUM
SYSTEM
TECHNOLOGY
TRANSMISSION
TUBE
TUNER
VIDEO
WAVES
WIRELESS

Solution on page 368

Looking Good

R	S	R	P	D	D	N	Q	U	K	P	G	R	O	K	C	A	W	F	F
E	Z	L	N	B	K	F	M	X	K	P	B	H	X	H	W	G	Q	A	T
E	X	Z	L	Z	C	H	A	R	A	C	T	E	R	J	F	O	C	S	Y
A	L	W	B	U	T	O	T	S	P	L	E	A	S	U	R	E	M	S	S
O	P	S	C	U	F	T	K	D	P	E	R	S	O	N	V	A	L	E	E
P	N	X	O	L	R	I	G	R	E	D	L	O	H	E	B	E	R	V	N
H	E	Y	B	S	N	B	T	J	A	Q	Q	H	N	H	D	U	I	U	C
A	E	W	Q	Y	B	K	U	U	R	E	N	N	I	O	T	T	X	I	U
C	R	N	M	M	C	L	C	H	A	R	I	S	M	A	C	F	B	N	A
O	U	O	S	M	M	S	W	S	N	E	J	Q	E	A	U	P	T	A	V
N	O	I	X	E	L	P	M	O	C	B	B	F	R	H	E	A	L	T	H
C	M	T	M	T	N	C	Z	S	E	I	O	T	Q	R	R	C	U	U	F
E	A	C	I	R	E	I	C	M	H	L	T	E	C	T	L	U	D	R	P
P	L	E	Z	Y	Y	P	Z	O	F	A	E	E	H	J	O	L	E	E	Y
T	G	F	V	T	O	J	H	A	N	E	P	G	H	M	O	T	R	L	B
K	M	R	T	O	C	O	S	G	G	T	T	A	A	T	K	U	I	A	F
Q	K	E	L	R	L	H	P	R	U	A	E	P	W	N	S	R	M	E	S
C	R	P	J	C	I	S	S	A	L	C	M	S	A	T	C	E	D	Y	G
P	C	O	L	O	R	R	L	C	I	L	Q	G	T	I	D	E	A	S	N
G	N	I	N	A	E	M	V	E	D	A	Y	R	D	W	X	N	G	A	D

ADMIRED
AESTHETICS
APPEARANCE
ART
ATTRACTIVE
BEAUTIFUL
BEHOLDER
CHARACTER
CHARISMA
CLASSIC
COLOR
COMPLEXION
CONCEPT
CONTEST
CULTURE
ELEGANCE
FACE
FASHION
FEATURES
GIRL
GLAMOUR
GRACE
HEALTH
HOT
IDEA
INNER
LOOKS
LOVE
MAGAZINES
MEANING
MODELS
NATURE
PERCEPTUAL
PERFECTION
PERSON
PLEASURE
PRETTY
SKIN
SPA
SYMMETRY
WOMEN
YOUTH

Solution on page 369

Do Your Homework

X	J	X	R	B	Z	V	R	T	S	E	T	I	R	W	U	T	B	X	H
W	K	Y	W	S	M	T	H	R	R	E	A	D	R	F	Y	L	D	T	R
E	A	H	C	F	I	N	A	L	A	X	Y	R	O	T	S	I	H	O	D
I	N	O	Q	J	D	T	N	C	H	Q	E	C	I	T	C	A	R	P	X
V	R	X	U	T	T	W	H	U	S	S	N	O	I	T	S	E	U	Q	F
E	X	T	J	T	E	E	T	N	E	M	N	G	I	S	S	A	E	Z	Y
R	I	P	X	G	R	Y	H	P	A	R	G	O	E	G	Q	E	L	O	N
E	O	E	B	E	M	E	S	Z	A	E	N	G	L	I	S	H	C	R	R
P	X	N	O	O	T	O	S	D	R	A	E	Y	O	K	R	F	A	U	F
O	Q	C	O	M	P	U	T	E	R	X	R	W	O	C	A	E	L	E	Y
R	G	I	K	E	D	X	T	Y	A	A	O	N	H	A	L	E	C	D	A
T	A	L	S	T	Y	E	K	M	S	R	C	H	C	P	R	F	U	O	B
U	C	R	C	R	M	G	G	S	K	X	C	H	S	K	V	T	L	E	F
T	G	E	B	Y	G	D	O	E	M	Z	O	H	S	C	S	W	U	H	F
O	P	C	J	E	C	L	E	L	L	A	N	G	U	A	G	E	S	U	Z
R	H	N	M	O	G	A	S	H	O	L	T	Z	L	B	L	E	D	M	C
N	O	E	D	V	R	L	S	H	P	I	O	H	C	P	D	F	P	J	M
R	B	I	P	R	E	P	A	R	E	H	B	C	W	A	U	K	G	J	G
L	D	C	N	Y	B	Z	Y	D	P	Z	O	P	R	E	P	A	P	O	E
M	G	S	N	Q	Q	Q	O	S	M	S	E	G	A	P	C	S	B	X	V

ALGEBRA
ASSIGNMENT
BACKPACK
BIOLOGY
BOOKS
CALCULUS
COLLEGE
COMPUTER
DICTIONARY
ENGLISH
ESSAY
EXAM
FINAL
FLASHCARDS
GEOGRAPHY
GEOMETRY
GLOSSARY
GRADES
HISTORY
LANGUAGES
LEARN
MATH
MIDTERM
PAGES
PAPER
PENCIL
PRACTICE
PREPARE
PROJECT
QUESTIONS
READ
REPORT
RESEARCH
REVIEW
RULER
SCHOOL
SCIENCE
SCORE
STUDY
TEACHER
TEST
TEXT
TUTOR
WORK
WRITE

Solution on page 369

X-Men Films

```
M R O T S U S U R T M W F X L T E D F D
I U I J Y E I H S J E M O C N O I T C A
S P T C M G S A Q B C V R T P O W E R S
C Z S A B R E T O O T H Z U Z Q P R U Q
B O G T N B W Q T Y R L A S T S T A N D
Z F M M B T H A L L E B E R R Y E S E B
H Y T I N A M U H V L R S T A N L E E W
D I B B C E D M F O R J G M R C U U L G
X X L T I R I A C I Z Q A N E E T H E B
J R O V E O S K M Q R G M F A H I E V B
B A O A T G B R Y A N S I N G E R V R W
D M C S E U M I N E N I T W F R J T A S
Z C O K S E T I T C C T O C C O H R M X
Y J O T M E M O F O K L I Y L E X V P P
H O E T L A F X L I V E C U A A K Q E S
A R U T T K N O V E L L P T M J S V V D
N A M E C I S R R A O M E U Q I T S Y M
G B D A H S B I I P T R I L O G Y X Q E
E P P M U B N X S C H O O L O L I J Q B
L M R S V E O D K U K N Y N I M L H J T
```

ACTION
ADAMANTIUM
ANGEL
ANIMATED
BEAST
BLOCKBUSTER
BRYAN SINGER
CHARACTERS
COLOSSUS
COMIC
CYCLOPS
EVIL
FILM
FIRST CLASS
FOX
GAMES
HALLE BERRY
HERO
HUMANITY
ICEMAN
JACKMAN
JEAN GREY
LAST STAND
MAGNETO
MARVEL
MOVIE
MUTANT
MYSTIQUE
POWERS
PROFESSOR
ROGUE
SABRETOOTH
SCHOOL
STAN LEE
STORM
TEAM
THEATER
TOAD
TRILOGY
WAR
WEAPON X
WOLVERINE
XAVIER

Solution on page 369

Attire

G	C	F	A	C	B	H	C	A	N	E	F	X	B	V	W	N	A	B	R
G	F	J	S	Q	L	I	T	C	L	Y	H	O	U	J	C	T	W	A	V
B	T	N	Z	L	D	O	A	A	G	C	L	K	B	M	A	E	J	C	E
N	J	O	O	W	S	M	T	A	N	K	T	O	P	A	F	C	H	K	L
C	B	S	Y	D	I	D	S	H	R	K	H	W	N	I	D	N	K	L	V
Q	A	U	S	S	E	R	D	M	I	W	S	G	K	L	B	C	Z	E	E
Q	N	O	O	U	P	E	O	S	Y	W	J	U	B	L	H	H	V	S	T
P	D	L	M	Z	O	O	P	J	E	N	D	Z	I	O	Y	I	H	S	U
A	E	B	K	X	Z	R	R	S	P	L	V	B	N	T	T	F	A	A	N
S	A	Z	R	O	E	U	O	T	S	O	I	L	O	A	W	F	F	T	I
U	U	M	E	V	Z	F	P	M	S	W	T	T	V	D	P	O	R	I	C
W	Y	A	T	E	F	F	A	T	A	W	S	R	X	Y	Y	N	H	U	S
C	S	W	T	K	A	L	S	S	E	L	E	V	E	E	L	S	V	S	L
K	S	H	I	R	T	I	A	N	S	S	G	A	Y	T	T	F	U	M	E
M	S	T	U	C	S	N	V	L	N	D	K	K	R	C	L	L	W	I	O
P	O	A	S	T	O	G	O	O	W	B	S	C	I	R	B	A	F	W	T
S	H	S	T	R	E	T	C	H	O	W	I	G	R	R	W	N	H	S	A
G	D	J	E	I	N	J	T	G	G	A	R	B	I	K	I	N	I	I	R
X	B	F	W	C	N	S	M	O	O	T	H	Z	A	M	L	E	R	L	D
Y	H	T	Q	Q	C	G	K	Y	N	C	Y	A	R	C	Y	L	Y	K	D

BACKLESS
BANDEAU
BIKINI
BLOUSON
BODYSUIT
CAMISOLES
CHIFFON
CLOTH
CONSERVATIVE
COTTON
FABRICS
FLANNEL
GLAMOROUS
GOWNS
HALTER TOP
JACKET
LEOTARD
LYCRA
MAILLOT
NYLON
RUFFLING
SATIN
SHIRT
SILK
SLEEVELESS
SMOOTH
SPEEDO
SPORTSWEAR
STRETCH
SWIM DRESS
SWIMSUIT
TAFFETA
TANK SUIT
TANK TOP
TEXTILES
TUNICS
VELVET
WETSUIT

Solution on page 369

Navigational Sports

Q	B	N	S	I	P	Y	G	F	V	Y	N	G	N	I	N	N	U	R	T
Y	R	M	P	R	C	G	L	A	V	O	R	Q	I	T	R	O	P	S	C
I	G	J	B	K	P	I	I	M	X	G	V	A	A	I	A	I	R	I	G
I	A	E	E	B	S	T	N	A	P	I	C	I	T	R	A	P	M	T	W
D	W	Y	E	Z	P	E	O	N	A	C	F	U	N	I	I	Y	X	S	H
P	D	X	I	T	N	E	M	P	I	U	Q	E	U	H	L	P	N	S	L
H	N	U	P	M	K	X	S	K	O	H	A	V	O	I	Y	I	T	E	R
J	A	I	I	J	W	E	S	M	E	G	J	U	M	H	A	N	M	N	O
S	L	A	V	I	V	R	U	S	T	U	R	A	P	R	I	B	K	R	G
E	V	E	N	T	O	C	L	P	E	O	F	A	R	O	L	S	A	E	A
L	E	N	O	O	Z	I	I	E	P	R	R	E	P	D	H	C	N	D	I
U	E	O	D	U	E	S	A	E	M	G	T	L	K	H	E	O	V	L	N
R	F	T	H	F	G	E	R	D	O	V	O	K	Q	J	I	E	O	I	I
I	U	H	K	P	T	T	T	E	C	R	R	H	A	T	N	C	K	W	N
O	W	A	L	K	I	N	G	Y	T	I	M	E	C	T	A	O	A	I	G
O	E	T	A	G	I	V	A	N	A	U	B	E	U	T	S	M	V	L	H
X	F	W	S	R	S	D	O	O	W	L	R	R	I	H	P	P	F	Z	Z
A	C	P	P	O	U	C	Z	L	S	I	E	O	D	F	L	A	G	S	C
B	E	S	W	N	L	P	M	D	D	U	N	R	P	H	Y	S	N	K	T
X	O	X	C	G	F	K	C	C	B	F	I	T	N	E	S	S	Z	I	F

ADVENTURE
CANOE
COMPASS
COMPETE
CONTROL POINTS
DIRECTION
EQUIPMENT
EVENT
EXERCISE
FAMILY
FITNESS
FLAGS
FOOT
FUN
GEOGRAPHY
GPS
HIKE
LAND
LOCATION
LOST
MILITARY
MOUNTAIN
NAVIGATE
NORTH
OUTDOORS
PARTICIPANTS
RACE
RELAY
ROGAINING
ROUGH
RULES
RUNNING
SKI
SPEED
SPORT
SPRINT
SURVIVAL
TERRAIN
TIME
TOPOGRAPHICAL
TRAIL
WALKING
WILDERNESS
WINNER
WOODS

Solution on page 369

Dental Checkup

K	Z	K	T	R	P	Z	H	G	G	P	N	I	U	L	E	L	L	T	X
K	M	W	R	E	I	X	T	U	W	Q	O	B	M	U	N	L	N	Q	M
A	S	W	L	K	D	A	E	P	X	R	S	A	D	K	N	I	F	V	O
J	J	E	F	J	N	H	E	O	A	D	B	B	Y	P	M	F	A	E	Q
R	Y	R	K	M	G	Y	T	L	P	O	R	O	H	Y	B	X	R	T	S
O	Y	E	E	F	D	E	T	I	D	U	S	E	C	A	R	B	A	Q	S
B	X	G	B	T	G	U	M	S	S	E	N	I	T	C	A	R	T	X	E
U	T	N	E	O	A	B	E	H	R	A	E	N	Q	J	T	O	T	E	W
D	O	S	A	W	R	W	S	U	M	M	A	N	R	A	O	D	Q	P	G
T	P	U	I	E	G	P	T	E	Q	L	I	T	R	T	F	I	L	A	Y
W	E	L	M	N	L	N	L	K	A	A	N	R	H	V	L	C	B	R	D
T	L	U	B	G	E	C	I	E	C	E	L	P	R	A	U	Z	B	C	B
D	J	C	D	D	H	I	S	L	M	I	A	P	N	O	O	G	R	S	R
E	T	L	R	O	H	Q	G	T	A	S	P	A	I	N	R	C	I	T	I
C	H	A	I	R	W	F	N	Y	T	C	C	L	T	S	I	T	N	E	D
A	G	C	L	X	A	I	S	E	H	T	S	E	N	A	D	K	S	R	G
Y	I	A	L	I	O	R	A	L	O	M	S	I	A	P	E	T	E	I	E
C	L	L	K	P	Q	K	I	O	Z	S	L	Y	O	E	S	S	O	L	F
D	I	M	P	H	N	V	R	I	G	S	P	I	T	O	N	G	U	E	S
U	M	A	O	R	D	H	H	M	M	O	O	D	Y	E	A	E	U	K	U

ANESTHESIA
APPOINTMENT
BRACES
BRIDGE
BRUSH
CALCULUS
CHAIR
CLEAN
DECAY
DENTIST
DENTURES
DRILL
ENAMEL
EXTRACT
FILL
FLOSS
FLUORIDE
GARGLE
GUMS
HYGIENIST
LIGHT
MINT
MIRROR
MOLAR
NEEDLE
NUMB
ORAL
PAIN
PICK
PLAQUE
POLISH
PROBE
RINSE
ROOT CANAL
SCALING
SCRAPE
SEALANT
SPIT
STAIN
STERILE
TARTAR
TEETH
TONGUE
TOOTHPASTE
WATER

Solution on page 369

Watching Cartoons

L	D	L	R	D	M	A	S	E	T	I	M	E	S	O	Y	E	S	C	P
W	O	N	D	E	R	W	O	M	A	N	T	F	W	L	R	R	U	A	E
E	N	B	E	S	U	O	M	E	I	N	N	I	M	I	R	E	P	R	B
L	A	E	S	U	O	M	Y	E	K	C	I	M	I	S	E	H	E	T	B
K	L	T	P	O	P	E	Y	E	A	H	O	F	U	A	J	T	R	M	L
N	D	T	B	M	Y	B	G	B	L	A	R	U	F	S	D	N	M	A	E
I	D	Y	O	Y	F	H	A	L	V	R	T	S	N	I	N	A	A	N	S
W	U	B	O	T	O	O	E	R	I	L	S	T	A	M	A	P	N	J	A
L	C	O	D	H	O	M	T	A	N	I	A	H	M	P	M	K	L	E	D
L	K	O	Y	G	G	E	O	R	G	E	J	E	T	S	O	N	F	L	B
U	K	P	B	I	D	R	Y	E	R	B	Y	G	A	O	T	I	E	B	O
B	C	Y	O	M	A	S	O	P	E	R	B	R	B	N	U	P	L	B	B
U	U	O	O	I	F	I	C	S	N	O	M	I	U	D	L	K	I	U	E
N	D	G	C	O	F	M	E	A	N	W	U	N	G	B	P	U	X	R	G
D	Y	I	S	O	Y	P	E	C	U	N	G	C	Z	U	B	B	T	Y	N
E	S	B	N	B	D	S	L	K	R	X	H	H	D	A	Z	L	H	T	O
R	I	E	O	O	U	O	I	D	D	U	F	R	E	M	L	E	E	T	P
D	A	A	O	O	C	N	W	F	A	T	A	L	B	E	R	T	C	E	S
O	D	R	P	B	K	K	N	N	O	S	P	M	I	S	T	R	A	B	Q
G	I	P	Y	K	R	O	P	Y	R	F	S	Y	L	V	E	S	T	E	R

ALVIN
ASTRO
BARNEY RUBBLE
BART SIMPSON
BATMAN
BETTY BOOP
BETTY RUBBLE
BOO BOO
BUGS BUNNY
BULLWINKLE
CARTMAN
CASPER
CHARLIE BROWN
DAFFY DUCK
DAISY DUCK
DONALD DUCK
ELMER FUDD
FAT ALBERT
FELIX THE CAT
GEORGE JETSON
GOOFY
GUMBY
HOMER SIMPSON
LISA SIMPSON
MICKEY MOUSE
MIGHTY MOUSE
MINNIE MOUSE
PEBBLES
PINK PANTHER
PLUTO
POPEYE
PORKY PIG
ROAD RUNNER
SCOOBY DOO
SNOOPY
SPONGEBOB
SUPERMAN
SYLVESTER
THE GRINCH
TOM AND JERRY
UNDERDOG
WILE E COYOTE
WONDER WOMAN
YOGI BEAR
YOSEMITE SAM

Solution on page 370

Remembering Albert Einstein

```
P X Y T I V I T A L E R L A I C E P S M
R O H T U A P L A D E M Y E L P O C L R
O Q U A N T U M U I N I E T S N I E I K
F S J E T M A T H E M A T I C S R A G N
E N E R G Y D I S C O V E R Y O H T H A
S S T N E M I R E P X E T H G U O H T I
S Y R O E H T N O T O H P N U C L E A R
O N I L O I V H D N A L R E Z T I W S A
R E K M S I T E N G A M O R T C E L E T
E C A P S B M O B C I M O T A P J S V I
Q I N O I T A T I V A R G E R M A N Y N
U F Y R O E H T Y T I V I T A L E R V A
A F K Z T C E J O R P N A T T A H N A M
T O S E I R O E H T Y T I S R E V I N U
I T X X O D A R A P R P E Y R O T S I H
O N V E Z I R P L E B O N F A M O U S R
N E H T S I T N E I C S H C R A E S E R
S T N A R G I M M I S R A E L B R A I N
J A C I R E M A J E W I S H R E T T A M
V P R I N C E T O N Z G E N I U S S A M
```

AMERICA
ATOMIC BOMB
AUTHOR
BRAIN
COPLEY MEDAL
DISCOVERY
EINSTEINIUM
ELECTROMAGNETISM
ENERGY
EPR PARADOX
EQUATIONS
FAMOUS
GENIUS
GERMANY
GRAVITATION
HAIR
HISTORY
HUMANITARIAN
IMMIGRANT
ISRAEL
JEWISH
LIGHT
MANHATTAN PROJECT
MASS
MATHEMATICS
MATTER
NOBEL PRIZE
NUCLEAR
PATENT OFFICE
PHOTON THEORY
PRINCETON
PROFESSOR
QUANTUM
RELATIVITY THEORY
RESEARCH
SCIENTIST
SPACE
SPECIAL RELATIVITY
SWITZERLAND
THEORETICAL PHYSICS
THEORIES
THOUGHT EXPERIMENTS
TIME
UNIVERSITY
VIOLIN

Solution on page 370

Pay Your Taxes

B M E N C L Z R E Y A P X A T A H U N T
T Y F E T A K N R U T E R N Y P O W E D
X P S I G N A T U R E R Q B U M A J Z K
Q Y I L A O A X P A Y M E N T G N B C K
S T R E S S S T N A D N E P E D O S W Z
T A B M C R X B N L D W C S O O I E R J
Z V R W S E L U S U A N I C K R T I Z R
A O L E N P R R W K O R U K A W P T E N
F I N C O M E E L I A C E F F R M L N J
C D L C I B N A T P T E C D E Z E A O I
J Z A L T X T U S R P H R A E R X N I J
W L I E C E B C D E B U H B I F E E S E
V A C T U I J R R P P K R O W R E P A P
M M N A R Q Z A O A B K S A L A R Y V A
T W A T T K G C C R A K P Q O D T O E Y
F I N S S H S Y E A D E D U C T I O N S
Z O I E N R G J R T D O N A T I O N S T
C R F L I A B I L I T I E S S O R G G U
R E P O R T I N G O V E R N M E N T M B
W V O B C E X T E N S I O N U M B E R S

ACCOUNTANT
BOOKKEEPER
BREAKS
BUREAUCRACY
CONTRIBUTION
DEDUCTION
DEPENDANTS
DONATIONS
EVASION
EXEMPTION
EXTENSION
FEDERAL
FINANCIAL
FORMS
GOVERNMENT
GROSS
INCOME
INSTRUCTIONS
IRS
LATE
LIABILITIES
LIEN
MAIL
NET
NUMBERS
OWED
PAPERWORK
PAYMENT
PAYSTUBS
PENALTIES
PERSONAL
PREPARATION
PROPERTY
RECEIPT
RECORDS
REFUND
REPORTING
RETURN
SALARY
SIGNATURE
STATE
STRESS
TAXPAYER
WAGES
WITHHOLDING

Solution on page 370

Mahatma Gandhi

M	B	D	P	A	C	I	F	I	S	T	S	A	F	O	U	H	V	N	A
P	J	P	P	X	E	Z	X	C	N	I	A	T	I	R	B	R	Z	K	M
I	M	H	R	C	Y	T	R	E	V	O	P	R	O	T	E	S	T	B	T
Y	S	D	A	I	R	J	M	O	D	E	E	R	F	Y	C	E	K	S	A
G	U	E	I	E	S	E	Q	N	E	H	R	U	W	N	I	E	I	B	H
O	P	T	D	S	V	O	P	D	C	X	T	A	A	Q	C	V	N	R	A
C	R	A	E	O	O	T	N	R	G	A	L	I	L	N	I	L	D	U	M
D	E	N	M	I	T	B	A	O	C	G	R	E	A	T	S	O	U	L	P
L	T	I	O	E	Q	M	E	G	N	A	I	T	C	C	Q	V	T	H	O
X	I	S	C	T	T	D	T	D	T	V	S	A	I	L	K	E	I	S	L
U	R	S	R	L	C	Y	Y	E	I	I	I	B	G	A	A	L	C	P	I
A	W	A	A	T	R	N	G	E	S	E	G	O	O	M	O	D	E	S	T
Z	W	S	C	E	U	E	W	E	P	N	N	N	L	S	U	M	G	B	I
C	L	S	Y	Y	V	L	R	G	I	M	U	C	O	E	K	S	S	A	C
K	Z	A	Q	F	R	I	E	N	R	V	K	P	E	U	N	T	L	C	S
L	R	J	A	L	P	V	N	L	I	J	H	Y	D	N	H	T	E	I	R
P	S	I	M	P	L	I	C	I	T	Y	N	O	I	G	I	L	E	R	M
H	T	U	R	T	P	C	L	Z	U	N	Q	W	I	S	D	O	M	F	D
H	E	U	I	S	F	A	Y	T	A	S	E	R	D	R	Y	T	R	A	M
Y	A	S	G	W	S	F	E	I	L	E	B	G	P	A	I	P	J	M	T

ACTIVIST
AFRICA
ASSASSINATED
BELIEFS
BRITAIN
CIVIL
DEMOCRACY
DISOBEDIENCE
FAITH
FAST
FREEDOM
GENTLE
GREAT SOUL
IDEOLOGICAL
KIND
LAWYER
LEADER
LOVE
MAHATMA
MARTYR
MODEST
MOVEMENT
MUSLIM
NEHRU
NONVIOLENT
PACIFIST
PEACE
PHILOSOPHY
POLITICS
POVERTY
PRAYER
PRISON
PROTEST
RELIGION
RESISTANCE
RIGHTS
SALT MARCH
SATYA
SIMPLICITY
SPINNING
SPIRITUAL
TRUTH
VEGETARIAN
WISDOM
WRITER

Solution on page 370

Competing

```
F D P Q V S E L A S H F F P S X H K G X
Z Y O R K W W D P C T O Y R O T C I V M
N U Z E O T E O C E U N A Z I R N K S A
B B Z U H F R V J R S E E N T E P I C E
E B G G E T E L H T A O D N P M N O V T
T Q I A S Y R S N I W I L O O O M D P N
A F T E S R O W S F V V C T G P E S L S
B S B L I M C K A I I Y I A E C P Z A Y
E U J S N E S P D C O V T T D O A O Q R
D Z S J G D J U O A A N E C Y N E H U O
C X Z I I A A L W T A E A V S T U S E L
B J V T N L L A E E G N L L X E F E T S
S N R R G E R S W N D K F E W S Y R F X
D Q I L G D S N O I P M A H C T G I T S
R U V I D Y C S D N O B B I R T N E A T
A F A T T T N A E G A P P V R I I S L M
W T L E G I T S E R P M E U S O C O E M
E O R D E E C C U S Y M D H J X N M N K
R B Y Z Q Q B J P L A Y E R X A A O T M
C H M H K D B Q O F E W R X K G D M H D
```

ANTAGONISM
ATHLETE
AWARD
BUSINESS
CANDIDATE
CERTIFICATE
CHAMPION
COLLEGIATE
COMPETE
CONTEST
DANCING
DEBATE
DEFEAT
ELECTION
FAME
FIGHT
FINISH
FRIENDLY
GAME
HONOR
INDIVIDUAL
LEAGUE
LOSE
MEDAL
MOTIVATES
OLYMPICS
OPPONENT
PAGEANT
PLAQUE
PLAYER
PRESTIGE
PROFESSIONAL
REWARDS
RIBBON
RIVALRY
SALES
SCORE
SERIES
SINGING
SPORTS
SUCCEED
TALENT
TEAM
VICTORY
WIN

Solution on page 370

See the Family

V	X	G	F	A	B	N	B	Q	W	V	Q	H	M	Y	J	N	H	G	L
F	D	J	H	U	C	R	L	O	V	E	R	E	W	O	H	S	X	U	Y
P	I	N	R	N	O	X	C	T	D	E	D	E	Y	Y	X	G	T	Q	L
D	Y	F	T	T	S	F	C	N	P	U	D	D	U	R	E	H	T	A	F
R	G	Z	H	M	H	O	E	K	I	F	Q	R	I	N	A	O	D	Z	J
H	P	E	Z	M	I	K	M	E	R	E	C	S	I	N	I	M	E	R	K
S	R	G	N	T	E	S	V	M	T	M	O	N	K	E	G	O	Q	N	E
K	N	M	N	E	V	I	J	I	S	H	Z	S	T	D	I	N	N	E	R
I	Z	O	W	M	R	N	Y	T	I	T	G	A	T	H	E	R	I	N	G
V	V	T	I	D	K	A	E	Y	T	I	R	I	K	N	I	E	C	E	V
J	A	H	J	T	D	L	T	T	V	B	I	E	N	C	B	M	J	R	Z
Y	C	E	P	H	O	P	A	I	E	R	R	J	S	R	D	M	R	D	Q
P	A	R	T	Y	B	M	N	L	O	E	E	X	J	S	E	K	P	L	S
P	T	R	E	D	D	G	E	A	L	N	O	V	K	M	F	V	R	I	G
G	I	U	R	N	N	C	I	U	S	E	I	R	O	T	S	U	O	H	F
B	O	T	A	H	E	O	D	Q	B	R	E	R	G	S	Q	E	L	C	U
B	N	R	H	V	P	E	B	H	O	L	I	D	A	Y	S	V	T	U	X
R	G	M	S	L	H	L	A	I	C	E	P	S	R	E	L	A	X	B	P
E	I	W	E	C	E	T	E	N	S	K	A	I	J	Q	L	I	P	T	V
K	G	D	S	G	W	Q	U	Q	G	E	F	T	X	K	I	N	E	Z	L

AUNT
BIRTHDAY
BOND
BROTHER
CELEBRATE
CHILDREN
DINNER
DRIVE
EAT
EMOTIONS
FATHER
FLY
GATHERING
GENERATION
GRANDMA
HOLIDAY
JOY
KIN
LOVE
MEMORIES
MOTHER
NEPHEW
NIECE
OVERNIGHT
PARTY
PASSOVER
PLAN
QUALITY TIME
RELAX
REMINISCE
REUNION
SCHEDULE
SHARE
SHOWER
SIT
SPECIAL
STORIES
STRESSFUL
TALK
THANKSGIVING
TRIP
UNCLE
VACATION
WEDDING
WEEKEND

Solution on page 370

Jungle Trip

D	M	S	K	F	J	C	T	I	A	N	C	C	K	Y	G	M	L	G	W
R	C	E	Q	Y	L	H	D	H	S	V	G	Y	L	F	N	N	W	R	L
J	X	V	H	T	Q	O	V	N	B	C	A	B	I	N	S	T	D	I	H
I	B	I	F	W	A	C	A	M	U	U	W	S	O	P	P	I	H	V	T
U	N	T	O	B	I	K	H	T	G	L	K	I	I	Z	S	T	T	D	Q
W	J	A	O	Z	E	R	O	H	S	T	R	D	L	E	V	A	R	T	C
L	A	N	D	S	C	A	P	E	H	U	E	T	E	D	O	Q	B	E	A
D	I	V	E	R	S	I	T	Y	O	R	S	O	Y	B	L	X	X	K	K
V	R	U	G	T	P	B	W	T	S	E	O	T	R	O	P	I	C	S	T
Y	U	O	D	O	V	C	H	Y	R	E	V	O	C	S	I	D	F	E	F
N	E	X	C	U	R	S	I	O	N	A	D	V	E	N	T	U	R	E	Y
J	F	P	E	K	I	I	F	K	D	P	C	W	F	R	A	U	G	A	J
X	F	V	S	F	H	N	L	N	A	Y	Z	T	G	V	T	A	N	T	S
I	A	E	T	H	I	U	O	L	G	E	Q	N	I	A	R	I	Q	C	P
R	R	F	O	A	U	C	E	K	A	K	I	S	N	O	M	L	A	H	W
A	I	Z	R	N	A	M	D	I	S	N	E	Y	L	A	N	D	Y	A	Q
F	G	P	R	N	A	R	I	I	I	O	Y	I	L	I	S	Y	T	J	R
A	Z	L	A	M	Q	C	F	D	N	M	O	S	E	H	C	E	E	L	N
S	K	I	P	P	E	R	Q	F	Z	N	B	G	I	L	R	W	X	Z	M
M	J	C	U	X	C	R	X	S	E	K	Q	P	D	O	B	W	T	X	A

ADVENTURE
ANACONDA
ANIMALS
ANTS
ATTRACTION
BOAT
BUGS
CABIN
CANOE
CULTURE
DINING
DISCOVERY
DISNEYLAND
DIVERSITY
EXCURSION
FISH
FLOAT
FOOD
GIRAFFE
GORILLA
HIPPOS
HUMID
JAGUAR
LANDSCAPE
LEECHES
LION
MACAW
MONKEY
NATIVES
NATURE
PARROTS
RAINFOREST
ROCK
SAFARI
SHIP
SHORE
SKIPPER
SNAKES
SPIDERS
TOUR
TRAVEL
TREK
TROPICS
WATER
WILDLIFE

Solution on page 371

L at End

Y S U H Q T L A C O V N R S J B M J L X
C A P B N E E E Y Q E Z F E X A I X O T
F G O E N S W R V M D A H A A W M B O O
N P E N L U O S M O J D X L V S A W T N
A P U P I L L I A I H E S U S R E W E A
Y T L W J A H V L G N S W G R L L L E Y
F M M A T E R I A L I A Q E E O A I B Q
Z L A O L E L T N U B A L U L N E Z R N
W F T P E A U A G F K U A C I W E A U W
T L F Q C R F L I H F L V G L R M R R T
P U W I O K R Q S T U B I I E L R B A C
L L P Z L V E X B I L R N G P D S E L L
A Y H R B X W U R A O T R E A A A B L A
T S Y L E V O N N F E A A K H A V T A U
Y R Y Y S D P O D R T C C B C N A J C D
W U I M O J I J V E E M X R P N Y O I A
J T W B B T C A F F U H D E N T A L S R
F A F D A O L U U T A L E U R C L P U G
Z K P R U L L L U F K N A H T O P S M Y
C W W Y P A W U S U A L E T O H R Z V F

ANNUAL
BARREL
BRAZIL
CARNIVAL
CHAPEL
CRUEL
DENTAL
DOUBTFUL
EASEL
FAITHFUL
GENERAL
GRADUAL
GRATEFUL
HELPFUL
HOTEL
INTERVAL
JEWEL
MATERIAL
MUSICAL
NOVEL
ORIGINAL
PEACEFUL
POWERFUL
PUPIL
RATIONAL
RURAL
SEAL
SHOVEL
SIGNAL
SOUL
SPELL
SQUIRREL
SYMBOL
TERMINAL
THANKFUL
TOOL
TOTAL
TOWEL
TRIBAL
TUNNEL
TYPICAL
USUAL
VITAL
VOCAL
YELL

Solution on page 371

Watching The Beverly Hillbillies

R	E	K	N	A	B	U	S	H	P	E	V	M	I	C	Z	G	C	H	T
E	L	C	M	U	M	N	E	I	G	H	B	O	R	S	U	M	T	A	F
R	X	P	A	E	G	E	A	U	O	O	K	L	O	F	N	I	K	M	G
U	D	R	N	L	N	T	T	Y	Y	N	A	P	M	O	C	L	I	O	G
N	Q	W	S	A	I	O	O	I	R	W	I	Y	F	K	D	L	D	B	J
S	A	T	I	D	T	F	H	H	H	E	A	F	V	C	B	I	C	N	U
K	G	O	O	S	R	F	O	G	S	W	N	O	J	U	V	O	H	L	B
L	W	C	N	Y	U	B	K	R	A	D	D	E	R	R	W	N	I	S	Z
B	E	Q	L	R	O	F	A	H	N	U	N	N	R	T	B	S	L	B	P
Y	N	Q	O	D	C	U	T	C	K	I	D	I	A	I	L	C	L	U	O
T	I	Q	O	R	N	A	B	E	K	R	A	D	G	K	A	S	B	D	T
I	R	E	P	M	H	O	K	L	Y	W	Z	O	R	P	C	L	I	D	I
C	H	S	G	E	B	K	P	S	O	M	O	B	E	O	K	A	L	Y	O
O	T	T	N	W	C	C	D	T	L	O	O	O	E	P	G	M	L	E	N
U	E	A	I	O	M	A	P	E	N	N	D	R	D	O	O	I	Y	B	S
N	J	T	M	Y	L	I	M	A	F	E	C	H	Y	S	L	N	I	S	W
T	H	E	M	E	S	O	N	G	B	Y	M	T	O	S	D	A	K	E	A
R	D	N	I	M	O	O	N	S	H	I	N	E	R	U	R	A	L	N	M
Y	P	S	W	E	A	L	T	H	C	I	R	J	C	M	N	V	B	Z	P
E	E	S	S	E	N	N	E	T	P	Z	K	G	R	A	N	D	M	A	J

ANIMALS
BACKWOODS
BANKER
BLACK AND WHITE
BLACK GOLD
BLOODHOUND
BUDDY EBSEN
CALIFORNIA
CEMENT POND
CITY
COMEDY
COUNTRY
COURTING
DOG
DUKE
ESTATE
FAMILY
GRANDMA
GREEDY
HILLBILLY
IRENE RYAN
JANE HATHAWAY
JETHRINE
JETHRO BODINE
KINFOLK
MANSION
MILBURN DRYSDALE
MILLIONS
MONEY
MOONSHINE
MR DRYSDALE
NEIGHBORS
OIL COMPANY
OPOSSUM
POTIONS
RERUNS
RICH
RURAL
SHOTGUN
SWAMP
SWIMMING POOL
TENNESSEE
THEME SONG
TRUCK
WEALTH

Solution on page 371

Like a Cat

T	T	J	S	Q	G	J	H	L	G	F	W	C	N	F	D	P	D	A	E
M	J	N	H	E	Z	E	O	A	K	Y	A	R	N	B	M	V	Q	I	Y
M	S	H	E	X	L	P	E	V	O	K	N	O	I	L	L	S	Q	B	Y
Z	Z	W	D	G	L	I	U	P	L	A	Z	Y	F	S	P	H	S	B	I
L	V	I	P	O	I	U	G	L	Y	E	K	W	I	T	G	P	M	U	J
M	V	I	N	X	T	L	J	A	H	N	V	K	E	R	F	Y	A	S	I
K	X	H	Z	Q	H	Y	L	Y	U	S	L	O	R	E	S	U	L	W	N
C	Q	I	F	T	E	A	Z	E	N	A	W	Q	C	T	C	U	L	A	F
R	E	S	U	O	M	M	M	A	T	J	N	H	E	C	O	N	P	L	J
G	S	T	A	I	L	Y	G	S	R	N	K	R	E	H	P	O	U	C	F
D	W	D	H	A	I	J	X	R	P	C	I	W	O	E	M	F	P	O	K
S	X	R	T	G	B	D	R	A	P	O	E	L	Y	B	F	G	O	T	B
S	S	I	V	Z	Q	U	X	G	U	M	I	B	P	Y	B	Q	K	E	A
I	E	I	D	T	P	D	G	S	L	P	B	L	E	C	N	U	O	P	L
S	L	W	J	N	Q	S	S	I	H	A	T	E	E	H	C	G	T	R	T
B	M	Y	N	T	H	O	E	D	T	N	L	H	N	D	M	H	E	S	B
L	Q	F	C	I	U	F	W	Q	U	I	E	T	H	G	U	G	V	M	K
R	J	R	W	I	M	T	F	I	F	O	R	A	U	G	A	J	I	N	E
B	U	U	U	I	P	E	G	I	S	N	R	D	G	L	A	L	E	R	T
F	O	P	L	Y	Q	C	J	S	L	E	E	P	E	R	C	U	E	P	M

AGILE
ALERT
BENGAL
BOUNCE
CHEETAH
CLAWS
CLIMB
COMPANION
CRAZY
FIERCE
FLUFFY
HIMALAYAN
HISS
HUNT
INTELLIGENT
JAGUAR
JUMP
LAZY
LEOPARD
LION
LITHE
MEOW
MOUSE
MYSTERIOUS
NAP
PET
PLAY
POUNCE
PROUD
PURR
QUIET
REGAL
SHED
SLEEP
SMALL
SNEAKY
SOFT
SPOILED
STALK
STRETCH
STUBBORN
TABBY
TAIL
WISE
YARN

Solution on page 371

Highly Organized

E	T	A	V	I	T	O	M	U	J	E	N	I	L	T	U	O	C	O	K
X	R	P	A	Y	P	F	O	E	S	R	A	R	Q	I	S	H	P	Y	M
F	Z	P	F	O	Y	M	O	R	G	R	E	D	R	O	T	G	A	Y	M
K	R	O	W	E	S	U	O	H	R	A	E	S	E	R	O	H	C	D	E
E	Z	I	R	O	G	E	T	A	C	N	N	M	T	M	R	K	K	I	T
A	L	N	T	N	P	W	N	O	K	D	R	A	I	F	A	L	N	T	H
V	K	T	O	A	W	G	N	Z	W	S	W	A	M	T	G	V	U	J	O
Z	Q	M	P	K	E	T	V	L	W	X	B	J	D	V	E	A	J	T	D
X	K	E	O	Q	R	N	K	O	O	B	E	T	O	N	G	U	E	V	S
R	R	N	A	O	H	H	C	A	B	I	N	E	T	E	E	S	C	J	C
S	R	T	L	V	C	E	C	Q	A	J	W	O	N	E	O	L	L	K	H
R	P	L	Y	I	F	C	L	E	O	Z	R	D	E	L	E	G	A	T	E
N	E	F	F	I	C	I	E	N	C	Y	A	Z	C	E	E	S	S	C	D
D	E	D	E	L	I	F	A	M	M	D	I	V	I	D	E	R	S	Y	U
J	K	Q	L	X	M	F	N	E	R	A	P	E	R	P	E	T	I	U	L
U	E	L	A	O	B	O	T	A	D	E	K	C	A	T	S	R	F	P	E
S	V	B	B	I	F	S	W	H	F	L	A	R	T	R	R	H	Y	D	K
X	P	L	E	Q	Y	E	C	Z	Q	Q	A	U	Y	A	L	O	C	I	Z
A	Y	E	L	S	R	G	N	R	I	T	L	O	W	S	M	Q	S	M	U
S	M	D	H	H	M	W	V	W	E	C	J	D	G	H	M	L	O	P	O

AGENDA
APPOINTMENT
ARRANGE
CABINET
CALENDAR
CATEGORIZE
CHORES
CLASSIFY
CLEAN
CLOSET
CLUTTER
CONTROLLED
DELEGATE
DIVIDERS
DRAWER
EFFICIENCY
ERRANDS
FILE
FOLDER
GOAL
HOUSEWORK
INVENTORY
JUNK
KEEP
LABEL
MANAGE
METHODS
MOTIVATE
NEAT
NOTEBOOK
OFFICE
ORDER
OUTLINE
PACK
PAPERS
PREPARE
SCHEDULE
SEPARATE
SORT
STACKED
STORAGE
SYSTEM
TIDY
TIMER
TRASH

Solution on page 371

The Transformers Franchise

X	V	S	E	M	D	R	E	T	A	E	H	T	U	K	W	V	N	P	S
Z	Q	D	K	R	M	R	O	F	S	N	A	R	T	N	I	T	O	Y	E
F	E	B	U	C	D	U	X	Q	M	T	O	F	U	M	O	M	C	S	Q
R	O	M	A	C	H	I	N	E	I	E	E	M	I	R	P	I	I	T	U
Y	F	U	L	T	R	L	S	Y	M	R	T	C	R	B	G	D	T	K	E
P	E	X	R	D	T	T	I	G	K	T	H	A	V	O	N	B	P	C	L
Q	Y	S	S	A	E	L	Z	V	U	A	W	W	L	A	I	U	E	M	A
C	O	T	M	J	S	T	E	R	E	I	S	Y	H	Y	T	M	C	C	U
K	R	E	F	E	W	Y	A	L	M	N	S	C	T	K	H	B	E	Y	S
G	S	E	M	A	G	G	B	M	L	M	R	E	N	K	G	L	D	U	N
O	N	L	W	C	I	A	D	H	I	E	A	N	Z	S	I	E	D	T	O
F	Q	E	B	O	Y	H	T	I	M	N	F	E	E	E	F	B	X	E	P
R	M	L	I	F	P	B	S	R	S	T	A	R	S	C	R	E	A	M	A
K	Z	S	L	L	D	M	E	Q	O	G	A	D	I	I	Z	E	C	L	E
Q	K	E	J	H	A	S	B	R	O	N	U	L	H	O	I	C	L	N	W
W	K	I	Q	R	T	S	M	B	T	D	X	I	C	V	B	S	E	D	R
H	K	R	V	K	K	T	O	B	O	R	T	H	N	N	P	R	G	E	P
F	A	E	I	V	O	M	I	C	I	M	O	C	A	A	G	C	L	M	X
C	L	S	T	O	Z	R	R	T	Z	F	A	N	R	Y	Y	J	V	L	I
B	Y	O	D	K	K	Y	K	A	Q	Q	F	K	F	P	H	Q	V	E	Q

ACTION
ALIEN
ALLSPARK
ANIMATED
BATTLE
BUMBLEBEE
CAR
CHILDREN
COMIC
CUBE
CYBERTRON
DECEPTICON
DISGUISE
ENERGY
ENTERTAINMENT
EVIL
FIGHTING
FILM
FRANCHISE
GAMES
HASBRO
MACHINE
MARVEL
MEGATRON
MERCHANDISE
METAL
MICHAEL BAY
MOVIE
POWER
PRIME
ROBOT
SEQUEL
SERIES
SHIA
STARSCREAM
STEEL
THEATER
TOY
TRANSFORM
VOICES
WAR
WEAPONS

Solution on page 371

At the River

F	J	M	Z	M	Y	X	F	Z	I	P	C	D	Y	U	B	X	I	K	U
G	O	T	A	O	B	M	A	E	T	S	L	E	N	N	A	H	C	E	R
N	C	S	E	G	N	A	G	U	W	N	E	A	A	M	Y	L	O	K	A
P	O	I	H	C	N	F	A	A	A	U	O	Y	A	M	O	C	L	I	P
W	N	I	H	I	N	R	T	Y	P	O	E	R	X	I	N	G	U	X	I
O	I	W	T	Y	K	E	A	H	F	R	R	A	F	V	W	R	M	F	D
L	R	Z	U	A	R	N	R	S	A	E	J	D	G	R	Q	W	B	N	S
L	O	J	N	W	G	A	N	W	V	O	M	U	R	L	E	U	I	Q	A
A	D	S	A	T	T	I	A	I	A	R	A	M	V	A	O	V	A	M	N
H	A	Y	Z	E	T	L	R	E	W	L	O	A	I	I	K	V	I	M	D
S	R	E	S	N	E	E	E	R	A	R	T	U	P	A	M	H	A	R	B
F	O	P	A	D	T	S	L	P	I	B	R	N	Q	U	F	G	E	O	A
C	L	C	M	I	S	S	I	S	S	I	P	P	I	G	D	V	D	Z	R
G	O	V	H	E	A	F	M	U	I	V	U	L	L	A	I	D	N	D	P
T	C	W	N	R	L	U	P	I	A	M	B	K	L	R	S	D	A	C	Z
P	S	N	A	O	W	W	O	L	L	E	Y	E	N	A	S	U	R	P	R
S	E	G	W	S	E	Q	P	A	W	H	N	E	D	H	N	H	G	O	H
T	I	I	T	I	E	L	O	E	M	A	E	C	A	M	O	T	O	P	S
P	N	H	C	O	N	R	I	V	E	R	B	O	A	T	L	I	I	R	L
G	E	P	G	N	K	P	Q	Z	G	D	C	P	E	C	H	O	R	A	E

ALLUVIUM
AMU DARYA
ARAGUAIA
ARKANSAS
BED
BRAHMAPUTRA
CHANNEL
COLORADO
COLUMBIA
DEEP
DELAWARE
EROSION
EUPHRATES
FLOWING
GANGES
GREEN RIVER
IRRIGATION
KOLYMA
LIMPOPO
MAGDALENA
MISSISSIPPI
ORINOCO
PECHORA
PILCOMAYO
POTOMAC
RAPIDS
RIO GRANDE
RIVERBOAT
RIVERFRONT
SAINT LAWRENCE
SALWEEN
SANDBAR
SEINE
SHALLOW
SHORE
STEAMBOAT
TENNESSEE
TOCANTINS
VOLGA
WATERWAY
WHITE RIVER
XINGU
YANGTZE
YELLOW

Solution on page 372

Talent Contest

J	S	O	L	J	S	C	H	O	O	L	O	L	J	H	C	T	A	W	M
E	N	N	I	A	M	H	W	U	D	H	K	X	I	J	N	U	T	A	P
G	O	E	H	N	S	O	K	Z	T	E	E	C	A	G	D	W	G	Y	Y
H	N	N	I	Q	T	R	O	E	G	D	U	J	Y	I	Q	I	U	L	Y
M	S	I	A	A	A	E	A	Q	L	W	I	G	E	Q	C	K	B	Q	T
L	X	T	M	I	D	O	R	E	G	K	U	N	O	H	A	K	P	C	C
L	E	U	L	I	P	G	Y	M	H	Y	C	Y	E	L	U	Q	L	Q	A
I	C	O	V	R	M	R	D	D	I	E	M	E	T	Z	O	O	A	H	B
N	N	R	U	E	T	A	M	A	E	S	R	N	O	E	W	N	Y	E	I
H	A	A	J	I	A	P	C	H	W	M	S	F	A	N	I	P	O	Y	L
U	D	C	V	B	G	H	K	I	S	N	O	I	S	S	E	R	P	M	I
M	Y	Q	T	R	W	Y	L	K	S	N	A	C	O	S	T	K	A	M	T
A	U	D	H	I	R	T	N	E	M	U	R	T	S	N	I	I	Z	V	I
A	G	Z	N	T	N	E	T	Z	D	X	M	W	P	O	C	D	C	A	E
M	J	N	E	A	R	G	N	I	L	G	G	U	J	I	E	S	K	S	S
A	E	O	V	V	B	N	T	R	I	C	K	S	S	S	R	Q	O	E	V
R	P	S	O	X	S	I	Y	P	T	T	H	R	E	U	X	N	L	K	L
D	S	U	O	Y	O	S	G	N	I	T	H	G	I	L	G	W	Q	O	F
H	S	Y	N	N	Q	H	E	A	K	R	K	B	A	L	L	E	T	J	C
V	R	Y	S	I	U	F	E	Z	S	Q	D	Z	H	I	C	P	I	F	L

ABILITIES
ACTING
AMATEUR
AUDIENCE
AUDITIONS
BALLET
BAND
CHEER
CHOREOGRAPHY
CLOWNS
COMEDY
DANCE
DRAMA
GYMNASTICS
ILLUSIONS
IMPRESSIONS
INSTRUMENT
INTERMISSION
JOKES
JUDGE
JUGGLING
KIDS
LIGHTING
MAGIC
MIMING
MONOLOGUE
MUSIC
NERVOUS
PIANO
PLAY
POETRY
PRIZE
RECITE
REHEARSAL
ROUTINE
SCHOOL
SING
SKIT
SONG
TAP
TRICKS
VARIETY
VIDEO
WATCH
WINNER

Solution on page 372

Yearbook Memories

```
U E I P L Y L G J M T Y F R M J M O D F
O I F M S N O I T C I D E R P M L I I U
N S L H O R G A N I Z A T I O N S R C W
F E N Z J S P P C E M A S C O T H E M E
M R A S U B T O E H N E C S I N I M E R
O U M I N U Y L S O I I C I M E D A C A
I T H G I L H G I H P E L A W A R D S E
H C S N O C V T K K E L V E P E I U G K
K I E I R T A Z M A E Q E E M S W E E A
W P R N P U S S F R N L D O M I U Q W S
G Y F G D S E K O J P E Y S G E T L I P
X I T A A G J M H O M E C O M I N G E E
Z D R L A O O R R E Q N A D R I N T A E
H G C P U H E T S U S L X I O A L M Y K
T O T R P C R S O Z S E P J T T B E B W
U F N O O A A T E Q Y S N U R I E U W G
O E S R I G E F F A V O R I T E S S Y K
Y Q D T E S E I R O M E M I O E V I Q E
D P S S T R O P S W S K O O B R A O Z C
L E O V J W V H R G H N A M E S B X C N
```

ACADEMIC
ACHIEVEMENT
AMBITION
ANECDOTES
AWARDS
BOOK
CLASS
CLUBS
COVER
FACULTY
FAVORITES
FRESHMAN
GOALS
GRADUATION
HIGHLIGHT
HOMECOMING
JOKES
JOURNEY
JUNIOR
KEEPSAKE
MASCOT
MEMORIES
MESSAGES
MOST LIKELY
NAMES
ORGANIZATIONS
PAGES
PEOPLE
PICTURES
PORTRAITS
PREDICTIONS
QUOTES
RECORD
REMINISCE
SENIOR
SIGNATURES
SIGNING
SMILE
SOPHOMORE
SPIRIT
SPORTS
THEME
TIME CAPSULE
TIMELINE
YOUTH

Solution on page 372

Wear It

H	O	V	S	K	C	S	E	N	H	L	E	K	B	V	H	F	P	L	M
Q	G	T	U	Q	H	F	I	Q	D	F	P	N	E	E	B	K	F	K	T
X	D	S	S	H	I	R	T	Z	D	Y	R	C	H	O	S	K	C	O	S
F	P	I	G	L	J	P	U	E	O	G	S	S	W	E	A	T	E	R	U
U	T	F	Z	P	A	N	T	S	O	H	O	H	B	L	A	Z	E	R	E
M	J	P	R	A	Q	C	T	A	O	C	S	W	G	P	T	K	G	C	S
M	K	R	O	V	R	M	K	E	S	F	N	X	W	L	A	R	A	U	U
M	C	A	J	D	R	E	S	S	G	L	A	S	S	E	S	L	S	I	O
U	Q	V	N	S	C	K	C	A	L	J	E	V	N	S	K	N	P	D	L
Z	N	K	U	P	T	E	H	N	E	A	J	S	O	C	E	I	K	R	B
M	M	I	C	M	B	Q	S	W	R	M	D	G	E	T	D	P	B	V	J
L	S	K	F	O	U	A	E	L	F	I	J	N	T	F	Y	J	A	G	J
D	C	F	R	O	M	L	H	S	I	D	N	I	A	E	E	Y	N	I	C
Z	M	S	V	A	R	S	T	Y	I	P	M	G	U	S	S	Z	D	T	X
W	J	W	J	Y	P	M	O	R	K	J	P	G	U	B	R	K	A	Y	V
Z	V	A	C	Q	T	A	L	O	I	R	A	E	W	R	E	D	N	U	H
F	P	T	C	O	U	N	C	W	R	K	G	L	R	F	J	L	A	B	F
P	N	C	S	K	Y	H	V	L	P	D	S	O	N	S	U	I	T	S	V
G	V	H	Y	E	E	A	T	T	A	W	M	Y	W	K	F	S	L	Z	C
Y	F	Z	E	F	V	T	D	B	U	S	H	W	B	N	Q	D	P	D	P

BADGE
BANDANA
BELT
BLAZER
BLOUSE
BOW
CAP
CLOTHES
COAT
DRESS
GLASSES
GOWN
HAT
JACKET
JEANS
JERSEY
JEWELRY
LEGGINGS
MITTENS
NECKLACE
PAJAMAS
PANTS
PIN
RING
ROBE
SANDALS
SHIRT
SHOES
SKIRT
SLACKS
SLIPPERS
SMOCK
SNEAKERS
SOCKS
SUIT
SWEATER
TIE
UNDERWEAR
UNIFORM
VEST
WATCH

Solution on page 372

Kung Fu Panda in Theaters

G	Y	F	V	S	J	R	I	T	A	S	W	A	W	M	G	F	U	A	K
W	N	R	D	P	O	Z	D	D	M	N	W	R	O	U	S	V	F	A	B
W	P	I	G	U	X	T	N	E	M	N	I	A	T	R	E	T	N	E	O
F	K	D	T	G	N	F	F	C	K	K	Q	H	J	G	P	G	R	I	U
Y	Y	G	R	H	C	U	I	L	Y	C	U	L	C	A	E	A	L	E	F
N	A	N	Y	A	G	R	E	G	I	T	M	M	R	L	C	V	N	A	I
P	G	U	S	P	G	I	S	T	R	A	L	A	I	T	R	A	M	K	H
I	J	L	M	H	N	O	F	A	N	E	M	N	Z	B	H	I	U	G	S
X	N	I	U	A	I	U	N	U	Z	O	A	D	L	C	L	N	E	N	I
A	E	A	L	I	N	S	L	A	U	J	R	A	E	Y	G	M	V	K	T
R	L	T	C	W	I	F	E	N	O	E	C	I	F	F	O	X	O	B	N
N	E	L	L	I	A	I	T	L	A	K	K	R	U	S	D	R	A	W	A
Z	U	T	U	F	R	V	I	M	L	C	P	Y	E	N	S	I	D	E	M
E	Q	U	C	E	T	E	W	G	A	N	D	W	O	T	I	Q	K	L	R
I	E	Y	P	A	C	O	M	J	U	D	A	O	T	R	S	A	X	L	O
C	S	I	E	S	R	V	I	A	X	E	T	M	A	D	N	A	P	E	U
B	V	E	S	K	A	A	W	L	B	R	O	H	F	S	C	O	M	I	C
X	X	O	S	N	N	T	H	E	A	T	E	R	E	F	I	L	M	V	K
V	R	M	L	B	E	O	A	C	T	I	O	N	Y	R	O	T	S	O	I
Z	B	K	Q	W	J	R	M	W	Z	L	M	C	F	U	O	H	Z	M	B

ACTION
AMERICAN
ANGELINA JOLIE
AWARDS
AWESOME
BEAR
BLACK
BOX OFFICE
CARTOON
CHARACTER
CHINA
CLUMSY
COMIC
CRANE
DISNEY
DRAGON
DREAMWORKS
ENTERTAINMENT
FAMILY
FIGHTING
FILM
FURIOUS FIVE
HERO
HOFFMAN
JACKIE CHAN
KIDS
KUNG FU
LUCY LIU
MANTIS
MARTIAL ARTS
MASTER
MONKEY
MOVIE
PANDA
PARAMOUNT
PIXAR
SEQUEL
SHIFU
SNAKE
STORY
TAI LUNG
THEATER
TIGER
TRAINING
VIPER

Solution on page 372

Somewhat Unusual

E	G	N	A	R	T	S	P	E	C	I	A	L	A	H	W	R	A	N	S
I	Q	R	S	E	X	T	A	N	T	Q	M	A	B	A	C	U	S	H	P
P	L	A	T	Y	P	U	S	V	U	A	O	R	L	W	R	V	E	H	E
A	D	R	E	X	A	L	B	I	N	O	S	A	E	O	M	B	V	C	H
K	S	E	L	O	H	K	C	A	L	B	N	E	R	R	A	Z	I	B	S
O	I	R	P	J	Q	K	T	A	A	O	X	A	L	S	L	O	T	H	W
P	T	U	U	H	S	E	K	C	I	T	S	G	N	I	K	L	A	W	J
B	N	O	T	A	E	H	J	T	R	D	I	F	F	E	R	E	N	T	O
V	A	S	N	I	W	T	P	A	S	E	C	C	E	N	T	R	I	C	Q
F	M	D	I	Z	U	E	O	C	U	N	C	O	M	M	O	N	G	U	L
P	G	C	U	W	C	R	O	X	O	L	A	C	I	P	Y	T	A	N	J
O	N	M	Q	X	D	I	S	T	I	N	C	T	I	V	E	D	M	T	B
F	I	U	E	I	W	A	T	E	R	S	P	O	U	T	R	O	I	L	Q
B	Y	T	N	Z	H	M	E	H	E	H	I	L	L	U	S	I	O	N	S
V	A	A	A	M	A	E	L	S	T	R	O	M	P	Z	G	B	A	D	X
H	R	T	L	I	G	T	P	I	S	Z	M	L	V	G	F	O	V	D	D
Y	P	I	I	R	F	E	I	F	Y	M	E	L	L	I	B	E	O	H	S
Z	R	O	E	A	I	O	R	X	M	T	H	E	S	P	I	L	C	E	L
N	T	N	N	G	S	R	T	O	S	C	V	H	E	R	I	F	X	O	F
W	T	S	S	E	H	S	Z	B	R	E	I	S	R	A	T	S	N	O	P

ABACUS
ALBINOS
ALIENS
ATYPICAL
AURORAS
BIZARRE
BLACK HOLES
BLOBFISH
BOXFISH
DIFFERENT
DISTINCTIVE
ECCENTRIC
ECLIPSE
EXCEPTIONAL
EXTRAORDINARY
FOXFIRE
HAGFISH
ILLUSIONS
IMAGINATIVE
MAELSTROM
MANATEE
METEORS
MIRAGE
MUTATIONS
MYSTERIOUS
NARWHAL
ODD
OKAPI
PLATYPUS
PRAYING MANTIS
QUADRUPLETS
QUICKSAND
QUINTUPLETS
RARE
SEXTANT
SHOEBILL
SLOTH
SPECIAL
STRANGE
TARSIER
TRIPLETS
TWINS
UNCOMMON
WALKING STICK
WATERSPOUT

Solution on page 372

Machismo

K	F	Y	I	B	J	G	T	Q	G	H	F	F	U	B	F	E	V	T	G
G	I	B	S	D	G	U	M	S	O	L	I	D	W	O	H	M	W	N	A
H	G	U	O	T	T	T	S	P	O	R	T	S	R	C	P	O	S	E	W
A	A	L	N	T	H	Q	C	M	J	H	N	C	A	V	F	P	G	T	S
W	N	E	O	S	W	G	N	B	J	I	E	T	S	W	X	C	N	O	R
R	I	U	N	A	E	N	I	L	U	C	S	A	M	E	S	M	I	P	D
O	M	E	E	O	O	M	G	F	O	U	S	J	H	T	G	H	R	R	U
H	A	E	C	B	R	M	B	C	M	R	K	M	R	N	I	O	A	Q	E
D	T	N	N	P	S	E	K	E	E	A	I	U	F	A	V	E	D	E	P
V	S	D	A	R	U	Y	T	W	L	G	T	T	E	I	B	M	J	X	P
C	M	U	G	O	O	Y	O	S	H	L	N	V	D	L	O	B	B	A	A
I	Y	R	O	T	R	P	S	T	O	I	I	E	J	A	E	F	C	G	W
O	H	A	R	E	O	J	S	J	M	T	R	S	L	V	P	D	L	G	V
M	U	N	R	C	G	K	E	E	C	N	S	R	H	L	P	N	I	E	X
Y	O	C	A	T	I	A	L	A	L	J	I	E	E	L	A	M	Y	R	X
O	A	E	O	O	V	G	R	M	S	I	C	I	T	E	L	H	T	A	P
L	C	P	T	R	X	T	A	U	Y	S	R	H	E	R	O	I	C	T	J
V	D	M	N	E	T	N	E	R	O	S	F	I	M	U	S	C	L	E	N
H	R	U	P	A	L	E	F	B	B	C	X	R	V	M	P	K	E	O	T
H	U	I	M	Y	G	E	V	T	X	R	B	Q	Y	C	Z	U	U	X	H

ARROGANCE
ATHLETICISM
ATTRACTIVE
BEARD
BOAST
BOLD
BRAG
BUFF
CHALLENGE
COCKY
COURAGEOUS
DARING
EGO
EMBELLISH
ENDURANCE
EXAGGERATE
FEARLESS
FIGHT
FITNESS
FLEX
FORCE
GYM
HEROIC
MALE
MANLY
MASCULINE
MIGHT
MUSCLE
MUSTACHE
POSE
POTENT
POWER
PRIDE
PROTECTOR
PROVIDER
SMUG
SOLID
SPORTS
STAMINA
STRUT
TESTOSTERONE
TOUGH
VALIANT
VIGOROUS
VIRILE

Solution on page 373

Saddle Up

E	D	H	H	K	S	Y	L	C	L	M	X	Q	B	A	A	R	J	D	F
A	Y	M	I	S	R	K	E	X	G	Z	O	N	X	J	R	O	D	E	O
H	I	J	E	A	S	F	S	B	P	I	F	O	K	E	W	H	X	N	A
O	B	J	H	H	R	Q	T	A	J	W	R	I	H	B	Q	B	J	G	E
D	U	C	F	K	S	H	O	P	E	M	O	T	O	R	C	Y	C	L	E
W	G	I	B	C	N	S	O	L	I	A	A	A	H	O	S	S	C	I	F
L	Y	Q	J	A	Q	B	B	F	B	E	T	C	T	W	D	T	N	S	B
T	Q	M	F	T	G	A	F	L	L	V	A	I	Y	N	W	Y	R	H	M
P	U	R	R	I	T	S	A	D	D	L	E	T	R	E	E	L	E	A	F
U	X	U	H	S	V	N	B	D	R	E	S	S	A	G	E	E	T	W	P
O	W	Y	L	C	K	P	A	D	C	B	F	E	N	D	E	R	S	Q	E
W	U	P	P	E	O	L	C	R	U	N	P	M	C	E	O	H	E	I	Q
X	H	D	T	M	H	A	A	C	S	G	R	O	S	P	O	Q	W	O	T
V	A	N	M	O	M	N	K	M	H	U	M	D	P	E	U	X	O	T	Y
D	Z	E	A	E	C	L	Q	J	I	F	A	U	S	I	J	L	R	B	L
I	L	D	L	H	E	H	O	G	O	N	S	T	N	U	O	M	F	F	P
U	J	I	T	T	C	H	C	R	N	C	A	E	L	A	I	M	Q	G	F
V	F	R	U	G	N	I	T	N	U	H	K	F	D	U	L	A	F	M	A
A	X	V	I	S	P	A	H	C	I	N	I	E	R	H	F	B	I	P	W
G	H	Y	O	B	W	O	C	B	A	C	K	U	Y	H	W	K	H	G	Q

ANIMAL
BACK
BAGS
BLANKET
BOOTS
BROWN
BUCKLE
CAMEL
CANTLE
CHAPS
CINCH
COMFORT
COWBOY
CUSHION
DOMESTICATION
DRESSAGE
ENGLISH
EQUINE
FENDERS
GIRTH
HUNTING
JOCKEY
LEATHER
LOAD
MOTORCYCLE
MOUNT
OIL
PAD
POMMEL
RANCH
REIN
RIDE
RODEO
SADDLE TREE
SEAT
SHOES
SIT
SOAP
STABLE
STIRRUP
STRAP
STYLE
SUPPORT
TACK
WESTERN

Solution on page 373

Capitals of the United States

V	Y	O	V	A	X	I	N	E	O	H	P	P	H	E	Y	T	A	K	A
M	X	T	N	R	I	C	H	M	O	N	D	K	N	T	K	A	L	A	N
C	G	N	I	S	N	A	L	N	R	S	C	N	I	M	C	S	B	Z	A
L	A	E	T	C	Y	R	O	E	L	R	E	C	O	I	P	L	A	N	S
H	K	M	S	S	N	L	V	I	A	Y	N	N	L	R	C	U	N	Y	H
A	E	A	U	A	U	O	N	M	E	O	T	K	I	Y	E	A	Y	B	V
R	P	R	A	L	D	C	S	H	S	G	E	N	T	O	P	P	A	O	I
R	O	C	U	T	O	I	C	R	O	U	G	Q	T	O	M	T	X	I	L
I	T	A	T	L	B	L	E	M	A	F	U	S	L	H	O	S	S	S	L
S	W	S	N	A	O	F	E	E	I	C	N	I	E	N	F	U	E	E	E
B	A	A	N	K	F	R	N	E	M	O	S	L	R	B	R	B	C	D	M
U	S	N	D	E	Y	U	L	S	T	G	E	O	O	H	A	M	N	R	N
R	H	T	J	C	J	D	U	S	A	N	U	P	C	J	N	U	E	O	O
G	I	A	A	I	S	N	O	A	A	G	H	A	K	A	K	L	D	C	T
D	N	F	U	T	G	B	A	H	E	O	O	N	C	C	F	O	I	N	N
E	G	E	G	Y	T	I	C	A	M	O	H	A	L	K	O	C	V	O	E
N	T	E	U	C	D	S	O	L	Y	M	P	I	A	S	R	Z	O	C	R
V	O	A	S	H	G	I	E	L	A	R	E	D	I	O	T	G	R	Z	T
E	N	O	T	S	E	L	R	A	H	C	H	N	H	N	L	C	P	U	R
R	X	R	A	D	R	O	F	T	R	A	H	I	W	B	T	O	S	S	Y

ALBANY
ANNAPOLIS
AUGUSTA
AUSTIN
BATON ROUGE
BISMARCK
BOISE
BOSTON
CARSON CITY
CHARLESTON
CHEYENNE
COLUMBUS
CONCORD
DENVER
DES MOINES
DOVER
FRANKFORT
HARRISBURG
HARTFORD
HELENA
HONOLULU
INDIANAPOLIS
JACKSON
JEFFERSON CITY
JUNEAU
LANSING
LINCOLN
LITTLE ROCK
MONTGOMERY
NASHVILLE
OKLAHOMA CITY
OLYMPIA
PHOENIX
PROVIDENCE
RALEIGH
RICHMOND
SACRAMENTO
SALT LAKE CITY
SANTA FE
SPRINGFIELD
ST PAUL
TALLAHASSEE
TOPEKA
TRENTON
WASHINGTON

Solution on page 373

History Books

J	M	Y	I	G	M	H	Y	Q	B	Y	B	I	C	I	V	I	L	R	Y
J	T	T	V	U	Q	Y	H	P	A	R	G	O	I	B	W	G	F	A	B
Q	W	A	Q	E	M	J	V	F	A	I	L	U	R	E	T	U	N	N	J
V	E	E	X	R	S	L	A	D	S	A	F	Y	O	C	Q	D	O	F	K
G	W	R	Y	I	X	E	L	C	S	L	N	Y	T	A	E	I	I	I	H
J	S	T	K	P	Y	A	I	L	T	E	R	C	S	E	H	Y	T	G	C
A	T	M	N	M	V	M	I	R	E	A	G	P	I	P	L	E	A	H	R
D	N	U	C	E	O	E	K	N	T	U	D	A	H	E	M	F	R	T	U
X	E	U	I	N	M	A	A	I	P	N	R	V	E	R	N	O	G	I	H
A	V	D	O	C	O	P	L	R	N	R	U	O	R	L	N	T	I	N	C
X	E	C	U	K	V	I	O	A	M	G	E	O	P	I	D	H	M	G	E
M	E	Y	G	A	M	G	T	L	W	Y	E	V	C	E	Z	D	D	M	C
A	T	O	T	P	R	O	E	N	E	X	P	L	O	R	A	T	I	O	N
P	N	C	F	E	Z	E	X	B	E	V	E	K	P	L	X	I	L	M	F
S	A	O	S	L	I	C	T	O	R	V	E	I	A	R	U	O	S	L	I
E	E	S	I	T	S	C	B	A	U	T	N	D	S	J	N	T	W	A	U
D	O	M	F	T	W	V	O	T	P	O	L	I	T	I	C	S	I	Y	V
W	A	D	A	A	A	B	O	S	Z	R	O	R	E	L	I	G	I	O	N
L	W	T	D	B	R	N	K	H	O	Z	O	S	T	U	D	Y	V	A	N
G	E	K	E	N	N	V	W	W	A	B	N	C	I	W	H	Y	V	U	Q

ANCIENT
ARMY
ASIA
BATTLE
BIOGRAPHY
BOATS
CHRONICLE
CHURCH
CIVIL
COLONIES
COUNTRIES
DATE
DEVELOPMENT
ECONOMICS
EMPIRE
ERA
EUROPE
EVENTS
EXPLORATION
FAILURE
FIGHTING
INVENTION
KING
LAW
MAPS
MEDIEVAL
MIDDLE AGES
MIGRATION
MILITARY
NATION
NAVY
PAST
PEACE
POLITICS
PREHISTORIC
PROGRESS
RELIGION
REVOLUTION
SOCIETY
STATE
STUDY
TEXTBOOK
TREATY
WAR
WORLD

Solution on page 373

IS Words

W	O	S	Y	G	N	I	S	I	R	E	T	S	I	S	E	A	D	Z	A
D	R	I	M	O	D	S	I	W	F	A	D	I	S	V	N	D	T	K	X
S	E	E	S	X	R	S	T	I	G	D	C	E	L	M	O	Y	X	Q	U
N	I	I	T	X	E	U	H	D	F	S	D	O	H	D	S	F	S	X	E
E	O	N	V	S	G	T	C	I	R	T	S	I	D	A	I	S	I	E	S
P	S	I	N	D	I	S	G	U	I	S	E	D	V	D	R	I	B	G	I
B	C	I	S	E	S	N	N	C	I	H	E	A	I	D	P	T	R	T	C
U	D	O	M	I	T	U	I	D	J	T	R	S	I	S	N	A	U	B	E
H	D	O	T	O	E	E	I	M	T	N	G	S	S	O	T	S	I	T	R
S	J	E	G	N	R	S	B	X	I	R	A	T	I	H	X	R	S	S	P
I	C	T	S	O	T	P	T	S	A	S	S	S	S	S	T	P	E	I	N
N	O	I	S	I	E	R	H	C	T	E	I	P	Y	I	A	J	D	S	P
A	L	A	N	S	V	D	E	E	L	C	D	P	L	N	G	H	E	E	S
V	O	C	H	I	G	E	R	B	E	N	T	M	A	U	X	G	P	R	Y
I	T	K	S	V	N	K	D	D	I	A	L	N	N	P	B	C	U	M	R
S	S	S	I	G	I	I	G	Y	S	S	F	H	A	Y	K	U	K	R	E
U	I	V	L	E	S	L	C	B	U	I	H	J	E	T	U	P	S	I	D
A	P	I	O	B	I	S	B	J	R	U	N	D	V	I	S	I	B	L	E
L	S	J	O	P	A	I	T	G	E	N	G	R	U	B	B	I	S	H	I
H	U	S	F	Z	R	D	G	R	U	P	Q	Y	C	U	W	K	D	W	B

ANALYSIS
BRUISED
DAISIES
DECISION
DEVISED
DISAGREE
DISASTER
DISGRACE
DISGUISE
DISLIKE
DISPUTE
DISSOLVE
DISTANT
DISTINCT
DISTRESS
DISTRICT
DRUGGIST
EMPHASIS
ENGLISH
FOOLISH
LEISURE
MINISTER
NOISIER
NOISIEST
NUISANCE
PISTOL
POISON
PRECISE
PRISON
PROMISE
PUNISH
RAISING
REGISTER
RESIST
RISING
RUBBISH
SATISFY
SISTER
TENNIS
VANISH
VARNISH
VISIBLE
VISION
VISUAL
WISDOM

Solution on page 373

It Has Legs

C	L	I	K	S	R	O	H	R	K	P	B	D	C	Z	Y	K	Q	F	K
G	G	P	P	T	D	Q	D	H	I	G	O	J	G	S	V	V	Q	P	I
L	K	D	C	A	X	A	L	L	I	G	A	T	O	R	S	K	B	R	H
A	Z	J	J	N	M	L	V	J	X	E	R	F	I	U	V	I	C	S	P
U	O	H	T	R	A	B	X	J	I	Q	A	Q	H	O	R	S	E	Z	B
Y	W	I	B	U	G	S	U	E	S	O	O	M	T	D	A	N	T	S	V
Q	B	N	J	R	K	M	Y	N	F	T	S	M	E	L	P	O	E	P	B
W	O	S	F	Y	H	J	C	E	A	F	A	O	X	P	Z	Z	C	Y	N
D	O	E	R	B	S	N	A	N	K	N	A	N	E	E	U	T	A	A	K
Z	N	C	D	U	P	V	Z	I	T	N	E	R	D	L	I	H	C	R	E
D	J	T	C	O	A	R	D	A	W	R	O	E	I	G	P	J	S	B	P
H	O	H	N	B	B	S	N	G	I	O	P	M	E	G	S	H	E	E	P
I	V	O	A	E	L	L	O	A	S	I	F	R	P	C	D	Z	L	Z	W
Y	R	R	A	M	K	D	H	N	L	E	S	D	Q	A	R	O	B	F	N
H	C	R	L	B	S	C	K	L	I	N	H	U	N	T	A	A	A	R	D
W	S	E	C	E	N	T	I	P	E	D	E	C	I	O	Z	E	T	O	W
K	S	E	D	N	Y	M	E	H	V	B	E	K	A	Q	I	M	P	G	F
C	R	D	T	C	P	Q	T	R	C	R	V	S	I	O	L	I	N	S	C
L	W	J	H	H	L	I	O	N	S	B	M	M	J	L	R	P	Z	J	U
V	C	I	Z	D	U	W	G	H	H	T	L	O	O	T	S	N	M	D	U

ALLIGATORS
ANTS
BEARS
BENCH
BIRD
BUGS
CAT
CENTIPEDE
CHAIR
CHICKEN
CHILDREN
COW
CRAB
DANCERS
DEER
DESK
DINOSAURS
DOG
DUCKS
FROGS
GIRAFFE
HAMSTERS
HORSE
INSECT
JOURNEY
LIONS
LIZARDS
MAN
MILLIPEDE
MONKEYS
MOOSE
PEOPLE
PIG
ROACHES
SHEEP
SOFA
STAND
STOOL
TABLE
TIGERS
TRIPOD
ZEBRA

Solution on page 373

All about Waves

R	S	C	G	R	E	E	T	I	N	G	U	O	P	T	I	C	S	S	Y
H	E	P	M	U	I	D	A	T	S	O	K	C	O	H	S	I	N	E	O
N	T	T	I	M	O	T	I	O	N	C	I	N	G	R	Y	A	K	A	N
I	E	S	Q	T	B	G	R	R	K	F	R	S	V	Y	I	S	N	O	K
I	W	O	J	H	P	N	M	J	E	P	P	E	R	I	O	D	I	D	M
I	Y	C	R	G	D	I	I	I	A	C	A	D	S	E	K	T	E	C	P
I	O	G	C	I	R	T	U	Q	R	N	T	R	F	T	P	R	E	O	S
N	Y	V	I	L	E	A	E	G	B	I	O	I	T	R	P	S	O	C	O
L	T	D	J	O	I	R	V	D	V	H	D	I	O	I	D	L	I	B	B
G	P	L	C	R	O	B	A	I	N	B	D	S	T	N	C	U	A	D	T
V	N	E	A	I	I	I	W	N	T	E	B	K	A	C	A	L	W	K	N
D	A	I	D	F	N	V	O	J	O	A	V	H	D	Y	A	T	E	Y	E
N	U	A	D	I	L	P	R	E	E	I	T	H	T	J	Z	R	Z	G	N
I	R	G	C	N	T	U	C	E	D	U	T	I	L	P	M	A	F	R	A
W	H	E	Q	U	A	T	I	O	N	G	C	C	O	T	O	V	S	E	M
Q	E	C	T	P	R	T	M	D	N	O	Y	R	E	N	A	I	G	N	R
Z	I	Z	K	T	O	L	S	E	L	Q	Q	L	G	L	A	O	T	E	E
B	P	U	X	S	A	U	L	E	Y	B	D	O	O	G	F	L	B	S	P
G	B	B	P	N	R	P	V	W	K	C	F	R	E	Q	U	E	N	C	Y
O	Y	S	G	F	J	J	E	R	J	M	L	V	G	W	L	T	R	Q	L

ABSORPTION
AIR
AMPLITUDE
BOAT
CREST
CURL
DIRECTION
DISPERSION
ENERGY
EQUATION
FLUID
FREQUENCY
GOODBYE
GRAVITATIONAL
GREETING
HAND
LAKE
LENGTH
LIGHT
MICROWAVE
MOTION
OCEAN
OPTICS
PARTICLE
PATTERN
PERIOD
PERMANENT
PHYSICS
POOL
RADIO
REFLECTION
REFRACTION
RIDE
SAND
SEA
SHOCK
SINE
STADIUM
STANDING
SURF
TIDE
ULTRAVIOLET
VELOCITY
VIBRATING
WIND

Solution on page 374

Amazing Apes

Y	U	H	F	U	B	O	N	O	B	O	G	W	U	C	S	G	E	G	K
J	N	N	I	N	G	A	V	Z	I	N	A	T	H	Z	A	X	T	Q	C
B	S	K	A	A	K	V	N	E	S	M	R	A	A	Z	H	G	K	B	L
L	B	I	S	F	T	U	T	A	G	X	R	E	N	I	I	U	E	S	H
F	P	W	I	R	A	P	R	W	N	L	N	U	B	N	L	N	U	T	U
S	Q	J	M	I	R	J	E	X	E	A	D	I	T	A	B	O	L	Y	H
E	H	T	I	C	Z	L	E	S	J	L	T	E	F	U	R	I	Z	J	O
O	K	U	A	A	A	H	D	P	I	K	L	Y	Z	E	M	T	I	R	M
S	Q	T	N	R	N	A	M	W	A	L	I	C	G	C	B	U	W	J	I
Y	Q	H	G	T	R	C	T	E	I	T	S	N	Q	Q	I	L	I	K	N
Q	F	E	W	W	I	U	E	G	C	H	A	W	G	B	O	O	J	Y	O
H	Z	G	I	P	L	N	E	S	E	D	E	E	I	K	L	V	H	Z	I
R	A	N	O	R	A	N	G	U	T	A	N	V	R	N	O	E	X	L	D
O	A	I	M	I	T	G	I	B	B	O	N	I	P	G	G	N	A	Z	G
J	R	B	R	M	S	R	A	D	J	P	R	T	B	M	Y	Z	G	O	Y
R	Y	M	A	I	E	F	R	U	I	T	S	A	L	L	I	R	O	G	T
C	L	I	U	T	H	V	N	W	L	E	F	L	A	B	N	H	I	O	G
T	S	L	Y	I	C	G	O	R	R	S	P	E	C	I	E	S	C	S	Y
A	K	C	C	V	L	P	O	O	R	T	A	R	K	Q	C	V	M	C	K
X	Q	F	P	E	R	J	F	J	G	V	Y	E	U	O	Q	E	T	C	D

AFRICA
ANCESTOR
ARMS
ASIA
BANANA
BIOLOGY
BLACK
BONOBO
CAGE
CHARLES DARWIN
CHEST
CHIMP
CLIMBING
DANGEROUS
EVOLUTION
EXHIBIT
FOREST
FRUIT
FUR
GIBBON
GORILLA
GREAT APE
HAIR
HOMINOID
HUNTING
HYLOBATIDAE
INTELLIGENT
JANE
JUNGLE
KING KONG
LARGE
ORANGUTAN
PRIMITIVE
RELATIVE
SIMIAN
SPECIES
SWING
TAIL
TARZAN
TREE
TROOP
WILD
ZOO

Solution on page 374

American Civil War

V	I	C	K	S	B	U	R	G	R	U	B	S	Y	T	T	E	G	N	J
N	S	T	E	M	A	N	C	I	P	A	T	I	O	N	T	R	L	O	X
O	I	M	S	I	N	O	I	T	I	L	O	B	A	T	U	O	H	I	S
T	S	R	E	E	L	E	T	R	E	B	O	R	E	B	C	N	B	T	T
T	T	E	D	E	C	E	S	D	N	R	G	K	S	N	C	A	X	C	H
O	O	T	A	K	X	J	A	O	O	S	C	R	I	A	T	N	J	U	G
C	N	S	K	N	T	E	R	T	S	I	E	L	L	T	H	T	N	R	I
S	E	U	C	A	M	T	I	E	P	T	M	D	L	T	G	I	T	T	R
F	W	C	O	Y	H	N	S	E	E	A	W	E	U	X	O	E	Q	S	S
O	A	E	L	J	O	S	E	P	H	E	J	O	H	N	S	T	O	N	E
R	L	G	B	M	Y	G	F	A	L	G	S	R	E	H	T	A	F	O	T
T	L	R	F	L	R	O	R	L	J	O	H	N	A	D	A	M	S	C	A
S	J	O	U	O	E	B	R	A	X	T	O	N	B	R	A	G	G	E	T
U	A	E	E	G	A	Z	V	S	T	A	R	S	A	N	D	B	A	R	S
M	C	G	E	L	L	I	V	S	R	O	L	L	E	C	N	A	H	C	R
T	K	I	N	O	N	N	A	C	H	I	C	K	A	M	A	U	G	A	E
E	S	L	A	V	E	R	Y	H	O	U	S	E	D	I	V	I	D	E	D
R	O	A	I	T	I	L	I	M	U	Z	Z	L	E	L	O	A	D	E	R
J	N	C	O	N	F	E	D	E	R	A	C	Y	R	L	A	V	A	C	O
Z	S	D	A	E	H	R	E	P	P	O	C	W	N	U	R	L	L	U	B

ABOLITIONISM
ABRAHAM LINCOLN
ANTIETAM
BATTLE
BLOCKADE
BORDER STATES
BRAXTON BRAGG
BULL RUN
CANNON
CAVALRY
CHANCELLORSVILLE
CHICKAMAUGA
CONFEDERACY
COPPERHEADS
COTTON
EMANCIPATION
FATHERS
FORT SUMTER
GEORGE CUSTER
GEORGE E PICKETT
GETTYSBURG
HOUSE DIVIDED
JOHN ADAMS
JOHN CALDWELL
JOSEPH E JOHNSTON
MEADE
MILITIA
MONITOR
MUZZLE LOADER
NORTH
RECONSTRUCTION
ROBERT E LEE
SECEDE
SIEGE OF PETERSBURG
SLAVERY
SOUTH
STARS AND BARS
STATES RIGHTS
STONEWALL JACKSON
ULYSSES S GRANT
UNION
VICKSBURG
YANKEE

Solution on page 374

Must-See

D	E	S	I	G	N	D	X	G	Y	E	C	R	M	R	A	C	I	P	C
G	N	I	T	A	L	L	I	T	N	I	C	S	D	B	O	L	D	L	O
E	E	X	V	F	T	V	Y	F	D	S	H	O	U	N	I	Q	U	E	M
L	R	A	L	U	P	O	P	E	E	X	A	D	S	Q	U	V	W	A	M
B	G	P	T	P	X	J	C	H	F	T	R	P	R	E	T	T	Y	S	A
A	E	P	G	T	E	O	T	I	N	V	I	T	I	N	G	I	W	A	N
E	T	E	L	I	R	O	T	N	E	C	S	E	R	O	U	L	F	N	D
C	I	A	I	A	L	A	B	W	U	T	M	V	I	B	R	A	N	T	I
I	C	L	T	C	B	L	C	O	G	L	A	M	O	R	O	U	S	A	N
T	Y	I	Z	A	E	G	U	T	E	N	T	H	R	A	L	L	I	N	G
O	O	N	Y	C	L	S	A	M	I	C	I	M	A	N	Y	D	E	T	T
N	Q	G	I	O	Y	A	B	G	I	V	C	E	M	O	S	D	N	A	H
H	S	C	W	H	T	A	M	A	G	N	E	T	I	Z	I	N	G	L	G
K	T	I	O	Y	S	S	P	E	C	T	A	C	U	L	A	R	A	I	I
L	N	D	F	L	A	M	B	O	Y	A	N	T	Y	Y	B	Y	G	Z	R
G	A	U	D	G	O	R	G	E	O	U	S	W	E	L	G	F	I	I	B
V	G	N	I	K	I	R	T	S	K	V	I	V	I	D	O	A	N	N	V
J	E	W	E	L	R	Y	F	I	G	S	T	U	N	N	I	N	G	G	S
G	L	G	O	B	V	I	O	U	S	P	A	R	K	L	E	C	J	K	Z
H	E	C	C	I	R	T	C	E	L	E	J	I	R	J	L	Y	W	M	N

APPEALING
ATTRACTIVE
BOLD
BRIGHT
CHARISMATIC
CLOTHES
COLORFUL
COMMANDING
CONSPICUOUS
DECORATION
DESIGN
DYNAMIC
ELECTRIC
ELEGANT
ENERGETIC
ENGAGING
ENTHRALLING
FANCY
FLAMBOYANT
FLUORESCENT
GLAMOROUS
GLITZY
GLOWING
GORGEOUS
HANDSOME
ILLUMINATED
INVITING
JEWELRY
MAGNETIZING
NOTICEABLE
OBVIOUS
PLEASANT
POPULAR
PRETTY
SCINTILLATING
SHINY
SPARKLE
SPECTACULAR
STRIKING
STUNNING
STYLE
TANTALIZING
UNIQUE
VIBRANT
VIVID

Solution on page 374

Solving Rubik's Cube

C	K	L	R	T	C	I	G	O	L	M	E	S	I	M	R	C	J	Z	T
F	P	R	R	E	O	H	U	N	G	A	R	Y	E	O	E	P	G	G	V
R	I	N	Z	W	L	Y	A	N	W	R	T	T	T	Q	I	A	C	Z	T
D	E	F	I	U	O	E	D	L	U	A	S	A	F	V	D	I	E	V	C
U	L	D	E	P	R	O	P	B	L	Y	T	V	O	Y	T	H	S	C	N
F	A	T	Q	B	S	L	B	X	S	E	I	T	H	G	I	E	I	E	U
A	G	I	S	N	U	A	O	O	G	F	N	B	X	E	T	S	D	A	F
H	D	P	W	Z	T	C	V	Y	P	C	Y	G	Y	T	S	E	E	E	Y
J	A	E	K	T	K	I	B	U	R	O	N	R	E	A	E	V	S	L	P
S	J	R	E	I	R	N	G	C	K	M	S	V	L	R	T	O	D	Z	L
L	K	M	D	Q	E	A	P	N	Y	P	H	C	X	T	N	M	I	Z	R
C	A	U	S	G	L	H	M	T	I	E	I	T	R	S	O	A	F	U	U
G	X	T	N	D	M	C	W	S	R	T	L	A	I	I	C	T	F	P	N
S	J	A	U	T	T	E	J	W	E	I	A	B	T	R	M	H	I	O	O
S	R	T	W	R	Z	M	O	Z	A	T	R	R	M	B	O	L	C	P	L
O	U	I	E	O	N	L	D	G	Q	I	I	M	T	A	J	G	U	U	B
L	S	O	R	V	L	N	Q	E	Q	O	R	H	L	S	R	E	L	L	W
T	I	N	T	E	L	L	I	G	E	N	C	E	W	W	U	C	T	A	R
C	Q	S	Y	U	D	O	C	Y	B	P	L	A	Y	L	J	R	S	R	M
E	E	O	F	J	E	D	S	H	Y	L	S	E	B	M	Y	G	F	M	S

ALGORITHM
BLUE
CHALLENGE
CLASSIC
COLORS
COMPETITION
CONTEST
CUBE
DIFFICULT
EIGHTIES
ERNO RUBIK
FAD
FRUSTRATING
FUN
GAME
HARD
HUNGARY
INTELLIGENCE
LOGIC
MATH
MECHANICAL
MOVES
ORANGE
PERMUTATIONS
PIVOT
PLAY
POPULAR
PUZZLE
RED
ROTATE
SCRAMBLE
SIDES
SMART
SOLVE
SPEED
SPIN
STRATEGY
SYSTEM
TOY
TURN
TWIST
WHITE
YELLOW

Solution on page 374

Antenna Technology

A	S	P	J	Z	G	T	H	G	B	S	J	D	K	D	Y	P	V	R	K
R	K	G	S	T	N	E	M	E	L	E	X	T	E	N	D	I	W	E	A
T	T	W	T	R	O	O	N	E	F	C	Y	I	I	V	C	M	X	L	X
R	E	U	D	E	L	D	I	M	S	I	G	N	A	L	I	P	E	C	K
Z	N	R	Z	G	L	R	E	T	R	A	C	T	A	B	L	E	E	I	Y
E	Z	O	M	N	C	E	Q	V	P	G	W	E	T	A	O	D	C	H	J
O	V	Q	K	I	O	L	S	M	I	E	K	R	N	N	B	A	Y	E	A
N	D	A	P	D	N	I	E	C	J	C	C	F	E	D	A	N	C	V	R
R	I	H	W	L	D	A	S	N	O	G	E	E	R	W	R	C	G	S	U
W	G	E	B	O	U	O	L	I	N	P	D	R	R	I	A	E	O	W	P
L	U	F	E	F	C	Z	S	S	V	A	I	E	U	D	P	T	L	L	U
F	C	I	T	A	T	S	Z	E	D	E	H	N	C	T	K	I	A	C	I
R	A	D	A	R	O	W	D	L	Q	D	L	C	G	H	N	L	N	I	Q
D	L	B	E	C	R	Y	C	N	E	U	Q	E	R	F	U	L	A	R	T
T	N	H	T	I	M	S	N	A	R	T	I	P	T	M	P	E	A	T	Z
L	P	U	X	C	O	O	Q	F	R	I	O	P	I	B	W	T	D	C	U
R	E	W	O	P	O	R	T	A	B	L	E	N	M	P	Y	A	J	E	I
L	D	E	Z	S	T	W	I	R	E	P	U	J	I	E	H	S	U	L	S
U	Z	W	C	I	T	E	N	G	A	M	E	C	N	A	N	O	S	E	R
N	O	J	J	N	O	I	S	E	G	A	T	L	O	V	Z	T	T	U	K

ADJUST
ALUMINUM
AMPLITUDE
ANALOG
BANDWIDTH
CAR
CHANNEL
CONDUCTOR
CURRENT
DEVICE
ELECTRIC
ELEMENTS
EQUIPMENT
EXTEND
FOLDING
FREQUENCY
HERTZ
IMPEDANCE
INTERFERENCE
LONG
MAGNETIC
NOISE
PARABOLIC
POLE
PORTABLE
POWER
RADAR
RECEIVE
RECEPTION
RESONANCE
RETRACTABLE
SATELLITE
SIGNAL
SOUND
STATIC
TALK
TELESCOPING
TELEVISION
TERMINALS
TRANSMIT
TUNE
VEHICLE
VOLTAGE
WAVE
WIRE

Solution on page 374

Have Some Champagne

H	B	F	D	W	L	L	Z	B	U	X	G	L	A	B	E	L	E	A	A
M	T	C	R	D	H	V	J	L	M	J	U	H	T	N	O	C	Y	H	N
E	Z	R	H	V	A	X	S	L	C	P	R	O	D	U	C	T	I	O	N
X	P	N	H	K	Y	V	E	Q	Y	H	L	A	W	C	Q	A	T	V	I
X	I	V	G	D	A	C	P	V	U	Z	E	T	I	H	W	X	C	L	V
X	G	H	T	T	N	H	A	Y	I	A	C	E	L	E	B	R	A	T	E
Y	X	S	O	A	I	H	R	C	H	T	L	L	R	O	I	B	V	V	R
N	I	G	O	J	Y	U	G	H	T	J	S	I	A	S	O	M	I	M	S
U	F	N	U	F	X	G	L	A	S	S	E	E	T	J	I	S	N	Q	A
P	G	S	Y	U	A	B	S	R	A	V	R	A	F	Y	N	F	E	P	R
Y	J	A	L	G	W	Y	A	D	O	M	L	N	C	E	C	I	P	O	Y
L	H	D	A	J	N	W	T	O	T	S	B	U	P	E	R	E	C	P	O
G	B	F	T	E	G	I	D	N	O	K	N	X	N	I	L	M	L	W	G
W	U	E	I	C	X	Q	Y	N	K	R	E	T	U	L	F	L	E	W	N
E	I	D	G	N	O	I	T	A	N	O	B	R	A	C	E	D	A	N	I
F	J	Y	V	A	X	R	E	Y	R	C	F	T	F	U	D	N	R	R	T
F	W	Y	T	R	A	P	E	T	G	P	I	A	L	I	Q	U	I	D	S
H	K	U	I	F	I	K	W	D	A	O	S	O	N	J	T	B	L	F	A
R	R	O	D	N	Q	E	S	L	N	D	V	G	U	C	Y	S	P	I	T
B	Y	H	K	B	B	R	U	H	H	E	N	I	W	E	Y	G	S	Z	F

AGE
ANNIVERSARY
APPELLATION
BOTTLE
BRUT
CARBONATION
CELEBRATE
CELLAR
CHARDONNAY
CHEERS
CLEAR
CORK
CRISTAL
DATE
EXPENSIVE
FANCY
FERMENT
FESTIVE
FINE
FLUTE
FRANCE
GLASS
GRAPES
ICE
ITALY
LABEL
LIQUID
LOVE
LUXURY
MIMOSA
PARTY
PINK
POP
PRODUCTION
QUALITY
RED
SPRAYING
SWEET
TASTING
TIPSY
TOAST
VINE
WEDDING
WHITE
WINE

Solution on page 375

Astrological

G	E	R	Z	N	S	P	I	T	F	Y	B	P	R	O	P	H	E	C	Y
U	B	S	D	L	U	D	R	Y	H	O	R	X	A	H	G	C	H	M	Y
H	H	T	X	O	R	T	C	I	D	E	R	P	D	Z	N	R	T	F	G
C	I	E	L	U	U	A	R	C	H	A	R	T	W	E	O	Q	I	U	X
K	A	L	G	C	A	I	D	O	Z	W	E	R	U	T	U	F	A	V	N
V	W	L	T	A	T	N	E	M	N	G	I	L	A	N	Y	T	O	F	U
K	D	A	K	G	W	N	O	T	S	I	F	C	F	W	E	E	B	M	O
M	T	R	I	C	E	E	E	J	I	N	I	M	E	G	M	Y	S	O	H
F	D	J	I	A	I	R	N	O	I	T	A	N	I	V	I	D	E	O	T
O	U	F	R	P	P	P	I	H	S	N	O	I	T	A	L	E	R	N	D
W	W	T	S	R	S	Z	K	O	O	F	Z	E	J	G	I	O	V	F	R
L	H	I	E	I	J	R	N	I	O	E	S	N	S	U	S	Y	A	O	A
B	H	T	F	C	Z	G	A	R	T	A	S	E	G	C	E	M	T	P	G
I	N	S	Y	O	O	B	E	T	H	I	C	E	O	K	I	A	I	L	O
I	W	U	U	R	A	C	A	P	S	N	D	P	N	L	C	S	O	A	N
Q	A	P	P	N	A	B	R	Q	A	O	E	O	Y	I	C	H	N	N	M
E	K	A	N	S	E	F	B	N	Y	I	M	L	D	E	H	C	N	U	H
H	V	M	T	F	D	V	I	W	E	J	E	N	S	R	P	C	G	S	O
K	X	O	P	E	D	F	L	A	R	O	I	P	R	O	C	S	I	F	K
Y	V	B	L	Z	N	K	I	Y	V	A	H	H	I	L	O	S	S	L	V

ALIGNMENT
CAPRICORN
CHART
CHINESE
DIVINATION
DRAGON
EARTH
FAMILY
FINANCES
FORECAST
FORTUNE
FUTURE
GEMINI
HOROSCOPE
HUNCH
INDICATOR
INFLUENCE
INTERPRET
LEO
LIBRA
LOVE
MAP
MONKEY
MOON
NEW AGE
OBSERVATION
PHASE
PISCES
PLAN
PREDICT
PROGNOSTICATOR
PROPHECY
RELATIONSHIP
SCORPIO
SIGN
SNAKE
SOOTHSAYER
STARS
STELLAR
SUN
TAURUS
TIPS
VENUS
VIRGO
ZODIAC

Solution on page 375

Information Overload

C	S	E	L	U	D	E	H	C	S	J	Z	Y	Y	Y	E	S	K	N	U
X	N	V	I	E	F	Y	V	Q	E	P	D	Y	R	C	T	R	I	S	T
L	I	B	N	N	M	R	V	N	A	A	R	E	N	A	Q	A	F	O	G
B	C	H	U	C	T	O	K	T	S	F	G	E	T	U	S	O	P	N	E
G	Z	X	M	R	U	M	I	E	E	D	I	I	A	C	L	T	D	T	T
F	U	E	B	Y	P	E	B	V	E	C	S	N	I	D	E	I	A	S	A
E	E	T	E	P	N	M	I	L	S	T	T	I	E	S	S	L	S	M	L
P	W	Y	R	T	I	D	S	Y	I	I	D	R	T	K	U	H	L	T	L
Z	E	B	S	U	E	L	E	C	T	R	O	N	I	C	S	S	E	O	O
Y	G	A	B	N	K	V	S	A	E	I	U	C	L	L	C	O	D	E	C
R	K	R	C	S	P	K	T	T	O	O	C	A	I	T	W	Q	T	T	T
A	Z	E	T	I	Q	I	S	Q	C	T	C	A	W	T	J	Y	T	U	A
N	N	T	O	Z	V	L	W	C	A	J	T	S	P	U	B	O	S	P	M
I	R	A	X	E	L	O	A	B	S	E	T	Y	B	A	G	I	G	M	R
B	F	E	L	O	W	B	S	C	D	E	C	I	G	M	C	N	W	O	O
D	N	A	P	Y	V	Y	D	A	O	L	R	E	V	O	Q	D	Z	C	F
L	Z	R	C	O	Z	T	O	E	A	B	M	U	F	W	U	E	X	D	I
D	T	Y	U	T	R	E	T	E	S	T	I	N	G	X	Y	X	G	I	L
V	U	S	S	Y	S	T	E	M	S	D	A	T	Z	I	R	F	F	S	E
E	G	Y	E	V	R	U	S	T	V	B	E	D	S	I	F	O	E	U	S

ACCOUNTS
ANALYZE
ASCII
BINARY
BITS
CALCULATE
CAPACITY
CODE
COLLATE
COLLECTED
COMPUTE
DATA
DETAILS
DISK
ELECTRONIC
ENCRYPT
EVIDENCE
FACTS
FIGURES
FILE
FOLDER
FORMAT
GIGABYTE
INDEX
INPUT
KILOBYTE
LEDGER
LIST
MEGABYTE
MEMORY
NUMBERS
OVERLOAD
PATIENTS
POLLSTER
QUANTITATIVE
REPORTS
SCHEDULES
SCIENCE
SIZE
SPREADSHEET
STATISTICS
SURVEY
SYSTEM
TERABYTE
TESTING

Solution on page 375

Pilgrims

```
H S L F U V F T H P C H U R C H O J C L
A E M E B R P M B U H N R F M P E Z Z O
P S L A C M W U L C A X U R U K I T A R
J P N S Y L U T O B P L Y M O U T H M E
D E W T G F U F O R E F A T H E R S S T
N E W W O R L D L O G N R E L I G I O N
S D H C E I P O N W O T S E M A J D X I
R W J J X I F H W I S K H S I L G N E W
D E W K L D S T T E S U H C A S S A M G
W L V G N I V A P R R Y O F E N C T M S
V L R I B S G A E E V H A T A I P S Q E
R I A O R E R E R R I R A I R B M S E T
M F R Z R A C F U S M T D E A A A E N T
M Y L G T S R C T I S N M A S I I L A L
R P N I I E S O N D I A B S L P J Y T E
O O S O E N R G E S T N A R G I M M I R
C T C D L Y I T V R D S U R V I V O R S
K R O E W O I A D N O I T A R G I M U N
I M E Q A N C H A I V G N R O C R O P S
U N S B U N B L T U R K E Y J V J F T Z
```

ADVENTURE
AMERICA
CHURCH
COLONY
CONGREGATION
CORN
CROPS
CULTURE
DISEASE
ENGLISH
FARMING
FEAST
FOREFATHERS
FREEDOM
GROUP
HAT
HISTORY
IMMIGRANTS
INDIANS
JAMESTOWN
LAND
MASSACHUSETTS
MASSASOIT
MAYFLOWER
MIGRATION
MYLES STANDISH
NEW WORLD
OCEAN
PILGRIM
PLYMOUTH
PURITAN
RELIGION
RIVER
ROCK
SAIL
SCURVY
SEPARATIST
SETTLERS
SHIP
SPEEDWELL
SURVIVORS
TURKEY
UNITED STATES
VIRGINIA
WINTER

Solution on page 375

Everest Challenge

M	N	H	F	Y	F	H	Z	K	J	V	A	S	Y	E	X	A	J	E	H
R	O	A	Q	Z	T	A	E	R	G	K	I	R	A	G	I	T	C	K	D
T	M	F	R	O	S	T	B	I	T	E	A	X	G	N	H	S	K	L	E
B	N	Q	D	H	K	B	S	V	G	L	H	N	R	E	H	I	K	E	A
D	R	E	T	S	A	S	I	D	L	H	I	C	O	L	M	R	O	M	T
X	O	B	C	I	E	Q	N	I	U	B	T	D	N	L	T	U	U	Z	H
N	C	O	A	S	P	C	H	O	M	O	W	L	G	A	L	O	C	G	Z
D	K	T	H	D	A	D	H	I	I	O	L	O	N	H	L	T	U	S	O
N	S	T	T	S	N	T	L	I	G	T	R	C	I	C	L	A	E	A	N
V	A	L	A	U	G	C	H	B	N	H	I	M	Z	D	W	L	V	Y	E
Z	D	E	M	E	R	T	X	E	A	A	A	D	N	W	R	L	R	A	C
F	V	D	R	I	A	N	I	H	T	S	S	L	E	K	A	E	S	L	I
H	E	O	A	H	S	E	D	I	U	G	E	R	T	P	S	S	E	A	N
N	N	X	G	Y	C	O	S	O	R	J	D	C	E	I	X	T	P	M	R
P	T	Y	A	E	L	H	R	K	E	N	S	N	A	B	T	E	O	I	N
D	U	G	S	R	E	E	N	I	A	T	N	U	O	M	M	U	R	H	H
D	R	E	Y	R	G	W	G	L	M	C	Y	F	M	A	P	I	D	C	U
A	E	N	P	N	O	I	T	A	V	E	L	E	V	M	H	G	L	E	Z
B	I	A	A	N	W	I	V	M	L	T	G	M	I	A	I	S	A	C	M
T	S	D	S	K	I	M	Q	O	K	F	Q	T	I	B	E	T	O	O	S

ADVENTURE
ANDREW WAUGH
ASCENT
ASIA
AVALANCHE
BASE CAMP
BOTTLED OXYGEN
CHALLENGE
CHINA
CLIMBERS
CLIMBING
CLOUDS
COLD
DANGEROUS
DEATH ZONE
DISASTER
EDMUND HILLARY
ELEVATION
EXPEDITIONS
EXTREME
FLAG
FROSTBITE
GREAT
GUIDES
HEIGHT
HIGH ALTITUDE
HIKE
HIMALAYAS
ICE
MOUNTAINEERS
NATURE
NEPAL
PEAKS
ROCKS
ROPES
SAGARMATHA
SHERPAS
SKI
SNOW
SUMMIT
TALLEST
TENZING NORGAY
THIN AIR
TIBET
TOURIST

Solution on page 375

Debates

P	W	V	Z	W	X	O	W	K	T	G	J	L	K	R	N	Z	M	S	N
H	D	I	S	C	U	S	S	D	E	L	I	B	E	R	A	T	E	Z	O
A	P	X	U	T	A	S	P	C	A	Z	D	S	I	D	E	U	S	S	I
B	I	C	K	E	R	O	T	J	M	E	I	E	D	E	C	N	O	C	T
E	H	S	U	E	G	A	Z	N	T	T	Y	L	Y	G	J	W	I	S	S
S	O	F	W	V	U	T	T	A	E	G	S	U	A	B	C	R	E	N	E
T	I	S	C	N	E	N	I	E	I	M	R	R	J	N	O	T	O	N	U
C	N	C	O	G	E	T	B	C	G	T	E	P	L	T	O	I	L	L	Q
A	S	V	D	N	O	P	N	I	B	Y	V	E	E	N	N	I	O	S	S
F	R	U	O	G	U	O	B	M	B	G	O	H	R	I	L	T	T	T	S
F	J	P	E	V	I	T	C	E	P	S	R	E	P	G	A	N	H	A	T
O	P	N	N	T	E	E	A	D	L	R	T	O	B	E	A	G	G	I	R
O	F	O	I	N	C	T	J	A	Y	E	N	U	S	P	U	S	N	N	U
R	M	S	L	O	N	U	U	C	T	D	O	A	I	O	C	R	I	Z	C
P	O	P	G	I	A	P	F	A	D	R	C	C	H	T	D	E	R	D	T
P	N	O	S	T	T	S	D	E	N	O	I	T	N	E	T	N	O	C	U
K	I	D	N	C	S	I	N	O	I	T	R	E	S	S	A	N	C	I	R
F	T	I	M	E	B	D	C	X	R	N	D	H	L	P	F	I	S	G	E
S	O	U	W	L	U	T	F	A	L	L	A	C	Y	Z	K	W	E	O	J
P	R	M	L	E	S	H	P	O	L	A	T	T	U	B	E	R	W	L	P

ACADEMIC
ANSWERS
ARGUE
ASSERTION
BICKER
CASE
CONCEDE
CONTENTION
CONTROVERSY
DELIBERATE
DISAGREEMENT
DISCUSS
DISPUTE
ELECTION
FACTS
FALLACY
ISSUE
JUDGE
LOGIC
MONITOR
NEGOTIATE
NOTES
OPINIONS
OPPONENT
ORDER
PARTICIPANTS
PERSPECTIVE
PODIUM
POINT
POLITICAL
POSITION
PROOF
QUESTION
RATIONALIZE
REBUTTAL
RHETORIC
RULES
SCORING
SIDE
STRATEGY
STRUCTURE
SUBSTANCE
TEAM
THOUGHTS
WINNER

Solution on page 375

Computer Spreadsheets

O	V	A	N	S	C	I	T	S	I	T	A	T	S	K	B	H	B	P	E
B	K	Z	N	N	A	M	T	V	F	C	M	L	V	O	D	U	I	M	Y
V	D	W	R	O	N	W	D	B	C	R	O	N	L	U	X	E	O	B	Q
B	X	P	E	I	I	R	H	O	B	T	E	M	N	E	U	I	A	Y	C
K	A	U	F	T	H	T	U	Q	U	A	N	C	P	R	C	C	W	T	T
X	W	H	E	A	Z	N	I	S	L	B	S	C	O	U	T	W	O	S	N
W	J	O	R	C	T	I	C	D	F	L	S	M	F	R	T	R	R	I	O
G	F	I	E	I	B	K	U	A	D	E	E	U	U	T	D	E	K	L	F
B	S	E	N	L	S	I	S	Y	L	A	N	A	T	A	D	S	R	I	P
D	U	G	C	P	F	T	N	F	K	C	I	P	F	A	O	E	N	X	C
O	W	N	E	P	R	O	W	D	T	X	S	Z	E	F	U	A	X	C	P
T	A	A	E	A	B	A	O	I	Y	D	U	H	T	L	N	R	T	G	V
H	C	R	H	E	L	U	O	T	H	N	B	W	A	C	T	C	E	H	J
S	M	C	P	F	C	N	D	T	E	E	A	V	E	W	R	H	X	G	J
G	D	K	L	Q	H	U	A	G	Z	R	N	M	U	L	O	C	T	H	N
F	R	J	L	I	Y	M	I	I	E	Q	S	Y	I	F	P	E	V	G	G
B	J	Q	H	N	N	B	C	T	O	T	A	L	F	C	E	N	T	R	Y
K	Z	I	B	F	L	E	D	O	M	C	S	I	R	H	R	L	A	I	R
G	Z	B	B	N	R	R	S	O	C	Y	C	K	S	U	M	P	I	D	E
W	E	T	Q	C	L	H	T	L	X	E	N	P	N	L	H	L	H	F	Z

ACCOUNTING
ADDITION
ANALYSIS
APPLICATION
BUDGET
BUSINESS
CALC
CELL
CHART
COLUMN
COMPUTER
DATA
DYNAMIC
ENTRY
FILE
FINANCE
FONT
FOOTERS
FUNCTION
GRAPH
GRID
HEADERS
LINES
LIST
LOTUS
MATH
MODEL
NUMBER
OFFICE
RANGE
RECORDS
REFERENCE
REPORT
RESEARCH
ROW
SHEET
SOFTWARE
STATISTICS
SUM
TABLE
TEXT
TOOL
TOTAL
VALUE
WORK

Solution on page 376

Our Amazing Brains

I	D	E	A	S	N	O	I	T	C	E	S	C	I	E	N	C	E	U	X
D	L	L	U	K	S	V	V	L	A	C	I	D	E	M	A	I	G	Y	C
S	X	S	S	N	Y	E	V	I	T	I	N	G	O	C	A	M	T	R	A
R	A	E	R	P	O	S	N	S	S	I	V	L	N	M	E	G	H	U	C
B	D	B	Q	E	I	I	E	S	M	I	D	B	E	W	B	Z	I	J	I
R	O	O	L	C	T	N	T	S	U	F	O	B	R	Y	O	M	N	N	J
A	C	L	E	O	O	T	A	C	P	O	N	N	V	M	L	M	K	I	G
I	A	B	A	M	A	E	I	L	N	A	I	A	O	O	L	U	R	Z	G
N	R	H	R	P	X	L	G	M	C	U	N	C	U	T	A	I	I	F	M
S	W	O	N	L	K	L	L	A	S	O	F	Y	S	A	T	N	D	P	Z
T	H	A	V	E	B	I	W	U	M	N	R	U	S	N	N	A	E	R	F
E	W	O	V	X	O	G	U	D	D	A	A	D	Y	A	O	R	V	E	E
M	U	L	L	E	B	E	R	E	C	E	D	R	S	J	R	C	E	S	X
S	E	R	O	T	O	N	I	N	L	C	M	Z	T	P	F	T	L	E	I
S	E	O	P	S	Y	C	H	O	L	O	G	Y	E	O	S	N	O	A	B
N	R	N	D	N	H	E	A	R	I	N	G	E	M	A	R	Q	P	R	T
T	I	S	S	U	E	L	M	E	N	T	A	L	T	X	N	U	M	C	D
I	G	C	Z	O	J	L	R	S	E	R	E	H	P	S	I	M	E	H	E
R	H	Y	W	Q	R	S	M	E	M	O	R	Y	R	Q	D	Q	N	N	H
G	T	P	U	U	M	Y	V	W	D	L	T	H	O	U	G	H	T	S	I

ANATOMY
BRAINSTEM
CELLS
CEREBELLUM
COGNITIVE
COMPLEX
CONSCIOUSNESS
CONTROL
CRANIUM
DAMAGE
DEVELOPMENT
FRONTAL LOBE
FUNCTION
HEARING
HEMISPHERES
HORMONES
IDEAS
IMAGING
INJURY
INTELLIGENCE
LEARN
LOBES
MEDICAL
MEDULLA
MEMORY
MENTAL
MIND
NERVOUS SYSTEM
NEUROTRANSMITTERS
PSYCHOLOGY
RESEARCH
RIGHT
SCIENCE
SECTIONS
SENSORY
SEROTONIN
SKULL
SPINAL CORD
SYNAPSES
TASTE
THINK
THOUGHTS
TISSUE
VISION
WAVE

Solution on page 376

Gymnastic Competition

P	I	V	O	T	U	M	B	L	I	N	G	W	A	L	K	O	V	E	R
N	O	I	T	U	C	E	X	E	D	U	T	I	T	T	A	D	M	B	V
V	R	A	N	D	Y	Y	C	O	M	P	O	S	I	T	I	O	N	J	K
S	H	U	E	L	C	R	I	C	G	E	L	E	E	H	W	T	R	A	C
P	O	L	T	S	R	A	B	N	E	V	E	N	U	Z	R	M	U	A	H
I	S	M	H	D	I	A	G	O	N	A	L	P	L	A	N	E	T	V	X
R	E	M	E	A	R	C	H	P	O	S	I	T	I	O	N	L	E	T	P
G	I	T	I	R	S	A	R	C	A	B	R	I	O	L	E	N	S	I	A
R	R	D	L	P	S	U	W	E	V	R	P	B	V	A	A	I	R	P	E
E	O	O	L	C	I	A	T	N	X	G	A	A	P	L	W	O	E	O	L
M	S	U	U	S	S	K	U	A	I	E	U	L	P	T	U	T	V	M	G
M	L	B	S	P	S	C	E	L	R	L	R	L	L	E	Q	D	E	M	A
A	U	L	I	O	R	E	A	P	T	A	A	O	T	E	I	F	R	E	T
H	P	E	O	T	O	O	V	L	O	R	P	T	O	S	L	G	K	L	S
Z	M	S	N	T	S	K	U	A	E	S	E	P	M	L	O	B	C	H	C
L	O	T	T	E	S	U	S	T	W	S	I	O	A	Y	F	R	A	O	R
U	C	A	U	R	I	S	A	N	I	Y	U	T	L	U	R	F	S	R	O
N	F	G	R	S	C	L	L	O	S	N	D	A	I	R	O	R	S	S	S
G	B	H	N	B	S	U	T	R	T	Y	E	O	L	O	K	R	O	E	S
E	L	E	M	E	N	T	O	F	Z	H	G	K	B	A	N	E	C	K	M

APPARATUS
ARCH POSITION
ATTITUDE
BODY WAVE
CABRIOLE
CARTWHEEL
CAT LEAP
COMPOSITION
COMPULSORIES
COSSACK
CROSS
DIAGONAL PLANE
DISMOUNT
DOUBLE STAG
ELEMENT
EXECUTION
FLOOR EXERCISE
FRONTAL PLANE
GROUP ROUTINE
HAMMER GRIP
HEALY
ILLUSION TURN
INWARD TURN
LATERAL PLANE
LEG CIRCLE
LUNGE
NECK
PARALLEL BARS
PIKE POSITION
PIROUETTES
PIVOT
POMMEL HORSE
RANDY
REVERSE TURN
SALTO
SCALE
SCISSORS
SOMERSAULT
SPOTTERS
STAG LEAP
TUMBLING
TWIST
UNEVEN BARS
VAULT
WALKOVER

Solution on page 376

Watching *Toy Story*

M	K	C	W	P	L	N	L	X	S	P	J	J	G	B	I	H	E	Y	E
N	Z	S	M	S	L	X	B	K	P	R	J	C	R	R	Y	R	C	T	R
W	L	Z	F	K	S	A	F	I	L	M	E	X	Y	E	N	S	I	D	U
P	W	M	U	A	R	V	Y	P	O	A	E	A	K	Y	T	H	D	G	W
Q	I	L	W	B	R	Z	H	I	T	Y	B	D	R	E	U	A	J	E	U
I	Q	T	I	J	V	M	X	Z	D	O	N	R	I	C	K	L	E	S	I
U	C	E	N	L	S	Q	Y	L	S	N	E	L	L	A	M	I	T	H	M
R	R	G	F	V	A	P	U	M	X	T	L	G	W	L	T	F	M	O	T
U	T	J	I	X	S	E	Q	U	E	L	U	G	A	S	M	Q	V	O	Y
P	D	W	N	W	C	S	N	S	O	N	E	D	K	M	R	I	Y	D	B
B	K	E	I	R	D	P	S	D	L	G	V	O	I	C	E	S	I	O	Q
E	O	K	T	W	X	A	N	R	A	I	O	W	O	O	X	S	L	G	S
H	H	P	Y	A	L	C	E	Z	V	B	N	T	Y	X	S	T	S	D	E
V	A	D	E	N	M	E	K	H	P	K	L	K	E	G	L	T	R	R	I
B	N	C	H	E	C	I	F	F	O	X	O	B	Y	U	O	A	A	O	R
A	B	O	T	Y	P	N	N	O	O	T	R	A	C	R	W	L	X	Y	E
C	J	X	D	I	N	O	S	A	U	R	A	H	Y	A	U	I	I	A	S
T	R	U	V	H	O	G	V	Z	G	K	R	T	D	P	K	E	P	R	K
W	R	C	L	P	F	N	N	M	K	X	Y	D	O	O	W	N	W	R	T
G	M	N	A	T	H	N	B	K	Y	R	R	P	P	P	T	S	D	I	K

ACTION
ALIENS
ANDY
ANIMATED
ARMY MEN
AWARDS
BARBIE
BO PEEP
BOOKS
BOX OFFICE
BUZZ
CARTOON
CGI
DINOSAUR
DISNEY
DOLL
DON RICKLES
FILM
GAMES
HIT
INFINITY
JOHN LASSETER
KEN
KIDS
MEDIA
MOVIE
PIXAR
PLAY
PLOT
POPULAR
POTATO HEAD
REX
SEQUEL
SERIES
SID
SLINKY
SPACE
STORY
STUDIOS
THEATER
TIM ALLEN
TOYS
TRILOGY
VOICES
WOODY

Solution on page 376

Irrigated

```
C L Y C J K R A I N L Y J R O D H K C S
T M Z F W F U U Q Y R D I T C H Q Z T Z
Q V Z K X R Y F Q U R E V I R Z P K R E
C I I C F E F S P R A Y T D M P M U X D
B O O Q Q X N S R U A A R F Q D U W M X
M C S I M I V M P N M A O B A J P E C S
U W R O E Y S R P O Y M U M E R T R B C
C Q I D I M Z K T F X W G L O S M D O S
U T H L C L I U E F H L H D Y C A R H E
T H Z X O H A T W C F L U S H I N G C V
Q I A A N W C I T T I C W A T E R N A L
N Y K O T W C N C E E R N C Q O E P N A
A N S U R F A C E R R N I H W I G D A V
L S W N O I T A V R E S N O C K A C L P
H D N A L H F Y A L T M U S V C R N F B
U D G B L X X Y S M X A M P R R D I G K
B V E G E T A B L E S E R O P F E F R B
P O F E R U S S E R P B P I C L N S E M
A J T T F X H D F I G F O O D O Y I E P
K R U G A D N P P A R M G P H W W N N R
```

AQUA
ARID
AUTOMATIC
CANAL
CHANNELS
COMMERCIAL
CONSERVATION
CONTROLLER
CORN
CROP
DAM
DITCH
DRY
EMITTERS
FARM
FIELD
FLOW
FLUSHING
FOOD
GARDEN
GREEN
GROW
LAND
LAWN
PIPE
PRESSURE
PRODUCE
PUMP
RAIN
RESERVOIR
RICE
RIVER
RUNOFF
SCIENCE
SOIL
SPRAY
SUPPLY
SURFACE
SYSTEM
TRENCH
TROUGH
VALVES
VEGETABLES
WATER
YARD

Solution on page 376

Create a Blog

U	W	G	F	C	G	S	S	Z	O	T	C	C	O	M	M	E	N	T	S
Z	E	E	M	O	C	Y	X	E	A	Z	L	S	T	O	R	Y	N	R	V
S	B	S	S	Z	P	B	L	O	G	O	S	P	H	E	R	E	R	R	B
S	S	S	E	C	M	F	U	P	D	A	T	E	A	A	M	A	E	H	L
G	I	T	G	C	G	L	R	T	E	X	M	D	A	N	J	T	N	I	S
P	T	Z	H	N	N	C	R	G	M	G	E	I	I	O	T	T	N	T	V
D	E	S	A	G	I	E	M	F	M	R	D	A	U	I	R	K	Y	W	I
G	R	E	S	J	U	H	I	U	S	E	T	R	W	T	S	P	H	P	V
M	V	A	N	S	X	O	S	R	M	R	N	T	T	A	C	S	P	O	E
Q	F	R	O	I	Q	E	H	I	E	A	L	B	O	C	I	U	I	S	N
P	G	C	I	B	N	J	J	T	L	P	X	Q	K	I	T	B	C	T	T
L	E	H	N	C	Y	E	N	I	C	B	X	C	T	N	I	J	T	S	Y
S	W	O	I	W	D	E	S	G	O	G	U	E	O	U	L	E	U	A	M
S	C	I	P	O	T	M	K	N	N	S	N	P	U	M	O	C	R	C	O
P	Z	U	O	L	X	W	P	I	T	R	F	K	U	M	P	T	E	D	O
U	D	Z	C	T	E	X	T	I	E	Y	L	R	D	O	I	U	S	O	S
C	L	O	P	B	E	I	J	T	N	H	O	B	D	C	B	W	T	P	Z
D	A	I	L	Y	R	R	N	Z	T	F	M	K	L	A	T	S	W	E	N
F	Q	O	F	W	V	I	D	E	O	S	P	E	R	S	O	N	A	L	R
U	G	P	V	E	V	F	T	R	O	H	S	O	T	O	H	P	I	Y	J

ARTICLES
BLOGOSPHERE
COMMENTS
COMMUNICATION
COMPUTER
CONTENT
DAILY
ENTERTAINMENT
EXPERIENCES
FORUM
GOSSIP
IMAGES
INTERNET
JOURNALISM
KEYBOARD
LIFE
LINKS
MEDIA
NEWS
OPINIONS
PEOPLE
PERSONAL
PHOTOS
PICTURES
PODCAST
POLITICS
POSTS
PUBLISHING
RANT
READERS
SEARCH
SHORT
STORY
SUBJECT
TALK
THOUGHTS
TOPICS
TWITTER
TYPE
UPDATE
VENT
VIDEOS
WEBLOG
WEBSITE
WRITING

Solution on page 376

Harry Potter Fan

I	H	R	A	L	U	T	N	A	M	O	R	C	A	B	T	L	R	B	S
L	X	S	E	V	E	E	P	H	Y	A	C	I	H	D	M	R	T	W	X
K	I	P	H	C	I	P	S	B	O	G	G	A	R	T	S	H	O	O	G
S	N	I	H	O	N	R	R	K	E	G	J	I	Z	Z	E	F	P	L	X
E	E	X	Q	E	H	N	O	E	C	N	W	Q	Z	S	G	S	Q	Y	L
K	O	I	M	J	I	I	T	E	C	R	S	A	T	O	W	E	J	D	I
W	H	E	R	F	I	X	N	H	E	H	W	R	R	U	O	V	X	N	D
A	P	S	F	I	L	T	E	K	E	Z	A	I	Q	T	A	L	G	I	O
F	S	I	W	E	A	E	M	U	Y	L	N	U	N	S	S	O	O	R	B
I	R	N	E	U	L	F	E	U	S	P	V	E	N	K	G	W	B	G	B
G	E	U	R	E	E	O	D	S	O	V	U	E	R	S	Y	E	L	N	Y
Y	D	S	O	L	E	U	F	Z	U	B	R	N	S	I	Z	R	I	O	O
T	I	P	L	P	V	X	S	T	S	O	H	G	K	L	F	E	N	M	C
F	P	H	K	O	E	L	W	N	C	M	H	F	X	I	C	W	S	E	C
G	S	I	L	E	D	I	I	I	R	F	B	A	N	S	H	E	E	S	A
G	Q	N	O	P	S	K	T	Q	Q	O	F	F	L	A	C	N	O	O	M
I	V	X	F	R	H	N	C	M	G	S	C	A	B	B	E	R	S	G	Y
Z	Z	C	V	E	A	U	H	X	S	E	R	I	P	M	A	V	B	S	H
Y	G	Y	N	M	G	A	E	D	R	A	G	O	N	I	F	F	L	E	R
T	Q	Z	I	S	S	D	S	T	N	A	I	G	W	U	C	T	N	B	G

ACROMANTULA
BANSHEES
BASILISKS
BOGGARTS
CENTAURS
DEMENTORS
DOBBY
DRAGON
ELVES
FAIRIES
FAWKES
FIRENZE
FOLKLORE
GHOSTS
GIANTS
GNOMES
GOBLINS
GRIFFIN
GRINDYLOW
HAGS
HINKYPUNK
HOGWARTS
HOUSE ELF
LEPRECHAUNS
MAGIZOOLOGY
MANTICORE
MERPEOPLE
MOONCALF
NIFFLER
OCCAMY
PEEVES
PHOENIX
PIXIES
SCABBERS
SPHINX
SPIDERS
THESTRALS
TROLL
UNICORNS
VAMPIRES
VEELA
WEREWOLVES
WINKY
WITCHES

Solution on page 377

Seeing Pink

R	I	E	M	O	S	S	O	L	B	L	H	T	Z	R	I	X	I	L	G
Z	N	A	D	W	H	N	L	H	D	F	R	M	U	I	N	A	R	E	G
D	V	W	D	X	D	I	M	L	R	A	V	R	N	B	A	A	E	M	P
I	Y	L	N	O	L	E	M	R	E	T	A	W	D	B	P	W	H	O	W
D	F	B	U	N	S	U	F	H	S	H	Q	K	E	O	O	E	T	N	V
Y	P	L	K	D	Y	M	L	F	S	L	S	X	R	N	L	J	N	A	D
T	I	U	R	F	E	P	A	R	G	S	T	A	W	S	I	C	A	D	E
A	G	S	E	R	D	S	M	E	E	R	A	S	E	R	S	N	P	E	T
K	N	H	P	R	N	U	I	L	R	E	M	K	A	S	H	P	M	R	H
M	C	D	A	J	Q	D	N	R	V	C	A	N	R	C	S	S	I	I	U
U	B	C	P	Z	V	A	G	Y	N	C	A	B	L	U	R	Y	R	H	C
B	A	L	L	O	O	N	O	U	P	U	L	R	N	W	I	P	H	P	C
J	M	I	L	A	Q	A	V	U	M	U	S	S	R	O	S	E	S	P	P
O	P	P	A	R	T	X	C	W	A	P	E	T	A	L	C	O	R	A	L
S	G	F	W	L	G	P	J	R	H	T	N	K	C	X	W	X	I	S	B
U	B	U	K	G	B	A	P	A	D	G	B	D	A	A	X	N	E	K	U
E	L	H	Y	M	N	Y	F	M	Q	Z	B	F	N	M	T	O	S	E	S
I	Q	O	A	T	O	J	W	S	A	C	S	O	D	C	H	H	E	E	N
Q	E	M	S	G	F	U	F	B	B	I	S	D	Y	S	K	M	Q	H	H
W	P	Y	K	X	B	O	F	G	B	E	V	N	O	I	J	V	X	C	U

BALLOON
BLOSSOM
BLUSH
CANDY
CARD
CHEEKS
CORAL
CREAM SODA
CUPCAKES
DRESS
ERASERS
FLAMINGO
GERANIUM
GRAPEFRUIT
GUM
HAM
HEART
KATYDID
LEMONADE
LIPS
MAKEUP
NOSE
PAINT
PANTHER
PETAL
PIG
POLISH
RIBBON
ROSES
SAPPHIRE
SEASHELLS
SHOES
SHRIMP
SUNRISE
SUNSET
UNDERWEAR
WALLPAPER
WATERMELON

Solution on page 377

Computer Systems

R	U	N	W	X	I	X	Z	H	I	E	J	P	M	W	E	Z	I	I	G
N	E	Y	J	Z	I	N	S	T	A	L	L	W	P	V	P	P	G	P	J
I	E	S	R	N	D	I	S	K	M	A	L	P	V	W	C	U	V	C	Q
P	U	E	U	H	T	N	A	I	T	Y	L	U	P	X	O	D	J	O	G
N	F	X	R	U	Y	T	P	F	T	J	G	N	S	A	O	I	B	M	R
S	C	C	B	C	E	E	O	P	X	S	W	O	D	N	I	W	U	P	L
D	F	I	L	E	S	R	O	P	X	O	C	R	L	N	C	K	R	A	Q
Q	E	S	U	R	M	N	D	A	D	A	L	R	T	O	W	U	E	T	K
Z	B	S	Q	X	A	E	V	O	M	T	S	E	I	W	N	Y	F	I	V
E	A	E	K	W	R	T	F	O	S	O	R	C	I	M	A	H	T	B	S
P	D	C	O	T	G	S	H	B	F	F	B	U	H	S	A	R	C	L	R
R	S	O	P	W	O	W	E	T	A	V	E	L	L	M	O	U	S	E	E
A	Z	R	C	K	R	P	W	C	P	G	V	M	O	Z	P	D	R	V	T
T	U	P	N	I	P	A	E	T	R	I	T	T	A	K	Z	A	A	I	U
S	Q	Y	I	X	R	Q	A	J	Y	U	U	G	D	R	W	T	X	R	P
I	E	N	Z	E	K	X	D	R	A	P	O	E	L	D	F	A	U	D	M
V	T	J	T	Q	V	A	O	T	T	O	X	S	R	E	C	N	N	D	O
N	H	X	S	B	J	M	X	U	G	P	V	A	E	W	I	K	I	R	C
S	S	M	E	B	E	J	O	L	P	T	H	K	E	R	N	E	L	A	A
H	T	U	R	M	Z	I	E	S	N	Z	R	T	U	G	J	A	C	H	M

APPLE
CODE
COMPATIBLE
COMPUTERS
CRASH
DATA
DESKTOP
DISK
DOS
FILES
GOOGLE
HARD DRIVE
HARDWARE
IBM
INPUT
INSTALL
INTERFACE
INTERNET
KERNEL
LEOPARD
LINUX
LOAD
MAC OS X
MAINFRAME
MEMORY
MICROSOFT
MOUSE
OUTPUT
PLATFORM
PROCESS
PROGRAMS
RESOURCES
RUN
SCREEN
SOFTWARE
TECHNOLOGY
UNIX
USER
VISTA
WINDOWS XP

Solution on page 377

Jobs People Do

V	Q	S	C	I	E	N	T	I	S	T	T	G	J	W	T	M	W	W	U
U	B	V	E	F	A	T	T	O	R	N	E	Y	O	N	A	L	A	D	X
G	M	A	N	A	G	E	R	R	V	L	W	W	Q	W	R	I	T	E	R
P	P	A	R	Z	M	E	I	N	E	T	F	D	E	O	T	G	C	K	B
X	S	H	X	B	H	S	A	C	S	C	B	Q	P	E	A	D	C	Q	I
S	A	F	Y	S	E	M	T	I	U	A	E	H	R	E	D	L	I	U	B
Z	L	V	A	S	E	R	R	R	B	D	O	P	O	P	E	I	M	Q	A
L	E	W	H	R	I	T	E	Y	E	T	B	E	T	R	Z	R	P	S	N
R	S	W	I	C	E	C	S	S	O	S	T	D	A	I	R	E	E	F	K
E	M	F	I	M	O	I	I	G	G	D	S	I	R	N	O	T	N	S	E
A	A	A	O	R	T	G	R	A	I	S	I	A	T	C	T	N	G	M	R
L	N	T	G	T	N	A	R	R	N	J	T	T	S	I	C	E	I	U	R
T	P	F	E	E	P	D	E	O	A	H	R	R	U	P	O	P	N	S	E
O	L	R	R	H	E	C	R	S	T	C	A	I	L	A	D	R	E	I	T
R	U	I	E	N	T	S	P	E	R	I	L	C	L	L	Z	A	E	C	E
E	M	R	E	O	S	F	R	O	M	U	N	I	I	W	N	C	R	I	K
Y	B	R	R	O	L	I	A	S	L	R	N	A	A	X	T	T	J	A	R
W	E	T	T	E	C	H	N	I	C	I	A	N	J	M	D	O	X	N	A
A	R	E	H	S	U	G	O	U	X	F	C	F	C	W	B	R	D	N	M
L	P	V	W	O	M	N	F	K	U	F	R	E	K	A	B	R	Q	K	Q

ACTOR
ARTIST
ATTORNEY
BABYSITTER
BAKER
BANKER
BARBER
BUILDER
CARPENTER
DESIGNER
DIRECTOR
DOCTOR
ELECTRICIAN
ENGINEER
FARMER
FIREMAN
GARDENER
GROCER
ILLUSTRATOR
JANITOR
LAWYER
MAIL CARRIER
MANAGER
MARKETER
MUSICIAN
NURSE
OPTOMETRIST
PEDIATRICIAN
PHOTOGRAPHER
PHYSICIAN
PLUMBER
POLICE
PRINCIPAL
REALTOR
RECEPTIONIST
SAILOR
SALESMAN
SCIENTIST
SEAMSTRESS
TECHNICIAN
USHER
VET
WAITER
WASHER
WRITER

Solution on page 377

Watching *Jeopardy!*

O	X	H	G	K	L	D	U	W	O	H	S	C	O	R	E	U	L	C	T
E	W	C	V	K	A	C	O	L	L	E	G	E	Z	K	S	N	L	Q	C
A	H	B	L	T	H	P	X	G	Q	G	N	K	Z	J	O	Z	Z	O	G
E	Y	E	J	K	L	A	W	H	A	T	I	S	G	I	L	W	W	J	V
Y	O	O	Z	E	M	J	N	P	U	E	N	E	T	U	P	K	O	M	Y
K	Z	J	T	Z	G	H	V	W	C	U	N	S	C	I	E	N	C	E	P
X	Q	G	O	N	A	D	E	C	F	S	E	R	I	E	S	S	N	D	M
O	U	P	Y	W	I	N	O	U	E	U	J	I	G	W	S	O	S	K	R
B	E	O	G	A	M	E	S	U	Q	L	N	N	G	T	M	M	L	C	Z
F	B	N	L	I	K	E	L	W	B	T	E	Z	O	L	U	F	A	V	U
I	O	O	O	V	Z	C	H	A	E	L	K	B	B	U	Z	Z	E	R	T
O	R	Y	V	I	Z	O	H	L	L	R	E	U	R	C	T	X	I	P	T
C	C	E	R	R	S	S	L	A	B	E	C	Z	F	I	V	J	M	U	X
S	O	P	H	T	A	I	H	V	M	A	X	I	B	F	T	U	O	D	Q
N	M	N	X	C	G	C	V	W	T	P	N	C	S	F	S	Y	N	P	Z
T	P	K	T	E	T	J	U	E	D	A	I	E	J	I	P	U	W	B	F
N	E	I	N	E	A	H	G	B	L	Y	L	O	C	D	O	A	G	B	K
T	T	C	B	X	S	O	P	G	H	E	I	D	N	R	G	H	A	R	D
W	E	U	Y	C	R	T	F	D	A	Y	T	I	M	E	T	G	W	S	U
Z	C	B	L	Y	R	O	T	S	I	H	P	B	R	M	A	V	B	U	T

ALEX
ANSWER
BET
BUZZER
CASH
CATEGORY
CELEBRITY
CHALLENGE
CHAMPION
CLUE
COLLEGE
COMPETE
CONTEST
DAYTIME
DIFFICULT
DOUBLE
FINAL
FUN
GAME
GUESS
HARD
HISTORY
HOST
INTELLIGENCE
KEN JENNINGS
MONEY
MUSIC
PRIZE
QUESTION
QUIZ
ROUND
SCIENCE
SCORE
SERIES
SHOW
SMART
TELEVISION
TRIVIA
WAGER
WHAT IS
WHO IS
WIN

Solution on page 377

Financial Markets

B	E	Y	F	T	A	W	G	G	E	G	A	R	E	V	E	L	D	B	T
L	Q	F	U	N	D	S	A	B	C	G	R	W	A	X	E	J	R	R	R
I	Y	M	P	M	M	J	E	T	R	Y	A	V	S	C	S	O	A	V	T
A	U	M	C	W	O	D	I	I	E	U	I	R	S	W	K	H	L	G	A
D	H	G	P	O	E	N	A	R	T	K	Q	E	T	E	C	I	V	D	A
J	U	F	P	A	M	H	E	M	Q	I	R	Z	R	I	M	W	V	P	E
S	Z	L	A	R	Y	M	K	Y	O	A	R	A	L	E	B	U	I	U	T
A	C	O	Y	D	O	O	I	P	H	R	G	U	M	E	D	R	L	R	C
R	S	O	I	C	E	F	U	S	Y	E	T	C	C	Z	I	A	A	O	S
W	G	R	N	Z	S	R	E	T	S	L	P	I	A	E	V	N	R	E	V
O	C	I	E	D	M	W	I	S	X	I	Z	A	Z	L	S	B	R	T	V
T	T	I	N	D	L	D	M	V	S	N	O	I	T	A	L	U	G	E	R
G	O	O	D	W	I	L	L	G	A	I	V	N	C	R	T	R	A	E	B
L	B	H	E	U	C	S	A	E	K	T	O	T	Y	U	E	I	D	R	F
Q	D	R	Q	R	E	I	N	D	T	K	I	N	F	V	Q	K	O	J	X
R	X	I	Q	C	N	D	Y	I	A	O	A	V	O	R	M	T	C	N	M
A	L	S	T	V	S	I	R	I	N	P	U	N	E	C	I	R	P	I	Q
K	P	O	E	A	E	R	G	S	M	C	R	Q	Z	S	B	S	Y	Z	T
I	R	S	L	L	D	K	M	O	W	U	P	T	R	E	N	D	K	X	C
K	T	E	D	C	L	V	C	J	T	I	M	I	N	G	J	H	U	S	W

ADVICE
AMORTIZATION
ARBITRAGE
BEAR
BONDS
BROKERAGE
CALL
CHART
COMMISSION
COMPANY
DERIVATIVES
DOW
FLOOR
FUNDS
FUTURES
GAIN
GOODWILL
INCOME
INSIDERS
INVEST
LEVERAGE
LICENSED
LIQUIDITY
MARKET
MONEY
PAYOUT
PRICE
PROFESSION
QUOTE
REGULATIONS
RISKS
SALE
SECTOR
SECURITIES
SELL
SHARES
TICKER TAPE
TIMING
TRADER
TRANSACTIONS
TURNOVER
UPTREND
VALUE
VOLUME
YIELD

Solution on page 377

Your Memories

```
S H A R E D Z Y P P A H P P Q Q L G K H
F A M I L Y R A R E B M E M E R B O T L
A U C L L A C E R W D E T V E X T O S T
D N N H W H C S T N K B S T V M V D A T
E T A F E I V A K F Q A T L I Y B E P H
D I I N O R M R W T D V S N T J H T F M
A N T U F R I V E X M G R M C H R N Z A
Z G S S O C G S E C N E I R E P X E F Z
N E X E R R R E H I O B F S L C C M B F
J L E N G E A E T I I G H V L M H G E O
B P V O O U T A D T S P N M O E I A Y W
F O I T T W R A T N A T U I C M L R X H
D E L S T B D E I R I B O Y T O D F G F
G P E E E P R Y G N L M L R K I H K N R
I Y R L N K A O R A F S E E Y R O Q I E
Y S E I W I T K O O B P A R C S O N V S
S C C M V O L T N I S W R A E D D L O H
J P L O H A O D R K G N I D D E W X L X
M P D P D H T T U J S P E C I A L Q J S
G J D R P V H E L A I C O S T N E V E H
```

BIRTH
BITTER
CELEBRATING
CHERISH
CHILDHOOD
COLLECTIVE
EVENTS
EXPERIENCES
FADED
FAMILY
FIRST STEP
FOND
FORGOTTEN
FRAGMENTED
FRESH
GOOD
HAPPY
HAUNTING
HISTORY
HOLD DEAR
KEEP
LOST
LOVING
MEMOIRS
MILESTONES
PAST
PEOPLE
PHOTO ALBUM
PHOTOGRAPHS
PRECIOUS
PRIVATE
RECALL
RECOGNITION
RELIVE
REMEMBER
REMINDER
RETAIN
SAD
SCRAPBOOK
SENSORY
SHARED
SOCIAL
SPECIAL
UNFORGETTABLE
WEDDING

Solution on page 378

Boat Shows

K	Y	P	L	Y	A	C	H	T	S	D	C	R	J	G	V	N	L	J	C
L	N	U	P	U	U	I	U	C	L	E	E	I	G	U	C	K	T	G	D
U	G	M	X	R	I	P	I	S	G	C	C	C	A	N	O	E	S	B	S
O	Y	P	O	S	O	S	O	N	T	K	N	X	E	L	M	W	V	C	U
T	U	B	E	D	S	P	M	N	T	O	A	Y	L	T	P	A	E	X	S
R	V	K	E	A	E	S	E	H	T	E	M	Y	B	I	A	S	N	T	W
B	P	G	L	N	N	L	A	L	S	O	R	P	A	C	S	P	T	F	D
O	G	C	I	E	F	C	S	L	L	I	O	N	T	K	S	E	E	A	B
X	Y	R	D	V	O	G	H	D	G	E	F	N	A	E	O	E	R	R	E
H	A	O	P	W	E	G	Y	O	N	R	R	P	L	T	C	D	T	C	R
M	O	F	R	B	N	A	R	D	R	M	E	H	F	S	I	B	A	R	U
W	Q	E	O	I	L	E	W	O	S	S	P	B	N	A	A	O	I	E	S
H	G	N	D	F	U	B	S	A	T	O	E	O	I	X	L	A	N	T	I
A	S	D	U	B	N	G	W	S	Y	O	I	I	F	F	I	T	M	A	E
R	E	E	C	O	N	C	E	P	T	S	M	S	H	R	Z	T	E	W	L
B	L	R	T	K	D	T	R	D	S	A	P	B	R	G	I	C	N	P	D
O	D	E	S	K	N	A	T	I	B	I	H	X	E	K	N	I	T	T	Z
R	D	W	R	O	N	Q	M	P	H	L	O	I	J	Y	G	I	A	L	U
K	A	O	C	O	H	D	C	S	O	F	S	R	E	L	A	E	D	A	W
P	P	P	S	R	A	N	I	M	E	S	O	R	I	L	S	H	Q	S	O

ADMISSION
ANCHORS
BEDDING
CANOE
CLASSICS
COMPASS
CONCEPTS
CONTESTS
CUSTOM
DEALERS
DEBUT
DECK
DINGHIES
ENTERTAINMENT
EXHIBIT
FENDER
FIBERGLASS
GIVEAWAYS
HARBOR
INFLATABLE
INTERNATIONAL
KAYAK
KIT
LEISURE
MARINE
MODELS
MOTOR
PADDLES
PERFORMANCE
PONTOON
POWER
PRODUCTS
PROPELLER
PUMP
SAIL
SEAT
SEMINARS
SHIPS
SOCIALIZING
SONAR
SPEEDBOAT
TICKETS
WATERCRAFT
WOODEN
YACHTS

Solution on page 378

Hands Up!

N	D	Y	V	A	J	D	H	T	G	D	D	E	N	M	C	C	D	P	H
I	S	Z	B	S	L	I	A	N	B	H	T	C	I	D	D	A	L	T	O
K	X	R	T	E	I	F	R	K	C	P	A	N	S	C	D	A	O	R	K
L	B	T	H	F	X	G	P	I	G	I	R	N	L	B	S	O	H	W	T
Q	E	Z	C	C	O	E	N	O	N	R	E	Y	D	N	M	R	A	T	G
N	V	U	I	H	R	S	P	L	X	G	G	F	E	S	T	N	I	O	J
Y	W	T	S	U	H	A	I	S	A	J	B	V	R	O	D	M	O	A	P
Z	S	K	T	S	T	N	C	L	K	N	C	E	T	E	H	F	F	A	H
B	T	S	I	F	I	I	I	K	R	L	G	R	S	V	C	O	A	A	Z
A	E	X	W	A	H	T	O	C	E	N	W	U	P	T	F	K	Z	H	K
G	X	B	D	R	R	I	X	A	I	D	O	M	A	I	R	U	L	G	S
Z	S	S	P	A	G	Z	N	F	C	L	P	I	V	G	N	O	E	E	U
K	N	U	C	K	L	E	I	B	L	P	I	E	T	O	E	K	N	E	S
Z	O	C	K	I	L	R	D	A	U	E	W	G	J	O	A	N	Y	G	K
F	D	U	M	E	U	L	C	L	T	V	A	L	A	H	L	P	T	G	I
X	N	G	C	Y	R	D	L	H	C	S	V	T	S	M	U	O	R	L	N
B	E	N	R	R	F	H	U	W	H	R	E	B	H	S	E	I	I	O	E
S	T	F	U	A	T	M	H	T	N	S	R	J	H	E	D	N	D	V	T
R	I	P	X	I	B	Q	J	T	O	D	A	P	T	F	R	T	T	E	S
M	R	U	I	P	X	H	H	F	G	N	I	W	O	V	Y	Y	R	S	V

CALLOUSED
CARTILAGE
CLEAN
CLUTCH
CRACKED
DIRTY
DRY
FINGERS
FIST
FIVE
FRECKLES
GENTLE
GESTURE
GLOVES
GRAB
GRIP
HAIRS
HANDS
HELD
HOLD
JOINTS
KNUCKLE
LEATHERY
LIGAMENTS
LOTION
MITT
NAILS
PINKY
POINT
PULL
PUSH
RING
SANITIZER
SHAKE
SIGN LANGUAGE
SKIN
SMOOTH
SNAP
SOFT
STRONG
TENDONS
THUMB
TISSUE
WASH
WAVE

Solution on page 378

Certificates

B	Z	C	S	E	L	I	F	N	F	C	Y	E	P	A	C	V	V	V	H
A	I	E	F	E	M	R	L	O	M	E	M	G	S	D	R	O	C	E	R
U	U	R	T	X	L	P	Q	P	M	A	T	S	J	O	F	F	I	C	E
D	R	T	T	N	O	I	T	I	T	E	P	X	S	U	P	P	O	R	T
R	E	I	H	H	D	N	C	E	N	O	I	S	S	I	M	R	E	P	R
R	P	F	B	E	C	O	R	R	E	S	P	O	N	D	E	N	C	E	A
B	O	I	O	J	N	I	G	U	A	R	A	N	T	E	E	T	O	N	H
O	R	E	W	T	A	T	N	O	I	T	A	C	I	N	U	M	M	O	C
N	T	D	R	L	M	U	I	N	S	T	R	U	C	T	I	O	N	S	H
D	J	A	I	E	O	T	A	C	L	A	N	I	G	I	R	O	Y	J	T
E	C	L	T	Z	L	I	K	L	S	H	I	A	U	F	O	R	M	P	A
T	B	E	T	Z	P	T	G	I	E	U	G	Z	R	I	Y	V	S	Q	E
N	F	G	E	D	I	S	V	T	T	R	O	W	E	C	R	O	V	I	D
I	O	A	N	O	D	N	R	D	E	L	A	E	S	A	H	R	Y	E	R
R	O	L	R	G	G	O	V	E	R	N	M	E	N	T	O	I	Z	S	E
P	R	Q	A	D	P	C	M	F	T	C	O	N	F	I	R	M	V	N	I
M	P	P	D	S	P	E	H	P	A	R	G	O	T	O	H	P	C	E	S
W	E	C	S	G	N	F	I	M	P	O	R	T	A	N	T	S	X	C	S
B	C	A	M	T	Z	L	H	U	L	U	Y	P	Z	M	X	E	U	I	O
L	P	D	A	T	Y	D	W	C	Z	L	V	K	S	K	Q	H	E	L	D

AGREEMENT
ARCHIVES
AUTHENTIC
BIRTH
BOND
CERTIFIED
CHARTER
COMMUNICATION
CONFIRM
CONSTITUTION
CONTRACT
CORRESPONDENCE
DEATH
DIPLOMA
DIVORCE
DOSSIER
DRAFT
FILES
FORM
GOVERNMENT
GUARANTEE
IDENTIFICATION
IMPORTANT
INSTRUCTIONS
LEGAL
LETTER
LICENSE
MATERIAL
MEMO
NOTE
OFFICE
ORIGINAL
PASSPORT
PERMISSION
PETITION
PHOTOGRAPH
PRINTED
PROOF
RECORDS
REPORT
SEALED
STAMP
SUPPORT
VISA
WRITTEN

Solution on page 378

Short Words

A	L	V	E	Z	Y	S	N	S	C	O	K	R	D	S	D	R	X	B	N
S	C	Y	M	S	J	R	Y	B	J	T	I	Y	H	A	D	J	Y	O	B
G	N	T	X	Z	E	S	L	Z	A	C	G	C	G	T	A	N	J	O	E
P	U	U	P	Y	T	B	E	Z	G	A	N	F	I	R	X	M	A	K	A
G	K	L	V	V	F	X	V	U	Q	H	X	C	O	V	B	T	Z	S	T
G	E	A	O	E	I	X	L	L	C	V	E	Z	I	A	P	X	Z	Z	H
K	C	E	L	W	Q	J	Y	U	E	D	E	N	D	N	B	O	J	I	G
I	C	Q	W	L	N	P	L	E	A	Q	K	N	T	H	T	O	R	A	I
K	G	I	W	J	E	L	G	D	G	G	V	D	I	N	E	F	K	J	M
G	K	F	U	B	J	P	F	T	G	G	I	M	Y	E	A	R	G	O	F
Q	V	F	B	H	J	K	L	U	Y	V	O	W	O	Q	D	W	G	O	O
U	R	P	Q	J	Q	N	I	Y	A	O	V	S	D	U	V	A	Y	I	D
Z	X	D	S	A	I	U	J	L	T	B	U	T	O	I	W	L	Y	A	E
R	J	D	D	T	O	D	A	D	W	P	I	Y	E	P	G	L	I	F	E
G	V	F	M	F	V	W	R	F	X	N	O	W	X	X	I	J	B	Z	N
E	D	B	M	G	A	K	U	L	F	W	U	E	Y	N	T	U	U	E	A
X	B	X	S	S	C	J	F	I	G	O	H	S	K	N	K	N	S	M	L
D	L	Y	W	C	N	G	G	F	R	W	O	C	E	T	I	K	R	O	P
D	T	M	B	U	H	X	T	C	T	R	O	R	Z	W	P	I	G	G	A
F	R	Y	A	C	N	T	Y	J	V	R	B	P	X	Q	G	J	X	U	G

BEAT
BOAT
BOOK
BUS
DAY
DIG
DOG
FIG
FOG
GOO
HER
HIM
HOG
JAZZ
JIG
JOB
JUMP
JUNK
KITE
LIFE
LINK
LOG
MIGHT
MOO
NEED
NOW
PIG
PLANE
RENT
RIG
ROCK
ROOF
SAND
STY
SUN
TEXT
TOO
VIEW
VOW
WALL
WANT
WIG
WOW
YEAR
YOU

Solution on page 378

Coastal Places

F	P	H	U	K	E	T	C	H	I	K	A	N	O	L	E	C	R	A	B
P	F	D	X	Y	Y	D	N	U	O	S	D	R	O	F	L	I	M	Z	A
S	H	A	N	G	H	A	I	B	A	H	D	U	B	A	I	V	R	E	C
I	M	D	N	A	L	S	I	O	D	O	M	O	K	I	W	I	P	L	H
N	N	Y	N	S	H	V	A	N	C	O	U	V	E	R	O	T	U	A	A
U	A	E	L	A	D	R	E	D	U	A	L	T	F	D	J	A	N	T	N
T	X	V	V	A	L	P	A	R	A	I	S	O	E	N	I	V	T	R	M
E	O	A	M	I	H	S	O	G	A	K	E	J	F	A	M	E	A	O	A
R	S	D	N	A	L	S	I	F	O	Y	A	B	W	X	A	C	A	F	Y
O	E	N	O	K	S	O	R	R	E	N	T	O	E	E	Z	C	R	R	A
P	L	O	T	O	E	D	I	V	E	T	N	O	M	L	S	H	E	E	T
A	R	T	A	G	V	G	D	I	W	T	Z	I	D	A	C	I	N	M	T
G	A	G	M	N	P	I	R	A	E	U	S	H	U	A	I	A	A	A	E
N	H	N	S	O	B	O	C	S	I	C	N	A	R	F	N	A	S	N	L
I	C	I	T	K	S	E	R	I	A	S	O	N	E	U	B	V	P	T	L
S	E	L	E	G	N	A	S	O	L	B	C	O	L	O	M	B	O	L	A
K	K	L	R	N	A	L	I	N	A	M	E	L	B	O	U	R	N	E	V
M	A	E	D	O	D	N	A	L	K	C	U	A	D	A	N	E	S	N	E
I	L	W	A	H	Z	U	R	C	A	R	E	V	F	T	D	Y	G	H	A
E	R	O	M	I	T	L	A	B	O	R	A	B	O	R	A	Q	S	A	Y

ABU DHABI
ALEXANDRIA
AMSTERDAM
AUCKLAND
BALTIMORE
BARCELONA
BAY OF ISLANDS
BORA BORA
BUENOS AIRES
CADIZ
CHAN MAY
CIVITAVECCHIA
COLOMBO
EASTER ISLAND
ENSENADA
FORTALEZA
FREMANTLE
FT LAUDERDALE
HONG KONG
IWO JIMA
KAGOSHIMA
KETCHIKAN
KOMODO ISLAND
LAKE CHARLES
LOS ANGELES
MANILA
MELBOURNE
MILFORD SOUND
MONTEVIDEO
NAXOS
PHUKET
PIRAEUS
PUNTA ARENAS
RIO DE JANEIRO
SAN FRANCISCO
SHANGHAI
SINGAPORE
SORRENTO
TUNIS
USHUAIA
VALLETTA
VALPARAISO
VANCOUVER
VERACRUZ
WELLINGTON

Solution on page 378

Film Festivals

P	H	V	E	N	U	E	W	S	G	A	L	K	T	I	C	K	E	T	S
R	O	W	L	I	G	H	R	D	R	B	T	C	E	T	A	R	N	E	A
E	X	P	E	R	I	M	E	N	T	A	L	B	K	A	T	B	T	M	N
V	C	S	Y	S	N	E	E	O	E	O	T	N	O	R	O	T	R	A	J
I	O	N	T	O	T	H	L	I	I	G	P	T	O	U	S	G	I	Z	Q
E	M	L	A	A	E	C	T	T	S	P	V	R	H	J	A	O	E	A	P
W	E	S	D	D	R	Z	T	A	G	N	I	N	E	E	R	C	S	C	U
R	D	Z	M	O	N	S	A	T	B	N	A	P	O	G	A	L	C	E	B
A	Y	K	W	K	A	U	E	N	D	T	T	F	Q	S	S	T	N	B	O
Q	W	D	A	R	T	Q	S	E	D	A	L	O	C	C	A	O	E	I	A
P	S	R	Y	E	I	E	P	S	V	J	G	M	O	V	I	E	S	R	W
H	U	A	N	C	O	E	C	E	L	E	B	R	I	T	Y	P	P	T	A
M	R	M	E	U	N	C	C	R	O	D	A	R	O	L	O	C	E	V	B
M	S	A	R	D	A	N	B	P	S	K	L	M	G	N	P	K	C	U	P
F	R	P	E	O	L	E	E	P	W	O	O	N	S	D	I	I	I	O	C
C	E	N	I	R	J	I	R	U	X	R	I	O	U	O	N	M	A	I	D
P	T	H	M	P	D	D	L	B	P	W	R	S	M	E	I	E	L	D	R
P	I	W	E	T	J	U	I	L	E	S	H	N	M	H	O	D	T	U	A
F	R	U	R	E	T	A	N	I	M	O	N	A	E	Y	N	A	R	T	W
P	W	K	P	S	T	T	V	C	W	D	Q	D	R	D	J	P	Y	S	A

ACCOLADES
ATTEND
AUDIENCE
AWARD
BERLIN
CELEBRITY
CINEMA
COLORADO
COMEDY
CROWDS
DRAMA
ENTRIES
EXPERIMENTAL
FANS
GENRE
INDEPENDENT
INTERNATIONAL
MOVIE
NOMINATE
OPINION
PREMIERE
PRESENTATION
PREVIEW
PRODUCER
PROMOTION
PUBLIC
RATE
SARASOTA
SCREENING
SEATTLE
SHOW
SPECIAL
SPONSORS
STARS
STUDIO
SUMMER
SUNDANCE
THEATER
TICKETS
TORONTO
TRIBECA
VENUE
VIEWING
WHISTLER
WRITERS

Solution on page 379

American War of Independence

N	T	E	A	P	A	R	T	Y	T	N	E	D	I	S	E	R	P	S	W
S	S	E	R	G	N	O	C	I	L	B	U	P	E	R	G	H	B	D	T
N	A	T	I	O	N	A	D	E	C	L	A	R	A	T	I	O	N	N	O
M	N	S	E	G	R	O	E	G	G	N	I	K	H	L	P	G	K	A	H
B	O	G	M	C	Y	Y	R	O	T	S	I	H	A	C	J	O	R	L	B
S	S	J	O	A	I	T	I	L	I	M	V	D	R	X	N	V	T	G	R
O	R	M	H	T	D	T	Y	E	C	N	E	D	N	E	P	E	D	N	I
L	E	O	C	B	S	A	T	H	K	L	P	L	G	G	K	R	R	E	T
D	F	N	O	A	C	S	N	V	P	R	U	A	R	R	N	N	A	F	I
I	F	A	N	T	I	T	G	H	C	B	N	V	E	O	O	A	U	I	S
E	E	R	S	T	T	C	I	N	O	D	I	A	A	F	R	N	T	B	H
R	J	C	T	L	I	A	E	O	L	J	T	E	T	Y	T	C	H	S	E
S	M	H	I	E	L	P	R	I	O	C	E	H	B	E	H	E	O	T	M
U	O	Y	T	X	O	M	E	L	N	O	D	P	R	L	A	G	R	O	P
B	D	T	U	I	P	A	V	L	I	N	S	U	I	L	M	A	I	I	I
O	E	R	T	N	T	T	O	E	S	C	T	G	T	A	E	R	T	R	R
S	E	E	I	G	X	S	S	B	T	O	A	A	A	V	R	U	Y	T	E
T	R	B	O	T	Q	B	S	E	S	R	T	L	I	Q	I	O	G	A	B
O	F	I	N	O	I	T	A	R	E	D	E	F	N	O	C	C	R	P	V
N	I	L	K	N	A	R	F	V	C	P	S	T	A	X	A	T	I	O	N

AUTHORITY
BATTLE
BOSTON
BRITISH EMPIRE
BUNKER HILL
COLONISTS
CONCORD
CONFEDERATION
CONGRESS
CONSTITUTION
COURAGE
DECLARATION
DEMOCRACY
ENGLAND
FLAG
FRANKLIN
FREEDOM
FRENCH
GOVERNANCE
GREAT BRITAIN
HISTORY
INDEPENDENCE
JEFFERSON
JOHN ADAMS
KING GEORGE
LEXINGTON
LIBERTY
MILITIA
MONARCHY
NATION
NORTH AMERICA
PATRIOTS
PHILADELPHIA
POLITICS
PRESIDENT
REBELLION
REPUBLIC
SOLDIERS
SOVEREIGNTY
STAMP ACT
TAXATION
TEA PARTY
UNITED STATES
UPHEAVAL
VALLEY FORGE

Solution on page 379

Holiday Party

C	A	D	R	E	S	S	U	R	P	R	I	S	E	S	S	U	Q	G	C
Z	W	T	W	Y	T	H	X	Y	V	C	R	L	S	I	S	T	C	H	P
T	K	S	H	A	L	L	O	W	E	E	N	T	G	T	R	V	A	D	L
D	S	A	I	Y	R	L	C	Z	Z	L	E	S	P	T	C	M	N	H	A
A	K	O	X	L	D	G	O	I	C	E	B	A	N	P	P	A	D	Y	O
V	U	T	H	Z	V	A	T	J	W	B	A	J	Z	A	L	W	L	U	B
I	S	V	O	Y	G	E	R	S	H	R	R	I	G	R	P	I	E	D	J
U	Y	V	T	P	P	U	R	K	V	A	T	N	A	V	M	N	S	E	G
D	J	P	L	P	B	S	E	W	M	T	E	G	C	A	K	E	T	C	H
M	E	C	A	A	Z	H	F	S	A	E	N	E	F	I	I	M	R	O	C
Y	U	Q	R	H	R	S	F	K	T	R	D	E	C	E	M	B	E	R	K
T	V	S	E	Y	D	T	B	V	J	S	E	P	R	I	Z	E	S	A	Y
W	C	T	I	N	S	A	M	T	S	I	R	H	C	N	U	P	S	T	D
W	I	F	E	C	L	T	N	P	R	E	S	E	N	T	S	R	E	E	X
F	E	I	Y	L	K	E	A	C	D	Y	H	S	T	H	E	C	D	V	S
S	R	G	O	U	P	F	M	L	I	A	I	K	K	T	I	R	V	I	E
F	H	O	T	D	F	F	B	E	N	N	H	C	S	A	A	G	U	T	O
K	N	L	C	V	D	U	V	I	N	X	G	A	A	E	Z	L	Q	S	A
S	I	S	E	D	T	B	H	J	E	U	E	N	S	R	D	O	P	E	B
V	P	U	B	G	W	C	G	W	R	S	G	S	K	W	D	O	O	F	H

APPETIZERS
BALLOONS
BARTENDER
BUFFET
CAKE
CANDLES
CELEBRATE
CHAMPAGNE
CHINA
CHRISTMAS
CRYSTAL
DANCING
DECEMBER
DECORATE
DESSERT
DINNER
DRESS
EASTER
FAMILY
FESTIVE
FOOD
FRIENDS
GARLAND
GIFTS
GUESTS
HALLOWEEN
HAPPY
HATS
HOST
JOLLY
KAZOO
MENU
MERRY
MUSIC
PLATTERS
PRESENTS
PRIZES
PUNCH
SILVERWARE
SNACKS
SURPRISES
SWEETS
TOAST
WINE
WREATH

Solution on page 379

Inspiring

R	E	N	N	I	W	A	L	C	E	E	U	V	G	T	S	B	S	F	E
L	R	C	E	V	L	O	S	E	R	I	G	N	O	S	U	D	U	M	L
U	U	Z	L	V	V	B	E	A	U	T	I	F	U	L	C	Q	O	Z	E
F	D	A	I	E	I	D	J	A	R	Z	D	O	T	B	C	S	Y	S	G
R	N	N	B	C	E	T	B	I	A	R	I	S	S	S	E	B	O	U	A
E	E	X	V	S	Q	O	A	M	O	R	E	T	T	W	S	S	J	O	N
W	V	H	T	O	O	L	A	E	T	B	H	G	A	D	S	Y	L	R	T
O	E	I	T	S	F	L	C	S	R	M	U	T	N	E	M	O	M	E	Y
P	N	R	T	E	V	T	U	I	N	C	R	E	D	I	B	L	E	N	W
Y	Q	O	E	A	G	D	E	T	C	O	N	F	I	D	E	N	C	E	P
B	D	L	W	V	N	O	A	B	E	K	L	R	N	O	Z	U	E	G	S
W	R	V	H	I	E	I	T	P	Q	L	W	I	G	O	I	V	J	U	E
O	E	I	P	Z	H	S	G	Z	R	Q	Y	E	K	G	I	H	P	L	E
N	A	E	L	B	A	K	R	A	M	E	R	N	Y	T	W	P	T	E	W
D	M	B	E	L	I	E	V	E	M	F	S	D	I	L	O	N	H	E	T
E	R	U	T	P	I	R	C	S	P	I	P	S	T	R	E	N	G	T	H
R	H	V	I	B	R	A	N	T	J	K	O	H	T	G	N	V	J	J	G
F	N	N	O	M	K	L	N	I	O	P	T	I	M	I	S	T	I	C	I
U	H	W	T	A	L	E	N	T	E	D	H	P	M	U	I	R	T	L	R
L	U	F	E	C	A	R	G	R	Q	Z	V	I	Z	C	K	T	Y	U	B

ABSOLUTELY
AMAZING
AWESOME
BEAUTIFUL
BELIEVE
BEST
BOOST
BRIGHT
BRILLIANT
CONFIDENCE
CREATIVE
DESTINY
DREAM
ELEGANT
ENDURE
FLAIR
FRIENDSHIP
GENEROUS
GENTLE
GOOD
GRACEFUL
IMAGINATIVE
INCREDIBLE
INDUSTRIOUS
JOYOUS
LIVELY
LOVE
MOMENTUM
OPTIMISTIC
OUTSTANDING
PERSEVERE
POSITIVE
POWERFUL
REMARKABLE
RESOLVE
SCRIPTURE
STRENGTH
SUCCESS
SUPPORT
TALENTED
TOGETHER
TRIUMPH
VIBRANT
WINNER
WONDERFUL

Solution on page 379

Social Science Major

L	R	E	S	E	A	R	C	H	S	P	U	O	R	G	G	M	D	A	M
S	O	C	I	E	T	Y	Y	G	O	L	O	P	O	R	H	T	N	A	H
T	I	N	V	E	S	T	I	G	A	T	I	O	N	W	X	L	J	U	E
U	V	S	E	C	N	E	I	C	S	L	A	I	C	O	S	O	K	G	A
D	A	L	Y	X	S	R	C	U	L	T	U	R	E	S	R	J	R	U	L
I	H	O	F	L	S	E	R	A	F	L	E	W	L	A	I	C	O	S	T
E	E	R	Y	H	A	D	Y	G	O	L	O	H	C	Y	S	P	W	T	H
S	B	G	G	U	L	N	S	T	A	T	I	S	T	I	C	S	T	E	E
O	P	A	O	M	C	E	A	T	S	C	I	M	O	N	O	C	E	C	R
C	H	N	L	A	U	G	I	L	B	R	E	L	I	G	I	O	N	O	B
I	I	I	O	N	N	O	I	T	A	V	R	E	S	B	O	F	L	M	E
O	L	Z	D	I	N	R	A	C	E	C	N	A	I	V	E	D	A	T	R
L	O	A	O	S	W	P	O	S	I	T	I	V	I	S	M	D	I	E	T
O	S	T	H	T	E	R	U	T	C	U	R	T	S	L	A	I	C	O	S
G	O	I	T	I	Y	R	O	E	H	T	T	C	I	L	F	N	O	C	P
I	P	O	E	C	O	M	M	U	N	I	T	Y	E	R	M	A	S	E	E
S	H	N	M	E	L	P	O	E	P	N	O	I	T	A	C	U	D	E	N
T	Y	E	T	H	I	C	S	U	B	J	E	C	T	E	S	R	U	O	C
S	C	H	O	O	L	G	W	J	Q	U	A	L	I	T	A	T	I	V	E
S	M	R	O	N	D	U	R	K	H	E	I	M	A	X	W	E	B	E	R

ANTHROPOLOGY
AUGUSTE COMTE
BEHAVIOR
CLASS
COMMUNITY
CONFLICT THEORY
COURSE
CRITICAL ANALYSIS
CULTURES
DEVIANCE
DURKHEIM
ECONOMICS
EDUCATION
ETHICS
GENDER
GROUPS
HEALTH
HERBERT SPENCER
HUMANISTIC
INVESTIGATION
MAJOR
MAX WEBER
METHODOLOGY
NORMS
OBSERVATION
ORGANIZATION
PEOPLE
PHILOSOPHY
POSITIVISM
PSYCHOLOGY
QUALITATIVE
RACE
RELATIONSHIPS
RELIGION
RESEARCH
SCHOOL
SOCIAL NETWORK
SOCIAL SCIENCES
SOCIAL STRUCTURE
SOCIAL WELFARE
SOCIETY
SOCIOLOGIST
STATISTICS
STUDIES
SUBJECT

Solution on page 379

Climber Talk

F	R	T	E	Y	L	E	R	B	W	R	E	R	V	W	I	F	F	U	G
E	I	Y	A	K	V	G	D	M	O	X	P	E	W	H	E	C	I	L	G
P	U	F	N	P	K	X	C	R	S	Y	Q	A	K	Y	E	X	W	S	E
K	M	V	K	I	E	L	H	A	F	B	L	U	L	N	C	Y	S	J	N
I	F	V	T	R	I	P	A	E	R	L	Z	K	I	P	N	Q	S	J	S
O	L	I	B	G	N	O	R	T	S	A	T	L	U	C	I	L	Q	R	J
F	V	W	J	S	T	U	N	O	G	F	B	L	Z	V	K	B	E	L	T
Q	M	T	R	A	P	P	E	L	T	V	L	I	W	M	E	D	W	Q	U
S	U	Y	T	E	F	A	S	F	X	E	H	O	N	M	N	E	R	T	G
U	I	O	Q	F	J	D	S	P	Y	Y	C	J	Y	E	B	Y	D	A	S
D	Z	J	L	Q	L	P	A	S	R	O	X	T	C	B	R	R	H	H	W
Y	J	T	I	O	O	U	C	O	B	W	W	S	I	V	A	E	O	M	P
R	P	J	H	O	H	S	R	O	T	C	E	N	N	O	C	E	O	A	K
A	R	P	L	Y	J	P	U	V	P	D	G	F	B	F	N	U	K	N	L
U	O	P	Q	V	I	L	A	N	C	H	O	R	E	D	N	E	C	S	A
S	C	M	O	L	D	B	N	D	O	P	E	R	E	T	A	W	P	G	H
H	K	O	C	E	V	O	L	G	D	G	E	X	A	M	R	P	Z	O	C
T	P	J	R	E	S	I	N	N	N	I	E	I	Z	A	M	S	R	I	R
X	X	X	O	D	L	Y	L	I	M	W	N	H	E	A	Q	A	A	C	R
F	F	J	P	L	B	X	F	P	L	B	A	G	C	C	K	L	H	S	L

ANCHOR
ASCENDER
AXE
BAG
BELT
BOULDER
CAMP
CARABINER
CHALK
CLIP
CONNECTORS
CORD
DESCENDERS
FINGERBOARD
GEAR
GLOVE
GRIP
HAMMER
HARNESS
HEX
HOLDS
HOOK
LINE
LOOPS
MOUNTAIN
NUTS
PADDING
PIN
PROTECTION
PULLEYS
QUICKDRAW
RAPPEL
RESIN
ROCK
ROPE
SAFETY
SHOE
STRONG
TAPE
WALLS
WATER
WEBBING

Solution on page 379

Mexican Vacation

R	S	D	Z	A	C	I	R	E	M	A	O	S	E	M	V	I	I	U	K
X	Y	T	I	C	O	C	I	X	E	M	C	M	E	X	I	C	A	L	I
Z	E	C	B	C	C	Y	X	N	E	S	I	Z	S	A	T	A	L	O	D
V	R	N	H	T	A	B	A	S	C	O	X	C	A	E	X	S	I	S	Z
A	R	G	J	I	W	B	M	M	M	J	E	V	N	S	D	H	U	C	U
P	E	M	E	X	H	B	O	G	E	T	M	E	T	N	Z	S	Q	A	R
F	T	N	Y	T	F	U	L	S	Z	D	F	R	A	A	A	I	E	B	C
J	N	K	I	A	V	L	A	A	A	A	O	A	A	E	P	N	T	O	A
Y	O	S	E	P	H	L	P	H	R	N	F	C	N	B	O	A	P	S	N
Y	M	D	B	A	S	F	A	P	U	H	L	R	N	B	T	P	A	N	I
N	O	O	E	Q	N	I	Z	O	M	A	U	U	A	I	E	S	N	A	L
C	C	S	N	U	A	G	E	Y	H	A	G	Z	C	R	C	V	C	Y	A
K	L	M	S	E	T	H	E	R	B	A	Z	O	C	A	L	C	H	A	S
A	U	H	E	S	A	T	W	H	R	Q	C	A	C	C	S	V	O	M	O
B	P	E	N	A	C	I	R	E	M	A	N	I	T	A	L	W	V	A	A
V	A	C	A	D	U	N	F	O	E	Y	M	F	E	L	T	N	I	L	X
L	C	J	D	I	Y	G	J	S	O	L	R	A	C	N	A	S	L	B	A
V	A	D	A	L	I	H	C	N	E	Y	Y	L	D	S	D	N	L	E	C
A	U	Z	N	L	G	U	A	D	A	L	A	J	A	R	A	A	A	U	A
T	I	J	U	A	N	A	L	T	I	T	H	C	O	N	E	T	K	P	G

ACAPULCO
AZTECS
BAJA
BULLFIGHTING
CABO SAN LUCAS
CARIBBEAN SEA
CHIHUAHUA
CINCO DE MAYO
COPPER CANYON
ENCHILADA
ENSENADA
GUADALAJARA
GULF OF MEXICO
HACIENDA
IXTAPA
LA PAZ
LATIN AMERICA
LOS CABOS
MAYANS
MAZATLAN
MESOAMERICA
MEXICALI
MEXICO CITY
MONTERREY
OAXACA
PANCHO VILLA
PEMEX
PESO
PUEBLA
QUESADILLA
SALINA CRUZ
SAN CARLOS
SANTA ANNA
SIERRA MADRE
SPANISH
TABASCO
TACO
TENOCHTITLAN
TEQUILA
TIJUANA
VERACRUZ
YUCATAN
ZAPOTEC

Solution on page 380

Now Hear This

V	B	I	R	D	S	T	R	A	F	F	I	C	R	U	N	C	H	I	Q
E	P	K	N	T	Y	E	L	L	I	N	G	I	Y	U	M	F	I	H	P
M	C	B	G	S	D	T	S	H	G	E	L	A	U	G	H	T	E	R	K
I	F	M	O	N	T	P	O	N	N	G	N	I	P	P	A	L	C	F	F
O	R	O	U	K	I	R	R	A	I	N	D	R	O	P	S	D	R	O	W
B	I	H	O	S	K	G	U	G	K	F	R	G	N	I	L	Z	Z	I	S
X	T	D	S	T	I	O	N	M	A	L	F	A	S	E	V	A	E	L	O
T	I	O	A	T	S	C	C	I	E	B	E	L	L	S	G	Q	U	T	H
P	G	L	Y	R	V	T	O	A	R	N	P	E	E	B	N	G	Z	S	C
C	C	C	O	X	O	Y	E	N	B	Z	T	R	W	S	I	U	S	A	E
W	C	M	H	U	I	N	H	P	S	T	S	H	K	G	G	N	L	L	E
Q	U	D	B	E	C	U	Z	S	S	T	E	X	G	P	N	S	R	P	I
R	V	M	W	N	E	R	I	S	A	E	R	L	F	Y	I	H	S	O	Q
H	M	X	C	C	S	R	A	E	L	R	E	U	E	A	S	O	W	D	H
O	S	C	R	E	A	M	I	N	G	S	C	O	C	V	L	T	E	A	Y
G	L	I	I	A	O	C	O	N	V	E	R	S	A	T	I	O	N	K	D
G	M	T	N	C	R	Y	I	N	G	Q	A	E	E	O	I	S	C	X	O
W	N	A	K	S	U	U	J	W	I	B	O	J	S	R	U	O	I	X	P
L	C	T	L	U	F	H	B	W	H	I	R	G	T	A	L	K	N	O	J
B	W	S	E	C	F	Y	D	F	A	K	Y	E	A	C	U	W	G	D	N

APPLAUSE
BEEP
BELLS
BIRDS
CHEERING
CLAPPING
CLOCK
CONSTRUCTION
CONVERSATION
CRASH
CRINKLE
CRUNCH
CRYING
ECHO
FOOTSTEPS
GIGGLES
GLASS BREAKING
GOSSIP
GUNSHOT
HORN
INSTRUMENT
JET
LAUGHTER
LEAVES
MUSIC
NEWS
RADIO

RAINDROPS
RINGING
ROAR
RUMORS
SCREAMING
SINGING
SIREN
SIZZLING
SNIFFLES
STATIC
TALK

TELEVISION
THUNDER
TRAFFIC
VOICES
WHIR
WORDS
YELLING

Solution on page 380

Visit Jerusalem

M	D	L	N	E	E	L	Y	X	H	J	U	S	S	O	R	C	I	M	Y
A	S	K	X	X	M	L	R	E	D	G	U	Z	W	B	I	S	U	F	E
Y	V	C	T	M	U	H	A	M	M	A	D	D	T	B	R	S	J	Q	E
F	U	L	G	L	D	U	M	O	Q	V	I	K	A	A	L	M	H	W	L
N	O	M	O	L	O	S	M	D	E	S	V	R	E	I	L	I	J	Z	P
G	S	D	L	T	E	S	S	E	N	K	A	L	M	V	S	K	E	Q	M
S	X	Y	D	U	F	O	V	J	I	N	D	S	A	T	N	M	S	O	E
B	D	E	C	A	E	P	V	N	T	K	G	G	O	T	A	P	U	F	T
O	E	F	I	U	B	D	T	Y	S	A	N	R	O	D	I	N	S	O	G
G	A	S	T	X	I	K	C	J	E	W	I	S	H	L	T	P	U	C	V
J	D	S	Y	V	S	K	I	S	L	C	K	P	G	Z	S	R	A	C	E
Y	S	E	Y	N	L	G	L	U	A	L	E	R	I	B	I	F	S	C	S
D	E	U	G	H	A	B	F	L	P	S	I	O	X	S	R	A	I	U	E
B	A	Q	O	E	C	G	N	D	O	M	N	K	M	O	H	Y	O	S	D
D	L	S	L	B	I	I	O	J	A	I	H	O	L	Y	C	I	T	Y	A
G	R	O	G	R	L	S	C	G	B	W	I	Q	K	T	G	L	C	R	S
R	H	M	O	E	B	L	E	I	U	L	A	U	T	I	R	I	P	S	U
I	I	Z	T	W	I	A	E	B	U	E	E	L	L	A	W	B	E	Q	R
P	Q	X	H	L	B	M	S	O	Q	Z	S	E	H	C	R	U	H	C	C
V	X	O	A	N	C	I	E	N	T	Z	R	R	Y	U	Q	K	T	J	A

ANCIENT
ARABIC
BESIEGED
BIBLICAL
CAPITAL
CHRISTIANS
CHURCHES
CONFLICT
CROSS
CRUSADES
DEAD SEA
DOME
GOLGOTHA
HEBREW
HISTORICAL
HOLY CITY
ISLAM
ISRAEL
JESUS
JEWISH
JOSEPH
JUDAISM
KING DAVID
KNESSET
MARY
MOSQUES
MOUNT ZION
MUHAMMAD
MUSLIMS
OLD CITY
PALESTINE
PEACE
PILGRIMAGE
RELIGIOUS
SOLOMON
SPIRITUAL
SYNAGOGUES
TEMPLE
TOURISM
WALL

Solution on page 380

Love the Opera

V	O	C	O	N	T	R	A	L	T	O	H	I	W	Q	J	F	F	K	M
S	L	N	Y	F	C	Y	K	S	N	I	V	A	R	T	S	A	I	R	A
J	O	Y	A	V	I	D	S	R	E	S	O	P	M	O	C	T	F	X	W
A	S	R	L	R	H	S	G	P	M	I	O	X	U	W	L	M	O	A	O
M	D	E	P	C	P	M	T	E	N	P	L	S	Y	C	M	Y	G	R	L
Q	S	N	N	I	Y	O	Z	R	I	I	V	I	T	D	C	N	M	R	Y
T	E	E	B	T	Y	Z	S	A	A	T	N	N	B	H	E	I	M	D	G
B	M	C	S	A	O	O	B	U	T	U	T	I	S	R	E	G	N	I	S
D	U	S	N	M	L	D	B	Q	R	A	S	O	S	I	E	M	A	I	Q
P	T	R	Y	A	E	L	D	K	E	A	I	S	R	S	N	T	E	R	D
X	S	O	P	R	M	Z	E	O	T	S	C	V	U	A	O	G	T	T	T
Z	O	N	T	D	O	R	T	T	N	H	C	O	A	I	V	R	I	O	K
M	C	E	Y	H	V	N	O	A	E	G	H	O	C	R	D	A	Q	N	F
K	G	T	G	R	A	D	I	F	M	A	I	T	R	I	T	R	P	R	G
F	R	U	I	C	S	C	R	E	R	N	R	O	I	E	R	A	E	Y	V
W	R	C	L	T	I	B	W	E	I	E	K	I	V	A	L	N	L	V	U
E	M	E	A	S	D	L	P	L	C	W	P	Q	G	A	C	T	E	L	H
Z	B	G	U	U	L	O	L	N	E	M	R	A	C	H	N	S	H	Z	J
D	E	M	S	A	Y	E	O	T	R	A	D	I	T	I	O	N	O	Y	T
H	T	H	H	F	B	C	E	X	M	Z	N	A	I	L	A	T	I	T	T

ARIAS
BALLET
BEL CANTO
BELLINI
CARMEN
COMPOSERS
CONCERT
CONTRALTO
COSTUMES
DIVA
DON GIOVANNI
DRAMATIC
ENRICO CARUSO
ENTERTAINMENT
FAUST
FRENCH
HALL
ITALIAN
LA TRAVIATA
LIBRETTO
MEZZO
MUSICIANS
OPERA HOUSE
PAVAROTTI
PERFORMANCE
PLAY
PUCCINI
ROSSINI
SCENERY
SCORE
SINGERS
SINGING
SOLO
SOPRANO
STAGE
STORY
STRAUSS
STRAVINSKY
TENORS
THE MET
TOSCA
TRADITION
TRAGEDY
VERDI
WAGNER

Solution on page 380

Go to a Movie

A	M	Z	G	L	D	X	Y	T	B	H	K	K	J	Y	Q	P	C	K	Z
F	M	B	Q	G	V	F	U	A	V	E	R	U	T	A	E	F	X	H	Z
D	Z	L	A	U	G	H	T	E	R	Y	Q	O	N	S	R	O	H	B	Z
G	O	O	A	D	G	W	V	S	I	V	V	P	N	I	D	L	M	L	P
J	C	C	O	A	D	V	E	N	T	U	R	E	E	S	L	E	Z	I	C
W	A	K	U	D	P	P	L	F	V	E	P	N	P	E	A	E	C	D	W
E	C	B	A	M	R	O	I	M	V	S	D	P	C	U	N	R	U	R	L
O	K	U	V	I	E	L	N	I	U	S	L	A	D	T	I	I	M	A	Y
U	A	S	P	S	M	N	E	S	K	E	N	I	H	M	M	Q	T	M	D
R	D	T	L	S	I	W	T	X	H	D	T	E	E	B	A	S	D	A	E
G	O	E	W	I	E	F	Q	A	Y	O	A	E	X	I	T	Z	P	H	M
G	S	R	O	O	R	S	T	A	R	T	L	N	G	I	E	R	O	F	O
U	O	E	T	N	E	W	A	I	E	Y	Y	L	D	V	D	K	P	B	C
N	U	L	I	S	P	N	U	R	T	N	U	E	Y	S	N	A	C	K	S
C	N	L	C	V	H	M	C	A	S	A	R	F	S	W	C	T	O	Q	E
T	D	I	K	V	O	O	E	V	Y	C	E	E	A	R	O	R	R	O	H
P	A	R	E	Y	Y	M	W	N	M	T	Y	Z	T	M	A	O	N	F	T
Q	S	H	T	U	I	I	E	I	A	O	I	Y	N	S	I	T	D	K	O
Y	G	T	S	T	D	N	E	D	N	R	F	S	A	T	E	L	E	P	O
M	C	Z	A	Q	O	I	J	O	G	G	K	J	F	F	U	W	Y	D	B

ACTOR
ADMISSIONS
ADVENTURE
ANIMATED
AUDITORIUM
BLOCKBUSTER
BOOTH
CANDY
COMEDY
CREDITS
CRIME
DATE
DOCUMENTARY
DRAMA
EXIT
FAMILY
FANTASY
FEATURE
FILM
FOREIGN
FRIENDS
HOLLYWOOD
HORROR
LAUGHTER
LINE
MATINEE
MOVIES
MYSTERY
POPCORN
PREMIERE
PREVIEW
RATED
REEL
SEAT
SHOWING
SNACKS
SODA
SOUND
STAR
SUSPENSE
THEATER
THRILLER
TICKET
TIME
WESTERN

Solution on page 380

Poetic Words

G	K	D	R	B	M	C	Q	U	K	I	A	H	O	Q	T	K	X	L	T
H	C	V	G	R	Q	O	Q	C	S	L	E	G	A	U	G	N	A	L	B
D	T	T	E	C	D	U	K	T	J	X	I	S	U	B	A	S	O	G	C
L	G	E	A	R	C	P	Y	J	A	B	S	T	R	A	C	T	C	I	L
D	S	T	N	K	S	L	G	M	H	Z	H	Z	E	C	L	Y	B	C	Z
Q	X	R	A	N	E	E	E	N	C	E	N	U	I	R	M	M	A	H	P
A	R	A	W	Q	O	T	Y	V	I	J	R	A	N	D	A	L	L	A	B
K	M	M	M	Y	E	S	V	M	I	T	I	O	T	I	R	R	R	F	Z
A	E	E	U	R	Q	W	J	X	S	S	I	N	I	S	G	L	Y	O	O
W	M	T	C	R	P	O	X	H	V	T	S	R	G	C	I	Y	G	Q	F
M	D	E	C	A	S	Y	L	L	A	B	L	E	W	L	P	G	P	S	S
L	E	R	E	G	G	O	D	C	N	G	D	S	R	V	E	E	U	O	O
G	F	T	Y	R	F	L	I	W	E	V	L	K	G	P	N	L	P	L	Z
S	K	H	A	E	C	N	A	N	O	S	N	O	C	T	X	E	X	V	N
M	T	Y	B	P	U	O	R	R	E	T	E	M	A	T	P	E	H	I	L
W	N	S	P	M	H	E	K	C	I	R	E	M	I	L	J	S	A	Y	R
M	E	E	M	Z	N	O	I	T	O	M	E	V	I	T	A	R	R	A	N
U	C	O	Q	J	Q	B	R	W	D	T	E	T	U	U	F	I	G	M	V
O	C	P	O	S	I	M	I	L	E	J	E	P	W	E	C	L	Y	K	X
D	A	C	T	Y	L	L	A	R	O	H	C	K	R	P	W	H	V	W	F

ABSTRACT
ACCENT
BALLAD
CHORAL
COMMUNICATION
CONSONANCE
COUPLET
DACTYL
DECASYLLABLE
DOGGEREL
ELEGY
EMOTION
EPIGRAM
EPOS
EXPRESSIVE
GENRE
HAIKU
HEPTAMETER
HEROIC
HEXAMETER
HYMN
IAMBIC
JINGLE
LANGUAGE
LIMERICK
LITERARY
LYRIC
METAPHOR
NARRATIVE
ODE
PENTAMETER
POESY
REFRAIN
SIMILE
SONNET
STANZA
STYLE
TETRAMETER
VERSE
WRITING

Solution on page 380

U.S. Tour

P	V	A	T	J	Z	P	E	E	U	L	A	X	P	B	N	E	W	I	Y
N	I	N	N	E	F	H	H	I	U	T	O	C	S	O	W	L	Y	L	E
V	S	A	Z	O	A	I	R	P	L	A	N	E	I	U	O	W	Y	B	U
P	I	E	K	R	Z	T	G	H	U	F	S	R	O	N	R	E	V	O	G
H	T	N	S	S	E	I	M	I	S	T	E	R	U	T	L	U	C	A	D
O	I	O	O	X	A	N	R	L	G	F	S	T	A	T	E	S	C	R	L
E	N	T	A	T	E	R	V	A	G	A	M	I	A	M	I	C	L	D	R
N	G	S	C	W	S	E	B	D	E	R	T	I	D	C	H	V	Q	W	O
I	V	W	Y	H	G	O	X	E	E	N	E	L	N	O	M	A	L	A	W
X	I	O	O	A	H	U	B	L	N	T	I	A	A	N	O	N	I	L	A
F	R	L	S	N	Z	I	P	P	F	P	R	D	T	N	E	F	O	K	E
K	G	L	E	Z	F	O	K	H	P	F	I	Y	H	L	T	S	J	B	S
Q	I	E	M	U	E	D	O	I	N	S	E	L	M	I	A	I	O	H	N
K	N	Y	I	P	V	L	S	A	N	N	C	I	S	N	C	K	C	T	I
R	I	H	T	I	L	S	S	E	R	G	N	B	G	F	Y	M	E	J	A
E	A	O	E	Y	I	T	Y	U	A	D	V	E	N	T	U	R	E	S	T
V	O	C	W	S	S	L	O	T	G	F	L	R	O	C	K	I	E	S	N
I	E	O	S	A	A	J	U	Z	I	E	L	T	R	A	I	N	B	C	U
R	O	I	O	N	J	Q	L	V	S	C	A	Y	O	R	L	A	N	D	O
D	M	C	D	N	U	O	H	Y	E	R	G	N	I	M	O	Y	W	S	M

ADVENTURE
AIRPLANE
ALAMO
ARIZONA
ATLANTIC
BOARDWALK
BOSTON
CAR
CITY
COASTS
CULTURE
DISNEYLAND
DRIVE
FLY
FOOD
GOVERNORS
GREAT LAKES
GREYHOUND
HITCHHIKING
HOLLYWOOD
JOURNEY
LADY LIBERTY
LOS ANGELES
MIAMI
MINNESOTA
MISSISSIPPI
MOUNTAINS
NEBRASKA
NEW YORK
ORLANDO
PEOPLE
PHILADELPHIA
PHOENIX
ROCKIES
SAN FRANCISCO
SEAWORLD
STATES
TEXAS
TRAIN
VEGAS
VIRGINIA
VISITING
WYOMING
YELLOWSTONE
YOSEMITE

Solution on page 381

Christmas Break

V	M	H	G	Z	R	E	U	N	I	O	N	J	I	Y	C	S	S	D	H
P	I	T	V	A	W	T	R	O	A	D	S	I	R	V	D	L	R	O	T
L	K	S	U	J	T	O	A	I	R	P	O	R	T	D	E	I	L	M	R
M	Y	R	I	F	U	H	D	T	C	Q	A	L	B	I	V	L	Z	L	Y
C	G	E	E	T	V	T	E	A	E	C	I	G	G	E	Y	D	N	A	C
A	L	P	E	E	O	V	E	R	N	I	G	H	T	O	A	Z	Z	I	O
Y	O	O	C	M	D	B	C	B	I	Q	X	L	Z	I	G	C	X	C	L
Z	S	V	S	T	O	N	O	E	S	N	D	E	I	R	R	U	H	E	D
S	O	R	X	U	I	H	I	L	V	L	G	B	J	W	R	R	M	P	L
Z	I	P	E	F	R	B	R	E	S	E	R	V	A	T	I	O	N	S	Q
E	G	Y	B	P	E	E	D	C	R	B	R	Z	I	S	M	N	E	T	U
N	X	U	X	E	P	S	S	E	N	R	E	H	T	E	G	O	T	E	K
K	S	C	B	C	E	O	T	S	L	J	L	M	Y	L	Y	I	L	K	C
Y	O	T	I	L	A	J	H	I	E	G	A	G	G	U	L	T	X	N	H
R	E	L	A	T	I	V	E	S	V	S	X	R	D	D	I	A	V	A	C
D	N	S	N	R	E	Z	Q	T	T	I	A	B	I	E	M	C	X	L	F
M	S	A	G	W	S	M	Z	R	K	W	T	G	N	H	A	A	Y	B	S
H	S	X	U	A	I	P	E	A	C	E	I	I	N	C	F	V	X	N	N
L	R	E	H	T	A	E	W	N	R	F	O	U	E	S	B	P	O	V	U
Z	Z	D	H	A	M	X	X	J	T	D	N	H	R	S	D	W	O	R	C

AIRPORT
BEACH
BLANKETS
BLIZZARD
BUSY
CANDY
CARRY
CELEBRATION
CHRISTMAS TREE
CLOSURES
COLD
CROWDS
DINNER
DRIVE
EXCITEMENT
FAMILY
FESTIVITIES
GATHERING
GIFT
HOLLY
HOME
HURRIED
ICE
LUGGAGE
OVERNIGHT
PEACE
REINDEER
RELATIVES
RELAXATION
RESERVATIONS
REUNION
ROADS
ROUTE
SALE
SANTA
SCHEDULE
SHOPPERS
SLEIGH
SNOW
SPECIAL
STARS
TOGETHERNESS
VACATION
VISIT
WEATHER

Solution on page 381

Culinary Skill

D	M	K	K	X	G	V	G	H	V	M	L	P	I	P	U	P	N	H	E
A	D	C	S	K	Q	S	K	N	F	N	S	I	M	M	E	R	E	H	F
O	C	X	V	X	J	N	X	B	J	X	B	R	G	G	T	P	P	F	I
J	L	X	Q	E	E	X	O	M	A	O	V	K	N	I	F	E	P	E	W
C	P	F	K	V	E	P	C	I	Y	F	Z	C	O	M	P	O	T	E	N
D	T	N	O	N	H	G	P	N	J	F	S	C	O	R	E	L	F	Q	R
S	S	T	I	R	E	F	D	C	T	U	I	O	P	X	S	I	S	A	F
A	E	G	E	H	K	P	Q	E	Y	Z	L	R	S	C	L	R	K	F	X
V	B	Q	M	L	A	L	I	K	R	X	W	I	A	L	I	E	D	S	L
I	Y	T	A	K	L	T	M	C	O	D	D	L	E	L	R	Z	Q	G	Y
J	P	O	V	S	F	J	M	U	E	V	D	T	T	N	C	I	U	A	N
L	U	A	E	L	J	X	N	J	P	R	E	T	K	J	N	T	R	C	T
E	R	S	U	T	H	J	D	G	E	C	T	B	U	R	N	E	R	O	S
X	E	T	C	O	A	S	L	V	H	C	A	O	P	B	D	P	A	R	E
Z	E	E	R	A	E	S	I	C	V	S	R	S	W	U	L	P	L	Q	Z
V	U	Y	M	P	O	L	T	D	T	L	G	Z	C	R	E	A	M	H	J
N	D	U	E	D	S	F	I	E	O	G	A	E	C	U	T	I	N	X	R
M	T	G	A	K	I	C	H	O	P	O	G	O	H	O	M	O	C	C	Y
T	M	E	T	C	S	F	C	A	B	K	B	D	E	R	A	U	S	X	H
F	Q	N	S	G	H	C	R	I	N	B	W	Y	F	P	K	T	L	A	S

APPETIZER
BASTE
BLANCH
BOIL
BURNER
CHEF
CHOP
CLARIFY
COAT
CODDLE
COMPOTE
COOL
CREAM
CUT IN
DISH
DREDGE
FILLET
FLAKE
FLUTE
FORK
GRATE
JULIENNE
KNIFE
MINCE
OVEN
PARE
PEPPER
POACH
PUREE
RECIPE
REDUCE
SALT
SCALD
SCORE
SEAR
SIMMER
SLIVER
STIR
TASTE
TEASPOON
TOAST
ZEST

Solution on page 381

Good Teachers

R	E	V	C	I	T	S	A	I	S	U	H	T	N	E	N	U	F	A	D
A	T	N	M	I	Y	O	D	X	P	U	G	K	L	M	U	Z	L	Q	D
Y	A	I	G	T	Q	E	B	K	M	N	D	B	V	E	R	B	O	S	E
C	C	F	Y	A	T	U	F	O	I	K	A	X	T	N	T	R	D	S	T
J	O	N	E	N	G	L	R	T	S	H	A	A	Y	T	U	E	L	T	A
E	V	N	E	X	E	I	R	I	C	Z	D	H	R	O	R	S	I	A	C
V	D	L	C	X	P	O	N	A	N	O	I	T	A	R	I	P	S	N	I
I	A	E	I	E	P	E	O	G	M	S	U	O	R	E	N	E	G	D	D
T	N	B	T	P	R	R	R	M	R	A	W	H	L	N	G	C	E	E	E
A	L	T	U	A	P	N	O	I	S	S	A	P	M	O	C	T	L	T	D
E	A	S	E	P	C	C	E	F	E	D	I	T	H	G	I	R	B	I	E
R	T	T	A	R	C	U	Y	D	E	N	I	L	P	I	C	S	I	D	R
C	T	N	R	A	E	N	D	T	R	S	C	K	H	N	W	I	S	E	A
Z	E	E	A	Z	D	S	T	E	W	T	S	E	N	O	H	S	N	R	P
G	N	I	T	A	V	I	T	O	M	A	H	I	D	D	O	G	O	C	E
N	T	T	S	X	M	G	N	I	G	A	R	U	O	C	N	E	P	C	R
I	I	A	U	M	D	E	Z	I	N	A	G	R	O	N	R	N	S	A	P
R	V	P	O	F	A	I	R	X	V	G	A	N	I	M	A	T	E	D	X
A	E	C	T	S	U	R	T	V	U	H	L	L	U	X	N	L	R	U	P
C	T	B	V	E	A	O	T	P	H	V	T	L	E	A	D	E	R	I	H

ACCOMMODATE
ACCREDITED
ADVOCATE
ANIMATED
APPROACHABLE
ATTENTIVE
BRIGHT
CARING
COMMITTED
COMPASSION
CONCERNED
CREATIVE
DEDICATED
DISCIPLINED
EDUCATED
ENCOURAGING
ENGAGING
ENTHUSIASTIC
EXPERIENCED
FAIR
FLEXIBLE
FUN
GENEROUS
GENTLE
HONEST
HUMOR
INSPIRATION
INTERESTING
LEADER
MENTOR
MOTIVATING
NURTURING
ORGANIZED
PATIENT
PREPARED
PROFESSIONAL
RESPECT
RESPONSIBLE
SMART
SUPPORTING
TALENTED
TRUST
VERBOSE
WARM
WISE

Solution on page 381

Wear a Badge

```
C U S G T O X R Y X R C I R C L E U N D
Q X M G W L I E Y F J G V O V H V O N C
B I U M E L B M E L J P N D L E I H S S
T H V R A I K A T S A M C T K T T D H T
R S A U R K P R I Z E D T I A N A E T A
W L P I B S I S E S Z E E C E A R U O R
R T D H N B I H L B B E I M D I O K L A
Z M L F U G M A T Q K F T V F C C Y C E
E O E T A R I L I N I R E F S V E T Y C
E K E R E C E S T T A R C T S C D I R I
H D A W I Q C B N P T N R F E D E R A L
J M A F Y T E E E I Z D E P U T Y U T O
J R F T N O D D S G R A D E N J T C I P
D O A N Q I T I E S Y Z E L W H I E L A
D F E E L O N P R U O O N L O F Y S I V
S I E M D G A A V F H R T R O N O H M S
K N M R E T H G I F E R I F E G T I U Y
K U A A C T L Y C I P T A E R W O V N L
L W N H G C A J E Q Y O L N S F O I H Q
A G R D O H W L C X R U G D K D N P V O
```

ACCESSORIES
ADVERTISING
AUTHORITY
AWARD
CIRCLE
CLOTH
CREDENTIAL
DECORATIVE
DEPARTMENT
DEPUTY
EMBLEM
FAKE
FEDERAL
FIREFIGHTER
GRADE
HONOR
IDENTIFICATION
INSIGNIA
LAW
LOGO
MARSHAL
MEDAL
MERIT
METAL
MILITARY
NAME
OFFICIALS
PATCH
POLICE
POWER
PRIZE
RANK
REWARD
SCOUT
SECURITY
SERVICE
SHERIFF
SHIELD
SKILL
STAR
TITLE
TOY
TRIBUTE
UNIFORM
WEAR

Solution on page 381

Amorous

Y	N	G	V	L	U	L	M	B	N	E	R	I	K	Q	L	X	D	Q	N
R	R	U	A	M	L	P	L	U	F	T	H	G	U	O	H	T	I	A	S
T	E	O	B	A	P	P	P	B	O	O	K	H	C	E	H	J	N	U	D
I	D	C	T	S	F	T	P	B	R	N	W	W	A	A	H	I	N	S	L
S	Z	S	N	S	I	V	I	L	V	D	C	R	H	O	D	R	E	C	Z
C	D	R	E	A	M	Y	C	E	P	S	T	H	L	P	I	S	R	I	I
P	I	C	L	G	D	W	E	B	T	S	X	D	A	S	O	V	C	V	R
P	C	S	R	E	V	C	O	A	N	N	I	V	E	R	S	A	R	Y	U
U	Q	V	U	E	F	Z	R	T	B	N	Z	D	I	A	M	O	N	D	H
F	C	L	S	M	S	L	A	H	G	I	F	T	E	W	S	I	R	G	F
J	D	V	C	S	I	T	L	H	D	A	T	E	L	G	G	U	N	S	P
N	K	P	P	G	A	P	A	M	P	E	R	I	N	G	O	N	Q	G	O
C	E	G	H	Y	S	N	L	U	S	R	E	W	O	L	F	L	O	V	E
Z	U	T	G	U	D	G	F	I	R	E	P	L	A	C	E	V	A	S	M
U	M	D	N	S	S	E	R	E	N	A	D	E	E	L	P	U	O	C	D
K	U	S	D	L	X	P	E	N	I	T	N	E	L	A	V	P	Z	O	X
J	E	W	E	L	R	Y	C	S	W	E	E	T	A	L	O	C	O	H	C
T	B	V	I	U	E	A	D	M	S	E	S	I	U	R	C	M	I	H	T
M	O	M	S	D	R	O	W	L	I	I	S	X	P	R	V	R	D	Z	U
N	O	K	J	D	O	B	N	V	C	E	K	H	K	V	F	E	C	I	Y

ANNIVERSARY
BOOK
BUBBLE BATH
CARD
CHARMING
CHOCOLATE
COUPLE
CRUISE
CUDDLE
DANCE
DATE
DIAMOND
DINNER
DREAMY
FIREPLACE
FLOWERS
GIFT
HEARTS
HOLDING HANDS
JEWELRY
KISS
LIMO
LOVE
MASSAGE
MOOD
MUSIC
NOTE
NOVEL
NUPTIALS
PAMPERING
POEM
PROPOSE
RESTAURANT
ROSES
SERENADE
SNUGGLE
STARLIGHT
STORY
SUNRISE
SUNSET
SURPRISE
SWEET
THOUGHTFUL
VALENTINE
WORDS

Solution on page 381

Teleconference

I	G	L	O	C	O	T	O	R	P	T	S	G	L	J	H	F	G	R	X
L	P	E	E	O	E	D	I	V	C	G	R	O	T	C	E	J	O	R	P
K	B	Q	T	L	E	C	I	F	F	O	C	T	U	P	N	I	E	A	Y
Q	G	U	O	L	P	A	E	M	J	W	N	E	L	V	G	N	R	F	I
G	L	I	M	A	A	O	Y	G	O	L	O	N	H	C	E	T	A	F	M
S	U	P	E	B	C	U	E	A	A	N	A	V	E	F	I	E	W	O	U
S	S	M	R	O	O	O	S	P	L	M	I	D	D	C	G	R	P	R	W
V	T	E	V	R	V	M	M	I	O	T	I	T	I	Q	T	A	U	D	H
A	T	N	A	A	F	Y	N	M	V	R	L	P	O	S	L	C	O	A	N
A	L	T	E	T	E	E	K	S	U	A	A	N	N	R	C	T	R	B	O
Z	A	A	S	I	M	U	L	T	A	N	E	O	U	S	Z	U	G	L	I
D	N	B	L	O	C	L	A	A	T	S	I	P	Y	Z	H	S	S	E	T
Z	O	L	I	N	A	I	T	T	Y	M	S	C	O	D	E	C	O	S	A
Y	S	E	V	C	R	F	F	I	M	I	E	T	A	R	O	P	R	O	C
H	R	V	E	R	A	W	T	F	O	S	L	A	U	T	R	I	V	S	O
J	E	V	I	S	N	E	P	X	E	S	P	E	A	K	E	R	D	X	L
F	P	L	Y	P	N	E	G	O	T	I	A	T	I	O	N	J	B	U	D
I	A	R	T	O	Z	Z	L	B	C	O	N	F	E	R	E	N	C	E	A
Z	N	C	H	A	T	B	U	S	I	N	E	S	S	C	R	E	E	N	T
K	X	P	E	U	Q	K	S	G	Q	G	D	A	T	L	S	B	K	F	A

AFFORDABLE
AUDIO
BUSINESS
CALLS
CHAT
CODEC
COLLABORATION
COMMUNICATE
CONFERENCE
CONNECT
CORPORATE
DATA
DISCUSS
EFFICIENT
EQUIPMENT
EXPENSIVE
FACE
GROUPWARE
IMAGE
INPUT
INTERACT
LIVE
LOCATION
MONITOR
NEGOTIATION
OFFICE
ONLINE
PARTICIPANT
PEOPLE
PERSONAL
PHONE
PROJECTOR
PROTOCOL
REMOTE
SCREEN
SIMULTANEOUS
SOFTWARE
SPEAKER
TABLE
TALK
TECHNOLOGY
TRANSMISSION
VIDEO
VIRTUAL
VISUAL

Solution on page 382

In Kansas

W	L	I	A	R	T	M	L	O	H	S	I	H	C	O	L	A	T	H	E
G	R	E	A	T	B	E	N	D	T	H	E	B	I	G	W	E	L	L	N
T	O	P	E	K	A	D	M	O	N	T	G	O	M	E	R	Y	M	A	O
D	O	D	G	E	C	I	T	Y	D	O	O	W	A	E	L	A	Y	W	S
K	A	N	S	A	S	C	I	T	Y	V	P	D	R	V	R	T	E	R	N
R	H	U	T	C	H	I	N	S	O	N	X	D	R	I	I	S	R	E	I
H	B	D	N	M	O	N	U	M	E	N	T	R	O	C	K	S	B	N	K
Q	C	A	R	R	I	E	N	A	T	I	O	N	N	A	C	N	U	C	C
D	O	L	A	W	S	L	R	K	D	E	E	O	H	S	I	W	A	E	I
R	F	T	B	I	H	O	M	J	A	T	I	V	O	T	W	O	T	K	D
Y	F	O	R	L	A	D	U	O	T	T	S	E	T	L	G	T	R	S	O
N	E	N	E	D	W	G	E	H	C	O	E	R	E	E	D	T	O	H	N
R	Y	G	M	C	N	E	S	N	H	D	N	L	L	R	E	S	F	O	I
A	V	A	A	A	E	V	U	B	I	N	H	A	H	O	S	O	W	C	P
B	I	N	E	T	E	J	M	R	S	A	O	N	A	C	A	H	I	K	H
Y	L	G	B	S	X	K	Z	O	O	Y	W	D	Y	K	L	G	C	E	A
E	L	E	N	E	X	A	O	W	N	W	E	P	S	T	I	R	H	R	N
L	E	C	G	Y	T	I	C	N	E	D	R	A	G	E	N	P	I	S	N
X	T	Z	T	L	E	A	V	E	N	W	O	R	T	H	A	D	T	M	E
O	S	A	W	A	T	O	M	I	E	Y	S	K	W	A	H	Y	A	J	H

ATCHISON
BEAMER BARN
CARRIE NATION
CASTLE ROCK
CHISHOLM TRAIL
CIMARRON HOTEL
COFFEYVILLE
DALTON GANG
DICKINSON
DODGE CITY
DONIPHAN
EISENHOWER
FORT AUBREY
GARDEN CITY
GHOST TOWNS
GREAT BEND
HAYS
HUTCHINSON
JAYHAWKS
JOHN BROWN
JUNCTION CITY
KANSAS CITY
LAWRENCE
LEAVENWORTH
LEAWOOD
LENEXA
MARION
MEDICINE LODGE
MONTGOMERY
MONUMENT ROCKS
OLATHE
OSAWATOMIE
OVERLAND PARK
OXLEY BARN
OZ MUSEUM
SALINA
SEDGWICK
SHAWNEE
SHOCKERS
THE BIG WELL
TOPEKA
WICHITA
WILDCATS
WYANDOTTE

Solution on page 382

Malware

N A O G K Q K A E R I S K A H W R B O U
V S O N L S E R T C N N X D A M A G E D
Y T M K W L A E F E V O Z X A S Y M J Z
D R Y O N W A J Z K A T W R X F A M R P
E J H T T S R T C C D R G D P L K Y P Y
D R C F I P P M S Y E O C M W H C L H H
G E O I M L M R A N R N C A A A S T H A
N S D L I T I Y E P I T R U V C S B T E
A T U E A N F B S A S E S I M K J A L G
J O I R T H T H A R D D R I V E D H A M
O R G Y I E A E B R Q P L O G R N C E E
R E F D R V C R R F E D O U Y E O T T L
T R D D N E I T M N O N B X F M R P S B
I E X E R A V T I W E N L N P M E P G O
N S R L P Q B O N O I T C U D O R P E R
F I R E W A L L C A N U T N V I A A D P
E D R T O T O O B E R E M O V E W P H N
C E J E M A M I U P R O T E C T Y S A Z
T N P M D L O A G M A H O H O M P C F S
V T U Z L G E S M A P E R C R A S H L D

ANTIVIRUS
BUG
COMPUTER
CRASH
DAMAGE
DATA
DELETE
DETECTION
DOCUMENTS
DOWNLOAD
FILE
FIREWALL
HACKER
HARD DRIVE
HARMFUL
HIDDEN
INFECT
INTERNET
INVADE
MALWARE
NORTON
PRIVACY
PROBLEM
PROGRAM
PROTECT
REBOOT
RECOVERY
REGISTRY
REINSTALL
REMOVE
REPAIR
REPRODUCTION
RESIDENT
RESTORE
RISK
SCAN
SOFTWARE
SPAM
SPREAD
SPYWARE
STEALTH
SYMPTOMS
TARGET
TROJAN
VULNERABILITY

Solution on page 382

Pet Activities

Y	Z	W	G	V	B	M	X	W	I	O	I	C	N	O	V	Z	S	U	B
I	Z	D	I	M	R	I	L	Q	Z	F	F	R	Z	G	M	Z	L	F	O
F	G	Y	G	P	O	T	O	R	T	T	F	Y	M	J	J	J	E	B	S
H	U	F	H	W	N	Q	C	B	M	I	L	C	A	Z	I	E	O	N	F
B	O	R	V	H	N	U	O	J	S	B	I	T	E	L	D	D	U	C	M
O	Q	E	L	C	G	Z	M	T	C	E	T	O	R	P	P	G	N	S	V
I	M	X	K	S	D	Q	P	Y	B	S	R	F	O	O	G	S	U	Y	G
C	O	I	A	V	K	L	A	W	I	R	K	V	L	L	G	J	K	H	H
S	O	Y	H	T	Y	C	N	U	R	T	U	R	E	M	S	G	P	D	Y
A	R	M	N	D	O	P	I	C	D	R	R	N	V	H	U	L	M	E	O
S	G	E	F	Z	R	J	O	R	O	V	D	D	A	A	T	B	E	A	T
N	W	S	W	O	F	S	N	B	T	E	C	A	R	C	H	A	S	E	D
C	P	I	R	E	R	G	S	D	H	Z	M	D	T	I	O	L	B	Q	P
S	M	C	M	P	H	T	H	S	I	Z	Y	I	D	I	N	L	I	G	R
V	L	R	L	C	A	C	I	B	E	G	S	V	M	Q	L	K	O	C	Z
A	S	E	C	C	T	N	P	T	Y	S	B	F	G	K	H	D	V	G	K
Q	V	X	L	A	E	P	S	T	S	Y	C	Q	E	B	O	A	O	F	E
T	O	E	R	P	T	A	M	L	M	J	W	I	G	T	Z	A	R	X	U
D	S	C	F	E	T	C	H	U	N	T	F	G	M	K	L	U	O	W	F
J	S	K	D	I	Q	F	H	X	J	Q	U	O	D	J	T	V	J	J	S

BALL
BATHE
BEG
BITE
CATCH
CHASE
CHEW
CLIMB
COMFORT
COMPANIONSHIP
CUDDLE
DIG
DRINK
EAT
EXERCISE
FEED
FETCH
GROOM
GUARD
HUNT
JUMP
LICK
NAP
NURTURE
OBSERVE
OBSTACLES
PET
PLAY
PROTECT
RACE
RUN
SCRATCH
SHED
SIT
SLEEP
SNUGGLE
SWIM
TASTE
TOY
TRAVEL
TRICKS
TROT
WALK

Solution on page 382

ANSWERS

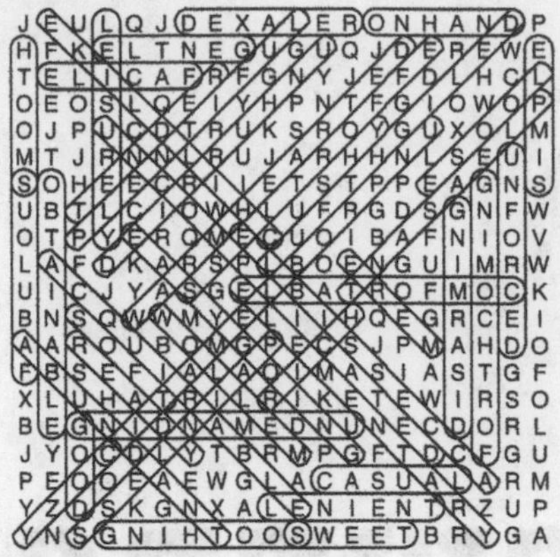

Carefree

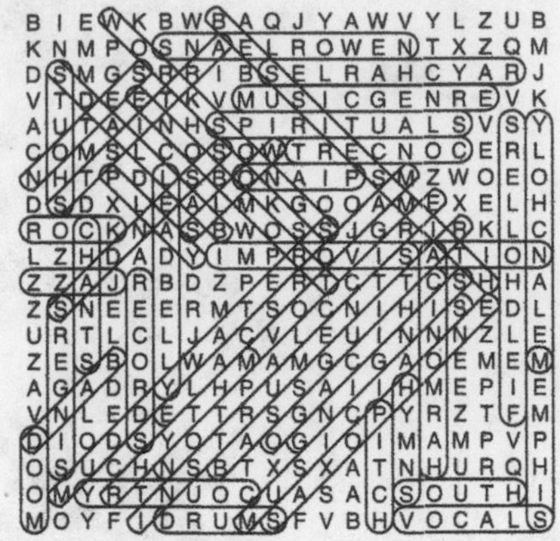

Blues Singers

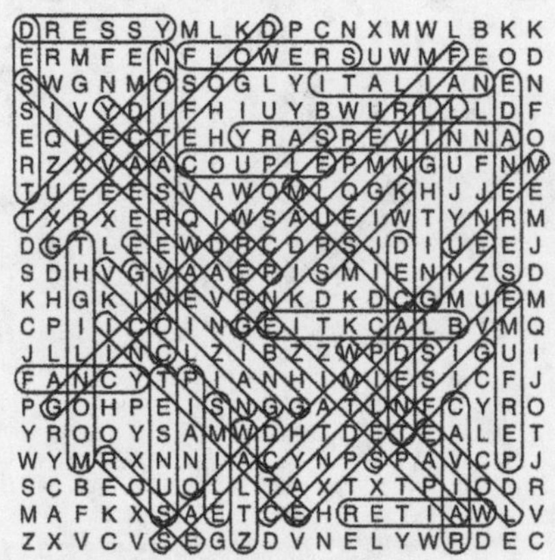

Romantic Dinners

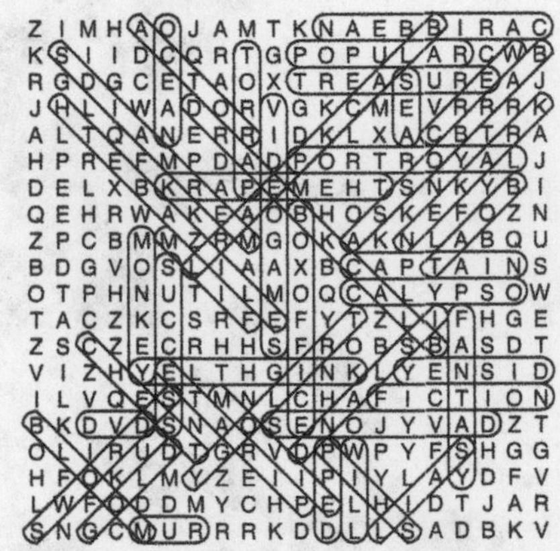

Watching *Pirates of the Caribbean*

Prizefighter

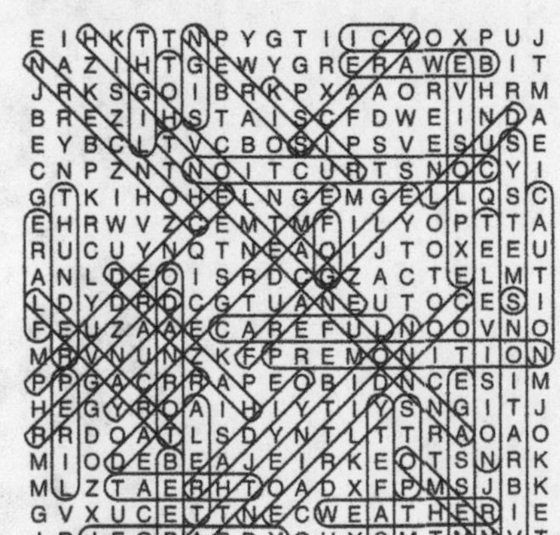

Alert!

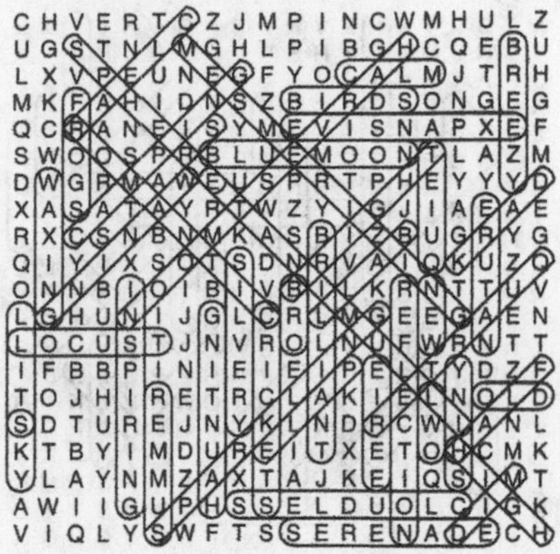

Light of the Moon

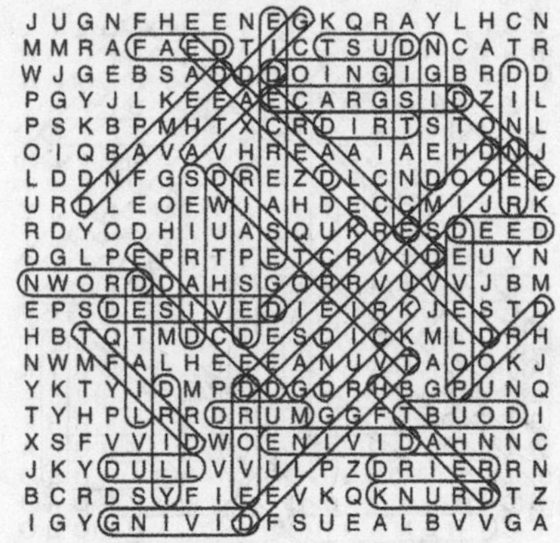

D at Start

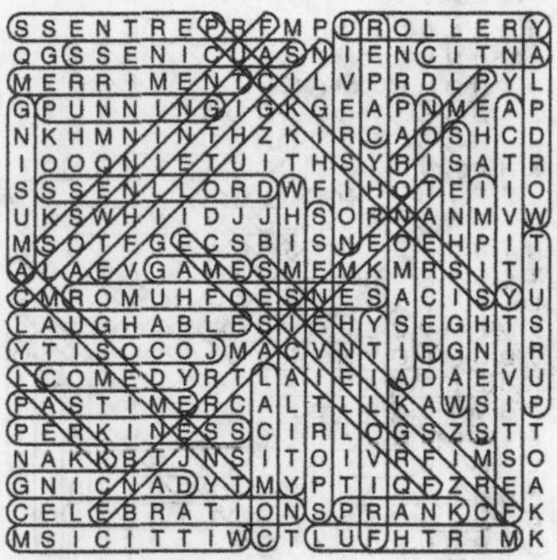

Have Fun!

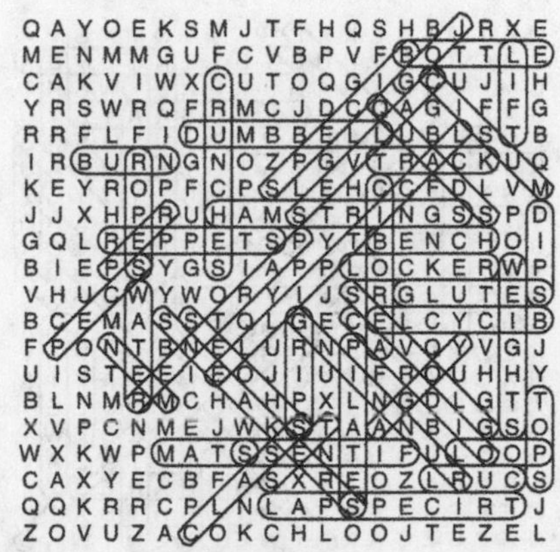

Going to the Gym

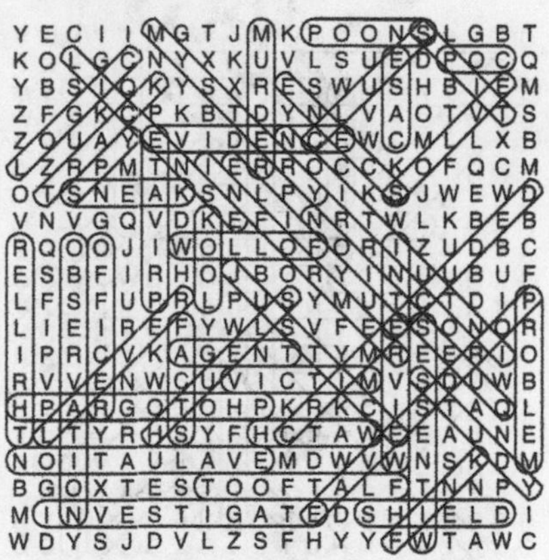

Detective Work

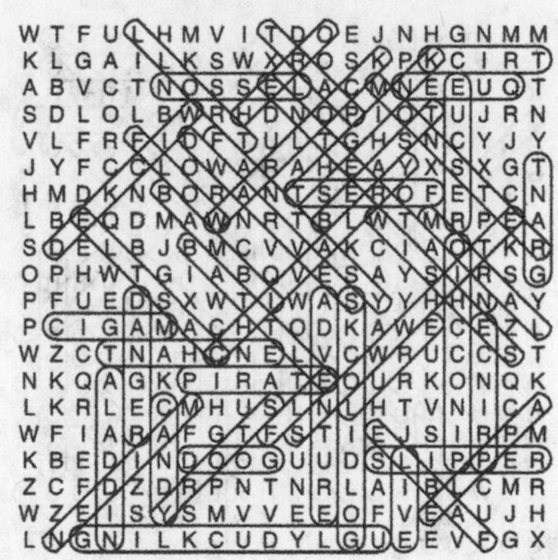

Fairy Tales

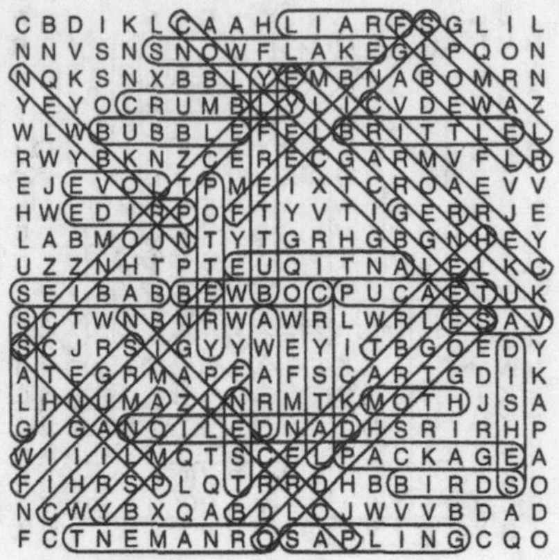

Delicate Things

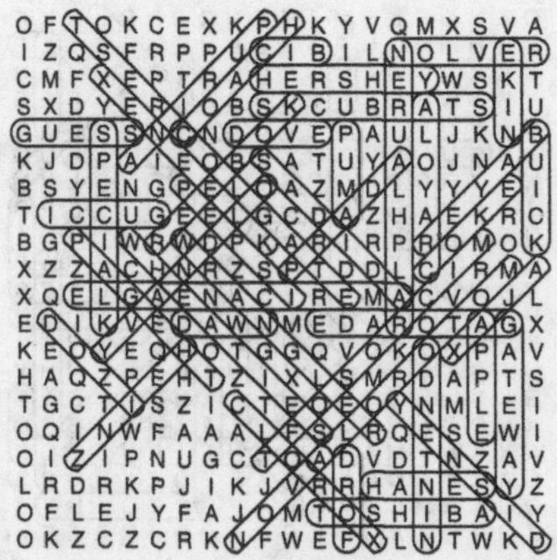

Recognizable Brands

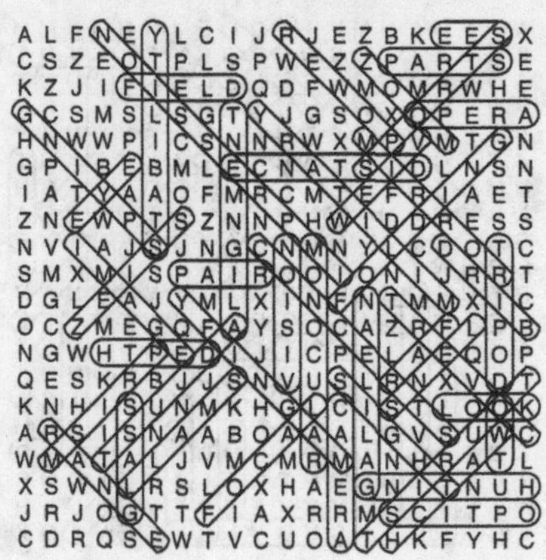

Using Binoculars

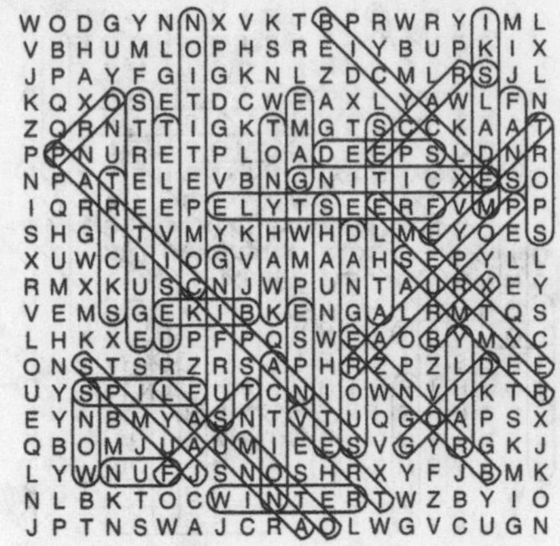

X Games Fan

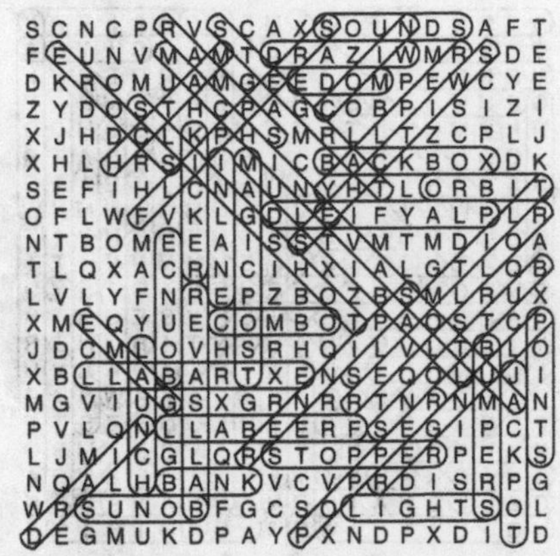

Pinball Fun

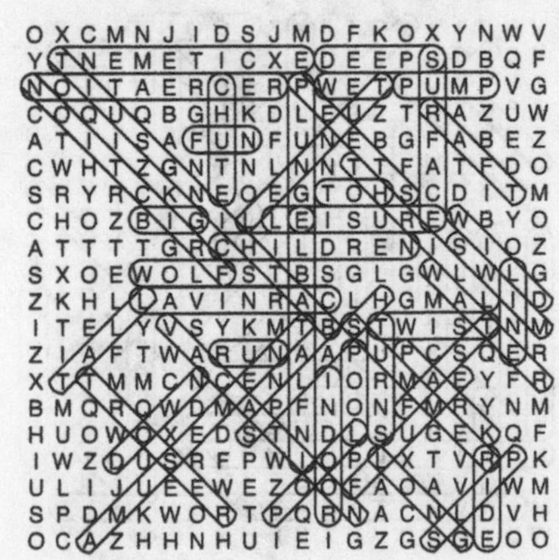

Water Slide Fun

Fabulous Beverly Hills

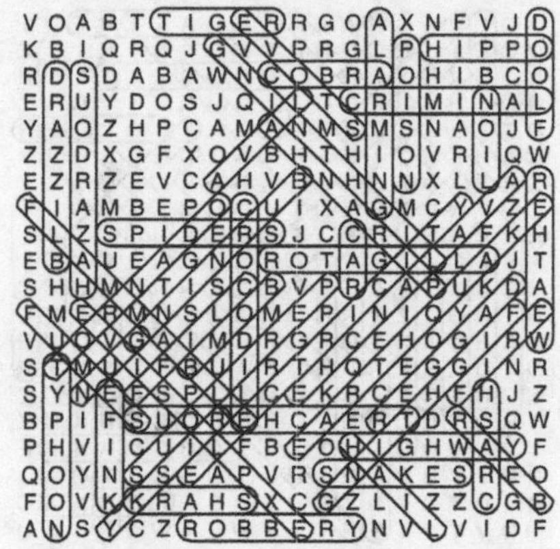

Dangerous

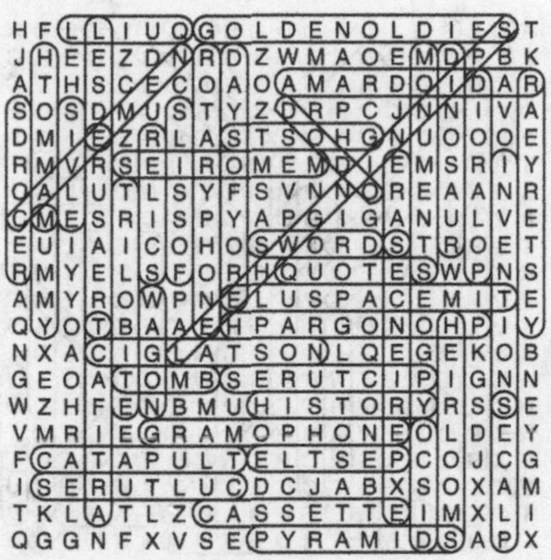

Back to the Past

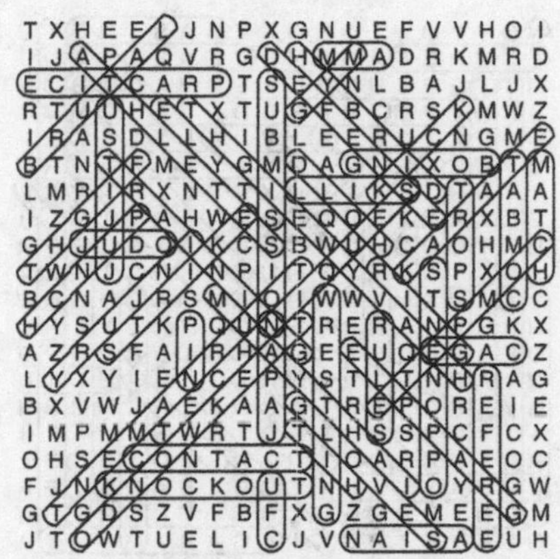

Mixed Martial Arts Competition

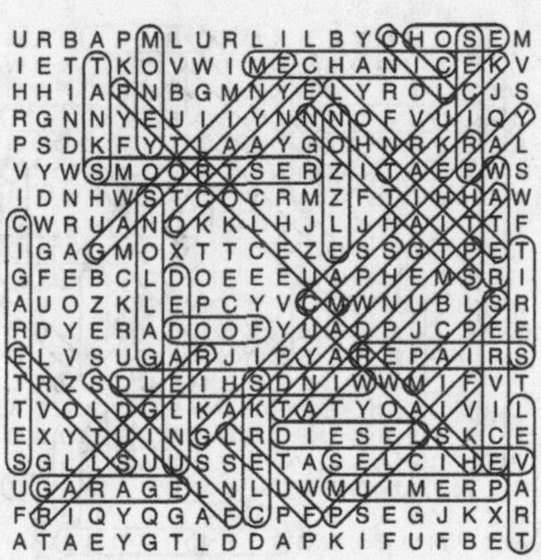

Filling Station

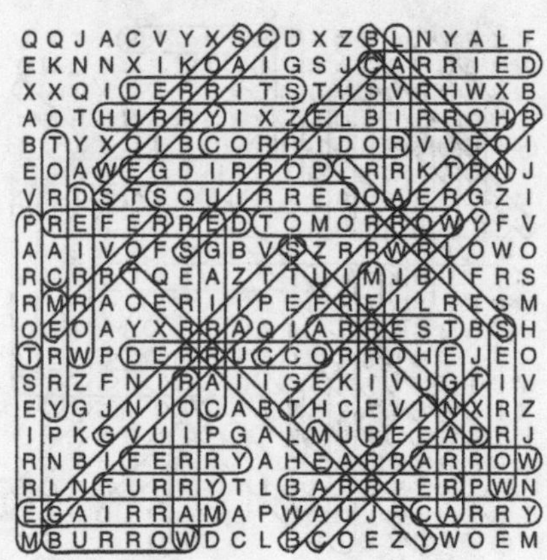

Look for *RR*

Electronic

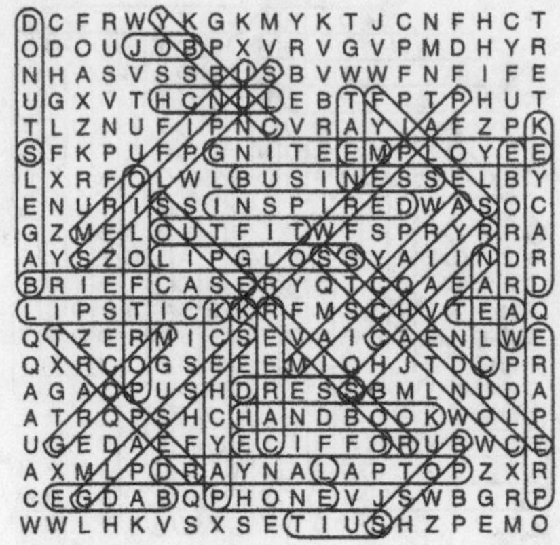

Going to Work

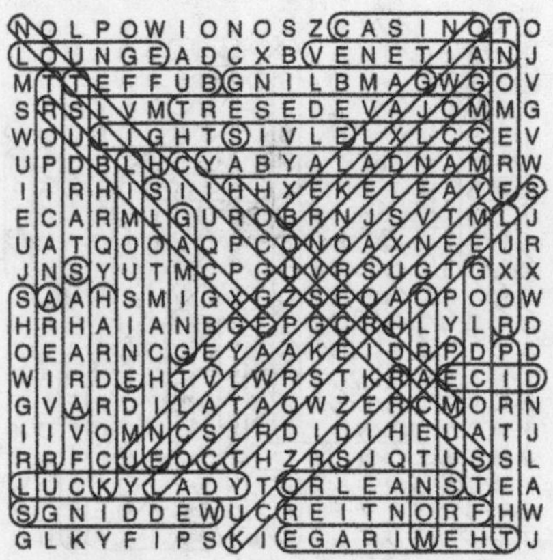

Vegas

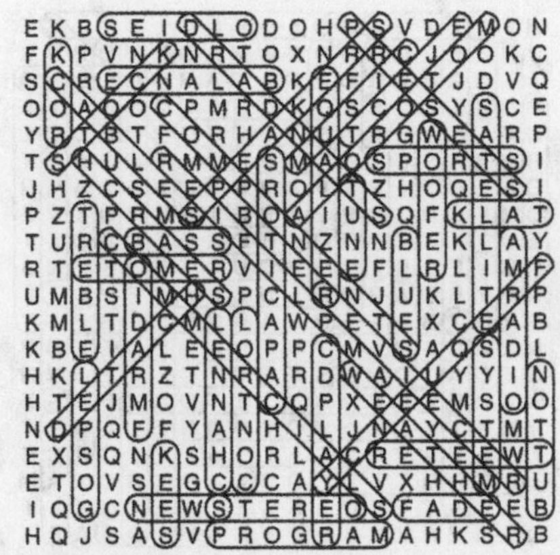

Listen in the Car

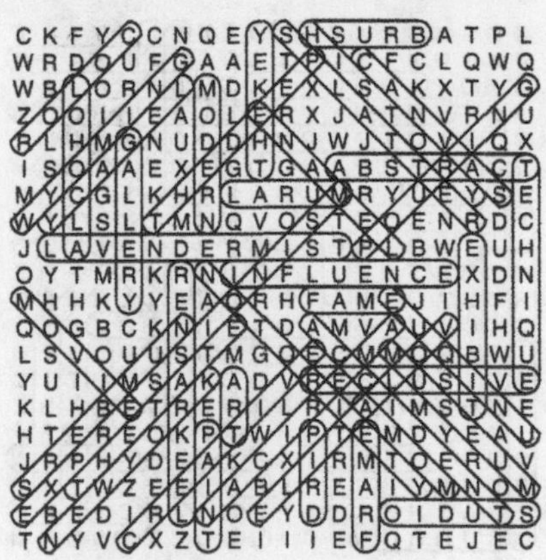

Artist Jackson Pollock

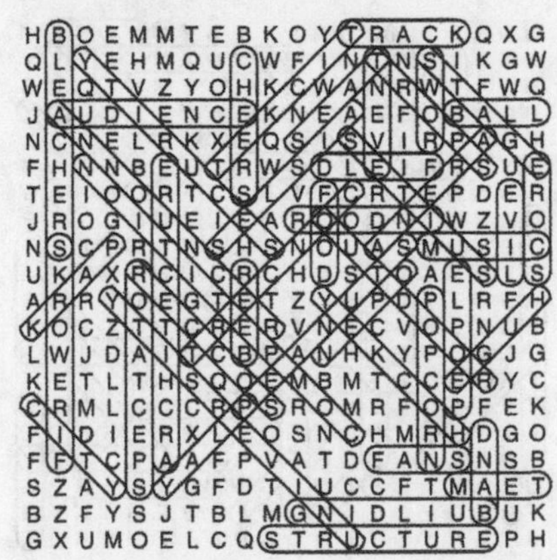

At a Stadium

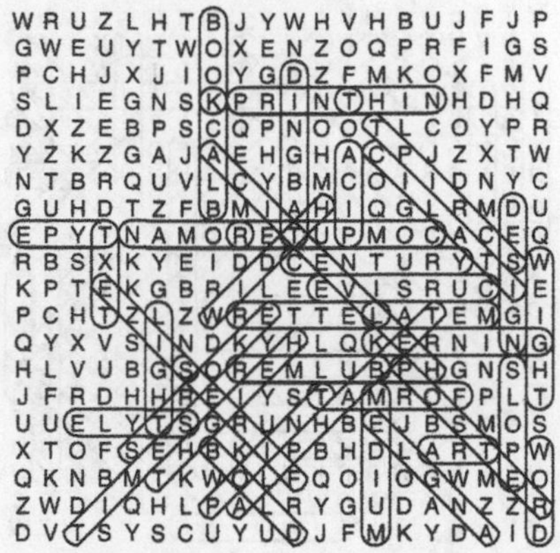

Font Design

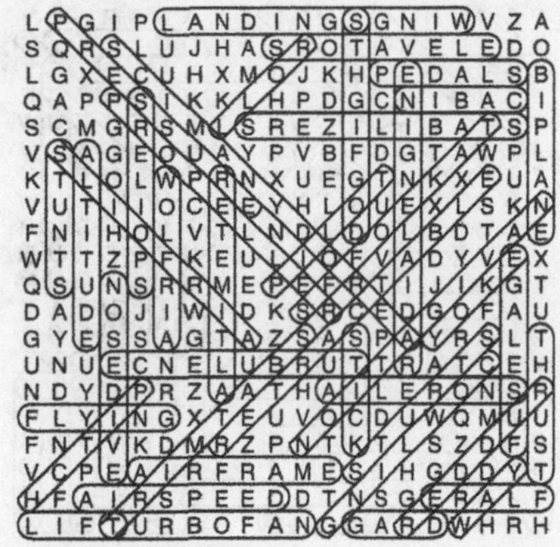

Flying a Plane

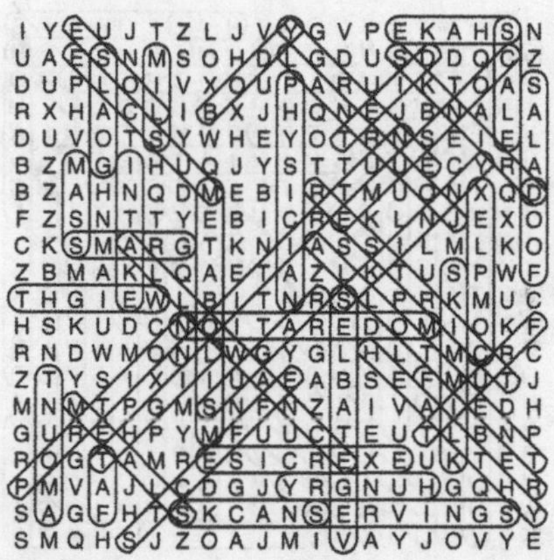

Diets

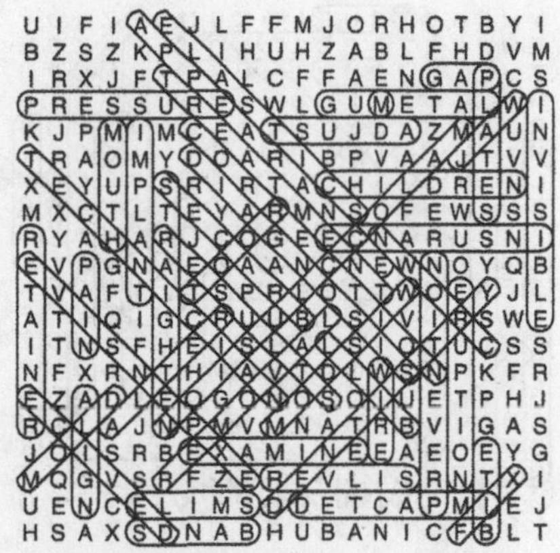

Orthodontics

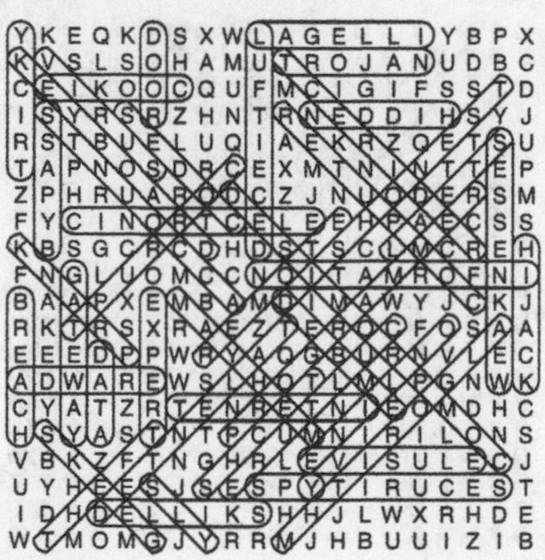

Hacking

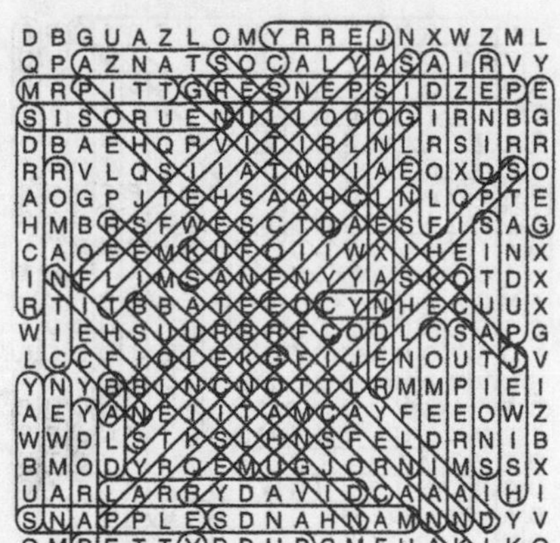

Seinfeld Reruns

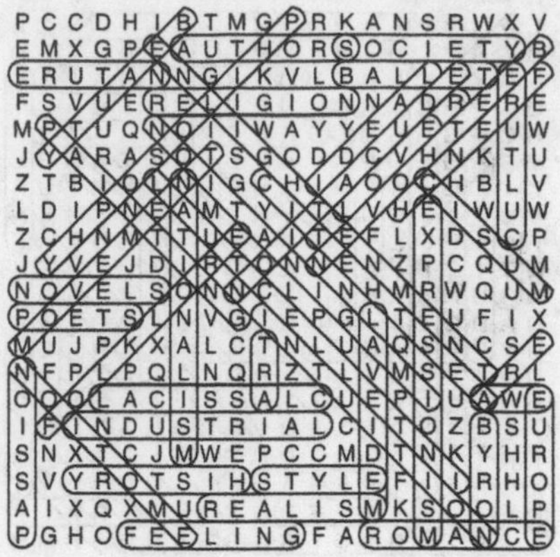

The Romantic Era

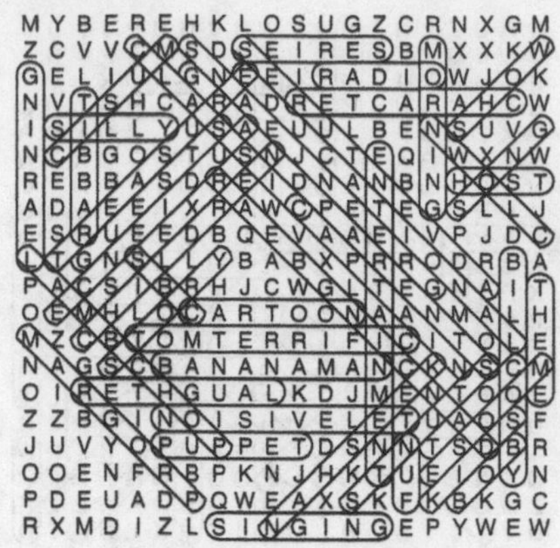

Watching *Captain Kangaroo*

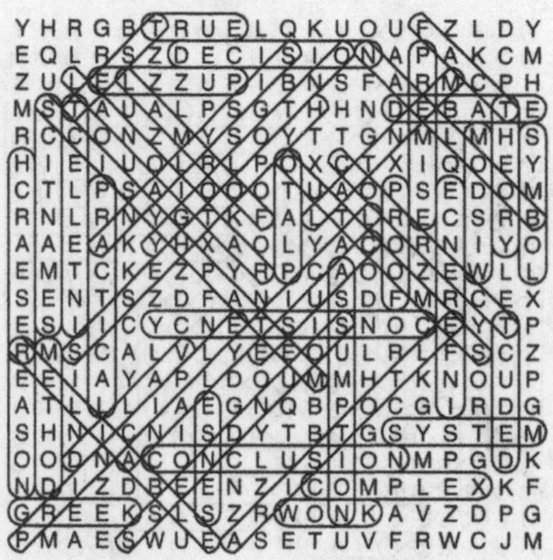

Reasoning

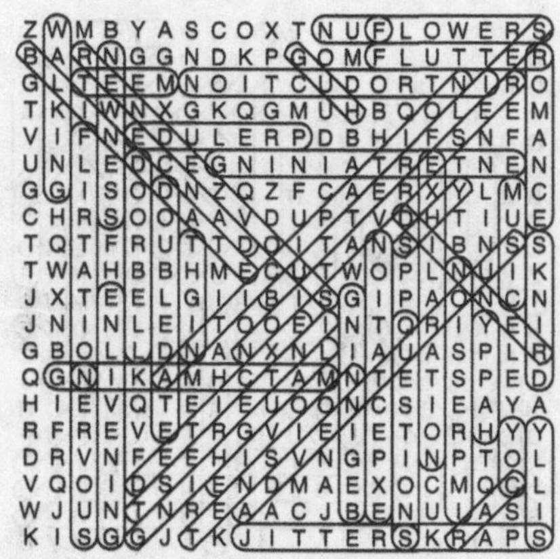

Dates

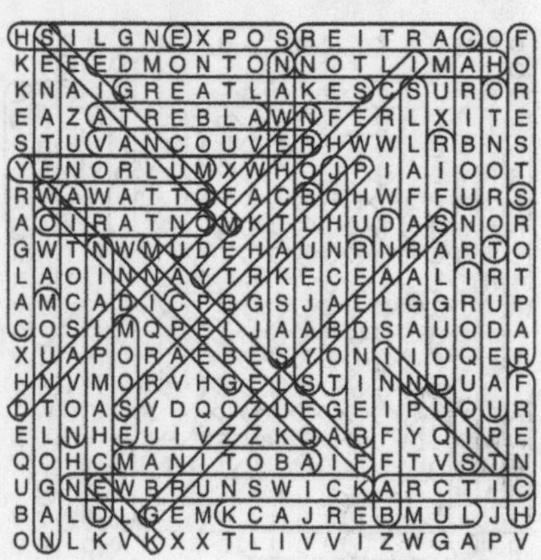

Canadian

Double-*O* Words

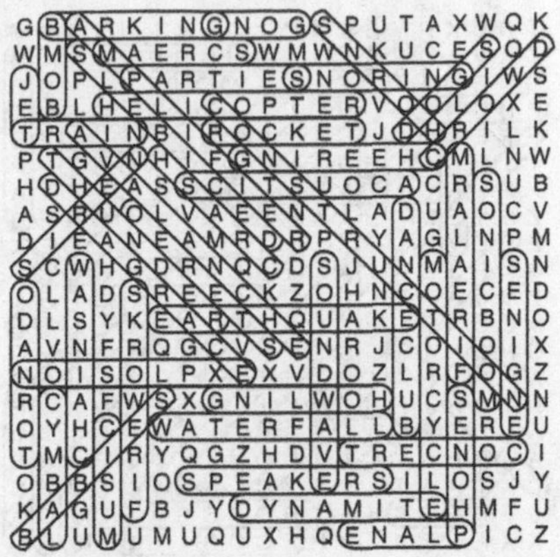

Too Loud!

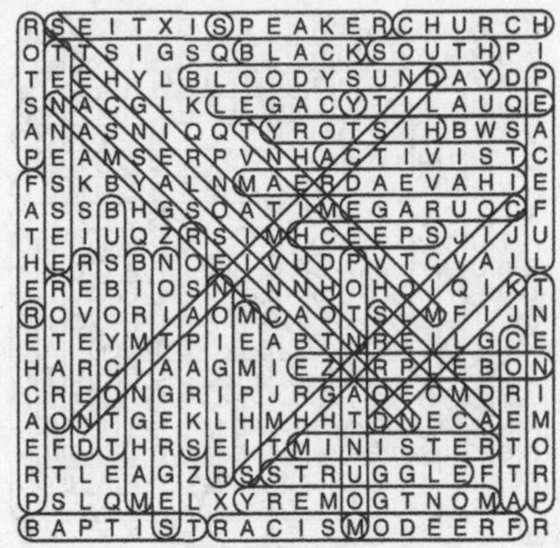

Martin Luther King, Jr.

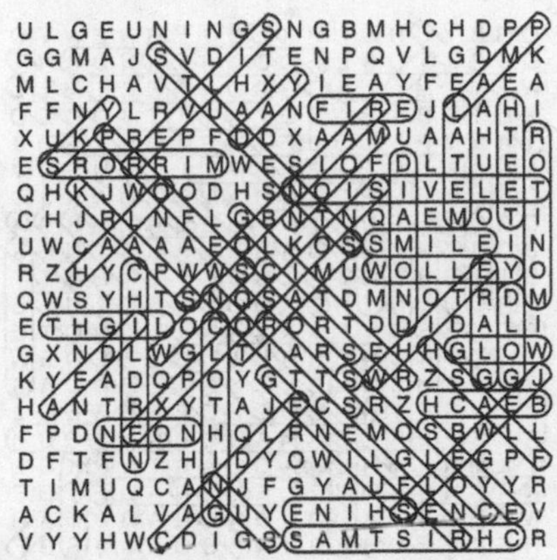

Very Bright

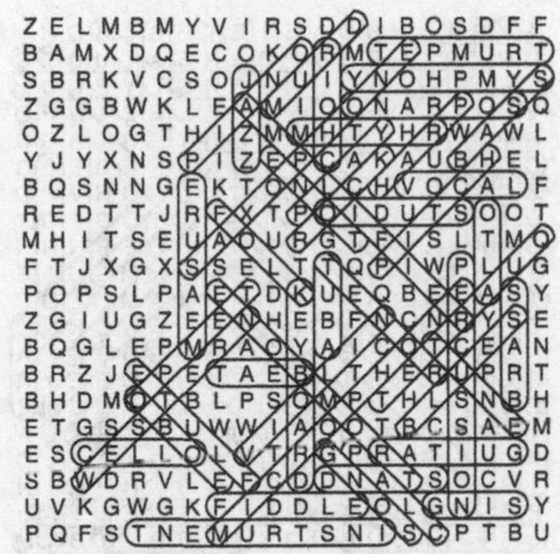

Let's Make Music

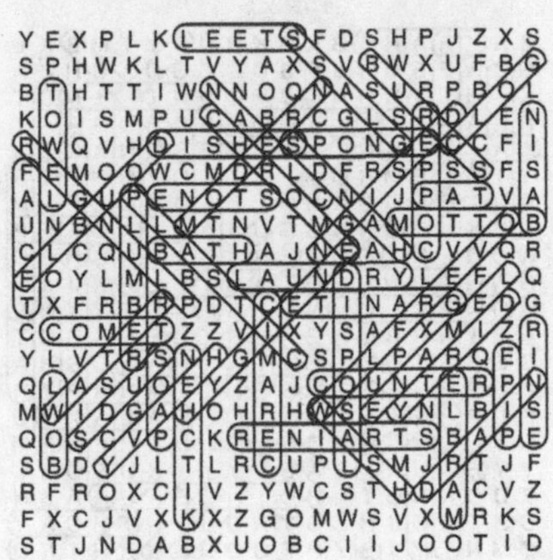

Sinks

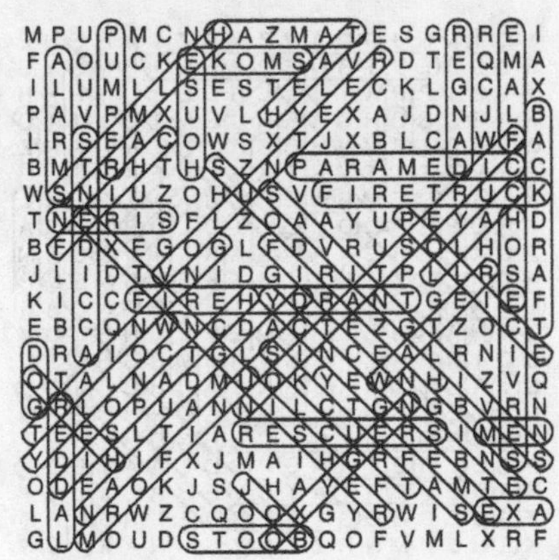

Firefighter

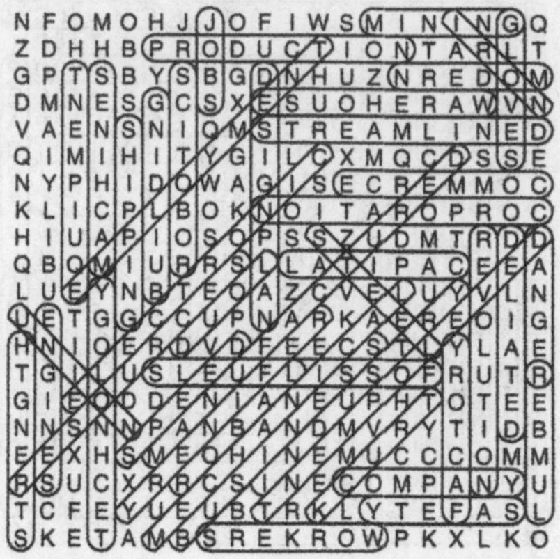

Industry

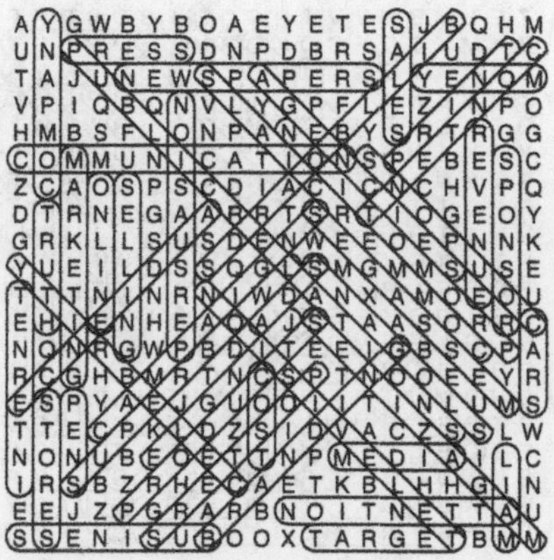

Ads

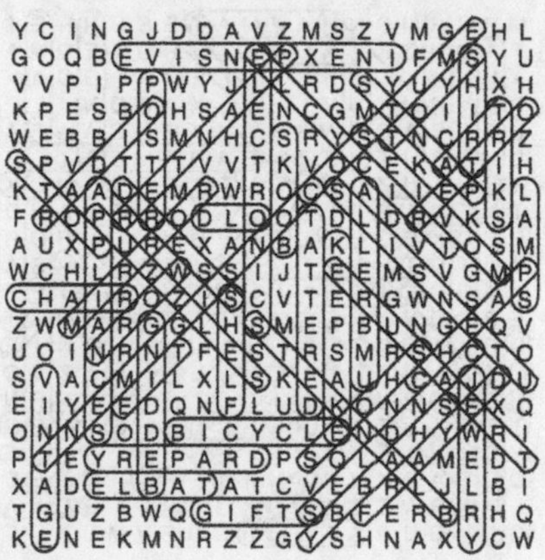

Thrift Store Finds

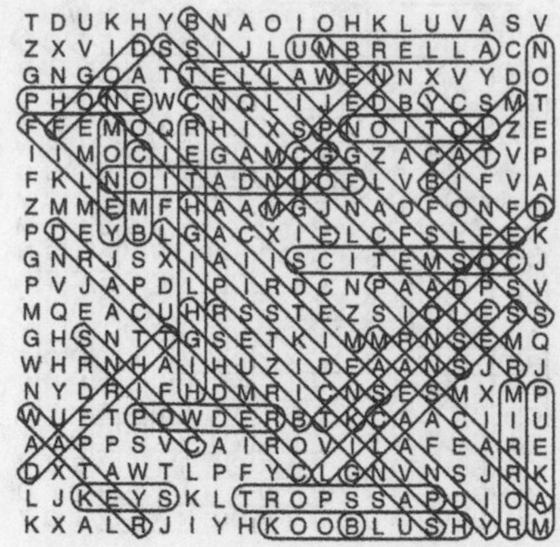

Items in a Purse

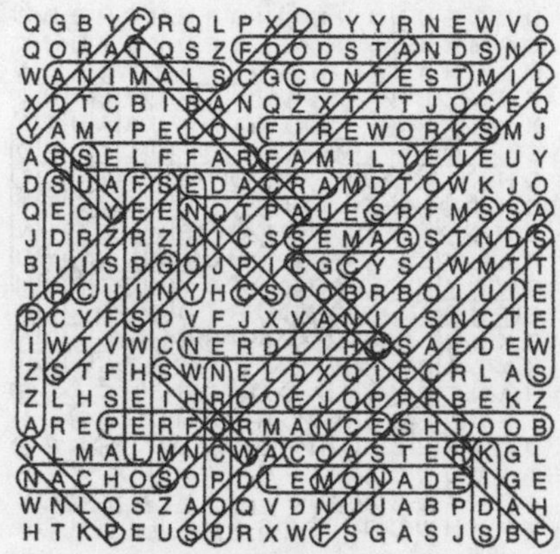

Carnival Enjoyment

Giant Things

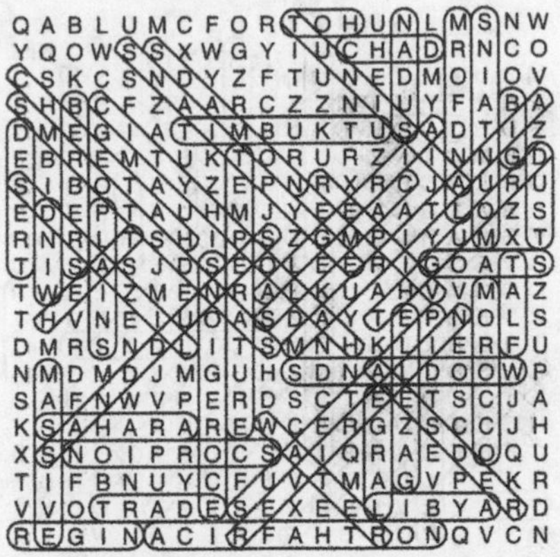

See the Sahara

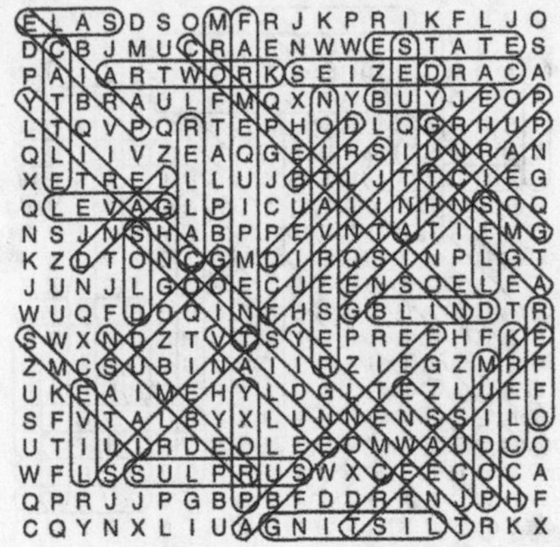

Auction Off

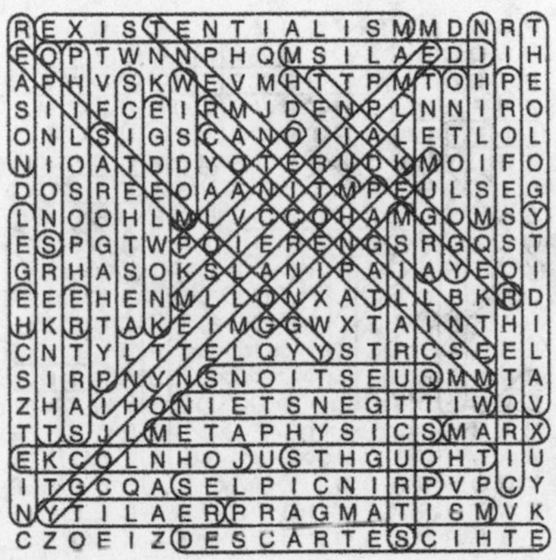

Philosopher

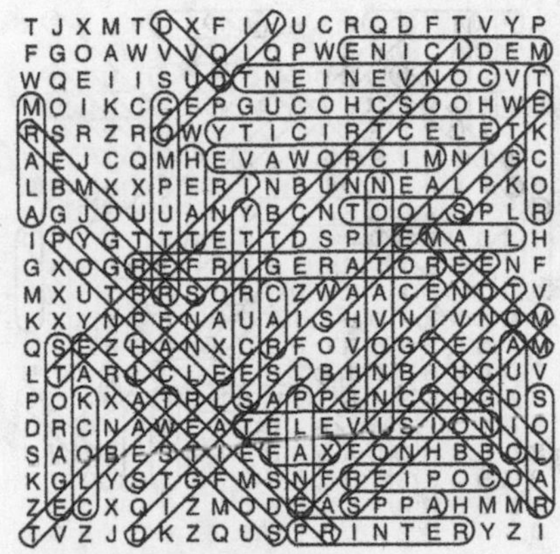

Useful Technology

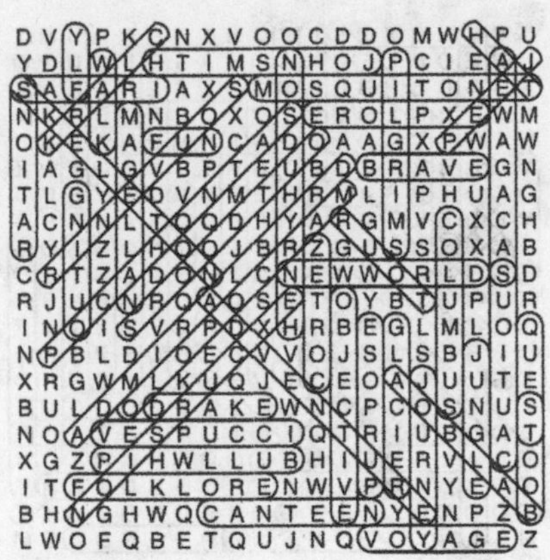

Adventures

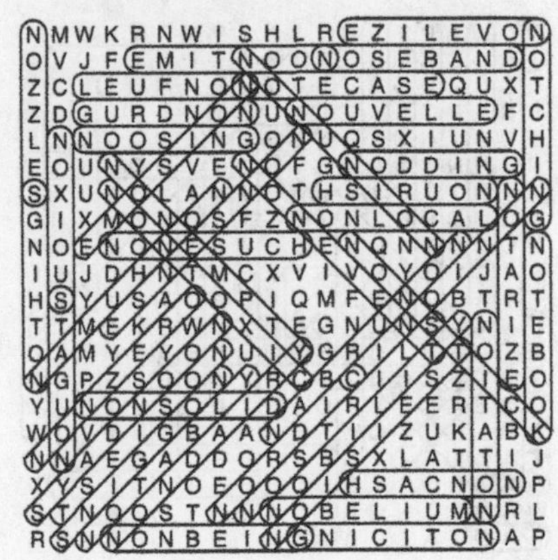

Look for *NO*

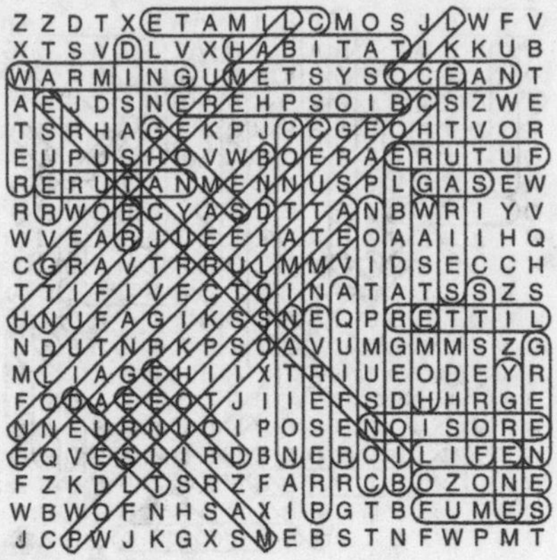

Our Environment

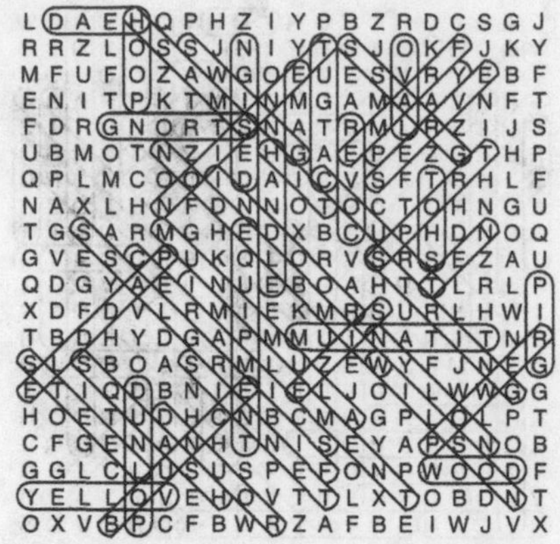

What a Racquet!

Dance Moves

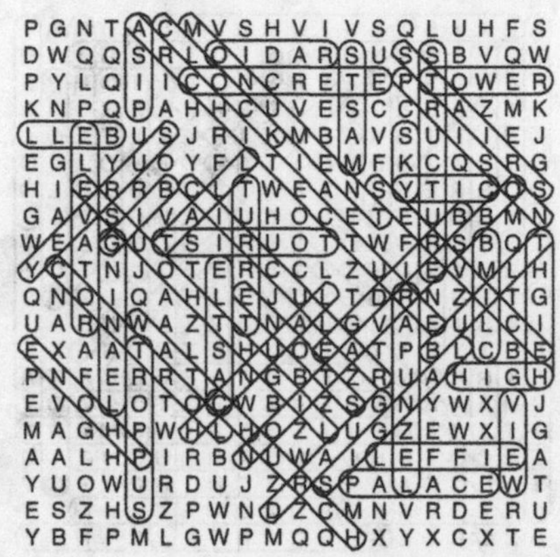

Towers

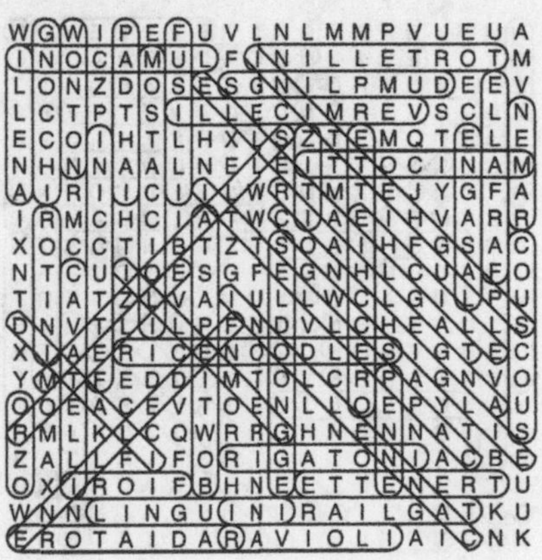

Lots of Pasta

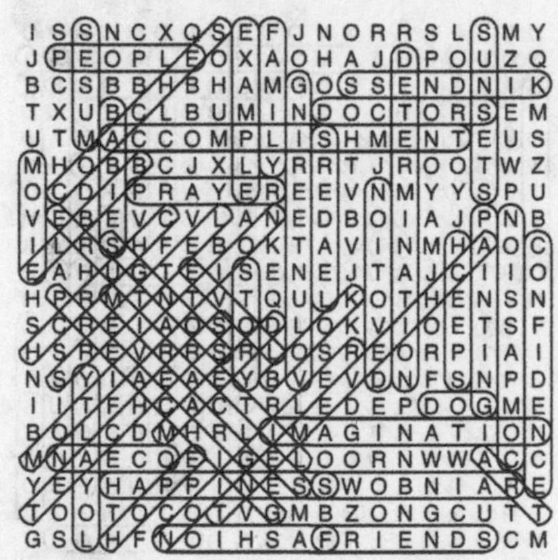

It Can Be Uplifting

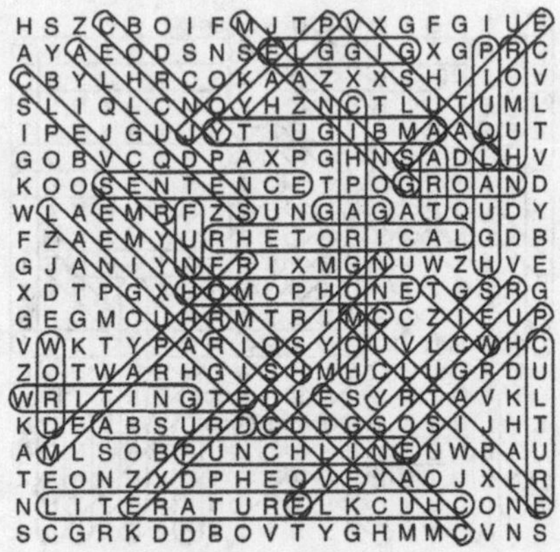

Very Punny

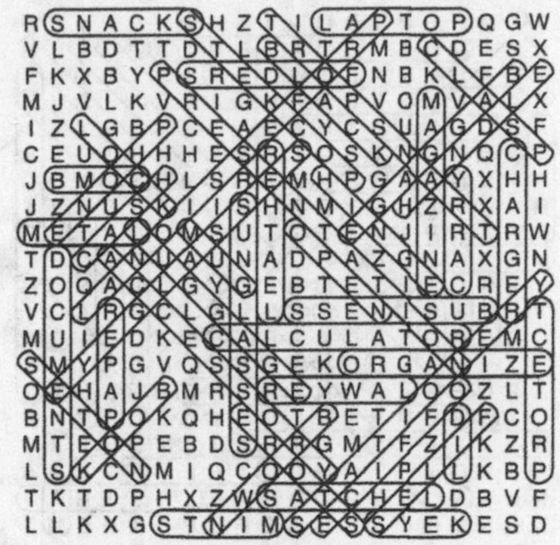

Carry a Briefcase

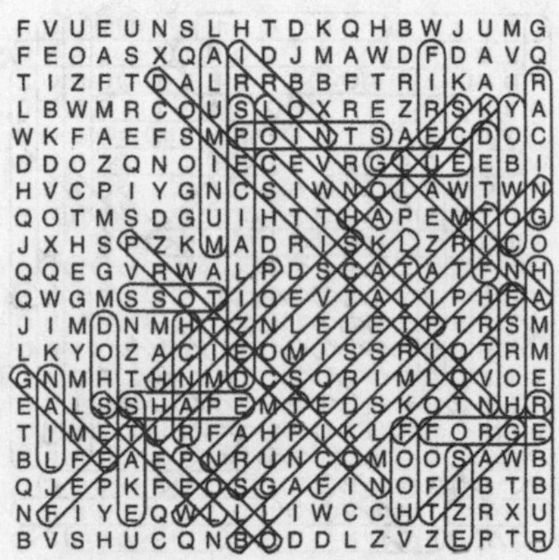

Horseshoes

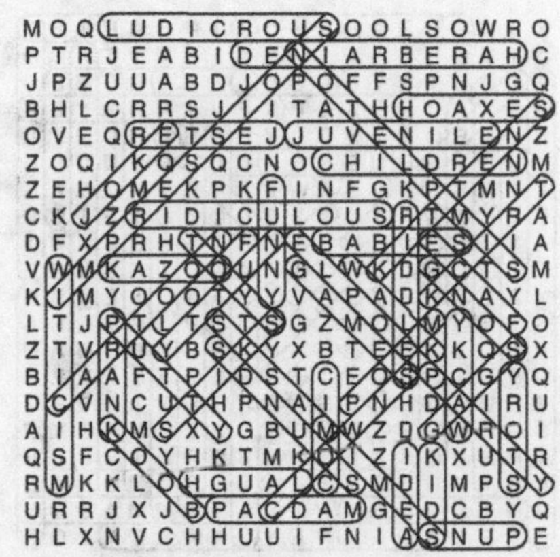

Sometimes Silly

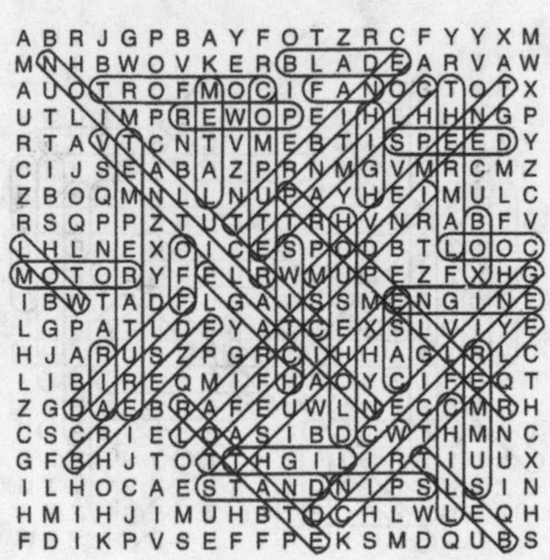

Spinning Fans

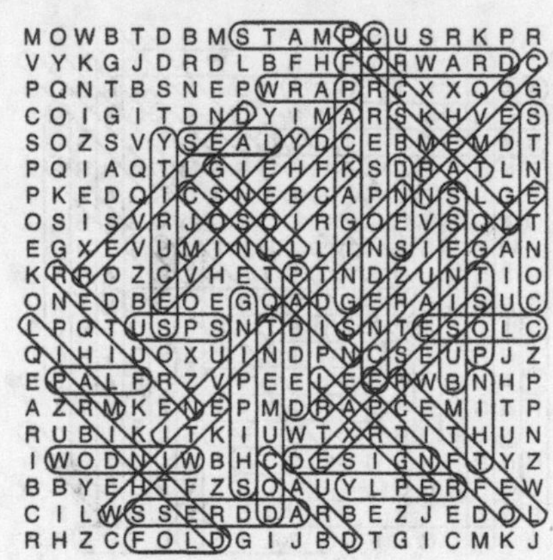

The Envelope, Please

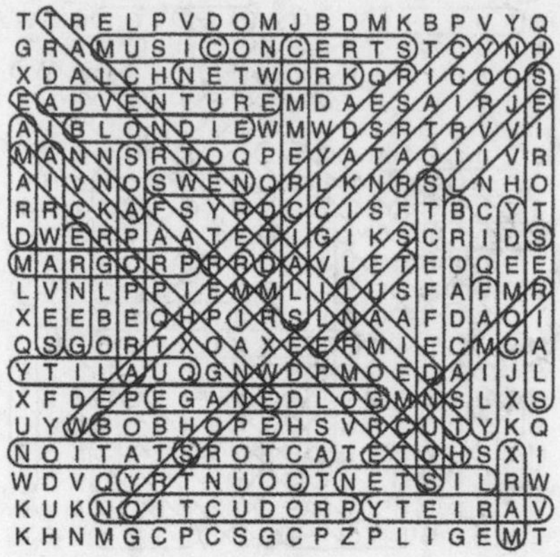

Radio from the Past

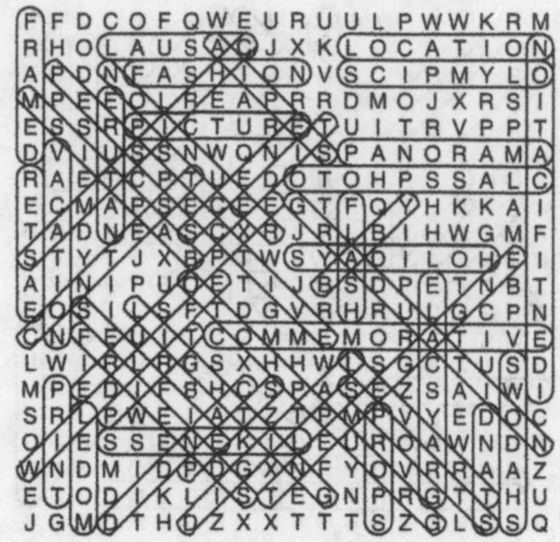

Photographs

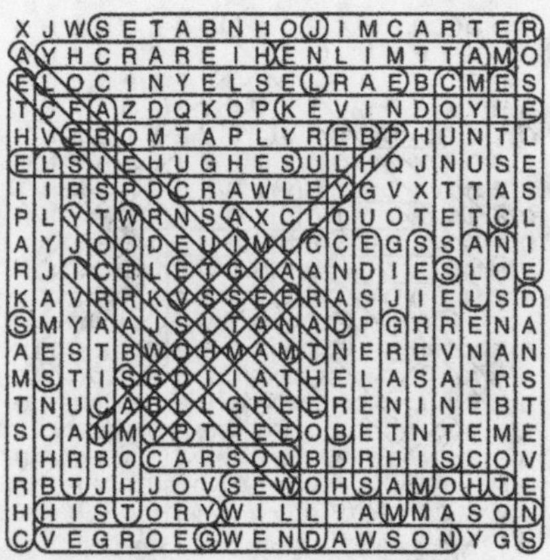

Watching *Downton Abbey*

Around Hong Kong

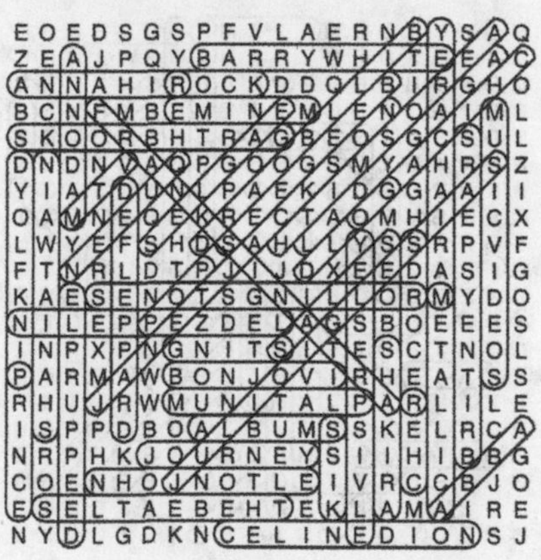

Face the Music

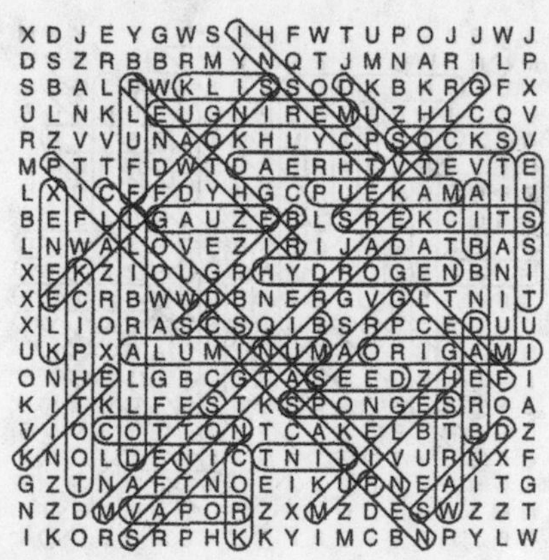

Nothing Heavy

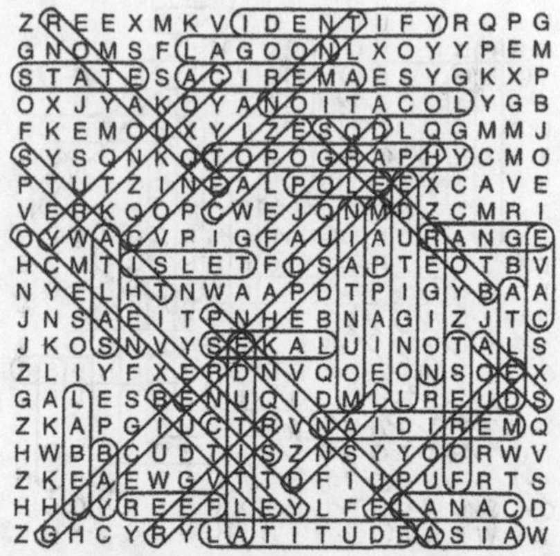

Geography Quiz

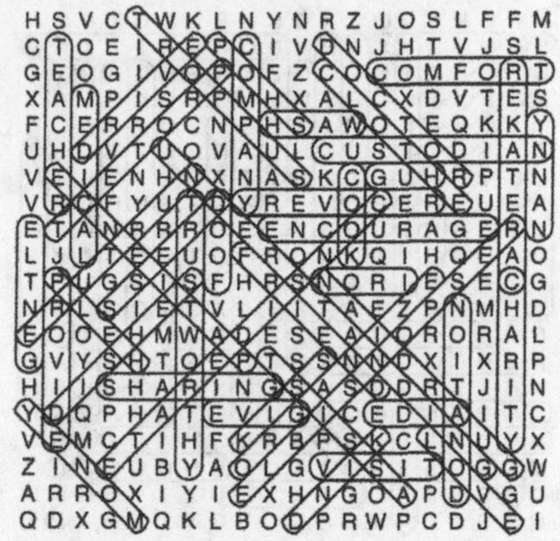

Helping Others

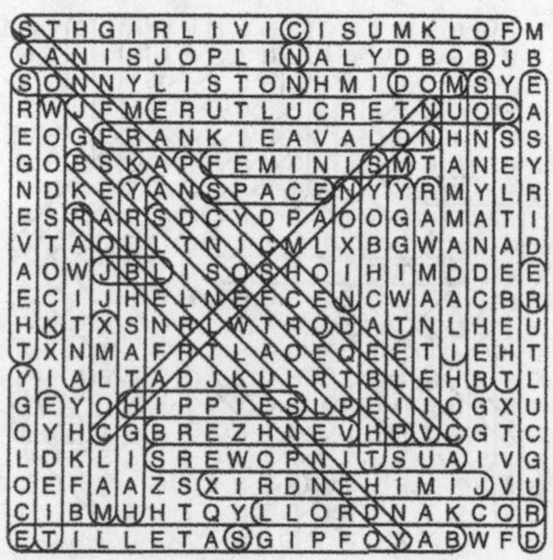

Back to the 60s

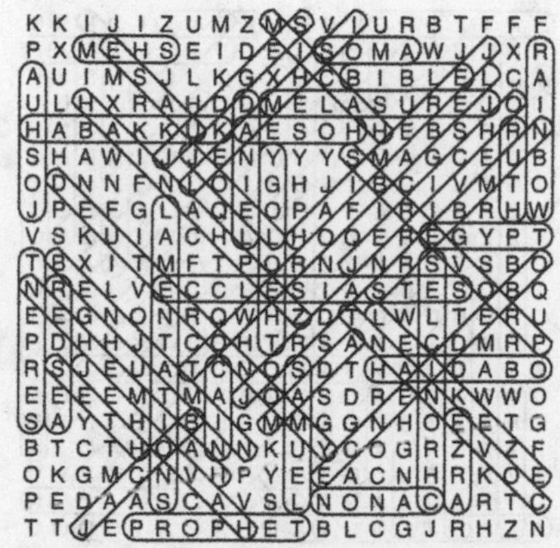

Found in the Old Testament

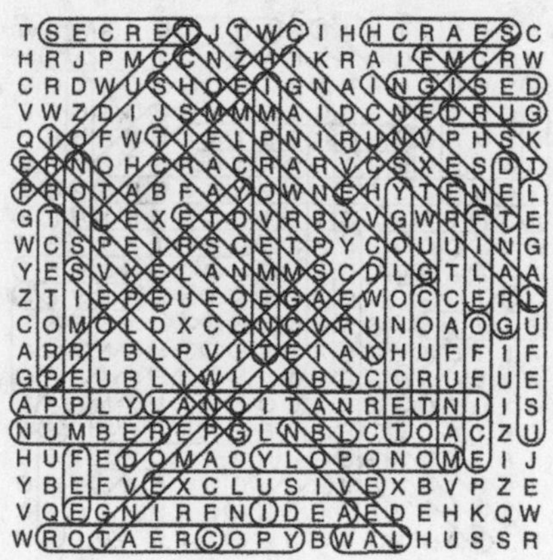

Patents

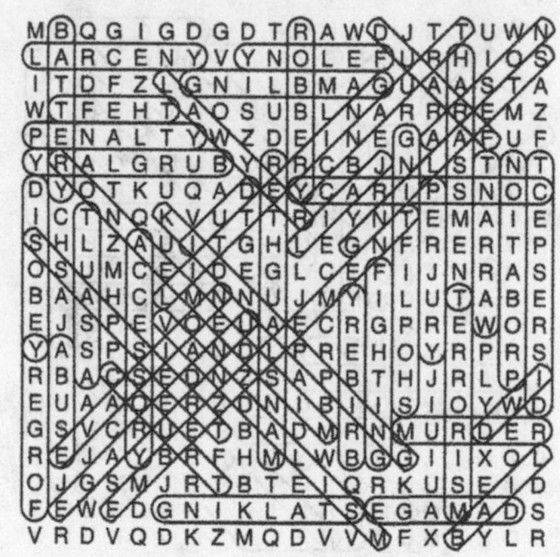

Crimes

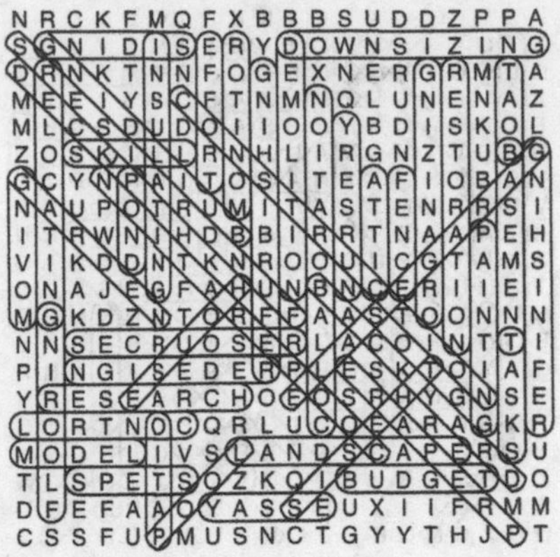

Projects

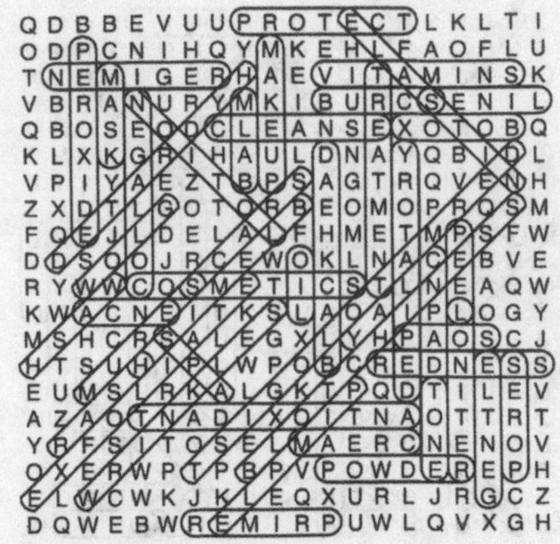

Skin Treatment

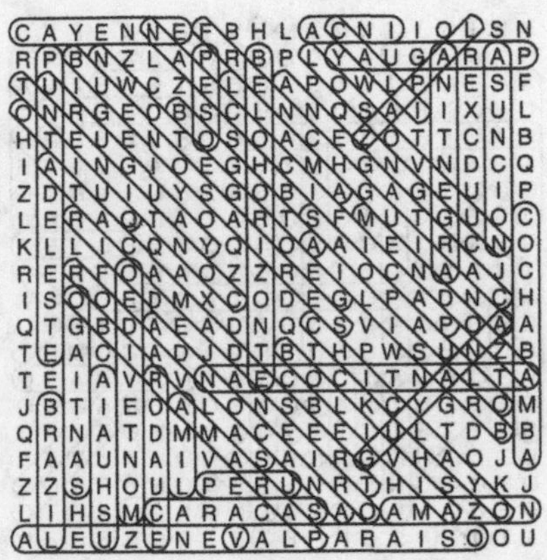

See South America

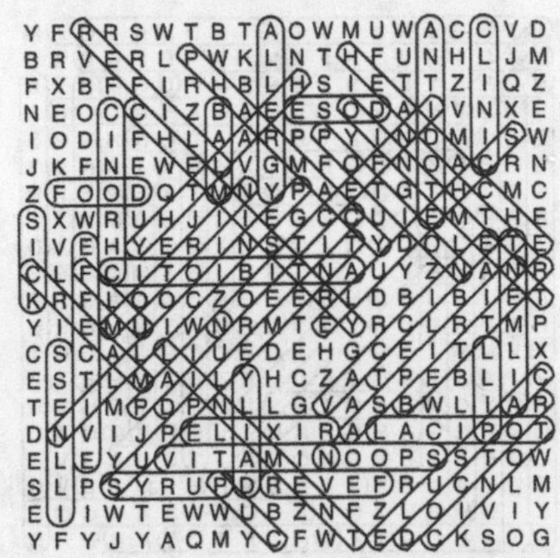

Meds

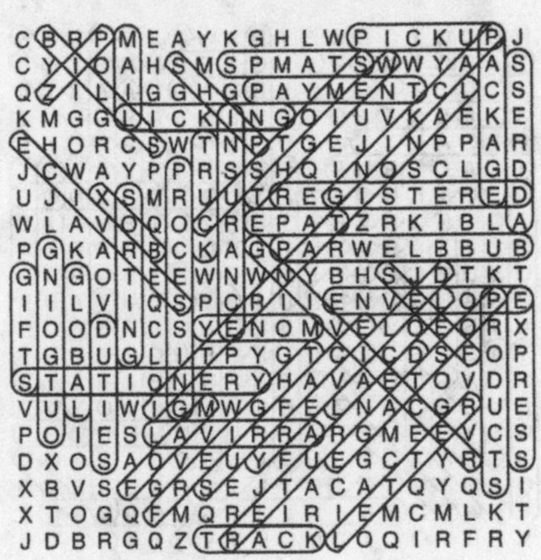

Mailing

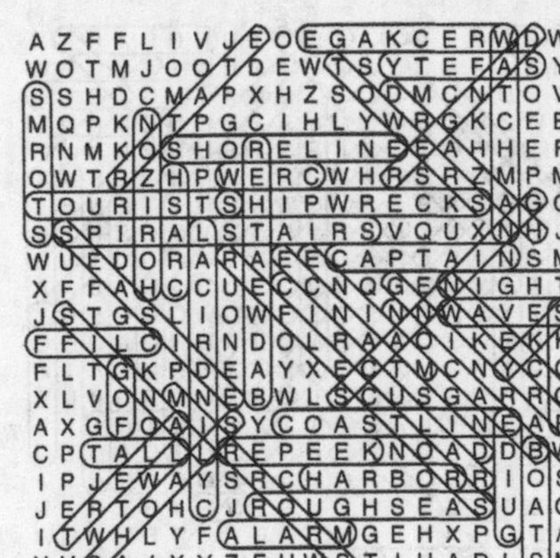

Around the Lighthouse

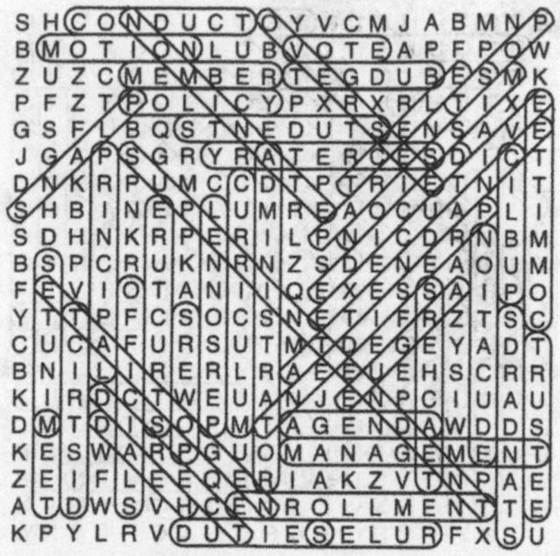

School Boards

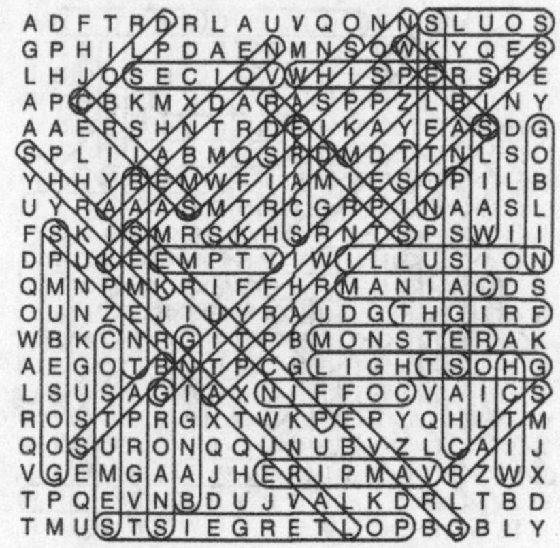

Haunted Houses

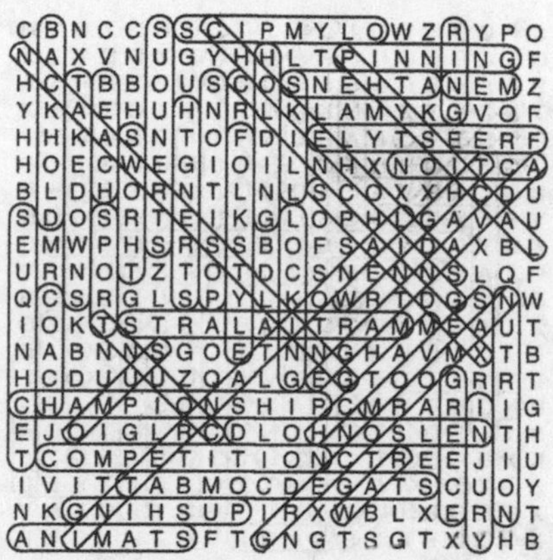

Wrestling Match

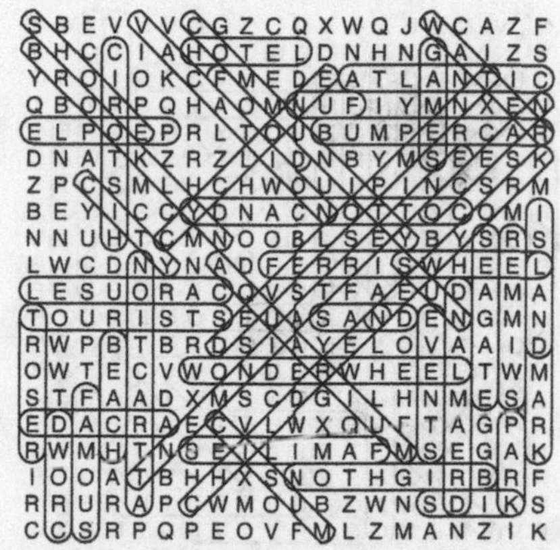

Coney Island Fun

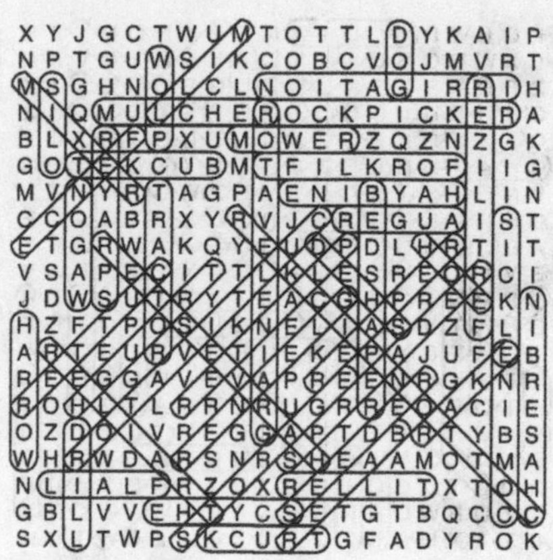

Farm Help

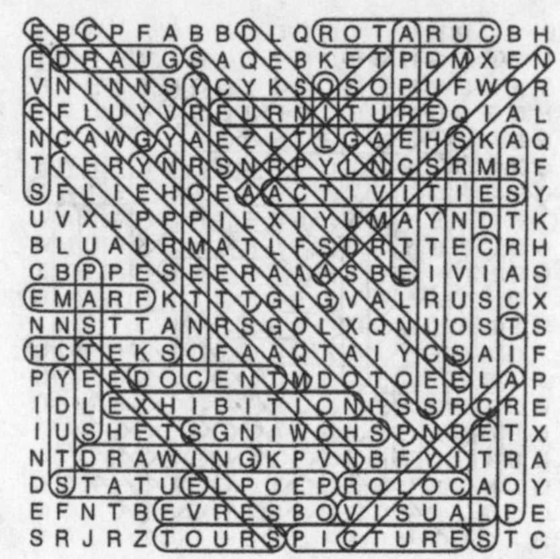

At the Art Museum

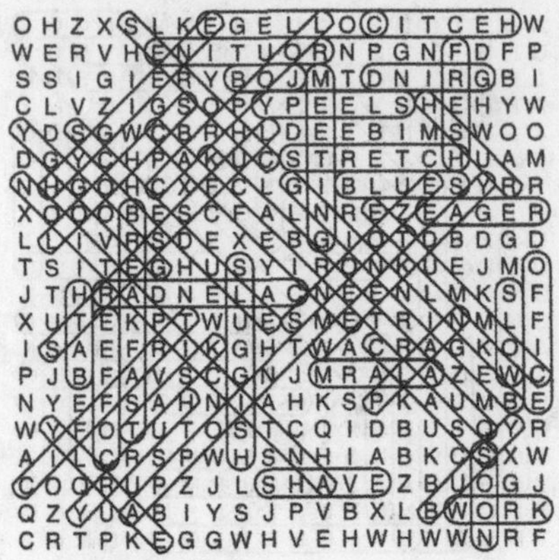

Monday Morning

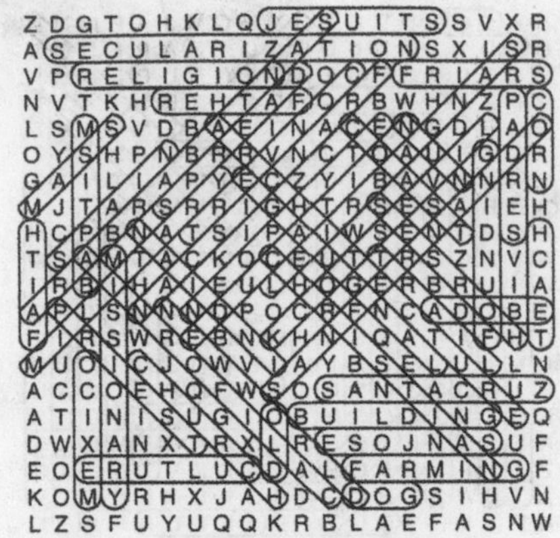

Historic California Missions

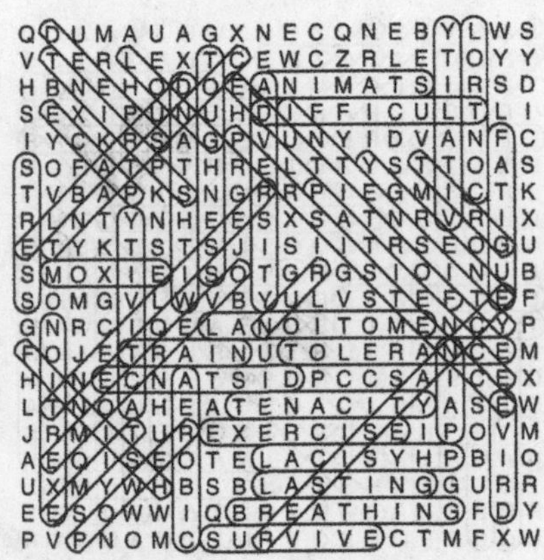

Stamina

Around the Pond

Coin Collections

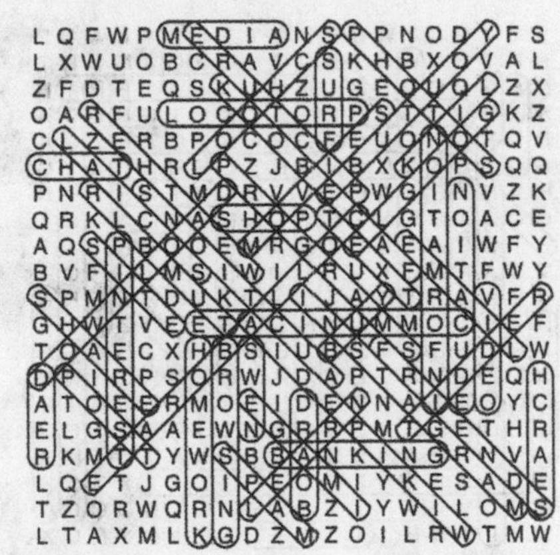

On the Internet

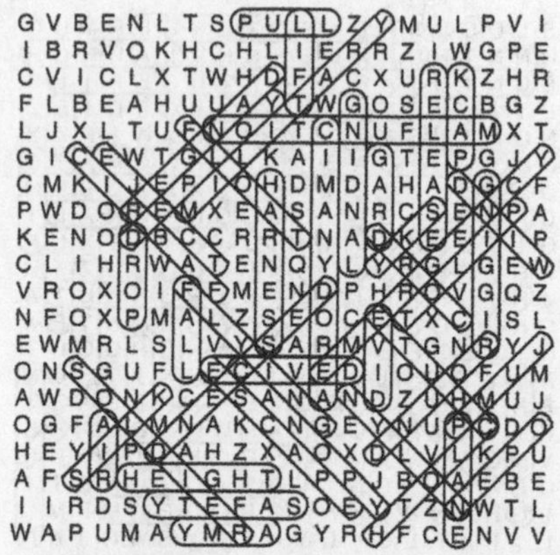

Parachutes

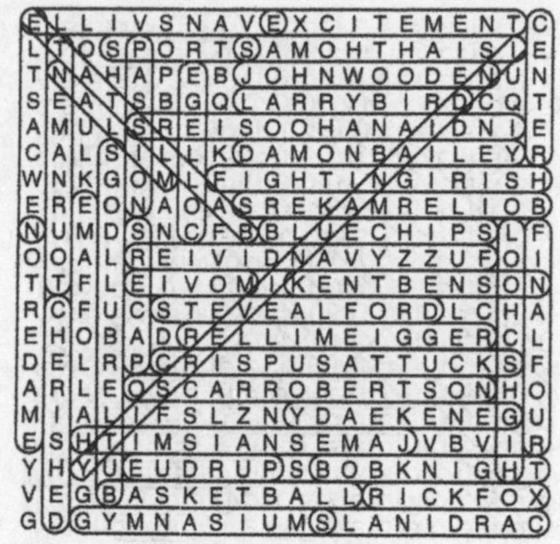

Hoosier Basketball

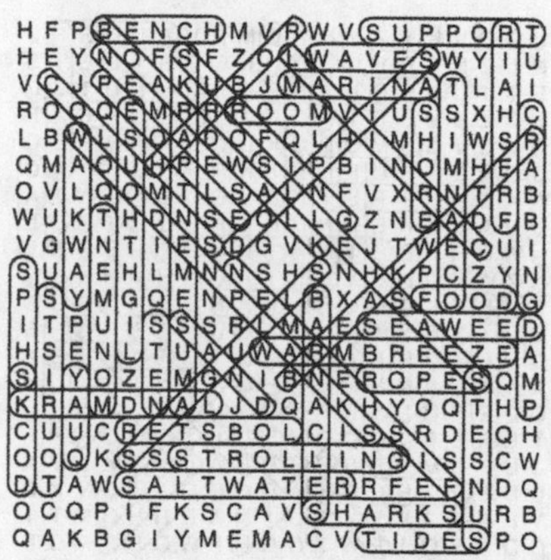

Ocean Boardwalk

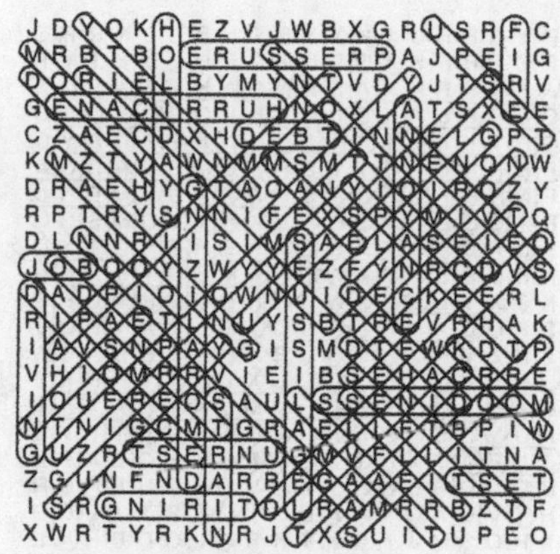

Feeling Stressed

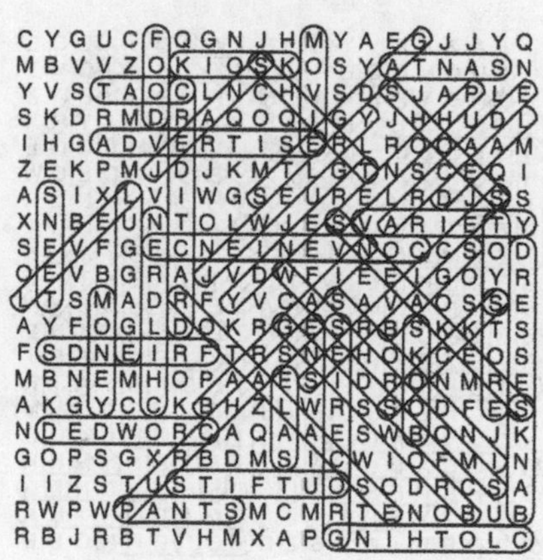

Shopping at the Mall

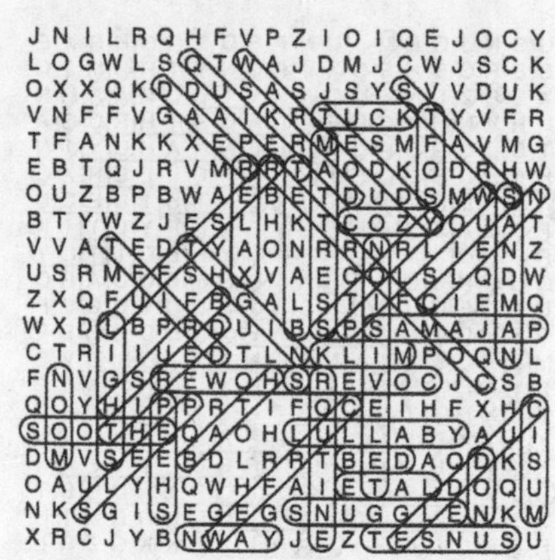

Bedtime

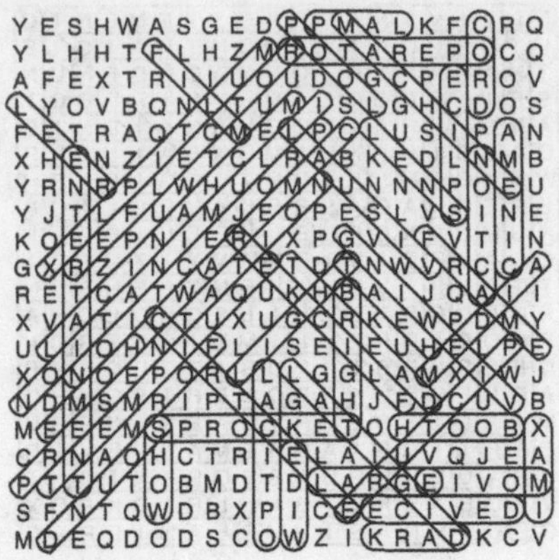

Film Projector

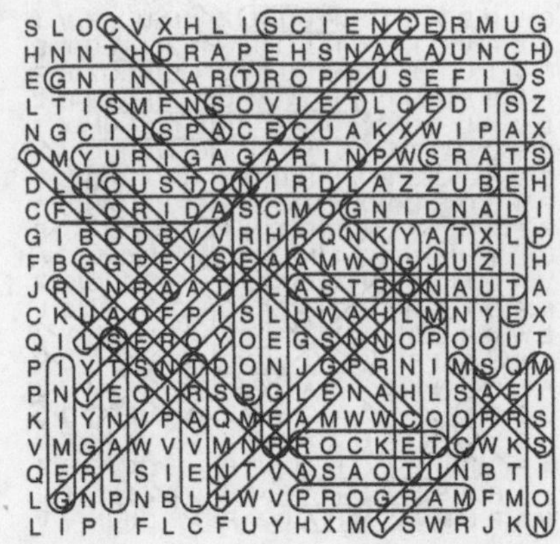

Into Space

Heard at the Diner

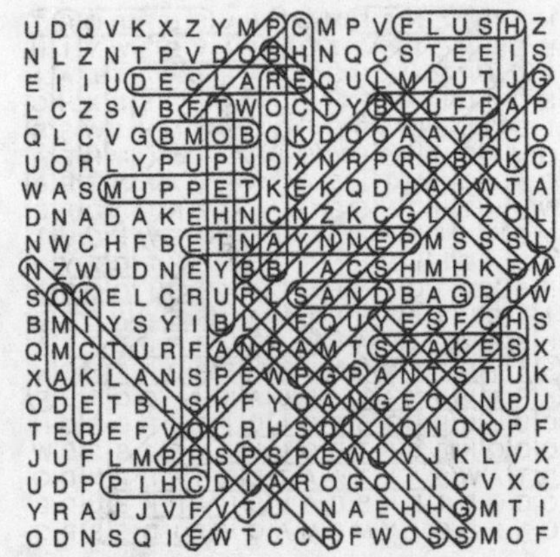

Poker Talk

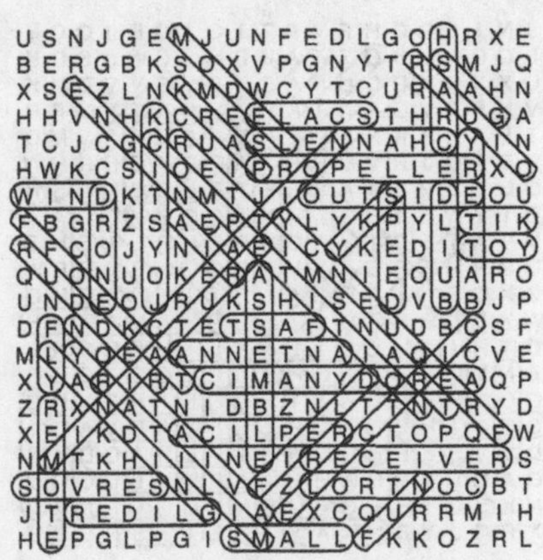

Radio-Controlled Airplanes

Literature Class

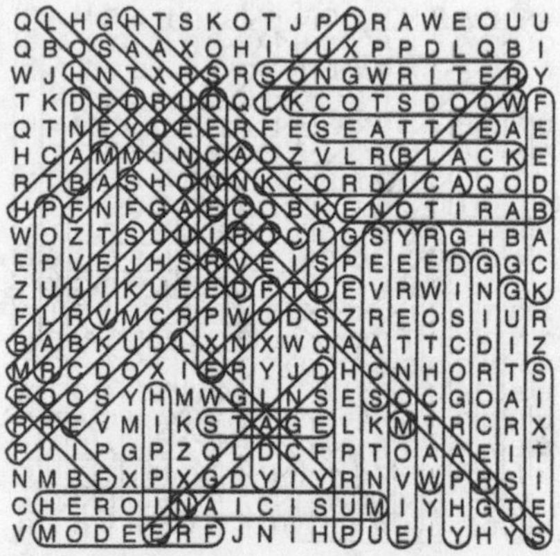

Remembering Jimi Hendrix

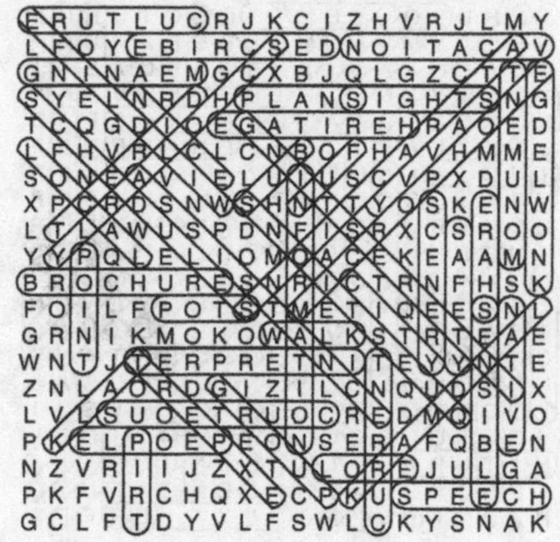

Your Tour Guide

Green

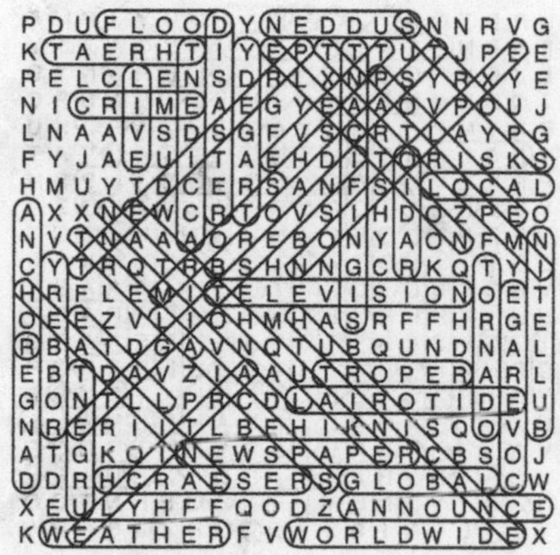

Breaking News

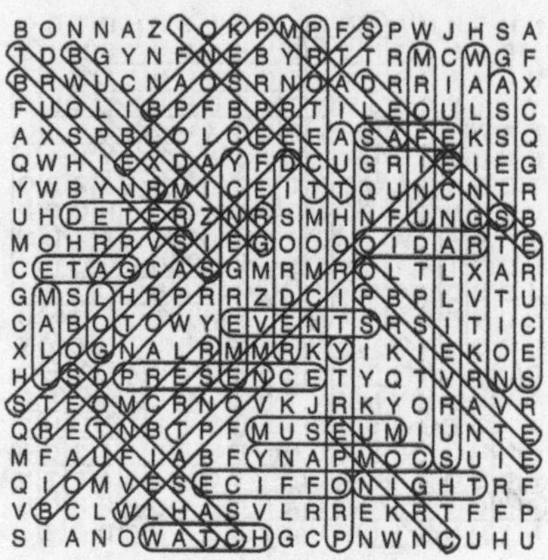

Professional Security

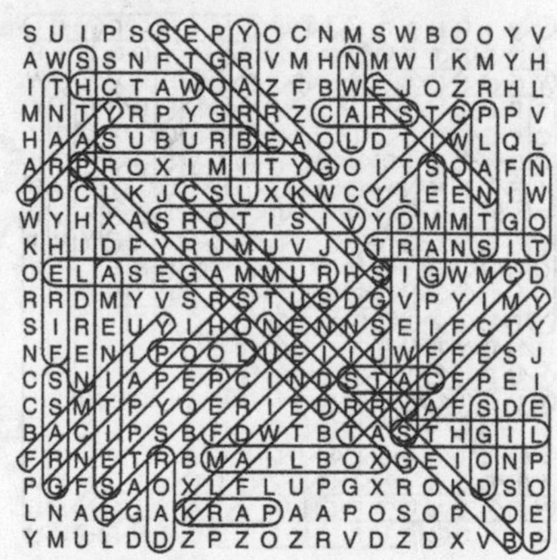

Around My Town

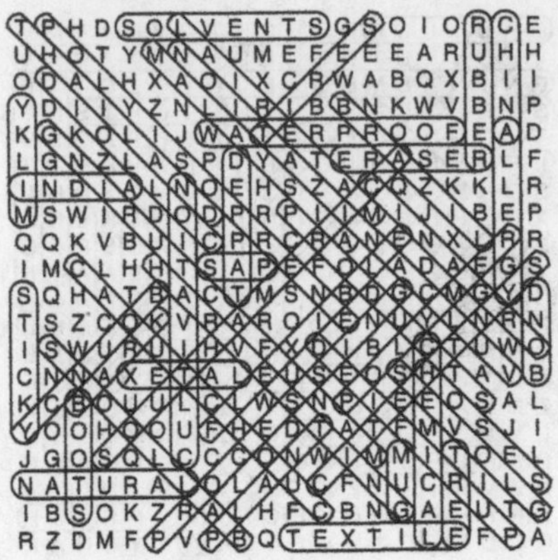

Useful Rubber

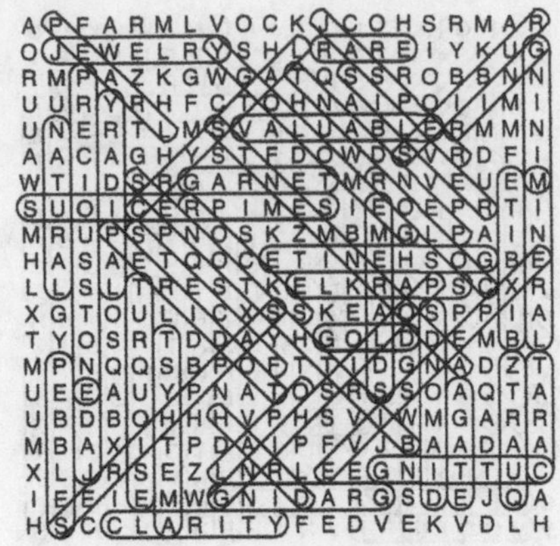

Stones

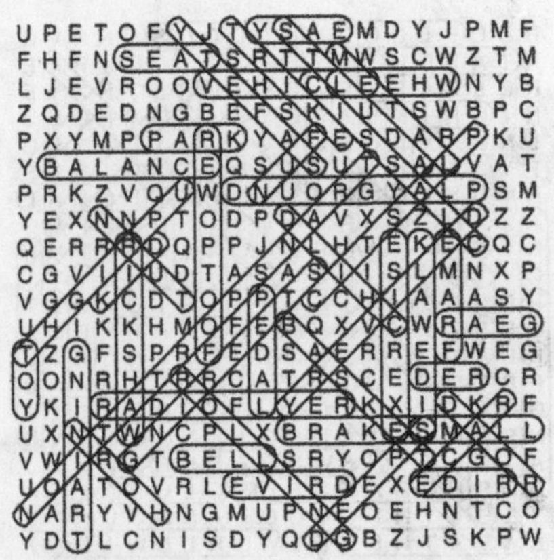

Ride a Trike

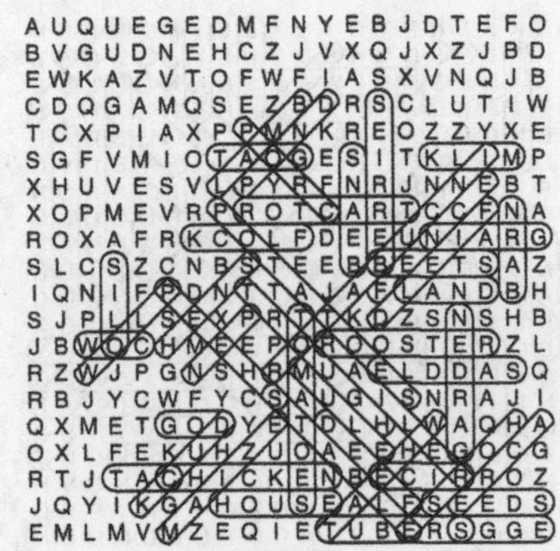

On a Farm

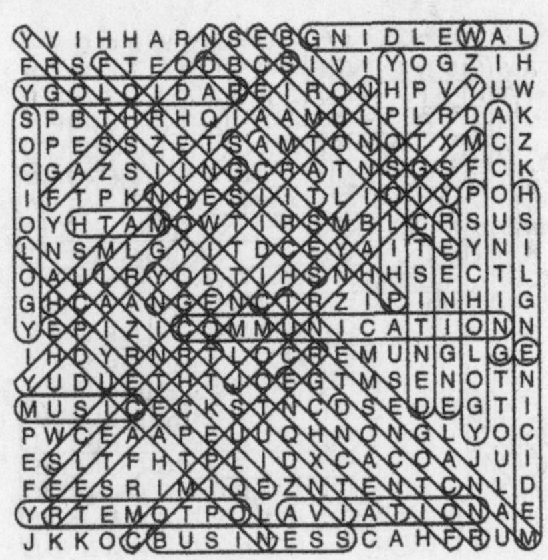

College Majors

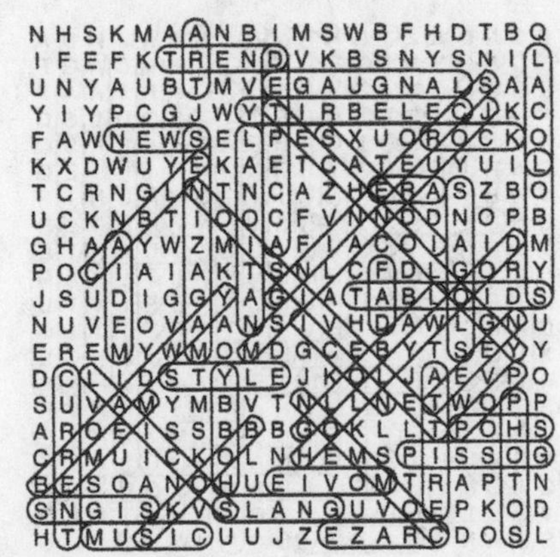

Popular Culture

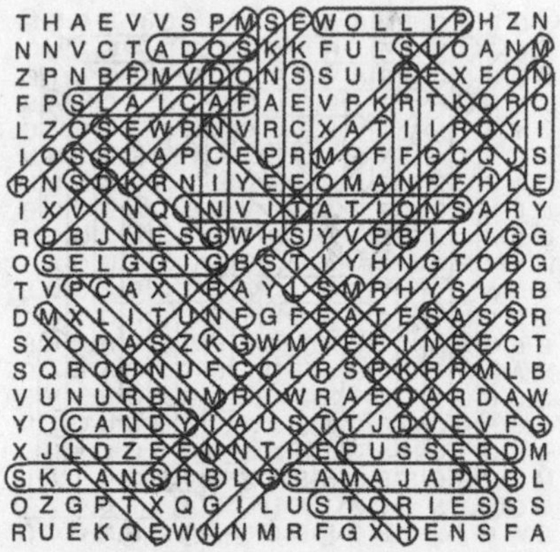

Sleepovers

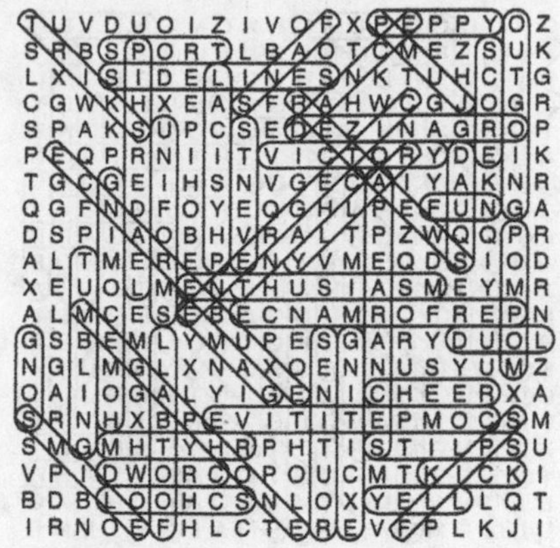

Cheerleader

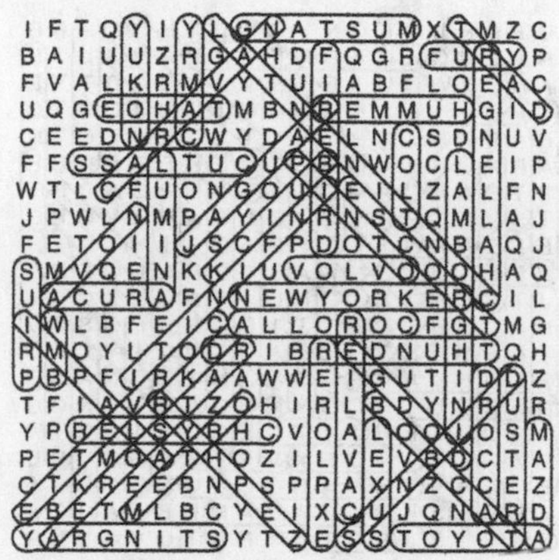

Pick a Car

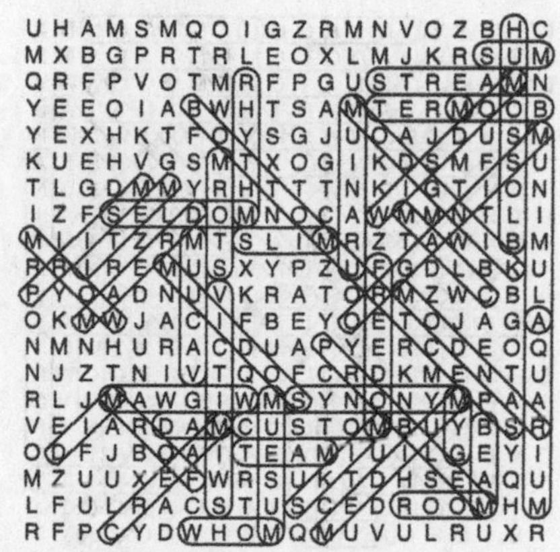

M at End

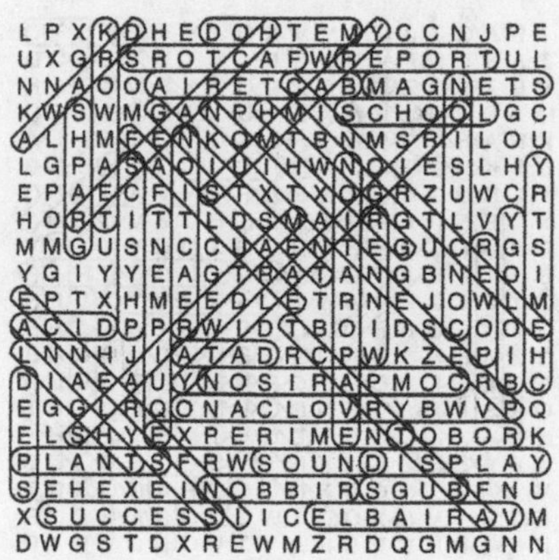

Science Fair Projects

Very Strong

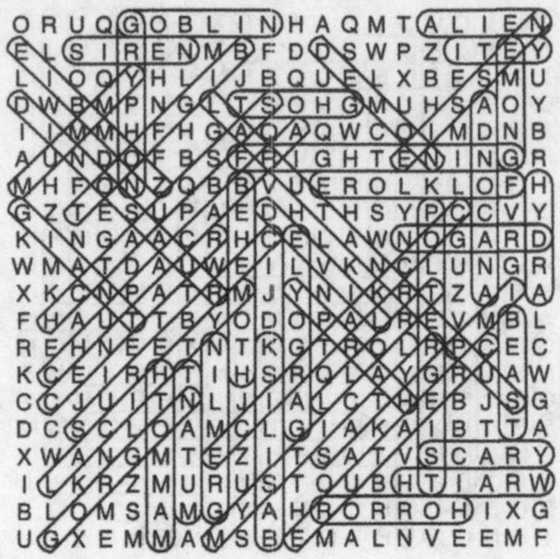

Mysterious Monsters

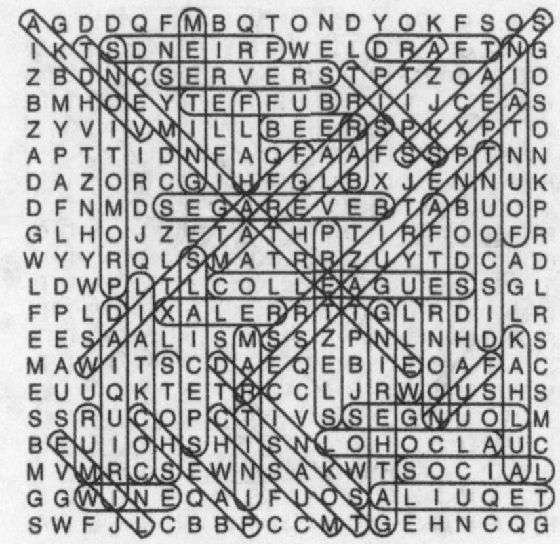

Cocktail Time

Watching TV

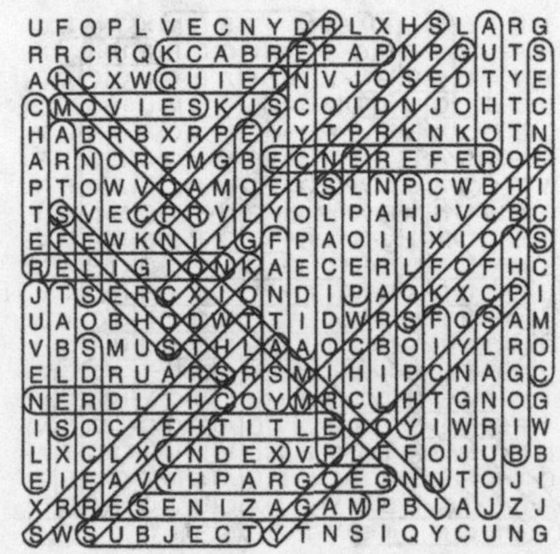

Libraries

The Porch

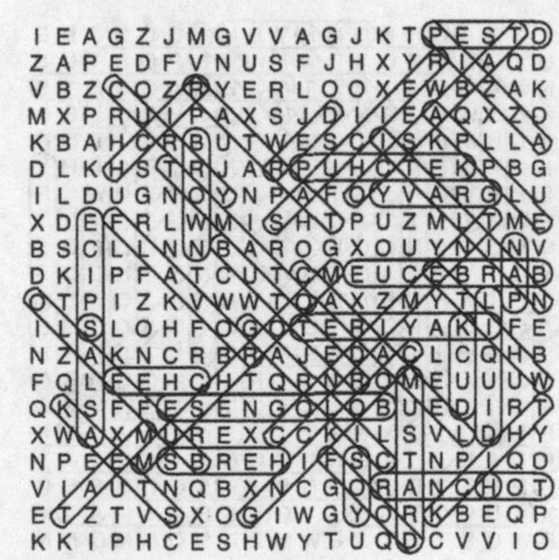

Pass the Sauce

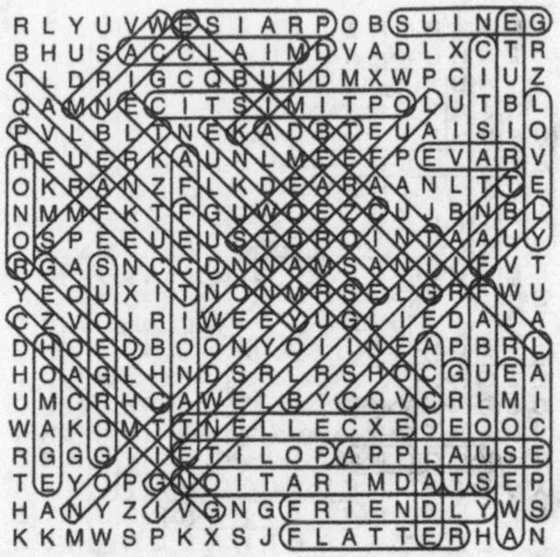

Compliments

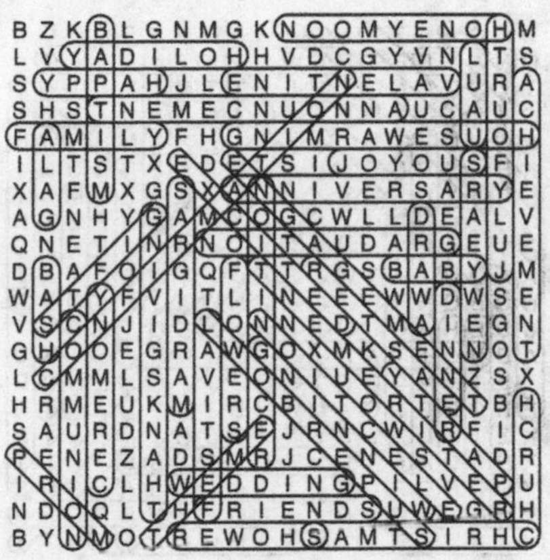

Time to Celebrate

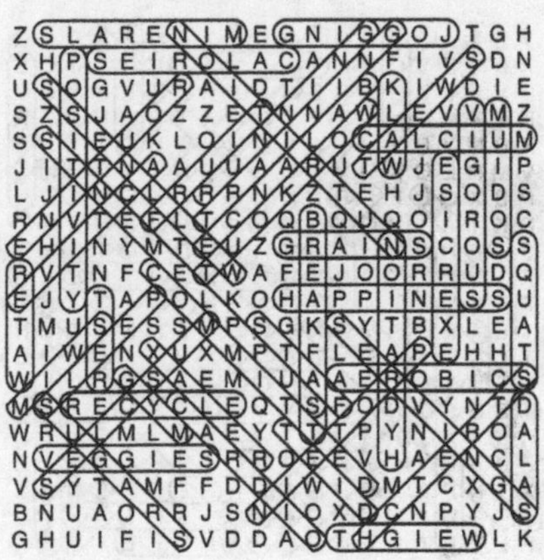

Healthy Living

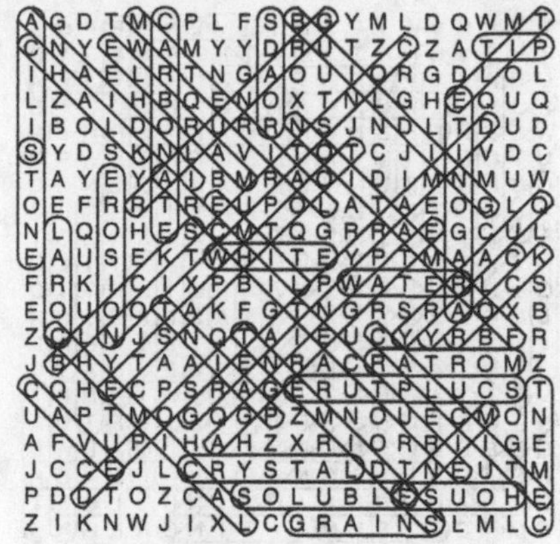

Useful Limestone

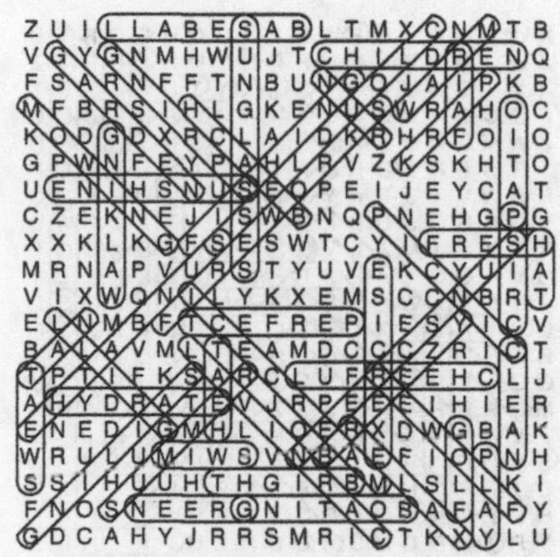

A Sunny Day

AM Words

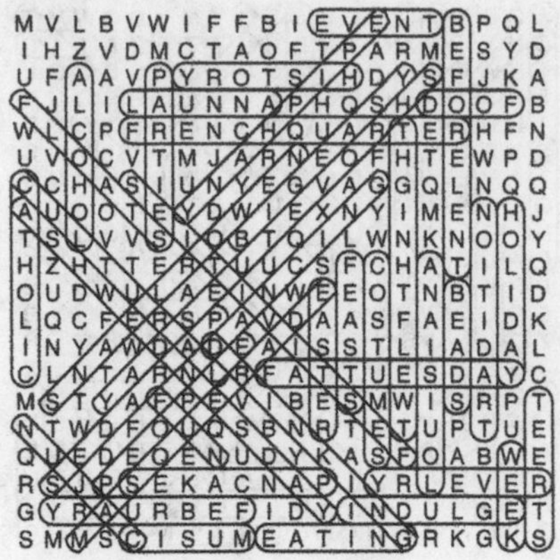

Observing Mardi Gras

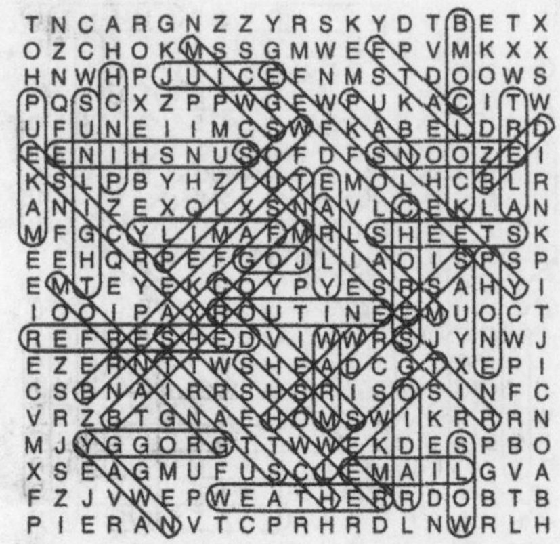

Waking Up

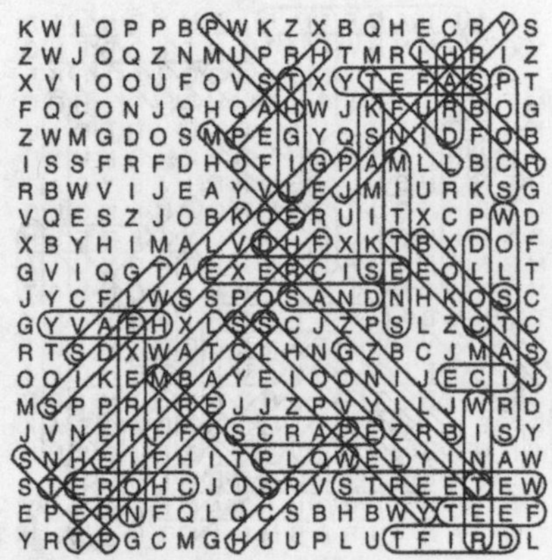

Snow Removal

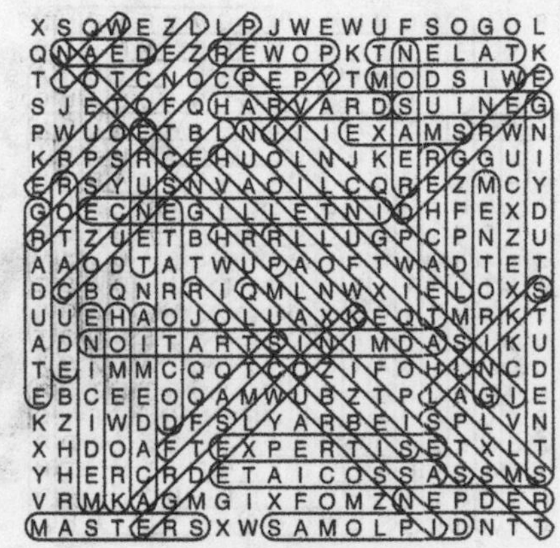

College Education

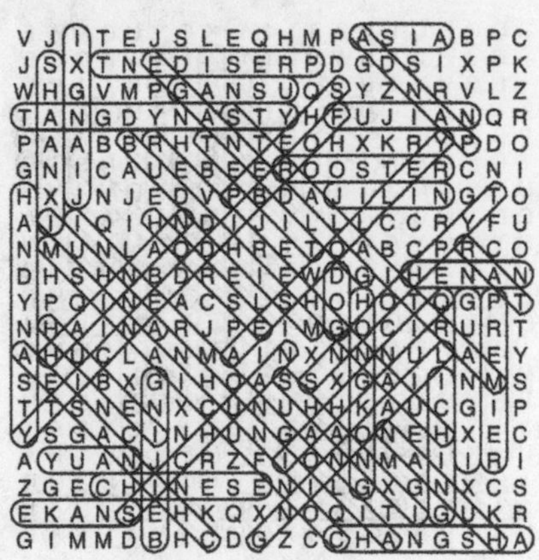

Visiting China

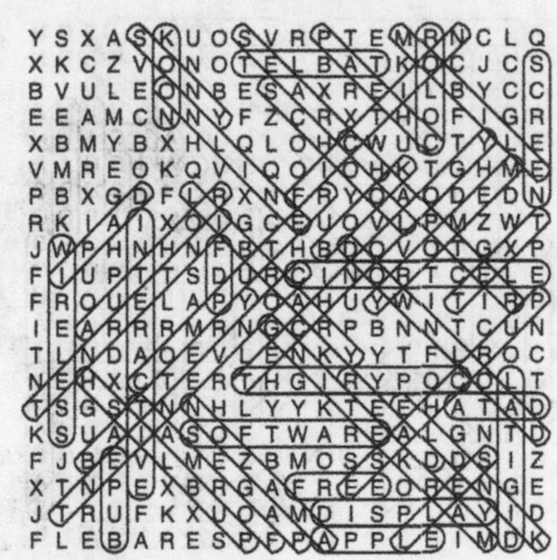

Electronic Books

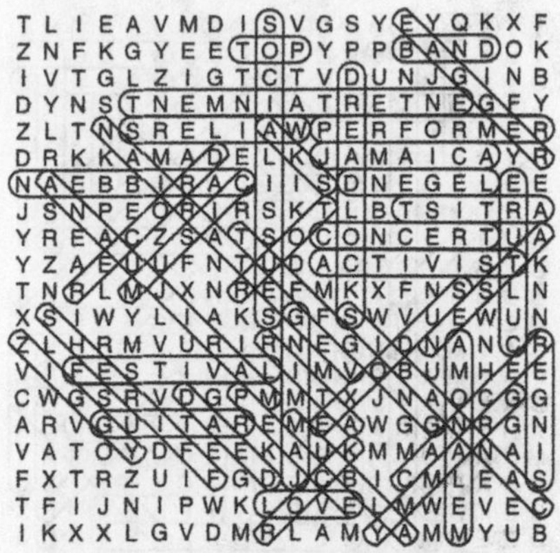

The Life of Bob Marley

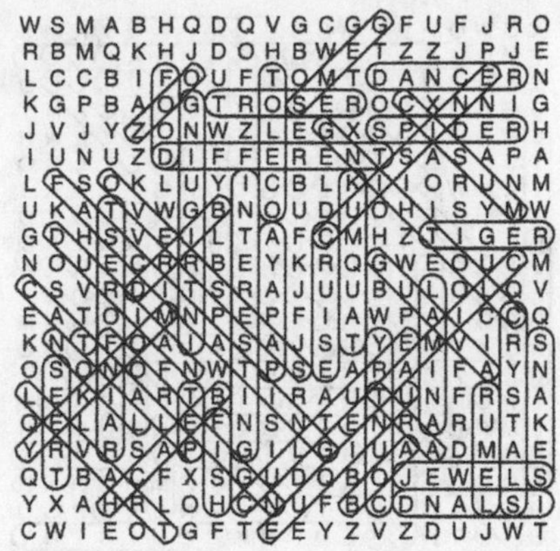

Exotic

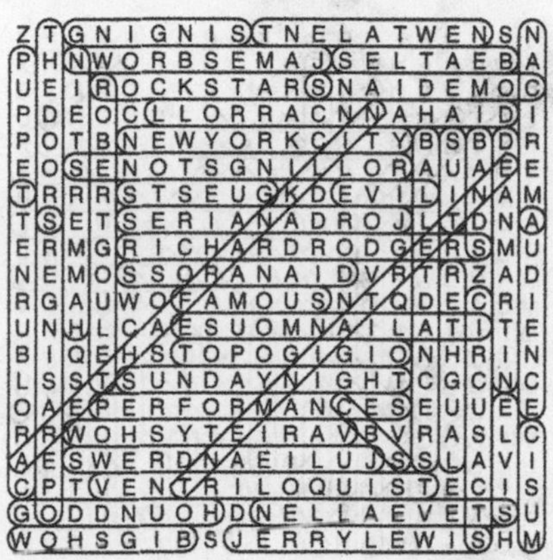

Watching Ed Sullivan

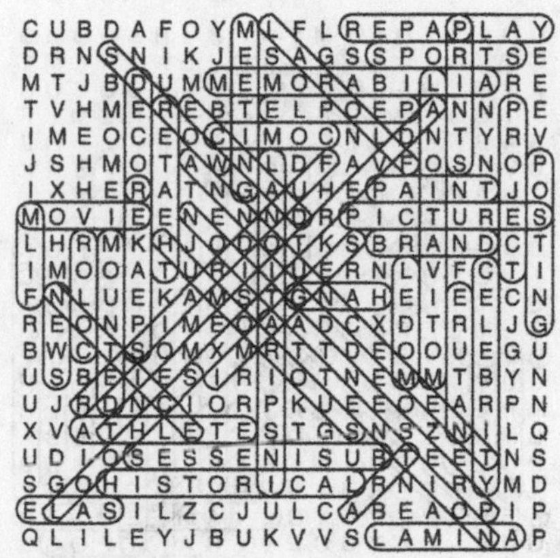

Posters Everywhere

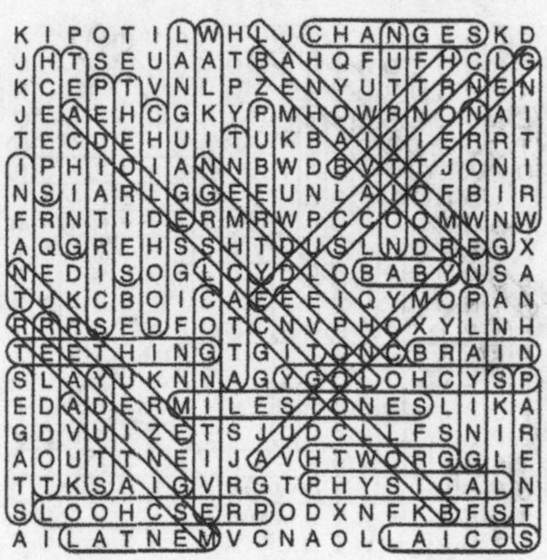

Childhood Development

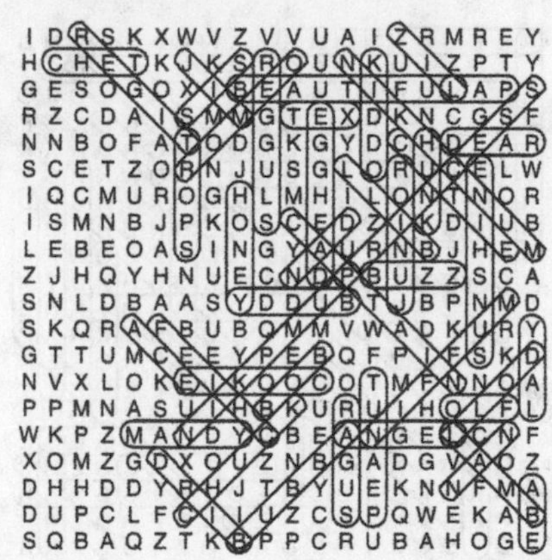

Nicknames

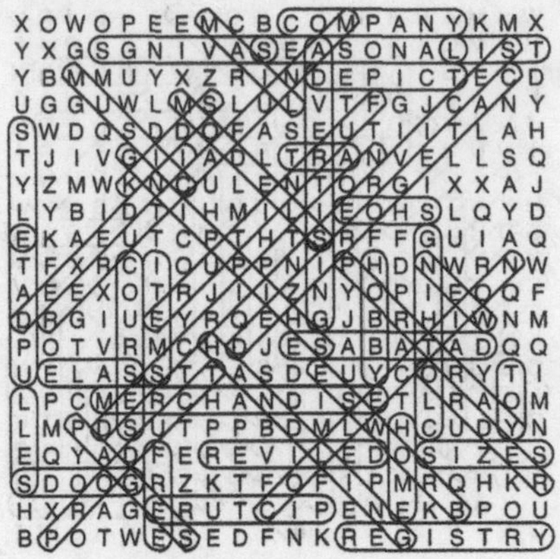

Catalog Shopping

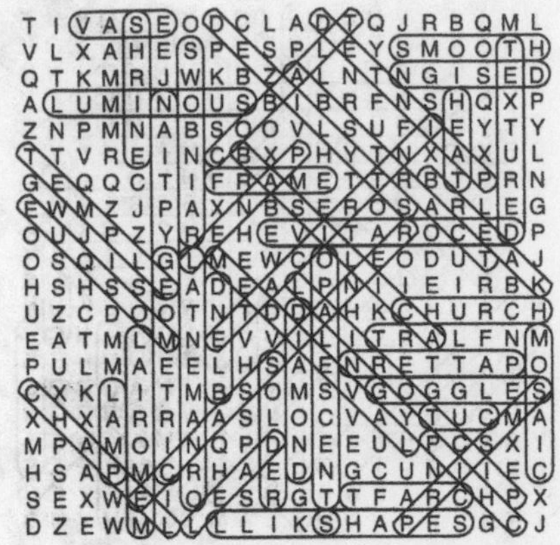

Stained Glass Windows

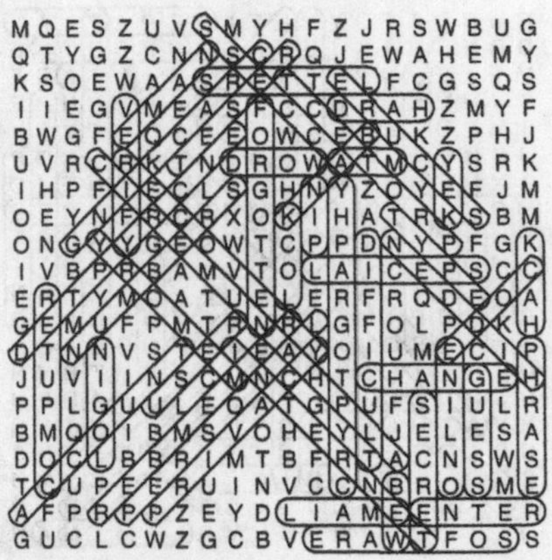

Passwords

Leafy

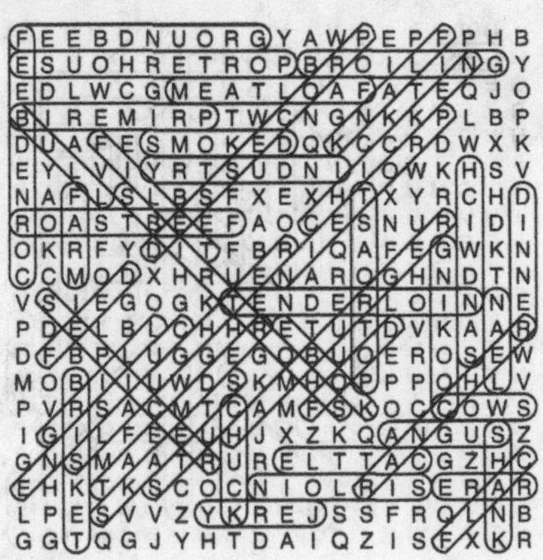

All Beef

Our Secrets

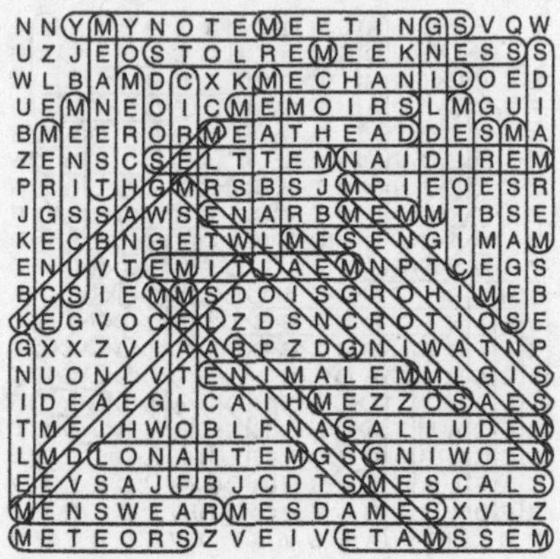

Words with *ME*

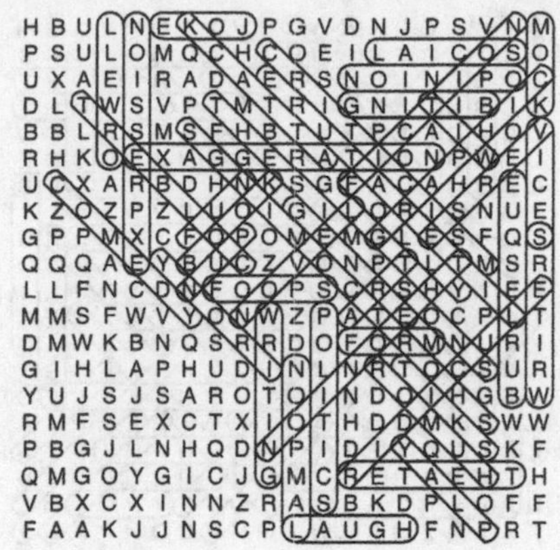

Humor

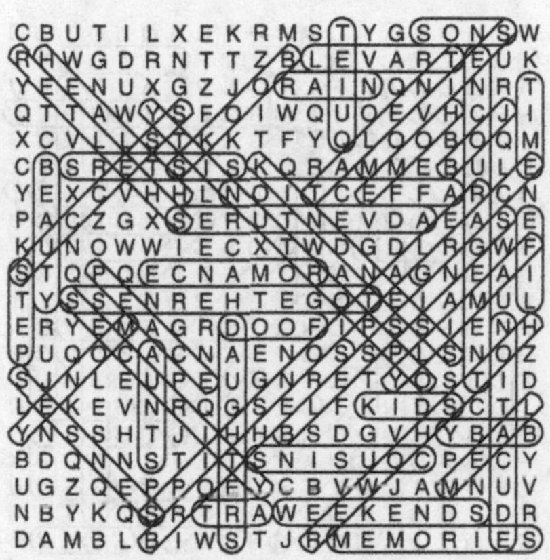

Things to Appreciate

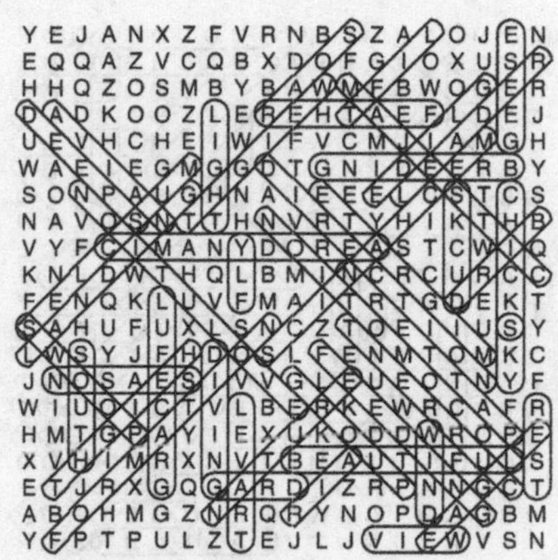

Fly Like a Bird

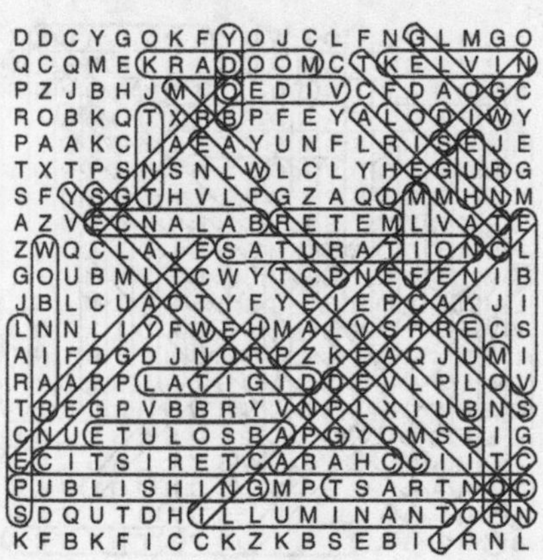

Color Characteristics

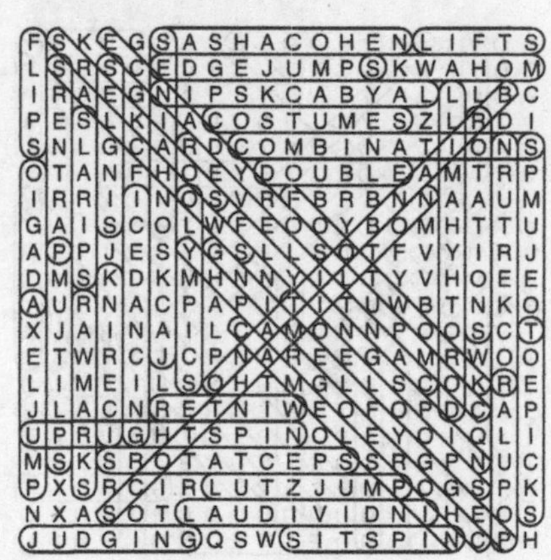

Competitive Skating

Paperbacks

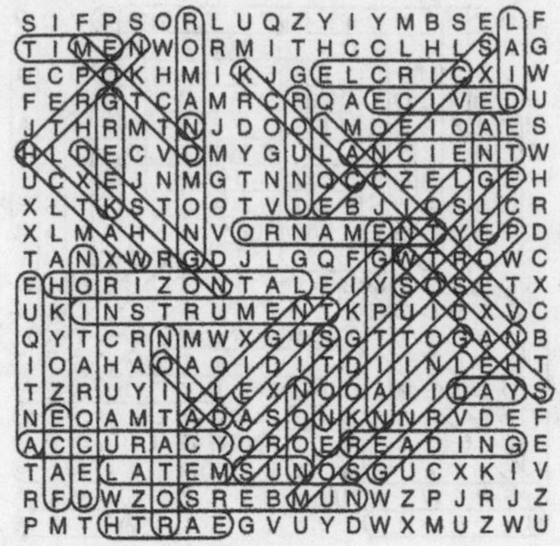

Sundial Time

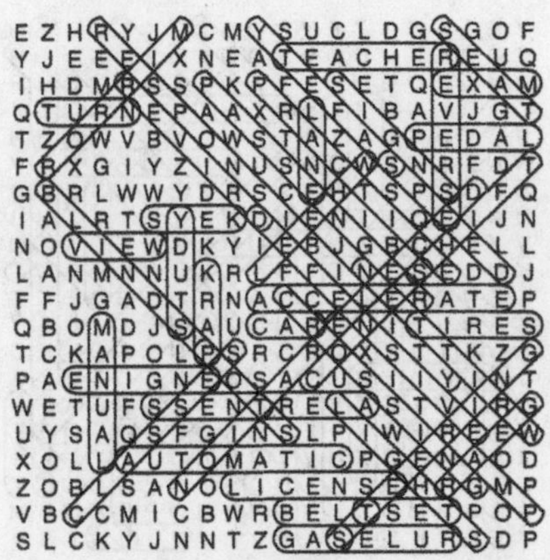

Driver's Education

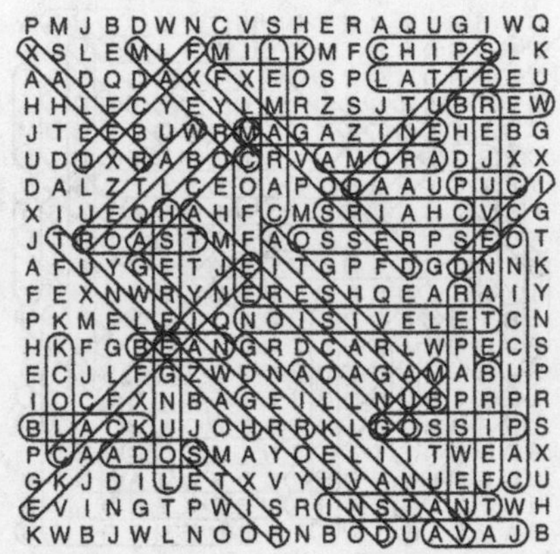

Coffee Break

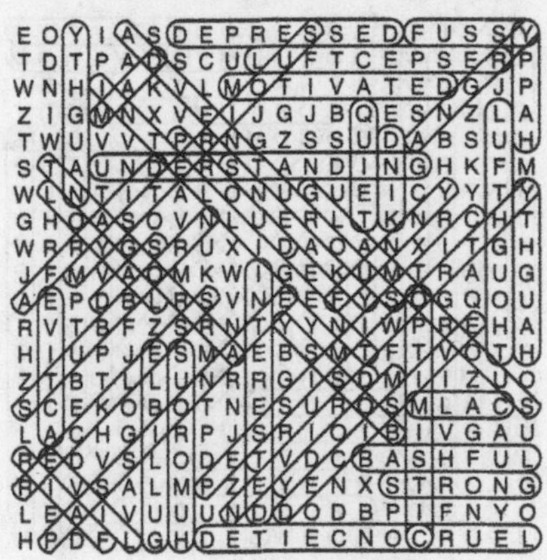

Personal Qualities

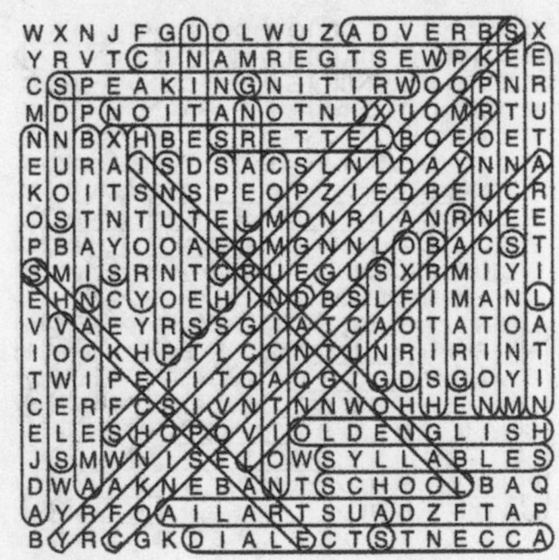

English

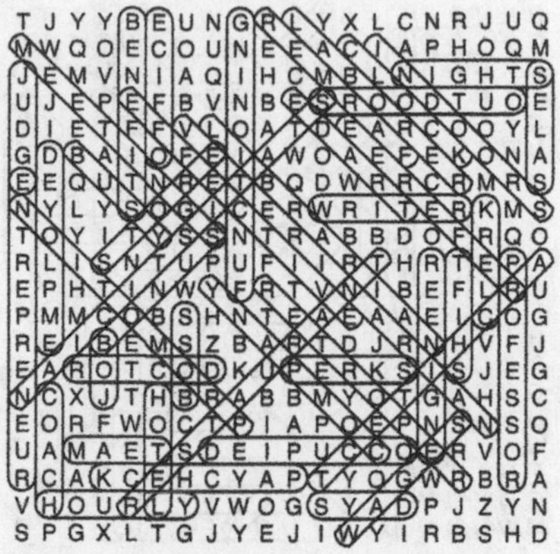

Making a Living

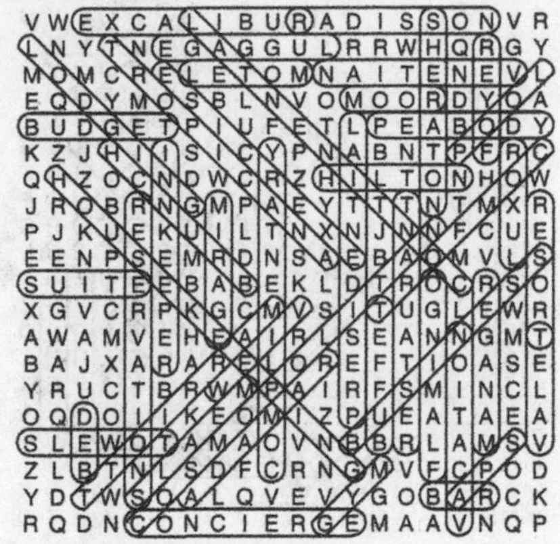

Luxury Hotels

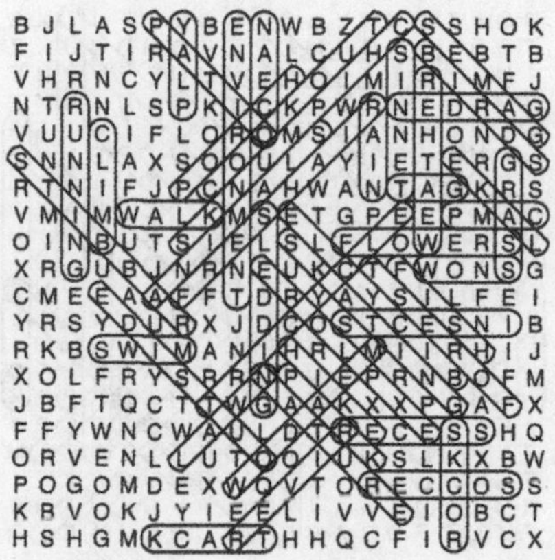

Outdoors

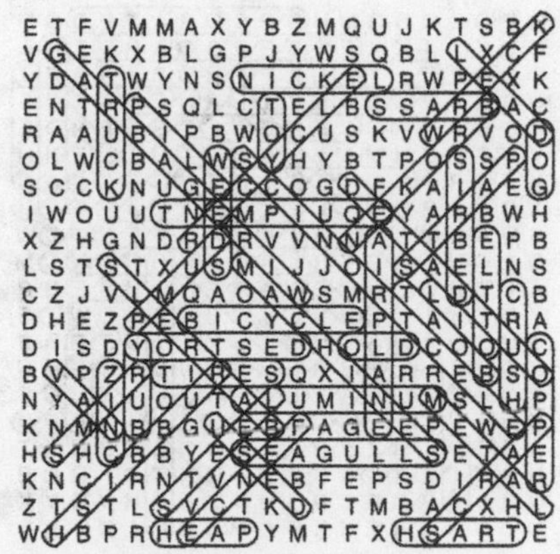

Junkyard

Math Is Fun

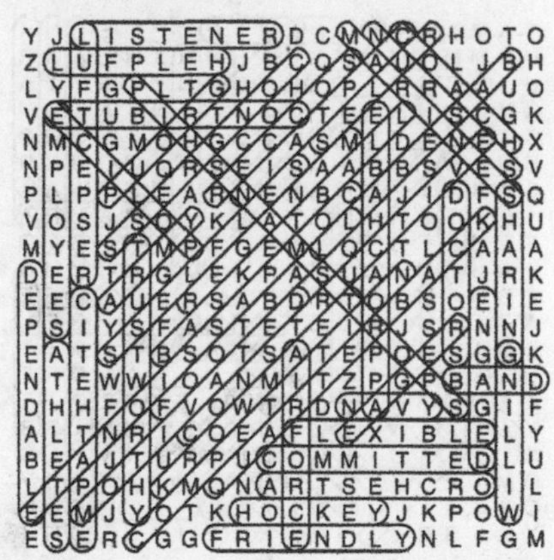

Cooperating with Others

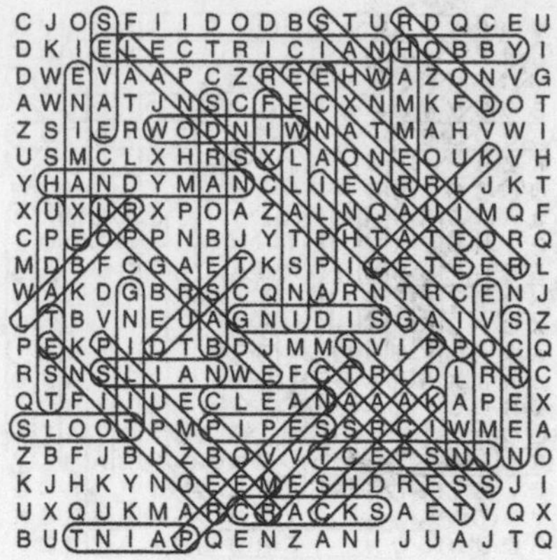

Home Projects

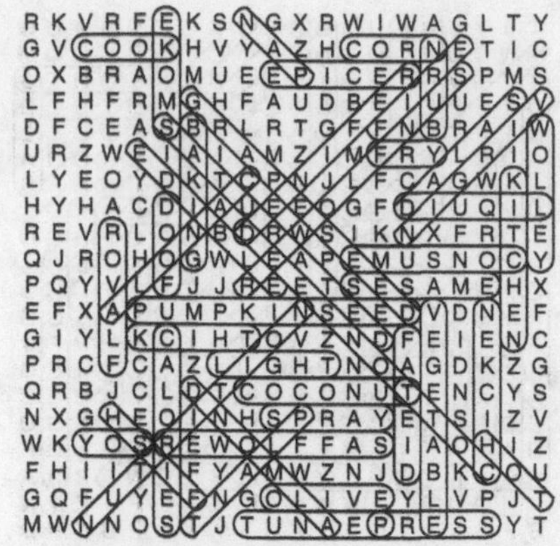

Cooking Oils

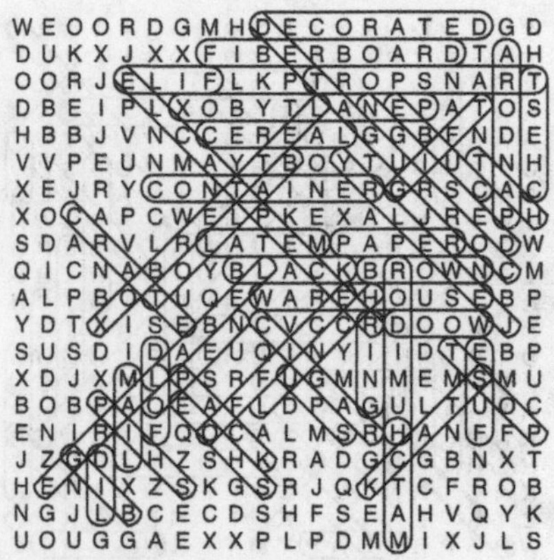

Box It Up

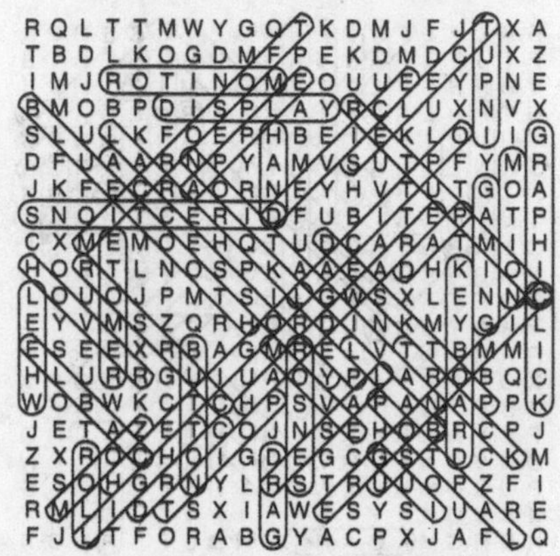

Move the Mouse

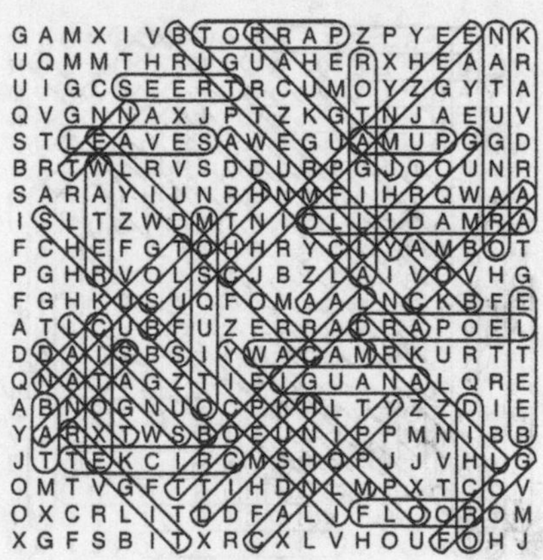

Rainforest Life

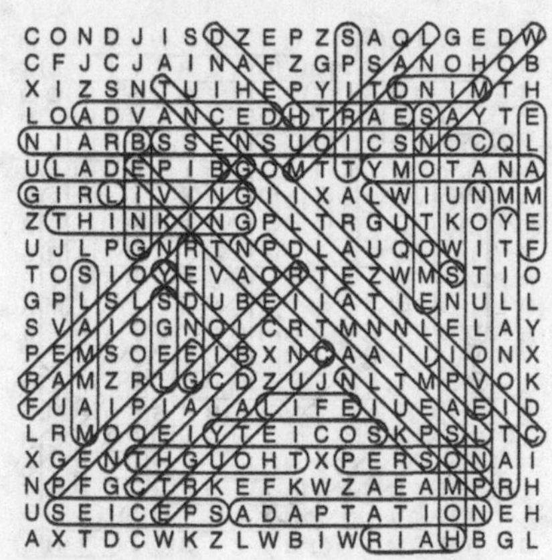

Mankind

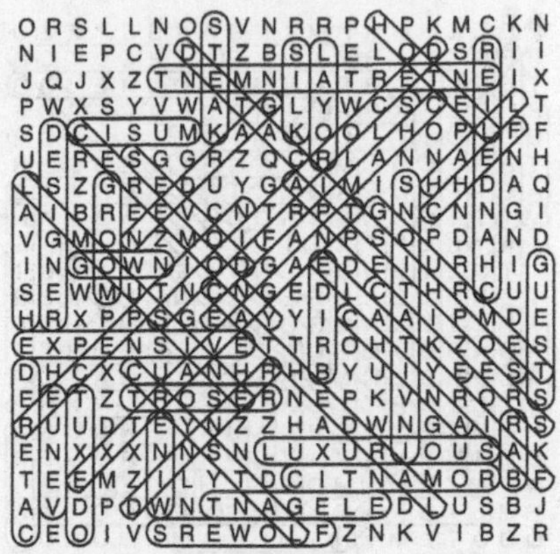

Dream Weddings

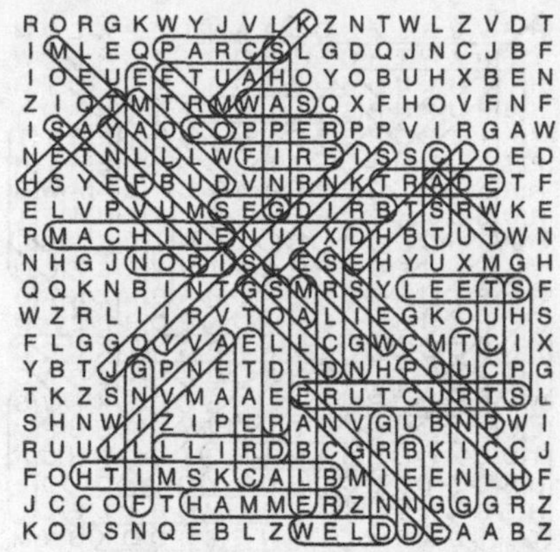

Metalwork

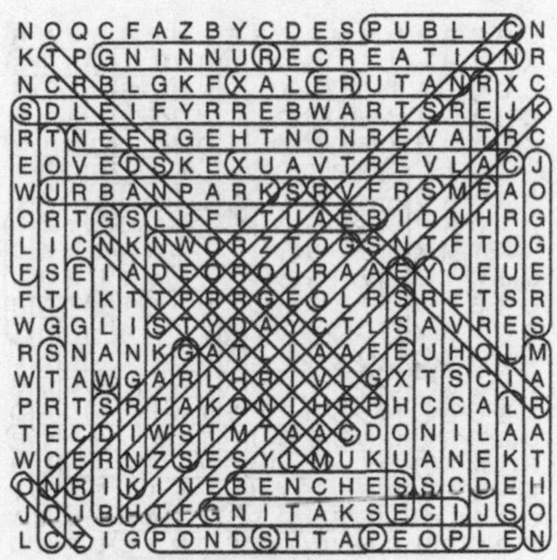

Central Park NYC

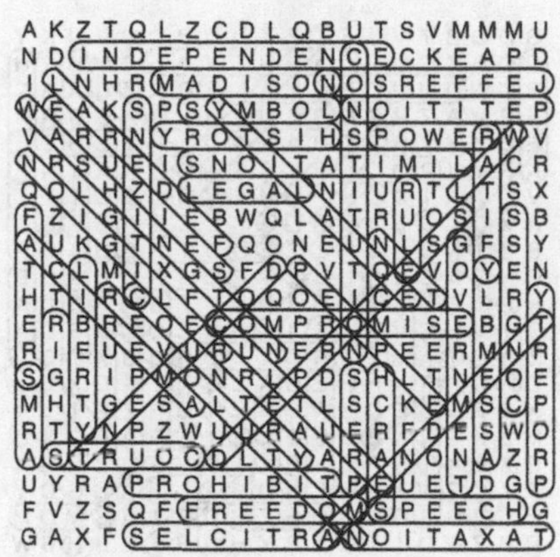

Bill of Rights

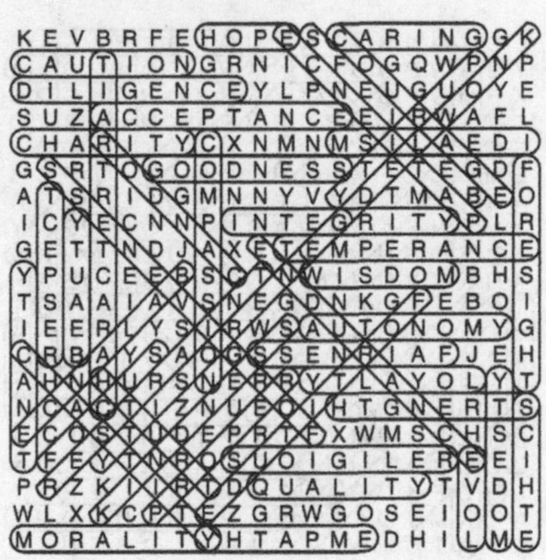

Personal Attributes

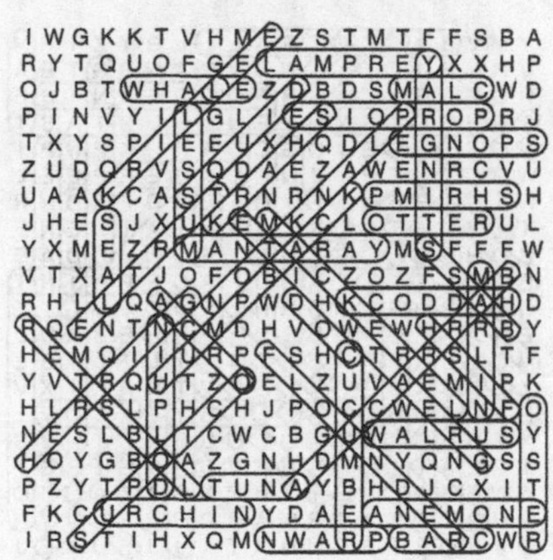

Ocean Animals

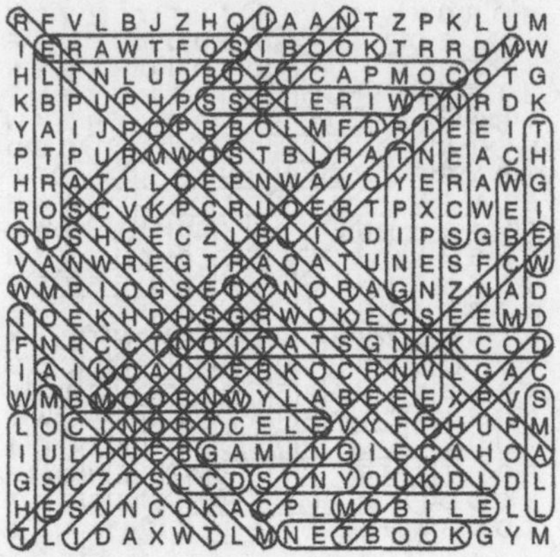

Small Computers

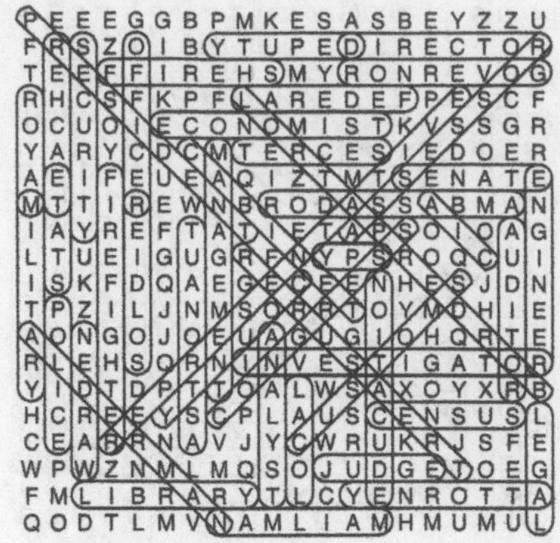

Government Jobs

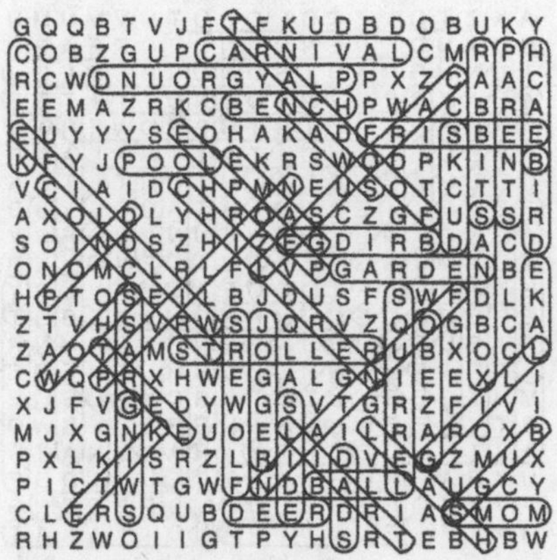

Seen at the Park

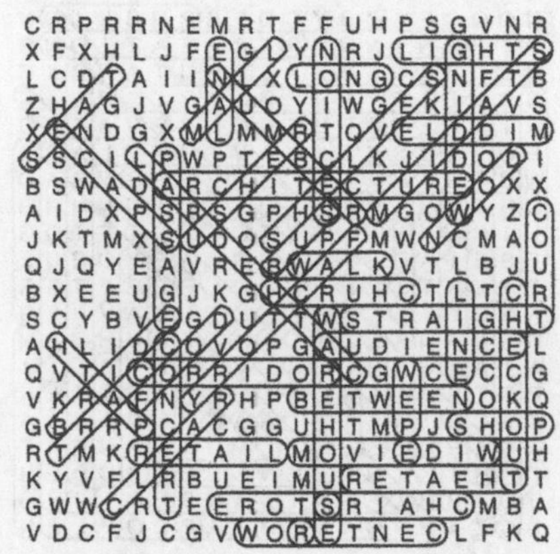

Aisles

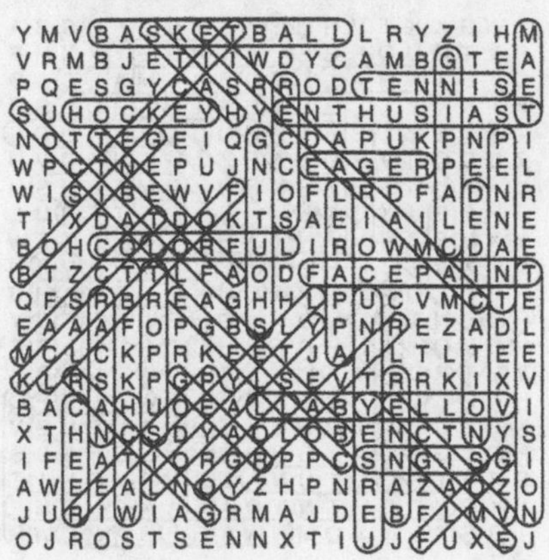

Watching Sports

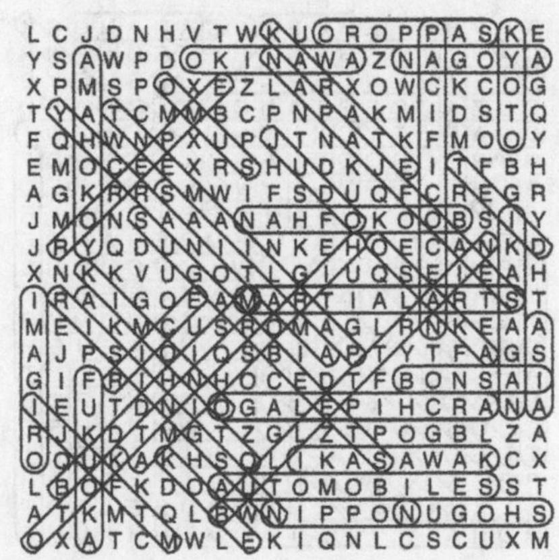

See Japan

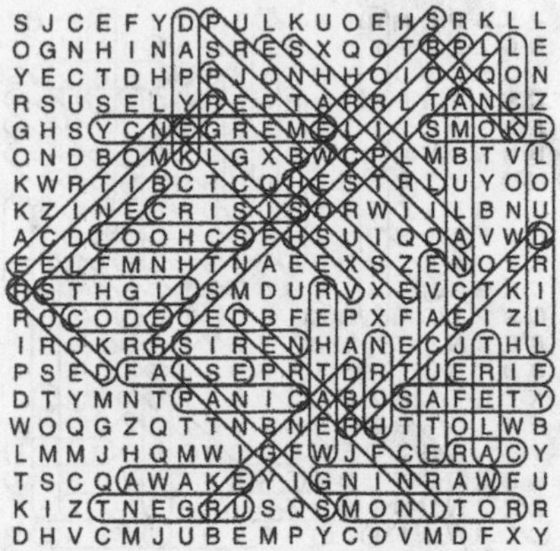

Alarms

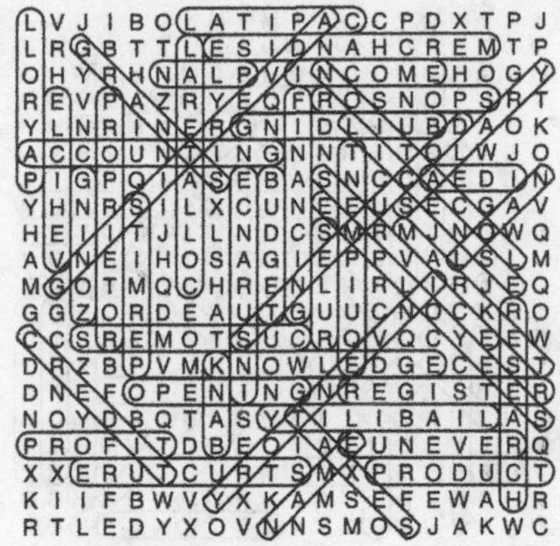

New Businesses

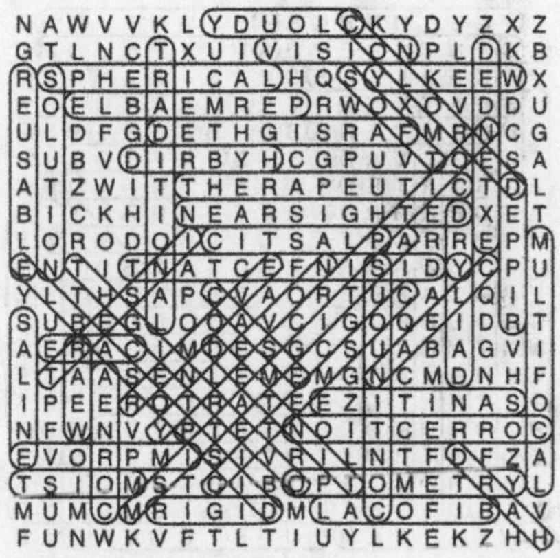

Wearing Contacts

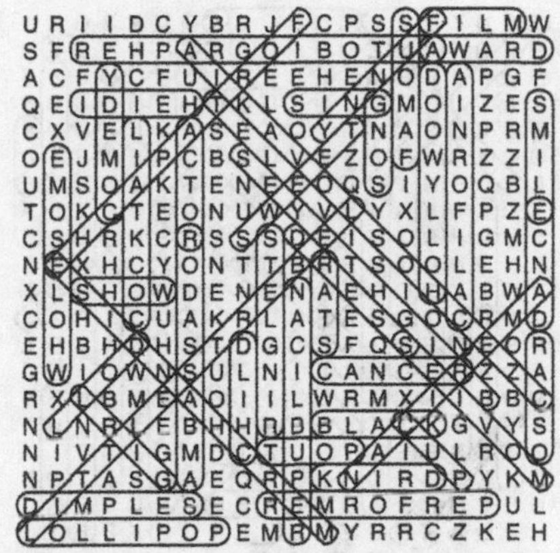

Remembering Shirley Temple

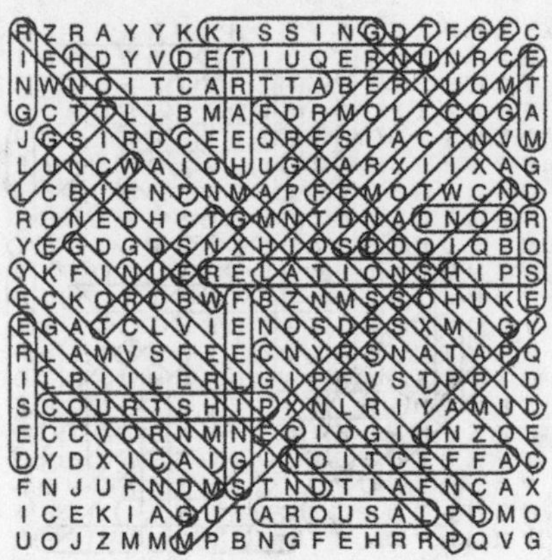

Feeling Love

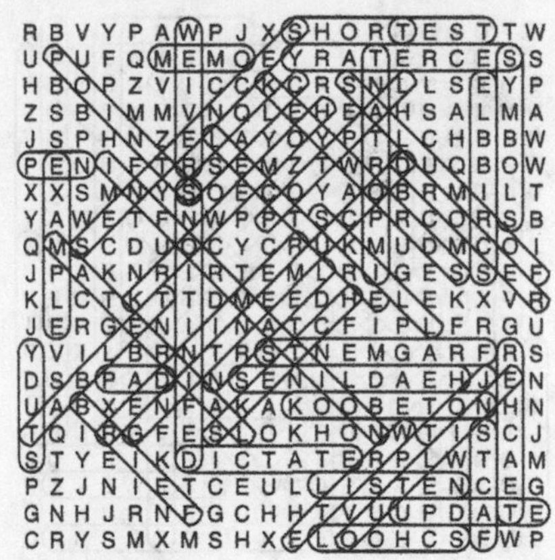

Note Taking

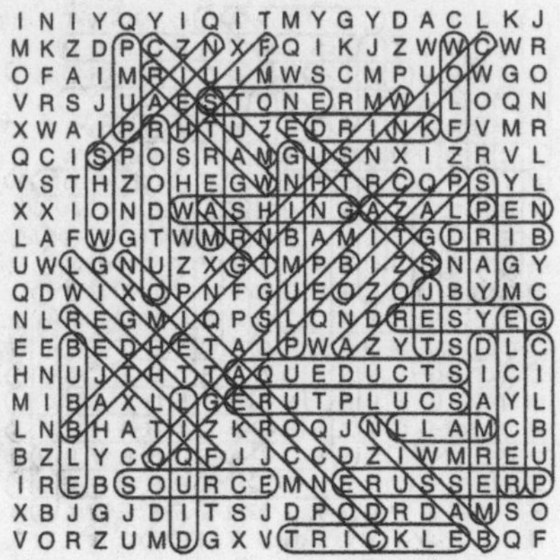

Fabulous Fountains

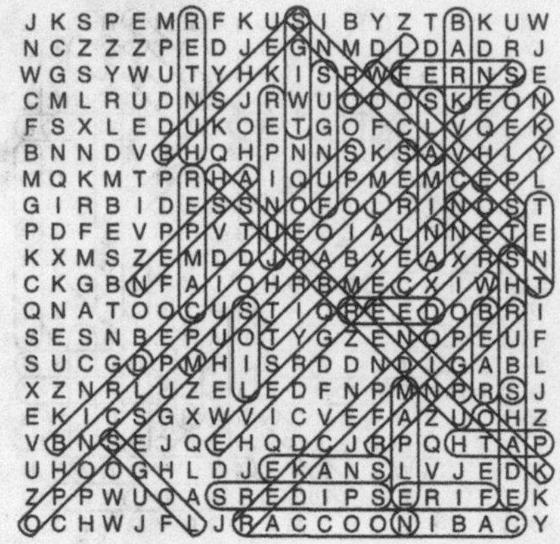

In the Woods

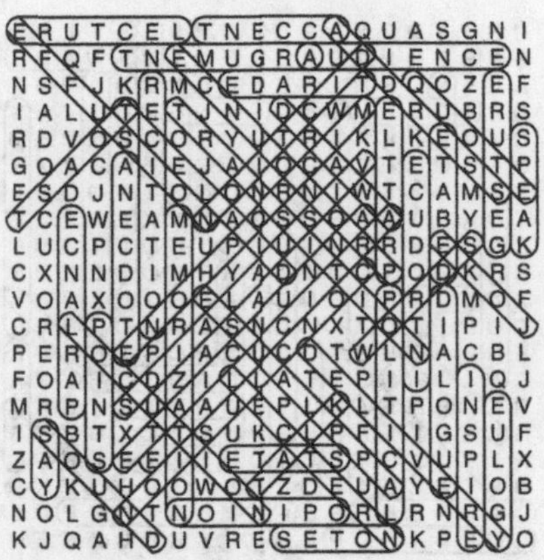

Speaking

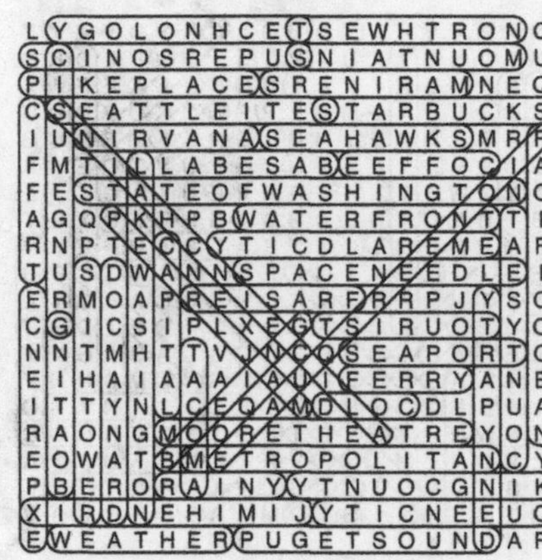

Seattle, Washington

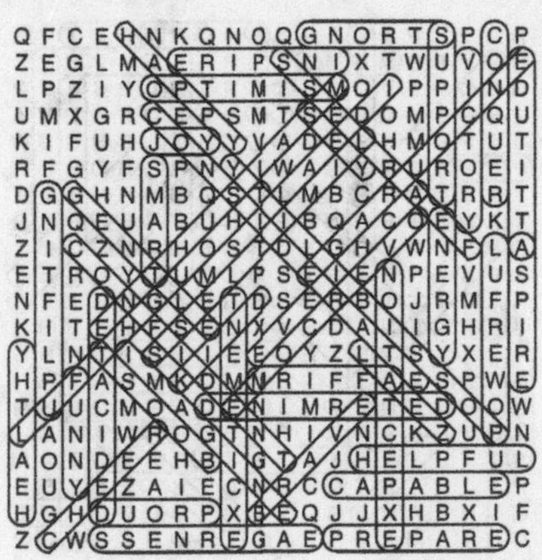

Positive Thinking

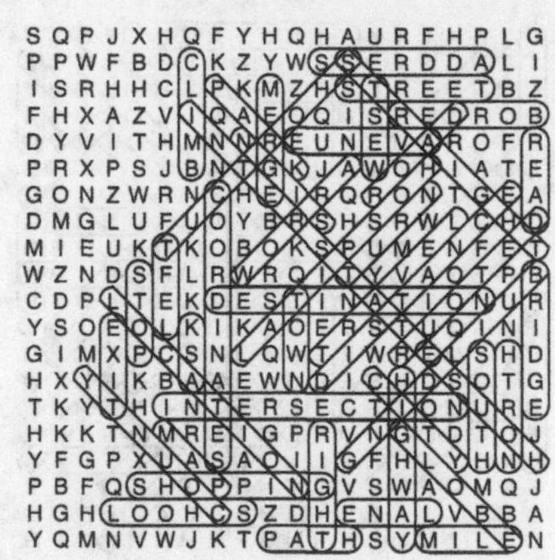

Get Directions

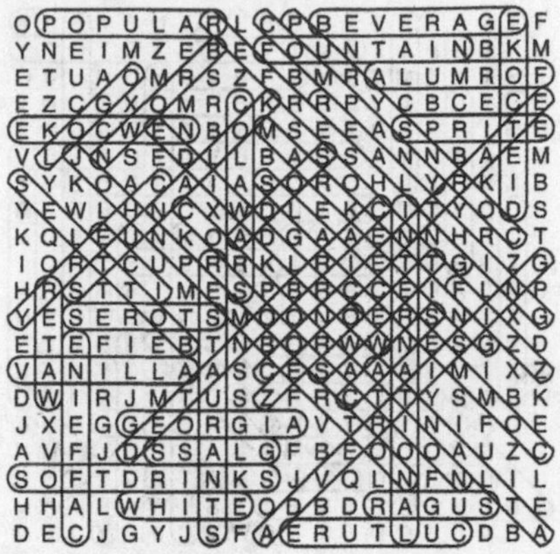

Have a Coke

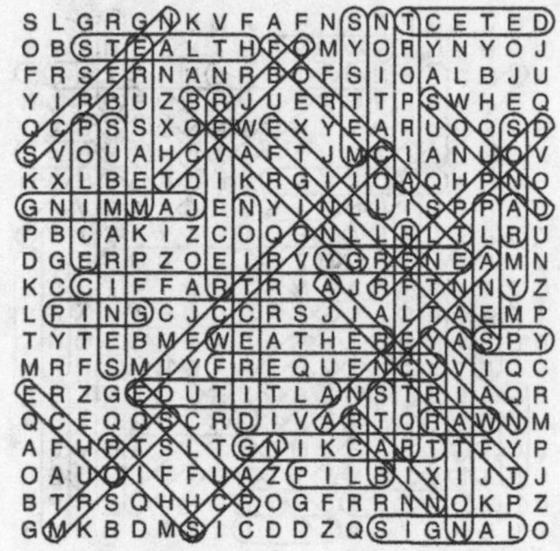

On the Radar

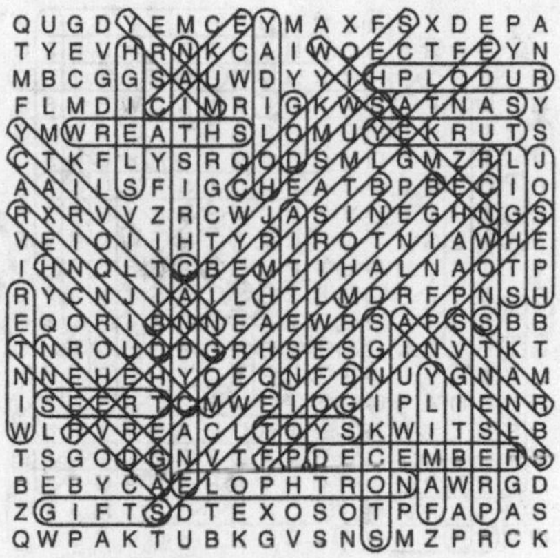

Joyous Christmas

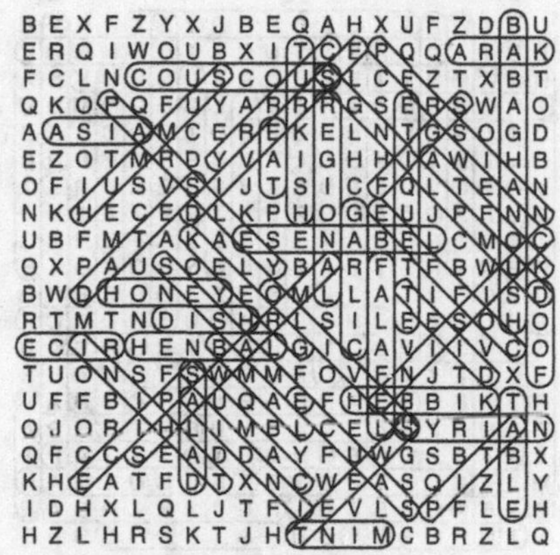

Middle Eastern Food

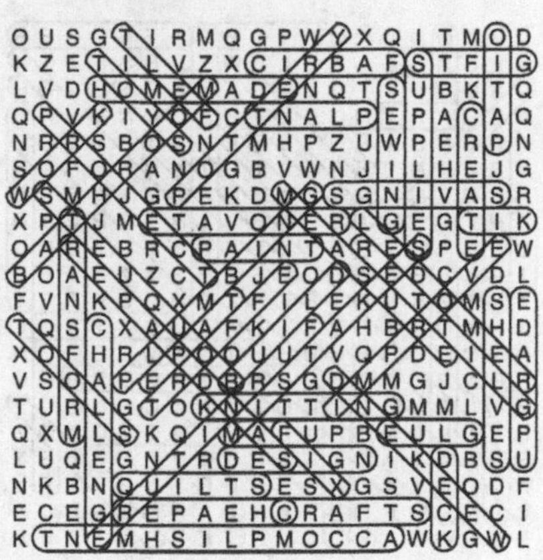

DIY

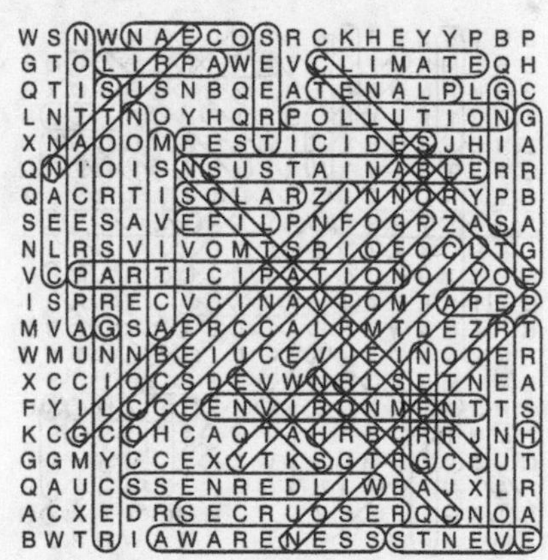

Celebrating Earth Day

```
S C J Y M P T R A D S A Q D R K C D Z R
V A H B G P N W O R F S J K E O H X Y K
A F M D S E N O I T O M E N A C I N G Y
E O O P R J V M X N G U Q J O S N R O R
H V X R A Y O Y F H K Y N N D Y E U X J
Z P K L E L Z Q N J H I F D K T N U A G
P C N A S H O C K E D U N G K G E N G Q
H A C S Y T E N D A S E L G L A R V U F
Q V D F L U S A G E D V F W Y A E I S F
J K E E U O G C O E S I R P R U S U K S
C E T X S M U A A M N S U O I R E S E E
I P A C F S L U F T H G U O H T J W E H
D D L I M U E A E R J E G N P W O Q H S
S I E T L A M R Z H I F X G R R G R C A
E E K E J I E W P R W E S I R X R L S L
K S L D L S N M G E E G N I H G U A L Y
J O T I T A U E J M D K E D L A M V E H
R N A E M L N M S Y L D O Y L L P O E N
B R D U P S E T S E Y E P P J Y Y P P F
P U E H U Y J A S P I L C Y B B D H Y I
```

Make a Face

```
T T K C S D E T C K P S C T N E I C N A
H K Q S P I E E V I T A N H I S T O R Y
Z S V L A M V K X S A R U D N O H N J G
O M X R N A Y D E J P E R I O D C Q D V
G H Y I I R B I M L G N I T I R W U N V
W O V T S Y R O B S E R V A T O R I E S
K K Y U H P N H B S N P A L A C E S G T
D C M A O O S L A R U M Y C Z O E T A R
P O K L E B I C N E H R J M I D S A U U
O L R S H R R O D A V L A S L E T D G C
U L E A U I I A G M Y I C U I A M O N T
R A T I F G R P Y Y Z M C N V D W R A U
K P N I I T S B M E E C O S I A B E L R
P S C L V O C I X E M M D N C C P S T E
W E E M C U L T U R E O D S O I O U Z S
H R O I R Y H P A R G I P E A R T D U K
L T E P G U A T E M A L A I B E T N C U
C T G O L D D C N N J M A T H M E S H F
Y P U G F E L P M E T T S I W A R I A V
P L M L T G D T T E N W V C J H Y J F J
```

Studying Maya Civilization

```
U J T W E B L U E B E R R I E S B K X K
B D I A C O A S T T U C I T C E N N O C
H A W M N I I E T E D K E N N E D Y S A
T R O P E G D I R B T P L O E M O M D M
U T L A D L A N H Q E U O T D H C S E B
O M L N I O T O O L K R B S N A E P R R
M O E O V U L L D L C Y S O E R P R S I
S U F A O C A O E Z U S T B P T A I N D
T T G G R E N C I G T E E L E F C N A G
R H N L P S T Z S V W L R N D O K G I E
O X O C V T I Z L J A P F J N R B F H H
P J L G V E C H A P P A Q U I D D I C K
I O N Q D R O C N O C M M T H O R E A U
L C E L T I C S D R O F M A T S M L L S
G J W E I S E I R R E B N A R C I D A M
R L H N F M A S S A C H U S E T T S P A
I W A L D E N P O N D S T O I R T A P I
M Z V N O R T H E A S T E K C U T N A N
S P E N O B S C O T R E T S E C R O W E
N T N O M R E V C U H S I F D O C B P G
```

Tour New England

```
B V S H I G R O C X D E H S I L B U P X
X L S M H A E Q A U T H O R L K D U E O
D R A F T P P N K N M Z E U Q I T I R C
Q H M N E T A M R O F I N A L W L G S G
T D Q O O L P R F S S N O I T A T O U Q
R H N I Y I C R G R A M M A R K C N A M
E I O S C L S I I A D M I S S I O N S A
A N I U T P O S T N R V S M R I M A I R
T S N L G U N T E R T A Y I T W M R V B
I I I C Y H D L V F A R P A C R E R E L
S G P N F R T E R X O S T M S I N A F L
E H O O T I O S N T R R P R Z T T T X O
G T H C T N U T I T E U P E N E A I H O
K H I C I L E S S S P X C T L E R V R H
Z E D O A I O D S T O J G Z M L Y E X C
C S M L V P E I N T R O D U C T I O N S
X I D L X Y D O B I T O T S E F I N A M
D S B E R U T C U R T S H Q X R Q J G A
I N I G R A M G C O M P O S E S M J F X
O M W E I V E R S C L P A K G Q P G X E
```

Write an Essay

```
B H V E X Z T C N S U M D B B Y R F K Z
G E H M K M F O O T C H A R C O A L Q S
B G K A N G E R E R B Y A T B H D C X E
I G Z L F G V N B Q B T P H C R E E B S
L N C F K O S E U P W A G W L H L W K D
G I X T R I I B N U T I C E O B E E O M
Q T P K L I C D R I E O A I A X N S O T
S A U S A G E S O N C E N T S A O R C F
L E H G K K T N T O O T E G P Y O H J S
N S C X S C O G D I F D Z O S L A M S X
Q F T K K C A M U S T A R D T I X A U F
B F E U A W T N E E P P E A R M L C S F
R N K N J D V I S H S P T S Y A G G W C
L M L M G I G O O M O T H R D F Z A X T
Z P S R S G D N T F O L S S P I H C S Q
P M H T E A D D L L P K L A O A N E B G
O E E V T L M D G V W S E S O M R V I P
R A I N A W I J K Y C G L J L V A T R H
K T C G L L S S K Q C D K M E X Z B Y Q
R M Y E P W J R H K S H J G I W F P O N
```

Backyard BBQ

```
U R A O D Z N U F I L E S S T R O P E R
S E C R E L I A B L E W T D E S K T G N
R S O G N I T E E M N Y N C E S G I O G
W E M A K I N G C O F F E E W N L I N S
I A M N B I F G T D R P M I I A T I O C
Y R U I N T N E E E T D T N N A T R O H
R C N Z N I S L P I Y C N O M N W O S E
E H I E L D I E O O H A I R I Y R E H D
D R C I K V E N Y B L S O R I D X C N U
I F A K E K I R O P S F P E I A C I E L
T M T R K S A A R E N L P N F S K F R E
I N I O T T R R F I E X A D U T I F U L
N N O W E D E Q U H S T N E M U C O D R
G B N R U T R T G N I S S E C O R P E C
Z M C E U P G C D O X A W Z C H G C C F
G E U P F N H A N J C G T M I R G A O Z
S M M A I A T T N K R O W Y S U B L R Y
W O C P I A Q N O R D E R I N G D N P V
C S Y R Q F C O I A N L I A M E N H U W
S T L W G X B C H M N T E E R G T E K S
```

Secretarial Work

Nature Walk

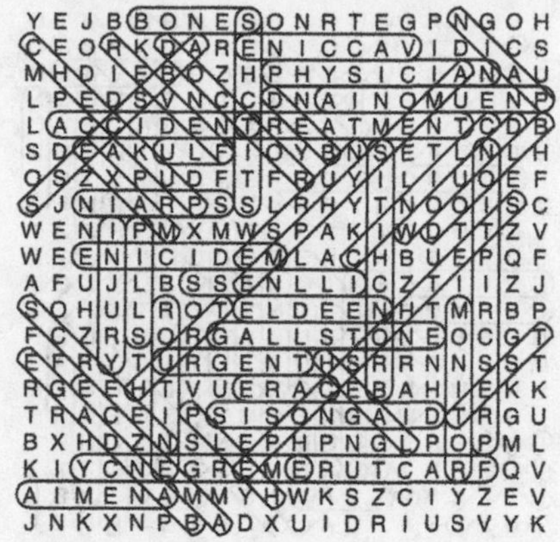

Medical

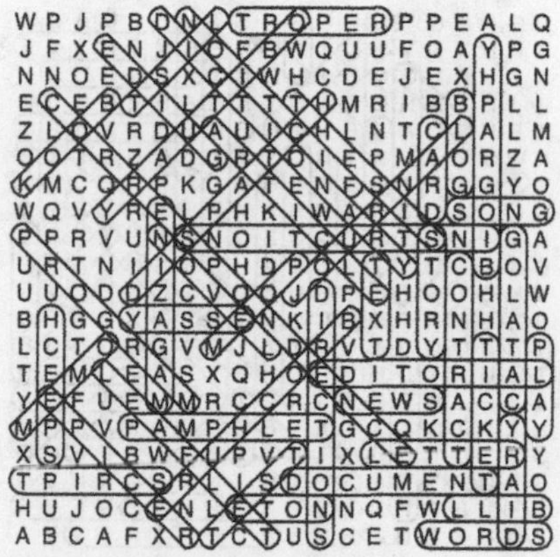

Written Material

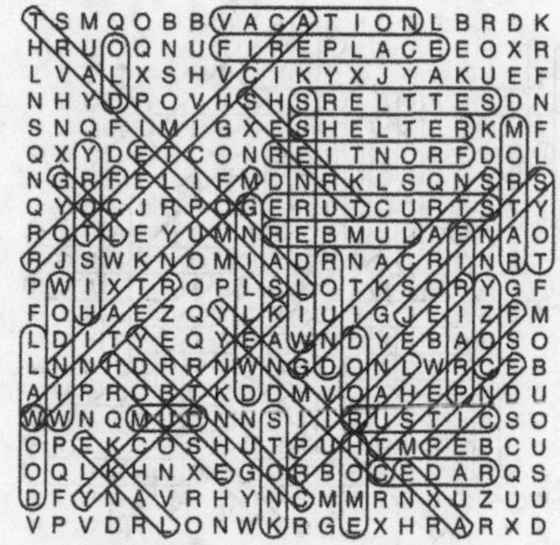

Log Cabins

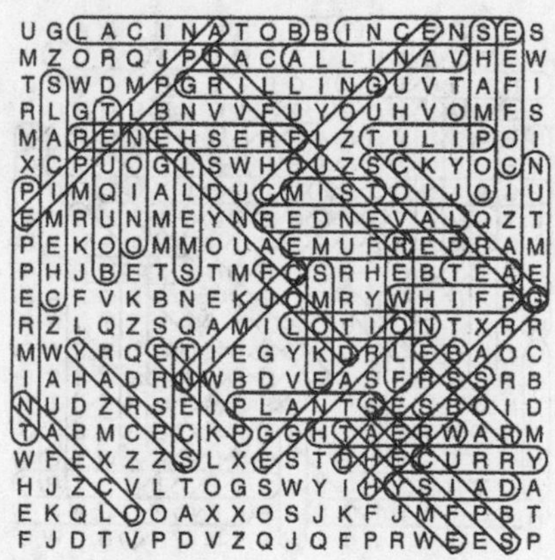

Aromatic

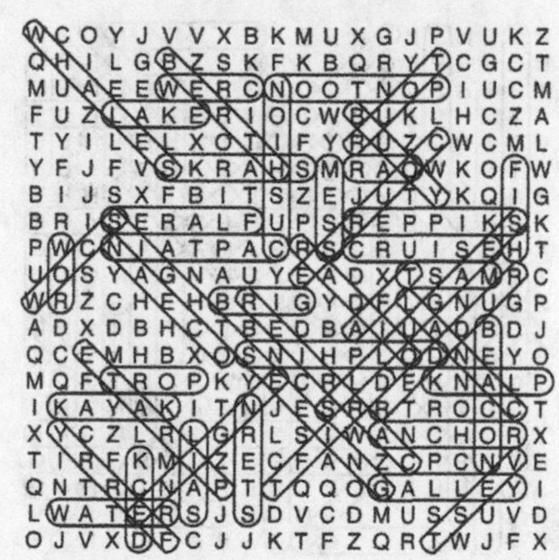

Around Boats

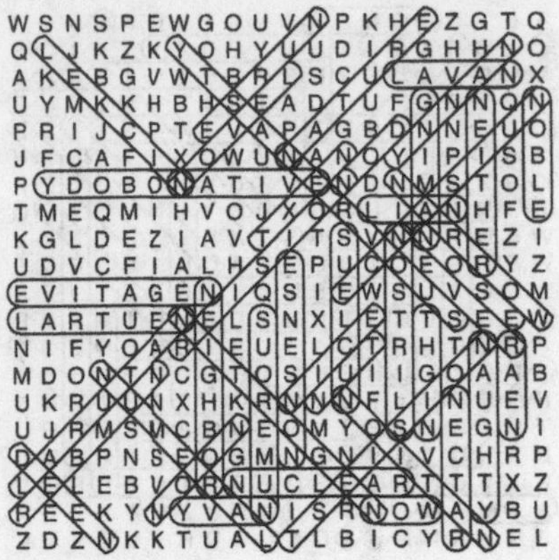

N at Start

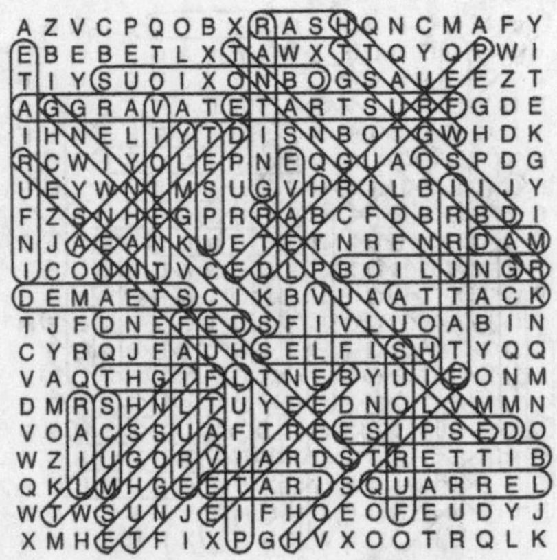

In Anger

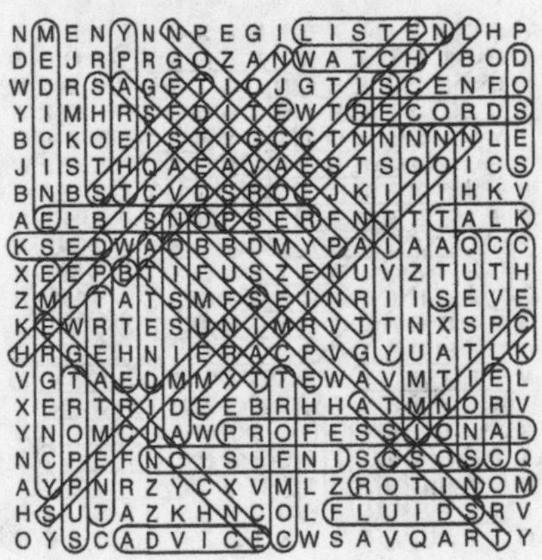

Caring Nurses

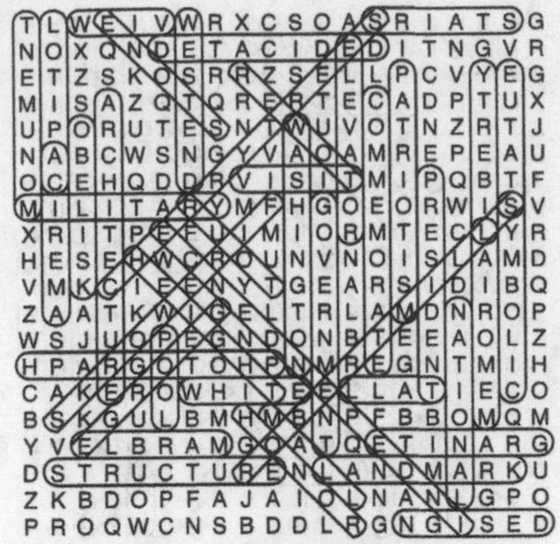

See the Washington Monument

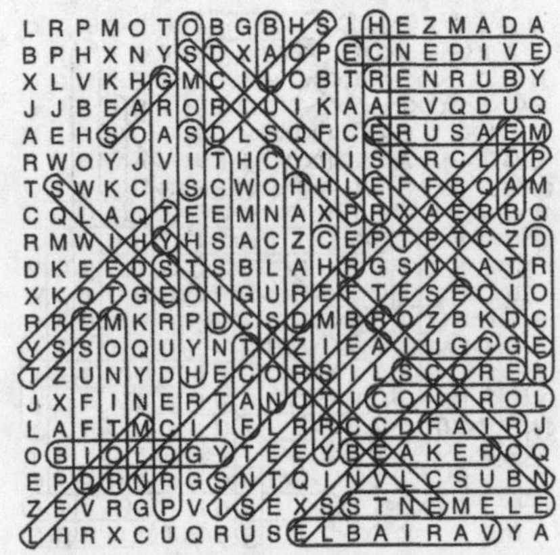

Science Experiments

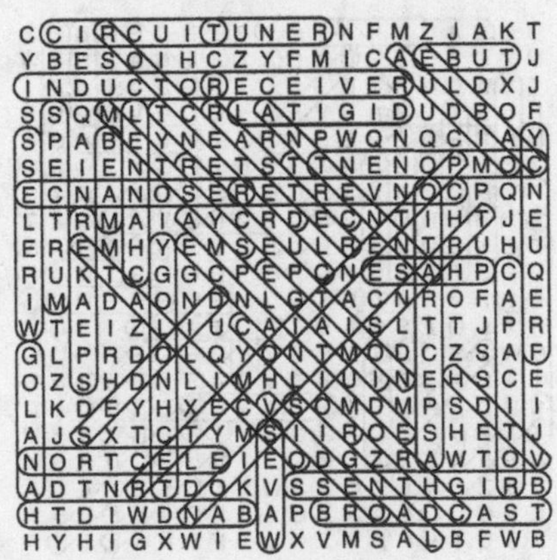

Television Technology

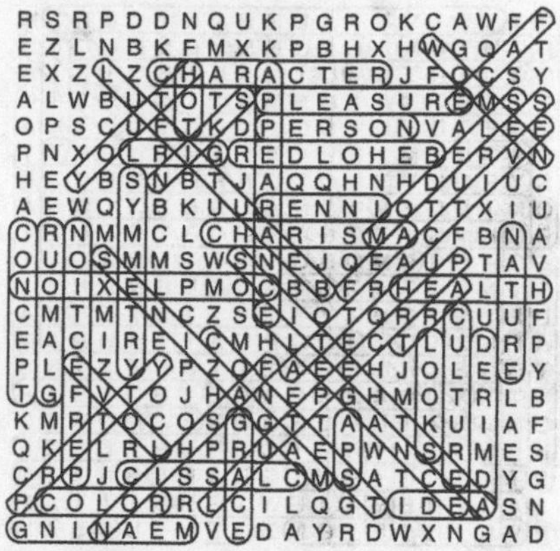

Looking Good

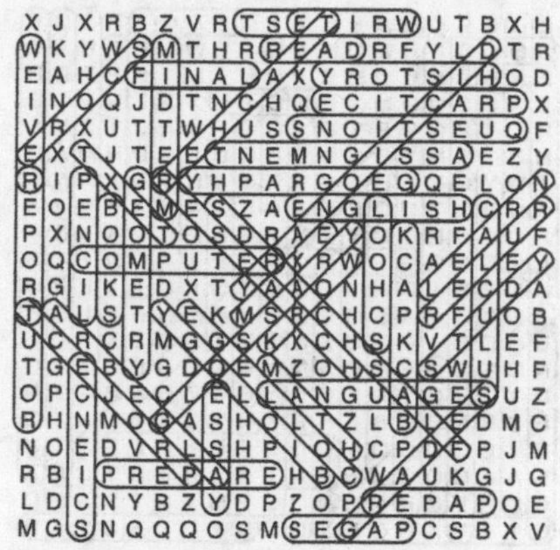

Do Your Homework

X-Men Films

Attire

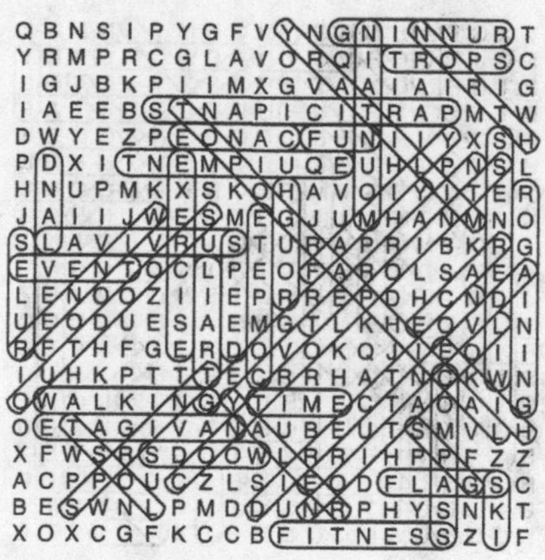

Navigational Sports

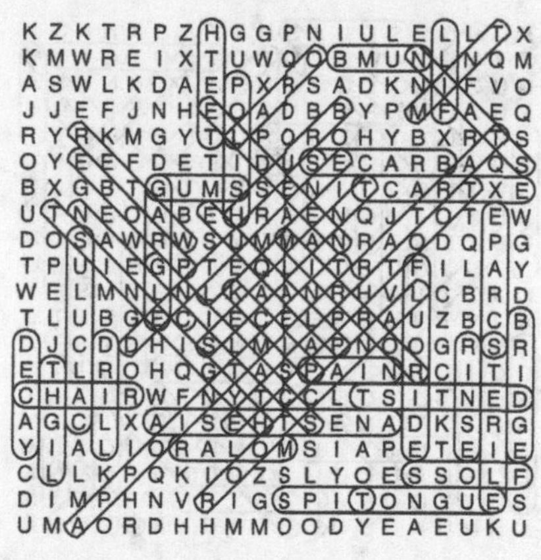

Dental Checkup

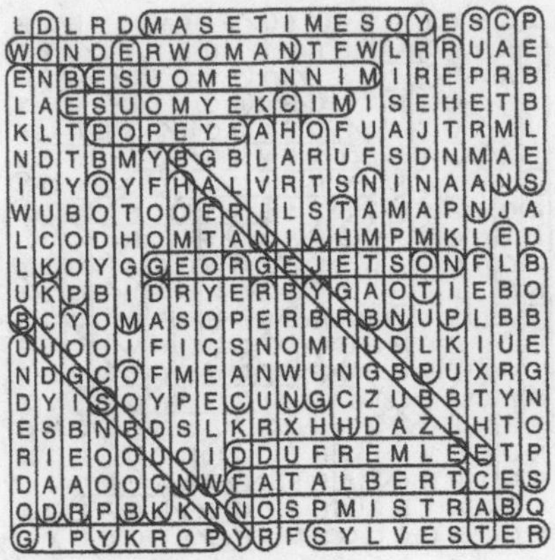

Watching Cartoons

Remembering Albert Einstein

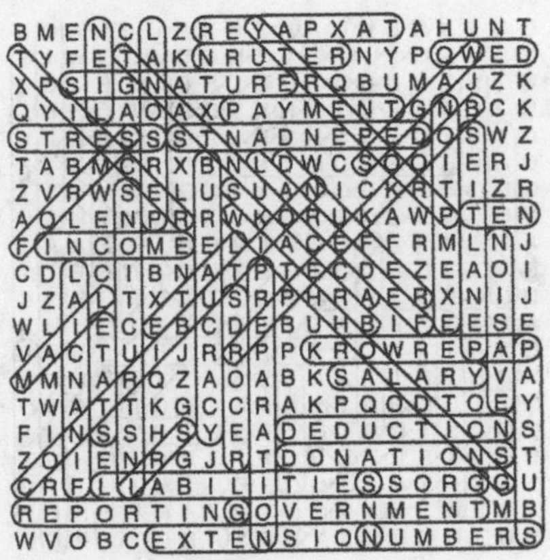

Pay Your Taxes

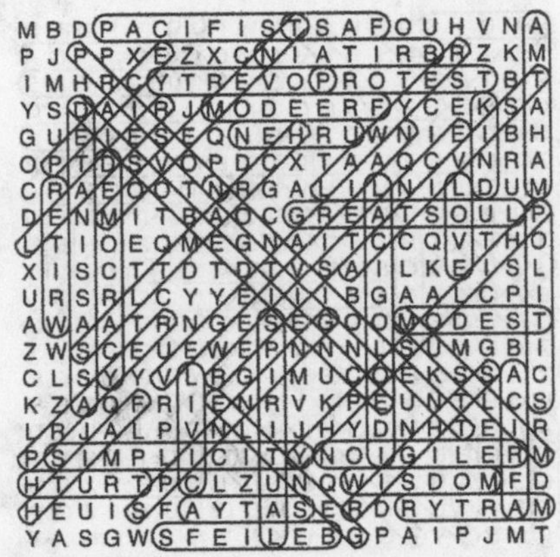

Mahatma Gandhi

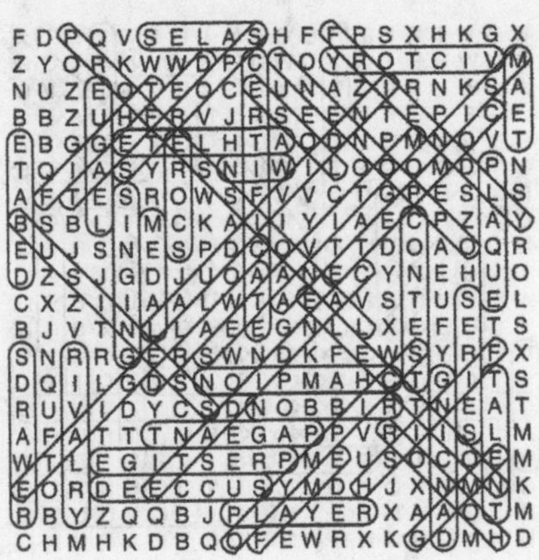

Competing

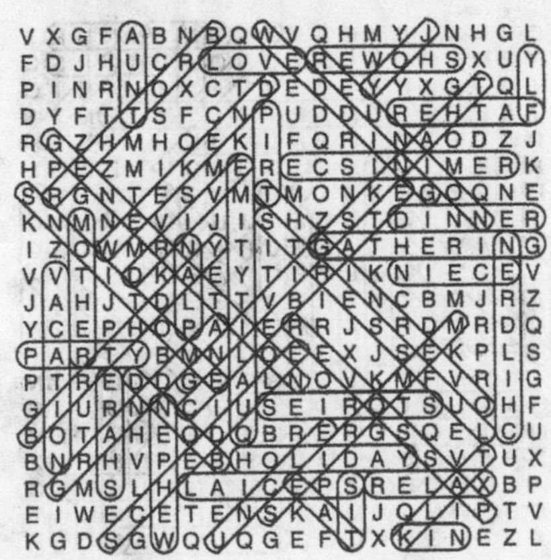

See the Family

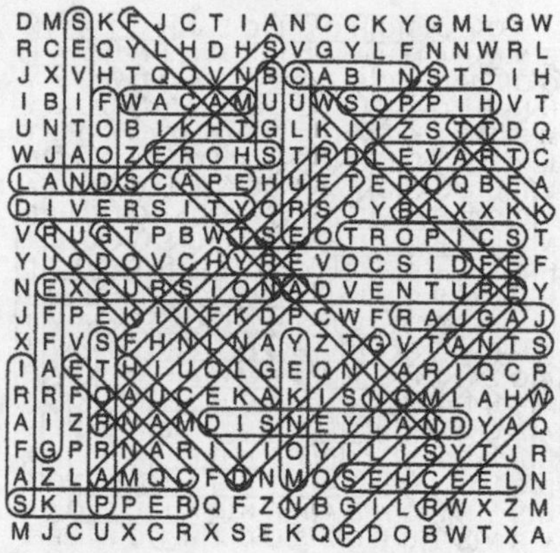

Jungle Trip

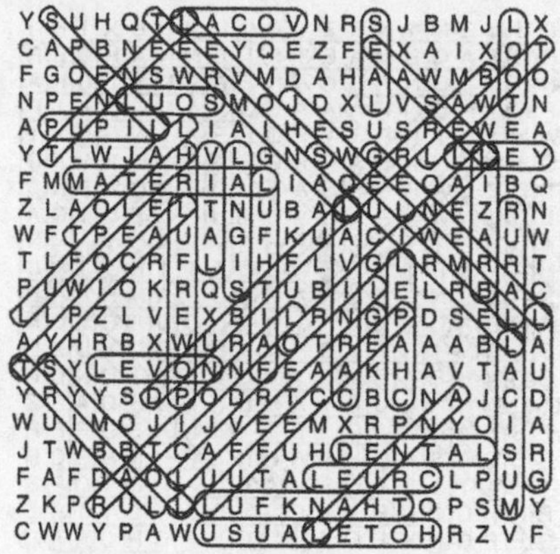

L at End

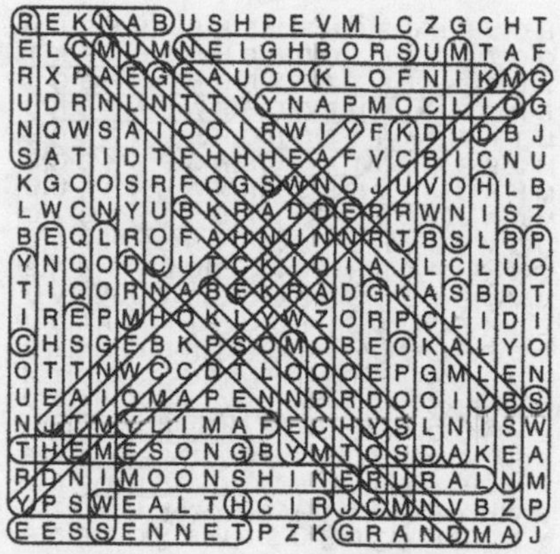

Watching *The Beverly Hillbillies*

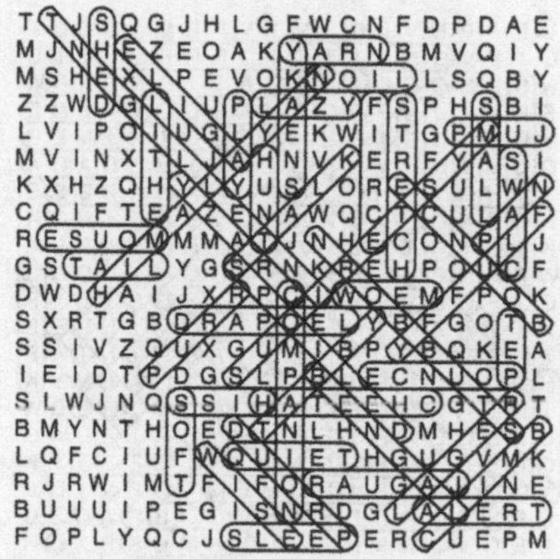

Like a Cat

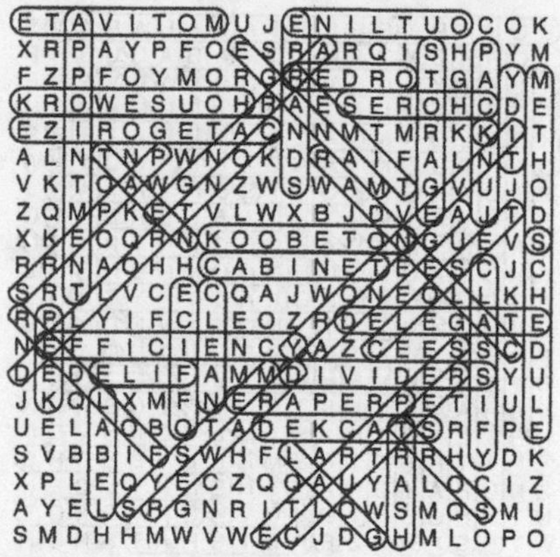

Highly Organized

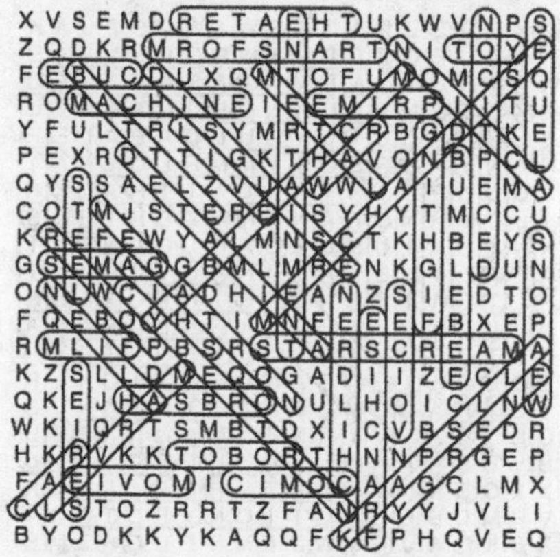

The Transformers Franchise

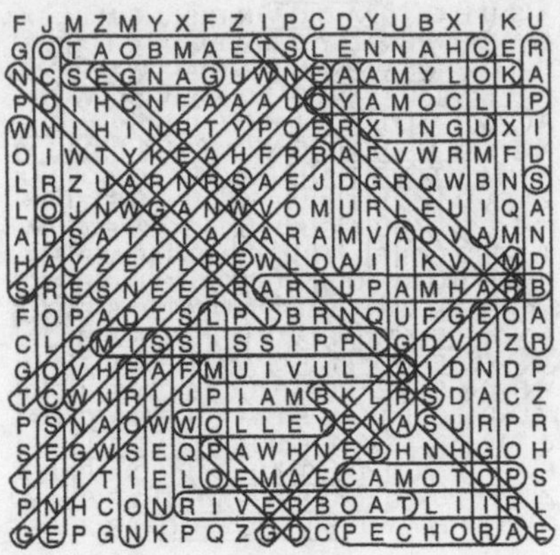

At the River

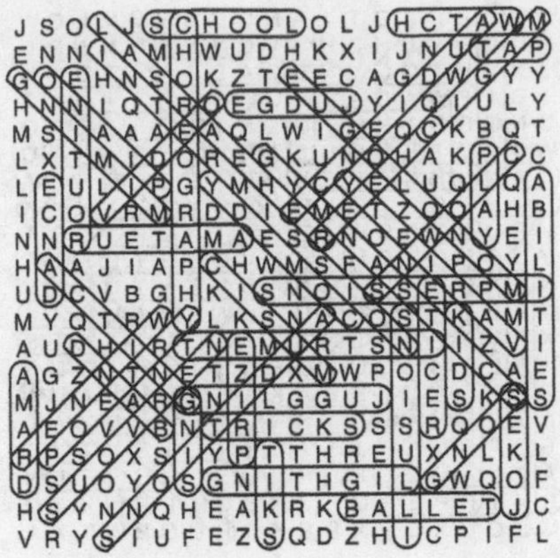

Talent Contest

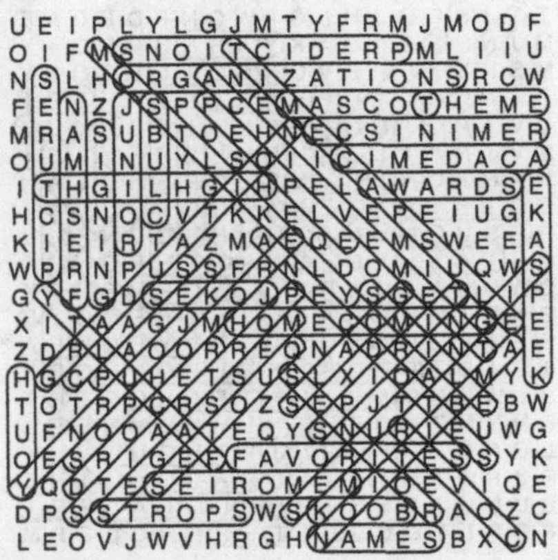

Yearbook Memories

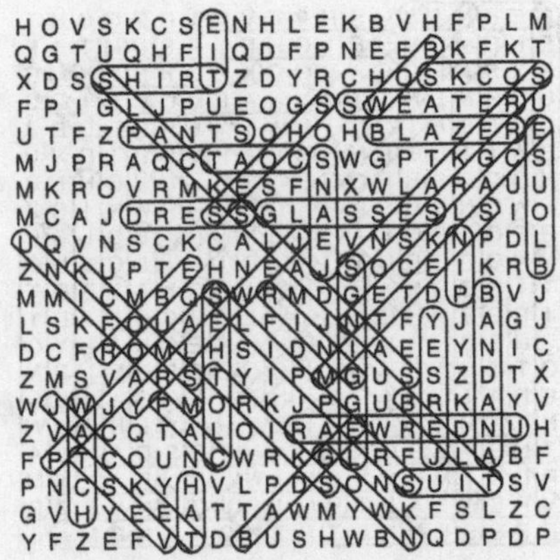

Wear It

Kung Fu Panda in Theaters

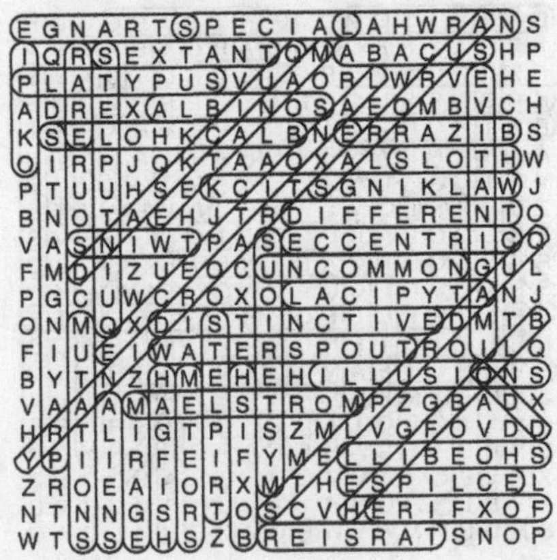

Somewhat Unusual

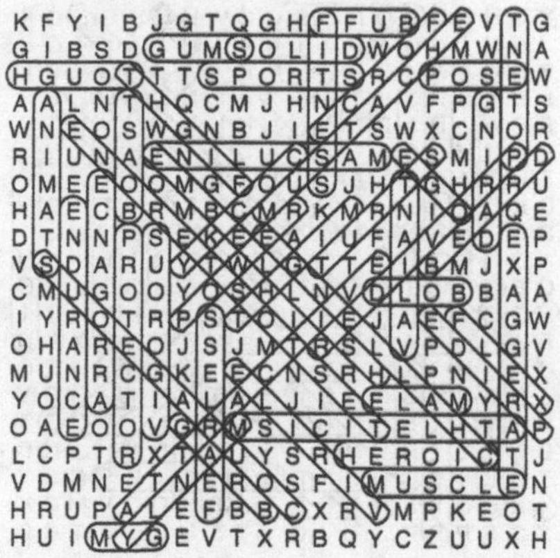

Machismo

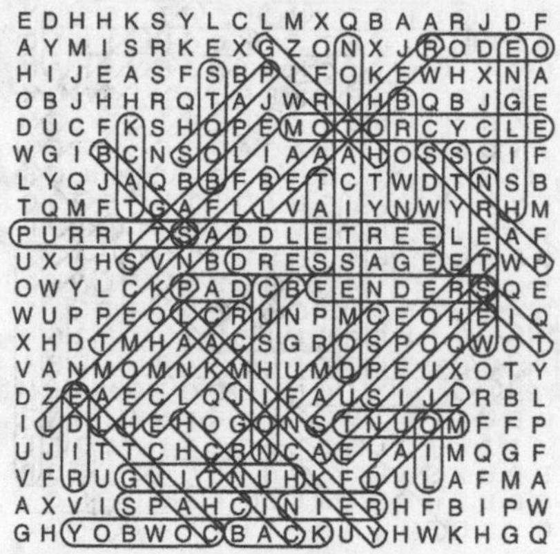

Saddle Up

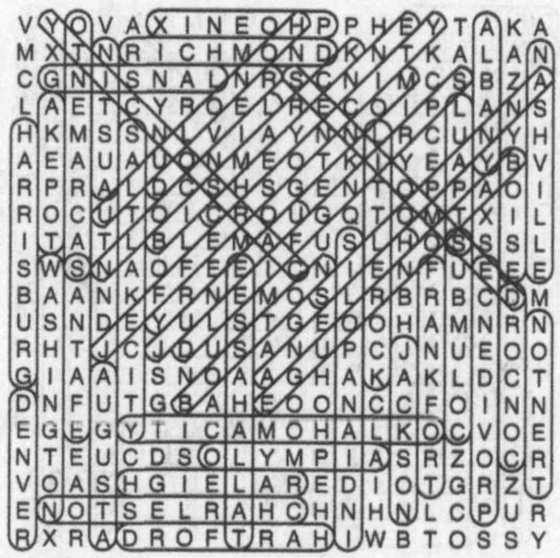

Capitals of the United States

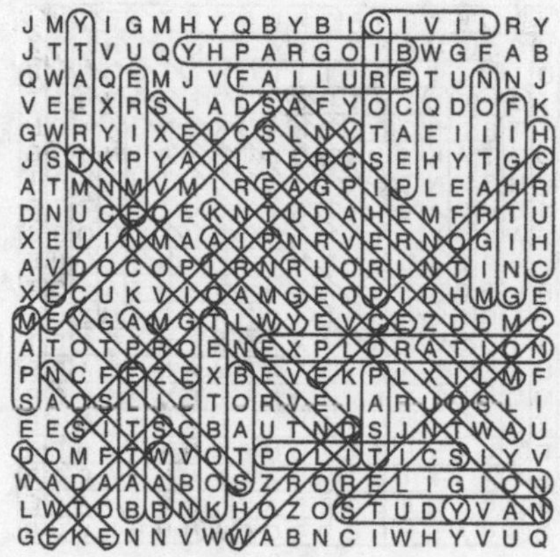

History Books

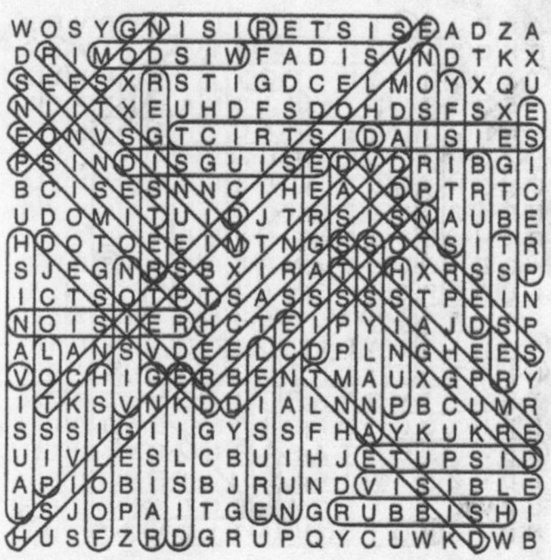

IS Words

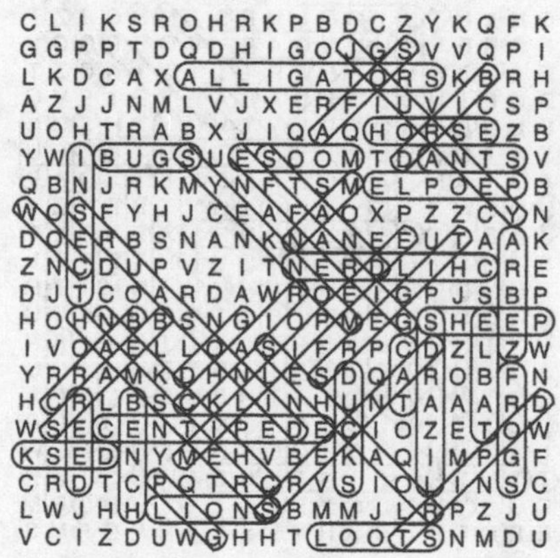

It Has Legs

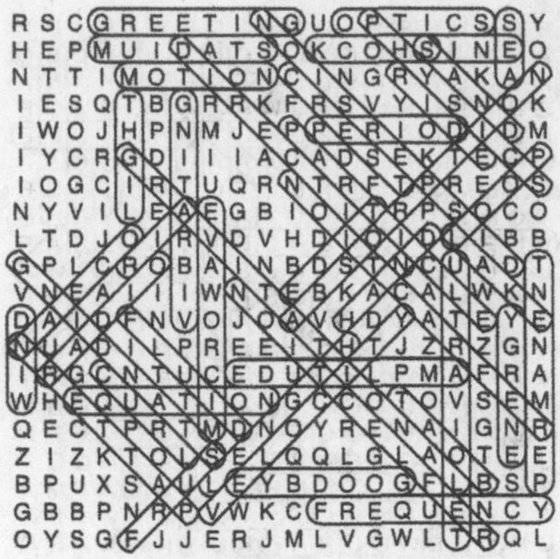

All about Waves

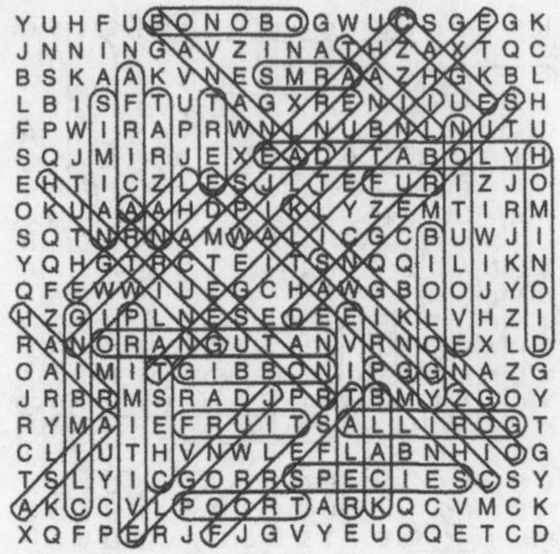

Amazing Apes

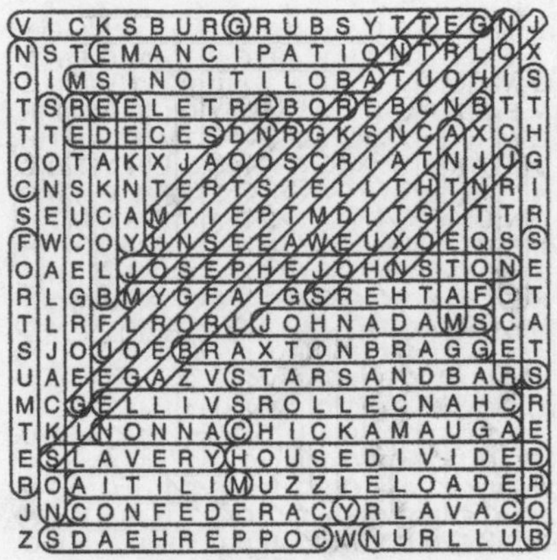

American Civil War

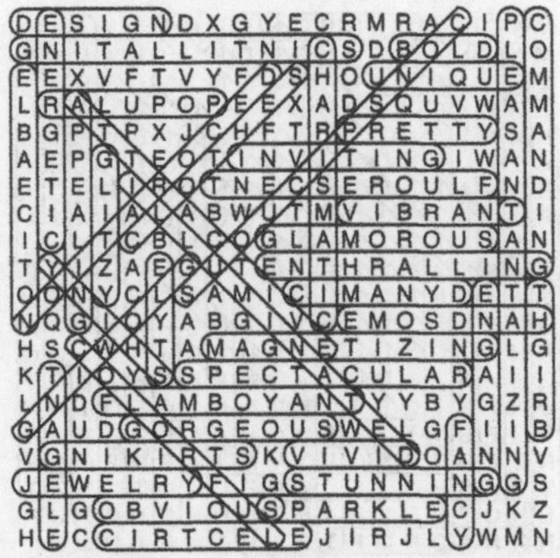

Must-See

Solving Rubik's Cube

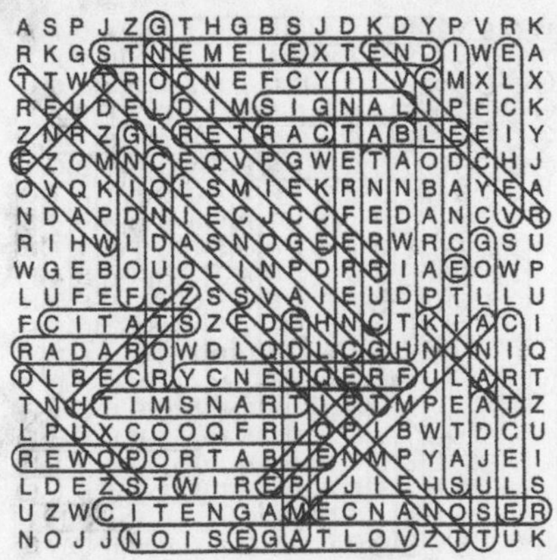

Antenna Technology

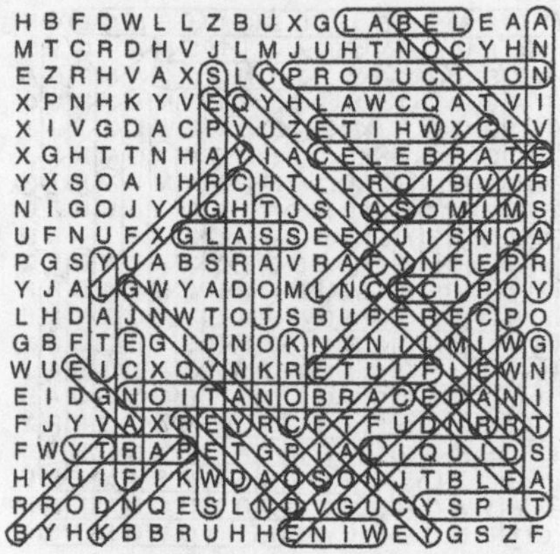

Have Some Champagne

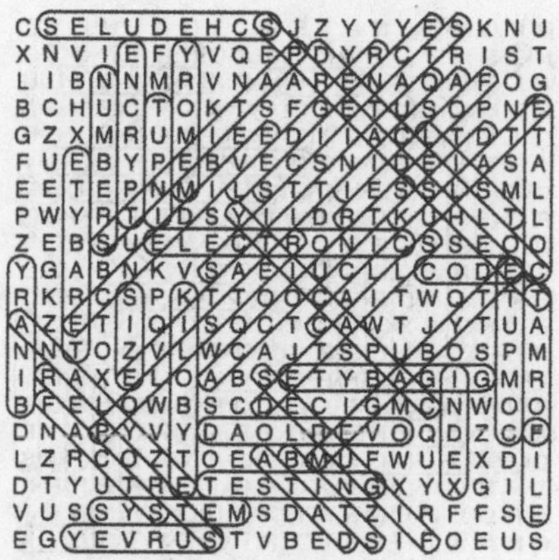

Information Overload

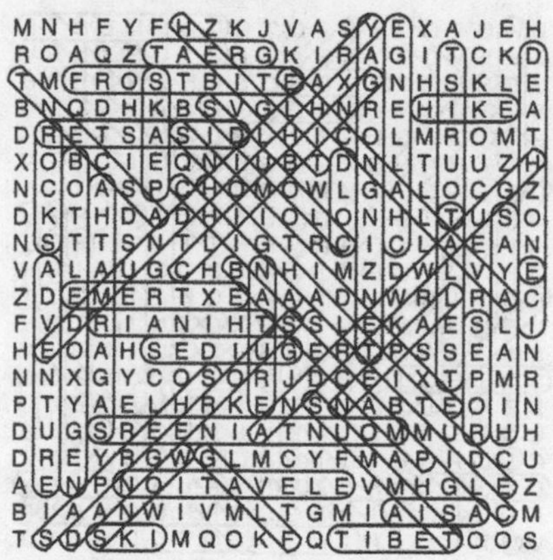

Everest Challenge

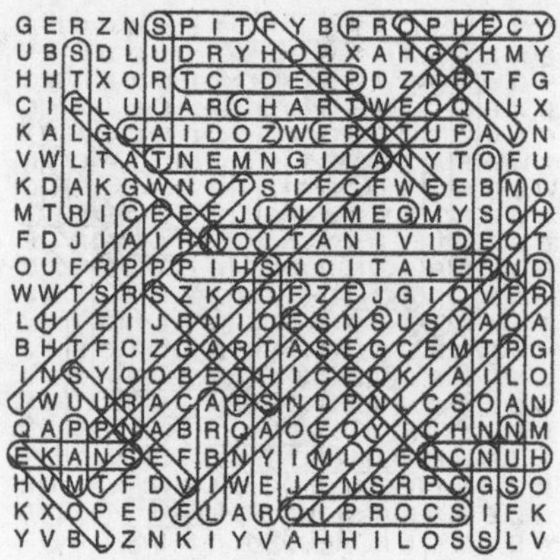

Astrological

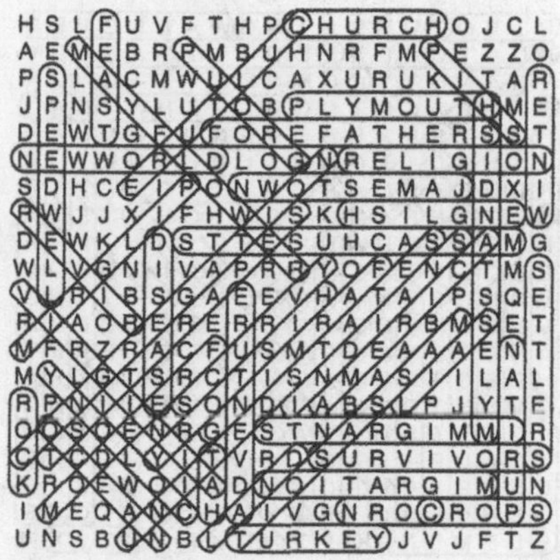

Pilgrims

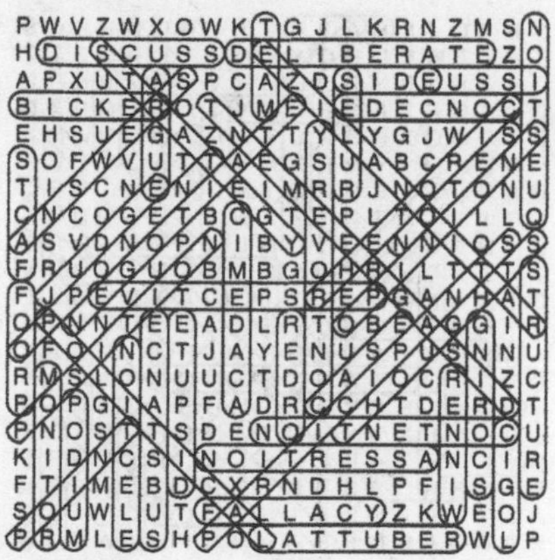

Debates

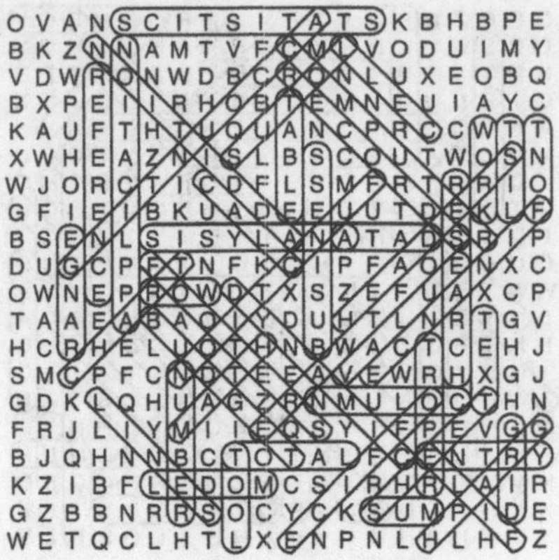

Computer Spreadsheets

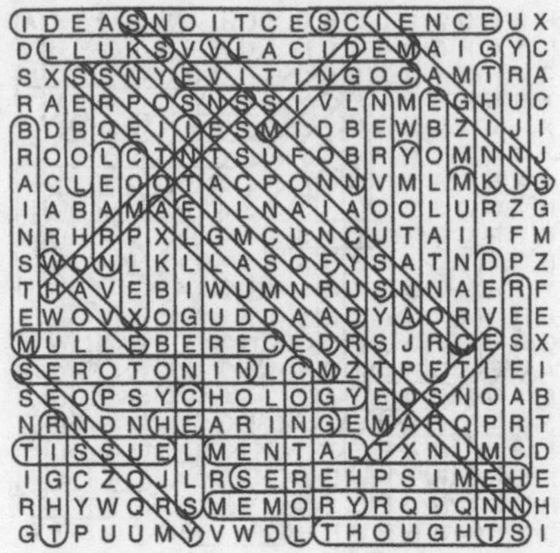

Our Amazing Brains

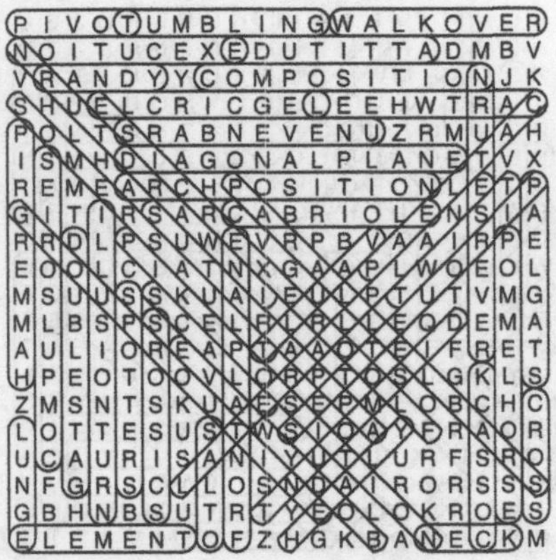

Gymnastic Competition

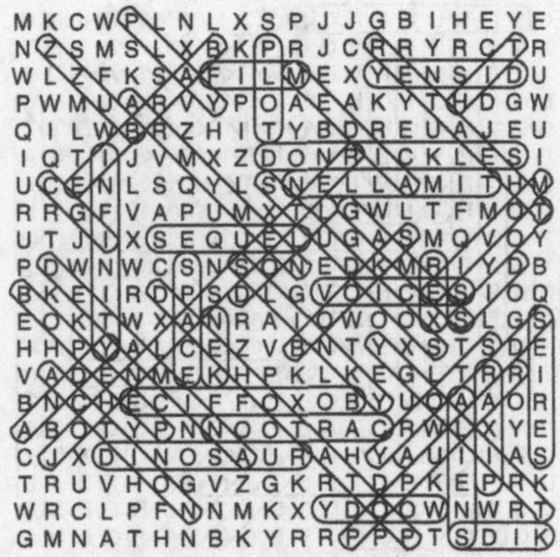

Watching *Toy Story*

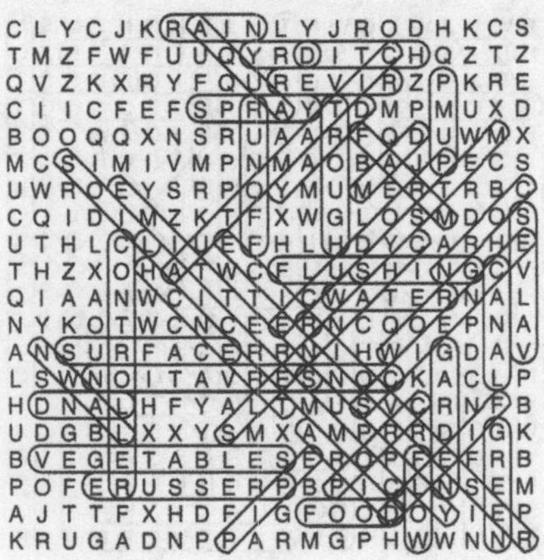

Irrigated

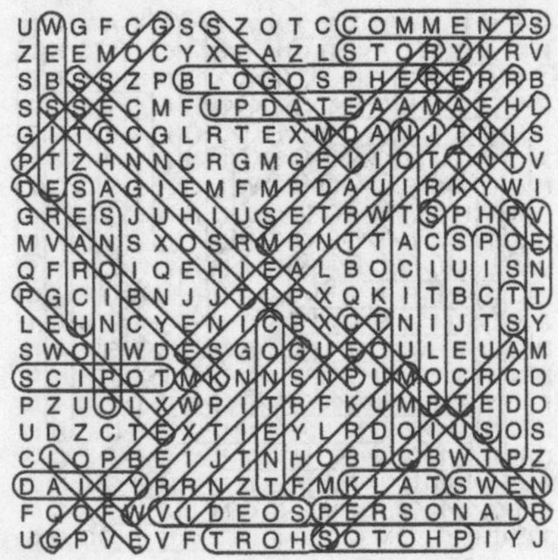

Create a Blog

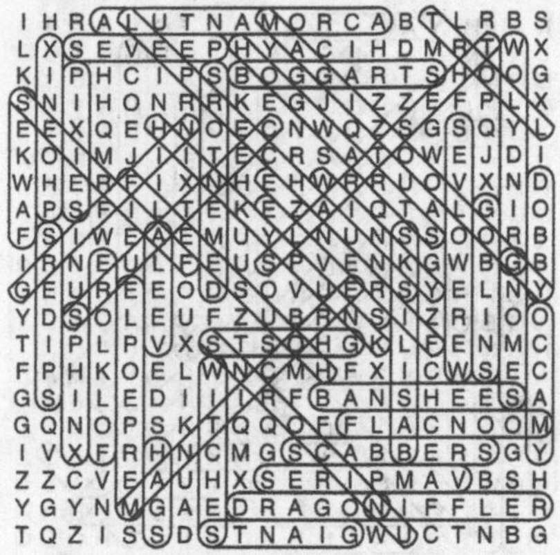

Harry Potter Fan

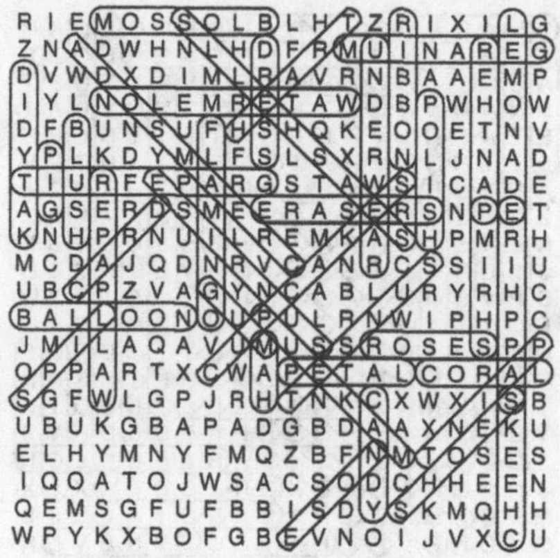

Seeing Pink

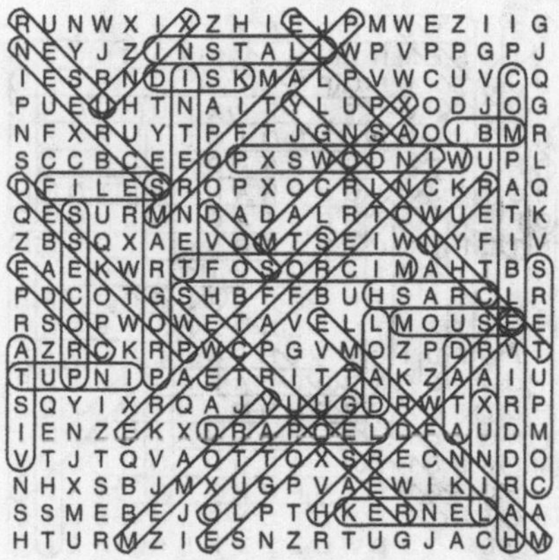

Computer Systems

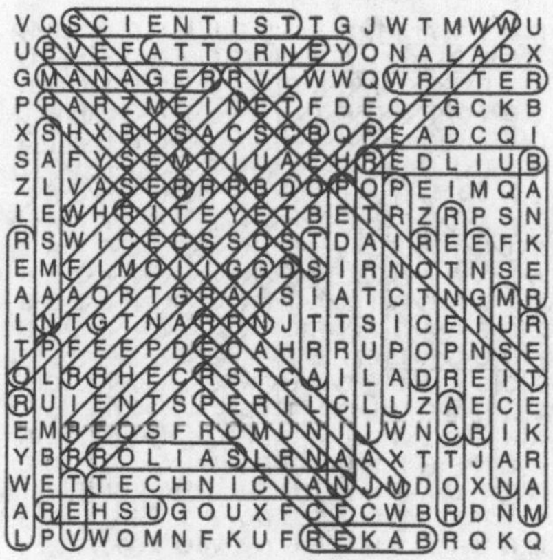

Jobs People Do

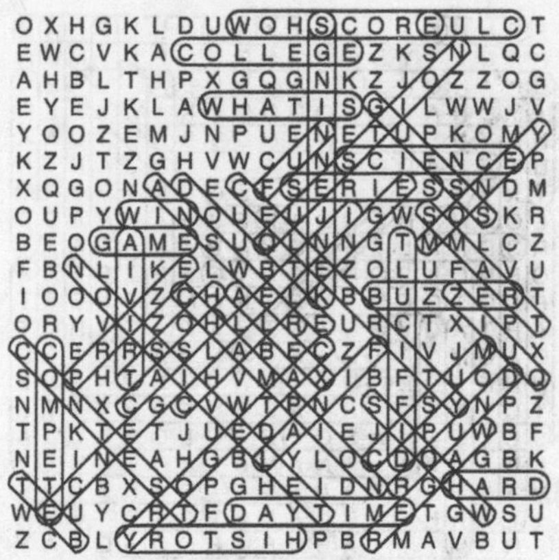

Watching *Jeopardy!*

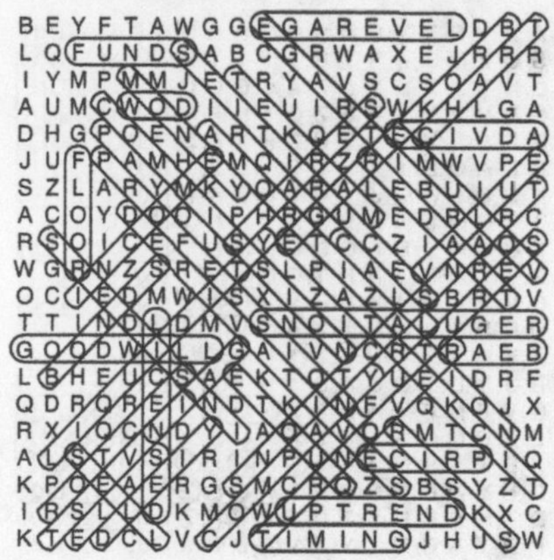

Financial Markets

```
S H A R E D Z Y P P A H P P Q Q L G K H
F A M I L Y R A R E B M E M E R B O T L
A U C L L A C E R W D E T V E X T O S T
D N N H W H C S T N K B S T V M V D A T
E T A F E I V A K F Q A T L I Y B E P H
D I I N O R M R W T D V S N T J H T F M
A N T U F R I V E X M G R M C H R N Z A
Z G S S O C G S E C N E I R E P X E F Z
N E X E R R R E H I O B F S L C C M B F
J L E N G E A E T I I G H V L M H G E O
B P V O O U T A D T S P N M O E I A Y W
F O I T T W R A T N A T U I C M L R X H
D E L S T B D E I R I B O Y T O D F G F
G P E E E P R Y G N L M L R K I H K N R
I Y R L N K A O R A F S E E Y R O Q I E
Y S E I W I T K O O B P A R C S O N V S
S C C M V O L T N I S W R A E D D L O H
J P L O H A O D R K G N I D D E W X L X
M P D P D H T T U J S P E C I A L Q J S
G J D R P V H E L A I C O S T N E V E H
```

Your Memories

```
K Y P L Y A C H T S D C R J G V N L J C
L N U P U U I U C L E E I G U C K T G D
U G M X R I P I S G C C C A N O E S B S
O Y P O S O S O N T K N X E L M W V C U
T U B E D S P M N T O A Y L T P A E X S
R V K E A E S E H T E M Y B I A S N T W
B P G L N N L A L S O R P A C S P T F D
O G C I E F C S L L I O N T K S E E A B
X Y R D V O G H D G E F N A E O E R R E
H A O P W E G Y O N R R P L T C D T C R
M O F R B N A R D R M E H F S I B A R U
W Q E O I L E W O S S P B N A A O I E S
H G N D F U B S A T O E O I X L A N T I
A S D U B N G W S Y O I I F F I T M A E
R E E C O N C E P T S W S H R Z T E W L
B L R T K D T R D S A P B R G I C N P D
O D E S K N A T I B I H X E K N I T T Z
R D W R O N O M P H L O I J Y G I A L U
K A O C O H D C S O F S R E L A E D A W
P P P S R A N I M E S O R I L S H Q S O
```

Boat Shows

```
N D Y V A J D H T G D D E N M C C D P H
I S Z B S L I A N B H T C I D D A L T O
K X R T E I F R K C P A N S C D A O R K
L B T H F X G P I G I R N L B S O H W T
Q E Z C C O E N O N R E Y D N M R A T G
N V U I H R S P L X G G F E S T N I O J
Y W T S U H A I S A J B V R O D M O A P
Z S K T S T N C L K N C E T E H F F A H
B T S I F I I I K R L G R S V C O A A Z
A E X W A H T O C E N W U P T F K Z H K
G X B D R R I X A I D O M A I R U L G S
Z S S P A G Z N F C L P I V G N O E E U
K N U C K L E I B L P I E T O E K N E S
Z O C K I L R D A U E W G J O A N Y G K
F D U M E U L C L T V A L A H L P T G I
X N G C Y R D L H C S V T S M U O R L N
B E N R R F H U W H R E B H S E I I O E
S T F U A T M H T N S R J H E D N D V T
R I P X I B Q J T O D A P T F R T T E S
M R U I P X H H F G N I W O V Y Y R S V
```

Hands Up!

```
B Z C S E L I F N F C Y E P A C V V V H
A I E F E M R L O M E M G S D R O C E R
U U R T X L P Q P M A T S J O F F I C E
D R T T N O I T I T E P X S U P P O R T
R E I H H D N C E N O I S S I M R E P R
R P F B E C O R R E S P O N D E N C E A
B O I O J N I G U A R A N T E E T O N H
O R E W T A T N O I T A C I N U M M O C
N T D R L M U I N S T R U C T I O N S H
D J A I E O T A C L A N I G I R O Y J T
E C L T Z L I K L S H I A U F O R M P A
T B E T Z P T G I E U G Z R I Y V S Q E
N F G E D I S V T T R O W E C R O V I D
I O A N O D N R D E L A E S A H R Y E R
R O L R G G O V E R N M E N T O I Z S E
P R Q A D P C M F T C O N F I R M V N I
M P P D S P E H P A R G O T O H P C E S
W E C S G N F I M P O R T A N T S X C S
B C A M T Z L H U L U Y P Z M X E U I O
L P D A T Y D W C Z L V K S K Q H E L D
```

Certificates

```
A L V E Z Y S N S C O K R D S D R X B N
S C Y M S J R Y B J T I Y H A D J Y O B
G N T X Z E S L Z A C G C G T A N J O E
P U U P Y T B E Z G A N F I R X M A K A
G K L V V F X V U Q H X C O V B T Z S T
G E A O E I X L L C V E Z I A P X Z Z H
K C E L W Q J Y U E D E N D N B O J I G
I C Q W L N P L E A Q K N T H T O R A I
K G I W J E L G D G G V D I N E F K J M
G K F U B J P F T G G I M Y E A R G O F
Q V F B H J K L U Y V O W O Q D W G O O
U R P Q J Q N I Y A O V S D U V A Y I D
Z X D S A I U J L T B U T O I W L Y A E
R J D D T O D A D W P I Y E P G L I F E
G V F M F V W R F X N O W X X I J B Z N
E D B M G A K U L F W U E Y N T U U E A
X B X S S C J F I G O H S K N K N S M L
D L Y W C N G G F R W O C E T I K R O P
D T M B U H X T C T R O B Z W P I G G A
F R Y A C N T Y J V R B P X Q G J X U G
```

Short Words

```
F P H U K E T C H I K A N O L E C R A B
P F D X Y Y D N U O S D R O F L I M Z A
S H A N G H A I B A H D U B A I V R E C
I M D N A L S I O D O M O K I W I P L H
N N Y N S H V A N C O U V E R O T U A A
U A E L A D R E D U A L T F D J A N T N
T X V V A L P A R A I S O E N I V T R M
E O A M I H S O G A K E J F A M E A O A
R S D N A L S I F O Y A B W X A C A F Y
O E N O K S O R R E N T O E E Z C R R A
P L O T O E D I V E T N O M L S H E E T
A R T A G V G D I W T Z I D A C I N M T
G A G M N P I R A E U S H U A I A A A E
N H N S O B O C S I C N A R F N A S N L
I C I T K S E R I A S O N E U B V P T L
S E L E G N A S O L B C O L O M B O L A
K K L R N A L I N A M E L B O U R N E V
M A E D O D N A L K C U A D A N E S N E
I L W A H Z U R C A R E V F T D Y G H A
E R O M I T L A B O R A B O R A Q S A Y
```

Coastal Places

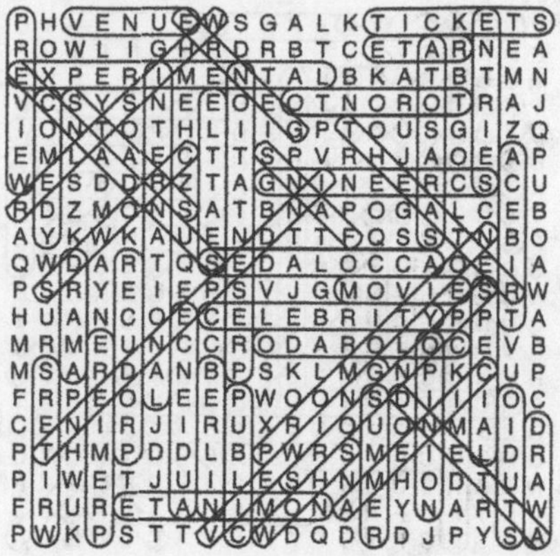

Film Festivals

American War of Independence

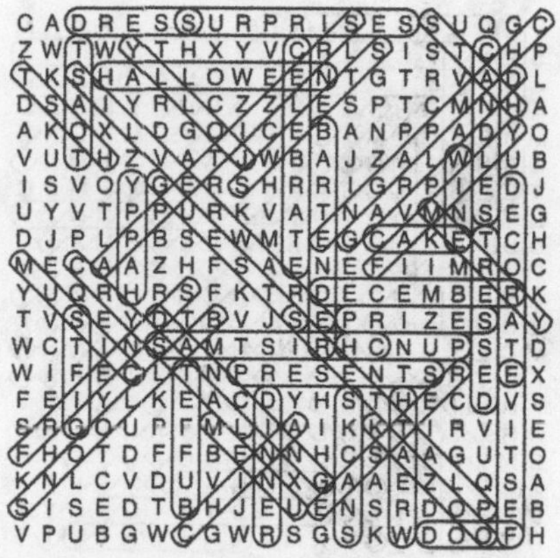

Holiday Party

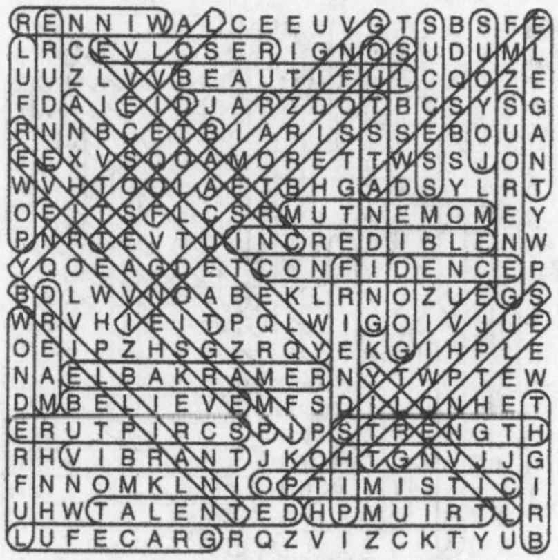

Inspiring

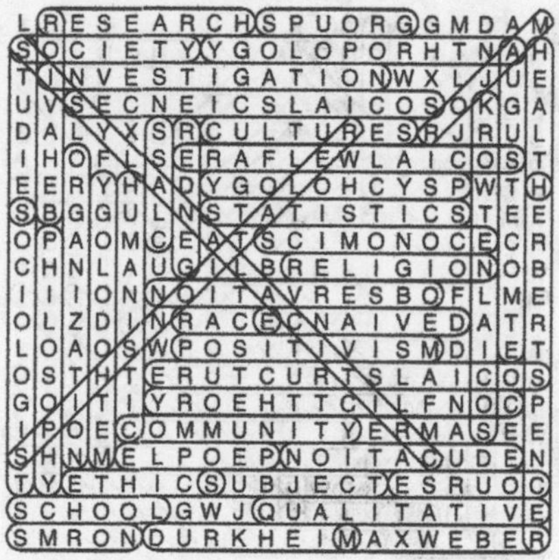

Social Science Major

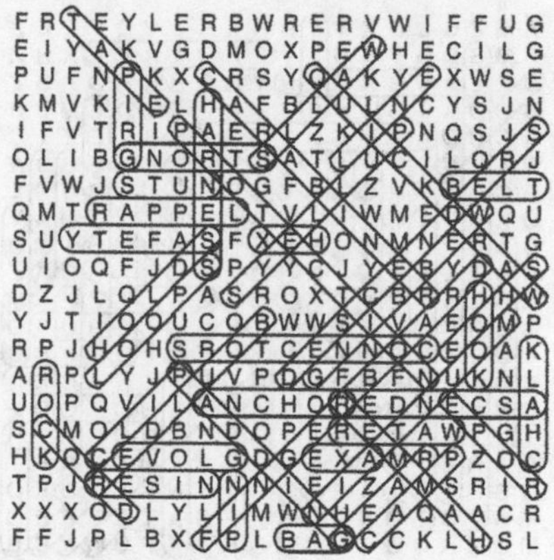

Climber Talk

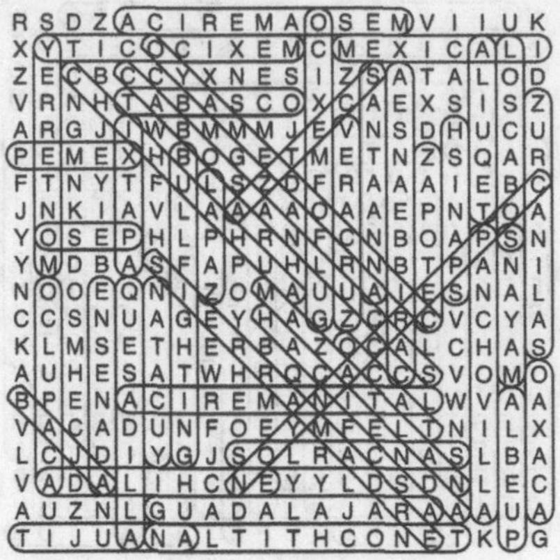

Mexican Vacation

Now Hear This

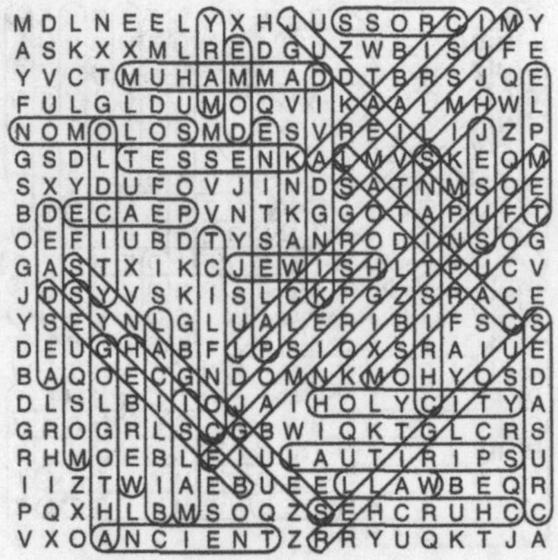

Visit Jerusalem

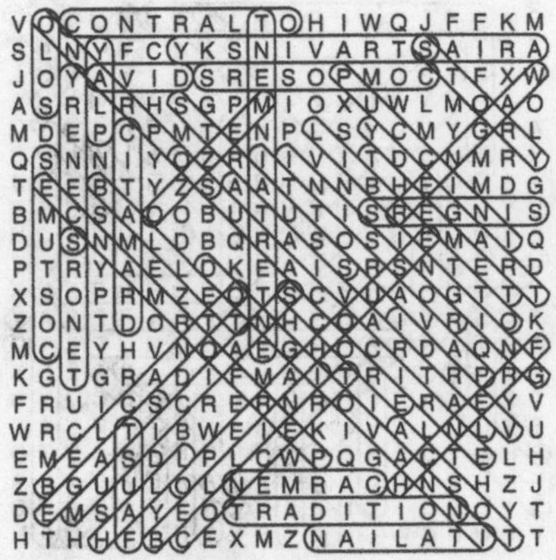

Love the Opera

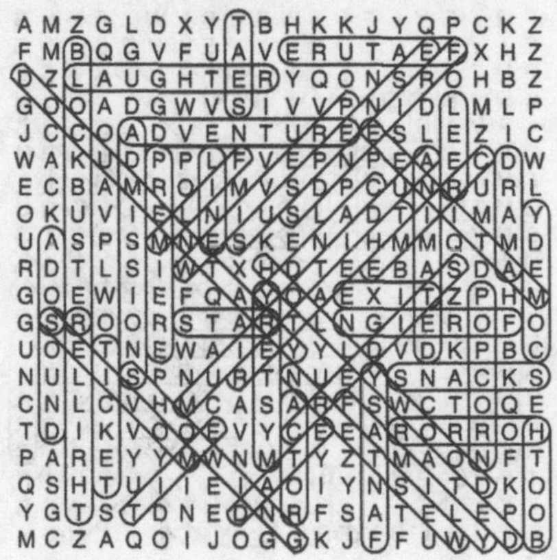

Go to a Movie

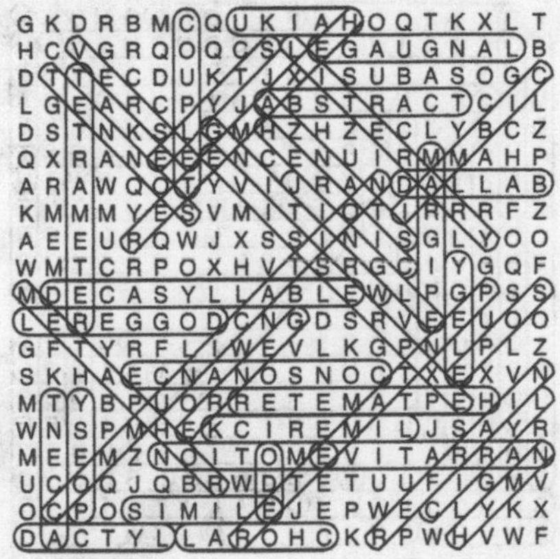

Poetic Words

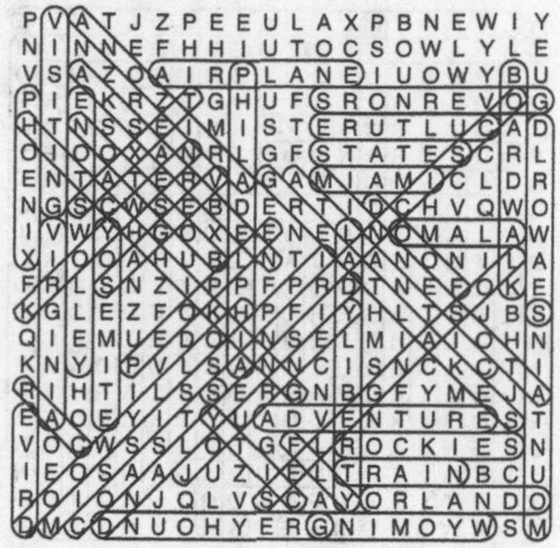

U.S. Tour

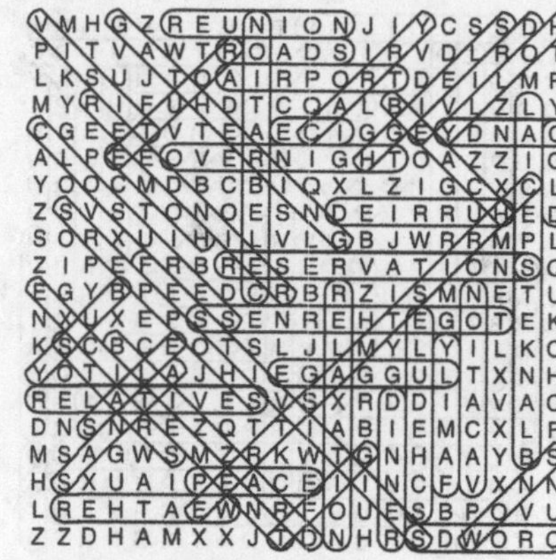

Christmas Break

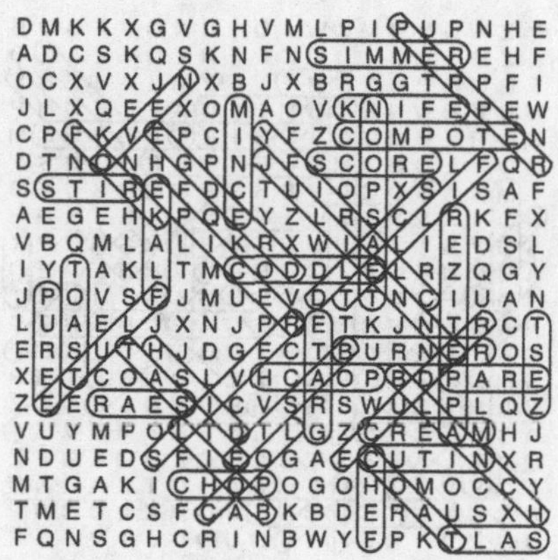

Culinary Skill

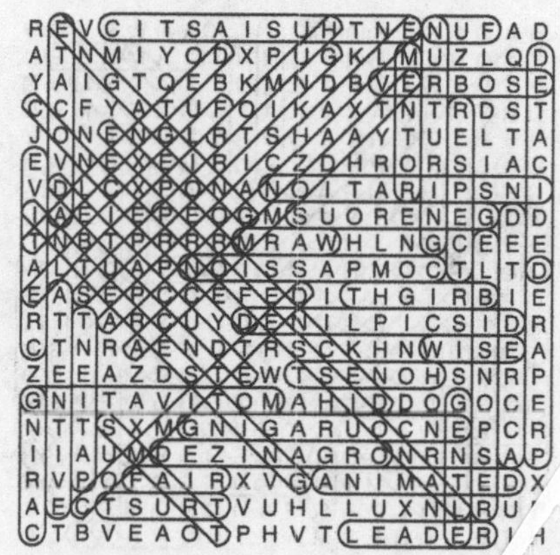

Good Teachers

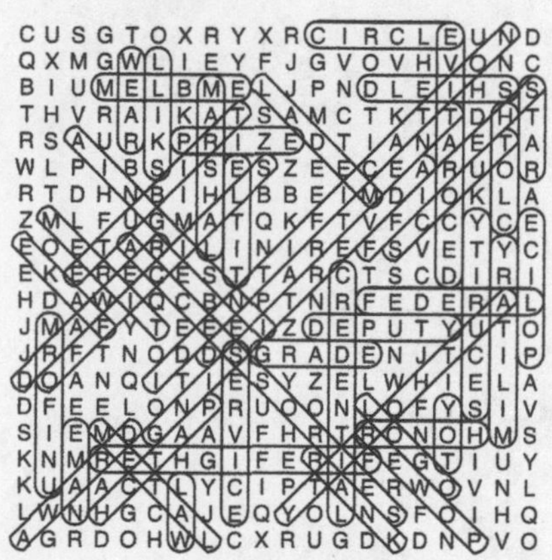

Wear a Badge

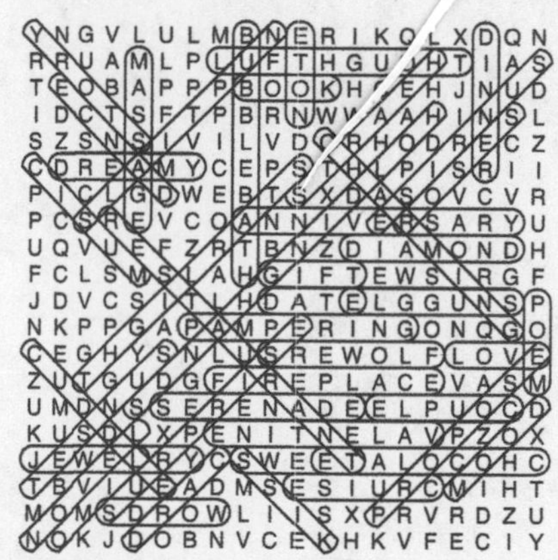

Amorous

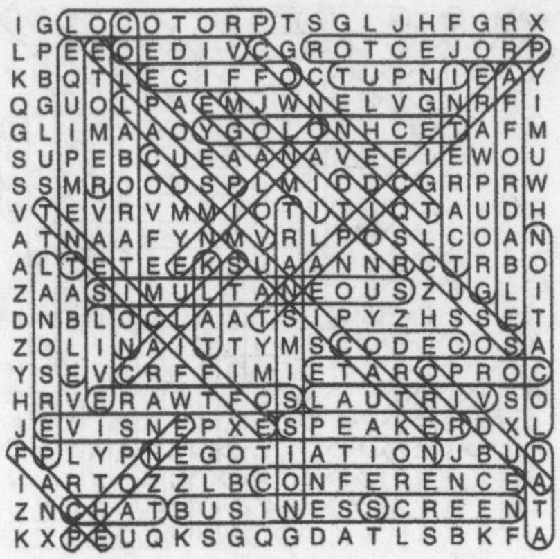

Teleconference

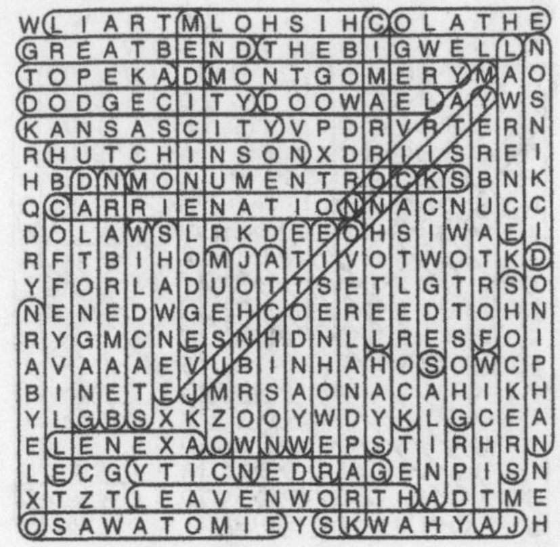

In Kansas

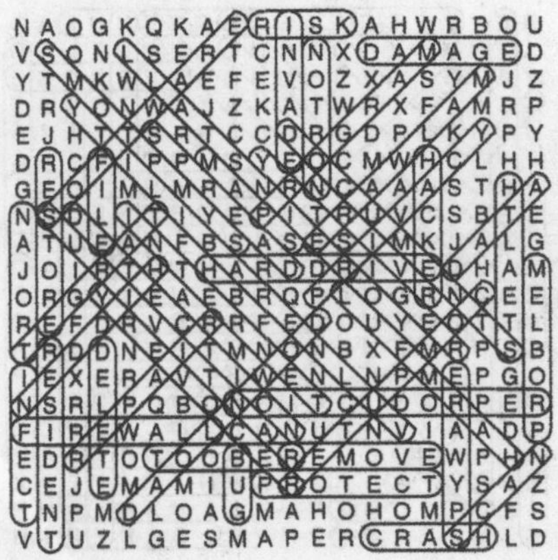

Malware

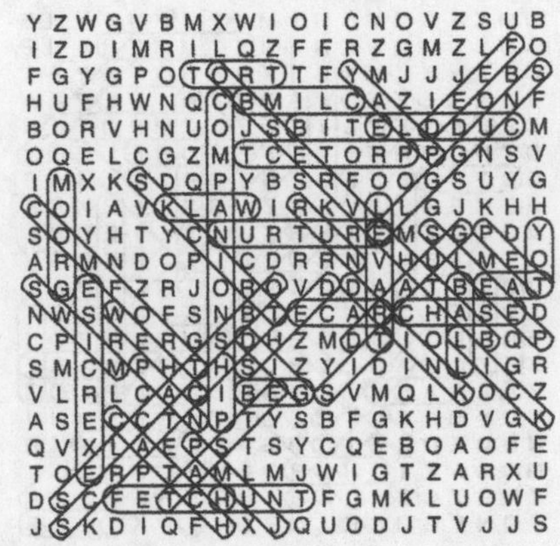

Pet Activities